“讲述黄河故事、传承黄河文化”系列活动获奖作品集

（上）

中国地方志工作办公室 编

方志出版社
Publishing House of Local Records

图书在版编目（CIP）数据

“讲述黄河故事、传承黄河文化”系列活动获奖作品集 / 中国地方志工作办公室编. — 北京 ：方志出版社，2024.3

ISBN 978-7-5144-5681-3

Ⅰ. ①讲… Ⅱ. ①中… Ⅲ. ①乡镇—地方志—中国 Ⅳ. ①K29

中国版本图书馆 CIP 数据核字(2022)第 257407 号

责任编辑：顾洁
责任校对：张玉霞
责任印制：梅中英
出 版 者：方志出版社
地　　址：北京市朝阳区潘家园东里 9 号（国家方志馆 4 层）
邮　　编：100021
网　　址：http://www.zgfzcb.cn
发　　行：方志出版社图书营销中心（010-67110500）
印　　刷：北京中科印刷有限公司
开　　本：787毫米×1092毫米　1/32
印　　张：35.75
字　　数：519 千字
版　　次：2024 年 3 月第 1 版
印　　次：2024 年 3 月第 1 次印刷
定　　价：320.00 元

《“讲述黄河故事、传承黄河文化”系列活动获奖作品集》

主　　编　陈文学

副 主 编　邱新立　朱旭尧

执行主编　刘翔宇　刘　黎　李　季

“讲述黄河故事、传承黄河文化”系列活动参与单位

青海省地方志工作办公室

甘肃省地方史志办公室

四川省地方志工作办公室

宁夏回族自治区地方志编审委员会办公室

内蒙古自治区党委党史和地方志研究室

陕西省地方志办公室

山西省地方志研究院

中共河南省委党史和地方史志研究室

山东省地方史志研究院

前　言

黄河之水天上来，奔流到海不复回。黄河发源于青藏高原，自西向东分别流经青海、四川、甘肃、宁夏、内蒙古、陕西、山西、河南、山东9个省区，全长5464公里，是我国仅次于长江的第二大河。千百年来，奔腾不息的黄河同长江一起，哺育了中华民族，孕育了中华文明，在中国经济社会发展和生态安全方面始终居于十分重要的战略地位。2019年9月18日，习近平总书记在黄河流域生态保护和高质量发展座谈会上对保护、传承、弘扬黄河文化作出重要指示，强调要深入挖掘黄河文化蕴含的时代价值，讲好“黄河故事”。

一、黄河文化的精神内涵

黄河文化的内涵非常丰富，包括社会规范、生活方式、风俗习惯、精神面貌和价值取向，以及由此达到的社会生产力水平等。其核心内容有以下几个方面：

（一）同根同源的大同文化。黄河流域是华夏民族形成的地域，不仅诞生了关于伏羲及炎黄二帝等华夏始祖的传说，而且从古至今一直是中华文明的重心所在。远古时代，氏族部落在共同应对黄河泛滥过程中结为部落联盟，萌发了大一统的意识。秦朝统一六国后，实行“车同轨，书同文，行同伦”，由此缔造了中华民族追求大一统、大融合的民族心理，形成了炎黄子孙“万姓同根、万宗同源”的文化认同。黄河文化是凝聚中华民族共同体的精神纽带，是我国增强民族认同感、维系国家统一和民族团结的精神支柱，是中华民族强大的凝聚力、向心力的文化根基。

（二）无我利他的大爱文化。黄河流域是连接青藏高原、黄土高原、华北平原的生态廊道，沿河两岸湖泊、湿地生物多样。老子曰："上善若水，水利万物而不争；上智若水，水处众人之下而不卑。"黄河用她的无私、博爱、包容、奉献，哺育了黄河流域亿万华夏儿女，见证着中华民族的繁衍变迁，缔造了灿烂辉煌的黄河文化。黄河流域产生了中国早期文化经典，产生了中国古代著名的四大发明。"汇纳百川，有容乃大"。黄河无我无别，为而不争，兼收并蓄，趋利避害，包容万物，滋养万物，润泽万物，造福万物，形成了开放包容，和而不同，同中有异，多样统一的精神特质。

（三）因势利导的善治文化。"黄河宁，天下平。"从大禹治水算起，中华民族为黄河奋斗的历史，已长达4000多年。大禹改堵为疏，疏通水道，理通水脉，依水道之理而行治理之工，消除洪灾，造福万民，体现了疏堵结合、因势利导、顺势而为、综合治理的治黄文化。《道德经》曰："政善治，事善能。"在与黄河融合发展的过程中，中华民族先后涌现出贾让、王景、潘季驯等著名治黄专家，创造了"疏顺导滞""治河三策""束水攻沙"等治河良策，形成了不畏艰险、坚忍不拔、愈挫愈勇、敢于拼搏的文化品格。

（四）尊重自然的和合文化。长期生活在黄河流域的人们，强调“应时、取宜、守则、和谐”，把天地人统一起来，按照大自然规律活动，取之有时，用之有度。《国语》云：“商契能和合五教，以保于百姓者也。”老子曰：“人法地，地法天，天法道，道法自然。”荀子曰：“天行有常，不以尧存，不以桀亡。”秦汉以来，和合观念逐渐深入人心，中华文化呈现出融合发展的趋势。黄河文化在演进发展的历史进程中吸收、融合了草原游牧文化、农耕文化、宗教文化等，从而形成了多元统一的文化体系。

（五）生生不息的传承文化。奔腾向前、川流不息的九曲黄河，纵横五千里，沿途融汇白河、汾河、泾河、洛河等 13 条支流，流域总面积近 80 万平方千米。每一个支流流域，都孕育了早期人类文化，如河湟文化、河洛文化、关中文化、齐鲁文化、三晋文化、燕赵文化等。黄河文化以其博大深厚的文化内涵深刻影响着中国近现代的发展历程，锻造了长征精神、延安精神、沂蒙精神、红旗渠精神、焦裕禄精神、右玉精神等，成为革命文化、社会主义先进文化的重要内容。黄河文化具有强大的生命力，在与国内外其他优秀文化的交流、碰撞、借鉴、融合中不断丰富发展、世代传递。

二、黄河文化的价值作用

自然的黄河哺育了炎黄子孙的强健体魄，文化的黄河丰富了中华民族的精神世界，教会了中华民族如何应对艰难险阻。黄河文化塑造了中华民族胸襟宽广、兼收并蓄的气质，刚毅不屈、百折不挠的性格，不惧艰险、敢于斗争的勇气；铸就了华夏儿女上善若水、润泽万物的奉献开创精神，兼容并蓄、汇纳百川的开放包容精神，开拓进取、自强不息的拼搏奋进精神。用母亲河这一精神纽带把中华儿女的前途命运紧紧连在一起，必将汇聚起同心共筑中国梦的洪荒伟力。

（一）形成了多元一体的大一统格局。从历史发展进程来看，黄河是促成中华民族大一统重要的自然因素。黄河流域各民族在历史的长河中不断交流，相互融合，相互依存，共同发展。自秦统一六国以来，国家政权由松散的政治实体逐步走向融合统一，中华民族的向心力、凝聚力、创造力不断增强。在随后的王朝更替过程中，中华大地也曾出现四分五裂的阶段，但最终都走向统一，从而形成多元一体、“大一统”的国家形态，走向一统和融合成为中华大地上共同的追求与信仰。“大一统”是中华民族维护统一、反对分裂的思想武器。在当前国际环境复杂多变的背景下，“大一统”是增强民族认同感、维系我国国家统一和民族团结的精神文化支柱，为实现中华民族的伟大复兴提供了精神层面的伟大力量。

（二）催生了协和万邦的共同体意识。黄河流域是陆上丝绸之路的起点，在东西方文明的相互交流中，不断吸收与整合域内外文化的优秀因子，产生了“天下一家”“和为贵”“和而不同”等理念，使中华文明具有和而不同、同中有异、开放包容、互利共存的特质。习近平总书记指出“文明因交流而多彩，文明因互鉴而丰富”，黄河文化与周边国家及地区的交流交融，为构建人类命运共同体提供了历史范本。推动构建人类命运共同体，是习近平总书记着眼人类发展、深刻把握世界大势提出的中国理念和中国方案，充分体现了中国作为一个负责任大国把自身发展同世界发展紧密联系的博大胸怀和务实担当。

（三）形成了共建共享共治的治理体系。善治国者，必善治水。黄河的治理历来是兴国安邦的大事，一部黄河治理开发史就是一部中华民族发展和进步的奋斗史。从先秦至新中国成立的 2600 多年中，黄河下游共溢水决口 1500 余次，改溢 26 次，其中大的改道 5 次，影响北达天津、南抵江淮，纵横 25 万平方公里。“人心凝，黄河平”。新中国成立 70 多年来，党领导人民凝心聚力、团结协作，发挥集中力量办大事的优势，开创了治黄事业新篇章，黄河 70 年不决口，20 年不断流，先后抵御 12 次大洪水，实现了 70 年黄河安澜，黄河流域经济社会发展和百姓生活发生了很大变化。黄河的水沙调节、治理开发充分体现了中华民族万众一心、紧密团结、共同治理、共建共享的智慧和力量。

（四）产生了天人合一的自然伦理观。黄河文化体现了中华民族与自然的和谐相处。儒家学派提倡以“修身、齐家、治国、平天下”为核心的人生理想，以达到“个人内心和谐、人与人和谐、人与社会和谐、人与自然和谐”的目标。习近平总书记指出：“自然是生命之母，人与自然是生命共同体，人类必须敬畏自然、尊重自然、顺应自然、保护自然。”保护自然就是保护人类，建设生态文明就是造福人类。黄河文化蕴含的“天人合一”自然伦理观，为我国新时代生态文明建设提供了历史经验与智慧，有助于在历史与现实交汇中探寻人地关系和谐发展的根本途径。

（五）构建了中华民族的精神家园。黄河文化所蕴含的开拓进取、自强不息的时代价值，已成为激励华夏儿女奋勇前行的重要动力，铸就了中华民族特有的精神气质与文化意蕴。黄河文化在历史长河中历久弥新的顽强生命力和巨大创造力，在中国乃至世界文明的浩瀚星空中留下了浓墨重彩的印记。黄河文化孕育了中华民族的精神图谱，深刻影响了中华民族的心理性格。中华文明的繁荣发展离不开黄河文化的接续传承，是增强中华民族文化自信，实现中华民族伟大复兴精神力量和智力支持的重要源泉。

三、黄河为坚定中华民族文化自信提供重要支撑

黄河文化是中华文明的重要组成部分，是炎黄子孙集体智慧的结晶，是中华民族的根和魂。

黄河文化塑造了中华民族自强不息的民族品格。黄河文化塑造了中华民族胸襟宽广、兼收并蓄的气质，刚毅不屈、百折不挠的性格，不惧艰险、敢于斗争的勇气；铸就了华夏儿女上善若水、润泽万物的奉献开创精神，兼容并蓄、汇纳百川的开放包容精神，开拓进取、自强不息的拼搏奋进精神。

黄河文化是中华民族坚定文化自信的重要根基。黄河流域的先民在文字创造、国家建设、青铜文化上所达到的成就，展现了黄河文化所蕴含的创造能力，孕育了“天人合一”“中庸之道”“爱国爱家、和谐统一”“自强不息、厚德载物、百折不挠”等中华优秀传统文化。革命时期，黄河流域的陕甘宁边区是中国抵御侵略和解放战争的战略决策中心，对中国革命的胜利发挥着不可替代的作用，锻造了长征精神、延安精神等革命文化。社会主义建设时期，黄河流域形成了红旗渠精神、焦裕禄精神等社会主义先进文化。黄河文化是凝聚中华民族共同体的精神纽带，是社会主义核心价值观的重要基础，是增强中华民族文化自信的不竭源泉。

黄河文化是实现中华民族伟大复兴的精神动力。从古至今，黄河文明源远流长，经久不息，彰显出历久弥新的顽强生命力和巨大创造力。黄河文化缔造了“万姓同根，万宗同源”的民族文化认同和崇尚“大一统”的社会主流意识，是增强民族认同感、维系民族团结和国家统一的精神文化支柱。中国共产党创造性吸收马克思主义思想精华，为黄河文化注入了富有价值意义的红色文化基因。进入新时代，黄河文化又被赋予了弘扬社会主义核心价值观、生态文明建设等时代内涵。黄河文化是中华文明的精神象征，为坚定现代中国发展道路、实现中华民族伟大复兴提供了深厚的文化根基和历史依据，是激励中国人民和中华民族奋勇前进的动力之源。

四、弘扬黄河文化是方志人义不容辞的责任担当

讲好“黄河故事”是习近平总书记的殷切期望，是深入挖掘黄河文化的时代要求。2020 年，在中国地方志指导小组办公室（现中国地方志工作办公室）

组织指导下筹划了“讲述黄河故事、传承黄河文化”系列活动。

活动分故事征集和讲述两个阶段。2020 年 4 月活动启动后，在沿黄九省（区）地方史志工作机构的组织推动下，共征集到“黄河故事”征文作品 1331 篇，中国地方志指导小组办公室（国家方志馆）、国家方志馆黄河分馆组织评审专家对征稿作品开展初审、复审和终审工作，最终确定了一、二、三等奖获奖名单。之后，经各省初赛、资格审核，共确定 26 名决赛选手进入讲述环节。2021 年 10 月 26 日，“讲述黄河故事、传承黄河文化”系列活动讲述大赛决赛暨颁奖会在山东济南举行。决赛分为现场组和线上组，最终确定现场组一等奖 2 个、二等奖 5 个、三等奖 7 个，线上组一等奖 1 个、二等奖 4 个、三等奖 6 个，活动组织奖 10 个。

系列活动以黄河为载体，以故事为亮点，以文化为主脉，以精神为内核，围绕中华优秀传统文化、中国革命文化、社会主义先进文化开展故事挖掘，用小切口反映大主题，用小素材反映大文化，用小故事反映大时代，全面总结了黄河文化的丰富内涵、精神实质、表现形式，深刻挖掘了黄河文化蕴含的历史智慧、经验教训，深入概括了黄河文化的精神实质、借鉴意义，对延续历史文脉，坚定文化自信起到了积极作用。

现根据工作方案对优秀故事结集出版。

2024 年 2 月

目 录

黄河口的“草鞋书记”

○孙　洁

四季轮转，大河东去。

坐落于黄河入海口的新兴城市——东营，有着与众不同的身世。回忆她诞生之初的日子，人们总会想到一个人——“草鞋书记”。

“草鞋书记”，是东营市第一任市委书记李晔留在人们心中的形象。“心如磁石针，直指黄河口”，自1975年来胜利油田任职，他便与黄河口结下了一生不解的情缘。

一

1988年初夏，黄河入海处，水天相接，一片汪洋。由远及近的马达声打破了寂静，气垫船上走下一群人，急匆匆走在最前面的是一位身形瘦削、衣着寻常的男子。他脱下草鞋、高挽裤腿，赤脚走进泥沼浅水中，不一会儿双脚便裹满了泥水。他就是山东省副省长、东营市市委书记李晔。那一年，李晔 60 岁。

不到半年时间里，李晔先后 10 余次带领有关人员查看黄河入海口。为了掌握黄河流路变化的第一手资料，每次他们都要在茫茫荒滩上步行几十里路。

五年前，在军乐团演奏的乐曲声中，两辆北京吉普车载着“中国共产党东营市委员会”和“东营市人民政府”两块牌子缓缓驶过拥挤的人群。经国务院批准，东营市正式成立了！如同一个婴儿呱呱坠地！作为东营市第一任市委书记，李晔与现场近 2000 人共同见证了这个激动人心的时刻。然而，五年光阴过去了，因为黄河频繁摆尾，在偌大的黄河三角洲上，东营市始终落不了地。

黄河含泥沙之多，居世界河流之最。悠悠百余年间，她长途奔波，劳心费神，左右眷顾，以母亲的血肉之躯在入海处顶托起一片崭新的河口三角洲。我国第二大石油生产基地——胜利油田在此诞生，从各地汇聚而来的钻塔耸立如林，会战正酣。有感于苏联石油城市“油尽城废”的前车之鉴，给城市安一个家、建设“油洲加绿洲”的宏图巨构，在李晔脑海中日渐明晰。

但黄河千百年来信马由缰、恣意改道，似乎已成“铁律”。黄河口既是胜利油田的主产区，也是黄河流路变化最频繁、最剧烈的地区。“十年河东，十年河西”“年年洪水撵着跑”“爱黄河，恨黄河，离了黄河不能活”成为当地的真实写照。

黄河尾闾摆动不仅造成河患频发，威胁油田勘探开发和人民群众生命财产，而且还束缚着黄河三角洲经济社会的发展。李晔多年来心系治河，常常夜不能寐，殚精竭虑。他以豪迈的气概写下“手牵黄河跟我走”，在与黄河的对峙抗衡中，李晔磨炼了心性，淬炼了智慧！1987 年，黄河清水沟流路已行水 12 年，尾闾河道淤积严重，河身弯曲出汊，泄流不畅，造成一年内冬季凌汛、夏季伏汛，河口地区两次漫滩受灾，滩区油田停产，人员受困遇险。按照人们对黄河入海流路“十年一摆动”的规律总结，清水沟已是“超期服役”，随时有“黄龙摆尾”的危险。1988 年年初，气象部门预测黄河流域夏季降水量较多年平均值偏高，水利部、石油工业部和黄委会“两部一委”联合下达黄河人工改道北行的指令，要求在5月即汛期来临前执行。

关于改道还是固河的争论，迅速达到白热化。如果黄河向北改道，就要破生产路、破海堤，国家投资18个亿刚刚建成投产、年产500万吨的孤东油田便会被冲毁，而且改道还将波及孤岛、桩西油田，三个油田加起来地质储量高达12亿吨，年产石油1200万吨。

治河是为了保护国家财产，可石油正是国家的重要财产！胜利油田生产办公室的一名干部火冒三丈：“如果你们让黄河改道，我就躺在这里让黄河冲走……”最终，东营市和胜利油田提交的“治理河口、延长清水沟行水年限”的建议被上级采纳，黄河改道北行的成命被收回。

“河一定要治！你不治河，河就治你！”李晔精心策划了黄河口治理工程，作出以疏浚治理黄河口为手段、以稳定清水沟流路为目标的重大决策。在他的推动下，“地方政府出政策、石油部门出资金、黄河部门出方案”的治河机构迅速形成。人们怀着背水一战的决心，在河海交汇处的荒滩草丛中搭起

“疏浚工程前线指挥部”的简易活动板房，风餐露宿，昼夜辛劳，不知疲倦。

经过实地勘察和反复论证，一场史无前例的黄河口治理实验工程正式启动！这套后来被概括为“截支强干、工程导流、疏浚破门、巧用潮汐、定向入海”的治理措施，共出动1500多人、80多部机械和大批船只，截断支流河汊80多条，同时清泥沙、降河床，牵着黄河走回主河道。

转眼到了8月，由于中游地区连降暴雨，黄河下游连续8次出现洪峰，一次比一次流量大。检验河口治理效果的时刻到了！洪峰来势汹汹，治河人严阵以待。滔滔河水似乎明白了人们的心意，狂奔直下。第八号洪峰最大，流量超过每秒5700立方米。浩浩荡荡的黄河水一路奔腾，震耳欲聋的响声、气吞山河的气势，令人望而生畏。然而，由于河槽刷深，河门畅通，水位不升反降。第八号洪峰水位比第一号洪峰抵达时下降了0.13米。消息传来，人们喜极而泣。黄河口“返老还童”了，入海流路稳住了，苍颜华发的母亲河终于找到了归宿。

河之福，城之福，人民之福！

二

黄河口，曾一度被称为山东的“北大荒”。“走的是弯弯道，听的是鸭兰子叫，吃的是草种子，喝的是牛马尿。”由于水利设施落后，人们守着黄河没水喝，只能喝饮牛马的坑塘水，再加上土壤盐碱化，粮食产量偏低，百姓生活贫困。

20 世纪 70 年代中期，国家还处在困难时期，几万石油大军陆续挺进黄河口，大批家属也要来安家，家属没有国家定量的粮油供应，吃饭怎么解决？户口怎么解决？

1975 年，李晔初到胜利油田，任党委副书记、副指挥，这一系列棘手的难题便摆在眼前。他思来想去，唯有引黄河水、开荒种地。为此，他主动请缨，勇挑重担，一趟趟跑省里做工作。经过反复争取，省里划拨了 18 万亩土地。装泵抽水，挖渠引水，甘甜的黄河水流向荒原，一直流到渤海岸边、莱州湾畔。大水压碱，改良土壤，李晔带头走下水田，拉犁平地……昔日白花花的盐碱地变成了稻花飘香的高产田。

黄河水引到哪里，哪里就能建设农业点。有了农业点，大批家属落上了“大庆式户口”，解决了油田职工家庭团聚的问题，稳定了军心。一个个农业点相继盖了住宅、粮仓、养鸡场、养猪场、养鱼池、养虾池，建了学校、卫生所，起了好听的名字：稻香村、丰收村、创业村……不几年，油田干部职工生活基本实现自给自足。

随着油田发展壮大，生产用水量猛增，黄河来水不稳定的问题日益突出。20 世纪 70 年代初，黄河开始出现自然断流，进入 80 年代，断流逐渐加剧。李晔与油田领导一班人集思广益，提出建设大型水库蓄水的构想。1982 年，2 万名民工浩浩荡荡开进海滨工地，经过几个月的努力，建成了库容超过 1 亿立方米的广南水库，这也是山东省最大的平原人工水库。此后，油田每年拨出专款用于水库管理和建设，80 多座中小型水库在两年内相继落成，确保了胜利油田稳产增产。按照李晔的设想，要在黄河南北建设总蓄水量 10 亿立方米的水库，才能满足油田开发中后期的用水需求，彻底解决后顾之忧。于是，广南水库投产后，规划一个 3 亿立方米的广北水库便提上了日程。

不承想，一系列争论由此产生：水库是不是建多了，路是不是修宽了，飞机场是不是建早了……最终广北水库压缩为3000立方米。一位领导批评水库修大了，说：“我不管老百姓喝不喝水。”李晔火了：“我是东营市市委书记，老百姓喝水我得管。”李晔积极争取省里主要领导支持，1985年至1987年连续三年，省里每年拨付2000万元在东营农村建设中小型水库，同时配套农田基本水利设施，大大改善了农村的生产生活条件。1997年，黄河断流长达226天。广南水库、广北水库、孤东水库等大大小小的水库在保障黄河三角洲工农业生产和人民生活方面发挥了难以估量的作用。

时代的变迁、经济的发展，催生了构建黄河口交通大格局的迫切需求。黄河横贯东营全境，但直到20世纪80年代初，黄河上一座大桥也没有，黄河成为一道难以逾越的天堑。人们早就盼望着“一桥飞架南北，天堑变通途”。

1983年冬，李晔把自己的老友、国家计委副主任房维中专程接到胜利油田。当他们乘车来到黄河渡口时，公路上等待摆渡的车辆蜿蜒数里，慢如蚁行。朔风拂地，寒气逼人，漫长的等待着实令人难熬，房主任一下明白了老友安排此行的用意。原来，油田勘探开发的重点转移到黄河以北的滨海一带，浩浩荡荡的河水就把油区分成了两半，车辆运输任务激增，而南来北往过黄河只能依靠轮渡，即便昼夜不息也难堪重负。不仅如此，汛期水大不能渡，枯水期水小、凌汛期淌凌都渡不成。交通不便严重制约了油田发展和工农业生产，建设黄河大桥势在必行，刻不容缓！

李晔详细汇报了建桥的想法和打算。在他的积极努力下，修建黄河公路大桥由国家计委立项，并拨付扶持资金500万元，其他建桥经费由胜利油田自筹。经过1年零9个月的建设，累计投资1.17亿元、贯通南北的胜利黄河大桥终于在1987年9月30日建成通车，成为当时黄河下游的最后一座大桥，改变了山东北部沿海地区的交通布局。

伴随着黄河口的稳定，城市建设拉开序幕，黄河三角洲大开发被提上重要议事日程。1988年6月，经过积极争取和多方协调，由山东省委、省政府和民盟中央共同发起的“黄河三角洲经济技术和社会发展战略研讨会”在东营召开。各界领导、专家200余人受邀参加会议。李晔一如往常，快人快语：“长江三角洲、珠江三角洲已争相崛起，成立东营市是黄河三角洲发展的历史机遇，是黄河口腾飞的发端。有黄河水、有土地、有油气，发展黄河三角洲，前途光明！”全场掌声雷动。全国人大常委会副委员长、民盟中央主席费孝通、全国政协副主席钱伟长等人畅谈对黄河口的美好企盼，表示开发黄河三角洲的时机已经成熟，必须抓住有利时机全面推进，将提请党中央、国务院将黄河三角洲纳入国家重点开发区……

这是黄河三角洲开发建设纳入国家战略的重要开端，也是李晔书记“油洲加绿洲”设想得以实施的力作。黄河三角洲发展史由此掀开了崭新的一页……

三

当年查看黄河口，李晔书记偶然遇到几位正在打鱼的渔民。他走上渔船，向他们询问黄河水入海和海潮的情况，还和他们拉起家常，问家里有几口人，收入怎么样。随行摄影师将“草鞋书记”李晔坐在船头和渔民亲切交谈的画面定格下来。在黄河口人民的记忆中，李晔穿的是百姓衣，吃的是平民饭，心里时刻装着百姓的冷暖。

李晔原籍河南南阳，青年时代参军离开家乡，1958 年从部队转入石油行业，曾担任余秋里的秘书，参加过大庆石油会战；1972 年，李晔任石油部石油勘探设计院副院长；1975 年，李晔调至胜利油田，先后担任党委副书记、副指挥、指挥、党委书记等职务；1983 年 10 月至 1989 年 3 月，李晔任职东营市第一任市委书记，其间，升任山东省副省长、省人大常委会副主任，1998 年离休。

无论官至何位，他对自己身份的定位始终是“割草娃”出身，始终保持着纯朴的农民本色。李晔常年一身黄军装，一双草鞋或布鞋，冬天就穿油田配发的工装“杠杠服”，要不就是军大衣，一辈子没穿过皮鞋，没穿过西装。1988 年去深圳考察学习，他也是旧军装加草鞋。到博物馆参观，博物馆讲解员说，我们这里接待过不知多少位省级干部，第一次见这样穿着的省领导。据李晔的大女儿回忆，一次她有事打电话到父亲办公室，说“我找李书记”，正巧他本人接电话，顿时勃然大怒：“你找什么‘李书记’！乱弹琴！你就不能说‘找李晔’？”平日里，李晔从不谈论家事，一心扑在党和人民的事业上。

建市之初，东营市一穷二白。一项调查显示，年收入不到150元的贫困人口竟然占到全市总人口的18%。一头是工业快速崛起；另一头却是农村贫瘠落后，城乡差距很大。李晔实实在在地为东营的老百姓办好事、谋福利。他曾经形象地说：“地方和油田，工人和农民，手心手背都是肉。”当时，国家正值改革在各领域全面推进的阶段，李晔雷厉风行地推进改革措施，扭转了原油产量递减的被动局面。他利用与国家部委签订的石油包干奖励政策，为东营市基础设施建设积累了大批资金，绘就了城市发展框架，积蓄了城市发展动能。

经过攻坚克难、接续奋斗，土地生长出希望，繁荣代替了荒凉。至1991年，东营市地方工业总产值比1983年增长了770%，农业总产值增长1.6倍，农民纯收入大幅度提升。在李晔“黄河入海处，丹笔绘春秋”的擘画下，“油洲加绿洲”的现代化城市一步步化为触手可及的现实，形成“大空间、大绿地、大水面”的独特城市风貌……

自1975年来黄河口落户，李晔便在这里扎下了根，双脚沾满了母亲河带来的芬芳泥土。这万顷沃土，饱含着他的热爱，融入了他的生命。30多年时间里，他不回北京，不住济南，始终把家安在黄河口。他想方设法解决油田职工家属落户问题，结束了数万家庭长期两地分居的痛苦，自己却常年无法与家人团聚，即使儿子患病做手术，也因为正值油田会战，没能抽时间回京看望。他多次写下一句刻骨铭心的话："心是磁石针，直指黄河口。"直到晚年，加快发展胜利油田，让黄河三角洲快速腾飞，早日带动东营这一方百姓过上富足安康的好日子，仍是李晔最深切的期盼，也成为他时刻牵挂的最大心事，"我没有完成我的历史作业，终觉惴惴不安"。他曾说，将来我去世后，要把我的骨灰撒到黄河里，撒到这一片热土上……

他给国务院写信："治理黄河让黄河容纳百川，川流不息，让黄河走向世界，重现黄河昔日风采。此乃民族之大业，人类之壮举。子规夜半犹啼血，不信东风唤不回。"

2014 年 1 月 18 日，李晔穿着一身旧军装，带着未了的心愿，走完了人生的最后一程。亲人们眼含热泪为他换上了一双新布鞋。从此，李晔就长眠在这片土地上，与母亲河的最终归宿、自己眷恋一生的黄河口再也没有分开。胸有千秋，心无一己；一腔热血，为国为民。长河无声呜咽，渤海波涛低回，仿佛不忍将他吵醒。

原石油工业部副部长，曾在胜利油田与李晔共事的老领导李敬得知李晔去世的消息，亲笔题写挽词：“中原崛起，胜利中兴，斯人功不可没。勤劳诚朴，光明磊落无悔愧，虽死犹生。沉痛哀悼，默默致祭。”李晔逝世一周年之际，他的后人和老部下、老朋友前来祭奠，满怀哀思，挥泪缅怀：“一身浩然气，一腔报国血。两袖清风铮铮骨，谁不敬李晔？身着旧军衣，脚穿稻草靴。朴素浑如农家翁，谁不亲李晔？百姓忧而忧，群众乐而乐。和蔼可亲父母官，谁不爱李晔？黄河流悲泪，渤海扬哀波。井塔肃立稻菽恸，谁不哭李晔……”

如今，东营市已崛起为环渤海地区重要节点城市、黄河三角洲中心城市，其高质量发展掀开崭新篇章，向着打造黄河流域开放发展桥头堡的目标不断迈进。李晔当年规划的城市建设“十大工程”仍然发挥着重要作用，为当地人民带来无尽福祉。

黄河口的百姓永远不会忘记这位“草鞋书记”，共和国的史册上将永远铭刻他闪光的名字——李晔！

黄河古渡

〇和　谷

莽原上艳阳朗照，幽谷里秋风萧瑟。山壑沟峁之势，渐渐趋于叶脉的形状。临近叶柄处显得峻峭起来，有一种古铜的色调。雄浑的沉积岩，在粗朴的纹饰里，形成众多姿态迥异的巨大雕像。巉崖与绛紫色霭岚下的山地之间，便是深居于晋陕峡谷中的黄河古渡，即我们的去处了。

站在高崖之巅而鸟瞰脚底，大河呈一个弯弓的模样儿，在深深地湍流着。古渡的村落，拥簇成船的轮廓，静静地泊在岸边。一叶扁舟，正荡于河面上，朝彼岸划去，宛若一只戏水的蜻蜓。临谷底还有三里之遥，哗哗的水声已浮上我们头顶的云天。

向导是一位老人，船工出身，是我们途经公社时搭伴而行的。他身材瘦削，花白头发，紫褐色的脸庞，鼻梁直直的，眉宇下有一双鹰的眼眸。尤其是那线条分明而深邃的额头，像藏着几条默然潜流着的黄河。

踏入村来，正值午饭时分，犬吠声中是炊烟的清苦味。沙滩上，是花生枝蔓的浅黄。石缝里，是菜蔬叶瓣的油绿。石板街巷，石板篱笆，石垒的院墙，石垒的窑舍，石头碾磙，石头磨盘，全都掩映在苍虬的枣树下。秋收秋播的人儿，赶着牲畜从山后回村了。街巷里，有拙朴的老人蜷曲在石板上晒枣儿，抬头见有客来，笑着让捏着吃鲜。蹲在碾盘上的后生，敞着黝黑的胸脯，抱着个大粗瓷海碗，停住筷子，怯生生地望着来人。几个脸蛋红润而身段健美的女子，一手挟着盛衣衫的木盆，一手提着棒槌，端庄地从身边擦过，却“扑哧”笑出声来。

向导老人与村人打着招呼，厉声喝走尾随来的一伙看热闹的孩童，领我们径直到了他的窑院里。步入石窑，一条铺了毛毡的石板炕，占去了近一半的地面。家具不多，却古色古香，一律嵌有亮铜的装饰。瓷瓮、瓷盆、瓷罐、瓷坛儿，都抹拭得乌黑晶莹。坐在炕头，隔窗可见院墙下的马厩，一头枣骝马在绊着前蹄。一旁的狗窝里，大黑狗儿在打盹呢。而哗哗的黄河，如同宽阔的湖海，满世界涌流着。

黄河，对于贴伏在她身边的子孙是爱怜的。这古渡口的延水关，自古就曾是一个颇热闹的码头，关里人家，原是靠扳船过光景的。向导老人，从小就闯荡于黄河上，随父兄扳船拉纤。船夫们常从上游买山西的瓷器、铁器，塞上的皮毛、咸盐一类货物，顺流而下。途经家门口，系船停泊一宿，天不亮就与父老妻女在岸边拭泪告辞，三五天就抵达了潼关。然后背纤而上，在奇险的鬼路上要攀许多日子。也常有船翻人亡的祸事发生，船家寡母孤儿被暴戾的黄河遗留在这僻苦的古渡口。穷苦人遇上发水时节，便冒着性命危险裸着身子下河捞炭，猎取点物什。摆渡于河口的羊皮筏子和木船，则是每日数趟，摆渡着晋陕之间的贸易货物，摆渡着旅人的希冀。

尔后，河道堵塞，河水流量也小了，水上交通逐渐被公路取而代之，延水关的人就只指望于摆渡了。码头萧条了，船工们不得不把生活的希望寄予身后的远山莽原，爬坡去耕耘播种，不是在水上而是在土地上播种收获，渐渐成为庄稼人苦焦的生活，逼使延水关人奋起。自 1927 年陕北闹红的日子，船夫们就组织起农会，闹开翻身了。战争年月里，奔赴延安的青年从这里渡黄河而走向光明。东征的队伍也由这里渡黄河开赴抗日前线。小小的延水关，是红色的驿站，是母亲延安伸出的手掌。古渡的船夫之子，就曾有70多人参加了革命。边区那阵，隔岸是阎锡山的碉堡群，不少群众被打死打伤。人们只好天亮前吃饭，在后山劳动一天，晚上才回家来。当时，黄河渡口压了口子，十多年没有船只往来。搞起统一战线，延水关设了贸易公司，用食盐、石油与阎锡山交换枪支、布匹，渡口还红火了几日。

向导老人兄弟两个，哥哥到了晋绥，家里他撑着，一直在地方上干事。胡宗南进犯陕甘宁边区，他领着乡亲们过河去，背上婆姨，一手挽一个猴娃娃，踩水风浪里。那阵年轻，血气方刚，水性又极好。划羊皮筏子顺流而下，可以平躺在筏子上，任激流送漂数十里，礁石涡流也不在乎。后来，他做过公社书记，再后因故又回到黄河上扳船背纤，前两年才恢复工作做公社一般干部。二十年间，虽饱经沧桑，但如今公社的事，他还是敢说敢管，一股黄河所给予他的船工的倔性子。

吃罢向导老人儿媳做的羊肉荞面，我们便出窑院逆流而上，去乘船渡河。河湾的岭崖下，泊着一只木船，浪花在啪啪地拍打着石岸。集体的一只旧船发洪水时被卷走了，渡口上唯一的这只船，是老人本家侄儿们新置的。少时，向导老人差孙女唤来的船工吆喝着赶来了。掉头看去，四个精壮后生，正虎虎地从向导老人家门口走过。那里是一座凸出的石崖，窑舍原来是悬在黄河波涛之上的。

秋天的黄河滩，在这午后时分闷热得像是伏天，无怪乎年轻船工还是赤脚片子，光着黝黑发亮的背脊。船工中间，唯有一个戴眼镜的后生着件短衫，戴着手表，文气得很，笑笑地呼唤我们，像是帮忙扳船的。久已等候在渡口的几位旅人，背着沉重的麻包，面色坦然，不知家在此岸还是彼岸。他们每人付过一元钱，爬入船中了。我们要付钱，蹲在船帮上闷抽旱烟的向导老人摆摆手，只好作罢。

扳船的后生们，在屁股下垫好老羊皮，操起了木桨。向导老人这才在船沿上敲了几下烟锅，解开缆绳，跳入水中。他背靠着船帮，弓下瘦削的身子，似乎是毫不费劲地一扛，船动了。只见他忽地纵身一跃，跳上船来，操起了大舵。船临入河心，扳船水手的号子像由远而近传来似的，越来越响越有力了。呐喊声直扑彼岸的石壁，被猛地弹了回来，回环于河谷之间。

船到河面正中，是一排一排几丈高的大浪。曾在山巅上望见的一弯流水，此刻简直成了汪洋，无比广阔。船被缓缓地托上波峰，又呼地跌入波谷。浪峰上见两边是幽深的水的沟堑，天为之开阔。波谷里见两旁是高耸的水的山崖，天也变得狭窄了。时而是凝固了的波涛，时而是流动着的莽原。狰狞的漩涡，奇诡的弧圈，挑逗着每一个企望彼岸的人。这吞噬过无数生命的巨浪，使得我们这些来领略黄河气度的旅人，已丢魂失魄了。一瞬间，似乎生命已濒于死亡的领地。涛声里时隐时现的号子声，使得我们安静镇定，自豪和骄傲油然而生，大自然的黄河和自己贴得这样近！从内心深处，将自个儿的力量融入动情的呐喊。

扳船水手大醉酩酊似的仰合着身子，时而伏倒在桨柄上，时而直立起来，又用脚蹬住船沿，仰倒得与船身形成平面。划呀，划呀，一种与命运死死咬住而奋力拼搏的气概。黝黑背脊的后生，呐喊里有深沉的韵和力。而戴眼镜的后生却是沙哑地嘶鸣，一种挣扎着向前冲刺的号叫。掌舵的向导老人，则神态自若，用那一种鹰一样的眼眸注视着水的流势，浪的神色。

号子声低了，船靠岸了。原来只是三分钟光景，却似乎是漫长一生的旅程。回望可以想见，木船是斜着被黄河推下几百米后才抵达岸边的。此刻，秋阳又这般艳，大河又是这般平和呢。而彼岸的一切，恍若隔世。

戴眼镜的后生喘着粗气，揩着汗，与我们招手相别，同船工兄弟们去背纤了。我们踏着湿而结实的沙滩，走在山西的地域里，朝危崖下的永和关而去。

这里的村人口语，皆与延水关同。主人与向导老人相互搭讪着，像在河那边一样稔熟。虽一河之隔，都属于远近亲戚，甚至于后山数十里也来往亲密。

我们在代销店买得两瓶汾酒，来到岸边一棵古槐下，等候背纤而来的船工们。河流是弯曲的，船工的背脊是弯曲的。唯有背上的纤绳绷得很直很直，象征着黄河子孙们的生活的信念。在沙滩上，在淤泥里，在石窝里，船夫们拉着他们亲爱的年轻的船儿上来了。

戴眼镜的后生，在扯嗓子呼唤开船了。我们跟随向导老人的脚步走下河岸。

浅滩里是一片片水洼，得脱了鞋子涉到船边。几个船工后生，在接渡河人上船。有着黝黑脊背的后生，背孩子似地背过一位姑娘，毫无羞怯地开着玩笑。姑娘是前些天经这只船嫁往山西河岸后山的。按风俗，船工接送新娘是不收费的，收了八个缀有红点儿的鸡蛋般大小的白馍馍，就包定了事前事后的摆渡。看那姑娘，不，新媳妇，红红的脸儿，乌黑的粗辫子，清澈的大眼睛，在后生背上用拳头轻轻捶着后生的光头，笑声如铜铃一样。戴眼镜的后生双手托抱着一位老人递到船后。人们围起船舱里一位后生新买的手扶拖拉机，打问价钱，赞叹着，羡慕着。

我们这才想起手里攥的汾酒，便打开来，挨个儿递给船工。后生们硬要向导老人和我们都先喝过，他们才喝。一时间，你仰脖子，他抹嘴角，都说是好酒。末了，同舟的陌生人，无论是老人，还是婆姨女子，都人人抿上一口，这才划动了船。

回程与来时船走过的斜线形成三角，直逼彼岸渡口。天色将晚，河川里起了风，水浪荡得更高了。在河心，跌过三个几丈高低的大浪，直打湿了我们的肩头。而呐喊的号子，更猛更烈。酒后的船夫，更是添了几分醉意，仰合身子扳动木桨。倒是我们，少了畏怯，多了自豪的兴致，扯嗓子和起了雄风般的船夫曲。向导老人，在号子的间隙处，来了几声深沉的吆喝。

攀着石崖归去，向导老人问道："这该认得黄河了吧？"是的，算认得了，但还不完全懂得。我以前虽观瞻过吴堡佳县的黄河气势，也领略过壶口禹门的黄河雄姿，也见过大荔合阳黄河的坦荡，和潼关黄河的折向东流，可心脉与黄河的旋律合拍，深深有感情大波的冲动，这还是第一遭呢！是的，黄河失掉了如此狂暴的性格，就不是黄河了。那么，船夫失去如此豪放不羁的黄河，也就不是黄河船夫了呵！

入夜，我们在向导老人家拉话，那位戴眼镜的后生来了，说一起去河滩上散散步。这后生，还真有点儿书生的浪漫气。我们拿着手电筒，走下石岸，向沙滩徜徉而去。

叙谈起来，知道他年方二十，高中毕业后未考取大学，当了两年民办教师，前些时间被减下来的。如今兄弟几个，种着后山几道岭的山地，收成还可以，弄了这只船，抽空摆渡来往行人。日子是苦差些，还挺有意思，他喜欢诗，给县文化馆的《山花》投稿。想他那扳船的神态，是有一种生活毅力的。问他说下个婆姨没有，他有点儿不好意思了。

好宽的沙滩哟，泛着亮白的雾一样的清光，一弯小船样儿的新月正划桨在夜天云海。黄河在幽暗的崖下湍流，黑色里有千万种吟咏的声音，汇结成一河巨响。秋的黄河，夜的沙滩，给人几分神秘的向往，几分阴森和寂寥，几分多情的退思和激情的探求呵！

有手电筒的亮光闪来，伴有水桶的咣当声，狗儿前导，是古渡人下河汲水了。一个身影儿溶入河中，担子不下肩，弯腰将两桶一齐按入水里，回头闪着步子走去。狗儿蹲下来，注视了我们一会儿，又倏地撵主人去了。古渡的人，世世代代吃着这黄河水，虽说浑浊，却也一经沉淀，便清亮清亮，味儿甘甜得像乳汁一样。

步回灯火点点的村中，听得有人隔着院墙对话，在说派民工修公路的事。公路通了，这河面上要架座新桥的，古渡又要红火了。那是向导老人的声音。他听见我们的脚步声，唤着戴眼镜后生的乳名，让带我们到隔壁去休息。

敲门声中，见新月已划过崖巅，河谷黯淡下来。似乎，是泊在港口的村落与莽原的巨船，在浮动着，颠簸着，用肩膀将新月掩在了身后。不知怎么，思绪又回到了黄河上的船中。

开门的是位老人。走入窑里，透过他擎着的油灯看去，足有七旬高寿了。他是向导老人的那位哥哥，古渡口的革命元老。早年在晋绥当过县委书记，搞过党的理论工作，后来回到故乡，已有几十个年头了。这些年，一直在研究《易经》，工笔正楷地写了数万文字。他拿出收藏的竹笋化石给我们看，说是从后河湾采的。他谈起卜占文化与生命学的深奥学说，使得我们为之折服。在这僻远的角落，竟有如此博学而久历世故的布衣老人，确实令人惊叹。

枕着黄河的涛声，这个夜晚，我想到我们的民族，我们的父亲们，我们一代一代船夫们，经历着生活的喜怒哀乐，仍在韧性地、拼力地划着桨叶，划呀，划呀，向着一个伟大的彼岸。这是一篇多么好的有关黄河的诗文啊！这一夜我失眠了。耳边偶尔传来几声犬吠，一更更，直到雄鸡的啼唱，窗户发白。

避水台，染满岁月的苍痕

〇段雨波

人总是怀旧的，故乡的很多事都让人难以忘怀，后来就变成了一种文化、一种记忆、一种乡愁。当尘埃落定，这种行将消失的地标弥足珍贵起来，人们才意识到，它们已然成了风景。殊不知，这曾是人们司空见惯的往事，曾是苦难历程与不屈的见证。

经历了磨难和艰辛，一方高高的土台，方得高枕无忧。

一

一条浑浊的黄河在奔腾流淌。两道高高的大坝，拦挡着恣意肆虐的黄河，将百尺惊涛束缚成万顷安澜。

故乡就是鲁北平原上的一个普通的小村庄，地处黄河入海口，濒临渤海湾。儿时，这儿没有太多的人家，全是土坯垒砌的房子，颜色像旁边那条弯曲的黄河故道里的土，黄茫茫的一片。早先这儿也是黄河径自流过的地方，浑浊的河水滋润着岸边的人们。他们用自己勤劳的双手，在漫无边际的黄沙土上，执着地耕耘着自己绿色的希望。

现在的黄河温顺地躺在广阔的平原上，两边高耸的大坝已牢牢地禁锢着它浑黄躁动的身躯，使它失去了往日那不可一世的势头。可是在过去，特别是解放前，黄河下游是没有成熟的水利设施的，失去了约束的黄河是恣肆的，一天天暴虐起来。于是，“三年两决口，十年一改道”，无端地发泄着戾气，让两岸的人们苦不堪言。

每年雨季，黄河便开始躁动起来，它咆哮着冲毁两岸的堤坝，滔滔洪水席卷着人们的梦想，一起冲向大海。人们不甘心失去这来之不易的家园，不忍心背井离乡，于是纷纷采用最原始的办法，在村里垒土筑台，建成了一种经济适用的避洪建筑设施——避水台。

每当洪水漫滩来袭时，人们便携儿带女奔向高台，任凭周围洪水肆虐，台上的人依旧不以为意。原来人们早就在台子上囤积了大量的粮食，支起帐篷，垒起锅灶，炊烟袅袅，照样能吃饱肚皮。即便困于此月余，照样是粮丰柴足。高大广阔的平台早就被夯实了，再植上茂密的树木，任凭洪水如何侵蚀涌撞，避水台在洪水中岿然不动。林下再开几块菜地，台上避水的人们到时还能吃上可口的饭菜。等洪水退了，人们便走下高台，去清理被洪水冲毁的家园，不久就又会矗立起一幢幢倔强的土坯房，依然和黄河泥沙一个颜色……

一条黄河大坝，坝内是低洼的黄河滩区，坝外是平坦的冲积平原。坝内，洪水是常态；坝外，洪水不常见，但若堤坝被冲破，也将化作一片汪洋。

坝外的人们都尝过黄河洪水的滋味。为防患于未然，人们采取了最原始的方法，积土为台以避水。

至于黄河滩区，则是一个封闭的区域，一边是黄河，一边是黄河大堤。一旦洪水来临，会在这个区域滞留两到三个月的时间，给群众的生活造成很多不便。滩区群众不仅住房得不到保障，交通、水利、电力等公共设施也相对薄弱，教育、医疗、文化等社会事业发展滞后。农忙时种庄稼，农闲时就去自家地里拉土垫台。村里的房屋越垫越高，就像一座座小小的孤岛。滩区群众都是各家各户垫房台，房台高低不一，房子忽高忽低，房子地基和房外地面落差大，出房门就像跳坑，很多房子都紧挨着取土垫台留下的大坑。加上村内道路不平，遇阴雨天气或黄河上水漫滩，街道瞬间变成河道，房子成了一座座孤岛。河中淤积的条形沙丘清晰可见，黄河水稍微一少，它们便露出鱼背一样的脊梁。年复一年，沙丘慢慢变高、扩大，形成了河中淤地。就是它们，阻碍了河水流路，使河道分汊、河床抬高。人们也只好一年年抬高黄河大堤，而这又给滩区农民了带来隐患，不得已，就得年年抬高村台。每盖一次房子，垫一次房台，都是一次和黄河水作斗争的难忘记忆。

在黄河流域的村里，你随意走进一户人家，主人都会向你说出黄河发大水留下的深刻记忆。现在提起洪水，人们仍会心有余悸，大水围村，庄稼绝收，牲畜淹死。村里人出不去，村外人进不来，整天战战兢兢，度日如年。

生存于黄河畔的人们，以他们的辛勤和坚贞，战胜了蛮荒的力量。如今，这里绿树成林，良田万顷，是一片希望的田野……

二

九曲黄河，滚滚东流。一房一台，是黄河滩区的独特景色 。

过花园口，黄河一路奔来，从菏泽市的东明县流入山东省内，自西向东，最终在东营市的垦利区注入渤海。历史上，黄河山东段频繁决口改道，人们只能寄望于筑起高高的村台来躲避洪水。黄河村台，起源于先民避水而筑的高台，传承于洪荒泛滥的滩区人民的生存斗争，并逐渐成为一种独特的黄河人文景观。而“一方水土养一方人”，黄河年年洪水，居民也岁岁筑台，一次次躲过了洪荒灾害。很多滩区群众把一生的精力和财富都用在了垫台子、盖房子上，导致生活困难，“三年筑台、三年盖房、三年借钱、三年还账”。

黄河滩区，即黄河主河槽与防汛大堤之间的区域，面积大，覆盖人口多，易受洪涝灾害影响。雨水大了，洪水来了，河水就会突破河槽，漫到滩区。

房子若是就地而建，肯定面临被淹没或冲毁的命运。长期以来，黄河滩区群众为躲避洪水、实现安居，在盖房之前要把地基垫高，一座房子需要一个房台。这是浩大的工程，只要农闲下来，人们就开始经营自己的房台。机械不发达，全靠人力，全家老小齐上阵，用筐抬，用手刨。洪水几乎年年有，房台也年年修，等两鬓斑白，还在修房台；等干不动了，换上子孙接着干。垫房台花费很大，却没有一个人舍弃自己凶险的故土；他们虽然清苦一生，却凭借不屈的毅力，扎根于此。那是一种渺小里折射的生生不息，如春风起芽，没有人屈服于黄河的洪水。

我曾随着市文联“黄河入海·我们回家”文学创作采风团一起参观了利津县北宋镇佟家村，那是一座典型的房台村落，距离黄河仅几百米。沿着黄河大堤向上走出很远，再走下大堤，进入滩区，随后就是乡间小路。不过这儿已不是漫漫黄沙，而密植了众多的树木，且已高大成材，堤内堤外连成一片。这就是沿黄林带。路也不是泥泞的土路，而是平整的柏油路，掩映在树荫中，恬静怡然。我们沿路在密林中曲折前行，的确是一段不近的路程。

进了村子，一下车，实实在在被震撼了。这

是人类的奇迹——一座座积年累月的垒砌的高大房台，如此突兀地展现在你的眼前。如果不刻意去仰视，你不会体会到那树丛掩映的房台的高大和魁梧。台子周边的树有些是挺拔的，直直地冲天而上，与天相接，那是滩区人不屈的脊梁；有的则是随意的，斜斜插进累土中，把阴凉留给旁边的路面，这是庄稼人朴实的情怀。这些树就像一个个楔子，树根交错，抓土连接，把松散的黄河沙土牢牢禁锢在一起，我想黄河已是无力挣扎了。坡上铺满了如茵绿草，苍翠了整个眼帘，也助力了房台的稳固。

每家院门都有一个顺势而下的沟形的甬道，路面是砖砌的，两面也是砖衬的，这是进出的门户。一进去，光线开始变得阴暗，不能见一些景色。扶着两面墙慢慢爬上来，光线也渐渐明亮，等上了房台，眼前霎时豁然开朗。站在房台上，空气是鲜的，气味是新的，天空被树冠遮掩着，一片清凉。

这是滩区村落搬迁改造、实现安居梦过程中，当地政府审时度势留下的一个原生态的村落。政府积极进行改造，逐步将其发展成一个集民宿、乡村、“农家乐”于一体的旅游景点。这儿不用重新盖房子，只需把出外打拼人家留下的房子翻新，注入新的元素，一个典型的房台农居便丰满起来了。听说，这儿环境优雅，风清气爽，已成为一个有名的写生基地，又是一个避暑胜地，吸引了很多文人墨客。

在村子里碰见一位慈祥的老人，谈及洪水时一点儿也不隐晦。“那时候，遭老罪了，一场洪水啥也没了，年年如此，和洪水抢房子、抢庄稼，都是穷日子。现在好了，好日子，黄河也不发大水了，到处都是树，没有一点儿风沙，房子也结实了，庄稼年年丰收。不愁吃，不愁喝，住得舒坦，安生，老百姓还图什么，这就是好日子！”

看着老人一脸幸福的微笑，再看看周围绿意盎然的美景，大家一身轻松，心情又开始踏实起来，清晰地悟到了这里生活的真谛……

三

再说避水台，就是单纯的躲避洪水的台子。

避水台是过去黄河下游村子里地势最高的地方，现在虽已失去了作用，但仍然是老人们津津乐道的地方。

如今，黄河在人们不屈不挠的治理下，被驯服成一条安澜平静地流入大海，避水台也渐渐失去了它的作用。村里人看它土质肥沃，便把它全部开垦为菜地瓜田，种出来的蔬菜新鲜嫩绿，结出来的瓜果如蜜似糖。这儿也是我们儿时欢乐的天堂。每到放学，我们疯也似地跑到台子上，欢愉地游戏。农村孩子皮实，天不怕地不怕，只要有机会就使劲地捣蛋。碰见有个骑自行车的小孩过来，便一拥而上抢下，几个人连拖带拽把车子弄到高台上，依次骑上顺着坡势往下溜车子，像箭一样冲下高坡，如果刹车不及时，不但车子摔出老远，而且人也摔得鼻青脸肿。即使这样，仍全然不顾，爬起来照样我行我素，这可苦了旁边骑车的孩子，哭得昏天黑地。调皮的花样多的是，也有在陡立的坡壁上掏洞的。人多力量大，几个小家伙不一会儿就掏出深深的大洞来，直掏到台子上的树根底下，台上一棵硕大茂密的树一夜之间便凋零了。气得看树人拿着小棍满街追赶那些嬉笑着的调皮蛋，“咯咯”的笑声瞬间溢满了大街小巷。

厚重的黄土避水台周围散布着灰瓦土坯的农家小院，远处弯弯曲曲的小路纵横交错、高耸浓密的树木与村边流淌着的涓涓细流，在飘拂着淡淡云纱的蓝天下是那样清晰，似乎是一幅不事雕琢的乡野图画。农家小院里堆满了大大小小的麦秸垛，旁边盘坐着几位双手揣袖、抽着旱烟的沧桑老人，若有所思地凝视着远方的田野。

夕阳从西山渐渐沉下去，直至敛去最后一缕光芒。一团晚霞在西边的天际燃烧，渐渐由热烈变得静谧。牧羊的大叔穿着汗褂儿，甩着响鞭，在蜿蜒的小路上赶着羊群回家，古铜色的脸庞幸福而安详。一曲曲古老的民歌曲调，从他的嘴里飞出，在原野上回荡，苍凉豪迈。

乡村的夜晚凉风习习，避水台就像一个很大的阳台。月亮初上，人们纷纷搬着板凳、拿着蒲扇来此纳凉，避水台上很快便聚满了人。一阵阵清凉的风拂过脸庞，让人心旷神怡。那股清凉渗透全身，消去了夏日的酷暑，如薄荷般刺激。远处是此起彼伏的蛙鸣，悦耳动听，伴着附近飘飞的萤火虫，心，自然而然地沉静下来。不远处篱笆墙里的小院闪烁着点点灯火，弥漫着未尽的袅袅炊烟。清浅的夜色里，纵然有过那些绿肥红瘦的心事，经日月星辰的渲染，如今像一片花瓣，慢慢地落下。人们悠闲地坐在一片树影下，轻声絮叨着家常……这是所有人都喜爱的一幅水墨画，那人、炊烟、暮色，静的、动的，都绘在那片湿答答的纸上村郭里，尽显着一派朴实的、人间烟火的气息。

再后来，人们开始在避水台取土，运回家垫地基、盖房子。慢慢地台子变小了，没了，只剩下几棵沧桑扭曲的老树依然矗立在一个个小土堆上。远处，在树林掩映下，整齐有序的院落、宽敞的马路、漂亮的路灯、生意红火的街市，融入了太多城市元素的村子，早已淡去了那儿时爽朗的笑声。风吹过，那扑面而来的喧哗，搅动得那几棵老树仿佛晃动起来，影影绰绰。一树小鸟扑棱棱地飞起来，顷刻便无影无踪……

黄河大堤绵延，堤内是房台，堤外是避水台，大同小异，都是黄河的肆虐催生的，也是勤劳智慧的人们面对天不助、地不挡的恶势悟到的。起初，人们逐水而居，逐地而栖，黄河满足了人们的希冀。可是，人们随着欲望的膨胀，贪婪地掠夺着黄河周围的资源，黄河也开始变着法子对人们使性子、耍脾气，人们也真真切切地咽下了自己酿造的苦酒。如今，黄河已成安澜，人民也已安居。站在四四方方的高台上，向远处眺望，便是黄河温顺的浊流。

我想，这方台子，取之于黄河淤积的泥沙，却又在黄河的咆哮中巍然屹立；我想，每一颗沙砾中都蕴藏着磅礴的气势和魄力，从远方来，落地于此，相互凝结，永远坚实……

老井传奇
——柿子红了

○刘秀锋

山王村的历史到底有多悠久，想知道答案并不难，只要到村里转转，看看村边的那片柿子树林，再看看村里的那几口老井，喝上碗清凉的井水，听听老人们讲的这样、那样的故事，您就什么都会明白的。

相传村子里共有九眼老井，村周围有五条溪流。村前一马平川的水旱良田，村后龙床卧虎山，村左天明高驾山，村右终南长寿岭。先辈们人人尚武，大都以捕猎、采山药为生。山王村的狩猎活动一般从秋忙后持续到冬季下雪，猎人们打猎遵循着古老的传统：对伤人伤家畜的猛兽，追过南山都必须猎杀。对母兽、孕兽、仔兽一律放生或留活口。捕到大的猛兽，家家有份。捕到山鸡、野兔，谁先见分一半，这个传统至今未变。也正因为山王村人历来的这种团结、共享、朴实、善良、勇敢的优良传统和精神，造就了一代又一代的不朽传奇。

我太爷爷大名刘玉堂，是我们刘氏一族的族长，也是我们山王村的村政和曾经的猎王。民国30年（1941年），一个深秋的中午，山王村像往常一样开始了秋猎。那正是山王村选第三十二代猎王的时候，我二爷爷才刚满二十二岁。但他天生神力，勇猛无敌更机敏过人，经过层层比选，最终被推选为山王村新的一代猎王。老子的名头就这样被儿子完美继承，这也算得是龙生龙，凤生凤了。当天傍晚，二爷爷第一次带人捕猎，就捕到了一头二三百斤的大野猪，村人们就像过年一样，敲锣打鼓，在靠近老井的打麦场渠边，找棵歪脖子的大柳树，拴上钩子。几个小伙子三锤两棒子就把猎物倒挂在树干上。年轻猎人熟练地用着小刀霍霍地剥皮，去骨，开膛，引来一群小毛孩止目围观。

麦场中央，在三块石头上架着一口大铁锅。锅下火苗四蹿，锅内热水滚滚，就等着肉下锅了。

在离大铁锅不远的麦场上，烧着一堆篝火，还摆着几张八仙桌，桌子上放着一大坛子烧酒和几摞黑色的瓷碗。闻着酒香，想着不一会儿将要入口的大碗酒，大块肉，哈喇子都快流出来了。

就当人们都沉醉在将要分享美酒美味的时候，突然，天明山顶上飞过了一群黑影，隆隆的发动机轰鸣声瞬间打破了夜空，打破了山王村的喜悦和宁静。紧接着有几颗飞弹落下，一颗在村边的河滩上爆炸了，声音震耳欲聋；一颗不偏不倚正好砸到了大铁锅，“砰”的一声巨响，整个麦场一片火海。惊叫声、哭泣声、惨叫声、怒骂声、奔跑声夹杂着，一切都乱成了一片。救人的、救火的、呼救的，一切都忙成了一片。只有剥了一半的野猪还挂在树干上，滴着血，左右摆动着。

太爷爷闻讯，急忙带着三个儿子赶到麦场，指挥和帮助村民救人灭火。事后发现，有三人被当场炸死，其中还有本家两个未满十岁的孩子。另有两人重伤，九人轻伤。这可是山王村有史以来最惨烈的一幕。

第二天，太爷爷的“洋匣子”，也就是我们所说的古董收音机说：日本人打到潼关了，昨晚是日本的飞机轰炸西安。国民有钱的出钱，有力的出力，有人的出人，在孙蔚如将军的带领下，出陕卫国。

太爷爷让人叫到老井边，敲打槐树上的大钟。此钟难得一响，若响必有大事要发生。

不一会儿，村里就乱了。男人们有的背着猎枪，有的拿着弓箭，有的拿着铁叉，有的拿着砍刀，有的扛着铡刃，还有的拿着长矛。女人们有的拿着菜刀，有的拿着斧子，甚至还有人拿着擀面杖。孩子们拿着弹弓和木棍。大家喊着叫着向老井边的麦场上奔来，很快麦场上站满了人。

看着大伙都来得差不多了，太爷爷虽年近六旬，但身体健硕，一个跃步，跳上了大石磨。他脸色深沉，还没等开口，场上的乡亲们就都住了声，气氛更显沉重。

太爷爷压着悲痛和激动的情绪跟乡亲们说道：“昨晚小日本的飞机来炸西安，西安死了好多人，咱村也伤亡了十几个。日本人都打到潼关了，眼看就要过黄河，打到咱家门口了。咱村准备向孙蔚如将军请愿，组织十八人硬豆敢死队，出陕抗日。家里独子的不准去，年龄不够二十岁的不准去，超过三十岁的不准去，女子不准去。够资格的井边大路排队抽签，抽到死就是敢死队员，抽到生就回家。由我家老二带队，共一十八人。多一个都不要，少一个都不行。”话音刚落，场上又乱了起来，村上符合条件的大约三四十名。大都想参加敢死队，为亲人报仇，无奈名额有限。在预先准备的签筒桌前，人早已围满，争着抽签……

敢死队集齐了，二爷爷却并未急着回家，反倒一个人匆匆忙忙地顺着南坡小路，去了我家坡顶上的柿子树林。深秋的柿树特别美，浅红若黄的树叶，红红的柿子，一串一串像灯笼，美得让人发呆，让人着迷。

树下，有一位眉目清秀，头发乌黑，身材匀称的美丽姑娘，正在用竹竿摘柿子。阳光下，红底小花的薄棉袄，蓝粗布筒裤，绣着梅花的绣花布鞋，还有头上扎的毛线红头绳，和柿树、荒草、青石、阳光一道构成了一幅明丽的秋日仕女图。

这位不是别人，正是邻村我二爷爷未过门的媳妇，也就是我的二奶奶。本来，两家约定今年秋围后结婚。谁知这可恨的日本人，来的真不是时候！

我家的这片柿树林，大概有百十棵大柿子树，祖上从来没有自己摘过。无论本村人还是外村人，谁摘都可以。只不过摘一担，就要给我家交一半，遇到实在可怜的人，不交也行。在那个食物奇缺的年代，这也算是祖辈救济乡民的一种功德吧！

二爷爷来到了树下，和二奶奶打了声招呼后再也不吭气了。直接上到了树杈上，帮二奶奶摘柿子。二奶奶：文杰！文杰！文杰！连叫了三声。二爷爷都没回应，脸始终绷着。二奶奶一看不好，准有事。筐笼在旁边一放，柿子也不摘了，硬是把二爷爷从树杈上拉了下来。“文杰！到底咋咧！我哪有不对吗？”二奶奶委屈地问二爷爷。

二爷爷这会儿才急了，拉住二奶奶的手，眼睛红红有点湿润，轻声地说：“倩儿！我今年不能接你过门了。明天我就要带着敢死队去潼关，过黄河打日本鬼子，为死去的乡亲们报仇。这一去也不知道多久……”二奶奶听了，人一下瘫倒在二爷爷怀里，半晌，这才泣不成声地说：“那让我咋办！还要等到什么时候呀？”二爷爷也流泪了，抱着二奶奶。看着树上红红的柿子喃喃地说：“等明年柿子红了的时候，我一定回来娶你！”

第二天，天还没亮，山王村里各家各户的油灯却已早早点亮了。有人“啪啪”地拉着风箱烧水做饭，有人在铁锅里烙锅盔馍，有人在用鸡蛋韭菜包饺子，有人在缝补衣装，有人在霍霍磨刀……

对山王村来说，这是个不眠之夜。小伙子们天亮后就要走了，这一走，是生是死，能否平安回来，谁也说不准。我们家也一样，太奶奶和太爷爷一宿没合眼，在炕上面对面坐着。大奶奶给二爷爷收拾衣物，大爷爷替二爷爷喂马磨刀。我爷爷到铺子收钱，给二爷爷准备盘缠，我两位老姑在锅案上亲自给二爷爷烙煎饼，以备路上吃。二爷爷也早早起来了，洗漱后，先到上房给太爷爷太奶奶磕头请安，然后到中堂祖宗牌位前，抽了三根香点燃，躬身三拜，算是敬祖，也算是祈福。

二奶奶这时也早已到了前堂（按当时的风俗，没过门的夫妻一般逢年过节才能在家见面），提了一篮子的熟鸡蛋，手里还握着一缕用红头绳拴着的头发。她眼睛红红的，捎带着说话声音也有点涩了。二爷小心轻柔地把二奶奶的那缕头发揣到了怀里，对二奶奶讲：这是我的护身符！我想你的时候就拿出来看看。

天很快就亮了，山王村口的大场上早已站满了人。井边的大路上，一字排列着十八匹马和十八位壮士。太爷爷骡马店里最好的十八匹马全都在这了。壮士们个个背插大刀，头裹黑粗布围巾，只露双眼，外腰统一扎着黑粗布腰带，腿打白粗布绑腿。乍看倒是人手一杆枪，然而细瞧来，有汉阳造，中正式，还有自制土枪，真打起来，准星和威力可谓参差不齐。这阵势，好不威风，又好不悲怆。

太爷爷不知什么时候，左手拿了一面旗，右手端了一碗酒，站在石磨上。旁边摆了一张方桌，桌上堆了几坛上好的柿子酒和几摞酒碗，还有一碗新鲜的泥土。“老大！老三！倒酒！”太爷爷话音刚落，我两位爷爷一个提着坛子，一个递碗，给十八位勇士一人倒了一碗酒。“今天这酒，是乡亲们的送行酒，是用咱山王老井的泉水和咱山王坡上的柿子酿的。给每人碗里再放一点土，这土是咱山王的根。不管此去是否能生还，只要喝了这碗壮行酒，山王就在你们的身体里，在你们的血液里。就是死了，魂也不会迷失方向，魂也会自己回来。孩子们！一定要给咱村争口气，日本人就是野兽，对付野兽就要用咱猎人的手段，除恶必尽。等赶走了日本人，回来了，我老汉请大家吃八大碗，十二道。干！把酒喝了！”话音刚落，太爷爷和十八壮士几乎同时，一饮而尽。

啪！啪！……酒碗逐个地被摔碎在地。“老二，接旗！”太爷将手中的旗子打开，但见白色的旗面用血红的朱砂写了八个大字：山王村抗日敢死队。二爷爷接过大旗，向太爷爷和乡亲们深深地鞠了一躬。猛地回头喊了声：上马出发！蓦地便翻身上马，两腿一夹，马儿甩起四蹄一溜尘烟向潼关方向奔去，其他人马紧随其后。人群中又乱了，有喊名字的，有追着马队挥手的，还有向我二奶奶那样，哭得不省人事的……就这样，十八勇士一路马不停蹄向山西方向奔去。

跑了两天一夜，终于到了中条山前线。一下马，我二爷就带着请愿文书直接去寻军部，找孙蔚如将军。很快，孙将军就将山王村抗日敢死队编入了正规作战序列，直接参战。中条山地区的战斗进行得非常惨烈，一直从深秋打到第二年立秋。每天队伍都有很大的伤亡。我们的敢死队也不例外，上去不到一年，就有七个人战死，大都是被敌人的坦克炸死的。眼瞅着继续这样被动防御也不是办法，我二爷爷急了。这铁家伙不收拾掉，这仗就没法打。便自告奋勇请战，在夜色的掩护下，带着余下的十个兄弟，每人身背两个炸药包，顺着山道向敌人坦克阵地摸了上去。

等到了敌人坦克阵地附近，发觉敌人的阵地前面是一片开阔地，灯光四射，戒备森严。阵地两侧面是兵营，后面是绝壁山崖，根本无法靠近。

二爷爷把大家叫到树林里，将观察到的情况讲给大家听："地形对我们一点儿也不利，既然来了，完成不了任务就不能回，也没脸回去。兄弟们看咋办！""就是死，我们也要把狗日的坦克炸掉，为死去的兄弟们报仇。""对！绝不后退，大不了同归于尽。""好！拼了！文杰，你下命令吧！""好！有兄弟的这几句话，值了。下辈子咱还做兄弟！"二爷爷放低了声音。

然后，众壮士们面向西方跪下，齐磕了三个响头。"只有来世再报养育恩了，只有来世再娶你了"，二爷爷虽心里觉得对不住家人，对不住二奶奶，但他仍然毫不犹豫地带领着大家，向敌后的山崖上迂回挺进。他们把当年在山王打猎的功夫全都用上了，爬峭壁、攀山岩、钻树林，还没到目的地，手脸就被枣刺扎得不像样子了，再痛也没有人吭一声。

费尽了周折，终于爬到了山崖上。可往下一看，山壁太陡，山根离坦克阵地最少也在五六十米，炸药包直接抛下去根本伤不了坦克，咋办？唯有爬下崖去，靠近了再炸，一个也跑不了。但炸了以后，大家也就无法再回来了。

天也快要亮了，再不下去黄花菜都凉了。“下！”二爷爷小声喊。就这样，山王村的猎人勇士们，跟着二爷爷，一个不落，迅速向山下滑去。当敌人还在睡梦中的时候，怎么也想不到这天降神兵。他们到了坦克旁，拉燃引信，将炸药包一个个扔上了坦克。轰！轰！轰！山谷被炸成了一片火海，火光照亮了天。山王村的爷爷们也都一个个消失在了火海中……

天亮了，敌人没了重火力优势。国军一个反冲锋，很快就把敌阵地拿下了。孙将军含泪下令，一定要将山王勇士们的尸体找到。可咋找呀，坦克都炸得面目全非，何况是人呢？

战士们找了半天，什么也没有找到。正要回报，突然有一位战士在靠河边的石堆里发现了一个人。大家围上去匆忙搬开石头，一看，竟然是我二爷爷。脖子上一摸，人还活着，就喊医务兵，大伙手忙脚乱，抬起我二爷爷就向战地医务帐篷跑。终于，命是保住了，但还是少了一条胳膊。

过了一个多月，二爷爷出院了。孙将军找他谈话，说山王村的猎人没有孬种，个个都立了大功，他也获准回后方结婚了。二爷爷听了，哭了！对孙将军说，不把日本鬼子赶出中国，他死都要死在中条山。身为山王村的人，要生都生，要死都死，绝不独活。孙将军一看没法子，只好让二爷爷又留了下来。

对于独臂的二爷爷来说，接下来的战斗就更加残酷了。在一个柿子红了的傍晚，敌人炮轰我军阵地。二爷爷为了救一位不满十六岁的小战士，自己扑在了炸弹上，手里还紧握着那缕用红头绳拴着的头发，身上到处都流着血，鲜血染红了天边的晚霞，染红了柿树林的树叶和柿子……中条山上，那面写着山王村抗日敢死队的队旗还在随风飘扬。

山王村的柿树林，一片深红。二奶奶提着竹笼，站在柿树下。望啊！盼啊！等啊！她怕呀，怕二爷爷回来找不到她，每次来就在树上拴上她的红头绳。一年又一年，每年柿子红了的时候，二奶奶都来树林里等，都会拴红头绳……

从此，山王村坡上柿树林里的柿子比哪儿的都红，每棵树上都拴着红头绳……

黄河边的女人

○高安侠

93岁的李玉德长跪在一块石碑前，老泪纵横，放声长号，一张核桃似的脸布满皱纹。她就这样跪着，哭着，任由儿孙们怎么拉，也拉不起来。

石碑上的三个字“高振山”，是她爱了一辈子，念了一辈子，也恨了一辈子的人。

如今，三个儿子已经没了两个，最小的也年近六旬，满头白发，和孩子们一起陪着她来到鲍家沟。孙子一辈隔了代，对这个只存在于大人们口中的“爷爷”没有一点儿感觉，看着奶奶哭得扯心扯肺，只觉得茫然。

71年了，李玉德做梦都想不到，高振山竟然埋骨于邻县一个小小的山沟沟里。不是说跟着彭德怀的部队打仗去了吗？

李老婆儿拍着腔子，边哭边骂：“你个挨刀子货，良心叫狼吃了，你知道我这寡妇人家，一个人拉扯三个娃娃是怎么过来的吗？”

“你这没良心的，你把老人和娃娃撇给我，你到哪里散心好活去了，你咋就那么放心，不怕我把你大你妈饿死吗？”

孙子听得有些尴尬，觉得奶奶在这里丢人现眼，当着那么多外人的面，把家里的事抖搂出来叫人笑话！死命拉她起来，可就是拉不起来，滚了一身的黄尘。

奇怪，瘦得只剩下一把骨头的奶奶，怎么这么大劲儿？

说来说去也怪自己多事。那一日，孙子的朋友圈里突然疯传一张照片，说是清涧县鲍家沟出土了71年前，也就是1947年的一座石碑，上面清晰地刻着四个名字，碑文显示，这是当年牺牲在这里的4名革命战士……

孙子看见了一个名字“高振山”。咦，这么眼熟，和咱爷爷同名同姓！吃饭的时候，无意间说给爸爸，爸爸吃了一惊，眯着眼睛看那微信里的图片，看不出个所以然。末了，又含含糊糊地说给耄耋之年的老母。李玉德一听，被电击了似的，一双浑浊的眼睛里放射出异样的光。

她要亲自去那个叫作鲍家沟的地方。这几十年来，活不见人，死不见尸，该有个了结了！

儿子不让去，老婆儿怒了，一巴掌甩过去，没打着，人一闪，差点儿跌个马趴。

没奈何，父子俩只好护送她去鲍家沟。

从黄河岸边的古渡甸到鲍家沟差不多两百公里，那沿黄公路曲曲弯弯犹如九曲连环，老太婆晕车晕得死去活来，孙子后悔自己多事，奶奶都那个年龄了，经得住折腾吗？

在奶奶往昔唠唠叨叨的碎片里，那些陈谷子烂芝麻的事才逐渐连贯起来……

现在石碑上那个抽象的名字“高振山”，那时候还是一个生龙活虎的青年，在古渡甸一带是有名的好后生。他长得俊眉深目，虎背熊腰，种庄稼的一把好手，脑子也灵光，一到农闲了，就跟上商贩当脚夫，坐着羊皮筏子到黄河那边贩东西，那日子过得油光水滑，炕上铺着栽绒毯，碗里盛着海带，那时候，海带在陕北一带还是稀罕东西，从天津远路上贩来的，只有家底厚实的人才吃得起。

李玉德和高振山还未出生的时候，就已经指腹为婚，结了娃娃亲。李玉德的父亲是个穷秀才，考了一辈子也没考上半拉功名。后来大清国废除了科举制，他才死了这条心。在黄河岸边的乡村，生下女儿是不用起名字的，嫁给谁就叫“×× 婆姨的”，老了就叫“×× 奶奶的”。可是老秀才觉得自己一肚子知识没有用处，就苦思冥想给女儿起了一个名字：玉德。

玉德 16 岁就嫁到了黄河边的古渡甸村，给高家生了 3 个孩子，都是男娃娃。

村子里人人都羡慕地说，看人家的光景，看人家的婆姨！

振山不但能干，还心疼婆姨，让整个村子里的婆姨都眼红，他不打骂婆姨，也舍不得婆姨下地劳动，玉德的一双小脚都没踩过自家的地沿子。不过她是个巧手媳妇，剪的窗花花贴在窗子上都能引来蜜蜂，绣花的鞋垫送人，人家都舍不得穿。五谷杂粮经她的手调弄调弄，就能变成香喷喷的美食，古渡甸那些南来北往的商贩都说，高振山这后生有福气！

冬闲了，振山又出门当脚夫，半月二十天才回来。晚夕吃毕饭，辞了老人，回到自己的窑里，悄悄从怀里掏出来一只玉镯给婆姨戴上。玉德吃了一惊，知道这是个贵重物件，问哪里来的？他连忙掩住她的口，回头瞧瞧门窗，方低声儿说：这次去到黄河那边的碛口镇歇脚，遇上一个贩玉的，半路害了痢疾急着用钱，就把一只玉手镯拿出来变卖。他手里刚好有十六块响洋，搞了半天价，少要了五块，花十一块银洋买下了。

“专门给你的！”他凑近她的耳朵悄悄说。

听这一番话，玉德又高兴又心疼，细细端详那镯子，豆油灯下，闪着温润幽暗的光，好像手腕上游走着一道灵动的光，有一种不可言说的美。

末了，口里还是责怪他乱花钱。振山指指中窑，示意不敢让两位老人听见了，又压低嗓门，附在她耳边悄悄说：好好藏着，这是个吉祥的东西，保护你一辈子呢！

听见振山跟着彭德怀当兵去了，正在纳鞋底的玉德吃了一惊，差点儿一针扎进自己的掌心里。

村人赌天咒地说亲眼看见的。

那时候，陕北闹红，延长县成年男子有一大半都去当兵了。据说，那天彭德怀给镇子上赶集的人讲话，说当兵光荣，吃得好穿得好，冬有棉夏有单，一天一顿猪肉炖粉条子，打完蒋介石就回来，保证家家户户过上好光景。振山虽不是吃不上饭的人，但是陕北男人的血性让他义不容辞地参军去了。只给媳妇丢下一句话，三五年就回来！

从此，每天升起的太阳要靠她一个人从东边背到西边。

炕上的三个娃娃，最小的只有四个月，连坐还不会。秋天里，地里的庄稼背到场院里，靠她一簸箕一簸箕地簸。南来北往的出门人传说着她的能干：古渡甸那个俊婆姨真能干，没见过簸庄稼的！

凭着一双巧手，农闲了，在渡口街面上支个摊子卖凉粉碗托。那些赶路的脚夫们又说：古渡甸的婆姨手真巧，走州过县没吃过那么好吃的凉粉碗托！

三年过去了，丈夫没回来。

五年过去了，丈夫还没回来。

胡宗南进攻陕北的时候，延长县一共九千户人家，当兵走了的男人就有七千人。那些战死沙场的，家里就会挂上一个军烈属的牌牌，公家逢年过节还给发一袋面粉或者几张钞票。东西虽不多，起码是个荣誉，在村子里也能抬得起头，说得起话。

可是，高振山死活没有个音讯，有的说死了当个烈士，婆姨娃娃还能沾光，可是这高振山咋回事，敢是升官另娶了?

渐渐地，村里就有了闲话。

四村八乡的闲汉们没事嚼嚼舌根，怂恿媒婆去说服她另嫁，媒婆刚一扯到这个话题，被她一顿臭骂，连滚带爬跑了。晚夕，自己一个人哭鼻子，她实在想不通，好好的光景，男人为什么撇下就不过了，非要跟上彭德怀打仗?那么多男人都回来了，为什么自家的男人不回来?

想不通，可是日子还要过，三个孩子见风就长，俗话说半大小子吃穷老子，个个都是无底洞。到地里锄地，背上小儿子，玉米叶子又宽又长，像一道一道的小刀子割着娃娃的嫩脸，看着满脸的血道道，她泪如雨下。

夏天比孩子脸还善变，轰隆隆一阵子电闪雷鸣，那雨就来了。她连忙背上娃娃躲到石岩下避雨。

忽然，一块石头被山洪水裹挟着，从崖上滚落下来，只听“轰隆”一声，一块石头擦着鼻尖落下，她本能地护住娃娃的脑袋，手腕上的玉镯被一磕两半。

这玉镯是家里唯一值钱的东西，再穷再难也没有动过变卖的念头，不料一下子断裂成两半，她心疼得跳天号地，眼泪和着雨水满脸都是。

日子一天一天朝前磨，粗粝的光景磨得她再也没有了女人的柔情，成了一个有名的泼妇。都说孤儿寡母好欺负，但你到李寡妇门前试试！骂你一顿，祖宗十八代，代代问候到。有个黑皮不服气，心想一个婆姨人家还上天不成？晚夕到门前踅摸着，说些不三不四的怪话。

李寡妇端条推磨大棍从门里一扑出来，二话不说，兜头盖脸就打，俗话说，善的怕恶的，恶的怕不要命的。黑皮万万没想到李寡妇豁出命来跟他打，屁滚尿流从沟底下蹿下去了。

从此黄河两岸，人人知道了李寡妇的厉害，泼妇的坏名声像影子一样跟了她一辈子。只有高振山的瘫子父亲替她辩护，说：人家娃娃不容易！说着眼泪长流。

无数个寂静的夜里，只有她知道一个又一个的黑夜是怎么熬过来的。为了俭省灯油，天黑了就上炕睡觉，可是她眼睛里走了瞌睡，那上眼皮和下眼皮就是合不到一起。

她有一个本领，从箱子里抓出一把麻钱，不多不少刚好五十个。往地上一撒，然后下炕一一捡拾。那些麻钱很调皮很乖巧，都藏在了旮旯里，这里一个，那里一个。捡呀捡呀，直累得腰酸背痛，五十个麻钱才一一找回来了，这时候，远远的一声鸡啼，窗户上的麻纸泛出淡淡的青色。

一年一年地，送走了炕上的老人，养大了三个孩子，她也老了，风吹白了头发，也吹弯了腰身。一到过年，儿孙们都回来了，照相的时候，一大家子站一河滩，老婆儿端坐在中间，干枯的手腕上套着那只断裂了又镶好的玉镯。

只有她知道短一个人，这个人不回来，她就要等下去。其实，大家都知道短一个人，可是这个人缺席太久，大家都忘记了……

清涧县志记载："1947 年，胡宗南进攻陕甘宁边区。8 月 24 日，在本县鲍家河一带，胡匪某部和我军发生遭遇战。我军以少胜多，打退了敌军的猖狂进攻……"

高振山牺牲于这场遭遇战。军情紧急，来不及安葬，四具遗体被草草埋在这里，用刀在一块青石上刻了他们的名字，准备将来天下太平了，迁往家乡安葬。

很多事情被渐渐尘封在了时光里，要不是修乡村公路，谁也不晓得这里还埋着一个秘密。

71 年里，没有人还记得这里有四个亡灵等待回乡，也许，埋他们的人也战死沙场了。

71 年里，如花似玉的李玉德成了发如白雪的老妇，只有她还在等，等待着解开心里那个疑问。

许多人的一生做了许多事，黄河岸边的这个女人，一生只做了一件事，那就是等，无尽地等。

血铸的寨子

○许小根

井圪塔，这个位于山西吉县城西5里的普普通通的小山村，居住着11户农民。他们面朝黄土背朝天，“日出而作，日落而息”，祖祖辈辈就这样劳作着，倒也安安然然地生存过来了。谁也不曾想到，这些安分守己、安居乐业的人们却遭受过一场毁灭性的灾难。

1938年12月31日，对吉县人民来说是个心惊胆寒、毛骨悚然的日子。日本鬼子进吉县县城了。县城里的居民惊慌失措，乱成一片。井圪塔人也听到日本鬼子进城的消息了，他们却没有城里人那样慌张，他们自有藏身的好去处——寨子。井圪塔的寨子已有一百多年的历史了，而且非常隐蔽，洞口在距沟底五丈多高的崖上，又被山壁凸出的部分隐蔽着，从洞口往下看，看得一清二楚，从沟底往上看，什么也看不到，没有梯子或绳子，休想攀登上去。

此时，井圪塔人正在紧张而有秩序地把粮食、水缸、被褥等一切要吃要用的往寨子里转移，他们不像是在逃难，而像是“搬家”。“家”搬完了，老百姓高兴地说：“让日本鬼子闪个狗吃屎吧。”寨子里自然容不下全村的人，安置妥当后，年轻人就撤了，各自寻自己的安身之处去了。这时寨子里剩下老弱妇孺 30 人。

村民们万万没想到，这么隐蔽的地方竟被日本鬼子轻而易举地发现了。

1939 年，元旦，这个一年伊始的日子，应该是个万象更新理应贺庆的日子，可对井圪塔人来说却是个黯淡的日子，晦气的日子，扫兴的日子。中午，日酋谷口圆二郎指挥的八九个鬼子在一个汉奸的带领下杀进了井圪塔村，井圪塔村顿时枪声四起，狼烟弥漫。鬼子一看村里空无一人，便径直往寨子奔来。此时，通寨子的悬梯还没来得及抽掉，鬼子就扑上来了。在寨子里，30 位老弱妇孺只得眼睁睁地看着这伙鬼子抢走他们赖以生存的 700 多块银币，十几两烟土和几床被子。

鬼子走了，惊慌失措的人们终于镇定下来，七嘴八舌地议论开了，说鬼子今天来的人少，好多东西如粮食家什这些拿不动，说不定明天还要来。

“狗日的，日本鬼。”50多岁的老汉白老七愤怒地骂一声。随手捡起一条布袋，又大喊一声：“走，背石头去。”接着就有几个身手利索的人拿着布袋随着白老七下寨去背石头。一趟又一趟，碗口大的石头小山似的堆在寨子口。寨子里的其他人也没闲着，用镢、锨挖了一大堆土块堆在寨子口。一切收拾停当，人们抽掉了梯子，白老七拍拍手上的土，说：“叫他狗日的日本鬼子再来吧。”

果然，第二天早晨日本鬼子又来了，这次是40来个，来到寨子下，见没了梯子，便叽里呱啦地乱叫，并向洞口开枪射击。白老七等人也在上边叫骂：“小日本，有本事上来呀！”气急败坏的鬼子哪能甘心罢休？找来了梯子。一批鬼子用枪掩护，一批鬼子乌龟似的往上爬。白老七等人在崖边观察，怀里揣着石头，等鬼子爬到大半截时，白老七一声令下：“打！”石头土块一齐下，打得鬼子鬼哭狼嚎，跌到崖底。鬼子连续发起几次冲锋，都被洞内用同样的方法打退了。鬼子无奈，只好抬着两具尸体到附近的麦尖庄村去火化了。寨子里的人别提多高兴啦，平时连架都没打过，今天竟打起仗了，还打死了两个，打伤四五个鬼子，真是打了个大胜仗。

1月3日，鬼子又来攻打寨子，又是整整一天，结果自然是鬼子以失败而告终，缩回了县城。

1月4日。天还没大亮，鬼子就把寨子包围得严严实实。这次鬼子又增加了兵力，有100多人。沟底密密麻麻地布满了鬼子，使这小小的山沟里充满了血腥味和恐怖感。“堂堂的大日本帝国”夸下海口要征服全球，竟征服不了这么一群老弱妇孺；把大半个中国都给占领了，竟占领不了这么一个土寨子，还被这些手无寸铁的中国老百姓打得落花流水，人仰马翻，死伤十几人，岂不是太丢面子吗？今天鬼子要破釜沉舟了。寨子里的人也意识到今天的情况不同寻常，但他们不怕。通过两天的战斗，他们已掌握了经验，锻炼了胆量，今天要和鬼子拼个你死我活。白老七是指挥，他把寨子里的男人分成两个组，轮流在洞口打，其余的人在洞里挖土块。

鬼子开始进攻了。梯子搭好后，密集的子弹朝洞口猛烈地射来，打得洞口周围的土直往下掉，洞里的人出不来，但洞里的人也不急，他们已有了经验，只要鬼子爬上了大半截，下边就不敢开枪了，怕伤了他们的人，枪声一停，赶紧出去打，时间上恰到好处。

鬼子的枪声停了，白老七一挥手："打！"第一组群众迅速扑到崖边，骨骨碌碌的石头直往下飞。日军一阵惨叫，结束了第一次进攻。就这样来来回回，从清晨打到中午，从中午打到下午，鬼子仍没有攻下寨子，气得在山下嗷嗷乱叫。高兴得老百姓在洞口放声大笑。鬼子又一次进攻了。这次是强攻，不管上边怎么打，一批接着一批往上爬，这给上边带来的最大威胁是"武器"缺乏。石头很快打完了，接着是土块。土块也打光了。鬼子继续往上爬。洞口的人一个劲地喊："快，土块！快，土块！"洞里的人何尝不急呢，就连七八岁的孩子和六七十岁的老婆婆都操起菜刀、剪刀在洞里乱砍。土块并不容易挖到，就连壮小伙子一镢下去，或许也只能挖一堆土面子。土块供应不上了，眼看鬼子就要爬上来了，只见有人提着镢头照着两口大缸就是两下，水缸被砸成碎片，又有了"武器"。接着是炭块、油瓶、盐罐、脸盆、水瓢、饭碗、饭锅、锅盖……再接着是被子、毡子、枕头、煤油灯、男人们的鞋……能打的全打下去了，剩下的就是这30条命了。山下的鬼子见洞内打出来的这些“武器”，知道寨子里已是弹尽粮绝，没有抵抗能力了，露出了狰狞的淫笑，得意扬扬地又往上爬。

等鬼子再一次爬到半截时，只见白老七、杨庚子、白福录、白德录等人带领着全寨的男女老少，手持钢锨、镢头、菜刀、剪子、火柱，威风凛凛地站在崖边。只听白老七喊道：“乡亲们，不要怕，只要鬼子敢上来，咱们就一个接一个往下跳，踩死他。”

30位中国老百姓齐声怒吼：“踩死他！”

这震耳欲聋的吼声在山谷里回荡。沟底的鬼子愣住了，他们不敢开枪，怕打到他们的人，爬到半截的鬼子也愣住了，他们在梯子上掏不出枪，对峙了片刻，爬在半截的鬼子只得战战兢兢地往下缩，他们被这怒狮般的吼声震慑住了，他们被这英勇顽强、无所畏惧的精神震慑住了。

风平浪静了。寨子里的人知道鬼子还会进攻的，便趁此机会赶紧挖土块。突然，在外面放哨的人大声喊道：“鬼子来啦——”原来鬼子想出了一条诡计。他们找来几条井绳结在一起，一边从正面往上攻，一边从山顶往下吊人。寨子里的人也迅速分成两部分，一部分对付下边的，一部分对付上边的，下边的鬼子一露头，便遭到土块猛击，上边的鬼子一露脚，又遭到锨劈镢砍。反复几次，鬼子仍占不了寨子。这时，鬼子用根井绳，从中间和两侧一齐往下放人，从半截开始就用机枪往洞口扫射。三挺机枪封锁了洞口，洞口的人只好往洞里撤，这样，鬼子站在了洞口。白老七喊一声“杀！”举着钢铣向鬼子捅来，可是钢铣的速度比不过子弹，鬼子一梭子弹射过来，白老七倒在了血泊中。白福录的锄头还没举起来，也倒在了血泊中。白月娃倒下了，杨庚子倒下了，阎徐娃倒下了……

洞里只剩下妇女和孩子。山上的鬼子下来了，山下的鬼子上来了，一场惨绝人寰的大屠杀开始了。鬼子举着刺刀见人就刺，此时洞里充满了厮打声、咒骂声、挣扎声、惨叫声和孩子们的哭叫声。这些声音没有维持多久，便销声匿迹了。白老七的儿子白再兴，头上被刺两刀，肚子上被刺两刀，但他没有死，等鬼子撤走后带着满身血迹跑出“寨子”，给外边避难的人去报信，报完信便倒下了，乡亲们叫死叫活也没把这孩子叫醒。当时他才 14 岁。

当在外边避难的人闻讯到寨子时，寨子里惨不忍睹。他们在清理亲人尸体时，发现了两个小生命还活在这个世界上，一个叫白青彦的 6 岁女孩被母亲及时卷入席筒里，免遭一死，一个叫白梅梅的 7 岁女孩被倒下的亲人压住了，没有被发现，也免遭一死，其他 28 人全部惨死。他们没有亲眼看到自己的亲人是怎样和鬼子搏斗的，但他们为亲人们装棺时却没有一个人不失声痛哭，泪如雨注。

白老七，怒目圆睁，怎么抹也抹不住。乡亲们哽咽着说：他这么刚强，怎么能瞑目呢！就让他这样去吧。白月娃，这个连杀鸡手都哆嗦眼都不敢睁的人，攥刀的那只手怎么掰也掰不开。乡亲们哽咽着说：他怎么能甘心呢！就让他这样去吧。

杨庚子的老母亲，手中紧攥着自己的一只鞋，这是老百姓打人时最常用的“武器”，怎么拿也拿不掉。乡亲们哽咽着说：她连人都没骂过，这是咋啦。白彦青的妈妈，这个年轻的女人，嘴里咬着自己的长发，这是农村妇女发狠时最常见的姿态，那束长发都拔断了，也拔不出来。乡亲们哽咽着说：别拔啦，她心里恨呐。

就在这黄河岸边，28位老弱妇孺，面对鬼子的子弹刺刀，没有一个人屈服。他们是中国老百姓中力量最薄弱的一部分，他们手无寸铁，只凭依一座孤独寨子和荷枪实弹的日本鬼子整整打了3天。他们含着愤恨去了，却打出了中国人民的浩然正气；他们带着遗憾去了，却留下了不屈不挠不可侵犯的精神；他们流尽了最后一滴血，却筑起了一道抗击日寇的精神长城。这是黄河人的秉性骨气使然，这更是黄河人浓郁家国情怀的彰显！

鱼儿峁：静听一世繁华一世消

〇曹 洁

传说中的那场黄水滔天，一条飞龙，浮上云头，又轻轻落地。他硕大的骨骼化身成鱼，躺卧于无定河床，血肉成土，鱼鳞长成万棵枣树。奔流不息的河水，疼了这大鱼，她慢下来，慢下来，缓缓流过他的左肋，也流过他的右肋。她不奢想成为他的一根肋骨，只愿注入他的身体，化为四通八达的血脉，日夜滋养他的生命。这鱼儿，从此有了相依相偎的伴侣，不再漂浮不定，舒心安卧。

清早，从王宿里出发，沿着河水的方向，深入河谷，过了水岸，爬上一道长坡，又一次站在西腰关。俯瞰那条大鱼，我十分确信，我应该是走到靠近他的时候了。这么多年，我走了很长很长的路途，奔着他走，绕着他走，远看着他走，却从没有贴近。或者说那份天赐的缘分还未到。这一程，我做好了所有的准备，包括欢喜或悲伤。

不着急，不走捷径，沿着蜿蜒山路，绕过一层又一层石崖，双脚带着我的身体不断降低海拔，往河床而下。岩石多风化，呈现出各种各样的造型，一块又一块圆石头藏身石崖上，石崖裸露着大块小块的铁红色。石头孕育了铁，怀揣了它们多少年。铁在石头的胞衣里日夜安眠，睡着，或者醒来，他们都是石头舍不得分娩的婴儿。人看着铁疼，铁疼着石头的疼。昨天，或者明天，石头的阵痛，被流水殷勤抚摸。

走到合适的坡度上，土壤渐渐肥厚起来，枣树出现了。深秋时节，枣子红透了，叶子和枣子一起落在地上，满地的红、黄、绿。无须伤秋，也不要为枣子伤感，它们从土地中来，回到土地中去。这样的自然选择，也挺好。多少年来，大山和河水相伴相守，枣子和枣子相依相偎，而走在枣树地的我们，亦如枣子，甜里藏着酸，酸里生出甜。

枣树地过了，便是结实的石基，石基上生出石窠，那是流水三生之恋的吻痕。石头青蓝，无杂色，河床下切两米左右，水便浮现了。这个高度看到的水是活泼泼的，不像远距离俯瞰。站在高崖上看到的水，似乎只是储存在河床里的物，你看不到他动，也听不到一丝响声。而此刻不一样，刚刚从枣树林里钻出来，枣香还没散去，水声便来了。

水声来了，我却想先停下来，暂且不靠近水。我得留出足够的时间和精力，面对面，看看他。找了一块靠水最近的大青石，平整如砥，更像一张床，干干净净的蓝，仿佛有谁裁剪一片蓝天安置于此。静坐石床，将腿脚伸出去，悬在空中，生怕脚上泥土染了这一片青蓝。

坐下来，端端正正地坐下来，面对面坐下来，看他闭上眼睛睡着的模样。我确信看见了他的眼睛，也听见了他均匀的呼吸。水从南面而来，绕过他的尾部西侧，向西北流过来，流过左腹部，润过他开合自若的唇，才缓缓地往他的右腹部去了。自然，还要流过他的尾部东侧，再向南而去，绕出下一个曲流。那里，从王宿里水库奔涌出来的水，纵深下跌 38 米高度，流入东风水电站，在经历了激烈的冲击、旋转与跌宕之后，水与水，再一次温柔融汇。

此刻，终于听见响亮的水声，终于这么近地看见流水的模样，看见水冲过石罅，跌出响声；也看见水蓄成一汪又一汪，静水深流。就是这条河，从遥远的白于山出发，流过浅滩和深沟，流过村庄和院落，流过庄稼和草地，一直流到这里边，只为滋养这一条神话般的大鱼。

这天作之合，是河流、山峦和枣林的杰作。无定河蜿蜒而过，神奇地浮出这条鱼儿，那么，我如此艰难地从山巅俯瞰的角度转换到与他平视，如何肯放慢亲近他的脚步？

站起来，从一米多高的青石崖上，轻盈地跳下去。

临水而立，回头仰望西腰关，它恍然飘浮于云端，温柔俯视。

我不再着急跟着水走，水在前方，永不停息，我却要在这里停下来，等着水来，看着水去。河床上露出一大块青石，水漫上来，又退下去，好似又浮出一尾小鱼。我便站在这小鱼尾部，眺望着丰腴的大鱼背。他健壮的脊背上，一棵又一棵枣树，长得繁茂，绿荫如盖，仿佛为他披上了碧绿的外衣。秋水稍急，无法赤脚蹚过，去枣树林摘枣子吃。那就紧挨着水坐下来，看水，看鱼儿，看鱼儿峁。不是因为身体疲惫，也不是不能站着，而是冥冥中有一种声音暗示，唯有坐下来，才能安心看河。

这里没有泥滩地，全是青石，随便哪里坐下来，就像坐在一盘土炕上，稳重安宁。阳光打在水面上，碎银子一样，闪着光，如片片鱼鳞，活泼泼的。我一见这水，便十分欢喜，掬了一捧，水从指缝儿间漏下来，又洒入水中，活泼泼地流走了，我掌心的温度也便随她而去。我也不恼，像一个孩童，笑嘻嘻地，看着她头也不回地走远。

这样多好。无定河水从上游流下来，流过中游，入黄河前，他的流速渐渐慢了下来。他不再着急，而是迂回曲折，流连，再流连，曲流成景，将一条河水柔韧的生命弧度留给世界，留给世人。

这是一条河最大的隐喻吧。

那么，他在告诉我们什么呢？

世界多少生物，多少形态，多少种可能，为什么他唯独留下一条大鱼？鱼儿峁，这条大鱼，你这端庄千年的静物，像晴天浮过的云，像水塘上宁静的风，像空房子散进来的光，朗照万物慈悲，自己却并未减损毫末。坚硬的岩石被水流、雨雪、风霜雕刻出片片鳞甲，护佑你饱满的头部、腹部、尾部，多少年流过去了，你都没有瘦下去。

鱼身比我高多了，不管坐着，还是站着，我都高不过躺卧的他。坐在鱼儿身旁，想象自己也是一条鱼，与石鱼相对而视，无声对话。欲说还休，欲说还休，轻轻张开的嘴唇，还没有突出一丝气息，马上又紧闭了。我的腮帮因为紧闭嘴唇而有些紧绷，有些痛麻。多少世俗的词语早已在血液里奔突、涌流，它们迫切地需要释放，将污浊、委屈、挣扎和气馁，一股脑地喷涌给河水，卸下身体中无望的累赘。但是，我还是竭力阻止这难以遏制的世俗执念，或者说，这静默沉睡的鱼，以他的善良、包容和自省，渐渐消融了那些可有可无的执念，我变得和他一样，轻灵安宁。

河流是流动的生命课堂，也是诗意的美学课堂。漫漫长途，他把自己流成泉、涧、溪、瀑、潭、泊、湖，却不改水性，不改河流的初衷。它把青天、流云、鱼虾、水草都装在自己的身体中，柔软地呵护着。水不断地流走，白云不断地飘走，鱼虾也不断地游走，只有水草原地不动。那么，于一条河而言，这已然足够。

河滩上遗留着树枝、腐木、塑料瓶、烂鞋底、废轮胎等各种杂物，它们被水带来，暂且栖息在这里，待一场大水来临，再一次将被水带走。水从来不嫌弃什么，也不舍得什么。我捡拾了一截长方形木头，薄厚均匀，纹理清晰，身体被水流冲刷呈蜂窝状，表皮酷似鱼鳞片。究竟有多少水流过它的身躯？我甚至愿意相信它的前身就是一杆船桨，吃了太多的水，某一段横流中，折断了，便留在水中，随水奔走，直到这鱼儿怀里，歇下来。还有一块木头，弧形，像船，那么，就是一块船帮吧。我把它们带回家，沾着河水泥浆，放置桌案前，它们自然而然组合成一家人，一弯小船，荡着一杆桨。

还有一块树根，胖嘟嘟的，像一只骆驼脚。它也是在水里待久了，水将它一点一点雕塑，刻出一只笨拙而负重前行的脚。这木头沾了水性，留在这水岸，依然长出几朵水花。我知道千年的石头会开花，我也知道沐浴水分的木头会开花，谁曾料想，这走过沙漠的驼足也开出秋菊一般的小花？

时光存在的方式应该有很多种，苔藓是其中最柔嫩的一种存在，或许也是久长，也是耐力。天地造化，阴阳转合，苔藓如花，它的开放与凋零，亦是时光缝隙中的一种现象。我带它回来，每日晨夕，必浇清水，生怕它吃不惯铁管里生锈的自来水。谁知那花却毫不嫌弃，只开不败。我小心翼翼地呵护着这水木之花，木为阳，水为阴，阴阳之道，便是万物生生不息之源泉。

一个季节之后，大雪封山，鱼儿静卧在沟底，披着一身雪，睡了。他背上的枣树落尽叶子，枝上缀满了棉花雪。流过他的无定河水封冻了。我又一次站在西腰关站在高崖上，石头上开满了雪花。枯枝在风中摇曳，仿佛鱼儿均匀的呼吸，拂动着腮边鳞羽，盈盈而动。

黄河凌洪与九烈士

○李庆余

“敬礼，老战友来看你了！”来自江苏、河南和山东等地的百名济南军区工程兵独立舟桥营的老战士，来到济南市平阴县英烈园，含着眼泪站在50年前牺牲在平阴的抗凌九烈士墓碑前，以标准的军姿，向九烈士庄严敬礼，久久不愿离开。这是2019年4月3日，济南陆军预备役舟桥团在隆重举行抗凌抢险九烈士牺牲50周年纪念活动时的一个感人镜头。

黄河决口　凌洪泛滥　紧急出动

1969年2月10日（农历腊月二十四）傍晚，正在城关公社石庄村黄河岸边值班的民兵观测员，发现黄河上游河水解冻，解冻的河水夹杂着冰块顺流而下。由于下游仍旧封冻，河水湍急，冰块受阻，一块一块的冻冰叠加增高，很快形成一个横跨黄河的冰坝，河水迅速涨满河床，冲决了河堤。汹涌的洪水卷着一块块巨大的冰凌，像是发了疯的野兽向博士洼、栾湾洼和20多个村庄铺天盖地而来。石庄村进水了，刘官庄村进水了，碗口粗的树被冲倒，树皮被凌刀刮光……观测员十万火急向上级汇报了灾情。

县防凌汛指挥部接到灾情报告后，立即启动抗灾预案，一方面向各分指挥部下达抗灾抢险的紧急通知，号召全县人民紧急动员起来，打一场抢险救灾的人民战争；另一方面向平阴驻军济南军区工程兵独立舟桥营发出支援地方抗灾的请求，他们深知，这支部队具有抢险救灾的光荣传统和超凡的战斗能力。

这天晚上，原济南军区工程兵独立舟桥营的大礼堂里灯火通明、一片欢腾。山东省新年春节慰问团泰安分团正在慰问演出，整个会场洋溢着军爱民、民拥军的热烈气氛。当演出进入高潮、观众看得尽兴的时候，突然，通信员跑到礼堂告诉副营长高风顺："平阴县革命委员会领导请您接紧急电话。"高副营长从电话中得知，平阴县沿黄发生了百年不遇的特大凌洪，冰洪泛滥，人民群众生命财产受到威胁，请部队赶快出动抢救。接完电话后，高副营长赶紧叫上小车驾驶员陈晋元驱车赶到受灾地点，在县、公社两级防凌汛指挥部同志的陪同下，察看了受灾情况。

灾情明了后，高副营长赶紧回到营房召开了营党委会，向在家的委员通报了灾情，同时向军区工程兵司令部报告了灾情和地方政府的请求。在党委会上，大家认真分析了灾情，认为灾情严重，情况紧急，老百姓的生命财产受到威胁；解放军是人民的军队，保护人民的生命财产是人民军队义不容辞的职责和神圣的义务。养兵千日，用兵一时，打仗是这样，和平年代抢险救灾也是这样。现在人民群众正在遭受特大凌洪的危害，军队应当挺身而出进行抢救。营党委当即决定在营房的部队，除留下必要的岗哨外，全部出动。开会的同时，营部也接到了军区作战部批准部队出动的命令。

研究好抢险救灾的方案已经是深夜 11 点多钟

了，战士们沉浸在文艺晚会的气氛中，已经进入了梦乡。突然，一阵急促的紧急集合号声划破了夜空，全营官兵迅速集合在毛主席的巨幅画像前。副政委陈望周向指战员报告了灾情，下达了抗洪抢险的任务，进行了战前动员。部队官兵听到广大人民群众的生命受到凌洪的威胁时，个个心急如焚，恨不得插翅飞到现场，在第一时间抢救老百姓的生命财产，并高喊口号："下定决心，不怕牺牲，排除万难，去争取胜利！"在一线士兵整装待发的同时，一些患病或正在执行其他任务的干部战士，本可不参加这次抗凌抢险任务。但他们凭着革命军人的觉悟和全心全意为人民服务的精神，不顾领导同志的劝阻，毅然要求参加抢险救灾。

营救群众　奋勇向前　英雄遇难

凌洪就是命令，时间就是生命，一场惊心动魄的保卫人民群众生命财产的战斗开始了。部队兵分两路，其中一路由高副营长率领营部、一连和汽车连，于凌晨一点半向栾湾公社开进。车辆行至东张营村后，无法继续行驶，干部、战士便下车徒步向受灾区前进。营指挥所临时设在三皇殿村。由于天黑，情况不明，无法确定行动方案，指战员便分头做些准备工作，待基本就绪后，天已放亮。这时，他们才发现靠近黄河岸边的柳河圈村周围都是水，并急速向四方漫延，由于水还浅，对附近的村庄暂时没有构成威胁。到 11 日下午 3 点多钟，灾情仍没有什么变化，部队便决定撤回。这时，北风逐渐增大，天气阴沉沉的，像要下雪的样子。在撤回途中，部队碰到县防凌汛指挥部的领导同志，高副营长向他们汇报了灾区情况，并交换了意见。县指挥部也同意部队撤回，向石庄村、刘官庄村增援。当部队撤到北贵平村时，见整个贵平洼被洪水卷着白花花的大冰块淹没，像一片汪洋大海。在一个无名高地的山脚下，突然发现冰水中有一绿色物体，经打捞察看，竟然是技术连一班长杨成启同志的尸体。接着，在不远的地方又发现了三班副班长王元贞的尸体。这使高副营长马上意识到上游灾情严峻，可能头天夜里出了问题。根据这种情况和水势逐渐变大的趋势，高副营长临时决定部队不再回撤，驻扎在南贵平村观察情况，应对意外；同时一面派人把烈士的尸体送往医院，一面派哨兵继续观察灾情，尽快与上游部队取得联系。

另一路部队由陈望周副政委带队，率三连、技术连和营篮球队的战士开往凌洪决口处的石庄村、刘官庄村方向。当部队到达老博士村时，洪水已向他们扑来。官兵们立即下车携带防汛器材跑步前进，穿过几道横栏的水渠，来到一座小桥上。透过黑沉沉的夜幕，他们发现被凌洪包围的刘官庄村亮起灯火。这灯火是紧急救援的信号，老百姓可能正处在危难之中。部队当即派副连长张秀廷带领一支突击队直插刘官庄村。刘官庄村紧靠黄河，三股洪流在此汇合，情况万分紧急。操舟不行，水位太浅，等水位上涨更不行，人民群众正处在生死关头，不能有一分一秒的耽误。“快！涉水前进！”副连长张秀廷向战士们发出果断命令。“为了保卫人民的生命财产安全，不把刘官庄的老百姓抢救出来，誓不罢休！”张秀廷以敏捷的动作，首先脱掉棉衣向洪水扑去。战士们也随之一个接一个地迅速脱掉棉衣，顶着刺骨的凌洪，涉水前进。当他们冲到一个洼地时，水情急剧变化，迅猛上涨的洪水漫过膝盖，越过腰部，涌上胸口。狂风卷着怒涛咆哮着，冰块在怒涛中闪着白森森的寒光，时而发出刺耳的撞击声。

突击队处在十分危急的境地，张秀廷沉着指挥，赶紧招呼大家靠拢，排成一路纵队，相互照应，加快速度越过洼地。大家互相勉励：“一定排除万难，冲出洪流险区，赶快营救群众。”不料行进间，一块桌子大的冰块压了过来。排长吴安余抢前一步，肩膀一扛，冰块顺流而过。这时突击队被冲散，分成了前后两部分。前面的同志越过了洼地，和后面的距离越拉越远，彼此之间失掉了联系。走在前面的同志突然听到后面传来“毛主席万岁”的高呼声，立即意识到后面的同志仍处在激流险区，遇到了危险。张秀廷要返回接应后面遇险的同志，吴安余说：“副连长，你是指挥员，不能返回，把这个任务交给我吧！”在这紧急关头，吴安余挺身而出，立即带领几名同志前顶逆风，后抗冰凌，英勇搏斗，接应后边的战友。突然，恶浪卷着巨大的冰块，从后面压了过来，夺去了这位年轻排长的生命。

风越刮越猛，浪越掀越高，夜越来越深，气温急剧下降。张秀廷带领突击队部分同志，经过近两个小时的搏斗，有的被冰凌划破撞伤、鲜血直流，有的冻得下肢麻木僵硬、呼吸困难，行进越来越艰难。这对他们来说，不仅是体力的考验，也是意志毅力的考验，咬紧牙关，坚持，前进，再坚持，再前进！当离刘官庄还有六七十米的时候，张秀廷让司号员周登连吹响冲锋号，鼓励大家尽快冲出凌洪险滩。可话音刚落，一个大冰块劈头向他压来。同志们奋力去抢救，两次扑空，就这样，刚满 20 岁的共青团员周登连被凌洪夺去了生命。他的言行，实践了他入党申请书上写的“人类解放我解放，洒尽鲜血为人民”的誓言。

带领大家一路冲锋陷阵的张秀廷面对夺去战友生命的凌洪，望着前面村庄人民求救的灯火，心情沉重而又急切，带领大家继续往前冲。患有关节炎肩上还贴着膏药的他，由于长时间的搏斗，体力已经支持不住了，身体在左右摇晃。战士董秀卿冲上前去扶他，他一把将小董推开说：“别管我，赶快前进！我们宁愿前进一步死，决不后退半步生。”话音刚落，突然一个大漩涡卷来，他被卷走了。突击队只剩下董秀卿一个人了。他竭尽全力，凭着顽强的意志和坚韧不拔的精神冲上了刘官庄村。他刚踏上村边，便一头栽倒在地上。村民见此情景，立即开展了抢救，女青年刘万英把准备结婚用的新花被子给董秀卿同志盖上，老奶奶给他端来热水干粮。经群众奋力抢救，小董苏醒了过来，保住了生命。

走在后面的突击队员宋猛聚、许尚勇两位战士尽管和前边的战友失去了联系，但仍坚定信心，朝着有火光的方向奋力前进。这两位入伍不到一年的新战士互相鼓励，互相照顾，并肩前进。小宋突然感到小许的身体往下沉，便连忙呼叫；“小许！小许！”没有回音，原来小许已经昏过去了。小宋心想不管有多大的困难和危险，有我在就有小许在。他紧紧地拖住小许迅速向洪水围困的小马山前进，快到山脚的时候，正好遇到技术连的战友，战友们赶快把他俩救上折叠舟，送到已变成孤岛的小马山顶群众编筐的房子里。这时，他俩的身体已经冻僵，呼吸也几乎停止了。技术连的战友见此情景，心急如焚，一边迅速点燃火堆增加温度，一边嘴对嘴地给他俩做人工呼吸，并解开上衣，用炽热的胸膛去温暖他俩冰冷的躯体。胸膛冰凉了，在火上烤一烤再暖，经过一个多小时的抢救，小宋、小许终于苏醒过来。当他们睁开眼睛看到眼前的情景时，感动得流下了泪水。

军民携手　众志成城　战胜凌洪

11日天刚蒙蒙亮，大部队绕过险区，越过激流，克服艰难险阻，分别进入了受凌洪包围的村庄。在刘官庄村，干部战士出生入死，抢救老人儿童，把200多名群众转移到安全地方。在石庄村，战士们在途中棉衣被湿透，裤子冻得梆梆硬，进村后腿没歇，脚没停，立即和群众一起奋战，在村头路口筑起了12条坚固堤坝，挡住了洪水和冰凌，保住了全村人民生命财产的安全。当战士们来到东张营村，水已滚滚进村，大家涉水快跑，争分夺秒，把生产队的粮食、牲畜、苇子和学校的桌椅板凳全部抢运出来。深夜3点钟左右，洪水向东张营村北、紧靠洼地的刘大娘家冲来。她和小孙子待在家里，水位急剧上涨，情况十分紧急。就在这时，战士迅速赶到她家，扶着大娘，抱着孙子，刚踏出门外，洪水就漫门而入。感动得大娘直说："托解放军的福！是解放军救了俺娘俩！"还是在这个村，战士们又顶着寒风，冲过急流，抢救出为保护集体财产而被洪水围困的5名群众。在望口山村附近，当一只船满载着被救群众正行驶在滚滚波涛中，突然，一个大冰块向船横冲过来，眼看一场翻船的事故就要发生，共产党员班长潘克祥眼疾手快，叫几个战友一起用双手撑住船沿，猛地伸出双腿，拼出全身力气抵住冰块，使船擦冰而过，避免了一场翻船事故的发生。

战斗在栾湾公社的副指导员杨家锋，带领一支小分队跑遍了受洪水威胁的 7 个村庄，做到不漏一户，不丢一人，以完全彻底的精神执行抢险救灾任务。当他得知在离王营村三里外的洼地里有一座机器房情况不明时，便毫不犹豫地带领几名战士划着橡皮舟赶到那里。机器房已被洪水冲塌，看管机器的两名群众困在水中，冻得瑟瑟发抖，看到部队来了，不由自主地连呼：“我们有救了！解放军是我们的救命恩人！”

2 月 10 日深夜 2 点，平阴县家家户户响起有线广播，县防凌汛指挥部向全县人民报告了凌洪灾情，号召全县干部群众迅速投入抗灾抢险斗争中去。广大群众听到动员后，立即从四面八方涌向灾区。县里十几名干部奔赴翟庄村后，挨家挨户叫醒正在睡觉的群众，让他们转移到安全地带；南门村的基干民兵来到阮二村，先把生产队的牲畜牵到高处，确保不受损失；城关公社水利站的干部发现博士村有一座机井房处在危险区，当即拆下电机和配电设备，转移到安全地方。军民一起经过 4 个昼夜的艰苦奋战，终于战胜了这场百年不遇的特大凌洪，使全县沿黄地区 50 多里内的 40 多个村庄、22000 多名群众安全脱险，财产没有遭受大的损失，取得了抗洪抢险的胜利。

抗凌烈士　英灵永存　光照千秋

在这场抗凌抢险战斗中，解放军舟桥营用坚强的意志和实际行动谱写了一曲全心全意为人民服务的凯歌，有 9 位干部、战士献出了宝贵的生命。他们是共产党员、副连长张秀廷；共产党员、排长吴安余；共产党员、班长杨成启；共产党员、副班长王元贞；共青团员、副班长蒋庆武；共青团员、战士周登连；共青团员、战士陆广德；共青团员、战士阎世观；共青团员、战士杨广佩。

由于烈士们都是在 2 月 10 日夜晚牺牲的，洪水泛滥，漫无边际，有几位烈士的尸体在抢险救灾期间没有找到。当地的人民群众知道后，纷纷自发地拿着工具，带着干粮，早出晚归，到被洪水淹没过的地方寻找烈士的尸体。他们当中有干部、工人、农民、学生，有老人，有小孩，天天都成千上万，成群结队。经过40多天的寻找，终于在洼地里、桥洞下、树林中、渠坝旁，找到了烈士的尸体。根据当地政府和人民群众的要求，平阴县挑选了群山环绕、松柏掩映的金斗峪，修建了“抗凌抢险烈士陵园”，安葬了九位烈士，并于3月5日上午，由部队与地方两级组织在县城东野外一个大山洼里举行追悼会。追悼会当天，平阴县所有花圈店的花圈销售一空，群众献上的多数花圈都是自发制作的，烈士墓地周围群山被花圈覆盖。从会场到墓地五六公里路上全都挤满了悼念的群众，哭泣声绵延不绝。

独立舟桥营抗凌抢险的事迹，很快传遍了齐鲁大地，受到了济南军区和山东省的肯定和赞扬。当时济南部队副政委李跃文等领导同志在灾情过后不久，亲自到部队慰问和看望全营官兵。1969年3月21日中共济南军区委员会、山东省“革命委员会”同时做出“关于开展学习为人民战胜特大凌洪的济南部队工程兵某独立营和张秀廷等九烈士活动的决定”，号召全区官兵和全省人民立即掀起学习、宣传独立舟桥营和九烈士的热潮。为了表彰九烈士及舟桥营的事迹，军区党委做出决定，给在抗凌抢险中英勇献身的烈士张秀廷、吴安余、王元贞、蒋庆武、周登连、陆广德各追记一等功；给杨成启、阎世观、杨广佩三位同志追记二等功。追认蒋庆武、周登连、陆广德、阎世观、杨广佩五位烈士为中国共产党正式党员。给技术连一排记集体一等功，舟桥营、技术连、三连三排各记集体二等功。3月23日，山东省《大众日报》以“用毛泽东思想武装起来的人所向无敌”为题，详细报道了独立舟桥营和九烈士的抗凌抢险事迹。而后，全国省级以上报刊都进行了转载，使舟桥营抗凌抢险的事迹和九烈士的英名传遍祖国大地。

英雄虽逝，英灵永存。为学习英雄、激励后人，平阴县政府作出决定，将“抗凌抢险烈士陵园”设为青少年爱国主义教育基地。每年清明节，都有大批学生到烈士陵园扫墓，缅怀革命烈士，继承革命意志，牢记军民鱼水情，学英雄精神，走英雄道路，创英雄业绩，努力加强部队现代化建设。

寂寞的老村

○薛江锋

提到老村，我本想说是荒芜的，但“荒芜”一词，对于这深秋里依然绽放的牵牛花、火红的野枸杞和沾了露水却依然不忘飞翔的蒲公英，对那老砖上的青苔，对所有结了籽的草来说，都是不公平的。显然，老村很少有人来了，没了人，这些野草花木就热闹了，她们生生不息，铺满所有的来路，她们做了这里的主人，自然的一岁一枯荣。我是在一个雾蒙蒙的早晨跑回来的，没有遇见一个人，也没了牛羊的呼喊，大地复归宁静。其实啊，与其自以为是地说老村是寂寞的，莫如反躬自问，寂寞的何尝不是我？

老村在黄河岸边，叫林皋村。记得很小的时

候老师教我们“皋”这个字，说它的笔画不是“白本”，是“水边的高地”，因为有大片的林子，所以叫林皋，于是我懵懵懂懂觉得秦腔《三滴血》里“祖籍陕西韩城县，杏花村中有家园”唱的就是这里。到老城的博物馆去，又觉得“黄河象”也曾在黄河岸边的林子里横冲直撞，它一不小心掉进了泥里生成了化石，后来骨骼就收藏在了博物馆的玻璃罩子里。我也曾在旧书店查过地名志，书上说这个村子是北宋时期从河东过来的薛姓最先入住，后来有了中林皋、上林皋、林皋寨子，再后来才有了新林皋，为了区别，人们习惯称老村为下林皋。

北宋至今已有千年。河出龙门，倏然开朗，坦荡荡的母亲河给我们的先祖铺展开一片肥沃宽广的土地，他们用白矾河冲来的大石头打地基，用泥土打坯、柴火烧砖、白灰垒墙，一代代人靠一双双手搭起了遮风挡雨的家园。有了猪有了牛，有了老婆有了娃，面朝黄土背朝天，牵了牛一茬一茬耕种，一料一料收获小麦玉米和各类五谷，一代一代长得壮实，一代一代生生不息，出落成一个也把“耕读传家”“诗书第”写在自家门匾上、有许多深巷子和深宅大院的村落。

“三十年河东，三十年河西”，这句话如果翻译得直白些，就是黄河也有脾气，会进村撵人。大约20世纪90年代，有一年大水灌满村东头的涝池，绕过那座砖石基座的照壁，一路向西，村子里的大巷小巷都是一膝盖深的水。水来了又走，可潮气就从地底下往上泛，土墙的根子就一层层剥落、一层层瘦，不堪重负的时候轰然倒塌。墙倒得多了，事情也就稠了，东家的狗撵了西家的鸡，北头的猪拱了南头的菜，以前见了面客客气气的人就不那么客气了，骂那畜生的话里就多了一些味道：“你妈把你生下咋不管你啊，我这菜是给你种的？”这边用铁锹铲着地上的粪，也骂猪：“猪啊，你老往你妈那跑是想咋，你是吃屎的不长记性？”男人们就把自己女人往家里拉，要关大门。大门外是开了三轮车来收玉米的，一斤八毛，多一分钱都不要，管你玉米多好多干净，人家说你这村子远的，收你的是赔钱给你拉运呢，油钱都不够！女人和男人们夜里便琢磨着，人家谁沿着国道都有了门面，人家谁贷了款拉煤跑运输在公路边盖了房，离了这一年两茬的庄稼过得还好，撑死胆大的饿死胆小的，琢磨着互相壮了胆，便吆五喝六，要求镇上划庄基地，说这地方不能住人了，把瘸腿的跛子拉着说潮得了风湿，再住房子就要埋人。跑了几年终于批了，就一家一家筹划着盖新房子。

老村离新修的108国道有好几公里，1990年说是亚运会的火炬传递会过国道，村里的男男女女穿了花花绿绿的衣裳，我也跟着大部队去看火炬，远远地听见那“我们亚洲，山是高昂的头，河像热血流”的歌声，却急忙走也走不到跟前，稀奇地看着路上飞驰而过的大卡车，那是我记忆中第一次见到大世面。激动人心的时刻很短，却在脑子里留下一首歌。那条长长的路，一边是黄土崖，一边是深深的沟壑，在这里我们开始了自己小学6年的奔波。记得我学的第一个成语是一个同学的爸爸写给老师的信，老师说：“有些同学的家长写信还用词，早出晚归……披星戴月……哼！”然后那个同学就站了一节课，我倒觉得那个披星戴月真的是个很美丽的词语。那时候的星星是多么明亮啊，特别是冬天，冰冷的空气干干净净的，如果有雾，唱着歌儿找不着人的感觉真好，天地是那么纯净而广阔。我们轮流去学校给自己的教室生炉子，大人帮一次忙自己就会了，把家里的玉米芯、棉花柴，把母亲收藏的塑料袋子摸了去生炉子，那都是披星戴月去的。

那长长的大约有三四公里的路上，秋天有火红的柿子、酸甜的酸枣，有四季不同的风景，也有我们偶尔能遇见奔波在路上或者劳作在地里的父母，更有背了包在课间跑来学校送一个苹果、一包饼干的爷爷奶奶。那些教我们的老师是多么年轻啊，她们一住就是一个星期，一字一句、一笔一画，把我们带进知识的长河，当我们终于长大远行，那爱穿白裙子、扎红色蝴蝶结的老师也不知去了哪里，校园的桐树下，再也没了读书声，荒草就弥漫了那静静的校园。

无忧无虑的童年，时间像匆匆流水。新村终于动土的时候，我的曾祖父已经在老村东刨西捡整理了几大堆老砖。父母供我们兄妹仨上学日子实在紧巴，好在我们的作业不用大人愁，就抽空也帮忙去找砖。住新房是那时最大的梦。老砖都有年份了，有大有小，曾祖父用瓦刀一敲，上边沾着的白灰就掉了，他敲得当当响，嘴里哼哼有声，都是些秦腔的调调，听起来充满了故事。冬天的太阳暖暖的，我们拿白灰在墙上写写画画，他看得乐呵呵的，给我们讲些久远的神话传说，教我们唱几句秦腔、眉户——“韩琦奉命出宫院”“世人都想把官做，谁是牵马坠镫的人”。老人一肚子戏。有些砖还有万字头的花纹，瓦当上的小兽头活灵活现，有猫、有虎，它们都被我细心地收起来。东藏西藏，后来也不知去了哪里。

那些老砖后来被深深埋在地下，打牢了我家新房的地基。那是千禧之年，从那时起，我们离开了老村，可无论走到哪里，我的老村常常出现在梦里，我觉得是那些老砖在梦里叫我，于是我常常在梦里的老村游荡。

如果老砖有灵，他们该记得老村的古井。老村一共四口井，只有我家门前的井水最甜。天天坐门墩石上看门口来来往往挑水的人，我第一个背诵通过了《古井》那篇课文——“桶儿叮叮当当，扁担吱悠吱悠”，说的可不是我家门前的场景吗？井口是一整块中空的青石，井壁是一排一排的老砖砌起来的，长满了绿绿的青苔，趴在井口往下看，天圆圆的一片，水一滴一滴往下滴，大人们硬说底下有泉水往上冒，总之，水是活的，活的水就甜，只是到现在也不明白泉为什么涨不满井。对门的男人很厉害，说话毫不客气，说你们小娃跑到井上是想死了？我们吓得就跑，边跑边想，死到底是什么意思？四年级的时候我从姑妈家抱来两只小白兔，冬天拨开积雪去给他们拔麦苗，把碗里的面条偷偷喂它们吃，后来我就有了一院子的小白兔，有天却发现有的兔子怎么就不见了。大人说是老鼠偷走了，就打老鼠，猫晒着太阳懒懒的，偶尔还伸伸懒腰。我就躲门缝里看，大花猫左顾右盼突然一跃，可怜的兔子被咬住了脑袋，我呼叫着没把它打死，它却让我最心爱的大兔子奄奄一息，再拿它爱吃的白菜麦苗哄，都不睁眼睛。知道死原来是那么回事，我就不敢再上那井台了，见了那个男人就躲。但是他却是害怕我的曾祖父的，大人说是因为曾祖父一身正气，邪不压正。我们跟着曾祖父给家里抬水的时候就叽叽喳喳毫不胆怯了，牵着牛饮水的时候也很神气。那男人爱琢磨机械，还是个木匠，有拖拉机，没事了绳上拴个吸铁石从井里捞起锈迹斑斑的水桶，轰地撇进他的拖拉机车厢然后扬长而去，我们都觉得拖拉机黑烟的味道很臭。

如果老砖有灵，他们该记得老村的秦腔。秦腔能勾走农村人的魂。我的老村因为水淹，戏台子早早被拆了，看戏便只能到上林皋的学校去，那一般是在春节或清明期间，热热闹闹地唱几天，亲戚朋友都来看。往常就是哪家的老人去世了，儿女们会请来戏班子在送葬前一天晚上唱几出戏，这戏大多是表达儿女对老人离去的哀愁与不舍，也有教人向善、劝人尽孝等内容。乐器一响，我们就坐不住了，黏着大人要去，大人说去可以，前提是作业必须做完。一般是在那家人的院子里，讲究的人搬个凳子，大多数站着或搬个砖头坐地上，女演员一段《哭灵》，唱得凄凄惨惨，底下的男男女女直抹眼泪，再来一段《三娘教子》，灵堂里没了妈的男儿就哭得失了声。《三滴血》《放饭》《周仁回府》等唱段，孩子们听不懂，却拿着大人给买的糖葫芦，盯着台上的人一哭一笑入了迷。我是最爱跟着曾祖父去的，他能把我抱着坐在场面上（伴奏的乐队里），我爱看那眯着眼睛拉二胡的、摇着脑袋打板的艺人们，他们都是曾祖父的朋友，多年后我依然感恩，是这些人把这与这大地一样久远深沉、一样美好动人、一样具有顽强的生命力的乐曲种在了我的脑子里，让我能感受这块大地的苦乐。看戏的日子，多半是睡着了被他抱回家的，睡梦里依然是那秦声秦韵，睡梦里总有一双大手紧紧把我抱着。

如果老砖有灵，他们该记得孩子的乡愁。乡愁是怀念，是长长久久的思念。我上了初中，不知怎么就开了窍，常常能拿回奖状，我的曾祖父就会把他箱子里放得面面的苹果、山楂拿出来奖励我。我从小睡了十四年他的炕，那个冬天烧得暖烘烘，允许我把猫抱着睡的被窝，给我的生命留下了太多的温暖。曾祖父会唱戏，他早先也是跟了那些戏班子走南闯北给人家唱戏，回来会从他的皮包里拿出一块块雪白的馍，馍里还包着核桃或枣，那是我们最好的零食。后来不去唱了，每到过年或清明，村里排演大戏的时候，他就带上自己的板胡，把那些能唱爱唱的一个一个教，戏开始的时候他坐在台子上，要么打板，要么拉板胡，或者静静坐着，一边是热闹的戏，一边是冷静的他，我总觉得戏里有他的故事，只是那时候不懂，直到他去世很久的一个春节，伯父从村里的老磁带里找出他唱戏的一段录像，不那么清晰，我却感受到了他的孤独——那是一段《烙碗记》，段戏里他扮演伯父志明，唱到动情处声嘶力竭，得知侄女定生受滚水烙碗之计后悲上心来浑身发抖轰然倒地，而后又顽强地站起来，70 多岁的老人，一把抱起让他心疼的侄女在台上转了两圈，台下掌声如雷，那是他唯一留给我们的念想，我也是在多年后，一遍一遍含着眼泪看完之后，明白了他的孤独。他双七大寿那年，村里的老老少少送来一块匾，写了“秦声传斯”四个字，这匾我们一直珍藏着。

如果老砖有灵，他们该记得我有多么想念我的曾祖父。老村的角角落落开满了黄色的野菊，它们挂着露水，就像我的眼泪。曾祖父在我们都搬到新房以后，执意要一个人住在老村子，他独自一人在那片空地里喂养着猪，然后拿卖小猪娃的钱来补贴我的父母。他种了好多的菜，总说多得吃不完，给所有的人都送。他教我的那些“食不言、寝不语”“贫女勤梳头、贫家常扫院”“坐有坐姿、站有站相”“狗不嫌家贫、儿不嫌母丑”等规矩，让我终身受益，特别是他的大气、他的豪爽，多年后，他被人们说起的时候，是那么的受人尊重。“谁没有难？帮就帮到底！”他大热的天穿了长衫子在地里为牛割草，却常常把家里的牛借给别人用，不要一分报酬，他总说吃苦的人不会穷。后来上学，回去的次数就越来越少了，八月十五的下午，我和父母带着饺子，远远听到他在屋里一个人拉着板胡，那悠扬的胡琴声越来越多了伤感的味道，他对我们的爱也是与日俱增，只是当时太不懂事。我们仍愿意把奖状贴在他的墙上，把学校的故事讲给他听，他听着笑着，很满足的样子，鼓励我们“书山有路勤为径，学海无涯苦作舟”。

再后来，就像所有的戏都要落幕，岁月终于要他走了，他的离去是我心里永远的痛。

那一天，大人们搬了好多老砖，一块一块，终于在那墓里，隔开了我们阴阳的世界。大人们把那老砖在他的坟头摆成一个小小的台，我在那里放上他爱吃的苹果，放上一杯自己泡的枸杞酒，我在九月初九他生日那天，跪在那烧纸钱的烟雾之后，看见好多好多的星星一闪一闪，那是他怜爱的目光。

从那一天起，思念就成了他坟头的树，越长越大。

从那一天起，我知道我的老村，彻底空了。在一个落霜如雪的清晨，我在老村的寂寞中写下一些文字，其中更多的是我的寂寞。谨以此文纪念黄河岸边我的老村，纪念我亲爱的曾祖父和那些远离我们而去的一切美好过往。

黄河九章

〇刘玉林

第一章　风陵渡：母亲和她的河

女娲娘娘是我们的造物主，创世神。相传她一天七十变化，那时那片天地肯定是荒芜的，寂寥的，有着怎样的风云变幻不得而知。她为什么要创造世间万物呢？可能是因为她心里装了太多美好，想必女娲娘娘很单纯，也很天真。这山川沃野怎样才好看呢？她是创世神，她有让山川易容寰宇变色的能力，她总感觉这片天地缺少点什么，她一会儿让这里有了湖泊，一会儿又让那里有了树木，但她歪着脑袋瞅来瞅去，还缺少点什么，对，她用手指往天上一划，蓝天上就有了白云，这样这块穹宇就好看得多了，女娲娘娘高兴地拍起了手掌——好看好看……

但她还是感觉这个世界不够生动，对，没有花香，还没有鸟语。世界该是什么样子，世界就是女娲娘娘想象中的样子。她想让这片天地充满生机，她想让这些山河富有生命，于是鸟儿有了，鱼儿也有了，各种鲜花各种野兽也都有了，女娲娘娘竟然很像个神奇的画家，她在创造着理想里的世界，她也在创作着心目中最绚烂的作品。她每天行走在这片天地里，好让这片大自然冲刷自己内心的寂寞，还有彷徨。她会摘朵野花嗅上一嗅，插上自己的发髻，她还会让小鸟落在自己的手心或是肩头，听它们动情地歌唱……但女娲娘娘还是有许多伤感，这依然不是她心中的理想世界。她的足迹布满了这块大地，却仍感觉缺少很多，要是有什么能知道她的心思就好了，或者有什么能陪伴她，不至于让她踽踽独行。一天，女娲娘娘走到一条河边，忽然看到了自己的倒影，这是谁？女娲娘娘头上插满了野花，水里那个也插满了野花，女娲娘娘皱皱眉，水里那个也皱皱眉，女娲娘娘挤挤眼，水里那个也挤挤眼，女娲娘娘笑了，水里那个也笑了……后来，女娲娘娘哭了，水里那个也哭了。女娲娘娘不知道自己哭什么，她总感觉这里太空旷、太寂静。女娲娘娘在河边对着自己的倒影蹲了很久，百无聊赖中她撮起一点黄土，对着自己的倒影捏了起来，女娲娘娘一定感觉自己是最美丽的，她想捏出自己的样子，但捏来捏去就是不像，这些小东西都太难看了，不是太粗壮，就是太结实，这个肩膀宽了，那个眼睛小了，一点儿不像自己的样子，没有秀丽，更没有妖娆。但她没有气馁，她是造物主，怎么会造不出自己的样子？终于，一个娇小玲珑的小人儿在她手中成型了，她捧在手心，满意地端详了好久好久，然后把它放到地上……她没想到的是，地上那些小人儿竟然都有了生命，虽然模样不一样，但一个个正瞪着眼睛直溜溜地看着她，有的还叫她母亲，女娲娘娘很惊奇，她俯下身去，仔细地端详着他们，眼中溢满了柔情与温存。对自己的那些作品，女娲娘娘管那些丑一些的叫男人，模样俊俏的就都是女人。女娲娘娘决定做更多这样的"小人儿"，她想让他们在这块大地上漫山遍野地奔跑、劳作。但最后她累了，索性扯过一条野藤，浸在那条河中，那种黄色的河水就裹着饱满的泥浆被拖上来，女娲娘娘就挥舞着藤条四处乱舞，许多泥浆就四处飞溅，平地里，山川中，还有森林里，哪里落了水滴，就立即变成了活生生的人，有男人，也有女人。只是那些人儿都像河水，有着黄黄的皮肤、黑色的眼睛…… 如果这个传说真的成立的话，那女娲面对的那条河一定就是黄河。据说在风陵渡不远处，就有女娲娘娘的墓地。因为她的名字就叫“风里希”。作家采风团一行十几人从车上下来，脚下是风陵渡的地面，身后就是潼关古城的遗址。风陵渡正处于黄河东转的拐角上，为山西、陕西、河南的交通要塞，也是黄河最大的渡口之一，历来为兵家必争之地。曾有古诗描绘风陵渡要塞之重要“一水分南北，中原气自全。云山连晋壤，烟树入秦川”。在岸边还残存着半拉抗战时期的碉堡，外墙上依稀能看到密布的弹孔。风陵渡最终未能让日军越雷池半步，如果鬼子从这里过了黄河，古都西安和洛阳均危在旦夕，但潼关古城在日军的轰炸中遭受灭顶之灾。踏上一条游船，走进风陵渡的怀抱，置身激流险滩，黄河在拐角处一片苍茫混沌。古诗有云“黄河之水天上来”，在风陵渡，黄河似乎消失了水与天的界限。河水如万马奔腾从天际滚滚而来。已分不出哪是水声，哪是风声，似乎仍有古战场的旌旗猎猎与厮杀声不绝于耳，多少金戈铁马，多少折戟沉沙。在风陵渡，感觉是在黄河巨人坚实的臂弯里，你面对的不只是叠浪滔天，思绪中，你只是大河奔流中一枚沙砾……

第二章　古虢国：遥远的钩沉

华夏版图大分裂的春秋战国时期，西虢一直是个小国。在弱肉强食的丛林法则中，它的生存一度很困难，它最初建立在现在河南的荥阳，最后灭亡却是在现在的三门峡地区。这么一个小国竟然跨越了黄河两岸。在诸侯国中虽然不显山不露水，却让晋国那位国君晋献公很是忌惮。

晋献公上位之初，就知道晋国这么多皇族公子对自己的皇权不是好事。他下令诛杀这些家伙，有许多就逃到了虢国，这些公子在虢国站稳脚跟以后率兵来攻打晋国，好在晋献公运筹帷幄，把他们打退了。

但虢国一直让晋献公寝食难安，作为一方诸侯强大的晋国的君主，小小的虢国一度是他的眼中钉肉中刺，不把那些前朝遗老遗少收拾干净，晋献公心中满满的焦虑和惶恐。他一度想派兵灭掉虢国，但许多大臣说，还是等虢国发生内乱时再出兵不迟，一个小国被黄河分成两半，阋墙嫌隙是不可避免的，再说，与虢国关系不错的还有个虞国，这两个小国联起手来还真是不好对付。他的大臣荀息认为最好的办法是离间虢国与虞国的关系，并主张用晋国出产的宝马与璧玉来笼络虞国国君虞公。晋献公说那是国家的宝物，岂可轻易与人？荀息就说了，那些东西只是临时放在他那里，只要拿下虢国，那些东西还是您的。晋献公说你可别小瞧虞国，虞国虽然弱小，国君虽然贪财，但他们那里还有个宫之奇很有一番文韬武略。荀息说不用管他，宫之奇虽然很受虞公器重，但此人生性懦弱不是死谏之人。于是晋献公言听计从。虞国国君被收买后，晋国这边提出，想从虞国借道攻打虢国。虞国国公认为这没什么，就同意了。虞国大夫宫之奇与百里奚再三劝阻，宫之奇说这事使不得，他说虞虢两国一个就像嘴唇，一个就像牙齿，是唇齿相依，没了嘴唇，牙齿岂不会寒冷……这就是那个成语“唇亡齿寒”的来历。但虞公最终没有听从宫之奇和百里奚的建议，不光同意了晋献公假道伐虢的请求，还请缨作为先锋率先去攻打虢国。在晋虞两国灭掉虢国后，晋军在班师回朝的时候又袭击了虞国，顺便把虞国给灭了。大臣荀息把当年送给虞公的宝马牵过来还给晋献公，晋献公笑着说：马还是我的马，只是已经老了……一同俘获的除了那个贪财的虞公外，还有一个叫百里奚的老头，晋献公就把百里奚作为奴隶随自己的女儿一块陪嫁给了秦国，结果这个老头在半路偷偷跑了，跑到了楚国，又被秦穆公用五张羊皮换了回来，谁也没想到秦穆公用五张羊皮换回来的是一代名相百里奚……

虢国幸存的皇室贵族纷纷踏上了逃亡之旅，躲进深山老林隐姓埋名，于是一支重要的姓氏在华夏大地滋生繁衍，这就是那支与“虢”谐音的“郭”姓。

跟我们的历史一样，黄河奔流从来没有停歇过。“逝者如斯夫”，在泥沙俱下的荡涤中，直到两千多年以后，因三门峡水利枢纽建设，在黄河岸边的一次考古，让一个消失了许久的名词“虢”从淤积的河床当中被冲洗打磨出来……走进三门峡虢国遗址博物馆，玻璃箱柜中那一件件青铜器散发着幽幽的绿光，两千多年前古老的历史与风情扑面而来，看到许多从墓葬中出土的玉器，不由得让人猜想这是不是当年晋国送来的。斑驳古迹里，睁大眼睛寻找先人的蛛丝马迹，似乎从这些信息碎片里能找到那些先人的音容笑貌。站在虢国贵族阴森的墓穴墓道前，面对许多在泥土中腐朽无法剥离的车马残骸，面对殉葬坑里的尸骨，游览的人群鸦雀无声。两千年往昔，黄河文明就像它的流水带来的是融合与变革的进程。我们的庄重来源对历史的敬畏，更敬仰的却是这中原腹地最古老的人文。继续沿黄西行，车窗外许多景色在疾驰中掠过。从中原地区的农居看上去这里并不是太发达，但我们又从来都没有贫穷过，起码，我们所拥有的是如此厚重。

第三章　古蒲州：千古绝唱下的流淌

王之涣那时候来蒲州城的时候，蒲州是大唐最繁荣的城市之一，一个国度有五千年的文明史，一座城竟然繁荣了两千年。在大唐，蒲州是与长安洛阳齐名的。在中兴的开元盛世，王之涣没有忧国忧民，没有怀抱不平之气，他最喜欢的事情是写诗，更喜欢的事情是跟另外几个边塞诗人高适、王昌龄一块饮酒赋诗。他来到蒲州登上鹳雀楼，晴空万里，群山叠嶂，眼前一条大河气势如虹，另一侧是蒲州城车水马龙，那一刻他边塞诗人的豪情大发：

“白日依山尽，黄河入海流，欲穷千里目，更上一层楼。”不知王之涣那天是否饮酒，他的诗中已经流露出他胸襟的广阔，内心的激荡。蒲州城那时繁花似锦，茶楼酒肆夜夜笙歌中有多少人在吟唱他的名句，一个诗人从不奢求，去留无意，云卷云舒，能收获情怀间的感吟似乎就不再缺少什么。在大唐，最富有的是诗人，最潦倒的往往也是诗人。更不可思议的是，一个诗人存世诗歌不多，但有关黄河就写出了两首千古绝唱，黄河在他心中是什么，是图腾还是满腔情愫不绝于缕？“黄河远上白云间，一片孤城万仞山……”

真不知道没有王之涣鹳雀楼还会不会流传千古，蒲州城是否还会如此有名。他的诗句如此雄浑是来自他的生性旷达，还是有关河水漫卷的启发？王之涣的背影消失在他诗句中浩渺的黄河天际，一同消失的还有“车辚辚，马萧萧”的汉唐雄风。似乎没有什么不朽是大唐盛世做不出的。在蒲州城的边上，唐玄宗竟然举全国之力在蒲津渡口架设了一座横跨黄河的浮桥，这座浮桥竟然比波斯军队架设的博斯普鲁斯海峡浮桥还要早四十八年，四座铁牛锚钉镇守黄河两岸，数条铁链横贯东西。连同铁人铁柱竟然用了当时全国铁产量的百分之八十。虽然现在看来那只不过是区区的八百余吨。可以想象黄河滩头在当年是怎样一番景象，铁水沸腾，铁花飞溅，人声鼎沸，车马喧嚣。在炼铁炉火光的映射下，那些人的脸庞更加红润，愈显兴奋，激情与壮志溢于言表，黄河边上从来就不缺能工巧匠，这些人从来就不缺想象与创造。那铁牛铁人应该是什么样子？希望能够镇住河水泛滥的竟然不是神灵鬼怪。在大唐，那些人还缺少很多，缺少很多机械或设备。那些工匠也不是艺术家，他们还没想把这些铁疙瘩做成艺术品，但一些东西有了情感与精神往往就成了艺术，他们把浓浓的向往与希望随着铁水源源不断地浇铸进去，最后形成的那些铁人铁牛竟然栩栩如生，赶牛的铁人满脸笑意，背对黄河的铁牛憨厚敦实，似乎有用不完的力气。后世许多人对他们完美的作品叹为观止。这有什么呢？在那些人眼里，他们浇铸的不过是自己，不过是自己的好伙伴。一座宏伟的浮桥终于连接秦晋成一片坦途，连接河东河北的通关锁钥来往更加便捷。一座桥所承载的有太多，有关皇威显赫，有关盛世荣华，但挡不住的塞外袭扰与战乱也从这座桥上厮杀而来。这座桥被使用了三百多年，最后毁于金元之间一场争夺蒲州城的战争，几世荣光被胡人付之一炬。古老的蒲州城在明朝繁华与壮观达到了顶峰，明嘉靖年间的一场地震让古城荡然无存，再也没有恢复元气。古蒲州已变成遗址划归当今山西永济的版图中，那四头铁牛在一千多年后的现代被从黄河淤积的滩涂中挖掘出来，冲刷掉累累泥土，几头铁牛竟然完好如斯，憨厚的双眸中依然透着动人的稚气。结实的牛身仍是那样厚重，泛着生铁朴实的光泽。一同出土的赶牛铁人也是生动依旧，面部表情活泼可爱。在蒲津渡遗址博物馆，我们忘情地抚摸着这些雕塑，这是我与睥睨八荒的大唐盛世一次最亲密的接触。

向沿黄采风的下一站进发，为了更加懂得这条大河。一次采风是寻找先人智慧的营养，更像是对我们身世的一次解码。

第四章　铜瓦厢：历史的拐点

清咸丰五年（1855 年）黄河在河南兰考的铜瓦厢决口，这看似是一种偶然，实则更像是一种必然。黄河奔流中，华夏大地王朝更迭如走马灯。大英帝国和英法联军的坚船利炮终于轰开了清王朝闭关锁国的大门，一句“普天之下莫非王土，率土之滨莫非王臣”到了道光年间那些个王爷贝勒才发觉不靠谱，为了鸦片，洋鬼子竟然用大炮和来复枪与他们讲起了道理，最终落了个割地赔款。稍一安顿，这江南大片富庶的地区又闹起了太平天国，黄河下游的“捻子”更是风起云涌。大清国是内忧外患，经济上更是捉襟见肘，华夏大地战端四起，民不聊生。黄河的文明与景观在大多时候不具有诗意，它每发一下脾气，就会张牙舞爪冲破那些堤坝的藩篱，沿岸村庄农田就会陷入一片泽国，还会带来大量的泥沙淤积平原。在那时的黄河故道下游已都不是富庶地区，最出名的穷地界就有兰考、汤山、凤阳、淮安。不光是水患的肆虐让人民饱受其苦，更重要的是治黄会耗费大量的人力、财力。道光至咸丰年间，泥沙的淤积让黄河在河南大段已经是一条悬河。高出地面一般二丈至四丈有余，在太平天国和捻军的打击下，清王朝军事与经济上是一片凋敝，沿黄堤坝年久失修，但这时候皇帝老儿没钱了，对于河政拨款越来越少，再加上治黄官员徇私舞弊贪赃枉法，河南的河道河堤已是遍布疮痍危如累卵，沿岸居民更是战战兢兢。清咸丰五年（1855 年），铜瓦厢在一次决口中名扬天下，狂涛奔泻而下，将河南与鲁西南大片地区陷入黄泛区。昔日的千里沃野立刻变为一片泽国，饿殍遍野。洪水先向西北，后折向东北，夺取了大清河的河道一路向东北奔流而下，直入渤海。原黄河故道几百里的河道就此断流。本来受黄河水灾严重的安徽淮北鲁南地区，这头猛兽突然消失了，主掌黄河治理的河政部门是直属朝廷的南河总督，成了无用衙门。一条大河就这样汹涌撕开齐鲁大地的身躯，那条大清河本来如它的名字般妩媚动人，但在黄河的冲刷下，已经越来越宽也越来越深，然后是泥沙不断淤积。现在，仍有地上黄河地下大清河的说法。1855 年的这次决口，改变的不只是齐鲁大地的版图，还有许多山东老乡的命运。他们无法接受“黄河”这位不速之客，更无法接受黄河带给他们的灾难。无法接受的还有那些不得不接受河务治理的官员，这不光浪费了他们太多心思，还浪费了他们太多银两，这时候就有人提出：第一，黄河哪里来，最好还让他回哪里去。山东巡抚丁宝桢于是联合漕运总督文彬上书朝廷，他提出，黄河故道有现成的堤坝，不用再浪费朝廷银两。第二，黄河回归故道不需要再大规模移民。第三，黄河回归了故道，对于漕运又有大规模的振兴。但此时离黄河从铜瓦厢改道已经过去十七年，黄河在山东已几成定局，前两条让同治皇帝无动于衷。倒是对后一条重新恢复大运河漕运有着浓厚的兴趣。“朝中有人好做官”，眼看朝廷同意让黄河回归故道，黄河故道那边安徽和江苏的官员急了。丁宝桢和文彬的提议让朝堂之上两位军机大臣动了心思，一个是合肥人李鸿章，当朝宰相中堂大人，一个是江苏常熟人曾经的大司农翁同龢。朝堂上一对死敌，现在为了黄河不再祸害自己的家乡桑梓，竟然携起手来极力反对黄河回归故道。李鸿章的理由是，再让黄河回归故道也很难恢复漕运的发达，更重要的是，有了黄河，当时正是防止捻军从山东威胁京师的天险。从此山东人不得不接受“黄河”这位不速之客。作为五岳四渎之一的古济水大清河从此就消失了。而且泥沙的淤积让大清河这条地下河逐渐变成地上河，更是频繁决口，除让大片地区成为黄泛区外，还裹挟而来大量的泥沙，即使洪水退却，农田也很难继续耕种。山东本来人多地少，又有大片陷入荒芜，从此一个新名词“闯关东”就在齐鲁大地上兴起。为了逃避饥荒，一些家园尽毁的农民不得不背井离乡，走出山海关向东北平原进发，在白山黑水之间安营扎寨、垦荒种地。黄河入山东还带来大运河漕运的阻塞，大运河沿岸德州、聊城、济宁、临清、枣庄等地昔日的繁华不再，逐渐没落为欠发达地区。在大清河下游曾有一座千年古城“蒲台”，本是大清河沿岸著名的水陆码头，是盐业的重要集运地，黄河的夺道入海让地势低洼的古城蒲台逐渐变成一座危城，最后不得不被废弃与淹没。而影响最大的当属山东的盐业发展，位于大清河入海口的利津由于黄河多次改道决口，众多盐滩盐池悉数被淹，令重要的财政来源“盐”的产量锐减，山东境内盐业一片凋敝。母亲河畔流离失所外出逃荒的人络绎不绝。明洪武年间大量从山西洪洞与河北枣强迁入齐鲁大地的父老乡亲，又一次唱起了背井离乡的悲歌。山东人向来不乏幽默，也不失俏皮，逃荒的人群中还是有文化人的，他们很快就对编出一副对联，甚至把它们吟唱成了小调：宰相合肥天下瘦，司农常熟世间荒……

第五章　义和庄：冲积扇上崛起的新生

天是蓝的，像天宫晶莹纯净的琉璃碗倒扣过来，地是黄的，没有这片冲积扇裹不住黄河冲刷下的伤痕。

据说我们的世界是被盘古一斧子一斧子劈出来的，劈出来蓝的天和赤黄的地。劈开后他又怕重新拢合，他立在天地间独自又撑了一万八千年。

蓝天由于过于纯净而变得特别的高，太阳窝的位置也就变得特别的远。光芒正像瀑布肆无忌惮地泼下来，大风起处，黄土也就弥漫起雾霭。大地龟裂得触目惊心，一条条阔大的缝隙弯曲交错，似乎都能听到“咔嚓”作响的声音。一双大脚板走过，扶起裂缝中孱弱的禾苗，松手之际却又垂了下去，于是听到一声叹息……

一种叫黄须菜的杂草像沾满了铁锈，还有那种红柳，一簇簇正吞噬着盐渍斑驳的地表，像一袭袭破碎的衣衫让这片原野一片褴褛。一湾湾沼泽边，一种植物正在疯狂生长，那是芦苇的阵仗让这片莽原徒增幽闭与野性……

四野一片空旷与荒芜，人迹罕至。连天上的飞鸟都不愿在这片土地上驻足。一些花蛇与爬虫大摇大摆地穿过草丛，似乎这里本来就是它们的领地。但就在这片杳无人烟的原野深处，一缕炊烟却时常袅袅升起……

几间窝棚在地表上隆起，几件破旧的衣衫在简陋的院落里晾晒。李大龙那时还没有能力盖几间草房。他就在地上刨个坑，把泥土堆在四周，再把一些杂草盖在上边，这就是他的家。

不知道李大龙是否该感谢黄河，他甚至不知道黄河是哪一年流入山东的。一条大河忽然就斜穿过来从这片土地上入了海，并在海边这块滩涂上淤出了这么大一片土地。他无数次手搭凉棚都望不到边，远处，他隐约能够看到一片海升腾着波光。这块地比他老家沾化县最大的地主家的地都大得多。

农民哪见得了土地？几亩薄田曾经是他们几辈子的梦想。他甚至一度很困惑，这片地到底有没有主人？是哪个地主家的？

他最后确定这块地不属于任何人，它属于任何一位肯在这里洒下汗水的庄稼汉。于是，他每天在这块原野上起早贪黑，披星戴月，日出而作，日落而息。他恨不得把这块广袤的土地全部变成农田。到那时，他也会像村里的地主吃穿不愁，偶尔还会来顿小酒。嘿嘿……想到这里，李大龙顿时来了干劲儿。

只有土地能撑起一个农民的全部梦想。有了土地，一个农民还会缺少什么呢？

一些沟沟坎坎被他填平了，一些杂草也被他收拾得一干二净。他带领妻儿老小每天把种子撒进去，等着过上好日子。他恨不得用田塍阡陌把这无垠的处女地变成一块块上好的布匹。他的身影每天出现在这片大荒原上，阳光让他裸露的肌肤散发着金属般幽幽的光泽，朝阳下他披一身古铜，夕阳下他染一身铁褐。这片原野上的落日又大又圆，一个农民的影子变得颀长而又伟岸，开天辟地似乎从来就不是传说，他不是盘古，他是一位能让山河易容的勇士。

一位平常的农民把皮肤晒得黝黑，回乡后脸上带着神秘的微笑。他似乎是经历了一场淘金之旅而衣锦还乡，在他的沾化老家，谁也不知道他走进了什么样的天堂。

很快，他的一位同乡循着他的足迹找到了这块神奇的处女地。并且也扎下窝铺，掘起了地屋子。一块原野那时像一座金山银山，他也在荒原上开垦起了自己的梦想田园。他们二人的窝铺遥遥相望，一处叫李大龙屋子，一处叫李守关屋子。谁也没料到的是，这竟然成了以后两处村庄的地理标识，是他们后代繁衍的根基。

李大龙为自己不能独占这片沃野肯定愤愤不平，这块土地最好只有他一个主人。他有的是汗水浇灌这片热土，两人时常怒目相向，甚至恶语相投。动起手来也是有可能的，一个舞起锄头，一个挥起铁锨。直到两人都精疲力尽瘫倒在黄土地里。

农民贪婪的只是梦想，骨子里浸透的却是谦和与忍让。这么大一块地，两个人怎么用得完呢？从地里爬起来，两人还是得一块扶耧下种。犁铧片子插进泥土，一个在后面扶，一个在前边拉。后边扶的人偶尔一挥手，攥个鞭儿，一声“吁”；而前边拉的则不干了：你他娘的把我当牲口，咱俩换换……

新年伊始，万象更新，又是一季春暖花开。朝代更迭，这国号已是“中华民国”，实行了“共和”，剪掉的却只是脑后那条辫子。这日子依旧是一天天的难熬，连年的战乱，连年的灾荒。依旧是食不果腹，衣不蔽体。循着黄河一路往北走，听说那里有一方沃土，一条大河每天都在创造新的土地，哪里的黄土不埋人？不怕远的人下了关东，这老百姓人微命贱，有一垄黄土，就能繁衍生息下去。

一块广袤的土地成了传奇，成了梦想里的金山。周边县区沾化的、利津的、寿光的、广饶的甚至还有肥城的，扶老携幼赶着牛车纷纷踏上“淘金”之旅。为的是有垄土地能安家，有几分薄田能果腹，滨海的黄河滩上忽然就多起了劳作的身影，几百里滩涂正焕发出勃勃生机，那一眼眼茅舍窝铺也就逐渐连接成了村庄。

垦荒的移民已有几代人，集聚的村落逐渐发展着体量。偶有下雨阴天，垦农们迎来了短暂的假期。大家欢聚一堂，把酒言欢，同是天涯沦落人，又都是萍聚厮守，终让这片蛮荒变成一片葱茏。席间有人不禁相问：“咱们该如何为这村庄起个名字？”“义和！”有位老者沉吟良久说道：“就叫义和庄吧，我们来自四面八方，在这里扎根生息，让我们世世代代仗义和睦、携手相助……”

掐指算来，自1900庚子年间义和大地发现垦荒移民始，至今已有一百多年。现在的义和镇，早已是良田百顷、沃野千亩，现代化的工业园区四处林立。采风团的成员行进至此，多有感慨，不胜唏嘘。我们当下的生活早已埋没了历史的沧桑，就如再也难觅那些勤劳的先民回眸一笑。

有人说文学的使命即是挖掘，那么作家的担当即是记忆。我们为讴歌新时代而来，抑或，我们是寻找记忆而来。离开义和镇，我们踏上大巴，驶向“沿黄”采风的下一站。希望那里又是一块不乏传奇之地……

第六章　冼星海：黄河咆哮中的乐章

作为一个南方人，冼星海一定见过许多大江大河。但他对黄河的感觉不一样。如果说，珠江和长江流淌的只是水的话，那黄河流淌的更像是血。作为一个进步的热血青年，受到延安召唤的时候，他竟然毫不迟疑。在渡过黄河的那一刻，他肯定被深深震撼了，黄河奔腾如天际的滚雷，沉闷而发出低沉的嘶吼。

书生报国无他物？不，他只是个音乐家。看到华北大地惨遭日寇荼毒，他内心一定很痛苦，可惜他手中的指挥棒不是枪，可惜他琴键下的乐曲无法感化强盗举起的屠刀。在民族危急存亡的那一刻，他一定是焦虑的，他深深感到一个音乐家在救亡图存面前的无力。他一直在想，最好能谱一首曲子，这首曲子他要的首先不是自己的轰动效应，他要的是能够唤醒全民众骨子里的东西。

他怎样谱写这样一首曲子？他在内心肯定打过许多许多腹稿，甚至谱写出来，但都不是他想要的。他要的不是电影里的插曲，更不是舞台上婉转的奏乐，他要的是一种激发，一种昂扬的力量。

作为艺术家来说，最大的痛苦莫过于无法奏响共鸣，平庸对于他们就像疾病。冼星海感觉无法突破，这让他极度郁闷，肺病也越来越严重。

不知道冼星海有没有去过壶口。但光未然去过，诗人的讲述往往更具浪漫与煽情色彩。听完光未然的叙述，冼星海很兴奋，他感觉终于找到了一把打开心灵的钥匙。他的脑际与眼前已经是一片叠浪如万马齐鸣，浊浊黄汤劈开高山穿过峡谷，滔天巨瀑汇入狭窄的壶口，如巨龙嘶吼咆哮……

冼星海忽然找到了他创作的敏感点。窑洞内的他虽然止不住地咳嗽，但依然披衣起身在奋笔疾书。他向来不要曼妙的风情，更不需要柔媚的曲调，他忽然感觉找到了一个民族的魂魄，那就是黄河的奔流，一路气势磅礴，恢宏万里。一种隐忍与安详下蕴藏着巨大能量的爆发，他被激怒后将是势不可挡……

冼星海的耳际肯定是一片水的轰鸣。他感觉笔下每一个音符都活了起来，变成一朵朵飞溅的水珠，他找到了力量，找到了一种雄浑激昂的高亢，他用什么谱写日寇铁蹄下人民的苦难？他用的正是黄河的咆哮与呻吟。艺术家离不开灵感，但更离不开他个人情感的力量，他把他的愤怒与焦虑都化作节奏的抑扬顿挫，把惆怅与压抑都化作旋律的跌宕与起伏：

咳哟！划哟……乌云啊，遮满天！波涛啊，高如山！冷风啊，扑上脸！浪花啊，打进船！咳哟！划哟……

冼星海爱黄河吗？还是更爱生他养他的珠江？作为一个南方人长相斯文作品却毫无婉转柔媚，是黄河改变了他，是黄河震撼了他的心灵。那些天抱病的冼星海走进了一个什么世界？是否是一场交响乐的盛大会演？不，他应该走进了连绵的群山，一座座挺立的山峰就是他的合唱队员，奔流不息的波涛肯定就是各种乐器的协奏，指挥棒在他的手中翻飞起舞，他自己面前除了群山就是巨浪，与其说他创作的是交响乐，不如说他感觉自己成了大河奔流的一部分。他是一朵浪花，随着激流倾泻，随着颠簸起伏，他感觉自己已置身于千军万马之中，随着厮杀声一路冲锋，即使与礁石发生碰撞，那也是最绚丽的粉身碎骨……

风在吼。马在叫，黄河在咆哮。黄河在咆哮。河西山冈万丈高。河东河北高粱熟了。万山丛中，抗日英雄真不少！青纱帐里，游击健儿逞英豪！端起了土枪洋枪，挥动着大刀长矛，保卫家乡！保卫黄河！保卫华北！保卫全中国！

冼星海终于找到了他想要的《黄河大合唱》。窑洞里他忘记了手中握着的是笔，而不是指挥棒，他在纵情起舞，这里已不是破窑洞，他感觉走进了黄河的怀抱敌后的战场，虽然他闭着眼睛，热泪还是淌了下来……

第七章　中条山：冷娃们的唱响

陕西的关中爷们都有点酷，缺少幽默，也缺少变通。这些人往往很沉默，他们只是喜欢盯着你。别招惹他们，兔子惹急了都咬人，陕西的“冷娃”舍得一身剐，也得把皇帝拉下马。

陕西的冷娃爱玩命。秦始皇统一六国不是偶然，是靠一帮血性的关中汉子。西北军的大刀片子在喜峰口对着日本人的脑袋像砍瓜切菜，这也不是偶然的。

1938 年，3 万名陕西冷娃东渡黄河就进了中条山。头顶上顶的帽子不光是“杂牌军”还有“叛军”，因为这曾经是杨虎城的队伍。自从“九一八”事变以来，日本人基本上是所向披靡，但最让他们头疼的就是西北军。他们的大刀不讲章法，眼看着人头落地乱滚，喜峰口、台儿庄都让他们吃过大亏。

一帮陕西冷娃组成了第四集团军的第九十六军 177 师新兵团。这些“冷娃”参军没几天，有许多都没发枪，因为他们许多人都没枪高，多数为十六七岁。要不是鬼子眼看打到了风陵渡，威胁潼关。这些孩子说不定还在家满街乱窜，上树掏鸟下河逮鱼。一听说河东闹起了鬼子，冷娃那股劲就上来了，为的是抗日报国，也是要看看这鬼子有多能耐，是不是三头六臂。穿上部队的军装都撑不起来，在身上松松垮垮，那小腰被皮带一束，都找不到扣眼儿。

我们的沿黄采风到了山西运城，在中国的“死海”盐池边上我们徜徉良久，远处中条山莽莽苍苍，重峦叠嶂此起彼伏。一个当地的山西“老西儿”说，中华的“中”指的就是中条山，“华”就是陕西的华山，这两座山就是中华民族的肩膀。他的说法无法考证。他还说，1939 年 6 月 6 日日军 3 万多人向中条山发起进攻，与孙蔚如率领的第四集团军发生激战，其中第三十八军与第九十六军组成的主体就是陕西冷娃们。这些人知道，没了中条山，鬼子下一步很可能就会踏上他们的家乡三秦大地，这时候不玩命，对不起家乡的爹娘。短短两年多时间，日军对中条山发起了 11 次猖狂进攻，3 万名陕西冷娃在中条山与日军战斗数百次，血战永济，六六战役、望原会战更是无比惨烈。整营整连的官兵战死沙场，到最后炊事班的伙夫举着菜刀杀进了敌阵……

被包围后再突围，突围后反包围。中条山的山谷中四处是枪炮声厮杀声，坚壁顽石间处处闪烁着陕西冷娃大刀的寒光，光着膀子的冷娃就成了陕西方言里的“赤溜精子”，抡起大刀一个个杀得兴起，刺刀扎进胸膛，也不忘砍下鬼子的一条臂膀……深沟巨壑都被死尸填满了，不是冷娃们的，就是鬼子的，关陕子弟兵在中条山鏖战两年多，生生就把日本人赶出了中条山。3 万名关中冷娃，有两万多人把热血与尸骨埋葬在中条山的层峦叠嶂中。

一轮残阳如血，在翻滚的硝烟中时隐时现，让血色山河浸泡在一袭殷红当中。悬崖上一面破碎的国民革命军军旗还在“呼啦啦”作响，一队伤兵相互搀扶正往上爬去，许多是孩子稚嫩的身板，他们的身后是一串串带血的脚印。新兵团和工兵营由于战斗力薄弱一些没能突围出去。弹尽粮绝，卷了刃的大刀上还残留着鬼子的血肉，面对身后气势汹汹的追兵，冷娃们知道，他们将迎来自己的最后时刻，将没人收拾他们年轻的头颅与尸骨。想到这里，一声嘶哑凄厉的秦腔唱响回荡在中条山的山谷中：“两狼山战胡儿啊，天摇地动！好男儿为国家啊，何惧死生……”

背水一战又弹尽粮绝，陷入绝境的陕西冷娃们没有接受鬼子的劝降，一个个纵身跃下悬崖，扑入滚滚的黄河……

黄河在三门峡正是晋豫两省的交界，在中条山和崤山之间是一个水流湍急的峡谷，几块礁石把峡谷分为人门、鬼门、神门，所以被称为三门峡。在中条山血战的那一年，当地人经常发现三门峡里有许多尸体漂浮，还有许多在漩涡里打转，衣服都被水流打没了，撑船下去捞，看上去许多不过是十六七岁的孩子，当地人一边捞一边哭，这些娃儿没吃了多少年粮食嘛！听三门峡本地人说，那几年三门峡里不缺死尸，那次足足有一千多具，身上不是刀伤就是枪伤。

三门峡的山谷那年经常听到一种回响，像是有人唱秦腔，也像是喊杀声，有时听上去又像孩子们的哭声，有的喊爹，有的喊娘。当地的人说，黄河里冤魂野鬼太多，得送他们上路。许多人就在黄河滩上点上了香火，把鸡黍点心端上来，把一摞摞纸钱撒进水流里，但那些人还是经常听到哭声，不知是死人的，还是活人的……

第八章　佟家村：冲不毁的家园

“1976年，黄河又一次发大水了，这是自1937年以来最大的一次……”

“那天是农历八月初三，从大坝上抢险回来，这村子里已经进水了，水溜子像蛇一样在巷子里到处乱窜，蹚水进了家，几天没合眼了，实在困得不行，我就想在一块门板底下垫几块砖睡上一觉，我是垫起门板的这个角，那个角被水没了，垫起那个角，这个角也已经没在水里，我就预感到大事不好，这水涨得也太快了……”

“抄起一块干粮我就往外跑，看这样子一定是哪里又决了口。一会儿的空儿，这水把小腿没了，还没跑到坝上，就看到坝上轰隆隆开过来好多汽车，许多战士拿着铁锹就冲了下来，看我跑，一位解放军就拦住我问：‘你到哪里去？’我说我去抢险，肯定决口了。那位军官模样的人说，不要去了，龙王崖已经决口了，你赶快去村子里看看还有人没撤离没有，上边有死命令，不许死一个人……”

许多战士就往村里跑，边跑边喊，这时村子里有人哭了起来……

九曲十八弯，黄河流淌进利津县已是下游的末端，似乎像一场大戏由高潮进入了尾声。2019 年的盛夏，作家采风团一行沿着黄河就走进了利津县北宋乡，大巴车行驶在坝顶上。往下看去，黄河滩上几个村庄静谧地躺在黄河的臂弯里。田野里一片苍翠，微风掠过，青纱帐里传出阵阵私语，荷塘里一秆秆荷叶的罗裙正衬托起妖娆的荷花。后面荷塘相拥，三面杨柳依依，一个叫“佟家”的小村庄掩映在茂密幽深的树影里，依稀能看懂它的表情，读不透的却是遮掩下的沧桑。

这样的村子已经很少见了，当下的新农村已经改造出一派现代化，一处村庄除了整齐划一的砖瓦房外，便再没有什么了。老村佟家仍伫立着许多土坯房，一些剥落的墙皮上裸露出一眼眼深邃的洞穴，像许多苦涩的眼神在默默注视着我们的到来。在岁月与风雨的侵蚀下，挺立是一种坚强，存在即是一种诉说。

老村落佟家现在已经没有多少人居住，村民在政府的动员下大多已搬迁到地势更高的新村居住，上级主管部门一度想把老村拆掉，然后征用成建设用地。但经过再三研究，还是决定把一个老村庄留下来，就像把一本厚书在黄河滩里摊开，等待许多人的阅读。

仍有一些老人选择留在老村驻守，家有时不只是一处住所，人有时更像一棵树，许多情感会像根须难以从这片土地剥离。

许多作家与画家都喜欢来到这里，有的住下来写生，有的一直在这里挖掘创作素材，一个小村庄居然同时拥有美术写生基地与文学创作基地，可见这个村庄既不缺少风景，也不缺少故事。

这个小村庄的房屋都建在两米多高的土台上，说明这里历经过洪水侵袭。站在高台之上往南看，依稀能看到黄河像一条金钗切开葱茏的绿野，蜿蜒划过一条绸缎一样的波光。在几株参天的白杨树底下，面对我们的采访，一位老人打开话匣子讲起了这个村落的历史。最让他刻骨铭心的无非是洪水，正如在本文开头他所讲的，一次是 1937 年，一次是 1976 年。那时，他还是个毛头小伙子，也是个村干部，在当时的生产队任职。关于 1976 年的那场洪水，他说：那场大水冲过来时已临近中秋，我听见黄河那边一阵炸雷似的声响，水声像野兽一样咆叫，村庄四周一片汪洋，已分不清哪里是水、哪里是天，更分不出哪是水声、哪是风声；闪电如一把把炸药的引信被点燃，继而就是爆炸的轰鸣声。瓢泼大雨像鞭子一样抽下来，那些树影在狂风中痛苦地扭曲着，我感觉这天地间就像面破鼓被捶得一片嘶哑……

整个村子很快就泡在水中，河水在大街小巷开了锅似的乱窜，我和战士们挨家挨户寻找，看有没有人，安排一些人撤离。积水越来越深，部队已经派小船和舢板过来了。村东的三嫂死活不上船，战士们怎样劝怎样拉她就是不上，在水里四处乱跑，一脸焦急，还一边跑一边喊："二妮，你在哪里……"我游过去堵住她问："你怎么不上船，三嫂？"三嫂哭着说："二妮不知去哪里了。"我骗她说："二妮早跟解放军上岸去了！"三嫂一怔："你个王八蛋可别骗我！"我说："我要骗你，我真是王八蛋。"三嫂这才将信将疑，被战士们拉上了船。临走时，还念着我的小名一个劲儿地咒："你要是骗我，你不得好死，我会扒了你的皮！"

三嫂上了船。我抹一把脸上混杂着汗水的雨水，心里更像着了火，眼看大水没了大半边村子，我到哪里找二妮呢？公社和县上已经三令五申：不许死一个人。这要出了人命谁担当得起？水越来越大，雨也越来越大，许多来不及撤离的人都爬上了树杈子，站在树顶上一个劲儿地向解放军呼救。这些人是没事的，很快就会被救走，最怕的就是村子里还有老弱病残以及妇女儿童无法撤离，战士们正在挨家挨户搜索……

村子早已陷入洪水之中，能看到的只是一些房顶和树梢。二妮去哪儿了呢？肯定是跟小朋友玩躲猫猫不知藏到了什么地方，看样子凶多吉少……

我把双手捂成话筒一个劲地喊：“二妮，你在哪里？你别慌，叔马上来救你……”每个院子每间房子我是挨个找，都忘了怎么过去的，有时是游，有时是跑。有时还要翻墙过去……柴垛、水缸、猪圈……兔子大的孩子能藏到哪儿去呢，这要出了事，不用跟上边交代，三嫂也会用牙活活把我咬死。

部队上和武装部的舢板小船冲锋舟来回穿梭，站在船头大雨中他们一个劲地呼喊，寻找着每一个落水的群众。一艘小船停在几棵树顶前面，树上的人纷纷登上小船得救了。游走了大半天，我用手把着一棵树枝气喘吁吁，一个战士很是迟疑地从船上伸过一支船篙，示意我上船。我摇了摇头，我知道那只小船已经到了满载负荷，我要是再上去，肯定会翻。我说我没事，给我一根杆子就行了……那位连长说：先把船上的人送走，给他一根撑杆……

小船掉头就往高处的大坝划去了，我撑着长杆回头又往村子深处游去……

这根军用船篙刷着红白相间的油漆，一头是尖，还有向后的一个弯钩，既可以撑着水底或障碍物，又可以勾着树枝等不被水流冲走。四野里已是一片水声轰鸣，雨线密密麻麻在身边溅起水花，就在这时，一阵小孩的哭声时隐时现，摇头晃净两耳间的清水却又什么都没听到，一会儿哭声又气若游丝隐约传来……

我心头暗喜，循着方向撑着长杆一个院落一个院落地摸索，哭声越来越清晰，我爬上一处房顶，终于确定哭声来自一间草房，扑通跳进水，一个猛子扎过去，水流越来越急，但我还是扒开一扇屋门游到那间房内。从水中露出脑袋，终于看到一个小姑娘踩着一台织布机顶端正试探着往房梁上爬。看到我的到来，小姑娘连喊：“叔，救命啊！”

我喜出望外又气急败坏：你个死妮子躲哪里去了，怎么还没把你淹死……

背着二妮从房里游出来，爷俩又费尽力气爬上了房顶。我让二妮死死抱住烟囱。往四周一看，除了水什么都看不到了。许多树顶都不见了，一些房屋在浸泡中很快坍塌四散。有的甚至顶着房顶的茅草在水里漂浮。

我站起身，一个劲地高喊，希望附近的解放军战士能听到或看到。形势危急，房顶也已逐渐没入水中，连立锥之地都没有了。这时从远处冲来一只巨大的簸箩，这是生产队分粮食用的，我一把从水中逮住，然后让二妮坐在簸箩里，我推着簸箩向高处游去……

没游几步，回头一看，刚才还在脚下的那间房屋烟囱不见了，屋顶许多茅草与檩条漂了起来，很快就被冲散。跟许多房子一样，一处叫“家”的地方在水中溶解了……

累得两腿抽筋，有两次我几乎能够到岸上他们伸过来的手或长杆，无奈水流太急，我还是顺着水流向下游冲去，不远处就是波涛滚滚的黄河，要是被冲进那里边，能救我们爷俩的也就只有龙王爷了。

我和二妮的簸箩船最终卡在一堆淹没的树顶上边，不远处我已经看到了黄河河心卷出一个巨大的漩涡，不由得一阵恐惧，无奈浑身精疲力竭，我感觉骨头都散架了。簸箩里的二妮紧紧扒住簸箩沿儿不敢撒手，一脸无辜地看着我，我哭着说："该死的二妮，人家还没娶媳妇，眼看着就要跟你喂鱼了……"

二妮腾出一只小手把我眼角的泪水擦去："原来大人也会哭啊……"

我知道我不能睡过去，但眼皮却直打架，不知是什么把我的脚脖子缠住了，想继续游，却怎么也动弹不了……双眼迷离之间，我看到几只冲锋舟向我驶来……

"醒醒……"在陆地上一位解放军战士费了好大力气才把我推醒，说是让我上船。我说我打死都不会再回水里，我都不知道自己被救上岸有多久，倒头还想继续睡。战士说你跟我上坝上一趟再回来。于是我抱着二妮又上了船，还没登上大坝就听到一片哭声，一些大娘和婶子们止不住地哀号，说我和二妮被淹死了。看到我俩出现，又是喜出望外，一堆人哭喊着向我们扑来……

"四十多年过去喽……"老人讲得入了神。我们听得也更入迷。但从佟家这位老人庄重的表情里看出，这不带任何演绎。我们纷纷劝老人：“还是搬到新村去住吧……”老人不住地摇头。他说孩子们都劝过他，尤其是劝他搬到城里的楼上。他不去，他说自己死也要埋在这片黄河滩上。

老人继续说：“那年大水退去已经是九月了，整个村子的房子全塌了，望着满目的废墟七零八落，满眼断壁残垣遍地的狼藉，许多女人都哭了。但他们还是把散落在泥淖里的砖头瓦块都捡了起来，把那些冲散的房梁房檩重新修理一下。那年，人们都忙着在黄河滩里制‘土坯’，一个新村子很快就会在废墟上重新立起来……”

老人最后说：大水冲毁的只是房子，不是家。

第九章　黄河口：前世今生后的回家之旅

没有了高山峡谷，黄河在山东要安静得多，河床宽阔，流水越来越舒缓。上百年来，它的入海口一直是在摆动中的，从利津摆动到河口，再从河口摆动到现在的垦利。像一条顺时的指针一样。

母亲河曾经是一条沧桑的河，也曾经是一条苦难的河。但那是它在历史前进中的积淀，也是它在不平世间里的宣泄，流淌过几千年的冲积，它和这个时代都迎来了新生。

它上游带来的泥沙每天都在这块叫东营的区域制造一个足球场大的陆地。这个城市，是正在生长中的一个城市。

入海口如今已是远近闻名的旅游胜地。寻找它，你率先走进的将是一片渺无边际的莽原，它的地平线齐刷刷的像利刃一般，母亲河在它的另一端，向你张开宽广的怀抱。

你首先看到的是漫无边际的芦苇。它是一种生长，也是一种荒芜的力量。有它在，入海口广袤的土地在原始中透着生机。一季季芦苇绿了又枯，一层层枯黄当中浅绿又一层层蘖出，间或一丛丛红柳，黄河在这里是一种安详，也是一种另类的妖娆。荒凉也是一种美，就像我们的诗里向来不乏对大漠和戈壁的吟咏。入海口之旅不会给人带来失望，如果你从另一个角度来看，你在共和国最年轻的土地上看到的是我们世界最初的样子。

这里无非是滩涂与沼泽，在阳光的暴晒下，白花花的盐渍会布满地表。但这就是处女地，就像远古里女娲拥有的天地，在它身上没有不可能，就如这条大河最终造就了我们的版图与文明。

在黄河的尽头，你登高远望，能看到那片壮观吞吐，河海相接的黄蓝交汇。它最瑰魅的色彩来自金秋，一种叫赤碱蓬的植物铺满“红地毯”的锦绣，你看到黄河口披了最华美的盛装登场的那一刻，那片绵延不绝浩瀚的芦苇荡又像雪原泛起滚滚波涛，这不是黄河任何一段腰身所能比拟的。或许是，这里本来就不是黄河尾闾，而是黄河母亲插满鲜花的发髻。丰美的水草和游鱼让这儿变成了水鸟栖息的家园，剪开长空的不只有雁阵，在我们这个星球，鸟类总是早于人类建立家园，我们总是跟着那些原居民亦步亦趋。

一条大河奔腾上万里，孕育了我们的文明，并仍在制造着我们的版图。它留给黄河口的不只是壮丽的景观，它必定是我们崭新的家园。

到黄河口去。这不是新的征程，是回家之旅。

《天下黄河九十九道弯》
李思命魂系黄河

○方宏飞

你晓得，天下黄河几十几道弯哎？
几十几道弯上有几十几只船哎？
几十几只船上有几十几根杆哎？
几十几个艄公哟嗬来把船儿扳？
我晓得，天下黄河九十九道弯哎！
九十九道弯上有九十九只船哎！
九十九只船上有九十九根杆哎！
九十九个艄公哟嗬来把船儿扳。

苍凉壮阔、高亢嘹亮、磅礴大气的歌声，在耳边隆隆回响，创作者是谁？来自哪里？这背后有着怎样动人的故事呢？

跑船汉子李思命

佳县荷叶坪村位于黄河之滨，为古佳州九大渡口之一。正所谓靠山吃山，靠水吃水，黄河水流经这里，流速放缓，淤积成田，栽种枣树，枣儿皮薄肉厚，甘津甜美。又多扳船汉子，跑水路，或卖气力或做买卖，勉强糊口。

1891 年 9 月 10 日，李思命就出生在这样一个船夫之家，父亲李本清一生育有四子三女，为了儿孙兴旺发达，富贵满堂，特为四子取名“长”“命”“富”“贵”，李思命就是家里的老二。李思命从小聪明伶俐，身体倍儿棒，14 岁起就随父亲跑船，练就了一身在惊涛骇浪中辗转腾挪的本领。成年后，李思命相约几个船工朋友，坐船过黄河，到山西碛口，徒步向西北而行到包头买船买货，再带着皮毛、酥油等草原特产，在黄河上一路顺流而下，遇见渡口就停船交易，船行千里，最后到禹门口连船带货卖掉。就这样一年中跑个两三次买卖，日子倒也过得痛快。

陈秀英身世之谜

一次船行到荷叶坪村，上来一位在禹门口开店的年轻女子，叫陈秀英，一路上，陈秀英忍不住好奇，不断问李思命关于黄河上的事儿，这位饱经风霜在黄河上漂荡大半生的汉子，同她侃侃畅谈，激流、险滩、风暴，迂回曲折的黄河水路，惊险刺激的船工生活，黄河两岸秦晋蒙三省的风土人情……情绪受到感染的陈秀英也敞开心扉，向她说出了压在心底十几年的身世之谜。

对岸山西有一王姓富户，阴差阳错，王老爷的千金爱上了家里的陈姓长工，暗里相恋，私订终身，怀了身孕。王老爷气急败坏，坚决不同意这门婚事，无法明媒正娶，又未婚先孕，狠下心肠，王老爷在女儿身上捆上石头，推下河去。王小姐大难不死，被荷叶坪一船工打捞救下，走投无路之下，又感其救命恩德，委嫁于这个船工，后生有一女，取名陈秀英。痴情的女子向女儿讲述他们的故事，她还在不停地打听、寻找那个陈长工……

黄河船夫曲诞生

听完这凄美的爱情故事，李思命闭目沉思，千年黄河，千里水路，多少船帆？多少船工？多少故事？……一首旷世杰作在心中酝酿、加工、成型。1920 年正月，陕北的过年气氛红火热闹。燃起篝火，扭起秧歌，踩着高跷，搬起水船。李思命扮演老艄公，粘着白胡子，戴着露顶帽子，反穿一羊皮袄，系根烂草绳，同村的张士铭擦脸打粉来扮演陈秀英。就这样开始了他们的精彩表演：

老艄公白：姑娘！你要坐船，我老汉有个对子，你能对上我就扳你，对不上我就不扳你！

陈姑娘白：艄公，请开言！

老艄公唱：你晓得，天下黄河几十几道弯哎？几十几道弯上有几十几只船哎？几十几只船上有几十几根杆哎？几十几个艄公哟嗬来把船儿扳？

陈姑娘唱：我晓得，天下黄河九十九道弯哎！九十九道弯上有九十九只船哎！九十九只船上有九十九根杆哎！九十九个艄公哟嗬来把船儿扳。

老艄公白：楞的登，姑娘比咱能。不行，我还要难她一难！姑娘，我还有个对子……

陈姑娘白：艄公，请讲！

老艄公唱（秧歌调）：说了个难，道了个难，十冬腊月扳水船。水船不是个人扳的，把我的脚片子冻稀烂。

陈姑娘对唱：说了个难，道了个难，十冬腊月坐水船。水船不是人坐的，冻坏我三寸小金莲。

老艄公接唱：你也难，我也难，你难我难不一般。你难坐在船里边，我难赤脚跑冰滩。

观众们听得如痴如醉，节奏明快，旋律优美，回味悠长，就这样一首旷世杰作经李韶华记录整理，词曲固定下来，开始在黄河沿岸流传。

久唱不衰名远扬

1942 年，延安鲁艺学院四人在佳县黄河边收集了《黄河船夫曲》，后发表在《陕甘宁老根据地民歌选》上；1947 年，毛主席率中共中央机关转战陕北来到佳县，面对滚滚黄河水，耳边传来那粗犷豪迈的歌声。主席忘情吟咏："君不见，黄河之水天上来，奔流到海不复回。"主席兴奋地说："没有黄河，就没有我们这个民族。没有黄河天险，就挡不住日寇的侵略，以后我们要多开发利用黄河。”1952年，文化部将《黄河船夫曲》编入《陕北民歌选》；1958年，马可先生编写的《中国歌舞》对这首民歌的曲调、旋律及水船舞蹈形式作了详细介绍，后传至国内外。

1963年，72岁高龄的李思命去对岸山西赶集，归途中所乘渡船沉没，面对危险，他奋不顾身，抢救落水者，终因浪大水深，年纪大体力不支而亡。

正是：为黄河而生，因黄河而死。

斯人已逝，其才艺高绝，品德亦高尚。

《黄河船夫曲》——《天下黄河九十九道弯》，这首歌流淌着黄河与黄土人的率真、豪迈、大气，充满了对命运的不屈抗争。它粗犷苍凉、荡气回肠、余味悠长，甜美在心灵的深处，舒服在骨髓的深处，快活在血液的深处。《黄河船夫曲》，人们代代相传，久唱不衰。近年来更是被陕西籍歌手王二妮、王向荣等人在中央电视台不断演唱，被《黄河情》《西部风情》等十多部影视剧用作插曲、主旋律和主题歌。而今，李思命的《天下黄河九十九道弯》，已然成为黄河文化乃至中华文化的代表性、保留性曲目。

一首黄河曲，一世黄河人。这是李思命的黄河故事，这也是李思命的黄河精神。听吧，李思命和他的黄河忠魂就这样平静地漂荡在黄河水的中央，于无声处，自有回响。

碧水依依

○王新艳

如果你从云朵上俯视腊月的鲁北平原，定会看到黄河蜿蜒盘旋的身姿从这儿扭动了一下腰身，吉祥湖如一粒蓝色的宝石镶嵌在广袤的大地上。你眼见黄河水静静地顺着一条河流向北延伸，延伸，直到神秘地把吉祥湖乃至更多的湖灌满，沉淀成一湖又一湖的碧水，你的乡邻们喝着甘甜的黄河水，啧啧称赞。你吸着涎水，满意地笑出了声。

在鲁北大平原上，有多少人为了喝上黄河水而争过，斗过，却最终没能如愿。这些人多次托梦，想尝一口流进家乡的甘甜的黄河水。于是就有了刘皇村夏日清晨的对话：

“下地啊二娃哥？”

“根旺兄弟早，俺去给爷爷送瓶水，昨儿个他老人家托梦了。”

“二娃哥，我也是去给奶奶送水，一晚上全跟她老人家说话了。”

说话的两个人各自提了一小瓶水，分别向已故亲人的坟上走去。

根旺双腿跪在奶奶的坟前，将手中那瓶水拧开盖，微微倾斜了，缓缓洒在坟前。根旺边洒水边说：奶奶，如果你还在，我和姐姐姐夫一定要用这甜水治好你的腿病，让你的腿行走如风……

二娃跪在爷爷的坟前说：爷爷，你老人家大口大口地喝吧，如今，咱有甜水了，喝个够……

一

腊月的脚步越走越深，刚过了腊八，鞭炮声就此起彼伏地响起来了，年味飘荡着，四散着，连空气都不再清冷。鲁北平原上十八苦水村的人们闻着这小清新的年味，喝水也不皱紧眉头了。刘皇村就在十八苦水村的链条上，像穷妇人手腕上佩戴的草珠链中的一颗，灰暗，无光泽。

在刘皇村，年越近水越贵。因刘皇村等十八苦水村近海不靠海，地势洼，长期受海水浸渍，地碱水咸，远路而来的亲戚朋友，喝了这儿的水就拉肚子。为了招待过年时节来的客人，十八苦水村的人们有“备年水”的习俗。进入腊月二十三，各家各户都套了驴车，装上盆盆罐罐，到相邻十几里地的村庄去抢甜水，备下整个春节用的水。其实，每家只有自己明白，哪里能备得下这么多水啊，拉个二三趟的户就不多，一般的户拉一车水回来就蛮不错了。

腊月二十三，俗称小年。窗外还黑漆漆的，根旺和爸就起床了。他们要起个大早，去相邻十多里路的孟村抢最好的水。头天晚上，根旺爸拾掇好了小拉车，装好了六个罐子，小拉车的四角还坠了四只水桶，嘱咐好根旺，明早直接套车就行。清晨，根旺呵着手，把驴子套在小拉车上，爷俩儿系好棉帽子，坐上车，向孟村奔去。驴蹄踏在乡间小路上，“嗒嗒嗒”的声音和着罐子的撞击声，吵醒了刘皇村的梦，稀疏的鞭炮声又起起落落地响起来了。

小子，你得铆铆劲好好学上一把了，像你姐那样，考上大学，好好学习，日后整出点动静来，让咱老刘家的祖坟再冒次烟。考上大学，你这辈子再也不用拉水喝了，去城里喝干净水去，到时，爸也跟着沾沾光。根旺爸赶着驴车，边走边唠叨，嘴上环绕着一小团热气。

爸，你都说了多少遍了，俗不俗啊，什么祖坟冒烟啦，什么光宗耀祖啊，就会说这些。马上冲刺高考的根旺嘟囔着。

臭小子，还嫌爸唠叨了，我不说，你有记性嘛，就知道玩。根旺爸生气地狠狠地挥了一下鞭子，驴子打了个激灵，前蹄跳了一下，急步向前跑去，车上的桶和罐发出一阵叮叮当当的碰撞声，像是故意延续着根旺爸的情绪。

罐子破了，看你还拉什么水。根旺说着白了爸一眼，伸出双手捂了捂耳朵，又缩起脖子，双手凑在嘴上呵着。

孟村到了。远远望去整个村子笼罩在一层薄薄的晨雾里，井台上已有七八个人，如在画中一般。根旺爸说：咱还是晚了些。

根旺不声不响地把小桶和大桶提到井边，默默地排到打水的队伍里。

迷糊大哥早啊，我们才来呢，你这相隔十多里地的就到了。一个中年汉子和根旺爸打着招呼。

刘迷糊是村人们给根旺爸起的绰号。根旺爸在村人的眼中是一个极其精明且有思路的人，大家就反着给起了这么个名字。他也不急，总是笑眯眯地答应着。

终于轮到根旺打水了。他踏上冒着白气的井台，呵了呵双手，把系了长绳的小桶顺到井里，左右摆了三四下，猛一下用劲下沉，井里的桶子倾倒在水面上，一桶水就灌满了。根旺两手上下倒着，一点一点地拉紧绳子，让水桶上升，一桶水打了上来。他把打上来的水倒进大桶里，再次将系绳子的桶子顺到井里。刘迷糊把儿子打上来的水提到小拉车边，倒进车上的大罐子里。如此反复多次，一小拉车水总算打好了。

根旺和爸拉着水往回走，路上遇到三三两两拉着罐子来孟村抢水的车。

迷糊哥，你真是不迷糊啊，这么早就打好了水，不愧是咱村的首户。一个村人笑着说。

反正都是那些活，早干完了早利索。刘迷糊嘻嘻哈哈地打着圆场。

进到家里，爷儿俩把车上的罐子抬下来，仔细地放在偏房里，盖好棉被。刘迷糊这时才觉得心里踏实了很多。

根旺的奶奶听到院子里的响声，拄着拐棍弯腰站在屋门口，立刻，电视剧《渴望》里的主题曲从屋里飘出来。毛阿敏的歌声缠绵婉转，直唱到人的心里去。根旺不知不觉地跟着哼出了声。这段时间，根旺一家人，不，整个刘皇村的人一时都成了慧芳迷，大家天天盯着电视机，忘了吃饭，忘了睡觉，忘了马上就要过大年，每天两集的电视剧成了他们的必修课，外带看完第二天的电视剧重播，乡人邻里间相互议论着剧情，好像对方没看到刚演完的剧情一样。

旺儿，咱是不是头份儿啊？奶奶高声问。

奶奶，咱不是头份儿谁能头份儿呢。爸在路上就告诉了根旺要和奶奶这样说。

头份儿就好，来年咱必有好收成啊！奶奶拄着拐棍向前蹒跚着。她刚走了两三步，根旺爸就把一舀子清水端到娘的跟前。

娘，趁着新鲜，你尝尝。

老太太微微低了头，嘴巴凑到舀子沿上，吃力地吸了一口水，咂摸着漏风的嘴巴说，甜，甜啊！

快倒回去吧，留着来了亲戚再喝。

刘迷糊叹了一口气，端着舀子往回走。

娘，我和旺儿还得去拉两趟呢，你不用这么省，啥时想喝，尽管喝。刘迷糊背对着娘，边往大罐里倒水边说。

二

刚到刘皇村的村头，桂芬就让丈夫闫军停住车。桂芬从车上拿了一红一黑两个包，一个背在肩上，一个用手提着，下车，关门。

你先慢慢开车回家，我走回去。桂芬微微笑着对闫军说。妈早就嘱咐过桂芬。妈说，你常年在外面，回家时要早早下车，和村民们多打招呼，嘴巴甜了不会吃亏，咱是知书达理的人家，不能遭村民笑话。桂芬一直记着妈说的话。

闫军摇下车窗，冲桂芬做个鬼脸说，知道，谁不是从农村出来的啊！你别管了，快走吧。然后缓缓开动了轿车。

桂芬皮肤白皙，眉清目秀，一头长发滚着波浪，着一件大红的羽绒服，黑色的紧身裤配一双大红色的马靴，走在刘皇村的大街上，给冬日的乡村增加了一道风景，很是抢眼。

桂芬回来了！你看这闺女出息的。

桂芬左一声婶子，右一声大娘，高一声大爷，低一声叔地叫着，从包里拿出糖和烟，边走边散。闫军看到这情景，并不急着回家，而是停住车，过来帮着桂芬散糖散烟，嘴里叔伯婶子地叫着。

看人家这女婿，多帅气，有一米八吧，听说是专门管甜水的呢。有人小声议论着。

管甜水的？哪儿人啊？有人压着声问。

黄河边上的，好像是齐河人吧，听说在水务局工作，专门搞水利设计的呢。

桂芬这孩子从小就是个有福的相，又聪明，嘴巴还甜，这人啊，从小看大。这不，她爹娘也跟着沾上光了。有人大着声说。

大爷大娘，叔叔婶子好！我叫闫军，齐河人，黄河边上长大的，在市水务局工作，呵呵，不错，是管黄河水的。请大家尝尝黄河水。闫军说着，变魔术般拿出一瓶又一瓶矿泉水，分给村民品尝。

啧啧，这水真甜啊，这才是地道的甜水，孟村那水，哪能和这个比啊，差的不是一星半点儿。大伙边品边议论。

何时能天天喝上这样的水，咱也不白活了。大家七嘴八舌地说。

来到家门口，停好车。桂芬得意地冲着闫军说，你看，多亏听我的吧，多带了几箱水。

我哪承想会这样，以为有烟和糖就行了呢。闫军憨憨地笑。

几辈子都是吃水贵如油，代代为水愁，看到甜水的样子，不了解的人怎能想象啊！桂芬在心里说。

桂芬和闫军是在省城读大学时认识的。闫军上的水利学院的设计系，桂芬则在师范学院学中文。两人是在学校的联谊活动中相识的。闫军不但长得潇洒，还幽默细心，出口又都是和水有关的话题，这让打小在苦水村长大的桂芬心生好感。在接下来的相互交往中，彼此逐渐了解，爱意萌发。

记得两人确定了恋爱关系很长一段时间后，闫军曾悄悄和桂芬说，芬，咱今天没事，我和你去省立医院的牙科看看吧，看你这大黄牙。你不笑的时候真是美人一枚，端庄，漂亮，很有古典气质，一笑，氟斑牙可就把这张白嫩的脸盘给毁了。

桂芬说，咋的，现在就嫌弃我啦，治啥治，我就是出生在苦水区的，我的家乡绝大部分人都是这种黄牙，因为我们祖祖辈辈都是喝高氟水，我治了除非是不回家了，不然，不是白治嘛。你能不回家吗？要治就治治我们那儿的水。

说者无意，听者有心。接下来的几年里，闫军默默地向苦水区用水方向潜心猛攻，终于有了眉目。

大学毕业后，闫军和桂芬一同分回了闫军的家乡——黄河边上的齐河县。闫军勤奋好学，几年后，成了一名研究设计黄河工程的专业技术人员，桂芬则在高中语文教学中崭露头角。就在这时，闫军和桂芬完成了人生的重大转折——结婚。

桂芬和闫军这次回刘皇村，一是结婚后回门看望父母；二是找机会和县里的主要领导见个面，让闫军说说这几年的研究成果，说说这几年的思考和设计。

闫军搬下后备箱里带的礼品——二十桶黄河水，桂芬提着后座上为全家人备的新年衣服，推开了家门。

根旺见姐姐姐夫回来了，高兴地在院子里嚷嚷着，奶奶，爸妈，姐姐回来了。根旺帮着姐夫把一桶又一桶的甜水运进屋。根旺说，早知姐夫带水来，我和爸就不用从孟村拉这么多水了。

根旺，姐夫很快就会让你永远也不用拉孟村的水了。闫军笑着说。

真的？姐夫你有啥法子？根旺的好奇好学心使他提着两桶水紧追着姐夫的身影问。

桂芬妈热情地迎出来，口里说着，快进屋，快进屋。

桂芬和闫军进到北屋，见过奶奶和爸爸，刚刚坐定，根旺就沏好了两杯茶，端到姐姐和姐夫跟前。

姐夫，快喝水吧。根旺小声咕哝着。

不渴，不渴。闫军客气着接过杯子。

喝喝就渴了，不信你试试。桂芬妈微笑着插嘴。

闫军见岳母大人并没有开玩笑的意思，端起水杯，慢慢品了起来。

因多次听桂芬说起家乡水如何咸之类的话，之前几次来岳父家，待的时间短，闫军是有准备的——自己总带着几瓶矿泉水，喝完时也该走了。这次和桂芬新婚后回娘家，虽说带了更多的甜水，可闫军却有意品尝一下这儿的水到底如何咸。

只喝了几口，闫军就尝出了这水的苦和涩，简直难以下咽。

奶奶说，孩子，还是喝你自己带来的水吧，就连你爸和弟弟刚弄来的孟村水也远远没有你带来的水好喝啊！

奶奶，你们能喝的水我也照样能喝啊！闫军嘴里说着，心却敏感地意识到了什么。奶奶，您老这腿和腰有多少年不好了？

唉，都是这苦水害的啊，像我这种情况的，在俺们十八苦水村多了去了呢。我还算情况好的，只是个腿疼腰疼的，你爷爷就是瘫在床上动不了，熬到六十九岁时就走了。还有的腰都弯了个对环，睡觉只能侧着身，死了也没法瞑目啊！奶奶一口气说了这些，表情陷入了痛苦。

咱西邻二娃的爷爷不甘心一辈子过这种喝苦水的日子，组织了几个人，打井挖坑，四处找水，冬天沉淀雪水，夏天积攒雨水，无雪无雨的日子挖坑等着渗水，十几年下来也没有找到水源。去年，他们在挖坑时，塌了方，二娃的爷爷被活活埋在了深坑里，等扒出来时，人已经不行了。刘迷糊哽咽着说。

桂芬惊恐地问，笑话爷爷真的不在了吗？边说眼里边涌出了泪。桂芬小的时候，西邻二娃的爷爷经常给他们讲笑话，二娃桂芬等几个孩子总爱跟在爷爷身边，喊爷爷为笑话爷爷。

桂芬妈和根旺也难过得低下了头。

奶奶，爸妈，你们先别难过了，我和桂芬这次回来是带着任务回来的，我们明天就去找县里的领导，我想，咱们的苦日子快熬到头儿了。

三

小年已过，腊月到了最忙的时候。作为一县之父母官的王书记更是忙上加忙。这不，王书记正在召开一个紧急会议呢。

桂芬找到在县委秘书科工作的高中同学张承，说明了来意。张承听了闫军的设想很是兴奋，示意桂芬和闫军一定坐下来等等，他保证让他们见王书记一面。张承给他们倒上水，离开了接待室。

大约半小时后，张承领着一位小个子中年人来到接待室。

老同学，我给你们介绍一下，这位是我高中女同学刘桂芬，这位是她对象闫军，这位是咱们的县委王书记。王书记还在开会，我看是别人发言时间，就把他叫了出来。你们赶紧说。张承急急地说着，给王书记倒了一杯水。

王书记，太感谢您了！开会时间出来接见我们，感动。我长话短说吧。我是咱们市河务局的，专做黄河工程设计研究方面的工作，爱人的家在咱们县。咱们县的饮用水氟高碘重，这些年，我专攻这个难题，想到了如何处理这个难题的办法。闫军说到这儿稍一停顿。

你快说，你快说。王书记很感兴趣地望着闫军，急切地等待下文。

闫军继续说，咱们如果修一个大水库，把黄河水引过来，经过深处理后，用于饮水和工农业，这个问题就差不多解决了。

年轻人，这个想法我们也不是没有过。大旱之年，我亲自带着车队给老百姓去送水，你说，为了喝上水，能想的法，能做的事，我们能不去想不去做嘛。可是，说和做的距离有时是很遥远的。王书记说这话时双眉紧锁。

王书记，这次来咱们这儿，我是早有准备的，这是我的设计，您粗看一下。闫军恭恭敬敬地拿着自己的设计图走到王书记面前，躬下身，一边指点着一边讲解自己的设计思路。

王书记边看边点头。听到末了，王书记的大手拍在桌子上，高声说，太好了！你这位小同志想到了我的心里去，咱俩是一拍即合啊！你把这张图纸先留下，我把我的想法糅进去，咱们再论证哈。虽说齐河县离我们这儿有160多公里的距离，可我分明听到了黄河水奔涌而来的欢笑声了。年轻人，谢谢你！

王书记再次握住了闫军的手，深情地说，我会让秘书和你联系的，我们一定还会再见的。

张承把桂芬和闫军送出县委的大门口。张承用羡慕的眼神瞅着闫军说，桂芬，你上学时就是个有主见的人，看人真准啊！祝贺你们新婚大喜，愿白头到老，一生幸福。

闫军和桂芬握着张承的手说，欢迎你尽快去齐河。

桂芬和闫军驾车行驶在回齐河的路上。

苦水区的引黄工程终于有了骨架，这回喝甜水将不会是梦了。老公，你太棒了。桂芬说着，搂紧闫军的脖子，狠狠地亲了一口。

别闹了，开车呢。闫军目视前方，脸上尽量装得没有什么表情，可他的心里却非常激动。回去后，我要赶快和领导汇报一下这次去苦水区的经过，争取得到领导的大力支持，然后……闫军边自言自语边点头微笑。

桂芬掏出手机，拨了娘家的电话。妈，我们直接回去了，县领导很支持我们。咱们快有盼头了。对了，年三十儿抢头水时不用让根旺那么抢了，反正这抢头水的年俗也撑不了几年了呢。

妈在电话那头说，芬儿，你真给妈争气，找了个好女婿。行，我和你弟弟说吧，抢什么头水啊，就是抢到手也是咸水，还不如孟村的水呢。

放下电话，桂芬含羞瞅着老公说，妈夸我找了个好女婿呢。

看把你美的。你刚才说什么，抢头水？怎么回事？闫军问。

哦，抢头水是我们这儿的年俗。还不是因为缺水才有这种风俗呀！就是年三十晚上，十二点时，全村都疯了一样，挑着水桶去井边抢第一桶水，用抢来的水煮年夜饺子，谁家抢着第一桶水意味着来年兴旺，抢不着第一桶水的，越早抢到水越好。唉，从老祖宗那儿传下来的。桂芬说着叹了口气。

是这样啊，可见这个地方是多么缺水啊！闫军说着陷入了深思。

嗨，别走神哈，注意开车。桂芬捅了捅老公的手臂。

闫军欢快地说，好嘞，向甜水根据地靠近喽。

第二天刚上班，闫军就推开了局长办公室的门。王局长认真听取了闫军的可行性方案，表态说，马上召开党委会，研究引黄工程建设问题。小伙子，有思路，有办法，干得不错。王局长微笑着表扬了闫军。

闫军右手习惯性地摸着后脑勺，不好意思地说，局长，找了苦水区的媳妇才把我的思路打开的呢，这才是我的真正动力啊，呵呵。

几个月后，新的引黄工程调研方案草拟出来了。

就在此时，张承打电话告诉了闫军一个消息，苦水区县委县政府已决定修建大型水库，方案都出来了，水库取名叫吉祥湖。还说，王书记带队马上要去齐河县调研学习呢。

闫军的心里乐开了花。下班后，他急急地往家赶，要把这个消息告诉桂芬，让她也高兴高兴。

四

四年，弹指一挥间。经历了无数人的努力和奋斗，饱含着齐河县人民对苦水区人民爱心的吉祥湖正式蓄水了。蓄水工程剪彩的这一天，市水务局王局长和办公室李主任还有闫军夫妻应邀来到了吉祥湖，参加这个有意义的活动。

在群众的欢呼声中，黄河水一路欢歌而来。立时，吉祥湖如镶嵌在鲁北平原上的一颗璀璨的明珠，光彩熠熠。王书记陪同远道而来的客人登上十里长堤，美景尽收眼底。只见碧波浩渺，水天一色，微涛拍岸，水鸟翩翩。“告别千年苦水，迎来万代甘泉”“苦水区人民感谢党”等烫金行楷大字被做成牌匾悬挂在吉祥湖景区的入口。

王局长感动地说，祝福苦水区人民永远摆脱了喝苦水的日子。

王书记握着王局长的手说，多亏了母亲河边的送水人啊，苦水区人民的恩人啊！

一阵喧嚣的锣鼓声打断了激动人心的谈话。望着这碧水依依的美景，在场的人感慨万千。

从剪彩现场回到家，桂芬和闫军仍沉浸在无边的激动里，和妈汇报着一天的活动。

刘迷糊望着自家自来水管里汩汩流出的黄河水，指挥着根旺做这做那。小子，咱如今也用不上这些水罐子和大缸了，它们正式下岗了，自来水天天流的都是甜水啦，把这些东西归置好，放在一边留个念想吧。

唉，你奶奶就是没福啊，就早这么一年撒手去了，自己就攒了那么点儿钱，全拿出来建吉祥湖了，末了，却连一口自家的甜水都没尝上。刘迷糊在院子里絮叨着。

爸，你别说了，为建吉祥湖，有太多的人都捐了钱，又不是只有我奶奶一个人，我会给奶奶送去甜水，让她尝尝的。根旺说着，眼里蓄满了泪。

刘迷糊回到正屋，高兴地对桂芬说，芬儿，给你弟介绍的女朋友谈得差不多了，就领家来看看啊，你妈说怪闷得慌的，早点儿来家见个面，见面礼都备好了呢。

爸，就妈一个人闷得慌再等等见面也不晚嘛。桂芬笑着和爸爸调侃。闫军在旁边吐了吐舌头。

根旺大学毕业后回到了老家工作，在学校时桂芬给他介绍了一个邻校的女朋友，两人谈得不错，进展很快，这姑娘也是齐河县的。

你这孩子还和爸爸开什么玩笑。刘迷糊假装生气地说。

爸，人家姑娘可是个好笔杆子。这回省里组织采风团，准备去苦水区采风，她就是其中的一员呢，到时，你们看个够哈。桂芬笑着说。

这就要来了啊，还要写写咱苦水区的变化，好，好。刘迷糊更加清醒了起来，咧着嘴，龇着牙，一个劲儿地傻点头，半天才回过神来。

根旺，你小子快收拾收拾啊，该洗的洗，该换的换，你媳妇要来咱家了呢。

洗什么洗，换什么换啊，那得浪费多少水。爸，每年的 3 月 22 日是世界水日，你知不知道啊！这黄河水是引过来了，可我们得节省着喝。根旺边在院子里收拾，边大着声说，眼睛都没往屋里瞟一下。

你这臭小子，总和我对着干。刘迷糊气呼呼地嚷。

爸，别生气。根旺说得对，现在全世界都在倡导节水呢，咱要吃水不忘挖井人啊！桂芬柔声细语地劝着。

桂芬妈说，那是，那是。这甜水啊咱得细着用，以后啊，咱刷锅洗碗还是用原来的水，这自来水才用来喝。

夏夜的风吹过来，刘迷糊抬头望天。天上繁星点点，银河似一条银色的飘带把蓝色的夜空装点。他仿佛看到了娘的笑脸。

刘迷糊在院子里放了一张小方桌，桌上摆了两杯清凉甘甜的黄河水。一杯自酌自饮了，另一杯，他却留了下来。

在这宁静的夏夜里，他明白娘一定在天上看着他，看着他们家，看着刘皇村的老老少少。他也明白，那些没喝上黄河水就升了天的人们，此时此刻都和刘皇村的人们一样，为生活在这碧水湖畔的家人而高兴、欣慰，都陶醉在这碧水依依的甜蜜里……

炊 烟

○刘同民

黄河桀骜不驯，即将入海也不曾收敛，以千钧之势蹂躏着黄河口的每一寸土地。两岸绵延的大坝则是温情的臂膀，把沿岸苍生揽在怀里，悉心呵护。张家庄便是其一。

村子在大坝根下，大坝在村子北边，站在大坝上可见村里人家的屋顶。屋顶是土地的颜色，上面长着稀稀拉拉的杂草，杂草间长着粗粗细细的烟囱。

鸡叫头遍，或许鸡还没有叫，村里一户人家的烟囱里便冒出了烟，在浅浅夜色里爬升，再往高处爬，便累弯了腰，像喝醉了酒的汉子，站不稳，立不住，几个趔趄后便懒散地游荡，最后竟与屋后的柳树暧昧起来。

屋里只有男人和他的媳妇。

男人的家在大坝根下，爹娘走得早，打小吃百家饭长大，却长得五大三粗。媳妇是男人从黄河边上捡来的，这是男人说的，媳妇也从来没有怀疑过。

媳妇很少说话，即便说话，也是颠三倒四，混沌不清，反应慢了好几拍。男人问她叫啥名，她摇摇头，男人说就叫你傻媳妇吧。

已经出了正月，黄河里最后一块冰碴子也融化了。男人要出远门，远门是哪里，男人说沿着黄河大坝一直往东走，看到大海就到了。出远门干什么，男人说给人家“打长工”。傻媳妇跟着男人去外乡赶集，也不过十里路，沿着黄河大坝往东走，她想不出是什么地方。

男人下了炕，煮了两碗杂面，每个碗里有一个荷包蛋，杂面是男人头天晚上手擀的，掺了黑豆面。男人坐在锅台边吃，傻媳妇也坐在锅台边吃。男人夹起自己碗里的荷包蛋，塞进傻媳妇嘴里，说我吃饱了，塞一些钱到傻媳妇手里，便起了身。

傻媳妇跟在男人身后，离了家门，出了村口，站在大坝的坝屋子后面，把头埋在男人怀里不说话，男人也不说话，低头将脸贴在傻媳妇的头发上。

大坝两边柳树上的“老鸹窝”清晰起来了。男人捧起傻媳妇的脸，说等着我，便转了身，朝着黄河水流的方向走，男人的脚步匆匆，背影变得越来越模糊，很快便消失在大坝拐弯处。傻媳妇收回挥着的手臂，擦去脸上的泪水，三步一回头，下了大坝道口，走进村子，关上屋门，趴在炕上嘤嘤地哭。

胡同南头七奶奶家的大公鸡站在墙头，抻着脖子“喔喔”叫了两声，村子便醒了。一条狗沿着墙根走过来，鄙视墙头的公鸡。通往老井的大街上，早起挑水的人们脚步散乱，“吱扭吱扭”的声音翻过院墙落到傻媳妇家天井里，钻过窗棂进到屋里，在炕上飘着，吵醒了傻媳妇的梦。

进了四月，七奶奶发现傻媳妇的肚子出了怀，再后来，怀里像抱了一个大西瓜。

这年的八月初，夜里起了风，把半个月亮吹落在村南湾里，湾边的柳枝把月亮撩拨成了碎片，在湾里晃来晃去，半天也没有拼起来。傻媳妇屋里传出撕心裂肺的号叫声，号叫声停了，接着是一声婴儿清脆的哭声。七奶奶为傻媳妇接生了个“带把儿的”，七奶奶笑，傻媳妇也笑，七奶奶看见傻媳妇脸上的笑容跟过去不一样。

傻媳妇的奶水足，儿子长得又白又胖。

出了月子，傻媳妇抱儿子来七奶奶家串门。七奶奶看到傻媳妇脸上的笑容不再僵硬，说话也不颠三倒四。坐在炕沿上，傻媳妇问七奶奶，自己是不是男人从黄河边上捡来的。七奶奶说你是咋来的，你得问你男人，你男人说是在黄河边上把你捡回来的。你来到这个家时睡了两天两夜，你男人守了你两天两夜，他说要娶你当媳妇，照顾你一辈子。

七奶奶把傻媳妇的儿子抱在怀里，稀罕得不得了，脸上的皱褶堆在一起，像包浆核桃，说孩子的眯缝眼随他爹。

傻媳妇回到家，盯着儿子的眼睛看，想起七奶奶说的话——孩子的眯缝眼随他爹。傻媳妇的头像要炸开，她使劲摇着头，慢慢找回了以前的自己——爹娘开了一家小酒馆，自己跟着“大先生”识字读书……这一切却都定格在了一片火海中，火光里，有人扑向她，那人戴了面具，露着一双眯缝眼。

七奶奶说过，蒙面土匪常常从洼里到村子来，杀人放火抢东西。那个长着一双眯缝眼，扑向自己的男人，难道是……她不敢往下想。长着眯缝眼的人那么多，也许是想自己的男人了。傻媳妇的脸红了，把嘴贴在儿子肉乎乎的脸蛋上，儿子便咯咯地笑。

儿子六岁，趴在娘腿上哭，别人说俺是没爹的孩子。娘说你有爹，大高个子，小眯缝眼，壮得像头牛，他去给人家“打长工”了，大坝坡上的结缕草绿了他就回来了。

五月里的太阳悄悄躲进村西的槐树林，槐树林里便像烧了火。各家烟囱里开始争先恐后吐着烟，与槐花的香气一起弥漫在村子里，也不管人们喜欢不喜欢，浸润进人们的肺里。傻媳妇坐在灶膛前，火光映红了她的脸。

日落前，傻媳妇做好晚饭走出门，站在胡同口望向东边。

儿子跑过来，把碎布缝缀的书包甩给娘，跑到大坝道口的斜坡上，趴在绿毡子一样的结缕草上望着东边。娘说过，大坝上的结缕草绿了，和他一样长着一双眯缝眼的爹就回来了。

各家各户的炊烟淡起来了，白烟缩进了烟囱里，黑烟也缩进了烟囱里，在昏昏的烟幕里，只见伫立在屋顶上的烟囱。

傻媳妇默默地望向大坝道口，等儿子，也等自己的男人。

儿子再次失望，他没有看到那个和他一样长着一双眯缝眼的男人，从东边来的人也说没有见过。

儿子一天天长大，傻媳妇不再像以前那样邋遢，身上的衣服干净利索，脸上的皮肤白里透着红，像换了一个人似的。她喜欢与村里的大闺女小媳妇们坐在胡同口做针线活儿，说到高兴处便大笑，两只肥硕的奶子在怀里颤，惹得站在一边的几个老爷们直咽口水。好事的人打听傻媳妇娘家是哪里，她说不知道，以前的事记不起来了，记不起来也好，省得走娘家了，说完又开始笑，两只肥硕的奶子又在怀里颤，站在一边的那几个老爷们擦着嘴边的口水。

儿子去上学，傻媳妇一个人在家收拾屋子。有人看到一个男人从傻媳妇家大门里跑出来，一把菜刀跟着飞出，"哐啷"一声落在那人身后的地上。

儿子在炕头上睡着了，傻媳妇吹灭了油灯，坐在炕上，眼睛盯着窗户。月光透进窗棂，屋里不再黑暗，那双"眯缝眼"在她脑子里赶跑了又回来，她想找出自己男人的"眯缝眼"与那天夜里看到的"眯缝眼"不一样的地方，但她没有找出一丁点儿的不一样，她失望地闭上眼睛，躺下，泪水滴在鸳鸯枕头上。

黄河后浪推前浪，唱着亘古不变的曲子，大坝坡上的结缕草绿了又黄，黄了又绿，家家户户的炊烟每天都是新的。

傻媳妇剪掉了粗辫子，头发盘成了拳头大小的疙瘩鬏，束在脑后，黑色的小网兜罩着。出门前，她都蘸了清水在手心，抿在头发上，直到没有一丝乱发。

东方泛白，傻媳妇来到了大坝上，站在和男人分手时的坝屋子后面，木然地望着东方，一站就是大半天。那是自己的男人“打长工”去的方向，也会从那个方向回来，男人说过要等他回来，男人是说话算数的。

傻媳妇对沿大坝东去的人说，我男人长着一双眯缝眼，大高个子，壮得像头牛，见到了，让他早些回来，他儿子长得和他一样高了。

沿着大坝东去的人都点头。

傻媳妇问沿大坝西来的人，你见到俺男人了吗？俺男人长着一双眯缝眼，大高个子，壮得像头牛。

沿着大坝西来的人都摇头。

又是一年结缕草绿了，古稀之年的傻媳妇已经无力再走到大坝上。

傻媳妇一个人坐在大门口，一双浑浊的眼睛望着胡同口，有时会戴上老花镜，用花花绿绿的丝线在鞋垫上绣着，那是一对戏水鸳鸯，鞋垫是给自己的男人绣的，她说男人“打长工”会走很多的路，自己纳的鞋垫软和，不硌脚。

一天下午，儿子回来了，抱了一个盖着红绸子的盒子，盒子上有一张照片，傻媳妇把照片慢慢拿下来，用袖子擦了一遍又一遍，看一眼儿子，看一眼照片，儿子的眼睛跟照片上那人的眼睛一模一样。

盒子里有一包白色的粉末，还有一封信。傻媳妇捧着信看，眼睛里闪着光，她抬起头时，脸上却是欣慰的笑。俺男人是爷们儿，有情有义，俺这辈子没有白等。

信是男人临终前写给傻媳妇的。

傻媳妇，你看到这封信的时候，我已经去了天堂，咱山东的老乡答应我，在我百年之后把我和这封信一起带回家，也许你会收到的。

我是一个孤儿，生在大坝根下，是吃百家饭长大的。20岁那年，我跟着表哥去洼里“打长工”，就是在海上打鱼。年底回家时，我们遇上了土匪，土匪抢走了我们身上的钱，表哥被刀砍死，我被捆绑起来带到了土匪窝，逼着我当土匪。我多次想方设法逃跑，每次都被追回来打得死去活来，无奈，我便留在了土匪窝里。

那时兵荒马乱，黄河口沿海一带土匪有好几帮，有的来自旧军队的兵痞，有的是沿海附近的无赖，还有的是赌博输钱后躲债的，反正没有什么好人。土匪常常是白天到村子里踩点，到了黑夜就到村子里抢劫。去你们村时，我也去了，你们村离黄河边不远，你家当时开了一家小酒馆，是村里的富户。到了下半夜里，大风吹得黄沙飞，我随匪首进到你家。我是第一次出来“干活”，吓得浑身哆嗦。匪首便让我望风，其他匪徒在酒馆翻箱倒柜，惊醒了你的爹娘。你爹拿起火枪和土匪拼命，最后你爹娘都死在了土匪的刀下。他们随后在酒馆里放了一把火。

为了毁灭证据，掩人耳目，匪首让我把所有的屋门封死，不留一个活口。我来到你住的屋前时，你的屋里已经烧着了。火光中，我看见你在炕上，拼命地扑打着身边的火苗。你还那么年轻，我不能眼看着你被活活烧死。我没有多想，冲进屋里，把你从火海中抱出来，放到马背上，把你送回我住的屋子了。你昏睡了两天两夜，我陪了你两天两夜。你醒来后的第十天，七奶奶做主，咱俩成了亲。

也许是你被烟熏坏了脑子吧，醒来后你啥都记不得了。看着你痴痴呆呆的样子，我心里很难受：都是土匪毁了你们家，毁了你。那年刚出正月时，我和你说去“打长工”，就是去找土匪报仇，也算是赎罪。我来到洼里，找到匪帮落脚的窝棚，趁着匪首酒后熟睡，一刀砍下了匪首的脑袋。看到我手上提着带血的大砍刀，匪徒们吓坏了，一起跪倒在地，推举我当上了老大。我当老大后没有再去干伤天害理的事，我想找机会把这些人打发回家。

就在我们准备散伙回家的时候，听到不远处响起了枪声。我们赶紧躲进了苇子地里，看见三个日本兵端着枪在追赶一个中国女人。女人钻进苇子地，日本兵紧追不舍，正好经过我们藏身的地方。我们几个人一起跳出来，大刀砍向那三个日本兵。没等那三个日本兵明白过来，脑袋已经搬了家。我们在苇子地里藏了一整天，第二天政府军来到这里，把鬼子赶出了黄河口。

回家路上，我们遇到了政府军，又被抓去当了兵，跟着部队到过好多地方，看着中国人打中国人，心里很不是滋味。再后来，稀里糊涂跟着部队来到了这个孤岛上。

我担心自己当过土匪，又在国民党的部队上当过兵，怕连累到你，就说自己是一个孤儿，家里没有亲眷。我托人打听你的消息，可是一点儿音讯都没有。后来我患上了重病，躺在病房里度过自己惨淡的余生。

傻媳妇啊，我最对不起的人就是你，没能一辈子守在你身边照顾你。我可怜的傻媳妇，你还活着吗？你过得好吗？我相信你能看到这封信。我生在大坝根下，希望把我埋到大坝根下，也算叶落归根了。让我守着你，照顾你吧，

夜里，傻媳妇把照片和信放在胸口，睡着了。睡梦里，照片上的那人骑了高头大马，沿着黄河大坝由东向西疾驰。

清晨，各家各户的烟囱里冒着或白或黑的烟，蹿到村子的上空，一阵风，村子里所有的炊烟都纠缠在一起，便分不清是你家的还是我家的。

炊烟里，唯独没有傻媳妇家的。

河南有个“塞罕坝”
——记商丘市民权林场

○高振标

打开河南地图，在广袤的豫东平原上，有一片深深的绿色铺展在豫、鲁、皖、苏四省的辐辏之地。100 年前，九曲黄河在这里陡然决口改道，挟大清河滚滚入海，留下了千里黄河故道，也留下了茫茫沙丘。68 年间，祖孙三代人，就在“风吹黄土遮天蔽日，盐碱遍地寸草不生”的荒沙上，培育了 6.9 万亩的平原林海，建起了名列“亚洲十大平原人工防护林”之一的商丘市民权林场申甘林带。她就像一段绿色长城，如“定海神针”般镇守在豫东门户，抵御着风沙的入侵，提供着近 1.5 万人一年的需氧量，保卫着豫东平原的河清海晏。踏着 2018 年的第一场雪，我们走进这片林子，走近这群人，去倾听那些如歌的往事，去探求人与自然和谐相处的奥秘。

从一亩苗到万丛林

——彻底治住肆虐的风沙，过上衣食无忧的生活，是黄河故道两岸百姓的梦想。这是一场绿色的接力，更是一次艰苦的远征

一片片森林绵延不绝，一行行大树伸向天空，北风吹过，卷起层层落叶，掀起阵阵涛声。驱车行进在林间公路上，我们不由得被“林海滔滔百万兵”的景象震撼了：高耸入云的刺槐、傲然挺立的杨树、粗壮沧桑的旱柳、笔直光滑的苦楝、华盖如伞的椿树……它们就在这平原上无拘无束地生长着，遒劲坚韧，就算已经倒下，也保持着原始的姿态。

“这是申甘林带的核心区。”民权林场场长王伟指着远方说，“这片林子西起民权县程庄镇申集村，东至城关镇甘庄村，东西长 24 公里，南北宽 2~3 公里，核心区域人工林面积 3 万多亩，是全国四大平原人工林之一。”

“没有向导，在这里肯定是要迷路的。”省林科院专家樊巍经常在申甘林带里搞科研，他的话比数字更为直观。

然而，翻开《黄河志》，才知道早年间笼罩这里的并不是郁郁葱葱的绿色，而是莽莽苍苍的黄色。风沙在这里猖狂已近百年。

“大风起、飞沙舞，一年四季都喝土；狂风掀起茅屋顶，沙淹田垄禾苗枯”等民谣无不倾诉着风沙之苦，“种一葫芦打两瓢”的光景让农民的日子雪上加霜。

据《民权县志》记载，新中国成立前的 30 多年中，该县有 17 个村庄因风沙危害背井离乡，有 20 多个村庄屡次南移。“电影《焦裕禄》里风沙盐碱的画面，我们也经历过。”曾在林场生活工作大半生的老职工说。

风沙如猛虎，土匪如饿狼。“好过的阎王殿，难过的民权县”，道尽当年这个“三不管”地带的贫瘠与悲凉。固风沙、除涝灾、治盐碱，改善生产生活条件，过上衣食无忧的日子，成为故道两岸百姓最大的梦想。

人民政府为人民，人民疾苦挂在心。1949 年 12 月，新中国成立之初，尽管百废待兴、百业待举，河南省人民政府仍然决定营造豫东防护林带，横贯郑州、开封、商丘、许昌、淮阳 5 地的 19 个县。次年 1 月，时任民权县县长马光带队到张庄、断堤头等乡镇访问群众、查看荒地，随后召开县乡村三级干部会议，进行造林动员、布置造林任务，拉开了民权造林治荒的序幕。

申甘林带最早归河南省豫东沙荒造林管理处管理。管理处指导开封以东兰封、考城、民权、睢县、宁陵、商丘、虞城、夏邑、永城等十多个县的造林治荒工作，这就是商丘市民权林场的前身。

早年间地下水位高，栽树很容易成活，不出 10 年，这片地方的沙土得到有效治理，黄河故道开始绿树成荫了。当时的老场长王梦石曾在《河南日报》上发表文章《沙荒变绿洲　救出万顷田》。

可是，一场突如其来的考验差点儿击垮了这群把绿色视为生命的人们。从 1958 年起，林木被大量砍伐，大片林子被毁，风沙再起。

从头再来！林场人长年与树打交道，那种倔强、那种不屈、那种顽强已经深深植根心中。

1962 年，民权林场被收归林业部，更名为“中华人民共和国林业部河南省商丘机械林场”，是当时全国五大机械林场之一。“五朵金花”之中，就有现在广为人知的、被联合国环境规划署授予“地球卫士奖”的河北塞罕坝机械林场。

当时，商丘机械林场的一切管理都归林业部，场一级的干部任免、财务报账要去林业部，不少县委书记都在这里当过场长、副场长。那是一段激情燃烧的岁月。在中央和地方的重视下，大批大中专毕业生从学校来到这里，人拉肩扛，重新栽种下绿色的希望。

“最早，我们培育树苗的苗圃就 1 亩，后来扩大到 104 亩。能长成这么一大片林子，当年我们是想不到的。就像大人养孩子，小孩儿终于成才了。”今年 84 岁的老场长康心玉感慨地说。

1997 年商丘设市后，林场更名为“商丘市民权林场”。虽然名称在变，但初心不变、痴心不改。经过一代又一代人的努力，民权林场经营面积达 6.9 万亩，有林地面积 5.5 万亩，林木蓄积总量 18.7 万立方米，林木年生长量 1.7 万立方米，森林覆盖率达 79.7%。

申甘林带是民权林场核心林区，光长成的参天大树，成片的就有 2 万多亩，成为豫东重要的生态屏障。这里有杨树、刺槐、泡桐、桃树等各类树木120余种。其中，刺槐因抗干旱、耐瘠薄，一开始就成为当之无愧的当家树种。

如今的黄河故道，早已旧貌换新颜。春天，草木萌动，野花烂漫，空气中飘荡着槐花蜜的香甜。夏天，万木葱茏，高林蔽日，清凉宜人，不少人慕名来此享受森林浴。秋天，层林尽染，绵延无尽，果满枝头，芬芳飘香。冬天，白雪皑皑，银装素裹，薄雾缭绕林间，凸显这片森林的苍劲和粗犷。

自然环境的修复，招来了美丽环境的使者。这里野生动物多了起来，野兔、松鼠、獾、黄鼬等小型野生动物经常出没，百灵、画眉、喜鹊、斑鸠等随处可见，还有很多“稀客”光顾。林场工作人员发现，这里有国家Ⅰ、Ⅱ级重点保护动物16种，省级保护动物70多种，成为迁徙候鸟重要的停歇地。

民权是庄子故里。在这片“庄生晓梦迷蝴蝶，诸侯会盟春秋业”的土地上，林场人用战天斗地的行动，让“白茫茫，野荒荒，三里五庄无牛羊，端起碗来半是黄沙汤”的民谣终于作古，让绿色希望在这里升腾，让绿色奇迹在这里诞生。

从一群人到一种魂

——艰苦奋斗、甘于奉献、忠于使命，林场人用心血、汗水乃至生命践行着“绿化祖国”的诺言

民权县城东北角的一座寂静、残破的院子，勾起了康心玉的思绪。“林场几代领导班子和工人吃住都在这里，不把空闲的地方都种上树，绝不轻言下马回家。”这位在林场工作和生活了63年的老场长指了指已经是危房的屋子，平静地说。

1955年的夏天，21岁的康心玉从洛阳林校毕业。班里没有人愿意到又穷又苦的豫东去，他作为班长，带头报名回到这里。

当年的林场只有16个人，唯一的破旧自行车，场长也只是偶尔骑一下。康心玉和后来分配到林场的翟际法等人每天上班平均要步行15公里。晚上装车，白天栽种。育苗、栽树、抚育、管理，件件事情都得管。忙起来回不了家，就挖一个地窨子，铺上麦秸秆，支个帐篷和衣而睡。饿了，啃一口干馍；渴了，就喝两口河里的水。

说起当年的情景，80岁的佟超然记忆犹新。1962年，他从北京林学院毕业后分配到民权林场，成为场里唯一的大学生。

“不习惯，啥都不习惯。”老佟虽然耳背，但嗓门依然洪亮，“我在学校起码能吃到米、面、油，来到这里只有盐水煮萝卜和红薯。吃不下饭，想见的人还见不到，当时真不想在这里待了。”

可他还是待下来了，还待了一辈子，连老师要把他安排到河北省林业厅都没去。老佟说：“我的同学有一部分去了塞罕坝。民权林场虽然没有塞罕坝大，但我们付出的心血是一样的。再造‘绿色长城’，就是我的梦想。”

那时候，在紧邻民权的兰考，焦裕禄找到了治理“三害”的关键，那就是“栽树、栽树、还是栽树”，一棵棵泡桐从此扎下深根；在这里，林场人也顶风冒沙，不断摸索，创造了“高栽杨槐低栽柳”“前挡后拉四面围攻”等栽种、治沙方法，推广“坑挖深、土埋实、树行与风向垂直”的种植技术。这些行之有效的“土办法”一直传到今天。

翟际法家里有五个孩子，他只记得二儿子翟鲁民的生日。小女儿出生六个月零十天后，翟际法才第一次知道孩子到底长啥样。“我抱五个孩子的时间加在一起，不超过一个月。”83 岁的翟际法双手停在空中，欲言又止。

翟鲁民接过话头："种树就是种钱，种树就是种福，种树就是种生命。"他理解父亲的选择，长大后也走上了父亲走过的路。他的微信名叫"沙风"。"防风治沙是我的职责，父亲常说，绿化祖国到死都不能忘。"

抚摸着一株刺槐，翟文杰告诉记者，栽植于20世纪50年代的刺槐已经退出历史舞台，留存下来的大树多是20世纪70年代种的。"我总觉得树也像人，一代一代更替。现在该是我们完成他们交付的使命了。"

与翟文杰一样，留在林场的年轻人越来越多。有的是自愿留下的，有的是被"劝"下的。已届鲐背之年的潘敬修把儿子留在林场后，又在孙子找工作的时候，毅然告诉他，就回林场。"植树造林，说到天边都是正道！"

现在林场有职工600余人，"三代同堂"十分普遍。他们中有的是技术工人，有的是管理人员，还有一大部分担任着护林员的角色。

在申集分场的刺槐林里，有一座小木屋。屋内面积不大，却摆了四张单人床，护林员张艳民正在屋内烧水做饭。

“我们的工作主要是养护树木、修剪树枝，24 小时两班倒，基本不休息，随时有事随时出门。”47 岁的张艳民有些腼腆地笑着说，“再有两天，我就可以回家看看老人和孩子了。”

往林子深处走，遇到的护林员越来越多。他们大多是“林二代”。交谈中，他们说现在护林工作容易了，偷盗树木的现象几乎没有了。以前护林工作挺危险，偷盗树木的人甚至还带着土枪。

树林里有着一座坟冢。坟前既没有墓碑，也没有苍松。这里静静地躺着一位农民护林员高玉臣。他在林场工作了 35 年，所负责的片区极少发生盗树、拉土、毁树苗现象。去世后，按照他的遗愿“死了也要守望林区”，家人将他埋在了林区，由小儿子接替他继续护林。

半个世纪过去了，大树亭亭如盖，树身已经粗壮到三个人才能合抱，植树的人却悄然老去，芳华不再。

正是这群忍受寂寞、以苦为乐的林场人，无私地把青春和热血默默奉献给这项伟大的事业，我们才有了黄河故道的平原林海，才有了定不负人的宝贵绿色。

从一抹绿到一条路

——“绿水青山就是金山银山。”加快生态文明体制改革，建设美丽中国，绿色发展一直在路上

塞罕坝林场价值几何？联合国环境规划署执行主任埃里克·索尔海姆说：“塞罕坝林场的建设证明退化的环境是可以被修复的，而修复生态是一项有意义的投资。”河南的“塞罕坝”亦是如此。

有人为“塞罕坝”算了一笔账：

林场森林植被和林地土壤总固碳量为 2.25 万吨，总价值为 2250 万元；

长约 40 公里的骨干林带每年保护农田 120 万亩，可增收 3600 万元；

每年涵养水源、净化水质价值可达 9600 万元；

……

初步估算，民权林场生态服务价值每年可达 6.96 亿元，约为直接经济效益的 35 倍。

“这还不算民权林场几万亩森林、豫东林海、平原绿洲的品牌效益，对民权招商引资的拉动效益，对土地增值的效益，带动就业、扶贫等社会效益。”樊巍很是兴奋地说。

习近平总书记指出：“保护生态环境就是保护生产力，改善生态环境就是发展生产力。”在生态文明得到高度重视的新时代，绿色发展理念日益深入人心，林场的发展也开始向更高层次和境界迈进。过去是以生产木材、利用森林获取经济效益为主，单纯地依靠砍树、卖树“养家”；如今以生态建设和生态修复、保护森林提供生态服务为主，全面启动了申甘林带生态旅游基地的开发建设系统工程，盘活林业资源，促进林场发展。

大自然没有辜负林场人的努力，现在的申甘林带成了旅游观光胜地。每年 4 月底，在“风舞槐花落御沟，终南山色入城秋”的景象中，来自全国各地的游客驻足其中，赏花踏青，兴致来了还可以加入徒步大赛，感受充满勃勃生机的森林之美。成片的葡萄、苹果、花生在林间生长，大量芍药、丹参、留兰香、油牡丹在林间绽放，“春季有花、夏季有荫、秋季有果、冬季有绿”。

在这片林子的庇护下，鲲鹏湖、秋水湖、龙泽湖三片广阔的水面碧波荡漾、水天一色，天鹅、白鹭等珍禽时而水中嬉戏，时而展翅高飞。这里既是候鸟栖息的理想湿地，同时也是供应商丘市城市用水的“大水缸”。

庄子曰：“人与天一也。”人因自然而生，人与自然共生。以绿色价值观引导公民建立绿色健康的生活方式、杜绝各种浪费资源的行为，是社会可持续发展的必然要求。

几年前，申甘林带被一场突如其来的龙卷风刮倒一大片树木，整片林子出现了一个缺口。“习惯了没有风沙的市民，对突然增多的沙尘天气非常敏感，很多人也由此意识到了种树的重要性。”林场总工程师徐兰成说。

山水林田湖是一个生命共同体，人的命脉在田，田的命脉在水，水的命脉在山，山的命脉在土，土的命脉在树。人们在这里挥锹培土，栽下了一片片生态纪念林，种下了爱绿护绿、造福世人的美好愿景。

前人栽树，后人乘凉。申集村依托林带天然优势，发展起大棚蔬菜种植200多亩；野岗乡还搞起了万亩国家农业综合开发高标准农业示范良田，小麦亩产量平均达到1300斤；程庄镇香菇扶贫基地依托天邦农业科技有限公司，帮助2691户贫困户脱贫致富。真可谓“思路一转天地宽，万亩林带吸金来”。

“擦亮生态底色，守住环保底线，努力实现开发建设与生态服务的融合发展，要为老百姓留住故道绿，保持永恒蓝。”民权县委书记姬脉常说。

有了林，有了水，就有了底气。民权县雄心勃勃地提出了“黄河故道生态走廊”建设构想，明确了“一廊连两园、一线牵多点、一带连全境”的大格局，以申甘林带为核心，以鲲鹏湖、秋水湖、龙泽湖组成的国家湿地公园为重点，着力打造连接湿地公园和生态公园的绿色廊道，并计划沿黄河故道两侧再造面积约3.6万亩的生态林带。

最新的《森林河南生态建设规划（2018—2027年）》中，河南省将着力构建“一核一区三屏四带多廊道”的总体布局，明清黄河故道生态保育带是“四带”之一。这片平原林海迎来了更好的发展机遇。

我们离开这里的时候，雪停了。

冬天来了，春天还会远吗？那抹绿色，正在积蓄着力量，等待勃发；那群人，依然满怀深情地守护着绿色，步履坚定。

我从黄河走来

○李高艳

黄河从陕北奔泻直下，跃过龙门，进入关中平原腹地。此处地势平坦，河床开阔，黄河一改沿途跌宕湍急，变得舒缓平静。顺着沿黄大道进入合阳地界，黄河被弯弯曲曲的小路与微微起伏的丘陵随意分割，退尽暴虐，变得柔和恬淡。四月的河滩春色正浓，河堤的土道上，槐花如雪，一嘟噜一嘟噜堆积在枝干上，风一吹，染白了河堤上的土道，不知名的野花一束束羞怯而热烈地绽放，大片返青的芦苇郁郁苍苍站在水中，不时有鹭鸶或野鸭子从水中隐入芦苇丛，在苍翠的草丛里给它们的爱情筑一个家。夕阳西斜，长河里的落日把整个河滩涂上一片金黄，河滩上一群群鸟儿飞过，趁着天边最后一抹霞光急急落入路旁的灌木丛中，叽叽喳喳交流着它们这一天的经历。

我的故乡就在河西塬上的一个小村庄。我的祖辈们面朝黄土背朝天，他们年复一年耕耘着那片贫瘠的土地，在播种与收获间忙忙碌碌，在偶尔风调雨顺的年月获得的丰收里欢喜着。渭北旱塬十年九旱的经验告诉人们，这丰收是多么艰难！

我的父亲参与了抽黄工程的全程建设。他时常给我们讲起抽黄始建的场面。冬日的河滩一片干枯，几百人热火朝天地干着，一群汉子硬生生用双手挖出了眼前这条如河的渠道。挖出来的土方，用架子车、四轮车送到近滩。赶工期的时候，人们挑灯夜战，大灶送来的晚餐，在河滩阴冷的风中结了冰，我们那时就叫“冰碴饭。”

路过干渠，父亲总忍不住停下，看一会儿流淌的水，娓娓讲起，灌溉高峰期东雷泵站满负荷运行时，这条渠道的过水量高达 60 立方米 / 秒，远比北方的小河流过水量高，站在洽川坡头的外地游客误以为它就是黄河。站在黄河边，细细打量着这座始建于 1975 年的泵站，父亲站在这里讲的故事还萦绕耳边，父亲已经老去。

哗啦啦的黄河水流过，时光回到从前，渭北连年大旱，衣衫褴褛的人们时常看着从塬下一路南流的黄河叹息，为什么不能临河而居？为什么不能把河挪到塬上？那是每个饱受旱魔摧残的渭北人的梦想。

连年大旱，赤野千里，在越来越高的呼声中，水利专家开始关注这片土地。经过数十次勘察论证，最终拿出了渭北建设大型电力提灌工程的可行性报告，并及时上报给国家。当时，国家一穷二白，粮食不能自给，正是短板。许多人尚在温饱线上挣扎，这座惠及民生的水利工程无疑是造福一方百姓的千秋事业，很快被国家提上议程，并争取到了联合国无息贷款的扶持。这无疑是天大的喜事。当设计院与当地技术人员实地勘测，图纸改了又改，终于着手实施项目建设时，渭北三县的人们欢腾了，他们再告奋勇，举各县人力、物力，不畏艰难，整整三年，硬是克服重重困难，在荒僻的黄河边建起了电力提灌泵站，在当时创造出了水利史上的奇迹。

冷清的站区门口，河水孤独地拍打着土岸，风吹散了贫穷，也吹去了昔日的辉煌。遥想当年，完工投运后的东雷抽黄灌溉工程被誉为“闪耀在渭北旱塬上水利新星”，此地曾诞生了许多个“第一”，有亚洲单级扬程最高的水泵，有中国最大的水泵和电机，有人工挖掘的大型机坑，有陕西最大的干渠，有自发研制的斜拉渡槽……

抽黄工程开始启动的消息传到村组时，塬上的村庄立刻沸腾起来，对于缺水的旱塬，这可是祖祖辈辈做梦都不敢想的好事！大喇叭在村头响起，早已听闻消息的各村各户踊跃报名，有钱出钱，有力出力，大伙热火朝天地来到了太里湾，撸起袖子加油干。荒滩野外，简易的工棚夏不避暑，冬不御寒，他们在没有机械的情况下，硬生生挖出了巨龙般的干渠，挖出了一个个泵站机坑。没有人喊累，来自三县的人们暗暗较劲，他们比进度，比质量，比吃苦耐劳。夏天河滩的蚊子盘旋在无风的暮色天空，黑压压一片“嗡嗡”轰炸而过，这时的清凉油是远远不能阻挡饥饿的蚊群轰炸，人们的脸上身上被种满了红包。后来人们在工棚附近燃起了艾草，蚊子方才有所收敛。

不光是蚊子，父亲说，夜色里时常有蛇和蝎子悄悄爬到工棚。蛇大家容易发现，蝎子就很难。它们常常趁着这群汉子睡熟，狠狠地蜇一下，老鼠更是常见，它们时常大摇大摆地偷走小伙子藏下的干粮。

那年冬天，河滩枯黄的芦苇在盐碱滩瑟缩着，旷野阴冷潮湿，萧索清冷，总干渠会战在此时拉开了序幕。工地沿线交通不便，施工战线长，等饭抬到工地，早已凉透，经常打开盛饭的篓，饭上面已经结了一层冰。一群汉子吃着冰碴饭，就着黄河水，没有人埋怨，大家一边喊着号子，一边憧憬着黄河水上塬，旱塬变成绿洲的美好将来。

20 世纪 70 年代末，乌牛系统装机成功，准备试运行。提前收到消息的各村人激动地挤在出水口，人们瞪圆眼睛盯着，唯恐一眨眼错过了水是怎样涌上来的瞬间。漆黑的拍门微微颤抖，水来了！不知谁大喊一声，紧跟着水头猛烈地顶开了拍门，哗啦啦倾入渠道。人群欢喜雀跃，用手用脚抚摸着黄河水，总害怕这一切是虚幻。人们顺水走过干渠来到支渠，在这里他们亲眼看着水流进干涸的田间，蔫黄的禾苗腾地站起来，叶子倏忽间变绿，变挺。这时早有按捺不住喜悦的人们，敲锣打鼓来到站区。

随着乌牛系统的正式投运，“轰”的一声怒吼，整个合阳城区的照明电灯都暗了一下，那是东雷二级站试机在试机。这座亚洲单机运行最高扬程的泵站，配置了当时国内最大负荷的电机，这便不得不对其他地方进行限电，所以多年来，东雷二级站都是晚上 12 点以后开机。

机房都在深坑里，伴随着水泵电机轰鸣着，机房运行人员认真地读写着指示灯下的仪表盘上的数据，拦污栅前不时有草，会影响水泵的密封，严重时会造成水泵空转。巷道里的老人听说了，带着叉子和耙耙，自发捞起了进水口的杂草，摊晒在进水口边的空地上。空闲时老人们也会到机房喝点水拉拉家常，“技术活咱干不了，可这捞草的简单活咱能安，这抽黄就是我们渭北的龙王。”随后便会讲起以前没有水的辛酸。

我的父亲是一名水工，他时常骑着自行车，奔波在田间地头，丈量着灌区的每一个斗渠、每一片土地。有时水不稳，他们要密切观察干渠的变化，根据出水量以及支斗带水情况随时调整配水方案。夏灌的水耗损大，要不停巡查了解用水情况，为了防止人们有紧急情况找不到他，父亲索性拉张破席，在干渠上找一处树荫，就住在干渠上。每到这个季节，父亲和他的同行一样，被晒得黝黑干瘦。我笑着说，看你皮糙肉厚的，蚊子都叮不动。

他就笑我细皮嫩肉，不经咬。

他们那一批的技术人员，没有任何捷径可走，所有的知识全靠自己一点点摸索，相互交流学习，做好笔记，一点点总结出经验，所以他们的专业技术能力非常强。那些年每次省上组织的机电水工技术比武，东雷抽黄的技术人才总是名列前茅。记得小时候家中有许多获奖证书，父亲时常打开箱子拿给我看。他兴奋地给我讲它们的来历。我知道，那是父亲的荣誉，也是抽黄人的骄傲。

随着黑池系统的投运，抽黄所有泵站顺利投运。

据统计，灌区浇过的土地亩产比正常年份翻了三番。丰产丰收带来了灌区人民生活水平质的飞跃，粮仓鼓起来的农民开始种植经济作物。这些苦惯了的人舍得力气，精耕细作，按季浇水，听从农业专家建议，根据各自土壤结构选出适合自己的农作物，有重点地发展。几年后黑池的红薯首先迈出了家门，当“北雷红”作为一个品牌受到渭南西安的欢迎时，每年红薯带来的效益要比粮食高数倍。榜样的力量是无穷的，路井灌区的人们开始了无籽西瓜与酥梨的培育种植。很快新池的葡萄、范家的礼品西瓜，早熟果子、大棚冬枣都成了当地的招牌。它们给灌农带来了巨大的经济效益。

引水上塬彻底改变了灌区的产业结构，抽黄工程的建成投入使用改变了灌区人们的生存质量，见证了人们从温饱到小康的奋斗过程。

轮休时，我的父亲骑着二八加重自行车，和他的同事们吃力骑行在坎坷不平的渠道上，从太里回到家一路上坡，费时三四个小时。夏季的河滩非常闷热，生活区的院子像个蒸笼。等水头稳定下来，父亲和同事们喜欢在黄河的浅水区游泳，或者骑着自行车沿总干渠一路向南，去看浇地。盛夏的河滩郁郁苍苍，庄稼与杂草并茂，太里湾养殖站的排碱渠沿常常有晒太阳的黄河野生鳖，运气好时，会捡两只鳖用马蔺草拴着挂在车头，迎着落日唱一曲：“日落西山红霞飞，战士打靶把营归……”

有时他们站在地头，目睹着黄河水悄无声息流进田间，只见那打蔫的枝叶“唰”地一下子就挺起来。每当这时，浇地的农人总忍不住夸几句抽黄，父亲们便一脸满足，扔给农人一支廉价烟，动手帮他们干点零碎的小活，唠一会儿嗑，心满意足地哼着小调返回站区。后来，近处的灌农都认识了站区的人，他们按节令送来了青玉米棒子、西瓜、蔬菜，那时的暑假，我会惦念那些美食而缠着父亲要去站上。

濒临黄河的站区，短时间游玩是新奇，长久生活是寂寞。

20 世纪 80 年代中期，彼时的黄河滩尚未开发，沿途一派原生态风光。一条人工踩出来的土道弯弯曲曲，那是站区通往外面世界的唯一道路。连阴雨会使站区变成一座与世隔绝的院落。记得有一年检修时节雨季比较长，站区预存的粮食蔬菜告急，漫长的土道泥泞不堪，出路被封，人们困在站区，雨丝毫没有停下来的意思，怎么办呢？管理中心想了很多办法，最终听从建议，决定让物资车从村里绕到管坡头，一群汉子穿着雨衣沿管坡上去，冒雨把粮油蔬菜补给背下来。东雷站的扬程是亚洲单级运行水泵的最高扬程，管坡陡峭，台阶上的青砖在连阴雨中湿滑，汉子们接住补给手把手往下传。雨越下越大，那群汉子忙了半天终于运完最后一袋菜，他们浑身上下早已湿透，回到宿舍换掉湿衣服，女职工喊他们喝姜糖水。那是来自西安女知青箱子里藏着的一点红糖干姜，煮好茶后她坐在雨中对着西南的黄土塬发怔，不一会儿，几个女知青聚在一起轻轻啜泣。

雨停了，天依然阴着。

站门口那条泥泞的土道上，太里村的几个人穿着雨靴跌跌绊绊走来。他们给站上职工送来了馒头和蔬菜，居然还有两条鱼。他们说，雨下了这么久，站上的采购车大概出不去了，这么多人吃饭肯定会成问题，你们为灌区做了这么多，我们也帮不了什么，应急的能力还是有的。

看着那几位狼狈的模样，几个女知青悄悄擦着眼角，乡村人的淳朴善良足以温暖半生记忆。

后来，那些知青大多数返回了城市，留下的几个落地生根，成家立业。我的师娘，就是留下的知青。在以后我也变成抽黄人的岁月里，我们一起度过了许多时光。

20 世纪 90 年代后期，改革开放给慢热的西部带来了翻天覆地的变化。辛苦一年方能勉强维持温饱的农人惊喜地发现，出门打一天工的工钱，可以换回二三十斤麦子。突然的反差使农民对种田的热情开始下降，村子里聪明人开始走出去。在他们的带动下，更多的年轻人开始逃离这片贫瘠的土地，大田里的四季，不再色彩分明。

抽黄开始面临前所未有的困境。设备运行十几年许多大的配件已经到了更换时间，不变的水价，萎缩的灌区，日益增大的检修成本，国家数次上调工资财政补贴却不断缩减，各类问题逐渐突出。

那天父亲去看他同一期转正的哥们。

第二天回来他始终眼睛红红的，几杯酒后，他说他那哥们的老婆嫌他穷跟着别人走了。

父亲他们一时无法接受这个现实，难道农业真的不重要了吗？难道以后人们不用吃饭吗？他和他的伙计许久也想不明白。

明白与否，日子还得继续，父亲的烟换了更便宜的牌子，他时常站在被撂荒的土地前长吁短叹。

21 世纪初，解决温饱后的人们开始把目光转向更远的地方，城镇化的兴起、工业化的飞跃使乡村慢慢颓败。村庄的巷道倏然间静寂下来，曾经是无数个庄稼人命根的土地，一夜间被抛弃，土地一片片出现撂荒。水泵电机运行二十多年了，已经到了报废期，谁也没有提起，大家修修补补，继续让它们带病运行。

员工人数翻番，检修配件费用已涨数倍，水费却始终不动，严重的入不敷出使灌区面临前所未有的困境。因为贫穷已经引发几起插曲，当付出与回报不成比例时，人心有了轻微变化。如何才能让这群耐得住寂寞守得住清贫的水利人过上好日子？如何才能让这座渭北最大的电力提灌工程发挥自己的作用呢？这是抽黄几任领导都在思索的问题。

河滩的风吹过，这里的一切都是慢悠悠，物质生活比城市落后几十年，精神上的寂寞，更不用说，年轻人悄悄逃离，我们一期来上班的七个人中，有三个已经走了。

有时站在河滩的夕阳下，可以看见有年轻人背对着河滩，遥望着城的方向如同雕塑，看得久了，暮霭便会吞没那个孤单的影子，连同发呆的我，一起卷入无边的黑夜中。

21 世纪初，经过几届领导人的奔走呼号，东雷抽黄面临的困境终于引起了上级的关注，项目建设使抽黄迎来了春天，一些小的泵站逐步开始重建。

经历了四十年风风雨雨泵站在空旷的河滩里长满故事，那些久远的故事尚未来得及诉说，便随着主角的更迭被遗忘，东雷站主厂房的墙体早已斑驳，木窗棂的红色油漆在岁月里一点点褪色卷起，失去保护的原木常年被河滩的潮气侵蚀，开始变形。机房里的设备在运行的空闲时间修修补补，多年如一日引着黄河的水一路向南，在年年岁岁相似的花丛里，穿着工作服在机房里热火朝天干活的人换了一茬又一茬。

站在一级站取水口，黄河在脚下翻滚，这里因多少年来从未断流过被称为铁码头。古老的码头曾经是黄河沿岸晋陕两省客商往来的便道，随着交通日益便捷，码头早没了往日的喧嚣。

风哗啦啦吹过，弹指间已是2019年。四十年的时光催老一代人，也催老了这座泵站。深秋的河滩，肆虐的风吹着哨子，吹黄了庄稼，机械的轰鸣中，这座在西北水利史上创造过辉煌的标志性电力提灌泵站悄然退出历史舞台。

推土机驶过，将这一切变为过往。

历史的车轮驶过，半年后的2020年春，一群人克服庚子之初那场疫情封村封路带来的重重困难，加班加点，终于在预定工期内完成了东雷一、二级站的改造工程。科技的不断发展，机械化的普及，使施工的艰辛一再缩小，工期一再缩短。社会进步了，一切都变得更美好，更便捷。机房里，我穿着工作服坐在隔音室看着电脑屏幕，所有设备运行状况一目了然，屏幕上的画面落到黄河取水口的断面，有一小堆柴草对取水口稍有堵塞，我轻轻按下一个按钮，捞草机启动，很快水流打了个漩涡，飞速顺着进水管道飞奔而去。

机房门口沿黄公路桥面上，车流不息。这条公路的开通使美丽的母亲河不再神秘，经常在这里的人，每年夏日都会遇见黄河“揭底”的奇观。那一刻几百米的河床瞬间崩岸，河中沙峰像地毯一样卷起，远远看去，仿佛黄河被从底部揭起，黄色的浪头打过，场面壮阔。秋冬时节，静静地站在河边，有时会惊喜地听见水底有牛吼般的声音，这又是黄河在此处创造的一处自然奇观“地啼”。那一刻从站区穿过的沿黄公路桥上停满了车，人群欢呼着跑下去，展开双臂拥抱母亲河。

此时的长河静谧美丽，一行鹭鸟从空中飞过，阳光把整个河滩镀上一层金色，被这河水滋养的岁月一片静好。

黄河人家

〇耿永君

一

那年深秋，我随绥德县委宣传部、文联的文友去百里以外的黄河岸边采风。

沿途山山洼洼全是枣树，村庄都深藏在一片片枣林里。枣林下面是悬崖绝壁，令人头晕。

我对黄河是熟悉的。我外婆家就在离我们村20里的黄河畔吴家渠村。小时候，我常跟母亲去外婆家。

顺着一条深沟的羊肠小路一直朝东走，山高沟深，阴森森的。十几里深沟出来，爬上高山顶上的李家山村，视野才开阔了，明亮了。转过一个大弯就望到了黄河，望见河对岸的山西。一到福乐坪村，黄河就在眼皮底下。运气好时，能看到黄河浪涛里顺流而下的几只木船，看到搬船的艄公、拉船逆行的纤夫，还有腰里绑了两只葫芦在大河里游泳的人们。那情景、那气象，完全是另一片天地，让少年的我大开眼界，惊奇不已。

于是，我常望着奔腾不息的黄河出神，想象着她从哪里来，要到哪里去？望着对岸山西的农村发呆，在我心目中，黄河是神圣的，山西是令人向往的。

从此，黄河、木船、艄公、纤夫，山西的村庄，甘甜的大红枣，慈祥的外婆，给我留下美好记忆，为我的少年生活增添了另一种色彩。

印象最深的是正月里，我们这边响吹细打扭秧歌，唢呐声声；河对岸山西人却惊天动地擂大鼓，锣鼓阵阵。两岸百姓有一个共同的隆重仪式——拜谒黄河边的河神庙。黄河沿岸的人们称黄河为“老爷河”，祈祷老爷河以神的慈悲，护佑众生。

那时，我们山后人喜爱河畔人家的大红枣，个大、肉厚、甘甜，河畔人则羡慕山后土质好，打粮多，不愁吃。沿黄河畔都是红胶泥地，石山戴土帽，长不出好庄稼。“花钱靠地皮，吃粮靠山西”。年轻女子们都想法嫁到山西柳林、中阳县一带去吃玉米圪梁，过好光景。外婆家生活也不好，我晚上常常饿得睡不着，外婆就偷偷从院子枣笆上抓一把红枣塞到我被窝里。

后来，我对外婆家门前这条大河的来历有了深刻的理解。

“九曲黄河万里沙，浪淘风簸自天涯。”这条发源于青藏高原巴颜喀拉山的大河，在上游河套地区是东西走向，流到这里急转为南北走向。它由鄂尔多斯高原奔腾而来，左带吕梁，右携陕北。年年岁岁，黄河巨浪依然，亘古不变。

我清楚地记得，1980 年 2 月的一天晚上，去三交赶集的三爷满身泥水地逃了回来。原来他坐的小木船从三交返回界首时，因黄河冰凌太稠，木船沉没，遇难 24 人。三爷在冰河里被人救起，死里逃生，披了一件好心人给的烂棉袄连夜跑回来。

从此，我对河畔人家又多了几分同情和怜悯，对黄河多了几许恐惧和敬畏。

二

我们的车子在一个叫作前峁的村子向东一拐，从大山深处两个窄窄的人工隧道穿过，来到黄河畔界首古渡口。

眼前是一片茂密的枣树林，窑洞和平房都掩映在枣林里，枣林平展展的，气势宏大，一个红枣的世界。沿黄公路从村中通过，一派枣乡风光立刻吸引了大家，同行的摄影家纷纷操起长枪短炮对准眼前美景。

界首是四个自然村的总称，北临吴堡县，南靠清涧县，西连绥德县。对岸是山西省中阳县和柳林县的三交镇，自古有“鼓击震两省，鸡鸣惊四县”之美誉。每月初一、初五遇集，古渡口人来车往，群众经常去山西三交镇赶集。

这里自然景观瑰丽，人文历史深厚。既能观望黄河大峡谷，重温当年红军东征情景，又能参观“黄河母亲”巨峰和“闯王寨”景观，过河观瞻三交镇刘志丹牺牲的遗址，

黄河岸边曾上演了许多悲壮的故事。

我在资料上看到，1936 年 2 月，红军东征要从

离界首五里的沟口村渡口过黄河。

当时，上级给绥德县苏维埃主席李万春布置的任务是准备70多石细粮（2万多市斤）；打造8只过河的特用船；选调一二百名水手划船送红军过河。

李万春和黄河畔人民没敢怠慢，豁出性命也要完成任务。

他们在离黄河数里的王家山村拐沟里秘密造船，木匠、铁匠都是河畔上最好的匠人，昼夜奋战，确保按期完成任务。群众勒紧裤腰带给红军捐粮食，沟口、河底、吴家渠、福乐坪、界首以及周围三四十里的村子里，碾磨昼夜不停给红军加工米面做干粮；许多身强力壮的男人都成为水手，训练扳船渡河。

正月下旬的一个晚上，渡河开始。

沟口村成了红军东征的桥头堡。

村里杀了十几头猪，慰问彭德怀将军率领的红一方面军。

咆哮的黄河挟着巨大的冰块汹涌而下，8只木船一字排开，向对岸冲去。先遣队员跃上岸，向敌人甩出一排手榴弹，打退巡逻的敌人。群众送红军过河整整七天七夜。当时民歌唱道："正月二十八，红军结疙瘩。沟口过的河，坪上往上爬……"

红军东征时，周恩来、彭德怀、叶剑英、林彪等中央领导和红军高级将领曾在这片土地上留下深深的足迹。黄河人家里也走出了李万春、贺光华、李尚德等许多优秀人物。

黄河浩浩荡荡，奔腾不息。

它将永远记载着勤劳、淳朴、善良的黄河儿女为革命做出的无私奉献。

三

驱车来到界首渡口。

说是渡口，其实是一处较为平整的河滩。

这是一只机动铁船，一次可以载两辆小车和十几个人过河。大家上了船，朝黄河对岸渡去。

马达轰鸣，波涛澎湃，河面开阔，水流湍急，船行平稳。大家迎风而立，观赏黄河美景。

船靠岸后，眼前的三交镇河堤高筑，公路平坦，人来车往，建筑气派。三交是因地处柳林、石楼和陕西清涧三县而得名。大家又乘车向一个叫鳌子疙瘩山的地方驶去。山路陡峭，车行艰难。上山后，一行人匆匆来到刘志丹纪念亭，凭吊陕北亲人刘志丹将军。

刘志丹殉难的这个山头，南北两面均为大山，西临黄河渡口。山顶长不过百米，宽不足30米，是一座红土小山，地势险要，树木繁茂，山下的三交镇和黄河景色尽收眼底。

1936年，刘志丹任红二十八军军长，挥师东征。4月14日，他在此亲临前沿阵地侦察敌情，不幸中弹牺牲，年仅33岁。

刘志丹，这位被誉为“共和国没有授衔的十大将帅”之一的杰出人物，是陕北的骄傲。毛泽东曾对贾拓夫说：古时候陕北出了李自成，当今又出了刘志丹，你们陕北果真是出人才的地方啊！

毛泽东给刘志丹题词“群众领袖，民族英雄”。

刘志丹同志开创和建立的陕甘宁革命根据地，成为中国革命的落脚点和出发点。为了纪念刘志丹的丰功伟绩，党中央于同年6月决定将他的故乡——陕北保安县更名为志丹县。

四

我曾一直有个疑问：山西人是如何看待我们的

陕北英雄?

这次所见所闻，让我感动。三交人民对刘志丹的无比爱戴是出乎我所料的。

据“刘志丹纪念亭简介”介绍，早在20世纪50年代，山西人民就开始了纪念刘志丹的活动。

1958年10月，三交人民公社曾改称“志丹人民公社”，三交小学改称“志丹小学”。逢年过节，当地群众自发到鳌子疙瘩祭奠英烈。

自21世纪以来，山上造林绿化，硬化上山公路，修建纪念亭，雕塑刘志丹汉白玉雕像，耗资数百万元，并将三交小学少先队命名为“刘志丹中队”。

青山默默，黄河无语，但每年仍有大量游人来此瞻仰。这里已成为三交镇黄河三峡景区的重要组成部分，也是“山西省青少年德育教育基地”。

一位游人写道：

“红歌一曲泪沾衣，
千古黄河日夜啼。
赤子丹心化润雨，
清明三月浪潮急。”

五

夕阳西下，苍山如黛。

从三交渡口返回界首，大家又观赏“黄河母亲”峰和“闯王寨”。

黄河母亲山峰酷似一位慈祥的母亲斜卧着凝神远望，眼鼻耳发惟妙惟肖，栩栩如生，天然而成，终年栉风沐雨，守望沿黄百姓，堪称“黄河第一人文奇观”。

闯王寨重峦叠嶂，奇峰怪石，云霞缭绕。寨前石壁上有一遒劲有力的“闯”字。相传，李自成率军起义后，亲率小股部队转战秦晋沿黄一带，见黄河母亲峰右翼之高峰是一驻兵宝地，遂建此山寨。后渡黄河挥师北上，以三交为根据地，直捣明王朝，建立了“大顺”。

这两处自然景观，给黄河岸边增添了神奇色彩。

黄河两岸人民自古是一家。同饮一河水，共枕黄河涛，鱼水深情，互通有无。要不怎会在三千年前就有联姻，结为“秦晋之好”的说法呢？

植树庙洼沟

○刘高友

一

登上雁门山巅，眼望脚下茫茫林海，万顷波涛，我的思绪一下子又被带回到五十年前在这里植树造林的那个难忘的岁月。同时，我也由衷感受着人类改造大自然的伟大创举。

这里的山间小道上，曾留下我们艰辛的足印，这里荒凉的山坡上曾洒淌过我们辛勤的汗水……

那是 1968 年开春。为了落实“建设西北防护林带，保护母亲河”的伟大号召，我随同我们大队的植树造林专业队，来到雁门山脚下的庙洼沟，准备在这里安营扎寨，投身植树造林。

庙洼沟是一条由西北向东南方向延伸的大山沟，在沟底半坡处一块簸箕掌形状的地方，有两孔坐北朝南的土窑洞。东边那孔窑洞已被从窑顶上掉下来的土块挡住了进出的道路，只有西边这孔窑洞还完整地保留在那儿，但不知经过多少代人的居住，已被烟熏火燎黑得不能再黑了。窑门虽已破旧不堪，但还能阻挡野兽的袭击和风雨的侵入。这对我们这些不速之客来说，已经是非常知足了。

出了窑门向前走不到 5 米，就是一道深沟，沟里有眼泉水，是供人畜取水用的。窑院东边只有一条 2 尺多宽通向外界的小路。窑背上长满了密密麻麻的酸枣树，它就像一道屏障，把整个窑背遮挡得严严实实。

望着眼前长满杂草和一丛丛半人多高的洛篱，不由得让人产生一种“人去窑空荒草生”的凄凉之感。

望着黑乎乎的土窑洞和荒草丛生的场院，跟我们一同前来植树的两个青年顿时打起了退堂鼓。连铺盖卷都没来得及放下就说：“这哪里是人住的地方？我不干了。”说罢，转身就走。别说他俩不想干了，就是我一来到这个偏僻荒凉十天半月都见不到一个人影的鬼地方，心也凉了半截。那年我才23岁，放下家里刚结婚不久的漂亮新媳妇不守，却要跑到这荒无人烟的深山破窑里受罪，你说，脑子得是进水不？但我知道自己是干什么来了，一旦转身离去，岂不让人笑话。

领队的老队长高荣善似乎早有思想准备，他一句话也没说，就让出路来望着二人远去的背影叹了口气。

现在这里只剩下我和老队长高荣善以及其他五个人了。

送走他们后，我们忙着铲除窑院里的杂草和打扫里边的窑洞。经过一番清理整顿，场院干净卫生多了，就连黑得像锅底一样的老窑洞经过我们一番拾掇也敞亮了许多。

窑洞内进门右边是一个石板炕，老队长年纪大了让他睡在炕上，我们几个年轻人跑到沟渠里砍了几根树枝，回到窑里搭了个简易的木床，上边再铺上一层从山坡上割下来的白茅草，一个简单实用的睡床就算搞定了。

在那个年月，家家生活都非常困难。我们上山时拿的都是些玉米、糜子馍，再就是些苞谷糁，每人还带了个小铁锅，这样做饭时也就各尽所需，无须再争斤论两地算伙食账了。

每当从地里回来做饭时，院子里几个用石头支起的锅灶一齐生火，一霎时青烟缭绕，雾气腾腾，远看好像这里驻扎着千军万马似的。

二

第二天，我们从高家山林场背回一批刺槐树苗，拿起镢头就上山了。

荒凉的山坡上光秃秃一片，很难看到一棵像样的树木，只有那一团团长满像“钢针”的狼牙树，散乱地生长在高低不平的山梁上，沟峁畔，似乎只有这里才是它们生存的领地。

植树的地方就在距离我们窑洞东边二三里路远的山坡上。山坡上的鱼鳞坑是去年秋季在这一带干活的造林队挖好的，我们的任务是把刺槐苗栽进去，直到把这一大片山坡栽完为止。

清明刚过，家里那边的天气还时寒时暖，但这里向阳的山坡上已是葱绿一片，各种不同颜色的野花也都争先恐后地竞相开放，争奇斗艳。

植树时，我们一个人在前边往鱼鳞坑里摆苗子，其他人各占一行逐窝栽树。这些鱼鳞坑有的地方土层深，有的地方土层薄，当遇到土层深的地方，镢头挖下去，立刻就刨成一个深深的大坑，栽起树来既轻便又省事。可当遇到地形较陡，沙石裸露的地方，镢头挖下去就震得人两手发麻。每遇到这种情况，就得小心翼翼地挖开土层，把树苗慢慢栽进去，再用脚踩实，以提高成活率。

山上的碎石块遍地都是，稍不留神，就会把人滑倒，尤其是那些埋在土层里看不见的大石块，震得人虎口发麻不说，稍不留意还会把镢刃子崩出一个个的小豁口。

大概是身后这座大山阻挡住了北方冷空气入侵的缘故吧，站在山坡上要比家里暖和得多。我们才干了一会儿，就觉得浑身直冒热汗，大伙只好脱掉身上的棉衣，穿着一件粗布衫子干活。

干完一天活，走下山坡，回到黑咕隆咚的土窑洞，闻着潮湿的煤烟混合味，一股孤独凄凉之感涌上心头。住惯了宽敞明亮的瓦房，一下子走进这个深山大沟中的土窑洞，真有点说不出道不完的落差之感。尤其是天黑后，周围一片漆黑，就连窑洞里的那个用墨水瓶做成的小煤油灯，光亮也是那样的昏暗，简直就像一只萤火虫在黑夜中飘忽不定地左右摇曳。死一样的夜幕中，一些睡不着觉的鸟儿和猫头鹰刺耳凄厉的鸣叫声，不时闯入梦境，更加增添了一份心灵上的恐惧感。

我躺在用木棍撑起的草床上难以入眠，一会儿想这，一会儿想那，越想越没有睡意，越没有睡意越想翻身，谁知一翻身，树枝搭建的简易木床就会发出一阵“吱吱呀呀”的响动声，弄得人更是彻夜难眠。

山上的生活太单调了，我们白天上山栽树，晚上在土窑洞里过夜，过着枯燥单调的生活。累了，坐下来歇一会儿，闷了，站在山顶望一望家乡那片古老的土地。

转眼间已经上山三个多月了，我们也由栽树改换成了抚育。也就是说把栽上树苗的鱼鳞坑两个土坑中间未打通的鼻梁挖通，让它们变成层层畅通的水平梯田。这项工作看起来容易，干起来比栽树难度要大得多，既费力气进度又慢，但这是造林中一项不可缺少的重要环节，我们既然上山来了，就得按工区的要求把这项工作办好。

为了给枯燥的生活带来一点乐趣。后来我从家里拿来几本书，一有空就看上两页，但最多的看书时间还是在夜晚的煤油灯下。我看着看着，一遇到好的文章还念出来让大伙听。虽然他们之中有些人一字不识，但我还是乐于读给他们，因为在这乞丐都不愿来的深沟旷野里，我的读书声或许能给他们解除心中的烦闷，给这个漆黑的窑洞带来一份温暖和乐趣。

三

7 月的一天中午，老队长和二队积荣、五队石荣三个人一同下山回家了，山上就留下我和七队的启才两个人。谁知老队长他们前脚刚走，启才随后就嚷嚷着也要回去。我一听非常恼火，原先已说好大伙轮流回家，为了安全，留下看门的人最少不能低于两个。因为在这深山野沟里两个人可以相互做伴，免得夜晚孤独，就是出个意外，也好相互有个照应。如今他又要走，这里丢下我一个人，这咋得行呢？

我把启才劝了几遍，让他留下来，等老队长他们来了再回去。可这个犟种就是听不进去，一味地要走，把我气得没有办法，只好赌气地说："要走，赶紧滚。我就不信今晚狼还能把我给吃了。"

眼看着启才上了对面的山梁走了之后，我也扛着镢头上了山。

我一个人在山上干了一下午活，天快黑时从山上下来时，顺路捡了捆柴火。

山里的天气说天要黑，眨眼间就伸手不见五指。

我把捡回来的干柴顺势向窑院里一放，忙向锅里添了两碗水，弯下腰划了根火柴，点燃了用三块石头支起的炉膛里的茅草，等火燃烧起来后又塞进几根硬干柴。一时间，小小的窑院被忽明忽暗的火光映照得一片明亮。

当我正准备起身到窑里取本书在火光下阅读时，忽然隐隐约约地听见东边好像有啥动静，便惊觉地抬头望去。不看不要紧，这一看确实把我吓了一大跳。在火光的映照下，只见就在窑院东边土崖下那条二三尺宽的小路上，蹲着一个黑乎乎的东西。再仔细一看，吓得我不由得暗暗地惊叫一声：“狼”。身上顿时出了一层冷汗，头发根也像触电似的“唰”地一下齐刷刷竖立起来。

狼的毛色虽然看不清楚，但那对像磷火一样泛着绿光的圆眼珠在夜幕中确实令人毛骨悚然。

以前虽说在这里见过几次狼，但那都距离很远，而且人多有伴。今晚我一个人在这举目无亲、势单力薄的情况下和这么大个恶狼近距离接触，不由得有点乱了阵脚。情急之下，我赶忙把镢头握在手中，做好随时防身的准备。

狼静静地蹲在那儿，两只泛光的眼睛紧紧地盯向我这里。我的眼神也始终不敢离开狼蹲的地方。就这样，狼看着我，我盯着狼，四只眼睛彼此相对，谁也不想放过谁。那一刻，我真怕自己稍有走神会引来滔天大祸。

从小就听老人说过狼这东西很会算卦，今天一想这话还真有点道理，我们这儿人多的时候从未见到它前来光顾过，今晚剩下我一个人，它却不请自至，真比诸葛亮、刘伯温的阴阳八卦还准。看来这家伙是来者不善，今天一准儿是瞅定我这个猎物了。

我慢慢从惊慌中解脱出来，思考着如何度过这个危险的夜晚。

我忽然想起老人曾说过的一句话：“狼生就一副生铁头，豆腐腰，麻秆腿。”所以与狼搏斗时不要打头，只要你左右抡动手中的棍子去打它的双腿，狼害怕腿部受伤就不敢向前进攻了。想到这里，我赶忙从捡回来的柴捆中抽出一根既长又硬的橡木棍，以当防身的武器。有了这根武器，我立马就胆壮起来。

我心里明白，今晚不是鱼死，就是网破，这要是在塬上，遇到这种情况时，若是大声呼喊也许会绝处逢生引人前来相救，可如今在这深山老林之中，就是喊破嗓子也没有人能够听到。现如今，想活命就得豁出去和狼拼命。但又一想硬拼不是个办法，还是以智取为好。

我在苦苦地思索着赶走恶狼的方法，那头恶狼蹲在那里动也不动，似乎也在观察我的动静，寻找捕猎的机会。

狼看着我，我盯着狼，四目冷冷相对，各自打着对方的主意。山沟里的空气似乎凝结成一团冰球，冷得让人窒息。我和狼谁也不肯出声，窑院中一片寂静，远处猫头鹰凄凉尖厉的叫声，给这旷野的山沟增添了无比的孤独和恐怖感。

我想来想去，还是得想办法尽快把这只恶狼赶走，要是等到再来上一只的话，那今晚娄子就捅大了。

要赶走眼前这只恶狼，不出奇招是万万不能的，

可用什么办法呢？我忽然想到了“火”。对，狼最怕火。今晚要不是这堆火，我很可能都成了它的盘中之餐了。想到这里，我赶紧把放在火膛上的铁锅取掉，又取了几根干柴加在火堆上。

就在我伸手取柴的时候，忽然看见靠在院墙上的几把大大的洛篙扫帚。这是上山清理院子的杂草时，老队长从其中几十个洛篙中挑选出来的。“真是天无绝人之路”。当我看见这几把洛篙扫帚时，一下子就有了赶走恶狼的办法。

我又向火堆上添了几根干柴，有意把火弄得旺旺的。只有这样，我才可以看清前面的道路，让那只蠢蠢欲动的恶狼在我的计划还没准备好以前不敢轻举妄动。

有了退敌之策，心里也不像刚才那样紧张了。在强烈火光的映照下，这回那只狼的嘴脸看得比较清晰了。

这是一只毛色灰黑的大灰狼，它长着一张菜瓜似的大长嘴，一双圆得有点恐怖的大眼睛，两只尖尖的耳朵高高竖起，宛如两把带刺的尖刀时刻准备发起冲锋，长长的尾巴不住地左右摆动，看来，这只来者不善的恶狼似乎已经铁了心要和我今晚决个高下了。

事不宜迟，迟则生变，我必须抓紧时间实施已策划好的进攻方案。

我取了三个一人多高、上部碗口粗的洛篱扫帚，迅速用捆柴火的绳子把它们绑在一起，然后放到火上点燃。干透了的洛篱见火后立刻发出熊熊烈焰。我一看恰到火候，便铆足了劲，举起燃烧的扫帚左右抡动，就像拼命三郎一样，豁出命地向恶狼冲去。燃烧着的扫帚抡动起来就像一条舞动的火龙，颗粒饱满的洛篱籽，也随着燃烧的火焰发出“噼噼啪啪”的炸响声，飞溅出无数明亮的火花。整个窑院霎时弥漫在一片烈焰和响声之中。

正沉醉在满腔自信中的大灰狼冷不防眼前一团巨大的火球迎面扑来，顿时乱了方寸，顾不得多想，抬起四蹄，“哇”的一声转身就跑。

我发现这一招果然灵验，顿时信心倍增，心想决不能给这只恶狼留有喘息的机会，得让它知道我也不是好惹的。便挥动火龙又向前乘胜追击了四五十米远，直到那只大灰狼消失在远处的黑幕中。

赶走了恶狼，借着火光，我赶紧在窑院旁的土崖上挖了一大堆枣刺，把它们分别挡在东西两边的小路上，以防恶狼再一次前来骚扰。

这一晚，我彻夜未眠，天明时方才进入梦乡。梦里，迷迷糊糊地，好似有不少嘈嘈杂杂的夹带着我名字的呼喊声，隐约中，总算听了个大概：“咱可是黄河岸边长大的娃，来这庙洼沟为的也是保护黄河，有黄河母亲守着、护着，咱还怕个啥！”是了，黄河的孩子，浸润着黄河精神，这，便是那心底里最大的护身符了吧。

一棵树祭

○卢得志

离开故土到省城工作的那年，我去孤东看望久违的一棵树。

本来想写一篇“一棵树赋”的，来到树下，却要写“一棵树祭”了。

这棵不知枯死多久的柳树，柔曼纷披的枝条早已凋零殆尽，苍黑斑驳的躯干，举起几茎枯槁的枝丫，直对秋空。

曾经多么浪漫、多么令人神往的一棵树啊！

一个月黑风高的夜晚，一群石油勘探工在浩茫无边的荒野滩涂上迷了路。闯荡了一夜，实在走不动了，他们倒在地上，互相依偎着睡了过去。

黎明醒来，环顾四野，泥滩，浅草，苜蓿菜，目力所及，一览无余。忽然，朝着太阳升起的方向，人们的视线被一团浓绿吸引了。

大家朝那团绿色的火焰奔去。一片洼地，一泓雨水，洼地边，积水旁，赫然兀立着一棵树，一棵柳树。工人们在这黄河入海口近旁的荒滩旷野上奔波多日了，这是遇见的第一棵树。

人迹罕至的荒滩，怎么就有了这一棵树呢？

也许，它曾是哪一个冒险到海边打鱼的渔夫扔弃的网具挑子，抑或是哪一个来黄河口新淤地垦荒的农民插下去没再拔起的拐棍；或许，是从什么遥远的地方，随风飞来的一团带着特殊使命的柳絮……荒原上终于有了一棵树。

多少次，黄河漫溢了，大海涨潮了，它便浸入一片汪洋；收河了，落潮了，它便抖落一身泥水，依然傲立荒原。曾几度，海面上卷来飓风，旷野里骤起暴雨，它孑然一身遭尽蹂躏；风过了，雨停了，舒展一下腰身，依然笑迎朝晖。

这些个长年在野外作业，被风雨打磨得性情粗犷的汉子们，面对这棵荒原孤树，流泪了。已经疲惫不堪，原本打算天亮就鸣金收兵返回宿营地的，现在却突然改变计划，决定继续在这一带作业。

说不清是这群勘探工发现了这棵树，还是这棵树终于等来了这群勘探工。多日来一无所获的工人们，当下在这儿找到了一个不大不小的油田。工人们喜出望外之余，没有忘记那棵树：这个油田，就叫“一棵树”吧！

从“一棵树”继续向东进发，在潮起潮落、水陆相间的海滩上，他们又发现了一个大金娃娃——日后在全国著名的孤东油田。于是，全国各路石油大军向这里集结，四面八方几万民工朝这里开进，一场围海石油会战打响了。

这是一场恶仗。当人们水里捞泥筑起的堤坝被一夜袭来的潮水冲撞得荡然无存的时候；当拉运会战物资的载重车一辆辆陷入荒滩泥沼，一声一声地低吼着难以自拔的时候；当后方淡水和食品供应难以为继，前线“弹尽粮绝”的时候，人们远远望一眼那棵挺立的柳树，心定了，气平了，劲儿又来了。

于是，便有了当年会战、当年投产，一举拿下一个年产五百多万吨大油田的奇迹。

于是，一棵树成了孤东油田的图腾，成了石油工人的图腾。

……

我循着躯干向下打量起这棵枯树。一个水泥灌砌的高出地面半米许的八边形池子，盛满泥土，把一棵树拱围中央。树下，残留的枯枝下面露出几蓬衰草。一旁那有一汪积水的洼地，早已了无痕迹。

一棵树近旁是“一棵树”——因树而名的采油大队。守门人是一位老人，我向他询问一棵树枯死的原委。他先是抬起饱经沧桑的双眼远远地朝那棵树望了一眼，然后回头对我说：“是啊，那么一棵旺势势的树，不知咋地就死了。”

接下来，在他断断续续的叙谈中，我还是若有所悟。

孤东会战的壮举和当年拿下一个大油田的奇迹，引来一批又一批参观学习的人们。一道堪称海上长城的百里围海大堤，把大海推出几十公里。堤外黄涛排空，堤内井架林立，在茫无际涯、一派原始风貌的荒原旷野的衬托之下，形成一道原始与现代、自然与人文相融会的异常壮丽的特殊景观，招惹着四面八方的游人。昔日孤寂的荒原，一时间人流如织，络绎不绝。

“一棵树”是出入孤东油田的门径，人们风闻“一棵树”的故事，来到这里，无不停车驻足，瞻仰旷野孤树的雄姿，缅怀荒原觅油的踪迹，膜拜油田神奇的图腾。更有多情的游人，或折柳寄情，或牵柳弄姿，或攀柳留影，或抚柳慨叹……

该把这棵树好好装扮一番了。请来的工匠，绕树深深挖出一道堑壕，从地下筑起，修砌了一个不无观赏价值的八边形水泥树池。树冠也被刻意修剪过了。一棵原本根植大地的树木，成了一株被供奉于大地之上的巨型盆栽，八边形树池便是它的供台。然而，地下的水脉被切断了，地上雨天从四下里流过来的雨水也被阻隔了，一棵树开始委顿、枯黄……

多么顽强、多么不同凡响的一棵树呀，河水的漫淹，海潮的袭击，狂风的撕扯，暴雨的摧折，都一一挺过来了，却禁不住人们的膜拜和宠爱……

一棵树死于捧杀。这是一种本无杀机和阴谋，充满虔敬和爱意的捧杀。

要离开一棵树了。汽车启动，我从车后窗朝它投去最后一瞥。或许是车子颠簸了一下，恍惚间那棵树指向苍天的枯枝蓦地一抖，我心里怦然一动：

一棵树没死。想来也是，那样的一棵树，它又怎么会死呢？它像当年用一团绿色的火焰照亮勘探工的眼睛一样，正在以生命的另一种形式，扣人心弦，启人哲思。

它在以“死”延续着自己的生命，以“死”升华着生的价值。

“中华一绝”的潼关黄河古战船

〇李文佑

黄河古战船，是潼关古老的民俗表演节目，是我国民间艺术的奇葩。在偌大的中国、偌大的世界，唯潼关独有。潼关的黄河古战船，诞生于西汉，兴盛于唐宋明清，距今已有两千余年的历史了。自20世纪80年代改革开放后，潼关这一沉睡了两千年的古老的民间艺术，终于被抢救挖掘出来，又焕发了蓬勃青春。此后，它开始走出潼关、走向全国，且一出即鸣、一炮打响，受到了国内外业界的一致称赞，被誉为“中华一绝”。

战争孕育的黄河古战船

潼关这一古代雄关有“四大要素”，黄河即是其中之一。潼关是军城，是险关，是战争的频发地。正因为潼关的山险、沟险、城险，故凡攻潼之敌都曾试图从黄河上以水战夺取潼关。因而，潼关也不可避免地成了水战的频发地。频繁的战争，在给潼关人民带来无尽伤痛的同时，却也孕育出了一种独特奇异的民间艺术——潼关黄河古战船。

秦末，潼关黄河的水战就逐渐增多。公元前 209 年，陈胜、吴广起义军在今河南淮阳建立政权，分三路大军西进，欲夺取秦都咸阳城。其中的一路即为黄河水军，由大将周文率领，战船千乘，浩浩荡荡，由河南渑池逆水而上。激烈的黄河水战的最终结果是，义军夺取潼关，直逼咸阳。秦政权由此才亡羊补牢，加强了潼关的水上防御，以致公元前 206 年刘邦攻秦不得不避开潼关天险而绕由南部的武关一带入秦。之后，潼关屡屡经历的攻守之战，如曹操、马超潼关之战，哥舒翰、安禄山潼关之战，王镇恶、姚绍潼关之战等，都曾在陆地攻城的同时，进行过规模不同的水上交战。历史上众多的文人名士，也都对潼关的水上战事有过描写。杜甫的《潼关吏》诗云：“哀哉桃林战，百万化为鱼。”短短两句诗，足见当时水战之惨烈。唐许敬宗的《奉和圣制入潼关》诗曰：“济潼纡万乘，临河耀六师。”则描绘了当时朝廷庞大的水师船队恭迎皇帝入潼的恢宏场景。

有黄河即有水战，有水战就少不了战船的训练。潼关是秦地东大门，城东为关外，城西是关内，御敌肯定在关外，练兵则必然在关内。潼关城紧靠黄河，南部为三级台阶的旱塬，故操练战船水军自然而然就选在了潼关城以西的黄渭沿岸，现在的高桥乡一带。任何艺术都源于生活，民间艺术更是不能例外。频繁的水上战事及常年的战船训练，使当地的民众无不耳濡目染、熟记于心。于是，军队练、百姓看，战船训练慢慢地转化成了百姓的戏耍、娱乐、效仿，进而演变成了小小的表演，走进了富豪人家的“堂会”。由此，潼关民间战船艺术的雏形，就在如今的潼关高桥乡一带渐渐形成。东汉顺帝时，身为当朝太尉的潼关高桥刘家村人刘宽回乡省亲，当地庆典即有黄河古战船的表演。

由于明洪武至清雍正期间的三百余年，潼关一直为“军制”，“黄河古战船”这一民间艺术形式，既是战船训练的延续演变，又是百姓喜庆的娱乐形式，深受军队和民众的双重欢迎。随着众多退伍军士的融入、参与，以及当地艺人的创意指点升华，黄河古战船的表演艺术更加成熟完善。再加之军事训练和民间表演的相互推动，使黄河古战船艺术在这一时期进入了全盛，成了潼关以及周围庙会、年会、庆典的必备节目。

潼关黄河古战船，起源于潼关的黄河、渭河沿岸，传承于今天的高桥、税村一带。它既是潼关战事的缩影，又是黄河文化的重要组成部分，更是古代水战与民间艺术相结合的活化石，弥足珍贵。

民间艺术的奇葩古战船

旧时，潼关黄河古战船的表演，由于费人、费时、费钱，并不是时时可见，基本都是在正月二十三及二月二演出。正月二十三是民间传统的休息日，有“正月二十三，老驴老马歇一天”之说。二月二则是“龙抬头”，是古潼关的庙会日，是喜庆的时节。古战船表演一般都要选在晚上，因为天是黑的，火把是亮的，加之鞭炮、焰火、三眼枪，火光阵阵，烟花漫天，煞是壮观，更增添了演出的气氛和效果。

表演共分五个部分：一是铁鞭、火流星、三眼枪开道打场；二是男女竹马左右穿插热场助阵；三是前呼后拥的古战船登场表演；四是狮龙共舞祭祀神灵祈求平安；五是锣鼓齐擂，营造战场效果。整个表演，主次分明、形式多样、声势浩大、气氛热烈。

最大的看点就是整个表演的主角——黄河古战船。不过此时的主角暂时还不是战船，而是指挥者，大家都在静静地看着他。指挥者通常都是表演的组织者，是有一定年龄的老者，此时正是他露脸拿势的时候。你看他：头扎一条洁白的羊肚毛巾，眼架一副圆坨的石头眼镜，腰缠一根大红的捆花绸带，左手持一小锣，右手拿一锣槌，而且，专门有一火把举在他的面前，让人们细观细望他。这时，只见指挥者举起小锣，高过头顶，右手同时也举起了锣槌，大家就着火光，眼巴巴地盯着他的手，只等他一槌敲下。谁知，他高举的小锣又放下了，前看看，后看看，再安排一下这儿，再叮嘱一下那儿，反正要吊一下大家的胃口。然后，在大家的急切期待中，才不紧不慢地再次举锣过头，在众人的静静等待中，突然“咣”的一声脆响，顿时，鞭炮齐响、锣鼓齐鸣、三眼枪震天，火把将整个演出现场照得如同白昼，人们期待的黄河古战船终于隆重登场。

举目观望，这时场静人静，数十艘战船排列有序，缓缓驶出。有条船，有楼船，高低不一，形态各异。看船上，彩旗猎猎，各有名目，有“草船借箭”、有“单刀赴会”、有“水淹七军”、有“薛仁贵征东”；看人物，有站有坐、各有扮相，有长须文官，有红脸悍将，有执令掌印，有持棍舞枪。全是过去的水战故事、历史人物，一一登场，一一上演。再看场面，最为精彩：各艘战船，忽明忽暗，影影绰绰，紧贴“水”面，漂移自如，酷似水上行舟，随波起伏，在铿锵的锣鼓声中，不断变换着各种队形——忽而“金龙阵”、忽而“梅花形”、忽而“剪子花”、忽而“满天星”。人在船上走，船在人中行，人船浑然一体，变化虚实莫测。令所有的观者，忘记了自我，仿佛穿越时空，身临其境，置身于古代硝烟弥漫的激烈水战之中，久久难以脱出。

潼关黄河古战船，在改革开放后一经复出，即魅力四射、一炮打响。在1990—2009年的近二十年中，先后受邀参加了 1990 年电影《庄稼汉》的拍摄、2000 年西安焰火节、2005 年渭南建市十周年、2006 年西安曲江唐人文化周、2007 年“百花迎春”春节大联欢、2008 年北京奥运会以及陕西第四届艺术节、法门寺国际文化周、西安“盛世风华春晚长安”、全国公安厅局长会议等大型著名活动的表演，震惊陕西、轰动中外。在 2000 年的西安焰火节上，潼关黄河古战船一举震撼众多的国家和省领导人，全国政协主席李瑞环连称其“中华一绝”；在法门寺国际文化周上，一位专程前来的某国驻华外交官，用刚刚学会的陕西话不断直呼“好得太、好得太”；特别是在 2008 的北京奥运会助兴演出中，偌大的“鸟巢”，不管“古战船”行至哪个区域，所到之处，均是全体起立、呼声四起、掌声雷动。然而，所有观看的人们，却人人都有一个大大的疑问，那就是：这小小的战船，是咋走的呢？若是人动，那脚在船上、手持兵器，拿啥来动？若是电动，它却忽忽悠悠，像随着水波轻轻飘摇，电动何以能行？奇哉！怪哉！小小的黄河古战船迷倒了千千万万的奥运观众，也让潼关的黄河古战船轰动了北京、名扬了世界。

玄妙莫测的黄河古战船

对潼关黄河古战船的疑问，不仅仅是奥运会上的观众，凡所有在各种稍远距离场合观看了黄河古战船的领导、专家、知识分子、普通的工人农民，都有这个疑问：战船是如何行进的？黄河古战船的奇异，就奇异在这一点；黄河古战船的魅力，就魅力在这一点；黄河古战船的玄妙莫测，也恰恰就在这一点。

其实，潼关黄河古战船的玄妙，说复杂也复杂，说简单也简单。就像魔术一样，一旦说透，其原理再简单不过，然而，叫你做，你却又做不来。潼关的“战船”和普通社火的“旱船”最大的不同就在于：旱船小，战船大。旱船只有一两米长，而战船却长达五六米；旱船高在齐腰，玩的只是个象征，只是个气氛；而战船则距地面仅二十厘米，玩的是个逼真，是个玄妙。

潼关黄河古战船的玄妙，妙在了六点：一是船体不像“旱船”绑在腰间，而是由隐藏于战袍之内的双手，提着特意制作的船把操纵战船；二是战船几乎紧贴地面，四周围以彩色绸缎用来遮挡；三是制作假臂假手，用铁架巧妙地和驾船者身体结合，由假手紧握各种长短兵器；四是船面装置专做的假腿、假脚，用服装饰掩，以假乱真，达到驾船者或站或坐在船上的效果；五是人的真腿真脚在地上走着轻盈平稳的“碎步”，加上仅距地面二十厘米高度围挡的彩绸随风飘逸，犹如船在水中行，人在船上坐，悠悠忽忽，妙不可言；六是“碎步”要求极严，训练时，船头放一碗水，船在行，人在走，碗中的水不洒，方为合格，才能上场演出。否则，对不起，慢慢再练，练好再来。

潼关的黄河古战船虽然玄妙，但也有一个软肋，那就是我刚才所说的观看距离的远近问题。因为，其他的假，都有衣服遮掩，而假手，毕竟是民间艺术，虽已经一两千年，但因是农民自己制作，故站在跟前一看，所做的假手便让人看出了真假。不像现在科技发达，硅胶制作的假手假脚，几乎可以以假乱真，观赏的人难辨真假，甚至可以上前摸一摸皮肤、摁一摁肌肉。所以说，古战船的表演，愿意选在晚上，这也是其中的因素之一。

玄妙虽已点破，但如果认为就此即能做成，那就大错特错了！黄河古战船如何做成以假乱真的结构骨架、如何制作假肢假脚、如何与真人身体巧妙结合等等，还都是一个大大的谜。它是经过千百年、多少代的潼关“战船人”反复地摸索研究，才最终完善出来的。这个技术，如今仅仅掌握在潼关古战船几个真正的“传人”手中。

密不外泄的潼关古战船

潼关的黄河古战船，这古老独特的战争民间艺术，是如何经历了两千年而传承下来的呢？查一查各种各样的历史资料，从来没有过点滴的文字记载。因为它的传承，按照战船艺术的“古训”，只能是以师带徒、当面授徒、言传身教，不得有任何的文字记录。明代之后，才渐渐有了对传承人个人姓名等资料的简单记录，以便此艺术能够有明确的“责任人”代代传袭。

潼关黄河古战船，开始有“传承人”的记载，始于潼关作为军城的明“潼关卫”时代。1635年后，诞生了有记载的古战船“第一代传人”，即潼关税村的师万山、董开元以及高桥村的李运鸿、张兴朝等六人。至此，战船艺术代代相传，以师授徒。

直到新中国成立后的近四百年间，古战船共传承了整整十代人。但是，从第一代到第九代，除了传承人的姓名、生年、住址之外，古战船表演从未有过任何的书面资料。因为，在古时的前几代战船先辈们，都曾血洒盟誓：战船技艺，只口传面授，不留任何文字。仅从 20 世纪 50 年代起，村上相关的有心人才开始做笔记，才有了新中国成立后逐次出演的详细记录。但是，关于技术方面的文字，仍然从不出现。

为了防止泄密，潼关黄河古战船从古至今都有着严格苛刻的管理规定和保密制度，贯穿于整个的道具保管、出库入库、演前安装、演后拆卸等全过程。就连化妆、换衣，甚至油彩的配制，都是自成一体，只有几个核心人物掌握其中的奥妙。仅以战船的道具保管，就分为五处，即头饰、服装、船体、骨架、假肢假脚，均各放一处，分人保管，让每个保管人都无法形成全套。同时，更为苛刻的是，每个道具箱不仅要上锁，而且要封蜡，还要在锁眼内灌醋锈死，以保证下次使用时必须毁锁方能开箱。另外，黄河古战船从古到今，还有一个不成文但代代都遵守的规定，即古战船的构造技术、表演技艺，均“传男不传女，传好不传坏”。所以，古战船的安装、拆卸、存放、出拿，村上的女性家眷一律不能顺便观看，更不要想戴一戴头冠、进一进战船了。

社会发展到现在，其实保密已不重要，只要知道了原理，什么样的东西制不出来？而且比民间的更精更巧。但是，潼关的黄河古战船发展到现在，对此一点儿都不需担心，就像是潼关的肉夹馍一样，即便是福建人学会了，但他打的照样是“潼关肉夹馍”的招牌。如今，潼关黄河古战船已于 2009 年 6 月被列为“陕西省非物质文化遗产保护项目”，且已报国家级“非遗”申请。所以，保密已大可不必，“申遗”的成功、长期的盛誉，已经使黄河古战船的“潼关独有”，得到了陕西的认可、国家的认可、世界的认可。

“中华一绝”的古战船，让国人又一次对潼关刮目相看：潼关不仅是天下名关，不仅是“华夏金城”，不仅有誉满神州的名吃特产，更有着如此精美绝伦的民间艺术——潼关黄河古战船。细说起来，这精巧又厚重的古战船，其价值早已超越了对纯粹物质化外观的鉴赏。悠悠岁月伴着滚滚黄河水向东流逝，余下的只是史书中的一笔笔春秋往事。而直视这古战船时，我们似乎又顿觉历史与时间的凝滞。黄河文化就这样静静地沉淀着，随着古战船的律动，我们分明感受到了她那千古不朽的气息与魅力。不禁再次感慨，黄河，母亲河，她从古到今对潼关人民的恩赐，都是独特而又奇妙的。

祖孙三代人　治黄一条心

○毕华威

多少年来，我们一家三代都是黄河人，已经成为一种无形的精神财富，深深地融化在我的血液中，促使我在人生的道路上奋勇拼搏，勇往直前。

我的爷爷——艰苦奋斗的老一代

我的老家在山东省东阿县大桥镇毕庄村，爷爷出生于 1919 年，那是一个动乱的年代，外侮入侵、山河破碎，军阀混战、民不聊生。好在我们家的老辈人都是远近闻名的木匠，家境不算太差，让我的爷爷读了几年的私塾，使他知道外面的世界和变化，懂得“国家兴亡，匹夫有责”的道理，很早就参加革命活动，并成为我们村最早的抗日骨干。爷爷是我们家族的骄傲，也是我们村里的光荣。每逢听到爷爷回家探亲的消息，许多父老乡亲都前来看望，对他当年杀鬼子、除汉奸、舍己救人的英勇事迹赞不绝口。每逢这个时候，爷爷就朝大家摆摆手，淡淡地一笑说道："陈谷子烂芝麻的事，就不要再提啦。好汉还不提当年勇呢，何况咱们这些草民百姓啊！"听爷爷这么一说，大家就更佩服爷爷了，认为他居功不自傲，当官不忘本，是一个了不起的人物。

爷爷尽管在所有人面前表现得非常低调，但是有一件事，却让爷爷始终难以忘怀，那就是他与自己的四叔我的四老爷爷的关系。爷爷原来的名字叫毕于奉，因革命工作需要，同时为了不牵连家人，遂改为毕天真，并在乡亲邻居的见证下与家庭签订脱离亲属关系的合约。因为当时敌强我弱，爷爷的公开身份是伪保长，与敌人斗智斗勇，保护乡亲们免遭屠戮、祸害。在暗地里，爷爷则是抗日村长，根据党组织的指示做地下工作，提供日伪情报，配合抗日武装打鬼子，除汉奸，使得日本鬼子和汉奸特务损失惨重、昼夜不得安宁，对爷爷恨之入骨，却又毫无办法。

后来由于叛徒出卖，鬼子汉奸准备对爷爷暗下毒手，幸亏内线及时通报，爷爷才得以提前脱险。敌人扑空后恼羞成怒，便把与爷爷交往最为密切的四老爷爷抓去做人质，并派人四处散布流言："好汉做事一人当，让你亲叔当替死鬼，算什么本事？"同时也派人找到我们家的亲戚封官许愿，说什么只要我爷爷投降皇军，高官任做，骏马任骑……妄图用这些卑鄙的手段逼迫爷爷放弃斗争、自投罗网。四老爷爷看透敌人的恶毒用意，唯恐自己的侄子年轻气盛，中了敌人的奸计，就想方设法托人给爷爷捎口信说："千万不要上鬼子的当，鬼子抓我没有真凭实据，不能把我怎么样，目的就是引你上钩，你一旦进了他们的门，就没有回去的路了。"组织上了解到这个情况后，也不同意爷爷去替换四老爷爷的想法，就四处筹款，加上家里也变卖了值钱的东西，凑在一起，通过关系把四老爷爷给赎了出来。

俗话说"强风知劲草，烈火炼真金"。通过这件事，让爷爷和四老爷爷的叔侄之情达到一个无与伦比的程度。记得爷爷离休之后，没有工作的牵挂，每年都要带着奶奶和我一起去看望四老爷爷。据老家的亲属们说，每到这个时候，也是四老爷爷最为高兴的时刻，老人家亲自动手，做上几个最拿手的小菜，烫一壶从县城酒厂打来的老白干，点上一支只有过年才舍得用的红蜡烛，那低矮黑暗的小土屋立即充满了温暖的烛光、浓郁的酒味和诱人的菜香。叔侄二人一边吃喝，一边兴高采烈地谈论着那些陈年往事，有时叹息、有时欢快、有时拍案跺脚、有时还开怀大笑。我那时年龄还小，对他们的话根本听不懂，只是在他们笑声爽朗、笑容可掬的时候也感到开心，便跟着拍拍小手、随着傻笑几声。然而，就是这样一个最简单的小动作，却让四老爷爷老泪纵横，用微微发抖的手拿着筷子叼上一块香喷喷的炒鸡蛋填到我的小嘴里，并对爷爷说道："大小，咱们这辈子值啦，后继有人啊！"

众所周知，1945 年是人民治黄重要的历史前奏，鉴于爷爷在当地群众中的影响力和号召力，党组织安排我爷爷参加治黄工作，成为人民治黄的第一代人。据曾经与爷爷一起工作的老同志们讲，爷爷工作非常认真，每逢艰苦的任务和危险的工作总是冲在最前面。在一次抗洪抢险时，临河堤身出现严重漏洞，大堤随时都有决口的危险。在这紧要关头，爷爷大喊一声："共产党员跟我上！"随即奋不顾身地跳入水中，用自己的身体挡住洞口。在爷爷的带动指挥下，大家争先恐后、群情振奋，险情很快得到了控制，大堤转危为安。但由于天气寒冷，在水中作业的时间过长，爷爷的身体受到了严重的损害，双手及下半身皮肤大面积冻伤，手脚畸形，一直未能治愈，一到夏季便不能正常排汗，奇痒难忍。

中华人民共和国成立后，爷爷先后担任过东平湖修防处财务科副科长、位山工程局人事科副科长、东平湖堤修防段副段长等职务，在“文化大革命”中受到严重迫害，但他都能坦然面对。1981 年底，在去济阳参加会议的途中，爷爷因车祸致残，右腿股骨臼粉碎性骨折，医生诊断说爷爷的余生只能在轮椅上度过了。但爷爷硬是凭着惊人的毅力又站了起来，坚持自己的事情自己做，尽量减轻家人的负担。作为家里的长孙，爷爷对我极其疼爱，从生活到学习，从如何做人到如何做事，可以说是关怀备至，给我留下极其深刻的印象。只可惜我那时年龄太小，不能把爷爷最为光辉、最为感人的方方面面记录下来。

爷爷 1982 年离休。按理说，他老人家为党和人民的事业奋斗了一辈子，到老来应当享享清福、安度晚年，再加上我们家族的长寿基因，爷爷应该长命百岁。但是战争年代的艰苦岁月、抗洪抢险的明伤暗病、“文化大革命”时的摧残折磨及至后期的车祸伤害，使得爷爷的身体状况急转直下，每天都在伤病的折磨下煎熬，每年都要住院诊疗一段时间。很多时候看着爷爷那疼痛难忍的神情，我都忍不住暗中流泪。为了减轻爷爷的伤痛，我时常为爷爷洗澡、洗脚，晒被褥，陪着爷爷聊天。没想到，1992年刚过元旦，爷爷就去世了。当时我正在开封黄河技校学习，为了不影响我的学业，父亲没有告诉我。事后得知噩耗，我痛心疾首，泪如雨下，只觉得爷爷的音容笑貌依旧，仿佛看到他在战场上奋勇杀敌的英姿，看到他在抗洪抢险中奋力搏击的身影，看到他戴着老花镜辅导我学习的场景，感受他把我揽在怀中给我讲童话故事哄我入睡时的温暖，不知道多少次在梦中与爷爷重逢，记不清多少次在梦中哭醒，每次都是泪水湿透枕巾，醒来却不见爷爷的身影。我虽然年少，却也知道与爷爷已然阴阳相隔、再无相见的道理。但血脉相连、亲情难断，只是一遍又一遍地为爷爷祈祷，祝他老人家在天国里平平安安……

我的父亲——继往开来的红二代

我的父亲毕长代，生于1952年。与爷爷相比，父亲是非常幸运的。作为家中的独子，他享受了爷爷奶奶对他的全部关爱，同时也继承了爷爷奶奶的优秀品质。他16岁工作，20岁入伍，24岁入党，25岁退役。先后从事工会干事、护堤职工、分段长、办公室主任、工会主席等工作，每一个岗位都干得得心应手，且颇有建树。

父亲为人正直，公私分明，从不占公家的便宜。当时，我们单位在老城，姥姥家在新县城，来回50多公里。尽管父亲是办公室主任，负责公车，但是他却从不让我母子三人蹭车，而是让我们骑着自行车来回奔波。当然，大部分时间他自己也与我们同行。一家人开始是一辆自行车，他当驾驶员，母亲抱着弟弟坐在后面，我则在父亲的胸前，坐在一个木制的小凳子上，车把上挂着给姥姥姥爷的礼物。后来，条件好了一些，家里又买一辆自行车，父母二人就分别带着我兄弟二人；再后来，我和弟弟长大了，四口人就人手一辆，在路上说说笑笑、你追我赶的，让人心情愉悦，又是另一番情趣，这是蹭坐公车所不能感受的。

在我小时候，父亲就经常对我和弟弟说：“别人望子成龙，我只望子成人。成为一个能自食其力的人、让家庭放心的人、对社会有所奉献的人。” 要求我们勤学奋进、勇于创新，吃苦在前、享乐在后，尊重领导、团结同志，在困难和错误面前，要敢于挺身而出，善于攻坚克难，在挫折中前进，实现人生价值的最大化。

父亲原本只是初中的学历，几十年来孜孜不倦，自学成才，成为单位的写作能手，不仅能写作各类公文，其他形式的调查报告、工作论文也写得有声有色，多次获奖。他不仅自己学习，还发动单位的职工一起学，形成单位整体学习的风尚。他没有进过黄校的大门，却能把那些枯燥的防汛抢险常识编成朗朗上口的口诀传授给沿堤各乡村的防汛人员。同时他还把自己的人生经历、工作体会连同单位的业务知识都用诗歌、曲艺的形式记录下来，发表在有关媒体上，有的甚至搬上舞台。2001 年，他创作的群口快板《众志成城挽狂澜》荣获山东黄河文艺会演一等奖和优秀组织奖。2002 年，他创作的山东快书《依法治水不容缓》、快板书《八学水法》在水法宣传中引起不小的轰动。他创作的歌曲《东平湖之歌》《黄河颂歌》也得到业内人士的认可。

2012年，父亲恋恋不舍地离开他为之奋斗大半辈子的工作岗位之后，随即组织成立东平民间文化团体——水浒诗院，当选为院长，创办主编文学刊物《水浒诗刊》，全力以赴地投入文学创作中去。在此期间，他参与编撰了《东平湖管理局志》《神奇的土地美丽的传说》《蝶变》等书籍；出版了自己的专著《人生随笔》；描写戴村坝历史的章回评书《白英功垂戴村坝宋礼名成会通河》由刘兰芳在中央人民广播电台播出，2016年，他又创作出长篇历史小说《父子状元传奇》，让人们赞叹不已。

责无旁贷——开拓创新的第三代

在父亲的引导下，我15岁考入黄河水利技工学校，18岁参加工作，利用业余时间自学高中课程，25岁考入黄河职工大学，同时报考山东农业大学的水利水电工程专业函授学校，经过三年的苦读，同时收获专科和本科两个文凭，被评为“优秀毕业生”，光荣地加入中国共产党，并取得学士学位。

在我的印象中，父亲对我的要求是非常严厉的，他反对利用人际关系走“捷径”。在我工作后长达七年的时间里一直在一线做护堤工作，父亲始终没有为我讲一句情让我到机关工作。开始的时候，我对父亲的良苦用心并不是十分理解，甚至还有怨言。父亲看出我的心思，告诉我要通过自身的努力实现自己的人生理想，并讲事物变化的因果关系，使我受益匪浅。让我印象最深的是 2004 年汛期，因黄河职大放假，我因为属于脱产学习，正在家休暑假。父亲作为单位抢险训练的负责人却让我参加单位的抢险训练。时值盛夏，酷热难耐，我尽管心里嘀咕，但父命难违，还是坚持下来。一个多月的时间，成天在烈日下摸爬滚打，皮肤晒得漆黑，体重下降十几斤，汗水流得不计其数。后来的实践证明，父亲的决定是对的。我不仅受到了严格的训练，提高了自身的业务水平，还在技术比武大赛中取得东平湖系统个人第三名、山东黄河个人第八名的好成绩。正在暗自庆幸之时，却有小道消息说我的成绩少计 2.56 分。这让我的情绪立即产生不小的波动。因为参赛选手的技术水平和比赛成绩相差无几，第一名与第三十名之间只差 8 分。换言之，每个选手之间的差距平均在0.267分左右。2.56分就意味着我的实际名次可能前提六七名。这让我的心情很是郁闷，便向父亲讲了这个情况，想从父亲那里得到一些安慰。没料到父亲听后却只轻轻地说了一句："重在参与。"正是父亲的这一句话，让我立马觉得豁然开朗，心结随即烟消云散。在父亲的引导下，我逐步成长为单位的业务骨干，27岁就晋升为单位最年轻的工人技师。

2010年，南水北调八里湾泵站工程即将开工。父亲鼓励我参加施工，并说：作为一名黄河职工如果不能参加这次施工，就像战争年代解放军战士不能参加三大战役一样，将是终身的遗憾。

俗话说"事与愿违"。在南水北调施工过程中，首当其冲的难题莫过于资金问题。这个工程是2005年做的预算，等到施工的时候已经是2010年，各类建材和人工费用都翻一番，再加上层层发包，到我们手里时，不要说油水，就连骨头也啃不上。但上级是作为政治任务下达的，硬着头皮也要接下来，难度可想而知。其次是施工队伍的问题，我们是国家工作人员，面对国家工程和政治任务，不能说半个不字，但施工队伍没有这个义务，他们是商业行为，是要挣钱的，是要盈利的。但当时各级监理单位对工程质量的严格程度可以用苛刻二字来形容。让我们这些参加过无数次水利工程施工的人员无所适从。很多时候，我们认为质量已经不错了，但是在上级监理那里就是通不过，无奈之下只好拆掉重来，劳民伤财又浪费时间。我明白，此等工程，乃百年大计，容不得丝毫马虎，必须精益求精。然而，一味地追求利润的包工头难以接受这一严酷的标准，反而误认为是我对他的刁难，遂心怀不满，便在一次争执中拿起一根木棍朝我当头打来，我因毫无防备，被其一棍子打晕在地。当我醒来时已经是次日清晨，躺在医院的病床上，我想起来活动一下，不料头痛得很厉害。陪同的同事见状忙对我说："不要动，有什么事给我说。"我就问："我怎么上这里来啦？"同事便把事情的概况做了简单介绍，并说："你放心吧，打你的凶手已经被公安控制住了。"我一听就着急了，对同事说道："赶快扶我起来，事情怎能这样处理呢？"同事不理解我的意图，对我说道："他打你是犯法，就应该接受法律制裁！医生说你是脑震荡，头皮上缝了好几针，需要静养，哪里也不能去！"我说："如果这样处理就得耽误事！"

就在我们争论之际，单位领导前来慰问，公安的干警也过来取证。我连忙向他们讲述了我的想法：“我与建筑商是工作上认识不同而引起的误解，不是个人恩怨，不是打架斗殴，更不是故意伤害。他为的是多争取一些资金，以更好地稳定队伍，进而提高质量加快进度。对此我们应当设身处地，予以理解宽容才是。再说我也有责任，工作方法简单，话说得不够透彻，以致引起不必要的纠纷乃至矛盾激化。”没等大家回应，我又接着说，“如果说把建筑商处理了，一定会影响他下面的施工人员的情绪，从而影响质量、延迟工期。再说我身体又没什么大碍，既不会影响吃喝，也不会耽误工作，所以我建议不要追究建筑商的任何责任。老百姓还讲究‘冤家宜解不宜结呢，何况我们还是国家工作人员呢，怎么着也得有点高姿态吧！”我的意见得到上级领导和公安人员的一致赞同，原则上同意不追究其法律责任，但要求其必须赔礼道歉、包工养伤。建筑商无论如何没有想到是这个结局，我们两个反倒成为要好的朋友。他激动地拍着胸脯对我说道：“兄弟，你就请好吧！”在各方面的共同努力之下，八里湾泵站——这一利国利民的伟大工程终于如期竣工了，顺利通过山东省南水北调工程建设管理局验收，并荣获“大禹”奖。

在爷爷、父亲的影响下，我严于律己，通过自己不懈的努力，于2004年7月光荣加入中国共产党，先后取得建筑经济师技术资格、水利专业二级建造师执业资格、建筑专业二级建造师执业资格、水利工程师职业资格。先后担任工程管理科副科长、管理段长等职务。

几年来，我作为单位的工程施工负责人，先后完成东平湖管理局水闸除险加固工程王台排水闸除险加固工程，东平县天然气中压输配管网大清河穿越工程专项补救措施工程，黄河东平湖蓄滞洪区防洪工程大清河南堤的险工控导、堤防加高帮宽及堤防加固等重大施工任务。

面对成绩，我不敢有丝毫的骄傲，只是暗暗提醒自己：前面的道路还很长，需要我做的工作还很多，我一定要做好攻城拔寨、无坚不摧的思想准备，为伟大的人民治黄事业贡献自己的聪明才智。其实，我心里一直保存着一个不轻易向外人透露的小秘密：我们家祖孙三代都是母亲河的守护者，维持母亲河的健康生命，我的责任更加重大！

大河喷薄育新星

——在黄河三角洲讲述黄河故事

○杨玉珍

华夏开篇拓洪荒

黄河从青藏高原奔腾而来，波澜壮阔，历尽沧桑，孕育了坚韧不拔、百折不挠、博大精深的华夏文化。立足于黄河三角洲，要“讲好黄河故事，延续历史文脉”，还需从“华夏开篇”说起。

中华民族是一个多元共生的伟大民族。习近平总书记指出，“早在先秦时期，我国就逐渐形成了以炎黄华夏为凝聚核心、五方之民共天下的交融格局”。这个核心最初就生成、汇聚于黄河流域。

在我国西北的黄河流域，上游的大通河、湟水流域是羌、戎等少数民族的发祥地，黄河河套一带形成了北方羌族的发祥地，汾河、伊洛河流域系大夏部族的繁生地，沿渭河而来的秦岭、华山地域与大夏部落相会合，形成了最初的华夏族群。来自山东的东夷人则发源于大汶河流域。“夷”者，人大而善用弓矢也。东夷与华夏既相争锋又相融合，两者长期竞进于黄河中下游地区。同时，华夏族群又接纳南方沿江而上的苗、蛮等民族，从而形成了“华夏五方”的地理格局。

黄河流域之所以能诞生如此生龙活虎的华夏民族，是因为滔滔黄河孕育了三位“人文初族”：炎、黄二帝和蚩尤。炎帝生于西方的姜水，由于懂得用火而获王位；蚩尤生于东方，是九黎部落联盟的酋长和战神；黄帝（约公元前2717—公元前2599年）生于姬水，又史载“黄帝生于寿丘，寿丘在鲁东门之北，今兖州曲阜县东北六里……以土德王，故曰黄帝”(《史记·正义》引《舆地志》)。三位帝王所属的部族之间亦发生过争夺土地与疆域的激烈战争。先是黄帝与炎帝大战于阪泉之野，黄帝胜；后黄帝与炎帝组成联军，与蚩尤部发生规模更大的涿鹿之战，蚩尤作大雾，联军士卒皆昏迷，黄帝急作指南车以指示方向，遂禽蚩尤，蚩尤死。九黎部落的余部向淮河流域蔓延，后到达洞庭湖一带，甚至远徙南方苗族聚居地繁衍生息，一定程度上促进了黄河、长江两大流域的文化渗透与融合。

战后黄帝一族发挥了强大的影响力和凝聚力，被五方之民拥为“华夏共主”。相传黄帝在位期间，率领各民族垦植荒野，播百谷草木，发展生产，始制衣冠、造舟车、制音律、创医学，修德振兵，抚万民，度四方，逐渐拥有豫州、冀州、雍州、梁州等地，向东则以冀州东部、兖州、徐州等黄河冲积扇为泛海通道。又向着华北和江淮方向进一步发展壮大，拥有了幽燕、青州，并向荆州、扬州扩展；西部的雍、梁二州也向西北方、西方作长距离、大空间开拓。大禹治水后将这个“黄河大流域”正式“画为九州”，这也是我国古代被称为“九州”或“神州”的来历。受黄河奔腾陶冶之历练，多元文化之熏陶，并向江左、岭南、西域、松辽等各方位渗透襄举，终于形成了世界上唯一历5000年传承而不衰的文明古国——大中华之疆域。

人民治黄见初心

黄河历来以“善淤、善决、善徙”而著称。黄河流路的频繁摆动给中华民族带来了深重灾难，许多中华英杰为黄河治理留下了千古胜迹。尧帝时华夏地域“汤汤洪水方割，荡荡怀山襄陵”（《尚书·尧典》），进入一个大洪水暴发期，在公元前2070年时，禹受命治水于危难之间，据《史记·河渠书》记载，大禹在今河南省浚县西南开凿了北、南两条大渠，主干渠沿太行山麓北上，至燕山山麓今天津一带入于渤海，后人称之为“禹河”；另一条大渠过浚县右行，夺漯河河道入山东，经聊城、禹城，至高青向东入海。历史上的“大禹两渠”圈定了华北平原数千年造陆范围。后漯河流路湮塞，称为“漯川故道”。这或许就是黄河三角洲最古老的口门之地。

“大禹治水”的故事流传了4000余年，“禹王”为解除覆盖万众的大洪灾奔走四方，胼手胝足，“劳身焦思，居外十三年，过家门不敢入”（《史记·夏本纪》）。一直到近现代社会，只有中国共产党领导的“人民治河”才能达到或超过如此境界。1946年

2月22日，中国共产党冀鲁豫解放区决定成立“冀鲁豫区黄河水利委员会”（今黄委会前身），并在沿河各县设立相应治河机构，从此拉开了人民治黄的序幕。当时的冀鲁豫行署主任是段君毅，他要求刚刚履职的黄委主任王化云提出一个“治河方针”。

当时的黄河由于在1938年被国民党政权扒开花园口大堤以阻日军，再行徐淮流路已达8年，决口漫溢灾害不断，当时有民谣唱道：“政府扒开花园口，一担两筐往外走。人吃人，狗吃狗，老鼠饿得啃砖头。”真是哀鸿遍野，民不聊生。王化云主任鉴于刚结束的抗日战争以及各种天灾人祸的巨大财富消耗，解放区经济也是困顿贫乏，经反复思考，提出了“少花钱、少决口”的治河方针，感觉这已经是充分考虑现实情况的尽力之举了。但是段君毅同志坚定认为此议不妥。

因为黄河决口不论次数多少，都将给人民造成巨大灾害和生命威胁，并影响解放战争的胜利进行，我们就是要不惜一切努力，千方百计保障黄河安全，从而最终确定了“确保临黄，固守金堤，不准决口”的治河方针。这个“不准决口”铿锵有力，掷地有声，使王化云也深受感悟，后经长期历练终成威望极高的人民治黄第一代老主任。当我读到王化云著《我的治河实践》中的这段文字，不仅深切慨叹：这一方针虽非中央核心层所提出，但是在我党领袖们的长期熏陶下，一些久经考验、身经百战的中层或者普通领导干部均有高度的辨识力。

不计个人得失、绝对保障人民利益，这才真正体现着“党和人民群众血乳交融”的那颗“治黄初心”。受这一“初心”的巨大感召，沿黄亿万群众竭尽所有、不怕牺牲、聚力抗洪，终使黄河历年秋伏大汛化险为夷，杜绝了决口危害。

是谁惊醒古老的荒原

在漫长的有史记载时期，黄河决口改道频繁，据治黄专家徐福龄的著述，从公元前 602 年到 1938 年的 2540 年间，黄河下游的决溢改道达 1590 余次，其中大型改道 5 次。公元 11 年第二次大改道形成的东汉流路，还有 1855 年第五次大改道形成的大清河流路，两条流路的前段都袭夺了漯川故道，然后叠压前突，经利津县域入海，分别淤淀了古代、近代和现代黄河三角洲。黄河的莘莘子民由西向东，陆续追逐着大河垦殖谋生，不断将荒凉之地开发为沃土，但在新中国成立后的很长一段时期，尾闾一带数千平方公里的原始旷野却仍在蓬蓬植被的覆盖下呼呼沉睡。

是谁扰动了古老的荒原？20 世纪 60 年代初的灾荒时期，我曾相邀三五同伴，从老家推车到东北 30 公里以外的荒原中打草拾柴，算是一种“小爬虫”的扰动吧。

这片广袤无垠的荒原啊，是河进海退的百年战场，是黄河漫溢肆虐攻占的新领地。黄河从海拔 4500 米的高原上喷涌而下，汇集了 70 多条支流的力量，怀着“君不见青海头，古来白骨无人收”的悲壮，挟三秦大地的铮铮铁骨，摄内蒙草原的历史苍凉，披塞外大漠的猎猎西风，乘中原逐鹿的王者之气，万里奔流，所向披靡，来到这入海口，哪容得大海的浪涛阻挡？她横冲直撞，翻滚摆动，泛滥淤积，以每年造陆近 30 平方公里的速度，镇压着渤海西部的潮头和涌浪！

刁口二河滩是北洼水草丰美的黄土地，可隐约听到黄河的涛声。几天前一场风雪刚过，荒垫还覆盖着残雪，真是“雪压寒茸白絮飞，万花纷谢一时稀”。偶有几点紫红色的水蓬花，拥簇成团的香蓼棵、野豆蔓、蒿子秆，还有挺拔的野苜蓿，花絮轻飞的芦苇荡，成为我们“扫荡”的主要目标。还有茅草白皙而柔软，像长发蓬松的睡美人铺散在野树下，野树是一丛丛的棉柳、紫穗槐、胡杨和红荆条，沉湎于冬日的冷峻与肃杀中。

趁昏黄的暮色吃罢野炊烤热的高粱饼子，在荒草窝中匆匆睡下，夜深人静，黄河涛声比白天更感恐惧：“中宵万马声，惶惶客心惊！”

抖落黎明的星斗，终于拾了满载一车的草，大伙推着沉重的草车往回返，路程更显得漫长而静悄无声。忽然，远处飘来渐强的轰鸣声，夹杂着锐器划击的尖厉声。抬头远望，有几座钻塔正高高矗立在莽原上，几辆汽车运去好大的物件，还卸下长长的钢管，一片“红霞”中人群向钻塔攒动。我们急忙停下草车，用“垫棍”顶牢，在荒草崖岭中向钻塔的工地奔蹿，终于置身于红旗招展和锣鼓喧天的扰动中。钻塔中伸出的铁钩把一根根钢管吊起，与钻入地下的钢管衔接，在大功率柴油机的推动下，石油工人操纵刹把，把钻杆压入数千米以下的地层……在这随后的日子里，茫茫荒原真正被林立的钻塔隆隆轰响惊醒了！

凌洪、风暴潮、战井喷

随后，黄河三角洲迎来了那个年代的疯狂岁月。

黄河疯了。1963 年初，冰凌危机提前到来。大河开封的场景令人惊惧，坚冰以下发出沉闷的呜呜声，冰面咔咔地裂开，河水突突上涌，河岸开始嗦嗦抖动，从中、下游泄下的大冰块门扇大小，冲刺般飞速滑行。那时河口一带尚无人工堤坝，大冰块蹿出河面，齐刷刷斩断岸上的荆柳，连片成群的冰凌撕裂着自然堤，一股河水借冰峰开道，出汊飞奔，铺天盖地向井场扑去……

渤海的浪潮疯狂了，1964 年 4 月，在神仙沟流路刚刚改道刁口河的日子里，连续几天的东南风将辽阔的东海浪潮推入渤海海峡，整个渤海平面急剧上升，4 月 5 日突转七八级东北风，又引起海啸，最高潮位达到 4.61 米，促使高涨的海面向西南岸倾倒，强大的激浪冲流与河口“桃花汛”对撞，巨浪飞溅、河唇开裂，形成的岔流淹没罗镇小街复堤工程并入侵油田工地。洪潮把数十平方公里的黄河新淤地大片大片地撕裂，成为几座水中孤岛。有民谣说：“大孤岛，小孤岛，人被洪水撵着跑。”20 世纪 70 年代就在这里启动了“孤岛大会战”。

接踵而至的大灾大难也把石油工人逼疯了。这些石油工人的一部分本就来自解放军现役部队，多年未被战争燃烧的激情积于胸腔，还有从大庆、玉门、新疆、青海、银川等油田移师山东的石油劲旅，本地有志于石油开发的青年人。1961 年石油大军就在离黄河口不远的东营村附近打出了日产 8.1 吨的第一口油井，1962 年 9 月 23 日又打出了日产 555 吨的国内最高产工业油田，油田早期称为“九二三厂”即由此而来。1964 年，党中央正式批准华北石油勘探开发大会战，由石油部副部长康世恩任会战指挥部指挥。此时石油队伍士气正盛，偏偏就遇上了黄河尾闾、渤海浅滩和垦利大洼灾害频出，危难丛生。加上当时国势贫弱，国家亟须能源支撑，而恰恰又是上述区域发现埋藏着极其丰富的工业油田，这样的一支石油大军能不被逼“疯”吗？

胜坨大会战、通惠王（滨镇、惠民、王家岗）大会战依次展开后，一幢幢钻塔矗立而起、轰响远震，石油大军日夜兼程，不到两年就基本控制了东营凹陷的含油轮廓。1965年1月25日，“坨11井”在东营附近的胜利村打出了有史以来全国第一口千吨井，当打开油嘴放喷时，一股强劲的油流喷射而出，其侧翼射向毫无防备的石油队伍，井场立即沸腾了，黑压压的“油鬼们”欢呼声响成一片。副指挥张文彬悟性大发：“我们在胜利构造上打出了千吨井，这里就叫胜利油田吧！”1971年6月，经山东省和石油部商定，正式将“九二三厂”更名为“胜利油田”。在那些“疯狂”赶超石油指标的日子里，井场也隐藏着重大隐患。由于强力钻井触动地质结构，地下的油气层压力过大，而疏散能量的技术跟不上，井喷事故时有发生。

1966年1月19日，3219钻井队突然发生强烈井喷，几百多个大气压的油气流裹挟着泥沙，咆哮着从地下直蹿空中，十几分钟后，32根连接在一起约半里长、50多吨重的钻杆如离弦之箭直插云霄，随之又像面条般盘旋下坠，围簇在井台的钻工危在旦夕，扶刹把的王建忠见此大吼一声，推开身边人员，豁命将整个身体压在刹把上，挣断的钢丝绳飞甩过来砸到王建忠头上，他当即昏迷，造成严重脑震荡……还有1973年9月21日下午，32192钻井队司钻吴玉田发现有井喷异常，接着井内高气压带着泥浆砂石向外喷射，硫化氢毒气随之上冲，吴玉田看到副司钻有被熏倒的危险，立即夺过刹把调整活动钻具，但强大的硫化氢气体连续向他袭来，侵入其肺部。他牺牲时，仍然紧握刹把。这就是那一代为共和国献身的石油人啊！

黄河尾闾改道清水沟

黄河是一条桀骜不驯的大河。1855 年大河从徐淮流路的铜瓦厢决口北流，横冲直撞，吞吐洪荒，给山东省的大部带来巨大灾难。据志书记载，“黄河洪水横流，庐田为墟，舟行陆地，人畜漂流”，最后夺大清河流道从利津县的铁门关入海，顿时扫荡了这一“水旱码头”的百年繁华！

黄河从初行水的铁门关、牡蛎嘴流路到 1975 年人工改道清水沟流路的 120 年中，年均挟带 16 亿吨泥沙入海，按照“淤积—延伸—摆动—改道”的规律，在三角洲面上改道 50 余次，叫作“三年两决口，十年一改道”。有民谣说：“东红庙，西红庙，三年不淹学狗叫。”其中大型改道就有 10 次，以世界顶级的造陆速率冲泛淤淀了 5400 平方公里的近代黄河三角洲。

20 世纪后期，胜利油田大会战推进到更广阔的荒原，庞大而分散的石油队伍声势浩大、不断扩展，但黄河却仍在率意行洪，多次冲击会战的进程。对此油田的挂帅人李晔壮怀激烈，喊出了“手牵黄河跟我走，叫你咋走就咋走”的豪言。

他意识到黄河巨量泥沙如铺展于广阔的沼泽、浅海地区，可变海上开发为陆上开发，将大幅度推进会战效率并节省开发成本，于是数次爆破黄河去路，引导滚滚洪流按照石油人的意志从储油量大的浅滩入海。但此举也遭到黄河的无情报复，数次发水冲溃油田围堰，甚至与海潮结盟“水淹七军”。使得济南军区数次紧急派出直升机解救被困石油工人。

在国家急需能源支持的年代里，治河部门也积极配合胜利油田的开发建设。鉴于黄河行水的刁口河流路已行水 10 余年，河道延长了 32.5 公里，河床淤高 3.5 米，河身弯曲导致激流冲击堤岸，显示出决口改道的前兆。为保障黄河行洪安全和油区环境稳定，黄河水利委员会批准黄河可选择更适宜的海域另辟新路入海，并将改道工程报国家计委立项。具体考察、施工的重任落在了一位老河工、老专家王锡栋的肩上。

为做好黄河新流路的考察选址工作，王锡栋组成 128 人的勘察队伍，徒步三角洲东部近百公里的荒凉海岸。那时的荒原草深人稀，还有大片滩涂、泥洼，常有野兽出没，有童谣说“新镇王家岗，犸虎扒在炕头上”。但王锡栋他们视之如无，风餐露宿，考察测绘了东部沿海 18 条稀奇古怪的潮沟，如宋春荣沟、老神仙沟、电筒沟（因有人在此丢失电筒而得名）、土匪沟子、清水沟、北潮沟等，最后选择清水沟作为新流路，精心设计了工程方案。

鉴于改道的前年利津河段曾出现 6500 立方米 / 秒的洪峰，工程防守非常危急，截流改道必须在 1975 年洪汛到来之前尽快实行。但改道又是涉及万众百姓生命安全的高危行动，经报请山东省生产指挥部杨国夫司令员批准，随后开始动工。为阻断来水并吸干河道以便于安全实施各项工程，经黄河水利委员会请示水利部，责成中游的三门峡水库及时落闸存水，控制下泄流量。当大河减为 550 个流量时，沿黄豫鲁两省人民发扬“团结治水”精神，千方百计狂引黄河水，加快实现了河道的断流干河。

从昌潍地区、惠民地区、马颊河工程局调集工人、民工达 5 万余人，施工机械 163 台，实施开挖新河的工程。4 月 20 日，胜利油田出动几十台 D-80 推土机，进占流路工地，推土筑起并夯实截流大坝，阻断北去的刁口河流道。同时在已经开挖清水沟 9 公里新河道的两岸，构筑了坚实的南北防洪大堤。为打开黄河右岸堤防向新河道引水，民工们在坝下埋置了数吨炸药，随着老河工王锡栋一声断喝“炸坝！”轰隆隆一阵巨响，黄河堤坝被炸开上百米宽的缺口，推土机再将炸开的余土堆在缺口两端，筑起高峻的口门大坝。此时三门峡水库已按时提闸放水。4 月 27 日滚滚大河的前锋水舌到达改道口门，接着后续大溜浩浩汤汤而来，从炸开的豁口注入新河道。真正是“巨灵咆哮擘两山，波涛喷箭射东海”！由于黄河新流路比刁口河河道缩短了 50 多公里，新的河床比降加大，水流湍急，只用了半小时，气势磅礴的黄色浊流就喷射进入了蔚蓝的大海。这是治黄史上第一次有计划、有准备、有组织的人工改道，从此结束了黄河尾闾肆意泛滥摆动的历史。数年间又引黄河水在孤岛以东的浅海区淤淀出一个整装高产大油田——孤东油田，为石油工业新基地的建设和黄河三角洲大规模综合开发拉开了序幕。

擎起东方明珠——东营市诞生

解除了黄河口任意决口漫流的隐患，汹涌而至的黄河水为油田大规模注水采油和广大职工生产生活用水提供了保障。几年中建成的大、中、小型水库星罗棋布，其中设计蓄水能力达 1.15 亿立方米的全国最大平原水库（广南水库）投入建设；地下水管线、油管线、公路、电网等纵横交织，投产了我国第一条长距离、大口径输油管通向远方。石油大会战仍是一场接着一场，日夜连轴转。

但是，历时过长的紧张环境考验着仍需长期坚持的战斗力；庞大的后勤服务跟不上大兵团作战的需求；土地、人力资源和家属安置等政策不到位……种种困难和问题接踵而至。地处边远的黄河三角洲亟须一次机制性变革，畸形膨胀的经济态势呼唤一个现代城市的诞生。

时势造英雄。在这轰轰烈烈的年代，已经成长出一群时代精英，为建市储备了干练的管理人才。他们伫立潮头指挥着千军万马，会战间歇就讨论运筹长远的发展谋略，这个群体中有一个众望所归的名字，他就是李晔。

李晔，1928年生，1948年入伍，先后在中原大学、解放军西南军区、解放军财务部后勤部以及国家石油部任职。1975年10月调胜利油田会战指挥部任副指挥、指挥。多年的军旅生涯和身临烈火烹油般的会战前线，锻造了他“泰山崩于前而色不变，雷霆起于侧而志不移”的气魄和胆识。他经常赤足斗笠、顶风冒雨，与石油工人并肩战斗。他身材并不魁梧，一身“衲衣草鞋农夫装”，却是决胜宏略腹内藏。在胜利油田向着鼎盛期发展的过程中，依河傍海建立一个现代石油城的设想早已在李晔的思绪中酝酿。但是，哪里是容纳黄河荡荡、石油滚滚暂时驻足和稳健强体的港湾？他把敏锐的目光投向了三角洲大地。

几十年来，随着华北平原勘探找油的隆隆炮声，油藏的涌动逐渐汇聚于广饶县北部一个不起眼的小聚落——东营村。物探专家绘制的地质图将其标识为“东营凹陷”；会战指挥中心搭建的座座“营盘”被称为“东营基地”；华东石油勘探局、惠民地区行署都在这里建立了“东营办事处”。20多年的石油开发强劲带动了东营周边的快速崛起，形成了十几万人集聚的区域中心。于是李晔与同事们商定选择“东营”这一重要区位，建立以石油开发为领军产业的区域中心城市。1982年10月，经胜利油田、山东省政府依次报送的《关于建立东营市的请示报告》获国务院正式批准。经过近一年的考察筹备工作，1983年10月1日，中共山东省委批准了东营市领导班子配备方案，由李晔任书记，成师农任市长。成师农，1928年生，是本地辛店镇成寨村人，1947年参加革命，已有了36年丰富的地方工作经验。他与李晔系同龄人，二人可谓珠连璧合。

10月15日，天气晴朗，万里无云，红旗飘飘，欢声雷动，东营市成立庆祝大会在胜利会场隆重举行。省委、省政府、济南军区、石油部的有关领导莅临大会。垦利、利津、广饶、博兴四县和胜利油田的近2000人参加了庆祝活动。成师农作为东营市第一任市长主持大会，第一任市委书记李晔作了《树立雄心壮志，为创造东营市美好未来而奋斗》的报告。庆祝大会结束后，举行了隆重的“挂牌”仪式和庆祝活动。“中国共产党东营市委员会”“东营市人民政府”两块庄重的大牌由李晔书记和成师农市长高高擎起，分别挂在临时办公地——胜利油田第三招待所西楼大门两侧。

骊龙喷薄万里，献出颔下瑰宝！华夏大地东方的明珠——东营市终于名扬天下、靓丽登场！我国第三个大河三角洲繁荣崛起的崭新时代，终于在古老的齐风鲁韵中拉开帷幕！

孤东兴亡一瞬间

1987 年，改道后的清水沟流路运行时间已超过了原来设定的时限，自然状态下的入海流路像刁口河流路的后期一样，出现了河口淤塞、河身弯曲、多股并流、摆动明显的迹象，黄河尾闾再次进入“十年一改道”的周期率。河口段的出汊漫流造成河口油田一年两灾：冬季遭受凌灾，夏季遭受伏汛灾害，不但造成河口油田停产，还给石油会战带来了重大威胁。

在这一形势下，治河界改道派和稳定派的争议达到了白热化。改道派认为“十年一改道”是黄河行水的规律，而“规律”是不可违抗的，一旦进入改道周期黄河就必须改道；稳定派则认为黄河是否改道应按胜利油田石油开发的需要而定。只要这里需要黄河的支撑，就要千方百计把黄河流路稳定在这里！那时的争议似乎由“改道派”占了上风，面对涨势汹涌的洪水险情，水利部、石油工业部、黄委会联合下达了黄河口改道北股的文件，要求于1988年5月执行。

黄委副主任杨庆安到油田和东营市贯彻、启动。当时“两部一委”的文件来得突然，关系重大，又需立即执行，现场的油田领导沉默了，东营市领导沉默了，石油工业部领导沉默了，大家陷入紧张的思考：要改道北股必须打开作为孤东油田南部围堰的六号路，这样将使刚刚建成的年产500万吨的孤东油田毁于一旦。如此重大的责任由谁承担？而上级的文件又立等与会领导回应，这样的两难处境立刻使会议陷入僵局，空气仿佛凝固了一般……这时，担任胜利油田会战指挥部生产办公室副主任的李尚林坐不下去了，他腾地一下站起来：“如果你们让黄河改道北股走河，我就躺在这里叫黄河冲走！”

他情绪有些激动，提高声量慷慨陈词：“如果破六号路，海堤得破，顺河路也得破，流路走北股，孤东将变成一座四面环水的孤岛，密集的井架和采油设施将很快垮塌在海水中，刚刚花掉18个亿建成的孤东油田将在黄河大水的冲击下被迫停产，而且波及孤岛油田、桩西油田，三个油田相加地质储量是12亿吨，年产原油达1200万吨，既然治黄是为了保护国家财产，油田的油就是国家最大的财产！你们不要石油，我就不要命。你们要破堤，必须拿来国务院的红头文件，否则不能破！”李尚林语惊四座。在激烈的争论中，东营市领导表态支持胜利油田，并请求杨庆安副主任接受胜利油田的意见，抓紧上报实施治理河口、稳定和延长清水沟流路行水年限的治河工程。经上级紧急讨论研究，终于收回了黄河必须改道的成命。李尚林慷慨激昂一席话，瞬间改变了这个整装大油田被冲毁衰落的命运，得以进入一个不断发展强盛、持续为国家输送“血液”的新阶段。后来在山东省副省长谭庆典的协调支持下，由山东省提出保护油田六号路、呈请水利部把六号路变成国路、入海流路摆动顶点由西河口下移到清7断面的意见，上报国家有关部委并被决策采纳。胜利油田亟须把如何部署和实施更大规模兼具科技思维的河口治理系统工程摆上胜利油田和东营市的议事日程。

专家献策战略研讨会

黄河清水沟流路逃过一劫，孤东油田也保住了，一切工作按石油勘探和黄河减灾为前提展开，胜利油田威名大振。但是今后的黄河应怎么走？我国最后一个未开发三角洲如何规划布局？黄河口新兴的石油城应走怎样的发展道路？这是面临的更大课题，于是一个大型的“黄河三角洲经济技术和社会发展战略研讨会”于 1988 年 6 月在东营市召开。

这是当时的东营市市长李殿魁在全国人代会上紧张活动的果实，他提出的理由是：我国有三大三角洲，现珠江三角洲、长江三角洲已经实现经济腾飞，刚刚建立的东营市身负开发黄河三角洲的历史重任，但这里“有河无航、有海无港、有油无厂”，如何实现科学发展？在山东省省委省政府积极支持下，民盟中央与国内许多重要科研机构纷纷派出精英专家参加盛会。我作为东营市的研究人员参加并记录了这次大会的盛况。

在隆重的开幕式上，东营市市长李殿魁向全体与会领导、专家汇报了黄河三角洲基本情况，初步提出黄河三角洲开发的总体战略构想：从石油勘探开发起步，充分发挥资源优势，大力发展石油化工，逐步建立面向国内外市场的新兴产业体系，把黄河三角洲建设成现代化、外向型的新经济区，把东营市建设成具有综合功能的工业港口城市。

大会的论辩高潮如期而至。初期的会议展露三点倾向：一是油田正处于大发现、大开发前夜，此点无疑义。二是黄河流路将安排向三角洲北部摆动，如专家王恺忱提出，由于黄河流路快速延伸、河口基准面不断抬高，必将面临决口改道的“自然规律”，下一步人工改行北汊势在必行，而稳定黄河清水沟流路的方略成本太高，约花费 23 亿元左右，不可行！由此带来的第三点是：正在兴起的大港（时称黄河海港，现为东营港）将痛失建港条件。专家温善章不同意建港，警告现港口不久将被黄河泥沙严重淤积，有成废港的危险！

随着会议的深入，论辩的观点和趋向出现转变：在面临的重大课题面前，专家们尽展胸中韬略，慷慨陈词，好像一下找到了发挥才能的最佳契机，陈述与辩论此起彼伏。天津大学教授陈万佳从全国海岸线港口布局出发，认为从天津新港到烟台港之间长约 700 公里的海岸线竟没有一个进出口海港，黄河海港位居其间，自然条件也是最好的，现又有了胜利油田的加持，可与德州铁路枢纽相连接成为国家级重要出海大港。

国家海洋局王志豪高工马上表态支持：渤海湾特定的地理形态和深度，使入射潮波与反射潮波在黄河口附近相互抵消，即当南部海域入射潮波的波峰到达黄河口附近时，恰好与北部海域反射潮波的波谷相遇（反之亦然），使以半日为周期的潮汐在黄河口永恒地相互抵消，从而形成“无潮点”。他又说，其实这里并非绝对无潮，而是潮差小，流速大，形成一种最宜建港的海境条件。

海洋大学侯国本教授又从另一角度予以证明：黄河海港地处天然港湾，黄河主流向北海域有一条“水文界面”，能阻挡黄河泥沙自然北移！他还对黄河通航的可行性进行了分析：黄河是中国第二条大河，年均有每秒 1500 立方米的流量，而通航的“门槛”流量有每秒 300 立方米就够了。但黄河丰枯不均，根据各种趋势，要严防出现“下游悬河→间歇河→死河→沙化下游平原”的恶性循环，他呼吁全国人大立法保护并合理分配黄河水资源，恢复黄河航运。

南京大学教授任美锷院士对建港与治河作了系统发言：三角洲开发有两个根本性制约：第一个制约是缺乏深水港，所以建港是必须的工程。密西西比河三角洲的摩根城自然条件不宜建港，但由于开发海洋石油的需要最终建成世界著名港口，黄河海港既有区域发展的巨大需求又有天然建港条件，希望有关部门能跳出狭隘圈子支持建港。第二个制约是黄河河口改道频繁，平均12年改道一次，使许多重大工程不能规划论证，今后黄河治理必须实施各种有效减沙工程，如能在数年中将黄河年输10亿吨泥沙减为6亿吨，黄河流路则可稳定50~100年，这是因为其间黄土高原水土保持必已大见成效，小浪底拦沙水库亦早建成，黄河泥沙必将持续减少，黄河三角洲将跨入一个长期稳定发展新时期!

青岛海洋大学杨作升对河口治理提出三点建议：一是河口的减沙排沙工程应选在落潮时施工；二是泥沙入海后的水体呈“重力流”形式，为使泥沙输送更远，最好在海动力较强条件下进行；三是避免在平潮时排沙、搅沙，因为此时能量最容易消耗在内波上。

全国政协副主席钱伟长以著名学者的睿智，针对整个辩论形势指出：我永远不相信存在没有规律的事物，你没有抓准规律，事物就按照自然法则去发展，但你必须认识到什么才是真正的规律，这样方可驾驭和利用规律实现目标。比如，海港区因黄河泥沙北移阻碍建港，就要利用自然规律控制黄河不向北改道，从而保障和扩大三角洲开发优势！

青岛海洋大学教授侍茂崇则提出另类问题：黄河来水日趋减少，断流加重，严重破坏了河口及渤海生态平衡，海洋生物种群受到严重威胁。这是有人第一次在大会上提出黄河口生态保护问题。

针对黄河三角洲“有油无厂”的问题，山东省化工厅梁燕标总工认为：山东化工业面临重大困局，齐鲁石化 30 万吨乙烯投产后面临缺水困境，持续开采深层地下水源将把优质矿泉水变成污水排掉。济南与菏泽的化工和炼油业均为小型，应在东营市就近建设大型石化基地！

民盟中央副主席冯之浚作了黄河三角洲开发战略报告，一是黄河三角洲已具有全面开发的可行性；二是黄河稳定 30 年看来没问题，要科学制定黄河三角洲总体规划，完善相关政策支撑，落实重点开发项目，要在立足长远建立石油替代产业的同时，处理好环境与发展的关系，争取国内外广泛支持，黄河三角洲有希望有条件追赶珠江和长江的前进步伐从而实现全面腾飞。

会议进入最后阶段时，在山东省顾委主任苏毅然主持下，全国人大常委会副主任、民盟中央主席费孝通作了重要报告。他说，古老的黄河繁衍了炎黄子孙。历史上的周、秦、汉、唐、宋时期，均使中华民族出现过鼎盛时期。新中国诞生后，特别是党的十一届三中全会以来，珠江、长江三角洲相继崛起，唯独黄河三角洲还处于落后状态。今后我们要充分发挥这里的发展优势，制定长远发展规划，在石油工业上升时期就打下长期繁荣的基础，使黄河三角洲开发快出成效，努力赶超中国和世界最发达三角洲的发展水平。

这次研讨会历时 7 天，与会领导、专家、学者计 200 余人参加了会议，大会分为国土规划、农业开发、工业生产、交通运输、河口治理 5 个大组进行专题发言，会议规模庄重盛大，辨析领域广阔深邃，对于初始开发的黄河三角洲及东营市产生了长期引领和巨大的科技支撑作用。

联合国专家考察黄河口

1992年，在联合国开发计划署（UNDP）主持下，世界环境与发展大会在巴西里约热内卢召开。李鹏总理率中国代表团出席会议。会后根据发达国家将援助发展中国家实施《21世纪议程》的承诺，国内相关部门在“国家项目库”中遴选宜接受外援的项目，我中心（东营市经济研究中心）1991年报送的《黄河三角洲资源开发与环境保护》中选。于是在1994年9月，UNDP派出国际专家莅临黄河三角洲访问考察。

来访专家豪格兰达（Drs.J.G.D.Hoogland）、布伦（dick de bruin m.sc.c.eng.），都来自荷兰王国。到达北京后，有关部门通知东营市接站，我临时聘请了一位英语翻译殷红亮一同前往。在9月12日上午赴UNDP驻华代表处，与UNDP驻华代表贺尔康，中国国际经济技术交流中心主任张广惠，UNDP专家豪格兰达、布伦、王御华等举行会谈。为了尽快拉近与外宾之间的文化距离，在安排好餐宿事宜后，我即邀请两位专家晚间到玄武区大戏院看了一场京剧。演出的剧目是《十八罗汉斗悟空》。

回到东营市，第二天就安排专家去看黄河口，向旅游公司预购了气垫船船票，与30多位旅客一同登船。

那条河呀，人们恐惧而又崇敬的河呀，就在我们脚下。这条修炼了千万年的大虫就在刚要入海的时候被我们驾驭了！黄涛翻滚向前，下面像有几百匹猛兽在更深的水体中拱动。同行的旅客老少皆有，惊呼中又不断向外国人投来异样的目光。走了约两个小时，黄河水越来越浑浊，几成泥浆（我们称之为“絮凝作用”），气垫船渐渐被粘住了，原来是进入了拦门沙区。随着海潮渐退，河口拦门沙逐渐露出，气垫船突然被搁浅在泥浆中，一动不动。于是大家开始吵吵嚷嚷，驾船的师傅叫大家不要慌：前几天这里海水还挺深，通行没问题，这会儿搁住，须等海潮上涨，气垫船才能启动。

幸好，我们与绝大多数乘客都带了各式午餐，纷纷掏出来，撕开各色包装，拉开船舱玻璃，把所有废料一窝窝投向窗外的泥水中，开始大快朵颐！

为了避开黄河拦门沙，第二次出海不再走黄河水道，我们租用了一位渔民朋友的渔船，从三角洲南侧的芦青沟码头开船，直奔黄河口沙嘴以外的海区，去体验河海交汇之壮观。

为在途中观赏大河大海样貌，我和翻译殷红亮，联合国专家豪格兰达、布伦都站向船头。船家大喊危险，叫我们回到船舱，但我们扶定了船边的蓬柱，依然站立眺望。初行海区的水面呈草绿色，大片混入了泥淖和秋草的浊流肆染其间。船行移时，逐渐进入整体浑黄的大溜，只见浩浩汤汤，无际无涯。我们问船家，哪里是黄河的主流？船家大声道："这里是大海！"

我真正感受到了自己的渺小，忽然想起庄子的《秋水》："天下之水，莫大于海……尾闾泄之……比形于天地，受气于阴阳……不似稊米之在大仓乎？"俯瞰脚下，黄滔粼粼，波光明灭，黄河自遥远的西方聚涌而至，百川贯河，势大声宏洪。长久伫立，受几多河海壮阔苍凉的熏染，也无端地有些空乏悲怆起来。可能是为了打破些许的肃穆气氛，豪格兰达忽然说起在北京大闹玄武剧院的笑料，接着又问："Who can sing Beijing opera？"（你们京剧谁会唱？）殷红亮不待转译，即慨然回答："Let me have a try？"（我来一段怎么样？）我大感诧异，不料殷红亮果然是"音洪亮"，他唱的行当是"红净"，听他发出的"脑后音"在罡风凛冽中更觉得声域辽远。这是中国名著《封神演义·大回朝》中的一阕：

将人马扎皇城休要啰唣，
奉王命征北海得胜还朝。
在午门下麒麟忙登御道，
观龙楼与凤阁杀气冲霄。
文班中怎不见比干元老？
武班中又不见黄家英豪！
观此情心头上疑云笼罩，
品级台前动问当朝。

这段京剧不仅高亢洪亮，其旋律更是豪迈飞扬。我过去听过这出戏，由著名京剧艺术家尚长荣饰演商纣王的太师闻仲。为了与剧中人明亮而险峻的唱腔相匹配，此段是用唢呐伴奏的，唢呐一响即如霹雳乍起、破云冲霄！

受这次殷红亮演唱的启发，后来每当我听到《大回朝》这一唱段，总像又看到了那条奔腾不息的黄河——那伴随了唢呐的涛声飙风凌厉，使人惊悸；那承载了激荡的舟船，遏云破浪，又携带着我们不断攀登新的巅峰！

由于一路上消磨时间太久，这时我们已是背对日光。东方的天幕下，一道白练在远方渐起，瞬间滂沱而至的大块波涛，在碧蓝中泛出翠绿，与率百川而勇进的黄河大流相撞，通体浑黄的河水则泛出深赭色。黄河在过去从来都是横冲直撞所向披靡，此时遇到“蓝军”如何肯服输？它将滔滔巨浪揉为重重漩涡，盘桓着向蓝军的右翼冲锋略地；又见那蓝色的大海如天幕般从左侧包迎上来，欲围歼黄河远征军。“黄”“蓝”之间虽然紧紧地靠拢、挤压，都在努力渗入对方，但却势均力敌，擦肩而过，不能分毫吞噬敌方营垒，只在蓝黄边缘挤出了一条倾斜的曲线，惊蛇一般跳跃抖动、逶迤远行，我们的机船则被冲得像一片树叶，颠簸飘摇，船与人全都陷入了“黄蓝交汇”的雄浑阵列。尽管两大水体在呼啸中撕裂，又在颠扑中合拢，但始终是黄蓝两大色块界线分明。

豪格兰达和布伦不住地嘶喊，殷红亮也专注于“蓝黄”，早就忘掉了他应有的职分。

作为联合国专家的豪格兰达，他从此立志要做这一极其珍贵河海生态区的“保护神”，他建议我的

“东营市经济研究中心”改组为“黄河三角洲保护与发展研究中心”，作为东营市政府接受UNDP援助的部门，去专职推进黄河三角洲可持续发展。

黄河汉子喋血杀敌记

——雷振华和他的抗日民众自卫中队保卫黄河的故事

○行相斌

黄河从壶口到了龙门，仍是那样桀骜不驯。转眼进入秦晋交界的合阳，突然变得如此的温柔自由，变得更加壮阔深沉。厚云积岸，大水走泥，似海似河，蔚为壮观。

合阳，这是黄河最美的地方。在这里，演绎着“三十年河东，三十年河西”的开合聚散，流淌出明珠一般的美丽景观，伊尹躬耕，子夏传经，文王逑淑，《关雎》绝唱，木罂渡兵，一个个美好的历史故事，绘就了一幅幅与母亲河相依相偎、可歌可泣的中华文明画卷。在抗日战争血与火的年月里，这里再次上演了一幕保卫黄河喋血杀敌的悲壮故事，让人震撼，让人铭刻于心。

话说卢沟桥事变不久，太原沦陷，日本侵略者把贪婪的目光瞄准黄河西岸，企图从临猗的吴王渡攻入合阳，撕开黄河防卫的裂口，侵犯中国西北。日寇派出飞机不断越过黄河天堑，对合阳沿河军事设施和县城进行轰炸。合阳危机，陕西告急，“誓死保卫黄河，保卫大西北”声震长空，合阳成为沿河抗战的中心。

“风在吼，马在叫，黄河在咆哮。”那时的合阳，就像一堆已经点燃的干柴，熊熊烈火遍地燃烧。合阳抗日民众自卫大队就是1938年2月日寇向吴王渡集结的紧要关头，在中共沿河特委直接领导下，由时任合阳县县长苏资琛联合177师中的共产党人共同创建的一支地方抗日武装。自卫大队以农村中的贫苦民众为中坚力量，下辖23个中队，共有队员两万多人。在县大队所属中队中，最为突出的是共产党人雷振华领导的二尹联抗日民众自卫中队。

雷振华，1914年生于合阳东宫城村一商户人家。黄河岸边的岔峪村，有他祖上居住过的茅屋。小时候，黄河发大水，他曾随着伙伴们一起下水拦截东西；大水过后，他又跟随大人在滩浴中“踩窝子”捞煤。黄河岸边水深火热的生活环境，练就了他坚强勇敢的性格。在山西华阳中学、运城中学就学期间，每每从黄河上渡过，一次次惊心动魄的险情经历，使他有了潜水泅渡的水上功夫和不畏困难的胆略。还是学生的他，已秘密加入中国共产党，成为我党活跃于晋陕之间的水上秘密联络员。随后雷振华又先后在高双成部和杨虎城部做党的工作。1936年春，雷振华汉中执行任务时被捕，同年12月获释后返乡，遂在本村小学任教。他喜欢以“黄河汉子”自诩。

抗日战争全面爆发后，雷振华以小学教师的身份为掩护开展抗日宣传活动，并把所在学校改为“抗日中心小学”，自己编了校歌，歌词是：“徐水之滨山野头，集合了一群小朋友；骑竹马，握紧木刀，准备着为民族作战。”同时，还给学生编写了抗战课本，教唱抗战歌曲，排练抗战文艺节目，带领学生到附近各村宣传演出，开办了农民夜校，教劳苦大众识字、唱歌，讲述抗战形势，宣传党的抗战方针政策，提高民众的抗战觉悟，激发爱国热情。1937

年冬，他参加了合阳教师抗战训练班，任合阳县教师抗日救国会主席。在战局日趋紧张的情况下，雷振华向党组织提出："我们要拿起枪，组织民众保卫黄河。"1938 年 1 月，他出任合阳抗日民众自卫大队二尹联中队队长，在合阳抗战史上谱写了最壮烈的一页。

二尹联所在地为合阳东北沿黄河的几个村庄。成立农民自卫武装的动员令下达后，农民们纷纷报名参加，几天内，就发展队员二百多人。为了提高队员们的政治素质和作战能力，雷振华把整个心血都倾注到中队建设上来。白天，带领队员一边生产，一边配合驻军修筑河防工事，武装巡逻；晚上，组织队员学习政治，进行军事训练，在河堤上站岗放哨。同时，自卫队还担负起了水上交通运输的任务，经常利用夜间秘密接转前线伤员，为奋战在晋南的陕军输送物资。这也是党的沿河前委建立的最活跃的一条水上交通线，雷振华曾带人几次渡河进行侦察，与晋南党的组织进行联络，传递情报。配合驻军参加过两次渡河偷袭敌营战斗，对河东的地形、敌情了如指掌。第一次在稷山县郊区打伏击战，打死了几个敌人，缴获战马 3 匹，小汽车 1 辆。第二次在荣河以南周村附近和敌人发生遭遇战，激战数小时，缴获了很多武器和弹药。

“抗战不能喊口号，杀敌不能赤空拳。”为了解决中队的武器装备，雷振华说服家人，将自己家20亩土地卖了，全部用于购买枪支。随后，还请了一位河南籍铁匠师傅，办起了自己的“兵工厂”，每人锻造了一口大刀，自制了一些“八响枪”和“一响枪”，时刻准备奔赴前线奋勇杀敌。

同年4月，为粉碎敌人的阴谋，巩固黄河防线。在中共沿河特委的配合支持下，驻守在黄河西岸的合阳驻军决定主动出击，攻打黄河东岸的荣河城。由177师一个团担任主力，二尹联自卫中队的任务是在完成水上交通运输的同时，抽调精干力量与177师特务连的一个班共同组成突击队先遣登陆。为了保证不惊动驻守在荣河城的日伪军，指挥部命令，渡河和行军的任务必须在神不知鬼不觉的情况下，赶在黎明前两小时完成。这样一来，突击队的任务就更加艰巨。

决定胜利的关键是强渡黄河。4月的黄河，冰凌期虽然过了，但河面上还有少量的冰块夹在暗流中向下冲撞，防不胜防，相对更加危险。加上这一时期水流时缓时急，河床和水深变幻莫测，行船如履薄冰。按照先期侦察的情况，渡河的时间选择在漆黑的夜间，地点是河面最宽、条件最差的岔峪渡与榆林渡之间，登陆地点定在河东的南赵以北的杨董村附近。

这是一次不寻常的战斗。为确保突击登陆成功，经指挥部批准，雷振华带领三名队员，夜间冒着蒙蒙细雨驾小船秘密驶入离对岸不远的芦苇荡中，在那里静静地侦察了半夜，掌握了日军炮楼位置和兵力部署以及轮岗换哨情况后，又悄悄爬上岸去，在芦苇荡与庄稼地之间行走了一百多米，穿过黄土峰林，绕到敌人的碉堡后，居高临下观察清楚，然后在天亮前赶回，在将侦察情况向指挥部报告的同时，把一百多名参战队员分成两个小队——突南队与运输队。突击队两个班，一个班作为先锋，选择最佳时机登陆，与177师特务班共同拔掉敌人的碉堡；一个班在为主力部队渡河导航的同时，作为替补梯队，支援先锋登陆。运输队三个班全力运送主力渡河。雷振华担任突击队队长，韩昌运担任运输队队长。

岔峪渡是个老渡口，人称“仁义渡”。历史上，显父曾在这里宴宾，韩侯夜宿于屠也指这里。万里黄河，数这里河床较宽；滔滔水流，数这里险恶莫测，滩浴、沼泽、芦苇荡使航道变得飘忽不定，扭扭曲曲长达 10 多里，下水拽船逆行那是常事。加上敌人的封锁，碉堡里的探照灯纵横不停地照射，让人不寒而栗。但同时，这里敌人的兵力相对薄弱，杨董村附近又是探照灯照射的死角。雷振华提出的分兵强渡方案得到指挥部批准。

渡河杀敌那天傍晚，自卫队召开了动员大会，雷振华作战前动员，他说：“为保卫黄河，保卫家乡，保卫陕西，我雷振华豁出去了，眼前就是刀山火海，请大家和我一起跳。”队员们一个个士气高昂，“渡过黄河，杀敌保国！”“人如虎，马如龙，一心要打荣河城”的口号声划破长空，回荡在黄河两岸。合阳县县长苏资琛检阅了自卫队，数千名群众为他们壮行。年仅 12 岁的学生曹义斌和党兰法手里举着一面小旗站在渡口上，目送一艘艘木船远去，才回到了家里。

有一个叫夏元成的队员，他是李家庄一户姓许人家的长工，连祖籍哪里也未来得及告诉任何人就登船上了前线，直至他壮烈牺牲，人们还不知他的家在哪里。

百西村青年房俊杰，他给家里任何人也没有打招呼就加入自卫队渡河参战。等到他的父亲赶到渡口时，他坐的船已离开了河岸。

星光暗淡，万籁俱寂，只有保卫黄河的烈火在队员们的心头焚烧。包括177师特务班，突击队共30人，分乘两只小木船，在相距50米的河面上前行。船与船之间保持一定距离，靠暗号联络和指挥。行驶途中，几次碰到沼泽险滩无法前行，队员们下船后，踩着冰冷的淤泥，连推带拖，敌人的探照灯照射过来了，又得把船拖入芦苇荡中。那艰难的情景，不亚于蹚水泅渡。到了河心，一个巨浪打来，雷振华坐的小船内灌满了水，船体摇曳下沉，队员们的衣服全湿透了。雷振华顾不了什么，立即与两个水性好的队员一起跳入水中，三个人凭着身上系的水葫芦的浮力，艰难地将船拖到水位较浅的地方，大家一起把船舱中的水排完继续行进。这时，东岸敌人的警犬似乎发觉了什么，不时狂吠几声。队员们屏住呼吸认真观察，当发现两道探照灯在河心纵横摆动的频率并没有增加后，雷振华暗自思忖，敌人已经麻痹，这是登陆的最佳时机。于是命令队员在探照灯照射交叉的缝隙中穿插疾行，并把情报不时地传递给主力部队。

距离登陆的地点越来越近了，为了绕开敌人探照灯扫射，尽快到达岸边，突击队开始逆水北上，雷振华悄悄通知所有的队员，将木船驶入芦苇荡隐蔽，然后又赤脚蹚过“河心洲”，穿越“鸡心滩”，再潜入水中，快速泅水登陆，秘密包抄敌人的岗楼，以迅雷不及掩耳之势冲了进去，借着敌人酣睡未醒，用大刀将守敌全部消灭。

说韩信木罂渡兵是中国古代战争史上的奇迹不假。同样在这里，眼前的自卫队员用血肉之躯所书写的壮丽画卷并不比木罂渡兵逊色，算得上真正意义上的奇渡。你看那渡河路线，先北上，再南下，出其不意，以奇制胜。为了避开对岸敌人的视野，船队离岸后，先向对岸东北方向的庙前渡逆水行驶七八里，在这样的水流中行船，不叫“划船”，叫“拽船”，就是光着膀子，穿着裤头，在心里默默喊着号子，“哎吆——哎吆——”蹚水拽船，不但危险，且非常吃力。何况每只船上还 15 名突击队员及枪支辎重。再看那些勇士，个个勇猛无比。水性好的把绳子系好，搏击着浪头使劲向前拉；第一次下河蹚水的，或夹在中间，手抓住绳子拼命向前拽，或站在船后，吃力地向前推。每走一步，都是那样的艰难。刺骨的寒风，冰冷的河水，还有那看不见的冰溜子，打得他们钻心地疼，脚上，腿上，划出了一道道口子，大家谁也没喊一声苦。大家只有一个信念，“渡过黄河，杀敌保国”。

约两个小时后，船行至离庙前渡四五里地时，突击队完成了强渡任务，发出了登陆信号，所有船只来了个九十度的急转弯，开始向东南方向顺流急下，虽说比逆行轻松了许多，但船体晃动得特别厉害，时刻都有翻船的危险。为了保证安全登陆，水性好的船员再次跳入水中，手把着船体，脚踩着激流，肩膀扛着船帮航行。用老船夫的话说，那叫“玩命”，稍不留意，就会卷入漩涡。但谁还顾这些。在大家的共同奋战下，渡河登陆比预期计划提前了一个多小时，黎明前，大队人马顺利进入阵地。

按照作战部署，二尹连的队员被安排在荣河城西协同部队进行主攻。战斗打响之后，在没有掩体、没有防御工事的情况下，队员们一个个奋不顾身向前猛打猛冲，根本不顾个人安危。他们虽然武器装备不行，但士气高涨，战斗力很强，打敌人个措手不及。雷振华一边向前冲，一边果断指挥。队员们头上没有头盔，就顶个铁锨头向前冲杀。子弹打完了，就用大刀砍。雷振华第一个冲入敌人的阵地，大刀下鬼哭狼嚎；韩昌运杀红了眼，竟把身上的衣服也脱；党同善身小力薄，负责战地伤兵护送，几次冒着枪林弹雨在前线把伤员背了下来。小鬼子看到这些陕西冷娃如此勇猛，一个个乱了阵脚，抱头弃城而逃。在这次战斗中，队员敬二虎、雷保儿为国捐躯，夏元成身负重伤，转送后方四十五兵站医院救治无效牺牲。当时流传着这样一首歌谣："雷振华，真英雄，带兵攻打荣河城，为国保家去出征，二尹民众显威风。不怕死，向前冲，一心消灭鬼子兵。保儿伤重丧了命，二虎战场也牺牲。昌运身强打先锋，同善体弱压后营。凯歌一曲震天地，黄河两岸人传颂。"宣传队又把它编成快板，走村串巷宣传："日落西山暮云多，自卫队员过黄河；绕过日军河防线，荣河城外神兵落。一群愣娃黄河汉，拿起锨头挡枪壳；大刀土枪和土炮，打得日寇缩城角。运动战，游击战，以弱克强很灵活；消灭鬼子保黄河，抗战史上奏凯歌。"

敬二虎等三位队员牺牲的消息传开，激起了合阳全县人民更大的义愤，团结抗日出现了前所未有的新局面。省委巡视员《合阳工作报告》如实反映了当时的情况，“相反，要继续过河杀敌报仇，要求过河的人更多了”。为了弘扬烈士的爱国精神，进一步动员民众把抗战进行到底，合阳县政府在距县城 4 公里的龙王庙召开全县群众和社会各界参加的抗日烈士追悼大会。与会者人人热血沸腾，个个摩拳擦掌。各机关团体代表、烈士家属纷纷登台发表誓词，大家决心，要前赴后继，喋血疆场，把抗战进行到底。雷振华代表二尹连自卫中队也慷慨陈词，他说：“那时，自卫队员只有一个念想，就是想让日本鬼子尝尝陕西愣娃的厉害，就是想彻底粉碎日寇渡河侵略的美梦，保卫黄河，把日本鬼子赶出中国。就是牺牲，也值，也光荣。”

黄河在怒吼，黄河在燃烧。合阳人民抗日救亡运动出现了新的高潮，各界抗日人士动员起来了，市民自觉组织担架转送从山西前线下来的伤员，妇女给前线战士做军鞋，学生上街搞宣传募捐，农民积极参与河防工事修筑。5 月，雷振华带领他的自卫队再次渡河参加了攻打永济战役，打得非常英勇。当时山西人编了一幕戏叫《血染永济》，再现了这段战事。后来177师渡河奔赴抗日前线，自卫队随军参战，连打胜仗，收复了晋西南大片土地。也就在这时，中国合阳县委成立，雷振华担任了县委组织委员。

抗日高潮同样激起了顽固派的敌视和多方破坏。1938年8月，“抗日县长”苏资琛被免而离开合阳，在自卫大队处于群龙无首的困境中，部分中队仍坚持活动。雷振华带领他的自卫队骨干力量随部队参加了中条山保卫战，临行时，他告诉年轻的妻子：“照顾好家人，把儿子抚养成人，实在不行，就找组织，与儿子一起去延安。”“不把日本鬼子赶出中国，我绝不回家。”“请记住，我是黄河汉子，想我的时候，就到黄河岸边看看，黄河上有我的名字。”到达山西后，他担任第四集团军便衣队指导员，多次泅渡黄河，到豫西传递情报，并与地方党组织取得联系，开始秘密组建晋西南党的地方武装。1941年7月，带领50多名便衣队深入中条山腹部侦察时与扫荡的日军遭遇，壮烈牺牲，为保卫黄河、振兴中华流尽了最后一滴血，年仅27岁。

雷振华和他的抗日民众自卫中队活动时间虽然

很短，而却在合阳人民保卫黄河，抵御外敌入侵的史册上重重地书写了可歌可泣的一页。黄河汉子的名字，永远镌刻在滚滚黄河的丰碑上。

黄河流韵

○王建霞

平凡未必伟大，但真正的伟大往往归于平凡。

——题记

黄河　并非只是一条河

晚秋的太阳照在黄河上，这条中华民族的母亲河便多了一些岁月的神秘与灵动；照在黄土地上，千沟万壑便显得极其温和与生动。此去佳县，等待我们的是在民歌《东方红》的故乡，在民歌《黄河船夫曲》的诞生地，看普照人类万物的红太阳从东方冉冉升起，观养育中华民族的母亲河自西边奔腾而去。生命轮回，万古不息，该是何等庄严、何等神圣、何等伟大！

很多人去佳县，是冲着白云山道观的奥妙去的，忽略了山底流淌的九曲黄河。近几年开辟了沿黄路——中国“1号公路”，它像一条气场很足的长链，将隐匿在黄河沿岸的古镇、古村落连接了起来。去年，与几位文友一起自驾游，参观了榆林市部分沿黄路的古村落，那些黄河人家便在我心里多了一些念想。

站在佳县山城俯视，黄河像一条巨龙，姿态老迈而又充满激情。在佳县，黄河沿岸排列着通镇、乌镇、坑镇、螅镇、店镇，他们都是黄河水运形成的商贸集镇。黄河水运带来了九州东西文化和南北文化，文化交融传承至今，这里民风淳朴，尚德崇文。都说佳县“怪才”多，所谓“才气”，仰仗的就是黄河水运带来的先进文化影响。在山城，时有留长胡须、戴金丝眼镜的老先生打面前走过，飘逸着一种仙风道骨。只要他们一打开话匣子，谈吐不凡，上下五千年、书法、乐曲像水脱闸一样，讲得头头是道。那种知识的渊博以及对文化艺术的痴爱，令人敬佩和感动。

出生在佳县螅镇荷叶坪村70多岁的王焕立老先

生，就是佳县一位德高望重的文化人，被称为葭州的“活历史”。王焕立热爱陕北文化，为抢救保护陕北民歌做了很多工作，特别是为《扳水船》歌戏和《黄河船夫曲》的保护，付出很多。

王焕立的心愿

来佳县的那天下午，我敲开了王焕立居住的独院大门。从打开院门的那一刻起，我便跌进了书的世界。一孔老窑洞容纳不下他的藏书，院墙两边各种书籍高垒，过道逼仄。穿过“书道”进入窑洞，除了书，还是书。想来，王焕立先生每天在书的世界里，独享时光，陶渊明先生也该羡慕了。

说起《黄河船夫曲》，王焕立表现得异常激动，他一口气把《扳水船》剧本的故事梗概讲了下来，又把作者李思命从出生到编剧、到人生经历，直至去世，事无巨细地讲完。未等我开口，他转身打开柜子锁，取出塑料袋，拿出资料袋，小心翼翼地把整理好的《扳水船》剧本给我看，并说出了自己的心事。他担心《扳水船》戏剧失传，想申请非物质文化遗产项目，苦于找不到戏剧的传承人。他说：

李思命的女儿会唱一点，但已经年近 80 岁；50 岁的孙媳妇倒是会唱，但她移居青岛。他多次打电话劝说让她回来担起传承人，但儿孙满堂的她回不来了；村里年纪大的演不动，年轻的不会演。王焕立显得非常着急。

话匣子已经打开，王焕立道出了《黄河船夫曲》一些不为人知的故事。

文化大村荷叶坪

黄河一路奔腾，由内蒙古托克托县河口镇受吕梁山的阻挡，掉头南下，犹如一把利剑将黄土高原一劈两半，冲出一条深邃的峡谷，隔开了陕西和山西两省，这就是著名的秦晋大峡谷。在过去，黄河天然航道就成了秦晋两岸高原人唯一的通道，黄河水运、码头应运而生。靠山吃山靠水吃水，黄河岸边的老百姓很多依靠水运过活，衍生了商人、脚夫、挑夫和摆渡人等行当，当地人还将摆渡称作扳水船。佳县螅镇荷叶坪村便是有名的扳水船村，著名的《黄河船夫曲》民歌就诞生于这里。

当天下午，我们一行出佳县城，沿黄河走向顺行四十公里，去荷叶坪参观《扳水船》的诞生地。

关于荷叶坪这个地名，还有一种说法。说是荷叶坪位处黄河西岸石山小峡谷的谷底有九块很大的坪，像九片硕大的荷叶，坪土地肥沃，适宜耕种。明代洪洞大移民，有张、王、李三姓跋山涉水，先后找到了这块风水宝地，在这里繁衍生息。人们就按地貌将这里称作荷叶坪。一个地名道出两个故事，荷叶坪真是一个不同寻常的地方！

三大姓定居荷叶坪后，人丁兴旺，枝叶繁茂。随着人口的增多，九块坪不足以养息，村人想办法谋生，摆渡的摆渡，做买卖的做买卖。清康熙三十六年（1697 年），荷叶坪村被官方辟为蒙汉互市，晋商、陕商、小贩等商贾云集，以扳水船为生的人便多了起来，一渡时期荷叶坪村成为古葭州六大渡口之一。八方货来，四方散去，荷叶坪村逐渐兴盛起来，乐楼寺庙、店铺、字号，典雅方正的大石窑院落稳稳地安放在了石山小峡谷，王家的商号“德义堂”、李家的“滋德堂”、张家的钱庄都很有名气。商客和秦晋通婚带来了各地的文化和风俗，聪明的荷叶坪人去莠存良，民风淳朴，崇文尚艺，耕读传家，是四乡八村出了名的“文化大村”。

这个晚秋，我们收获多多，真的看到了小峡谷里的几块坪，还登高看到了黄河在这里拐了几个大弯，看了石山上的岩画，听了许多传说故事，在黄土山上看到了一片枣树林。令人惊喜的是，每一株枣树枝丫长得非常艺术，弯弯曲曲婀娜多姿，造型不由得让人联想到九曲黄河。枣树的叶子已经落尽，只留一树树红枣，像一颗颗红玛瑙，又像专门挂上去的一盏盏小红灯笼，像过节似的，大山充满喜气。九曲黄河、黄土山、艺术树、红枣，这样独特的风景，可真是写生、旅游的好地方！这里我暂且不说这些，只讲热爱文化艺术者——王焕立。

王焕立和《黄河船夫曲》的作者李思命就是荷叶坪村王姓和李姓的后代。

1920 年春节闹秧歌，上过两年冬书（过去人们只有冬天农闲时才上学）的扳船工李思命，根据自己多年扳水船的生活经历，自编唱出了《扳水船》戏剧，并邀上同村演技不错的张士铭一起表演。两人惟妙惟肖的演技，一下子把春节闹得格外红火。同村识文断字的李韶华秀才喜欢得不得了，将《扳水船》戏剧中的唱段《天下黄河九十九道弯》《扳船难》，练嘴子《蔓菁造反》《说胡话》全部记录整理，按李思命唱的曲调谱曲固定存留了下来。王焕立的父亲王崇斌上过六年冬书，他把李思命的唱词全部在麻纸上记录了下来。

村民们也觉得好听，纷纷学唱《扳水船》，扳船工一边扳水船，一边唱，商客、脚夫也走到哪里唱到哪里，传到了隔河相望的晋地，《扳水船》中的《天下黄河九十九道弯》唱段在黄河两岸传唱开来，越传越远。传到不同的地域，融入了不同的地方小调，唱出了黄河沿岸风格韵味有所不同的曲调版本。在民间就有了陕北调、山西调、内蒙古调等不同唱法。

王焕立与《扳水船》剧本

时光转到20世纪50年代。

王焕立还是一个刚懂事的孩子，他与别的孩子不同，过年的美食远远没有让他观看李思命表演《扳水船》戏剧过瘾。60岁出头的李思命自编自演，把老艄公的人物特点拿捏得恰到好处，表演得惟妙惟肖，是每年春节的必演节目，小焕立和村人年年看，年年看不够。

邻村人也喜欢《扳水船》戏剧，将李韶华秀才整理下来的《扳水船》剧本借去排练，在周围各村传来传去，结果传丢了。春节村里要排演《扳水船》戏剧，找不到台词，小焕立立即找出父亲当年记录的《扳水船》剧本，自告奋勇为演员抄剧本，不仅为排练解决了难题，而且那一手方正的毛笔字还得到了人们的交口称赞。从这次以后，只要村人需要，王焕立就给村里的秧歌队抄写歌词，无形中的一件事，让他喜欢上了民歌搜集和编歌词，并与书法结下了不解之缘。他现在写的一手书法在佳县城也是响当当的！

王焕立12岁那年开始搜集陕北民歌，写一些紧跟时代的歌词，把不同时期农村生活和生产劳动场景都写进歌词里。现在成为非常珍贵、最有价值的历史记录。

颇为传奇的是，李思命和他的爷爷、父亲三代从事扳水船，李思命唱出了《扳水船》戏剧；王焕立和他的父亲、儿子三代喜爱《扳水船》戏剧，保存下来了《扳水船》剧本。后来，王焕立父子俩保存的《扳水船》剧本也被乡邻传借丢失，王焕立几乎挨家挨户问遍也没有找到，为此，他寝食难安，差点急坏。远在渭南工作的大儿子知道情况后，告诉父亲不要着急，说他在上初中时也很喜欢，照着原本抄下一份，带在身边保存着。王焕立二儿子为了让父亲心里踏实，专程去渭南又照抄了一份带回交给父亲。

《扳水船》是陕北民歌《黄河船夫曲》的母本，王焕立手里的这份词曲正是鲁艺学院出版的《陕甘宁老根据地民歌选》和新文艺出版社出版的《陕北民歌选》里刊载的《黄河船夫曲》。王焕立认为传承它是一件极有历史文化内涵的事情，应当公之于世，使其更获保护和重视。于是，他对《扳水船》剧本又做了用心的整理，义不容辞地独自承担起了寻根、了解、梳理、申遗的准备工作，为此付出了很大的辛劳。

王焕立深知《扳水船》出自故乡——荷叶坪，原作者就是老艄公李思命，为了申遗，王焕立一次次地回荷叶坪多方了解李思命的人生经历，多次专程走访出嫁在蛐镇石畔村李思命的女儿李子英和女婿任庭富。在李子英家里，他看到了李思命生前与三个儿子的合影。发黄的照片里李思命的半个脸已被毁损。王焕立恳请借到相片，专程跑到榆林，将其脸部破损的地方进行扫描处理，并放大五寸，照片只翻拍了李思命一人。这就是我们现在看到的李思命唯一的一张照片。当王焕立将原照和翻拍相片交给李子英的时候，李子英捧着照片放声大哭。

然后，王焕立根据自己采访的资料和他记忆中的事实，翔实写了《李思命与“天下黄河九十九道弯”》的文章，刊发于《佳县文史资料》第二辑和《榆林日报》，2002 年又刊发于《榆林文史》第四辑。这几篇文章在当地引起震惊，成为美谈。但是，佳县这个小县城在全国并不知名，人们可能没有在意歌的出处。王焕立证实《黄河船夫曲》的诞生地在佳县螅镇、原作者是李思命的文章，也均发表在榆林地方报刊，外界的人基本没有机会看到。

央视记者九曲黄河寻找《黄河船夫曲》

1942 年，延安文艺座谈会之前，延安鲁艺学院组织师生慰问抗日河防将士，安波、关鹤童、张鲁、刘炽等人，在佳县黄河边上收集了流传于这一带的民歌，《扳水船》里的《天下黄河九十九道弯》被更名为《黄河船夫曲》，被载入鲁艺学院出版的《陕甘宁老根据地民歌选》。但鲁艺采集编辑的民歌书里只在注脚注释："《船夫曲》探录于佳县，传为黄河船夫李思命所创，流行于黄河一带，李为佳县的老船夫，一九四二年探录此调时他年已六十岁。"可能是这个"传为"，并没有引起人们的注意。1952年，文化部组织文艺工作者采风，搜集整理陕北民歌，到荷叶坪村采访了李思命，又将《黄河船夫曲》编入了由新文艺出版社8月出版的《陕北民歌选》。以后多次出版过的陕北民歌都载有《黄河船夫曲》这首歌，都署有作者李思命的名字。遗憾的是，《黄河船夫曲》唱响了全国，乃至国外，然而其发源地和作者依旧没有引起人们的关注。

2003年1月中旬，央视为了拍一部关于《黄河船夫曲》纪录片，记者于洁和王震新两位，由北京出发，在黄河沿岸寻找和录制《黄河船夫曲》这首民歌的故事。他们到内蒙古，过黄河，到山西，折榆林神木、府谷，又过山西碛口、保德、临县、柳林等，沿黄河一路搜集了十几个不同版本的《黄河船夫曲》。一路辛苦，他们更迫切地想寻找到鲁艺学院出版的《陕甘宁老根据地民歌选》，以及新文艺出版社出版的《陕北民歌选》里刊载的《天下黄河九十九道弯》曲调的原创起源地，因为这才是这部纪录片的最有价值的关键部分。当两位央视记者风尘仆仆辗转到佳县时，时任佳县宣传部部长庄怀厚“哈哈”笑着说：“你们走对了，也找对了。《黄河船夫曲》的诞生地就在我们佳县螅镇荷叶坪村！”

央视记者深感惊喜和意外。那么，究竟是不是找对了呢？

王焕立与央视记者来到荷叶坪

时任佳县宣传部部长庄怀厚当然掌握情况，他把载有王焕立写的《李思命与“天下黄河九十九道弯”》文章的《佳县文史资料》第二辑送给央视记者。央视记者提出要去荷叶坪村。

王焕立非常激动，担负起带路的责任。小山村如临喜事，村民积极配合，央视记者顺利采访了李思命的女儿和两个孙儿。村民现场唱了《天下黄河九十九道弯》，村里 70 多岁的两位老艄公，还现场表演了《扳水船》剧本里最精彩的两段，《陈姑娘下扬州》和《说胡话》。一字不差，一音不跑。虽然演技不专业，但证实了村民唱的就是鲁艺收录的版本。

找到李思命的出生地，加上王焕立的传承保护工作，让这部纪录片多了厚重，多了激动人心的正能量，使这部纪录片更有意义，更有价值！两位记者大喜过望，感动地握着王焕立的双手不放。央视记者同样在荷叶坪做了真实的现场录音录像，采访录制工作在荷叶坪画上了圆满的句号。

不久，一部《黄河船夫曲》纪录片面世了，其中在佳县荷叶坪的这部分剧情最长。李思命的相片被定格在了影片中，这是王焕立洗出的那张相片。片中将李思命和《扳水船》的诞生作了重点介绍，还将王焕立以及他对《扳水船》的保护工作也拍进了剧中。《黄河船夫曲》纪录片在中央电视台 12 套《魅力 12 · 黄河船夫曲》纪录片栏目里不定期播放了十二次。每次播放前央视记者都会提前打电话告知王焕立播放时间。王焕立则热心地给家乡和走出家乡的人们一一电话通知。他自己则端坐在电视机前，一遍一遍地观看，像小时候看《扳水船》戏剧一样，乐此不疲。

荷叶坪村出名了，很多人纷纷慕名前来参观旅游，村里非同寻常的天然石山和岩画也引起了人们的注意。石山像打夯垒砌起来的岩层，光亮厚实，层次分明。据当地居民说，这生成于白垩纪地质年代。岩画更是一大景致，岩画镂空如刻，像天书，究竟怎样读出其中含义，还得有更多的人去研究。石山很静谧、神圣。荷叶坪有许多传说，尽管故事有些久远，但依然鲜活在人们的心中。《封侯峁》《李瓛与成亲王》《明末农民起义领袖李定国》《黄巢起义与皇草墕》和凄美的《皇帝圣旨与贞节牌坊》等层出不穷的故事，让荷叶坪多了神秘的色彩。站在荷叶坪的石山上，古渡口的航运水船不见，清晰可见黄河在荷叶坪的上下游拐了几个优美的弧度，晶亮、灵性而壮观。天下黄河九十九道弯，到底有多少弯？深入其中，才真正感受到她的美，感受到李思命由心而发的歌谣，体会到扳船工内心的纠结与豪迈。

荷叶坪村成了文化旅游区，王焕立深感欣慰。他从不自夸自己挖掘保护了文化，他只有一个心愿，就是想把《扳水船》申请为非物质文化遗产，把好的民间艺术传承下去。

王焕立给我看了他的七本手抄歌本，马上又将其锁进了书柜，生怕被抢走似的，看得出对其的珍爱。我提出想拍几张手抄本里的歌曲，王老先生说：

"照照可以，照照可以。"

岁月在王老先生的脸上刻下了沧桑，但他的精神还很好，稳稳地散出一股文人的气质。很欣赏王老先生歌本里的一句歌词"圣人孤且直"。这句话该是出自南北朝·鲍照的《拟行路难》"自古圣贤尽贫贱，何况我辈孤且直"。但我想歌词的内涵还远远不止这些。在这里，我真诚希望陕北民歌后继有人，真诚希望申请《扳水船》为非物质文化遗产项目成功！

飞雁滩

○刘　开

一

飞雁滩出船户子。黄河口靠河两岸的庄户人，一靠种地，二靠使船维持生活。在旧时，万般皆下品，唯有读书高，庄户人有地、有船充其量是小土财主，被人瞧不起，称为船户子。不像今天的个别农民，不管坑蒙拐骗，只要手里有俩钱，就挺腰凸肚，牛哄哄的。飞雁滩因冬日的河滩里有一片片啃麦苗的大雁而得名。每隔四五米有一两只站岗的大雁，稍有风吹草动就叫起来，及时地向群雁发出信号。一时间，一片片大雁腾空而起，土灰色的大雁能遮住半个天空，倒也是一道亮丽的风景。偶尔东明一带的小船，装着土炮，来飞雁滩打雁。飞雁滩的人们把大雁当成邻居，每遇到打雁的小船，不管男女老少，都会把大雁轰起来飞走，不让小船打到大雁。

飞雁滩最早的船户是宋成河家，宋成河的老爹宋老水靠一条圆船发了财。那年深秋，一场罕见的海啸，淹死了不计其数的割苇子人。海啸就是当地人称为的飞潮，因为台风太大，刚才还看不见水，一眨眼的工夫，便飞来了铺天盖地的海水，只顾埋头割苇的人们，瞬间便被淹没在汪洋之中。久住黄河口的人知道海气，那时听不到天气预报，只凭观察风向、天气，闻海水的味道。宋老水凭多年的经验，估计会出现一场特大的飞潮，提前一天领着宋成河撤进了安全地带。当地人大部分听了宋老水的劝告，也跟着离开了苇场。可鲁西来的割苇人，只看见两人高的苇子，二拇指头粗，眼都馋得红了，说什么也不肯走。

每年初冬，鲁西梁山、鄄城、东明一带的船民也来黄河口割苇子。宋老水吆喝他们说："走哇，海吼来了（黄河口土语称飞潮为海吼）。"梁山一带的人说话，骂人都离不开"奶奶"，有一大汉说："奶奶，海吼来了不怕，镰刀扒了他！”可怜不计其数的梁山人那年都死于海啸。海啸过后，苇场的海沟子里到处漂着死尸、烂船板。来认尸的人们，好不容易找到了尸首，运走又成了问题，好点的风船嫌装死尸不吉利，贵贱不运，这倒让宋老水来了机会。宋老水爷俩使的是一条破圆船，老水瞅了一眼站在船头的宋成河，二十来岁的汉子，人高马大，脸膛紫里透红，粗布黑裤子，肥肥的裤腿大抿裆，站在那里像座塔。老水想，得捞钱啊，儿也该娶媳妇了；但又一想，就是这破船，也是我老水半辈子的家业，也不愿意装这晦气的死尸。眼看老水迟迟下不了决心，宋成河两手叉腰，说道：“爹，别人不装，咱装，挣了钱换新船！”宋老水觉着儿子大了，应该听儿子的，自己也真老了。运了个把月，把死尸运完，宋老水发大财了，排条新船没问题。何谓圆船？不客气地讲，圆船比竹筏强不了多少，一般风船是用上等的松木排成，而圆船则是用当地的柳木板排成，基本上是方形的，要舱没舱，像盛粮食的筐箩，所以叫圆船。圆船做工粗糙，主要运输苇草、木料，漏点水也无妨。

二

宋老水老了，一切由宋成河当家了。

宋成河家排新船了，这在飞雁滩是头号新闻，比20世纪80年代买进新斯太尔汽车都有轰动效应。一色的红松上等木材，宋成河从胶东请来了水木匠。当地的木匠多是旱木匠，打家具、盖房屋是好手，可排船干不了。旱木匠做工讲究是卡榫卡卯，严丝合缝。而水木匠排船，则要板与板之间留一指宽的缝子，把麻刀用凿子塞进去，再抹上碾串灰（桐油加进石灰粉在碾子上压，压成胶泥状，用来抹船缝），隔半米加一个铁巴锔子，这样泡在水里不变形。新船排成，那缝特好看，就像城墙上的灰道，都是一样宽窄。宋成河看着木匠们在忙活，心里特别高兴，在飞雁滩排这样大的船，他还是首户。宋成河对领工的老木匠说："老人家，把活做得好好的，完工后，我送您一身新皮袄，算作奖赏。"老木匠说："你瞧好吧，别说在你们飞雁滩，就是在胶东，我也是数得着的把式。"

碾坊里也是一番热闹情景，宋成河他老娘领着儿媳和几个年轻姑娘在碾灰，整个房间弥漫着桐油的香味。宋成河的媳妇在飞雁滩是出了名的俊，虽生过一个孩子，倒更透露出女性的成熟美。“三个女人一台戏”这话不错，成河媳妇往碾子上舀了勺桐油，对大巧姑娘说：“使船家的讲究太多了，我刚过门时怎么也记不住不许说‘翻’字，烙饼时‘翻过来’应该说‘划过来’。晒鞋不许晒鞋底。”

大巧说：“就是，图个吉利嘛。”

“还有什么注意的，多和我说说，省得你大娘到时数叨我。”

“吃完饭筷子不准放在碗上。”

“噢，记住了。”

“盆子、碗什么的不准扣着放。”

“这我知道了，不管什么家什都不准翻过来放。”

“哎，嫂子是机灵人嘛，一说就通。”

“瞧你这死妮子，我这不跟你们使船人家学嘛。”

“跟了成河哥，你也是使船人家啦，还你们你们的。”

“刚过门时吃饭，你成河哥蹲着吃，不坐板凳，我还说他腚上长疮吗，有板凳不坐，这原来也是使船人的习惯。”

“就是，在船上不比在家里，吃饭没有板凳坐，他们习惯了。”

“又该舀桐油了，凑到一块光知道说话。”宋大娘笑着假装数落她们，乐得合不拢嘴。油亮的碾串灰碾了一大堆，估计也差不多够了，单等新船下水。

三

一个多月，新船排成，油光锃亮，二桅子，篷布雪白，全是新的。虽说飞雁滩住在滩区，在离水百多米的岸上排成，但这么大的船下水全凭人工，也是挺困难的。

宋成河指挥人们安装了“土搅关”，十几个精壮劳力推着“土搅关”旋转，船底铺着滚龙木，缆绳拖着船一点点向水里挪。特请来了飞雁滩李二疯子叫号，李二疯子会叫拉船的号，叫号也上瘾，一说叫号，马上进入角色，如醉如痴，似犯了神经病，人称李二疯子。顺河十里、二十里，风船拉崖上坞都来请李二疯子叫号，没有李二疯子叫号，多一半人船也上不了坞。今天，李二疯子黑夹袄，红扎包（腰带），头围白毛巾，站在新船头，远看像半个食盒，比武大郎高不了多少。声音却威武洪亮，隔河能听出八里远，脸憋得像猪肝，每叫一句跺得船板“嘣”一声响，累得大汗淋漓。

一、二、三嘞，

嗬来一个歪！

齐迈步嘞，

嗬来一个歪！

龙下水嘞，

嗬来一个歪！

发大财嘞，

嗬来一个歪！

……

新船下水了，真威风。宋成河也是天生使船的料，七岁时就替他爹掌舵，因力气小不能拉船，掌船却能顶个壮劳力，会看风、会躲流，不比老把式差。宋成河掌舵开始试船，拦头的是孙斜眼。别看他斜眼，认流、躲礁认得那个准，比瞪着两大眼的都贼。

“起锚了——”随着宋成河的吆喝，孙斜眼拖着锚往上起，几个伙计坠起了篷。孙斜眼熟练地用挽子插入河边的泥里，船头慢慢离开了岸。宋成河笑得像花一样的脸，忽然皱紧了双眉，掌舵、调风素，大船却像人发疟疾，浑身发抖，这是怎么回事？

一个急愣，宋成河忽然想到了什么，往岸上一看，只见老把式坐在岸上吸着烟狡黠地笑着。

宋成河命令船靠了岸，先给老把式点了支烟，然后说：“这船别的没毛病，就是哆嗦得厉害。”

老把式依然悠闲地用食指弹了弹烟灰，不紧不慢地说：“船那是冻得慌，所以才发抖，穿上皮袄就好喽。”

宋成河什么都明白了，连忙说：“老把式，我说话算数，皮袄已经做好了，新里、新表、新棉花，上好的关东皮筒子。等咱试好船，咱家去喝庆功酒，把皮袄让您老穿上试试。”

老把式微笑着说：“走，咱到船上去看看。”说罢提着斧子上了船，径直走到后舱，对准舵把根，“啪、啪、啪”三斧子，对宋成河说：“再试一次。”

神了，船平稳地向前驶，人就像坐在炕头上。宋成河笑了，老把式也爽朗地笑了。

四

宋成河的大船跑济南泺口，来回运货发了大财，那时利津县城外盂家坦是周围出名的水旱码头，南来的布匹、五金杂货销往沾化、阳信、无棣一带，周围的粮食、土产，源源不断地运往大城市。

到了1938年，黄河口一带也闹起了小日本，这个税、那个捐，三天一“剿”共，五天一清乡，船户的日子不好过了。

宋成河在这一年入了党，在飞雁滩做起了摆渡生意，利用工作之便，暗地里运送利津、垦利的八路军，成了重要的八路军的联络交通站。

这年正月里，天气特别暖和，黄河里冻了一尺厚的冰，几天的光景就要开河了。这是黄河口滩区最危险的时刻，开始淌凌的时候，最怕变天，骤然一冷，黄河狭窄地段，冰就会叉住，轻则滩区漫水，冰块推倒房屋，重则挤垮黄河大堤。

就在这开河的非常时期，上级送来急信，要宋成河送往垦利的永安，并且十万火急。宋成河叫来孙斜眼等骨干党员商议办法，开河刚刚开始，渡船过去不行，冰块太密且大，急得孙斜眼满屋子里转着吸烟骂娘。最后宋成河说出了他的大胆想法：踏冰过河，就是在这一块大冰上，跳到另一块大冰上。这是十分冒险的，稍有不慎，就会跌入河中，压在冰下，非死不可。需眼疾腿快，反应敏捷，一旦错过机会，就有落水的危险。

宋成河看了看其他人，坚定地说："为了完成党交给的任务，我主意已定，如果我失败了，孙振武（孙斜眼）继续过！显示飞雁滩船家本事的时候到了！"其他人也都纷纷表示，有一个人也要继续干。

宋成河领着人们，到了飞雁滩上游的老虎嘴。这是飞雁滩的南端，离飞雁滩北端的黄河狭窄地段有十几里。从这里过河有充分的时间，足够选准过河踏的冰块。

宋成河接过孙斜眼手中的挽子，瞅准脚下淌下来的一块大冰，像燕子一样，飞了上去，冰块以惊人的速度往下游窜，孙斜眼和其他人在岸上追着往下赶。只见宋成河又瞅准一块大冰，他在等待靠近的机会。说时迟，那时快，宋成河用挽子挂住另一块大冰，等靠近时一跃而上。不好！只听"咔嚓"一声，因用力太猛，冰块裂开一块，宋成河来了一个就地十八滚，滚到了冰块中间，裂开的那块冰箭一样向下游漂去。宋成河惊出一身冷汗。岸上的人们也吓得伸出了舌头，半天合不上嘴。眼看快到黄河狭窄的险工地段了，时间不允许再拖延下去。离对岸还有十几米，宋成河扔掉了挽子，像燕子李三，脚不沾地，在小冰块上飞跑起来。因岸边流速慢，冰块虽小点，但密度大，基本没有缝隙。等宋成河站到了岸边的泥地上，两腿先像棉花一样软倒了。过了大半个小时，宋成河才晃晃荡荡走了两步，稳住神，向对岸孙斜眼他们挥了挥手，大步向前走去。

五

1943年，利津城解放前夕，宋成河成了县委的交通员。

一个阴云密布的深秋夜晚，秋虫在草棵子里时断时续地叫着，偶尔几声猫头鹰叫，更显得夜里的黄河边空旷、瘆人。宋成河要去垦利尚家庄、巴家集一带（那时属利津二区）组织党员开会，传达县委文件。他身穿粗布破夹袄、带补丁的裤子，怀里揣着手枪，带领孙斜眼他们把船驶到飞雁滩对岸，命孙斜眼在原地待命。自己单身步行去尚家庄，天亮前赶回来和孙斜眼会合。

到尚家庄有三十多里夜路，那时没有公路，要在庄稼地里直插。等宋成河赶到，破夹袄能拧出水。

他立刻命联络员召集党员开会。会在一农户家开，村里在这家农户排戏，耀眼的煤油罩子灯吊在梁上。这里的地下党利用秋后排戏做掩护，平时人来人往不会引人注意。会议开到一半，放哨的党员冲进屋里报告，敌人包围了村子。宋成河刚安排完突围，已听到街上有脚步声和枪声。宋成河当机立断，“叭”一巴掌打灭了吊在梁上的罩子灯，人们分头翻墙而过，冲向茫茫夜色。为了吸引敌人、让其他党员突围出去，宋成河冲天开了一枪。敌人听到枪声，马上向宋成河扑来。宋成河一面回头向敌人射击，一面向前跑。这样回头打一阵，再往飞雁滩方向跑，等跑到河边，敌人眼看就追上了，宋成河大声喊道：“船上快起锚！”宋成河一个箭步跳到船上，孙斜眼他们早已握着挽子在等着，转眼间船已离岸，向河中心驶去。气急败坏的敌人疯狂地向风船打了阵枪，才垂头丧气地离去。

利津城解放后，利津县委在飞雁滩召开会议，表扬了飞雁滩交通站，表扬了宋成河。

飞雁滩，红色的滩。

新淤地纪事

○宋　词

一

在长途列车上，同座的是一个漂亮姑娘。我与她攀谈起来，没想到她比我还健谈。听说我是土生土长的东营人，就央求我讲一讲黄河入海口那里的故事。

讲什么呢？对于新淤地来说，我们那里没有什么历史，不过地面儿倒是宽展，家家都有一个大院子。村里的人家都没有围墙，远远地看过去，就是一口一口的房子孤零零地站着。到冬天，就像一只只笨拙的狗熊，在大太阳下暖洋洋地趴着睡觉。我们黄河口的大院子，家家有四五十米宽，七八十米长。上院里用土垫起高崖头，有住房、厢房和农具仓廪，还有鸡窝狗窝牛棚马圈，养着鸡鸭鹅。下院里是场院，边上堆着柴火垛，还有几畦蔬菜。草木葳蕤，与远处的庄稼地连成一片。茅厕一般在西南角上，也有在东南角的。厕后都有一个大猪圈，不为养猪为粪肥。圈后还有草料垛子。

我上高中的时候，有同学问我们的院子有多大。我告诉他，大年初一我去给爷爷送饺子。爷爷的房子在我们家前边。我端一个大海碗，盛着冒尖的饺子，忍不住嘴馋，一边走一边就捏起一个来，吹一吹热气，咴溜咴溜地偷吃。我下我们家崖头，走过堆满了柴火垛的场院，又上爷爷的崖头，到他房门口，一碗饺子正好吃完。

我们那里过年，大年三十晚上要喝白菜汤。因为饺子是留给大年初一的。三十晚上应该好好炒几个菜，喝一壶酒。可是小时候蔬菜大棚还不普及，一到冬天，家家都是腌萝卜和大白菜。门外边放口灌满水的大缸，白花花的老盐粒子，一大缸青萝卜能吃半年。到夏天，上边往往飘着一层绿沫。冬天可是要把它用草苫子围起来，金贵着呢。三九天，北风那个吹，大缸能冻成一整个大冰坨子，一巴掌厚的缸壁也扛不住，能冻裂喽。大白菜就方便多了。宅基崖头下挖个坑，把白菜埋进去，记得要留一个草把子做出气孔。这是顶要紧的。爷爷曾郑重地告诫我说：

“不留个气孔，不把它憋死喽？”

在老家，乡亲们把土里生地上长的所有，都视作活物。有时候爷爷在小菜园子里干活，会喜笑颜开地跟菜们说话。母亲对着满院子乱跑的小鸡仔，也会生上半天气。其他如地里跑的野兔啦，天上飞的老鹰啦，河里游的鲫鱼啦，真是再平常不过的事物。我熟悉周围荒原上的一切，哪一个土堆后面是老鹰吃鸡的餐厅，隔三岔五就遗落下一堆鸡毛。有一次燕子娘坐在堂屋里扒花桃，眼看着自家的老母鸡被老鹰一个俯冲下来叼走，她冲出来，扯起嗓子喊的时候，已经没有影儿了。我们几个孩子箭一般地冲出村子，奔向郭家坟一个大土堆后面，中间隔了一条水沟，等我们绕过去，跑到那里一看，老鹰刚刚吃了一半，见我们赶来冲天而走。我们把那半只可怜的老母鸡拎回来，中午在燕子家喝鸡汤。

村子周围有些小河沟是通着海的，有时候涨潮，也许是咸淡水交替吧，不知怎的会把很多鱼呛上来。那年表哥来卖苹果，空出了两只半人高的柳条筐，正碰上村后的河里呛了鱼。我们站在水里，根本不用动，只是弯腰捡，都是半尺长的鲫鱼和鲢子，一会儿就装满了两大筐。还有一次，我从学校里回来，去村里串门，家家都吃蘑菇。我奇怪询问，村里人很实诚，告诉我是村西边林子里捡的。我拎上一条洗干净留着装粮食的化肥袋子，第二天一早骑车子去了大树林子。找到一棵大柳树后面，蓊蓊郁郁的密林中间的一片小空地上，草窠子里满是白花花的蘑菇。一个个顶着小帽子，肥嘟嘟的，类似于现在的松茸，我们当地叫刺蘑菇。那么多，草叶上还沾满露珠，晨光从树叶子里洒下来，没有一个人，就像仙境一样。我不忍心打破这宁静，在那里静静地坐了半个小时。一直到有人来了，我们才一起摘起来。

也许是离着蒲松龄的淄博不远吧，我们那里人都信狐仙草怪。刺猬也是四大草仙之一，地位与狐狸齐名。大荒原上狐狸并不常见，黄鼬倒不少。黄鼬就是黄鼠狼，也算草仙之一。燕子爹就遇到过一件真事儿。有一天晚上他老母亲忽然就四脚朝天，手脚乱蹬乱抓，口里咯吱作声，燕子爹心觉有异，提手电四下里去照。走到南屋，农具散堆在当地，见一个播种用的耧仓里，一只黄鼬不知怎地掉落中间，正四肢朝天没个抓挠处，口里吱吱似喊救命。燕子爹甩手一砖打将过去，那耧倒了，黄鼬从仓里蹿出，眨眼跑了。回房看他母亲，已经恢复如初。

我们村里曾经有过一个老曾爷，说不上是哪里人氏，说他会聚老鼠。不知道这个字是聚集的聚，还是拘留的拘。我们那里人都读阴平声。说他家的粮食口袋被老鼠咬了，他也不生气；后来面口袋也被咬了，他还不生气；再后来吊在梁上的高粱饼子也被咬了，他终于生气了。到晚上，他让家里人都出去，自己盘腿坐在炕上，口中念念有词，不一会儿，四面八方的老鼠都涌到他们家，地下密密麻麻全是老鼠，挨挨挤挤的，也不乱咬乱叫，都坐好了像小学生上课一样。他清清嗓子开始训斥它们，那些老鼠都低着头挨训，完了他再念一遍散会的咒，那些老鼠哪儿来的回哪儿去，顷刻间走得一个不剩。从此他们家的东西再没被咬过。

我们没有见过老曾爷，只见过他的儿子小曾爷。小曾爷那时已经很老了。传说他小的时候老曾爷曾经把咒传给他，不过他学得不认真，长大以后家里也是闹老鼠，他也曾经聚过老鼠。那一天他也让家里人都出去，自己盘腿坐炕上，口中念念有词，不一会儿，老鼠都来了。他开口训斥它们。老鼠也低着头听着。训完了，该散会了，他忽然间把散会的咒语忘了，自己卡壳在那里。时间长了，老鼠们在地下等得不耐烦，都抬起头来看他，蠢蠢欲动，想要扑上来，他吓得尿了裤子。

这个故事是告诉我们要好好学习，大人们每次讲到这里，就开始曲终奏雅，阐明中心思想。我最关心后来小曾爷是怎么逃出来的，但是没有人告诉我。

我们那里还有一种生物，叫皮子。也许是熊罴的罴或者《山海经》里出现过的貔吧，反正我没见过。小时候娘经常给我们唱儿歌："皮猴子娘，好狠心，扯两扯，墩两墩"，同时就用手把我们扯起来悠着玩。村里老人经常说皮子能学人说话，如果哪个孩子花言巧语特能说，我们就都管他叫话皮子。传说一个人待在野外，就会碰到话皮子，这时候可千万别听它忽悠你，你就要捂紧耳朵，要不然你就上当了。我在野外可从来没有碰到过，为此很着急。

有时碰到特别大的老鼠，跟父亲的雨靴那么大，它们能挖深深的洞，储存很多粮食，可是父亲说那只是田鼠而已。终于有一天我碰到了皮子，比兔子还大，头像小狗，毛金黄金黄的，闪着油亮的光泽。它非常机警，立刻钻进洞里，随之地皮上就隆起一条蓬松的线，眼看着冲我延伸过来。我情急之下，拿铁锨往地上一插，那线戛然而止，然后拐弯向远方去了。它挖土的速度太快了，快得能赶得上自行车，让我惊叹不已。

可是父亲说，他叫地皮子，也叫地拨猴，学名叫旱獭。并不是我要寻找的话皮子。

还有一种我心念已久的东西叫妈虎。我爷爷说，他小时候跟着父亲来这里，那时是夏天，这里的人都住在上头，上头就是北岭、盐窝这些老镇店。那时候这里是大荒洼，并没有常住的人家。水往低处流，所以高处那些老村子叫上头。我们去老村子，有时候就简称上去。问："看你穿得崭新，你去干啥？"答："今天上去啊，上头有个小叔结婚。"小叔才结婚是常有的事，当年大多是老大下洼，轮上几辈人，年龄就错开了。那时候夏天人到这里来，开垦一些荒地，秋天再来收获粮食。这里有的是荒地，长满了野草和野绿豆，还有茶棵子和大片的老鸹瓢，都是吃食。因为路远，来一趟要住几天，晚上他们住在地屋子里。地屋子半人深，上面再垒半人高的土墙，用草盖上顶。也有直接住帐篷的，用草个子攒起来，搭个草顶子挡风雨。到晚上，就要把一碗粥放在帐篷外面。这就是给妈虎吃的。妈虎好像是一种豺或者小狼，有点儿像野狗，是吃人的。晚上它寻过来，看到门口有一碗粥，吃了舔舔嘴唇就走了。如果没有，就会闯进来吃人。他会把嘴对准人的屁股眼，把肠子吸出来吃光。

妈虎我没有见过。我小时候村里有一个婆娘，就是小点儿的姥娘，她性子属爆仗的，自家孩子受一点点委屈，就大喊大叫地找上人家门去。她的外号就叫妈虎，不过没有人敢当面叫她。刚解放的时候，她丈夫当着乡里的治保主任，每天晚上骑一辆自行车，一手握着车把，一手压着一把驳壳枪，大机头都张开着，就那样骑着车子咯吱咯吱从村路上驶过，来回地巡查。那时候“地富反坏右”特别多，尤其是在我们邻村爆发了同声党，据说是震动全国的大案，治保工作更是要紧。

我们家老院子里那几年蛇特别多。抱柴火的时候，有蛇从柴堆里蹿出来；上茅厕的时候，有蛇从墙根儿下爬出去；甚至于下院子的土崖头，去看姐姐种的喇叭花，也会有蛇在花下盘着。气得母亲把花都拔了，把小花圃平了，姐姐眼里汪了泪。没办法，母亲怕蛇怕得厉害。

这越怕越来。晚上母亲从茅厕回来，上院子的崖头，看到横过路来的一根树枝上挂下一段绳子头。母亲是过日子的人，她口里埋怨着父亲就伸手去扯，一条大花蛇忽地把头昂起，吓得母亲哎呀一声坐到地上。

又有一天，是忙麦收的时候。母亲从场院里回来，赶着烧水，男劳力们汗珠子流成了小溪，抢收抢种，耽误不起工夫。她一看早饭锅没刷，着急忙慌地去东屋闲灶上，一掀锅盖，一条青蛇盘在锅里。

怕是惹了蛇神了吧？乡亲们都来慰问。那时候母亲已经落了病，请医吃药都不好转。白天是个整劳力，到子夜钟敲十二点的时候，她就准时醒来开始偏头疼，一直到窗户棂子发芽儿，东方现出鱼肚白，咔噔一下病就好了，白天接着下地干活。母亲烦了也会苦中作乐，说我这病好，不影响干活，要不咱别治了。不治怎么行？燕子娘就建议把院子里都扫除了，可这么大的院子，外头又连着庄稼地，根本就是不可能的嘛。

且说我家西南角的猪圈，是全村最气派的。圈旁有一株大桑树，高逾数丈，亭亭如盖。到了五月桑葚成熟，母亲就拿一根大桑木扁担，抽打那大腿粗的枝杈，墨黑的桑葚纷落如雨。母亲捡了，装在搪瓷做的大海碗里，左邻右舍地送一送。这活儿一般都是我的，送人东西，留下满足。后来母亲听人说，家里有桑树不好。因为什么呢？好像是桑与丧同音。真是愚昧啊，他们没有读过《三国演义》，那刘玄德家住楼桑村，家里就有一棵大桑树亭亭如伞盖，这是帝王之相啊！可惜那时我也没读过，那大桑树终究被伐倒了，合抱粗的树干截成几段，堆在下场院里的菜地头上，好像要做什么家具，一忙也给忘了，就那么堆着。可巧那年夏天连阴雨，一下十来天。早晨去摘菜，看见树干上长出一大片黑乎乎的蘑菇来。父亲鉴定以后，说是木耳，可以吃的。母亲就摘下来，配上葱花炒了一大锅。父亲说金针木耳黄花菜，这是极珍贵的，一般大饭店里炒菜也只是当作作料使。我听此说自己吃了一海碗，咯吱咯吱挺脆的，像吃猪耳朵。

到冬天院子里就萧条很多。“远近横着几个荒村，没有一丝活气”。如果是大太阳天，村庄就懒洋洋的，仿佛晒太阳的老头。那时候我们学了《闰土》，下了雪也扫出一块空地来，撒上谷粒，支起箩筐来捉麻雀。雪人堆不起来，这雪不似南国湿润，雪粒松散不粘连，真成了“雨的精灵”。

开春了，人和老牛都要抖擞精神，投入春耕当中去。是需要给牛上些好料了，父亲一面嘟哝，一面钻进已经见底的草料堆里。蓦的一声尖叫，父亲仓皇退出来，复又乱寻了铁叉铁锨，把料堆的泥封盖子尽行铲去。

草料堆的底下，露出来一个几百上千条蛇缠成的大肉蛋。那些蛇头向四围伸展，吐着红芯子。它们的身子又被其他蛇压盘缠绕而挣脱不开。

父亲拿了草耙子和大扫帚，嘴里念念有词，把肉蛋虚虚地钩了，半推半拉地赶往院前庄稼地里的沟汊子去。沟汊子原来是黄河故道冲出来的，那里碧水清清，芦苇丛丛，应该是个好所在吧。反正已经开春了，“有的是工夫，有的是希望”。

后来我们家的院子里就没有那么多的蛇了。但是母亲久病成医，已经从请人收魂变成替人叫魂了。

如今父亲垂垂老矣，不复当年勇。有一次我问他，您当年可真勇敢，您不害怕吗？老人家一笑，老脸上闪过一丝羞赧："我是没办法啊。要是不为你们娘们，我早跑了。"

二

多年的父子成兄弟。以后跟父亲聊得多了，他也说一些还没有我那时候的事儿。有一次聊得欢畅起来，他说起村里的小巧，"她年轻的时候喜欢我，"父亲得意地说。

我回想一下，记得此人开朗外向，是一个笑起来嘎嘎的婶子。我上学经过她家门口，她总是上来摸我的头，说："给我当干儿吧。"

这一想有点儿对上茬口了。我就像郭靖问周伯通一样不断追问：后来呢？"这还用问，娶了哪有你。"小巧后来嫁给了郭俊臣，生个女儿叫小红，这我都知道。"还有你不知道的哩"，父亲神秘地笑着。我心里咯噔一下：不会是父亲出轨了吧？父亲已经陷入了回忆，脸上是迷醉的表情，"她还有个姐姐叫小贤，那是真俊啊！"他冷不丁回头看到我的眼神，

“唰”一下翻了脸：“你个死孩子想哪里去了？”

那年也是下了雪，村里的高山坐在我家里喝茶。我放学后看见很高兴，他是村里打毛的，有一杆猎枪，经常扛在肩上走向荒野。身前是一个药葫芦，里面装着火药。太阳落山的时候他就回来，枪杆上挑着成串的兔子，有时候也有黄鼬。

黄鼬的毛皮金贵，打上沙子眼就不好了。高山告诉我们，“兽有兽道，只要认上脚印，就能抓活的。”他喝完一口茶，“套兔子要有耐心，这黄鼬比兔子还狡猾。我再去看看，下了雪脚印更清楚，我前几天看得不会错。”

高山在我们家茅厕外墙根下找到了黄鼬的小路。那里是芦苇丛的边缘，枯篱笆上钻出一个麻雀大小的洞眼，地皮磨得发亮。我看见他把铁丝弯成一个圆圈，卡在小路上，又踱回来慢慢喝水。

听到一阵吱吱叫，他奔过去，提了一只黄鼬在手，眉开眼笑地走了。这个浓眉大眼的高大汉子，在雪里的脚印好大。我跟燕子反复把小小的脚丫放进去，盼望着能把那个脚印填满。母亲在屋里兴奋地说：“怪道窝里光丢鸡蛋呢！”

高山为啥不结婚？我忽然间涌起对英雄遭遇的

不平。“他和狐仙相好”。父亲磕一磕鞋底上的雪，漫不经心地说。

那年村里组织社员去入海口割苇子。社员就是村民，村子当时叫生产大队。他们带上干粮，一走就是十多天，牛拉着地排车走进荒原深处，夜里把车竖起来搭窝棚。好几个人挤一个窝棚，一是暖和，二是壮胆。独有高山一个人睡一个窝棚，他不怕。他说一个人更自在，不愿意跟这些臭咸鱼挤在一起，打呼噜放屁吵得让人烦。到晚上几个年轻人躺在帐篷里睡不着，就有人提议去吓唬吓唬高山。燕子爹他们几个爱开玩笑的就爬起来，蹑手蹑脚奔过去，一推竟然开了，里面没有拴。看帐篷里黑咕隆咚的，连点儿喘息声都没有。他们不敢进去，正嘀咕着要退回来，猛一回头，一个高大的黑影挡在面前。他们揉眼睛定睛看，月光下啥也没有，只有远处的夜枭喋喋地叫。“我滴娘哎”，他们发一声喊，争先恐后地奔回来，互相搂着瑟瑟发抖。父亲就从被窝里探出头来笑他们胆子小。

后来半夜里有起来撒尿的社员说，听到高山的窝棚里有女人的声音。当时他正尿到一半，依稀听到对面窝棚里有人说话，仔细听，还有女人细声细气的笑声，伴着哼哼唧唧的呻吟。看对面还是黑乎乎的，半点光亮也没有。他吓坏了，转头就蹿回来，哧溜一下钻进被窝，再也不敢露头。不过这次谁也不敢再去，怕冲撞了狐仙沾了晦气。渐渐都知道了高山有狐仙相伴，到晚上就聚在这边看那边的动静，连那些把窝棚搭在远处的女社员都有壮起胆子来看究竟的。她们三五成群，拉拉扯扯地过来，嘻嘻哈哈笑闹一阵子，相当于饭后的娱乐，至于看不看得到狐仙，也没有人很在意。

白天她们就开高山的玩笑。她们说："把你那狐仙媳妇领出来瞅瞅呗。"这里面小巧闹得最厉害。他们俩从小在一起玩，随便惯了。小巧不是亲生的，她和姐姐都是刘长善抱养的。刘长善家大娘一辈子不开怀儿，就抱养了两个女孩养老送终。老两口对小巧很溺爱，她跟半大小子搅在一起也不管，他们的希望在小巧的姐姐小贤身上。

小贤是村里的传说。她天生就会唱歌，那嗓子比李谷一要强十倍。全村人都这么说，不由我不信。她长到十七八岁，无论是公社还是县里，只要是开大会，领导讲完话都会习惯性地说："让刘小贤来一个吧！"人家也不害羞，而是落落大方地站起来，开口就唱。什么铁梅的表叔数不清啦，洪湖水呀嘛浪打浪啦，那时候也没有现代的音响设备，几千人的大会场，凭的可是真嗓子呀！

那时父亲担任生产队长，小贤是文艺骨干。两个人经常骑着全村仅有的两辆老式国防牌大轮自行车，相跟着去公社里开会。有一次散会晚了，他们就赶夜路回家。父亲有一只手电筒，算是队里的公用电器。麦收的时候夜里要巡逻看场，值班的社员就拿着它四下里照。我们半大孩子很渴望，用各种办法贿赂，软磨硬泡要过来。用它照知了牛，用它爬屋檐下掏鸟窝，都是很有用的工具。那些呆鸟看到亮光，竟然一动不动，等着我们来抓。也许在那一刻，它们的心灵里以为天神降临，因为这黑夜里的强光，绝对超出了他们的认知范围。

“哎呀”，小贤忽然娇呼一声。父亲停下车子，看到小贤摔倒在路旁，自行车压在她身上。他急忙奔过去，把小贤扶起来，看了看车子，车把扭成了麻花，不能骑了。

“要不，我带你吧。”父亲犹豫了一下，试探着问。在我们那里，男人是不能随便用自行车载女人的。只有结婚的时候，男人会借上一辆自行车，细心地还会细细地扎上红丝线，自己则穿上一身崭新的中山服，戴上新帽子，胸前戴一朵大红花，骑着车子去迎亲。女方那一天就会穿上红袄红裤的新嫁衣，提一个花布包袱，稳坐在男方的车后座上，在孩子们的追逐哄闹声中，一脸羞红地低着头，坐着车子扬长而去。

据说燕子爹迎娶燕子娘的时候就闹过笑话。燕子娘是北岭人家，嫁到大荒洼里来有点儿下嫁的意思。两个村子隔着好几十里，那时候都是媒人介绍，也没有机会多聊。上车前燕子爹说，抓好。燕子娘害羞，低着头答，嗯。燕子爹真是很疼惜这个媳妇，就又嘱咐，路远，可千万甭松手。燕子娘又答，嗯。走到八里庄，前轮踩上一个土坷垃，一下子人仰车翻，两人都跌倒在地，车子压在燕子娘身上，燕子娘的新衣服上沾满了土。燕子爹爬起来，掸掸身上的土，想把车子扶起来，燕子娘倒在地上，双手死死抓着车后座不松手。“你松手啊？”“俺不。”“你咋不松手？”“你让俺抓好，可千万别松手。”

小贤倒是没有那么封建。她大大方方地上了父亲的车子，一只手替父亲打着手电，父亲两手捏把，目视前方，浑身充满了力量。月亮照着路旁半人高的荒草和远处田里的庄稼，夏虫唧唧，清凉的小风吹着。随着一次颠簸，小贤顺势揽住了父亲的腰，父亲浑身燥热，很快后背就全湿了。

路过郭家坟，看着那些高大的土堆在田野里黑魆魆地耸立，小贤身上一个激灵，随后就将身子靠在父亲背上，把父亲整个搂住了。父亲一激动，车把一哆嗦，两人翻倒在路边的草丛里。父亲爬起来，看到小贤还躺在那里哧哧地笑。父亲就问：“你笑啥？”“让你在人前吹牛，说十三岁就下庄户地，没有啥是你弄不行的。明天我就告诉人，说你到郭家坟怕鬼，平地里摔跟头。”父亲急得伸手去捂她的嘴，手却被抓住了，不知怎的，两人就滚在了一块儿。父亲的鼻子里涌进了一股淡淡的青草香，手滑腻绵软得像抱着一包棉花。他的头不顾一切地埋进那堆绵软里去，一个硬物硌着他的嘴唇，他一着急，就把它用牙咬下来，含在嘴里的是一个纽扣，一团白晃晃鸽子一样扑棱棱蹦出来，父亲一头扎下去，耳边就响起一声嘤咛。随后四只胳膊越箍越紧，父亲的胸膛里像烧着一把火，他喘不过气来，一个翻身，两人就滚出去好几个个子。青草像柔软的大床，星星像屋顶上的壁灯，他的胳膊被刺了一下。他扭头，看到一只小刺猬正团成一个小圆球，浑身白亮亮的刺在月光下闪亮，有的上面沾着几滴血珠，看来这小家伙没来得及躲开就被冲撞了。父亲站起来，一脚把它踢开，随后也把小贤拉起来。小贤理了理蓬乱的头发，又伸手替父亲摘掉头上的草叶，一张脸在月光下脆生生的白。

父亲重新上车，开始蹬起来。那月亮像近了，近在眼前，月光反而迷蒙得看不清，整个人就像身在云彩里，车子高高低低地走，始终没有尽头。看两边，一直是黑魆魆耸立的郭家坟。他们走啊走啊，路怎么也走不完。

“碰上鬼打墙了”，父亲平静地说，“你看这车辙印子，还是咱们的。”“哎”，身后传来小贤的应答。迷蒙慵懒，仿佛远远传来的梦寐。父亲停下车子，扶小贤下来，看她眼神迷离，“你是不是掉魂了？”父亲笑着问她。“许是吧，觉得身子软得没劲儿，也许是出了汗受风了。”

父亲知道小贤轻易不掉魂。小的时候大家掉了魂，都要到胡四奶奶那里去收。胡四奶奶八十多岁了，不过也有说她一百多岁了，总之她说多少别人就信多少。因为我们村里人都是她接生的，谁也不知道她到底有多大年纪。她住在村子外面，小河沟西边的一株一搂多粗的老槐树底下。她的小院子干净整洁，两间小趴趴屋里只有简单的陈设。大人们趁着晌午忙完了地里的营生，就背着自家软塌塌的孩子走进院子，说：“四奶奶，孩子吃不下饭，也没力气，你看是掉魂了？”老人就把她的烟袋锅子从嘴上拿下来，在鞋底上磕一磕，说：“我看看。”老人转头看孩子，那枯树皮般的老脸瞬间就涌满了笑意，仿佛一朵褶皱的菊花开放了。她亲切地拍着孩子的头，让孩子躺倒在她的小炕上。那炕凉飕飕的，不过很舒服。老人轻抚着孩子的头，嘴里念念有词，一会儿，孩子就睡着了，老人说：“不碍事。”于是父母就欢天喜地地把孩子背回来。往往回到自家的炕上，孩子还没有醒，而是接着睡一个大觉，醒来，一骨碌爬起来就活蹦乱跳地跑出去玩了。

胡四奶奶是公家的奶奶，因为不管是爹还是儿子都这么叫，也不管辈分乱了套。我小的时候是她家里的常客，因为我三天两头掉魂，还经常发烧，有时候烧得烫手，三天三夜降不下来。母亲吓白了脸，急得半夜里光着脚去求四奶奶。四奶奶教给我娘一个方法，用白酒搓洗前心后心和头顶脚心。这招真管用，以后再大的烧也能退了。那半夜里凉凉的滋味至今我还记得。后来母亲用这招给我的孩子退烧，招来医院大夫的一顿训斥。他说搓洗手脚是可以的，洗头顶会把孩子激傻的。母亲对此不以为然，说眼前这个都四十多了，就是我一直洗过来的。我看了母亲一眼，心里好一阵后怕。

那晚上小贤掉了魂，父亲陪着她在坟地里坐了一夜。等到村里公鸡一叫，晨光中依稀辨出路来。那些黑魆魆的山峰退回成一个个小土包，原来它们离村西的场院就咫尺之遥。

三

父亲真是十三岁下地干活，十六岁就当队长。他念书的时候成绩很好，还跟部队转业来的罗先截老师学了篮球和胡琴。罗老师是湖南人，琴棋书画没有不会的，还参加过抗美援朝。不知怎么安排到我们那个小村子里去教书。他二十来岁，领着一群半大孩子，自己动手建造篮球场，制作胡琴，用废板子钉画架。父亲是班长，总是跟在他屁股后面。上完四年小学，又上两年完小（后来知道是完全小学的意思），报考初中了，父亲以第一名的成绩考入了县里的初中。罗老师牵着他的手，一直把他送到家里，告诉爷爷，要让这个孩子读书，他读书有出息。爷爷和善地送走了罗老师，回来却把通知书揣起来了，因为那通知书上写着，学费需要八块钱，这在当时可是一笔巨款。父亲不死心，晚上偷翻了粮食袋子里埋着的手绢包，里面还有十块钱。父亲怯怯地去问爷爷，是不是不让他上学了。爷爷说没钱，上那干啥。父亲质问爷爷，咱家不是还有十块钱吗？爷爷说，交了这次，那下次呢？父亲没有办法，趴在炕上哭了一天一夜。第二天爬起来，肿着红桃样的眼睛，扛起比他还高的锄头走向田野。家里开始多一个挣工分的劳力，用以养活父亲以下的三个妹妹和小脚的奶奶，这个十三岁的男人，从此开始了他终其一生的农民生活。在田野里，父亲很快适应了农业生产的种种辛苦，并开始品尝集体劳动所带来的快乐，他迅速成长为一个沉稳坚定和富于远见的青年队长。他和他的队员们在大荒洼上修水利，开荒田，做出了骄人的成绩。当然，这是后话了。

父亲在村里有一个致命的弱点，我们家是单门独户。爷爷是搬迁过来的，只有父亲一个儿子。这种情况也有很多，比如刘长善家，只有两个女儿，这在村里被称为老绝户。意思是女儿出嫁以后，这个家就没人了。百年以后于现在的生活有什么影响呢？村里人可不这么认为，他们会在很多小事上欺负你，觉得你没有翻身的机会。幸亏父亲豪爽仁义，有很多朋友都愿意支持他。“儿子顶用”，这也是破解这道难题的一个方法。我们那里有句俗话：有儿不怕赊账，说的就是这个意思。刘长善可就没那么幸运了。他老了，只有两个女儿，所以女儿的婚事对他们家就变得很重要。尤其是小贤。

小贤是长女，人长得漂亮，唱得也好，这在村里简直是人尖子。没有不喜欢她的，最眼热的是陈家的老八。

陈家在村里势力很大，弟兄八个号称八虎。陈老八迷上了小贤，最着急的是他七个哥哥。他们手把手教弟弟去给小贤送红方巾，送雪花膏，去给老刘长善挑水。七虎还一齐向人说，小贤是他们家八弟媳妇。见小贤还是不松口，七只虎领着几个本家叔伯找到大队部来：“队长，你给小贤说说。”“队长，小贤不同意俺家老八，就让她下庄户地，甭想再去开会唱歌。”

“现在是自由恋爱。”父亲生气地把他们撵出去。

“队长，你不会是也喜欢小贤吧？”

“告诉你，小贤是俺家八弟媳妇。你如果喜欢，就是以权谋私。到时候让你队长当不成。”

人们闹闹嚷嚷着，小贤走过来，黑影里没有人认出她来。她就拨拉开人群，大大方方地走到灯影下边。看着脸皮急涨成紫红色的父亲，她回身对着大伙儿朗声说：“队长是无产阶级的好青年，俺配不上他。老少爷们别给他好名声上泼脏水。”

她又转头去看陈老八：“你站过来。”

陈老八嗫嚅着，身子不自觉地往旁边缩了缩。他的几个哥哥从后边推他，他吭吭哧哧地站到人前来。

“你真想娶我？”

陈老八点了点头。

“俺答应你。不过俺有个条件，俺爹的土屋快倒了，你知道，后座子用木头撑着，夏天雨水一泡就不行了。俺家没有男孩，你三天给俺盖起一口屋来，俺就嫁给你。盖不起来，以后这事免谈。”

我们那里盖屋，都是先和泥脱出土坯来，再用土坯垒成墙。脱坯是农活四大累之一，把和好的掺有麦草的泥倒进模具里，抹平，等太阳晒干。这些活不光用力气，还要有技巧。最重要的是需要时间。光晒坯三天就完不成。

“这事不可能嘛！”陈家兄弟们闹嚷起来。但是万事抬不过一个理字，既然人家划下道来，他们也只能骂骂咧咧地走散回家了。

小贤把大辫子往脖子上一甩，回头就走，没有看父亲一眼。

世界上很多事怕就怕一个巧字。脱坯盖屋是我们那里的传统，我们都是从寿光迁过来的，祖祖辈辈都是这样盖屋的。寿光在黄河口的东南方向，西北方向是无棣。那天张大旦家正好来了一个无棣的亲戚，张大旦跟陈老六是连襟，他就把亲戚领进了陈家的堂屋。

刘长善家盖屋成了村里一景。大家都聚拢来看稀奇。砖做的地脚上，和好的泥直接往上倒。陈家弟兄八把泥叉，赤着脚，来回踩着。那泥比以往和得稠，等再高些，就把泥叉甩起来，把泥往上掇。

“掇屋来，陈家直接掇屋来。”众人看西洋景一样哄闹着。

三天以后，一座新房子矗立在村子的西南角上。到年底，陈老八顺利把小贤娶过了门。

从此以后，我们那里盖屋，都开始使用这种用泥直接掇屋的方法。

小贤和陈老八本来是小二黑和小芹的故事，结婚一年后却发展成了李二嫂的故事。小贤在台上唱李二嫂改嫁，在台下也要学习李二嫂。小贤要离婚，全村皆惊茫。要知道那时候虽然解放有年，毕竟是从旧社会过来的妇女，离婚仍然被视为伤风败俗。这个全民皆知的大明星理应成为道德典范，现在一下子走向反面，谁能受得了？

最先受不了的是陈家兄弟。我们那里叔嫂不援手，大伯哥更是不好意思与弟媳开一句玩笑的。新婚夜闹洞房，多大的人都管新媳妇叫嫂子，叫了嫂子就能闹，如果新媳妇受不了了或者认出你来，转头叫你一声大哥，那要羞得你满脸通红。现在小贤作出了离婚的决定，陈家兄弟竟然不管这些，他们齐上手，关起门把小贤痛打了一顿。

遍体鳞伤。小贤像红岩里的江姐，就是一个字不改口：离！

小贤和陈家闹起来的时候，小巧也到了谈婚论嫁的年龄。刘长善没有办法，就逼着小巧嫁给了郭家的老大郭俊臣。刘老头必须要和郭家联姻，他一个外来户，老两口又无儿无女，现在得罪了一个陈家，更没有活路了。

小巧嫁人的时候撕了红头巾，高山踹烂了老门框。高山父母双亡，他们兄弟俩住着一口小破屋，门框烂了就再也修不起来。高山也不怕，他是三里五村第一条好汉，鬼神都怕他。他憋到三十五岁，攒够钱给兄弟娶了媳妇，自己终身未娶。

小巧儿孙满堂，今年也是七十岁的老人了。他爹刘长善做对了决定，小巧的家与他老两口的院子隔邻而住，早晚三顿饭都端过来。刘长善年老得病，癌症把他折磨得求生不能。他去村里大湾投水自杀，徘徊辗转，一个人围着大湾转圈子。早起挑水的燕子爹看见把他劝回来，第二天发现他死在邻村的水湾里。这个老实人一辈子不给别人添麻烦，村里人都念叨他的好，临死也没有污染村里的水源。

小贤终于离了婚。陈家老八复娶贾氏，无子嗣，后抱养一子。小贤三年后改嫁到窝坨村，这男方比她大十多岁，前妻留有一子。临上花轿时小贤泪落如雨，转回头对妹妹小巧说："我是媳妇头姑娘身啊！”

皇天佑善人。小贤不仅过门后敬老怜贫，三五年上连生了几个孩子，更是待继子视如己出，母子交心毫无隔阂。偏这孩子是个出息的，发奋读书考上大学，分配到九二三厂当了工人。后来孤东地区打出了第一口高产油井，九二三厂遂改名胜利油田。那孩子从技术员升任队长，后来担任某采油厂厂长，手底下兵强马壮。逢三节两寿，必回乡看望母亲。黑光锃亮的小轿车一大溜，鸡鸭鱼肉满屋子。

小贤还是喜欢唱。如今老了，参加了村文化大院的老年合唱队，更比先前还要风光。她率领村里的业余队伍参加全县文艺会演，屡获大奖。电视台去采访她，见识到她的风度谈吐，回来都赞不绝口。听说是我们村的，都连带对我表达敬意。

我没有见过她，不过听父亲的叙述神往已久。父亲如今老了，偏爱回忆年轻的事。小巧喜不喜欢他我不知道，从他鲜活的眉宇间，我觉得他喜欢姐姐小贤倒是真的。

可是他到底是娶了母亲，这又是另一个故事了。

四

我讲到这里的时候，我们已经坐在冷饮店里了。对面是火车上同座的姑娘，她正在小口小口地喝着阿水大杯茶。我讲到聚老鼠的时候，车过徐州；我讲到收魂的时候车过南京；后来火车到站了，我们一起走出来，穿过熙熙攘攘的人流，她始终跟在我的身边，亦步亦趋地听我讲述。后来走到冷饮店，她邀请我进去喝一杯冰水，我们又一起度过了小半个下午。现在是吃晚饭的时间了。她把我领到隔壁的西餐厅，叫了两份牛排，问我：“你在上海待几天？”我说待三天，她说：“这几天我可以当你的免费导游。”我说那怎么好意思。我其实是挺高兴的，就又赶紧说，那真是麻烦你了，多谢你。

她一本正经地说，不用谢，你真的不用谢我，因为你回去的时候需要带上我。

啊？你去哪儿？

我要跟你走，我要跟着你去黄河口看一看。

“讲述黄河故事、传承黄河文化”系列活动获奖作品集

（中）

中国地方志工作办公室　编

方志出版社
Publishing House of Local Records

岁月珍藏

——一个记者经历的延安退耕还林

〇雷晓燕

我在延安当记者有30年，其中25年的报道经历和内容与生态建设、退耕还林有关，同行戏谑我是“退耕记者”，他们送我外号一曰“熬（累）不死”，二曰“晒不黑”，我明知道也晒黑了晒老了也跑得累，但也乐意接受这个安慰性的“头衔”。因为搞退耕报道要经常下乡跑，跑偏远村庄，跑贫困农户，结识那些常年在退耕一线的基层干部，风吹日晒，寒来暑往，就这么奔跑着20年就过去了，记录延安山川大地巨变，记录退耕还林怎样改变延安人的生产和生活，用今天的新闻书写明天的历史，只觉苍老了记者的容颜，但见妩媚了延安的青山，心里更多的是欣喜、是欢乐、是珍藏、是感动、是感慨……

一

两次采访来延安视察生态建设的朱镕基总理是在延安当记者最难忘的岁月珍藏。

1999年8月4日，我接到了一项任务，台领导向我和摄像袁博布置工作："有一个非常重要的采访任务，近期有一位中央领导（暂不能告诉姓名）要来延安，延安只有三名记者能随行采访，你们两位，还有《延安日报》一个摄影记者。要知道，台里选派你们，是经过再三考虑的，只能成功，只能万无一失。"

我当时想，延安来的中央领导很多，这次保密到连姓名也不能告诉？再说，领导来调研的主题是什么，前期采访应准备些什么？当时都一无所知，台领导只吩咐，一切准备就绪，不要远离，待命。

8月5日下午，通知进驻延安宾馆，说首长5点钟乘坐飞机到达，电视台记者不到机场迎接，只从到宾馆后拍起，没有要求，不要随意拍。5点过了一会儿，车队驶入宾馆，车门打开我才看到是朱镕基总理和夫人劳安以及随行人员走下车来，满面笑容的总理向大家拱手致意，人群中立刻响起掌声，“总理您好！总理您好！”大家争相向总理表达心意。我第一次这么近距离地看到我们和蔼、亲切的共和国总理。

也许总理亲切的笑容鼓励了我，就在此时，我脑子中忽然冒出一个念头，“我这次要采访总理”，让他直接对准我们延安电视台的话筒讲上几句，哪怕再简短，那也弥足珍贵。

可是什么时候采访，问什么，我的脑子在急速地转动着，此刻，显然是不行，时机不对，总理刚下飞机，疲劳加上还不知明天活动的主题，问什么呢？

6点钟，我为了保证第二天现场用的录音设备正常，又加买了几块电池，就在大厅返回时，听人说，利用饭后一点空闲时间，总理一行上枣园旧址了，因为活动中没正式安排，没通知记者。

可是我想知道总理这次来延安的更多细节，我飞快地联系到了秘书长，又迅速地要了一辆车，和袁博一道直奔枣园。

夜幕已经降临了，总理一行也刚刚到达，走进伟人们当年居住过的窑洞时人们才发现，这些地方是不安装用电照明设备的，“应急灯！应急灯！”有人喊着去找了，我对袁博说：“打开咱们随机的机头灯吧。”如同白昼的光一下子吸引了人们的视线，在场的人这才发现，电视台的记者来了，尽管没有通知，但此时出现得恰到好处。

毛泽东旧居，周恩来旧居，刘少奇旧居，一路下来，我在心里祈祷着，坚持，再坚持，因为我知道，我们机头灯充其量用不过半小时，还好，参观完毕，灯还在继续亮着，我们除了拍到所需的镜头外，最主要的是无意中承担了总理一行参观的照明任务。返回时，时任延安市市长的王侠同志拍着袁博的肩头，“小伙子，今天立了一功。”总理的警卫也给我们让路：“立功者先行，立功者先行。”袁博笑着说：“不客气、不客气，只要你明天让我多拍几个镜头就成。”我们知道，明天的活动才是总理来延安的主要活动。

8 月 6 日上午 10 点钟，宝塔区柳林燕沟治理区的后山上，总理一行在极目远眺。

“ 我在路上，看到有些山上树长得很好，说明这个地方长树是能长好的。”总理说。

“这块地你每年打多少粮食？”总理问。

“谷子亩产，梯田可以搞到五六百斤，玉米可以搞到八百斤，如果没有治理前，坡地就是一百来斤。”时任宝塔区委书记韩烨答道。

“我就给你讲，一百来斤你那个地就都让个体农户去承包，你给我种树，我给你提供树苗，我的粮食全部无偿给你，给你个粮本，到粮店去领粮。”总理把头转向当时的延安市市委书记高宜新，市长王侠：“我一年给你调六亿斤粮食怎么样？不问你要钱，不问你要钱，我就问你要林！我现在说干就干，你们干不干？”王侠市长表态说：“当然干，我们一定能干好。”

总理说，“我们应该比世界银行在延安的治理模式再高明一点，不来种粮，全部造林。我这人性子急，但说实话历史的任务也很急，只要把这步子迈开了，以后年年这么搞，陕北的绿化一定能搞好。”

半个多小时过去了，山上考察的进程就快要结束了，我要现场采访总理的念头越来越强烈，我对我们的台长说，我有这样一个想法，可不可能？台长鼓励我：“要问，你的问题就切到延安水土流失治理上，我看行，能采访。”

旁边的一位宣传部门的领导听到后说：“就怕有规定，不让采访。”

时任延安市副市长的张社年同志也站在旁边，我笑着说：“我一会儿走上去，警卫要是把我拉出来，张市长只要你们不笑我，我就敢采访。”

张社年笑着说：“不笑话，不笑话，只要你敢上去就采访。”

其实我知道，我说这些话都是为了给自己鼓劲，我怕一失掉勇气，这个永生难忘的机会就失掉了。我看到总理当时正在和省市区的领导们合影，背景是正在绿化的延安的山，此时正是白云、蓝天。里外围了几层，我们逐一拨开人群，请求大家让给我们方便，当我们站在最里层时，我说袁博，准备开机，等和咱们延安市的领导合影完毕，咱们就迎上去。

“总理，您好，我是延安电视台的记者，听说您要来延安，我们都很高兴，大家都在等着您呢，我们非常想知道，今天上午看了燕沟流域治理区的这种治理模式，您有什么想法，请给我们讲一讲。”我就这样开始了与总理在丽日蓝天下，在延安的一座山头上的对话。

总理先是哈哈一笑："我都没准备呢！"

我继续执着地举着话筒，微笑着望着总理。

总理说："江泽民总书记视察了黄河，我们要把黄河治理好，首先要把黄河中上游治理好。我们已经有一套方针关于黄河、长江的治理，到延安地区，我们就是要来落实，为什么先到延安地区，这是我们革命的老根据地，当时，延安这么一点地方，这么一点人养活了那么大的革命力量，最后夺取了全中国的胜利，但是，我们也把你们的树林子给砍光了，现在要来还这个'债'，要把这个树林造起来，所以今天下午我们就是要研究，跟你们省里的同志，各部委和黄河水利委员会的同志来研究要'退田还林，绿化荒山，个体承包，以粮代赈。'不要种粮食，我把粮食调给你们吃，你们就种树，把树种好了，黄河治理好了，黄河下游所增产的粮食比你们种这点粮食要多得多。所以现在延安地区的人民，陕北的人民，要把过去我们革命时代的'兄妹开荒'改成'兄妹造林'！"

总理潇洒地一挥手，难忘的瞬间就这样结束了。全场鼓掌，台长兴奋地喊着我们的名字说"成功了！成功了！”我看见在场的所有的人都是笑容满面，李瑞支副市长拍着我的肩膀说：“你们可给咱延安立了一功。”

随后，朱镕基总理来到宝塔区柳林镇康圪崂村流域治理典型户刘克光家，详细了解了流域治理过程中资金筹备、治理方式以及工程效益、农民负担等情况。下午的座谈会上，朱镕基总理分析了长江、黄河两条大江大河的治理模式，指出了长江、黄河上游水土保持对整个国家和民族安危的重要性，他高瞻远瞩，严肃郑重又风趣幽默，对延安的生态修复更是语重心长：“我们这一次到陕西来，因为江总书记不久前视察了黄河，到了陕西，再次重申要治理黄河，把黄河的事情办好。我在考察了长江的汛情以后，到这个地方来是为了落实江总书记的指示，跟大家一起研究，怎么样把黄河的事情办好。刚才听到黄河水利委员会的汇报，在治理黄河方面，虽然黄河是最难治理的一条河，但是治理黄河的经验和基础应该说要比治理长江要好。这次去看了长江，感触很多，感觉危险得很。恐怕在我今后三四年的任期，每年都要为长江睡不着觉。黄河还可能好一点，长江肯定会越来越严重。它这个体制是个很大的问题，不是统一管理，各搞一段。你给他多少钱，他人人都吃唐僧肉，一人分一块，这怎么得了？有几个钱用在修堤上去了？都给挪用了，质量没有保证。所以黄河这个体制要好一点，集中管理。但是集中管理也有集中管理的坏处，（长江）那个地方溃一个地方，还可以去抢修，如果遇到黄河这个集中管理，水利委员会主任如果稍微责任心差一点，全面溃堤就更难办。所以刚才我听了这个汇报，黄河的治理有很长的历史，这个规划党中央、国务院都非常重视。怎么样把治理黄河的事情，能够搞得更好？我有一个感想，就是在我们的指导思想上面，我们要做一点考虑。就是如果上中游的水土保持、生态环境不改善，继续水土流失，你黄河的下游再修多少工程，它也没有效果。或者是有效果，但是事倍而功半。事倍而功半，就是说你老是去修沙库，这里的水库实际上是沙库，敞开口子你来吧！它就不断地来，把黄土高原冲得一塌糊涂，你们都在那里把它们迎接起来。这固然可以免于水患，但你要花多少钱呢？就修这种沙库，淤了再修，修了再淤。所以我们看，这个办法它是一个救急的办法，它不这样的话不行。因为你现在没有办法在很短的期间里，把上游的水土保持能够治理好，让它不来泥沙，那不知道要等多少年了，你不修不行。但是如果说你只把注意力放在这个地方，不把重点放在根本的问题——上游的水土流失，如果你不放在这个地方的话，事倍而功半，这就是民穷而财尽。上游的土都流失了，它没法生活；下游的淤起来了，它又要引起水患。因此我到这个地方来，就是想更强调长江和黄河的上中游水土保持的工作，生态环境的改善，就这个问题。一定要把更多的力量放在上中游的环境治理和水土保持上。

今天在上山沿途我们看到，确实有些山上的树还是长得不错的，至少灌木林还是很茂盛的。但另一方面，也有很多山顶上都开荒，坡地上不好种庄稼，全部种到山顶上，山顶比较平坦一点，到处都是地。好像你们陕北的雨量并不少，500 多毫米，并不少啊！我现在是希望你山川秀丽，你这个泥沙不要来淹我的郑州，你那个泥沙不下来，你那洪水别再淹我的中下游，那里的亩产增加的那一部分，比你种的那一部分还要多，我原来很担心不能种树，你这个山上要种树就要有水利啊，你这儿水上不了山。据王志宝（时任国家林业局局长）讲，他说种树是在雨季的时候种树，种下去不要水，就可以种，种了以后还可以活。挺好的嘛！这个事情，飞播行不行？播草籽、树籽，我看先来个飞播，飞播完了以后再来补种，长不起来再补种。我说这是治理长江黄河的根本的措施，这是为了子孙后代创造一个新中国，一个山川秀丽的新中国。延河断流了，我看了心酸，延河水那个歌怎么唱的，‘滚滚延河水’现在哪看到那个滚滚延河水啊！像小沟一样，里面有点什么脏水！所以你不搞这个生态保护工程，不搞治理水土流失、种林那是不行的。昨天和你们书记、省长、市长也都谈了一下，我们希望从现在开始，做好陕北的水土保持和生态环境保护工程的规划，你规划做得越快，我钱给得越快。如果你今年就能动手，我谢天谢地。种树、退田还林，封山育林，我为什么要强调这个退田呢？你别在山上开荒了，我今天不是讲了吗？把‘兄妹开荒’变成‘兄妹造林’。你们延安的文艺工作者能不能写一个剧本，把我们革命时期的‘兄妹开荒’精神，变成今天‘兄妹造林’的精神，种树，然后绿化荒山。不但是原来种的你把它还林，那些根本没有东西的，你把它绿化。然后呢，以粮代赈，以粮代赈就是我运粮食来给你。个体承包就是说原来这块地你包种了树，从长远来看，是为子孙后代谋利益嘛！现在高宜新（时任延安市市委书记）你不要抓住我那句话，就是今年就可以给十个亿，你把规划做出来，如果规划做出来，要十五个亿，而且你花得了，我就给十五个亿，行了吧！（会场掌声雷动）但是你要花不出去，你五亿就够了，我就只好给五亿，你又不鼓掌了？五亿也应该鼓掌啊，同志们！（会场笑声＋掌声）我这个人也急，但是说实话，这个历史任务也是很急的，你老不开步怎么办？我们今年把这个步子一迈开，年年都这么搞下去，我相信10年、20年，陕北的面貌就改变了，全国的面貌就改变了。但是延安地区是一个重点，要赶快动手，做一个先行一步的试点，整体要有一个规划，10年、20年的规划。要花多少钱，把这个荒山能够绿化起来，要保持一个相当的投资强度。但是水土保持、绿化荒山、生态建设这个方面，我是一定要投入的，没有问题，一定要保证。首先你给我把延安郊区绿化起来，三年以后我再来，没有这个秃头秃脑，没有了，可不可以？王侠（时任延安市市长），你能不能保证呢？能不能保证三年以后山上把树都种起来了？”

王侠坚定地表态：三年后请总理再回来！

会场里我把话筒放在总理桌前，摄像机全程开机，录下了这一大段完整的总理会场讲话录音，现在在我们的资料库里成为历史的珍藏。整整一天我和袁博都处于一种成功采访后的兴奋状态，当天下午机场大雨中送走总理，我的浅灰色的裙子和右腿上满是泥巴和水，我都全然不知。从街头走过，再到宾馆，然后回到台里，我想，许多人可能都看到了胸前佩有红色记者证，满身泥水的我，而我却自豪得像一个圆满完成任务的士兵。

一个月后我在志丹县张渠乡采访，总理的“十六字”方针已被农民们用红漆刷写在涂了白灰的窑面子上，我想跳下车告诉村民们我知道这十六个字当时是怎样、怎样讲出来的，它就是总理对着我们延安电视台的话筒向整个西部地区发出的号召啊！我让车停下走到那户农家院子里，老乡下地干活去了家里没有人，我静静地望着窑面上刷写的十六个大字，眼角有泪要流出的感觉。

后来的几年里，随着退耕政策的落实，延安的退耕面积越来越大，绿起来的山头也越来越多，农民领到的兑现钱粮也越来越多，因此而建起的产业正在给他们的生活带来前所未有的变化。每当看到不同媒体在引用标有延安电视台台标的对总理的独家采访时，我就觉得在我的记者生涯中，采访总理是最亮的一个亮点。西部开发，秀美山川建设，我在延安当记者，我尽了自己的一份力。

之后的许多场合，不断有领导拿此次采访为例告诉我的同行们："在延安当记者，有着比别人更多的机会，那是一种光荣，但那更是一种责任和担子，需要用心把握。"

"当大事发生时我存在，有中国人的地方就有我"，这是香港凤凰卫视著名主持人吴晓莉的名言。2000年凤凰卫视千禧之旅来到黄帝陵，来到壶口，在白雪皑皑的河面上，我问及吴晓莉："是什么促使你有了这种'大事发生时我存在'的一马当先、当仁不让的记者状态？"她回答："热爱。"

延安电视台与凤凰卫视实力不可比，吴晓莉的名气也非一般记者能匹敌，但我相信，同为记者，此刻我们的心是相通的，我告诉她，我也是"热爱"，我们紧紧地握了手。

时间转眼到了2002年，7月14日我突然接到了陕西电视台新闻中心的电话，说7月16日，朱镕基总理将再次来到延安，你如果有可能再次采访总理，请将三年前和这次采访的资料一并给陕台拷贝一份。

太意外了！我想起三年前在燕沟流域的山头上，在丽日蓝天下，总理接受完我的采访潇洒地向在场的领导和群众挥手致意："三年后我再来看你们！"诺言就要变成现实了，我是否有机会再次采访他？我电话告知了台领导省台的要求。

上午10点钟，台长打电话让我迅速到他办公室，他说，总理一行下午3点钟左右到延安，你现在赶快去做采访前的准备工作，下午和他一起提前上山，他给了我一个特别通行证，一个红色的椭圆形徽章，一条金色的龙盘成2002字样，我把它拿在手里攥紧，我没有多问别的什么，我知道盼望中的考验又一次来临。我回家换了件衣服，站在镜子前，我在心里默默地对自己说，只能成功。

如果说三年前的那次采访多少还有点盲目的话，那么这次目的就很明确，我要让总理说出三年来对延安退耕还林工作的评价和要求。只要让我到现场，我想我就有办法。

下午3点钟，我们提前赶到总理要视察的宝塔区太春沟流域治理点上。与三年前不同的是，这些山上已不再种庄稼，新栽的刺槐已经成行，摇曳的蒿草在风中呈波涛状，远山如黛，我望着三年前总理走过的离这不远的延安的另一座山头，浮想联翩。陕北这块饱经沧桑的土地，从三年前的那一刻起，就已经开始改变他的容颜，他的命运了。在这白云飘过的山头上，共和国的总理两次留下他的足迹、关注和思考，而我又能有幸亲眼见证、记录这一刻，我为我在延安当记者这一职业感到自豪。

下午 4 点 30 分，总理一行到达视察现场，我抓紧做完现场导语，总理已缓步从车上走下，时任延安市市委书记王侠汇报了三年来延安的退耕工作，温家宝、曾培炎等随行的中央领导们也都在不时地插话了解退耕后的产业开发、农民钱粮补助等情况。山风很大，脚下尘土有些飞扬，我担心总理会不高兴，果然总理对举着各式“武器”的记者们说：“别动，你们一动，土就要让我吃进去啦！”刚好此时我们记者小蒋向后倒退了一下差点摔下地塄，总理又着急地说：“小心，小心摔倒！”那目光中的亲切让我想起了他上次接受我采访时爽朗的笑声，我有一种感觉，总理不会拒绝我的采访。

王侠书记从“植树种草、封山禁牧、天然林保护、基本农田建设、舍饲养畜、移民搬迁”六大方面向总理作了主题汇报，汇报持续了有半个小时，总理举着望远镜在山头的四周走了一圈，询问的都是和退耕有关的工作环节和政策落实情况。我站在总理站的地塄下方的陡坡上，随时关注着视察进程，听完汇报顺着地堰走了一圈，没有十分钟，总理收起了望远镜，转身朝车旁走去，我示意摄像记者迅速跟上我，我从陡坡上跑到了车旁，总理的警卫这时已打开车门，总理也欲探身上车，而我此时刚跑到车尾的位置，总理是背对着我们，没有时间了，总理已起身下山，机会有可能转瞬即逝！我就高声喊道：“总理，您好！”总理转过了身子，目光与我对接了，我接着说：“我是延安电视台的记者，三年前我就采访过您，不知您有没有印象？”这时总理已微笑着望着我了：“我想一想，是有印象。”总理将他的手放在左胸前。“我记得当时您对着我们延安电视台的话筒，号召延安的人民变革命时代的‘兄妹开荒’为‘兄妹造林’，从此延安人民退田还林的积极性就特别高涨，三年后的今天您再一次来到延安，我想问您的问题是，您对延安的退耕还林工作还有什么新的要求和指示？另外我作为一名记者，我想知道，您这次来和上次来，在您的感觉上和心情上有什么不同？”我一口气说完这些，我当时没发现我有多紧张，我只感觉到激动，我又一次把握住了机会。

总理微笑着回答了我的问题：“那当然，过了三年，到这个地方来，看到整个的水土情况都有很大的改变，心里非常高兴，确实工作是有成绩的，我当时就讲，我们对革命老区，对延安，我们是欠了账的，过去几万人，大概也就是几万人吧，抗战时期，在延安这个山沟里，生活在这个地方，他不砍树，他不烧炭，他没活路啊，对生态有一定的破坏，那我们今天有这个力量就应该把这个生态恢复起来，这叫‘还债’”。所以我们就提倡要封山绿化，要退耕还林，把这个生态能够改善，现在看来，这个政策贯彻得很好，取得了一定的成效，但另一方面，它的生态还是比较脆弱，不能够满足，我刚才讲，起码要再坚持10年，才会大有成效。所以，要继续地退耕还林，继续地封山绿化，继续地承包到户，只要把这政策落实了以后，一定会再造一个陕北的秀美山川，现在已经用事实证明了这个政策是完全正确的，三年已经初见成效，我相信10年以后会大有成效。希望延安人民继续把这个精神发扬下去，延安一定不但是秀美山川，而且革命圣地会更加的漂亮，全国人民都会到这儿来接受爱国主义教育，所以我认为延安是大有前途的，向延安人民问好！”

总理和我握了手，周围站满了中央和省市的领导们，掌声四起，我无法用合适的语言形容此刻的心情，我脑子中当时只有一个概念，我是延安电视台的记者，在我的记者生涯中，我和我的同事一道曾两次成功地采访了朱镕基总理，在延安退耕还林史上，我们记录了历史。

返回的车上，我对我们台长说：“我们是不是很不容易？”台长说：“当然不容易，我目前还没听说过有哪一个台的记者，以这种方式两次采访朱总理。是一生值得珍藏的记忆。”回到台里我直接进了机房，看了刚拍回来的所有素材，这时候我才觉得我问话的语速是如此急促，气喘得厉害，我在现场思路一直清晰，只是从那个陡坡跑到总理的车跟前时没有时间允许我喘一口气，好像气不够用一样。等到我把所有的采访字幕整理、剪辑完，回到家里已是晚上 10 点多钟了，我这才想起还没吃饭，冰箱里四壁空空，只有一颗西红柿和两包方便面，我就泡了方便面坐在沙发上，手机铃声大作，是还在宾馆忙警卫工作的我先生。说：“喂，在哪儿庆功着呐？要不要我给你庆祝一下？我听我们在现场的领导讲了你今天的‘英雄壮举’，祝贺你！”

拿着筷子，我一个人悄悄地流了一会儿眼泪。

二

大约是从2006年夏天就开始有了在退耕八年的节点上做一档新闻访谈节目《口述退耕》的想法，因为，退耕补助政策当时定的是八年，那时并不知道退耕政策会延续，只是想8年退耕，8年探索实践，有多少经验值得总结，有哪些历史值得记录？有什么鲜为人知的故事应该讲述？是否会有“政策到站，一夜返贫”的担忧？从中央领导到延安的各级领导干部，退耕主战场的老百姓以及基层林业工人，退耕办基层工作人员等等都作为我们的采访对象，为延安留下一部退耕还林的口述史。那时候我的岗位是延安广播电视台的新闻中心主任，我觉得作为延安的主要媒体我们有责任回首往事，让那些新闻当事人，口述历史，记录这个中华人民共和国成立以来，国家在延安投资最大的项目的实施情况。我的想法立即得到了台领导的肯定，并把大型系列访谈节目《口述退耕》列为延安广播电视台 2007 年的重点工作。

8 月，我们约好了原吴起县县委书记，时任延安市市委常委、宣传部部长郝飚的访谈。吴起具有革命意义的封禁之路，现在回过头来再看，当时是要有足够的胆识、勇气、境界，才能作出的决策。在吴起连绵起伏的座座青山间穿行，郝部长深情地望着车窗外，像是自言自语又像是对我们说："植被一年比一年厚，一年比一年厚了，你看这些山毛茸茸的绿，毛茸茸的多好啊……再过几年，灌木也就该长起来了，刚到吴起当书记那时，也走这些山上，哎呀，就凭你一天就领导这么些荒山秃岭？能不能在有生之年看见这些山能绿起来？现在看，效果比当初预想的要好多了！"后来在正式的采访拍摄中，部长表达了他的人生态度："人一生当中能干事的机遇不多，如果当时我们不做这个决定，仅仅因为是自己怕风险，怕冒险，当太平官，我觉得落后于群众，也对不起这块土地上的人民。我们的风险无非是上级理解不理解，同事理解不理解，对你的政治生涯有没有影响，真正担风险的是吴起的群众。”

时任延安市市委书记王侠的访谈在她到延安开会的间隙中进行，她说：“退耕还林我有话要说，我也有话想说，当年，我是给朱镕基总理立了军令状的，总理说，‘王侠，干不好退耕还林这件事，你拿头来见我。’而我现在想说的是，八年退耕，我们延安各级领导和广大群众交了一份满意的答卷，我们的政绩是写在延安大地上的！”贯彻“十六字”指示精神，成为当时延安的“一号工程”，成为沉甸甸的历史责任和使命担当。市上当时做的第一件事就是成立退耕还林调查研究组，迅速奔赴各县，一个月后拿出了《关于贯彻总理指示加快延安水土流失治理的调查报告》。历史应该记住这份落款于1999年9月30日调查报告，它紧抓机遇，思想解放，超前务实，实事求是，分析了当时延安水土流失治理的经验、教训和问题所在，提出了后来一再被实践证明符合延安实际的“植树种草、封山禁牧、天然林保护、基本农田建设，舍饲养畜、移民搬迁”六大退耕还林工程措施，这六大工程作为退耕还林工作的主要骨架，把朱镕基总理的“十六字”方针变成了将绿色铺满延安山川大地的作业蓝图。

在国家林业局原局长王志宝的办公室里，精神矍铄、气宇轩昂的老人对延安的退耕还林了如指掌。他说对延安这样的革命老区怎么支持都不过分！他对新政策延续后指标减少有他的看法，他站了起来，灭了烟头，他提高了声调："当然我退下来一两年了，要叫我谈心里的想法的话，现在我认为退耕还林还要继续推进！18 亿亩土地红线不能突破，但那些不打粮的地，不要把它留着充数。我是想一件事情如果能得到广大基层干部和农民的拥护，这件事情肯定是件好事情。农民不愿干的不要叫他干，但是农民非常愿意干的，为什么不去让他干？"我想起 1999 年那次朱镕基总理在延安座谈时说的话："这件事（指退耕还林）我看包给谁呢？就包给王志宝吧！"这么一包就是八年，一代人来，一代人去，匆匆世间一走，能干成事的机会并不多。老局长是希望延续政策的同时指标不要减少，让延安绿得再快一点啊！

国务院西部办原副主任段应碧是我们《口述退耕》栏目的第一个采访嘉宾。2007 年 5 月他来到延安，我们想办法联系到他，告知了他《口述退耕》的策划，从此段主任就成为我们北京采访嘉宾的联络人，他三次来到我们在北京的驻地，和我们协商采访安排，他说，“你们带来的黄河岸边的新鲜红枣我已转给朱镕基总理了，他问是不是退耕地上长起的红枣？我说是，总理说，那我们品尝的可是退耕的果实啊！按照总理的要求，你们把他两次来延安的资料以及现在绿起来的延安给他做一期节目，行不行？”怎么不行呢？为了总理的嘱托，八年里延安人民全民动手，满怀信心，修复生态，为的就是延安天蓝、水绿，为的就是让所有关心它的人能舒心、宽心、放心。后来我们又接到朱镕基总理办公室的电话，也是要求把延安八年来的退耕进展情况给朱总理做个片子，总理非常关心延安的退耕工作。所以我们专门做了一期节目《为了朱总理的嘱托》在《口述退耕》栏目里播出并托段主任转交给总理。而段应碧主任作为当代“三农”问题的专家、退耕还林的积极倡导者，他对革命老区延安也是满怀深情，他说：“延安过去贡献太大了。牺牲太大了，我们希望把这块革命圣地建设得更好！秀美山川，河水变清，这就是目标！今后无论遇到什么情况，有什么问题解决什么问题，千万别再反复了，反复一次不得了！”

2001 年 6 月 5 日，他又给朱镕基总理写信：“月初我去延安，重点看了吴起县退耕还林情况，总的印象：农民群众对总理提出的‘十六字’方针打心眼里拥护。正在变成实际行动，认识之统一、行动之迅速、效果之明显，出乎人们的预料，如能顺应群众要求，扩大规模，加大力度，在延安全市铺开，勿需 10 年便可见效……当前最大的矛盾是计划面积太少，农民要求多退，巴不得一次性全退，但政府考虑兑现问题，只能按计划安排。吴起县是文件出台前退的，大部分纳入了‘计划’，其他县每年只能安排万亩左右。延安市市委书记王侠同志认为，按现在的群众基础，延安市需要退耕的 1000 万亩耕地，顶多三年可以全部退下来，他建议：1. 把延安市全市作为试点；2. 在严格验收的基础上，实际退多少就补助多少，不受计划限制；3. 延安地多人少，退耕数量大，每亩补粮 100 斤也行，我觉得这个意见可以考虑……”他不止一次地来到延安，调研，汇报，研究制定政策，对于延安人民称他为“退耕还林”的功臣，他谦虚地说他不是功臣，延安的退耕还林走在了全国前列，要支持延安把革命圣地建设得更好。

姜春云副总理的采访出乎预料的顺利，在接到我们采访邀请的第三天，总理办公室就来了通知，下午就进行采访，地点就定在总理家里，这样我们《口述退耕》赴京采访组一行有幸走进了中南海。总理说，“今天是中秋节，我把时间定在今天下午，你们现在采访完我，赶晚上的飞机回延安，还能和家人一起团圆。”一种感动从心底缓缓流过，多年来采访太多，记者忘记最多的就是家人和节日，替记者记起家人和节日的竟然是姜春云副总理，是在中南海里，是这样一位党的高级干部。我说总理，您能接受我们的采访我们已经非常高兴了，延安晚上没有飞机，但您的安排让我们感动。我见到您就像见到一位尊敬的长者，没有拘束和紧张的感觉，总理说，不用拘束，我们都是平等的。我说：“总理，我们今天就想从 1997 年那次您来陕北调研形成的那份《关于陕北地区治理水土流失，建设生态农业》的调研报告说起，延安的老百姓和各级领导都这样表述延安的生态建设进程：有您的这份调查报告，在这份调查报告上，江泽民总书记有了‘再造一个山川秀美的西北地区’这样一个号召和批示，那么朱镕基总理的‘退田还林，封山绿化，个体承包，以粮代赈’又把‘再造一个山川秀美的西北地区’批示具体化、措施化，许多人说是您吹响了生态建设、退耕还林工作进程的前奏曲”……在一种非常亲切、宽松的状态下，总理向我们讲述了他一生与生态打交道的情结，他说分享延安人民治山治水生态建设的成果，感到生态农业的这条路子是走对了，他说他内心深处，一直有一种对生态的深深的忧患：“自然生态的恶化，几乎是一切世界文明消失的根本原因，世界上古文明国家的兴亡消失，都和生态有直接的关系，根本是因生态良好而兴，因生态衰败而亡，没有例外……”他一生与生态打交道，难分难解，难以割舍，他写了一首词《水调歌头》：“镜鉴人间，有几许善待自然，世上几多灾难，生态伤害尤惨，当深省幡然。但愿行善举，呵护大自然！”当我在采访中把在《新华文摘》上读到的他的这首词背诵出来时，他激动了：“拼资源，拼环境，拼生态求得一次性发展，但你留下的是什么？是后患！”他语重心长：“我们不要吃了祖宗的饭，还借了子孙的米粮来维持发展……”

《口述退耕》还采访了时任国家林业局局长的贾治邦，伴着漫天的黄沙他在黄土高原腹地吴起县度过青少年时期，对于延安的生态建设他有着不同于别人的切肤感受，他说我的家在黄土高原上，我的眼里常含泪水是因为我对这块土地爱得太深，延安成为全国退耕还林的一面旗帜，我为此感到欣慰欣喜，我在国家林业局工作，只要是国家的政策允许的范畴我一定会向老区倾斜，支持延安把退耕还林生态建设搞得更好……

30集系列访谈《口述退耕》的镜头对准更多的嘉宾其实还是延安的基层干部和因退耕而逐渐摆脱贫困的延安百姓，他们中有黄河岸边的枣农；有白于山区第一个舍饲养羊的农户；有种植大棚富裕起来的川道里的菜农；也有塬上栽植苹果希望满怀的果农；还有禁伐后放下电锯斧头而扛起镢头栽树护林的林业工人以及收入微薄风雨无阻的乡村护林员……每一个走入镜头的人都是一部延安退耕还林的活历史，他们从各自不同的岗位、角度，用毕生的精力向退耕还林这同一项事业出力流汗，才有了今天延安山川锦绣，满眼生机。

延川县延水关伏寺村黄河岸边的老农刘满祥，我先后去过他家几次采访，最初他不愿意退耕，2002年我在做《黄河流过的村庄》的节目时他以一个耕种惯了土地，消极怀疑退耕政策能否兑现的形象出现在节目中，2007年秋我再次见到他时，他兴奋地说："退耕还林，对农民来说就是好得不能再好的事情，现在地退了，种了18亩枣树，一年兑现钱粮吃不完，我就常给村上修路，给树上刷白灰，碰上谁的营生，我就不由得想帮忙，去年乡上给奖了个大电视，反正我常看新闻，一到7点电视上就常能看到咱那些当家的中央领导，心里老想念就想见一见，对农民这么好，不交公粮了，不会战了，给自己栽树还给钱粮，我说让这些好人一下活上200岁多好……"我被逗笑了又觉得眼眶热乎乎的，我常常能在采访现场听到这些质朴的带着泥土味道的语言，如果中央的领导们真的能有机会听到黄河岸边的老农们这些不加修饰的语言和感情表达，就能体会退耕还林这项政策是怎样深得民心。

我想起年初在节目策划讨论时，我们曾经有过的担忧，这样的节目在一个泛娱乐化的年代，收视率会不会成问题？现在看来，崇高与理想永远在他应有的位置上，再浮躁，再喧嚣，那些藏于心底的真情与追求在主流人群中还依然存在。节目还正在边采制边播出当中，索要《口述退耕》光碟和书籍的电话不断，要求成为口述嘉宾的信息也不断，我就想，热爱延安的人太多，关注延安生态进程的人太多，为了青山妩媚，为延安退耕还林倾注了心血的人太多！在北京采访完返回的途中，在北方上空的飞机上，秋天的阳光澄澈，黄河以西，我的家园，正山峦叠翠，万壑皆绿。一首歌的旋律在心底不断地响起——“这是我的土地，这是神赐予我的土地，当晨光照满山冈和平原，我看见我的孩子们在自由地奔跑，神啊，我只是一个小人物，但有你在身旁，我将变得无比强壮。”出征的感觉，宗教的旋律，必胜的信念，这是《圣经》里记载的摩西带领以色列百姓出埃及去往心中圣地巴勒斯坦的故事，歌名叫《出埃及记》。

——“当晨光照满平原和山冈，我看到我的孩子们在愉快地奔跑”，这不正是我们向往和正在努力营造的生活意境，我们也只是一个小人物，但延安不小，我们做了退耕还林中延安的记者应该做的一点事情。

三

2018年，恰逢改革开放40年，人们都在回望历史，共享时代的进步发展，分享改革开放带给普通百姓的成果和收获，退耕还林，生态修复成为改革开放以来延安人民最引以为荣、最骄傲自豪，也最珍惜珍贵的变化，也是最普惠的民生工程！我们策划实施了五集大型系列专题纪录片《致敬四十年——延安改革开放纪实》。我承担了其中《绿色崛起》篇的总导演和撰稿，在资料库里那些勾陈退耕还林历史的每个夜晚和白天，在那些捕捉沧海变桑田绿色铺满高原的每个黎明与傍晚，我被脚下的这片土地感动着，被这块土地上追求绿色与美好生活的人们打动着；被世世代代称为“受苦人”的老百姓的坚韧和付出激励着，留下一部最权威最励志、最振奋、最鼓舞人的陕北生态变迁史，留下一部延安人民尊重自然修复生态的影像志，成为做好片子的原动力。从当年采访朱总理的“十六字”指示出台，到这部《绿色崛起》的片子杀青，我从30出头跨入50+行列，其间策划组织拍摄了《黄河流过的村庄》《穿越白于山》等数十部大型新闻系列报道和专题节目，报道大都以生态建设和扶贫脱困为主题，作品也获得过中国新闻奖、中国电视奖，有的还被作为大学里的新闻课教材。生命至此已不再青春年少，但我知道20年来我所坚持的报道都是和我一样的新闻工作者们为了让这块土地变得更加美好、更加的生机勃勃所付出的智慧和努力，我也更加理解了路遥为什么会在黄土裸露的山梁上一转弯看见一株盛开的桃花或杏花会泪流满面的内心世界。这是一片干渴贫瘠的土地，成活一株大树或长成一片草地都要付出百倍千倍于别的地方的艰辛和努力，我们爱这片土地，这片土地上居住着我们的祖先以及世世代代，她曾经千疮百孔，容颜被毁，但她如今浴火重生，凤凰涅槃，她在我们这一代人手里天翻地覆，换了人间。

我在吴起采访，金佛坪的一位农户曾打开他的窗户指着窗外："记者，我家不需要挂画，推开窗子，青山四季如画！"国庆节，记者街采那些远道而来的要一睹黄土高原真容的游人，他们也在惊呼："荒山秃岭全不见，一路青山到延安！"我们的领导也在自豪地向来延安的人们介绍："过去我们是在黄土裸露的高原上寻找一点少见的绿色，而现在要看黄土高原是要在满目苍翠中找一点难得的黄土，而让这一历史性变化发生的主角是延安广大的老百姓、是人民群众。”

张莲莲是安塞雷坪塔村村民，算上退耕还林前栽树，她37年用坏100多把锄头，穿坏300多双鞋，4代人植树20多万棵，村子周围1750亩荒山变成了林海。张莲莲说想到那些年黄风起时遮天蔽日，一场洪水就把庄稼人一年的希望彻底冲毁，她最大的愿望就是植树造林，改善环境。

她说：“我栽着栽着就停不下来了，山山峁峁，沟沟岔岔我都想栽。”

艰辛远远超出想象，她的腿落下了病根，手骨节变形，没有禁牧前栽下的树被牛羊啃死，她伤心地抱着树哭。哭完她又上门做其他村民的工作，把自己育的苗子无偿分给大家栽，一个人栽树变成全村人都上手。2015年，张莲莲又带着老伴、儿子在她的千亩林地里建起了农养结合、产供销一体的万只莲花鸡场。

张莲莲说：“我这个起步致富还就是在这个果园上。现在，这么一只鸡是168块，一颗鸡蛋是3块钱，以前是靠果园，现在是靠鸡了，这就是我的金山银山。"

吴起薛岔乡南沟村原支部书记闫志雄回忆 20 年前吴起老百姓禁牧和退耕也是一场思想的碰撞与解放过程。主要焦点集中在禁牧难和粮食能否兑现上。

闫志雄说："也是一场退耕还林的战争，白天嚷，晚上谈，算账，就像我们郝飙书记（说的那样），你和我算账，算过我，我听你的；算不过我，你听我的。（那时候）农民关键是不相信国家给你返补粮返补钱，说那根本是晚上做梦说梦话。"

2000 年钱粮一兑现，这下农民眉开眼笑了，定心丸吃了，闫志雄说，这下这个地必须给咱栽上树，他们成立了林海造林公司，有近 300 名村民加入公司，他记得最累的一次是 300 多劳力 24 天栽了 6000 多亩地的树。这么多年全村人光栽树栽了有 10 万多亩。

闫志雄感慨地说："咱们确实是愚公移山的精神，过去咱们说愚公移山是一架山往下挖，栽树也是一架山一架山往起栽，大家都知道（在吴起）栽树赶登天还难，天一旱，只有百分之三四十是活的，秋季再补植。现在南沟人享受着这么好的环境，办起了乡村旅游，农民入股并成为村上旅游公司的员工，村民人均收入达到一万三千多元，那在退耕前是不可想象的，真正的是应验了总书记说的‘绿水青山就是金山银山’。”

在黄河岸边的土石山区，栽树更成为一种艰苦卓绝的意志与技术的考验。

宜川县薛家坪国有生态林场场长刘江成说他们采用的办法是石坑造林，干活的时候就用绳子绑到身上，然后再下去把坑垒起来，还有一个高难度就是运苗，因为山势陡峭，树苗下不去，他们采取索道的办法，这块弄一个钢丝绳，然后将树苗一棵一棵运到栽植点，栽上之后要确保成活，他们架一根水管，从黄河里往上泵水，垂直距离将近 100 米。

在延长县的雷赤乡的凉水岸村，村民们退耕后栽起来 5000 多亩花椒，成为脱贫的主要产业，这个村是延河与黄河的交汇处，5000 多亩退耕地上栽上了花椒，远望黄河边的大地上绣花般的精致葱茏，生机勃发。以 2017 年为例，收入多的人家有一年十七八万元，少的也在四五万元，人均收入在 2 万元以上，脱贫脱得实实在在，日子过得满满意意，过去他们愁的是流浪到哪儿去打工谋生，现在他们谋划的是怎样用互联网把他们的花椒卖个更好的价钱；沿途经过的岭石村、庙良村以发展苹果为主，岭石村支部书记林振强说退耕还林是农村发展产业的基础，没有退耕还林就没有岭石人的新农村、新生活，你们来住上几天，听一听荒山变绿、摆脱贫困的故事，退耕还林，功不可没，咱的退耕脱贫故事三天三夜说不完……庙良村党支部书记杨殿功说退耕补的钱粮保证生活后他们再把它投入到果树上，果树长势一年比一年好，人们作务果园的劲头也更足，村里人均收入也都过万，退耕地上栽的 7000 多亩松树也已成林，农民光景都过得好着哩。最苦的是乡上退耕办的老白这些人，他一个月才挣 4000 多块钱，20 年了，一天就往这山上跑，宣传政策，管护树苗，丈量地块，栽植补植，兑现钱粮……不敢出一点儿差错，老白给儿子刚贷款买了房，还要还房贷，日子比我们农民过得都紧……老白叫白志庆，是延长县雷赤乡退耕办主任，54 岁了，问及他的难处他说还不是这些生活拮据的事情，他最犯愁的是这几千亩松树的防火大事，现在林子茂腾腾的，今年天旱，春上那阵子，他一夜一夜睡不着，就愁这事。延长县黑家堡镇的白三管 51 岁，干着和白志庆一样的工作，近 20 年里黑家堡退耕 6 万多亩，他精细到每村每户每一地块每一个树种，规划设计，种苗供应，施工作业，检查验收，政策兑现……档案齐全，了然于心，人们称他为黑家堡的活地图。他两个儿子现在都还没结婚，收入和老白一样，生活拮据，但他说个人的光景难也总能对付，他最发愁的是退耕政策兑现停了以后，一部分没有产业的人生活来源减少了，乡上现在又没有手段不能强制执行管护，一些人再开荒种地问题就大了。位卑未敢忘忧国，县退耕办的领导说，这两个老白都是这次纪念退耕还林20年给市上报的先进，还有罗子山的“老退耕”王慧，一样地兢兢业业，一样地奔波在退耕前线，基层退耕人霜染两鬓，换来的是家园绿染青山，为了这一片绿色付出的心血青山做证，大家公认。

可以说20年退耕还林，生态修复，延安人民生动地践行了习近平总书记“绿水青山就是金山银山”的生态文明思想。这20年里，人们看到最直观的效果是从卫星遥感图上看到延安把陕西的绿色版图向北推移了400多公里。截至2017年底，延安市共完成退耕还林面积1077.46万亩；全市森林覆盖率达到46.35%。植被覆盖度由2000年的46%提高到2017年的81.3%，沙尘天气明显减少，城区空气“优、良”天数从2001年的238天增加到2017年的

313 天。入黄泥沙由退耕还林前每年的 2.58 亿吨降为 0.31 亿吨，土壤侵蚀模数由每年每平方公里 9000 吨降为 1077 吨。

这些数字的背后是历届延安市委市政府践行习近平总书记生态文明思想，一届接着一届干，带领全市人民一张蓝图绘到底，用延安精神建设和修复生态环境，用霜染两鬓绿染荒山的艰辛劳动和智慧付出，换来了全国退耕还林第一市的至尊荣誉！2013 年延安又自筹资金将剩余的 224 万亩 25 度以上的坡耕地全部退耕，促成了 2014 年国家新一轮退耕还林工程的启动。

国家林业和草原局退耕还林（草）工程管理中心主任周鸿升说："延安在全国退耕还林工程当中起到引领示范作用，全国退耕还林工程近两亿亩，延安应该说是退耕面积最多，退耕还林工程效果最好的地市。习近平总书记讲过绿水青山就是金山银山，我觉得延安的退耕还林工程，20 年来延安各级干部群众付出的努力恰恰践行了总书记这'两山'理论在延安的真正实践。"

北京林业大学水土保持学院教授，博士生导师朱清科，十多年来，一直带学生在延安在吴起做课题实验，主要研究方向为“近自然造林”工程和“困难陆地植被恢复”项目，他得出的结论是延安的退耕还林和封山绿化让这块土地提前50年绿了起来。

有山皆绿，有水皆清，四时花开，千山鸟鸣，绿荫护夏，红叶迎秋，让赤地变青山，让黄河流碧水……这是中华人民共和国第一任林业部部长梁希曾经为我们描绘的家园美景，目标正在实现，感恩这个时代！延安的一位退休老干部这样说，正是因为改革开放，国家有了极大的物质财富积累，才能腾出精力、财力支持延安退耕还林，才有了延安今天的绿色崛起！

20年延安退耕还林，是弘扬延安精神的生动实践；

是践行习近平总书记“绿水青山就是金山银山”的生动实践；

是尊重自然规律修复生态的生动实践；

是山水田林湖草综合治理的生动实践！

而我有幸在这20年里记录见证这块土地由黄到绿的历史性变迁，它是岁月对我的眷顾和厚爱，也是我新闻人生的岁月珍藏。

黄河岸边红地毯

○李中华

林家屋子是黄河尾闾的一个小村庄，在今永安镇、过去称八大组的东北方向。民国27年（1938年）的农历五月，黄河断流了，后来听说是蒋介石为了抗日在河南扒了个口子。黄河改道了，这让林家屋子的村民们很不适应。

林家屋子共有37户人家，其中32户姓林、5户姓赵。林家太爷爷常念叨祖上是山西人，明初移民到河北枣强，咸丰十年（1860年）也就是黄河改道从武定府利津县入海的五年后，他的爷爷携家带口来到这里，便有了这林家屋子。

赵姓人家是民国22年（1933年）秋从山东东平来的，领头的赵老汉带着五个儿子，为躲避灾荒，坐船沿黄河顺流而下来到这里。他们所带的家当不多，但有一盘石磨。他们来到利津洼，看到这里的土地到处铺着“红地毯”，长满了赤碱蓬。

被分到林家屋子的赵家人为方便耕作，在村东五里处安了家，到附近的黄河滩区开荒种地。黄河断流那年，一股土匪趁只有赵老汉夫妇俩在家时来抢粮，将他们捅死在石磨旁。不久，林家太爷爷的长子林继良派他的长子林振宗过来，劝赵家人搬到村里去住，更为安全。

赵家老大名叫赵德敬，他带领四位兄弟迁到村里，那盘磨也安在了他家院外。赵德敬有两个孩子：女儿赵汝萍、儿子赵汝田。汝萍从小乖巧，越长越好看，吸引了林家诸多后生的目光，其中就包括林继良的侄孙林永春。永春是个孤儿，七岁时其父被国民党抓了壮丁，其母据说是被土匪掳走了，生死未卜。他时常行踪诡秘，其实是在悄悄地追踪土匪，他以为找到土匪窝就能找到娘。他性格孤僻，常被村里人欺负。汝萍很同情他，常为他打抱不平，永春也从这个同龄女孩身上体会到了亲人般的温暖。

利津洼的赤碱蓬红了绿、绿了又红。民国 29 年（1940 年）农历七月十四傍晚，赵家兄弟去给父母上坟。赵老三的十岁儿子赵常富跟汝萍到村外打柴，为追野兔跑远了，汝萍找他时意外撞见几个土匪，土匪们被惊艳到了，他们抓住汝萍扛起来就走。常富远远看到，吓呆了。土匪走后，他才哭喊着跑回村里。消息很快传开，赵德敬听到后立马往外就追。

第二天，奇迹出现了，汝萍安然无恙地回来了。

原来，她被土匪扛着走出很远才停，刚把她放下，就听得有人一声暴喊："杀啊！"土匪猝不及防，撇下汝萍就跑。汝萍得救了，她看不清那人是谁，但感觉声音耳熟。当天下午，汝萍看到永春站在巷子口，她心中一动，过去问："是你吗？"永春一言不发，转身就走了。

此事一出，村里有人担心土匪会来报复。可没想到，腊月十一那天，八路军就开进了八大组，附近的土匪和国民党土顽都被赶跑了。

转过年来，农历七月初，八路军进驻林家屋子。他们提醒村民：要防备鬼子打过来。而这一天，就在腊月初一到来了，一支日伪军打到八大组，又窜到林家屋子，临走还把赵家那盘石磨给炸碎了。汝萍看到后，失声痛哭，因为那是爷爷奶奶在她心中最深沉的寄托。

二月初二那天，汝萍一早出门，赫然看到门口添了一盘新磨。“谁干的？”她立刻想到了一个人，但这事儿一个人可做不来。可除了他还能是谁呢？她急忙向永春家跑去。永春家家徒四壁，平时都不锁门。汝萍推开门，看到他和衣而卧，使劲儿推醒他问：“是你吗？”“不是”，永春很干脆地回答。汝萍的泪瞬间流出，流着流着又笑了。

等汝萍回来，看到父亲正诧异地看着石磨，汝萍说：“我猜，准是八路军做了好事不留名。”赵德敬略加思索，深以为然。

快开春了，人们开始为春耕忙活了。汝萍有两次看到永春跟部队上的朱班长聊着什么，她家也不断有人来上门提亲，但汝萍都不愿意。农历二月下旬的一天，她正在磨面，看见永春兴冲冲地走过来，说：“我要参军了！”

“是吗？那……你，不会走吧？”

“应该是先上八大组训练。”

几天后，永春真的到八大组参军了，后来还传说在沾化那边打了胜仗。

民国32年（1943年）秋，村民们接到通知，要求玉米、高粱等高秆作物秋后都不要砍，还要求把存粮藏起来，防备鬼子“扫荡”。于是，村民们就在野外挖出深坑，在坑底和四壁垫上厚厚的豆叶，把粮食藏进去，上面再盖上豆叶，用厚土封起来，地面恢复原样。十月廿一，鬼子真来“扫荡”了，当天夜里就扑到了八大组。

12 月 5 日，永春所在的垦利独立营三连三排四班在班长程宝旺带领下执行任务，途中遇到朱班长等三人，他们刚刚遇到几个敌人在一座宅院里行凶，出手救下一个婴儿，但他们都受了伤。程宝旺让永春护送朱班长他们去后方医院。永春自己抱着孩子，搀扶朱班长他们启程，路上孩子时睡时哭。“不行，得把孩子托付给乡亲们。”于是，永春想到了汝萍。

汝萍此时正与乡亲们藏在荆林中。入夜，她在窝棚旁散步，隐约看到一个熟悉的身影，便问：“是你吗？”

“是我。”永春快步走过来。“我们捡到一个孩子，亲人都被鬼子害死了，你先帮忙照顾吧？”

“好！”

四天后，乡亲们陆续接到消息，说鬼子昨天撤走了，反“扫荡”胜利了。

汝萍回到家，有人捎话说让她去后方医院。她问清地点，一路小跑来到医院。朱班长说：“永春把孩子交给她的第二天，就在医院附近发现敌人一个分队。为掩护医院，永春一人把敌人引向一片荆林，然后再无消息。为了防止万一，应该去搜一下那片荆林，但我现在动弹不了，只能请你找人去寻一寻了。”

汝萍拜托一位老乡去给林振宗传话，然后只身来到那片荆林。她是在荆林西北角发现永春的，他的脸上、旁边的碱蓬草上全是血迹。她哽咽着问：“是你吗？”

不是永春还能是谁？汝萍放声痛哭起来。

汝萍的哭声吸引了匆匆赶来的林家人和汝萍的父叔兄弟，还有一位八路军战士。事后这位战士说，他们一共找到三处血迹、两顶敌人的军帽和两处拖痕，估计永春很可能是击伤或击毙两个鬼子后牺牲的。部队给永春记了功，林家为他办了葬礼，汝萍哭成了泪人儿。此时，大家才明白，汝萍早已心有所属。

办完葬礼后，汝萍跟林振宗说：“永春生前捡了个男孩，亲人都没了，能不能把这孩子过继在永春名下，我来养他。这样，他这一支也不至于断了香火。”

林振宗跟族里的老人们商量后，到赵家说：“老人们都同意汝萍的提议，把孩子过继在永春名下，起名叫‘存孝’。这个孩子，该当由林家来抚养，我亲自办。”

汝萍说：“那年从土匪手里把我救出来的，就是永春哥；外头那盘磨也是他给安的。我本来是一定要嫁给他的。现在他没了，总得让我把他的孩子抚养成人吧？”汝萍就这样收养了存孝。不知道孩子的生日，汝萍就给他定在了七月十四。

转过年来的十一月初十，汝萍给永春上完坟，又特意去他牺牲的那片碱蓬地祭奠。这年的碱蓬，似乎比往年红了许多。

也是在这一年，林振宗做主把永春的房子翻盖了一下，永春名下的庄稼地也由他和儿子们耕作，收成全放在永春家，门上加锁，钥匙交给了汝萍。

汝萍一直带着存孝跟父母住在一起。两年后，眼看汝田该成家了，汝萍思量着搬家。七月初九，消息传来：日本投降了，抗战胜利了！五天后，汝萍为全家擀了一锅杂面条，算是给存孝过了生日。又过了五天，她看好皇历，跟爹娘和林振宗知会了一声后，便毅然带着存孝和那盘石磨，住进了永春那个院子。

虽说抗战胜利了，可又有消息说蒋介石要打内战。第二年夏，又听说老蒋要把黄河水再引到山东来，水淹解放区。不久，县里也开始组织修堤。林家屋子的劳力都到渔洼去修新堤了，一直修到西冯。

民国 36 年（1937 年）闰二月初二那天，黄河水真的来了，住在滩区的垦户损失惨重，渤海区紧急组织民工上坝修堤。进入汛期后，多处堤坝出现险情，但抢险物料极度缺乏，各地群众开始献砖献石。林家屋子也不甘落后，当了村长的林振宗挨门挨户下通知，唯独越过了汝萍家。可这事儿瞒不住汝萍，她第一时间想到了那盘磨。当天，她磨了很多面，然后便叫人把磨拆走了。

黄河归故以解放区人民保住了堤防安全而告终，人民治黄让这条数千年桀骜不驯的黄河再次变得温顺起来，延展着黄河三角洲的大美风姿。

新淤的土地一直吸引着垦户来垦殖。垦区人民向解放战争送粮、送衣、送儿郎，子弟兵从山东打到东北，再打到淮海、打到海南。

新中国成立后，农场开发、引黄灌溉、石油勘探、东营建市，黄河三角洲开发驶入了快车道。

林家屋子自赵家迁入后，又有7户迁入，他们辛勤劳作，生活一天比一天好。

林家太爷爷于1945年冬去世；林继良病逝于1960年；林振宗当村长直到60岁，病逝于1985年；赵德敬夫妇都是在1987年二月去世的。

赵汝田于1946年成亲，娶了一位寿光籍垦户的姑娘。1956年参加打渔张引黄工程建设，1964年又参加石油开发会战，后招工进了石油队伍。

赵常富1946年参军，所在部队就是后来的28军，曾参加过莱芜、济南、淮海、渡江等战役，1949年10月在金门登岛作战中牺牲。

朱班长康复后转任到地方做宣传工作，1949年南下到福建。2006年渤海垦区革命纪念馆落成后，他曾回过一次垦利。

程宝旺是在参加淮海战役时牺牲的，他的遗腹子程向阳后来与汝萍和存孝都有联系，两家成为通家之好。

赵汝萍终究没有嫁人，但全村人都把她当成林家媳妇对待，十二分的敬重。

存孝于1960年招工进入河务系统，先后参与了罗家屋子破堤改道、清水沟改道、清 8 出汊施工等治河工程。

汝萍 80 岁后，越来越忘事儿。90 岁后，就只认得存孝了。但见到人还会问一句：“是你吗？”

2020 年 10 月的一天，存孝跟母亲说：“我带你去看黄河吧？”她说：“好！”存孝就和老伴儿一起，开着电动车陪她一起到黄河大堤。汝萍背靠着河防石在折叠椅上坐下，望着滔滔河水和远处大片的赤碱蓬，照常发问：“是你吗？”存孝诧异地看着母亲，蹲下身，只见她两眼泪花……

盐碱地上“上农下渔”的“前世今生”

○宁德华

站在盐碱地上喊出的开篇话

民以食为天，食以粮为主，粮从地而出。

土地，是人类赖以生存的基本条件。在黄河三角洲这块共和国最年轻的土地上，土地资源丰富，是这里农民无比的骄傲；然而，土地盐碱，又成了这里农民沉重的负担。

“俺穷就穷在这盐碱地上……”

这里的农民，祖祖辈辈为改造盐碱地而不懈地探索着，春旱敛碱，夏涝泡碱，开沟躲碱，采取各种方式与盐碱抗争……

“要是盐碱地上能长庄稼，俺保准就不穷了……”

这里的农民，一年一年地盼望着，盼望着春雨下得多一点，别出现春旱；盼望着夏天的雨不那么集中，别出现涝灾，就连过年写春联写得最多的也是“风调雨顺”……

改革开放，不但解放了社会生产力，更重要的是解放了人们的思想；不但让人们放开手脚甩开膀子搞生产增加物质收入过上富裕日子，更重要的是让人们放开思想开动脑筋搞创新改造生产条件将农业推向前进。“上农下渔”模式，就是利津县农民群众在党的富民政策感召下，发挥聪明才智，积极创造的一种先进的、科学的、改造盐碱地的有效模式，让滨海地区农民世世代代头疼的“旱、涝、碱”得到了综合治理，将大片大片不长庄稼的盐碱地改造成了旱涝保收的高产稳产田。盐碱地，昔日压在农民脊背上的沉重包袱，如今已转变为农民致富奔小康的聚宝盆。

2020年夏天，我们走进利津县北部的汀罗镇，进农家、到田间、看庄稼，上台田、摘苹果、尝葡萄，下鱼池、观对虾、赏鲈鱼，亲身体验、感受、认知“上农下渔”的“前世今生”。

盐碱地上唱出的顺口溜

大广子，敲梆子，陈家屋子拐筐子……

利津县汀罗镇属退海之地，土地盐碱。春天，农民费心巴力将种子种到地里，能出“半子”苗的地方就是好地，大部分出二三成苗。就是这些稀稀拉拉的庄稼苗，还要不断地被碱死，勉强活着的也不见长，到秋上真正能打出粮食的庄稼寥寥无几。还有那些重盐碱地，根本就不长庄稼，甚至连草都不长，春天返碱白花花一片，夏天被太阳晒得黑乎乎地冒油，人们叫“油碱场”。

盐碱地不长庄稼，却长出了贫穷，还长出了顺口溜：“大广子，敲梆子，陈家屋子拐筐子……”

大广子、陈家屋子，村名。大广子村，包括广一、广二两个行政村；陈家屋子村，距离大广子村二三公里。这两个村原属汀河乡，现归属汀罗镇。这两个村的盐碱地多，种不出多少庄稼，收不了多少粮食，人们就不指望种地，纷纷另寻其他生活门路。大广子村有一户祖传做豆腐的，起早贪黑挺辛苦，但能养家糊口。于是，有的就学着做豆腐。后来，竟然有几十户做起了豆腐，成了远近闻名的

"豆腐村"。因为卖豆腐不是吆喝，而是敲打一种特制的"梆子"，人们听到"梆梆梆"的梆子声，就知道卖豆腐的来了，所以就有了"大广子，敲梆子"的说法。同样为了生计，陈家屋子村的人们就下洼割苇子卖苇子换点钱养家糊口。当时，有两户鲁西梁山的逃荒来到陈家屋子住下，以要饭为生，有些没有事的小孩子就跟着这两户到收入好的村去要饭。后来渐渐发现，这个最让人瞧不起的"要饭"，还真能最简捷地解决饥饿问题，因为要饭能直接要来干粮，干粮可以直接吃，马上就能消除饥饿。于是，又有更多的孩子加入了要饭的行列。因为要饭的都是扤着一个筐子，所以"陈家屋子扤筐子"也就流传开了。

"大广子，敲梆子，陈家屋子扤筐子……"不仅是对 20 世纪五六十年代大广子和陈家屋子农民贫穷生活的真实写照，也是对滨海盐碱地区农民生活贫穷的形象描绘。

如今的大广子村，平整的柏油路贯穿全村，整洁的街道两旁花红柳绿，气派的民居砖墙瓦顶，整个村庄早已今非昔比，旧貌换新颜。

就在村口，我们遇到了村民岳纯孝，他向我们讲起了盐碱地的事儿。岳纯孝说，咱这个地方原先是一片海洋，后来成了退海之地，往东就是晒盐的盐滩，东北七八里路就是前灶子村、平子滩村，从村名里就能看出这是当初产盐的地方。因为是退海之地，盐分逐渐往上返，土地就盐碱化了，后来就不大能种了，大广子村虽然土地很多，但大多是盐碱地，盐碱程度很高，不大长庄稼，基本没有收入。

在绿树成荫、处处洋溢着现代化新农村气息的陈家屋子，我们见到了村民尚文光。当问及“陈家屋子扤筐子”的原因时，尚文光不假思索地说：“那还不就是盐碱地造成的嘛。”

那个时候，陈家屋子村的盐碱地，看不到头，望不到边。来到春天，春风一刮，太阳一晒，黑乎乎的盐碱地上冒出一层雪白的盐碱颗粒，远远望去，白花花的一片。到了夏天，下了大雨以后，地里开始长草，也只长非常耐碱的“小种子”，就是黄须菜，别的草很少。当时，陈家屋子村有一个得天独厚“优势”——养羊特别省心，省心到让你无法想象。早晨，把羊从栏里撒出去，它自己就任意朝一个方向啃草，啃到中午时分，它就掉头往回啃，傍晚时分就回到家了，在主人早已准备好的水盆里喝足水，就回栏里了，根本不用人管。羊自己随意吃草，你不用担心羊啃了庄稼，因为压根儿就没有庄稼。

盐碱地上逼出的笨办法

活人能让尿憋死？不长庄稼就养鱼……

党的十一届三中全会，伟大的历史转折。土地分到各家各户，农民欢欣鼓舞，陈家屋子村和大广子村的农民却高兴不起来。为啥呢？因为盐碱地不长庄稼呀！

今年78岁的岳观忠，大广子村人，汀罗镇退休农机干部。村里实行土地联产承包责任制的时候，他在外边工作，非农业户口，没有土地，可老婆孩子是农业户口，需要分地，他就回家和乡亲们一起参加了村里的分地活动。没想到的是，人们满怀喜悦来到地里分地，分着分着却不分了，为啥呀？没法分。因为这里除去低洼地、河沟长点草，或许能种庄稼，其余光盐碱地呀，那低洼地、河沟，这里一块儿、那里一块儿，咋分啊？人们一看也都不要了。“还要那个地干啥呀？光碱场，那洼落里、河沟底里就是长点庄稼，还不是‘一场大雨成汪洋，蛙声一片不见粮’嘛。俺不要了，爱谁要谁要吧。”乡亲们纷纷说。岳观忠还是要了分到户的盐碱地。在20世纪60年代，岳观忠开着“东方红”链轨拖拉机给人民公社耕地时，就对土地产生了离不开、割不断的情缘。他在那荒碱地里搭了个小窝棚，在不耽误工作的情况下，起早贪黑挤时间种地。尽管费力不少、收入寥寥，可那是全家人生活的希望啊！

说到改革开放以后包产到户分地的情况，陈家屋子和大广子非常相似。尚文光告诉我们，陈家屋子全村3000多亩土地，不到700口人，刚实行土地家庭联产承包责任制的时候分地，一口人半亩好地都找不出来。“全村土地面积3000多亩啊，就找不出一块5亩大小、方方正正、齐齐整整的好地来。村西边有一片地500多亩，只能从低洼地、河沟里找出零零碎碎的一些好地，三分一块、二分一块，加起来也就50来亩啊！”尚文光感慨地说。

随着改革开放的不断深入，经济氛围开始活跃，上级号召农民开展“种、养、加”多种经营。人们开始养猪、养羊、养鸡，岳观忠看中了养鱼。他想：“盐碱地不长庄稼，养鱼总行吧。”他就利用沟边一块从来没有长过草、从来没人耕种过的“油碱场”地，开挖了一个鱼池，放上了鱼苗。通过精心喂养，还真没想到，当年就有了不错的收入。岳观忠恣了。

与此同时，也是在党的富民政策的感召下，在“种、养、加”多种经营的鼓舞下，陈家屋子村的干部群众和岳观忠一样想到了在盐碱地上养鱼。虽然陈家屋子村的苇子市场给全村人带来了可观的收入，但随着野生苇子资源的不断减少和苇子销量的日益降低，苇子市场已由过去的兴盛转为萧条，他们不得不另寻出路。于是，他们想到了在盐碱地上养鱼。不过，陈家村是集体行动，力量和规模都比岳观忠大得多，一下子就把村前边那一大片从来不长草的“油碱场”挖成了 12 个鱼池，足足有 100 亩！真没想到，在盐碱地上养鱼比在好地里种庄稼的收入还要高得多。陈家屋子村的干部群众甭提有多高兴了。

盐碱地上养鱼的大惊喜

挖鱼池，堆高台，竟然高处不盐碱……

岳观忠在盐碱地上养鱼发了个小财，不光他高兴，全村街坊们都为他高兴，有的开始跟着他学，在盐碱地上挖池塘养鱼。

然而，让岳观忠最高兴的“不是养鱼发了财，而是挖池筑的台”。他告诉我们，养了一年鱼，挣了一千多块钱，当然很高兴呀，那个时候一千块钱多当钱啊！当看到挖鱼池堆成的高台子上那黑乎乎的碱土让太阳一晒发了白、被雨水一淋长了草的时候，我心里更高兴了，就在上面种上了豆子，竟然长得很好、很壮。我就有了一个主意，原来是挖池塘纯粹为了养鱼，现在我要挖池塘筑台田，改造盐碱地，以种地为主，养鱼为辅。咱老百姓啥时候也离不开土地呀！岳观忠发自肺腑地说。

1986 年，岳观忠投资 5000 多元，租用 2 台推土机，开发出了 10 亩台田、10 亩鱼池，发明创造出了“上农下渔”改碱模式。但是，刚开发的时候经验不足，台田达不到高度，改碱效果不好，几乎没有经济效益，岳观忠遭到了全家人的反对。岳观忠回忆说，刚开始没有经验，台田上基本没有收入。本来我吃工资，加上养鱼挣了几个钱儿，算挺富裕。结果让我这一弄，那点钱一下子全扔进去了。老伴埋怨我说：你光拿着钱瞎折腾吧，整天挖坑填坑、挖坑填坑啊，你什么时候能把那个坑填满啊？我说，你先沉住气，先别慌，早晚咱就能填满这个坑。

后来岳观忠加高了台田，盐碱得到彻底抑制，效益越来越好。岳观忠高兴地说：台田好了，长庄稼了，我就对老伴说，现在证实了吧？看看这一大片台田，种麦子亩产八九百斤，种豆子亩产四百多斤，种棉花亩产五百多斤，现在呢咱又种果树，收入比种庄稼还要高得多。老伴光笑不作声。

陈家屋子村的情况，和岳观忠差不多。尚文光回忆说，当时是光搞池子养鱼，在村前面这一片搞了 12 个池子，根本就没考虑这个土地。挖出来的那个土哇，全堆在那个地方，很高很高的。第二年那个土让太阳晒得很白，风一刮那个浮土“腾腾”的，一下雨长草了，人们就种起庄稼来了。种着种着呢，都觉得这个法儿很好，从那以后人们就琢磨这个模式，再挖鱼池的时候就先考虑筑台田。台田挨着池子，池子连着排水沟，池子能渗碱，排水沟能排碱，台田本身抬高了地面，大水一浇，往下一压，原来的盐碱就没有了，就成了好地了，效益比原来单纯养鱼的时候高得多啦。

陪同采访的汀罗镇农经站站长闫伟告诉我们，这里不光是盐碱地很让农民头疼，春旱、夏涝同样让人心烦。早在20世纪六七十年代，政府帮助农民引用黄河水压碱改造盐碱地，但是由于沟渠不配套，土地不平整，效果一直不好。实行生产责任制之后，大水压碱取得了一定效果，但“旱、涝、碱”还是没有得到综合性治理，土地产出效益不高。直到“上农下渔”成功以后，才彻底解决了“旱、涝、碱”综合治理难题。

利津县农业农村局四级调研员段美平，是原海洋与渔业局副局长、技术骨干，一直对“上农下渔”跟踪研究，取得了一系列科研成果，发表了一批关于“上农下渔”研究的论文。他从科学的角度解释了“上农下渔”改造盐碱的原理：“通过挖池筑田，形成‘上农下渔’种养生产模式。上面是台田，种植农作物；下面是池塘，养鱼养虾。它改造盐碱地的原理，就是将台田地面抬高，使台田下面的地下盐碱水爬不到台田耕作层，台田耕作层没有了盐碱自然就成为良田。池塘既可进行水产养殖，也可旱时浇灌农田，涝时吸纳台田雨水，从根本上解决了盐碱地治理的‘旱、涝、碱’难题，是滨海盐碱地治理的最佳模式。”

东营市原副市长、市人大常委会原副主任、时任利津县县委书记杨志良回忆说：当时我们这里流传着这么一句顺口溜，“春天白茫茫，夏天水汪汪，旱了收蚂蚱，涝了收蛤蟆，不旱不涝收碱疙瘩”。因此，多少年来勤劳智慧的利津人民一直在与盐碱作斗争，探索出好多种改造盐碱地的方法。比如蓄淡化碱、表层敛碱、开沟躲碱、引黄压碱、挖沟排碱、条田渗碱等等，都收到了一定效果。但是，对那些重盐碱地，一直没有很好的根治办法，这也一直是农村工作的一大难题。“上农下渔”这一开发模式，从根本上解决了这个问题，尽管一次性投入比较大，但从根本上解决了土地盐碱化这一历史难题，并且为发展高效农业创造了条件。

盐碱地上开发的大特写

干部带头，政府扶持，推动大开发……

“上农下渔”的开发成功，不但给岳观忠带来了丰厚的收入，更为可喜的是，给广大农民群众开辟了一条改造盐碱地的好路子，这让时任利津县县委书记的杨志良眼前一亮。

杨志良，农民出身，农村长大，种过庄稼，推过小车，和农业、农村、农民有着割不断的情缘。从村干部一级一级干到县委书记后，心里仍然装着农业、农村、农民，整天为农业、农村、农民操劳奔波。就在刚上任利津县县委书记的那一年，他下基层调研时知道了岳观忠开发“上农下渔”的事儿，就立即找到岳观忠，在台田上和岳观忠一拉就是一上午。下午，他来到罗镇乡的前邵村，详细了解这个不到300口人的小村连片开发144亩荒碱地的情况，和前邵村党支部书记邵云霞一直拉到黑天才返回县城。回到县城以后，已经是晚上8点多，可杨书记不是先吃晚饭，而是先召集政策研究室、宣传部、农业局、渔业局、水利局等有关部门的负责人开会，安排明天对岳观忠和前邵村这两个典型进行调研，要以最快的速度写出有情况、有分析、有措施、有建议的调查报告。第二天晚上，在认真听取了调查汇报的基础上，经过研究，县委、县政府当即拍板，把“岳观忠模式”和“前邵模式”作为样板，把这种模式确定为“上农下渔”模式，大力宣传，尽快推广。

当时，在县委县政府的宣传号召下，在乡党委乡政府的推动下，汀河乡的割草窝、新华、陈家屋子等村以及罗镇乡的前邵、后邵、许家等村，先后实施了大面积“上农下渔”开发。

在原先是盐碱地现在早已改造成肥沃良田的台田上，利津县汀罗镇陈家屋子村村民尚文光顺手摘下一个小巧玲珑的西瓜，切开后让我眼前一亮，啊，黄瓤的！咬一口，不仅是特别甜，更是别有一番风味，和别的西瓜不一样。尚文光说，这就是超市里卖的那种“特小凤”，原产台湾，从开花到成熟仅仅33天。我们品尝着黄瓤西瓜，尚文光回忆说，当时县里号召开发“上农下渔”的时候，汀河乡政府出台了个政策，政府投资拿大框架，群众自己投资筑台田，叫“政府拿框子，群众填格子”。第一年，全村开发了300来亩。当时我记得都不认，还得苦口婆心做工作。到了第二年，全村又开发了500多亩，报名的就很多了，都认为是个好事儿。第三年又开发了700多亩，第四年又开发了1000多亩。

利津县原汀河乡党委书记崔吉明介绍说，为了打开开发“上农下渔”的突破口，我首先组织割草窝和新华村的干部群众到岳观忠的台田上去参观，岳观忠介绍了他的台田开发情况、管理情况和收入情况，大家很受启发。回来以后，割草窝和新华这两个村马上就干开了，每个村一下子就开发了1000多亩。后来开了个全乡动员大会，出台了政策，就带动了周围的北码一、北码二、裕后、陈家屋子等村干起来了。

让农民群众亲眼看到“上农下渔”确实是一条改造盐碱地的好路子，大家就转变了认识，消除了顾虑，开发“上农下渔”的积极性逐渐高涨起来。1996年春天，汀河乡组织32组泥浆泵、11台推土机、5部大型挖掘机、4000多名劳力一起上阵，掀起了“上农下渔”大开发的热潮，当年全乡“上农下渔”面积达到了10000亩。

说起当时开发的情况，崔吉明感慨地说：刚开始搞“上农下渔”开发的时候，乡党委乡政府面临两大难题，一个难题是群众认识问题，再一个难题就是开发资金问题。为解决群众认识问题，在大力进行宣传、带领群众参观的基础上，特别突出、特别强调了“干部带头”这个法儿。还别说，确实很管用。比如北码二村，“上农下渔”开发起来以后，当时有的群众怀疑这个台田能不能长庄稼，都不愿意承包，支部书记姚占峰就带头承包，第一年小麦亩产600来斤，第二年小麦亩产到了900来斤，整个村就轰动了，后来就都抢着承包台田了。为解决资金问题，汀河乡政府想了个“奖励”办法，就是你每开发一亩的水面乡里就奖励一百块钱，一般的池子就奖励1000元到2000元。这样，群众的积极性就起来了。群众自己愿意干了，政府再去引导扶持，帮助群众提高档次和水平，这就把群众的积极性和政府的积极性、这两个积极性结合起来了，就相辅相成了，这个事儿就不成功也不行了。

陈家屋子村村民尚文光回忆说，记得刚开发的时候，没有愿意干的呀，俺村里就是定的干部带头开发。我那个时候干村主任，也是不愿意搞开发呀！有一天我在地里干活，就听到村支书在大喇叭里喊我，那个时候又没有手机，当时我不知道啥事啊，来了以后才知道是让我开发台田，泵都弄来给我安上了，你愿意干也得干，不愿意干也得干。结果我就带头开发了一个鱼池、一方台田。现在想想，还真是多亏了这个“带头”，真受益了！这个池子，一年收入好几万啊，还有上头的台田，收入也很好哇。

就在汀河乡开发“上农下渔”的同时，罗镇乡的“上农下渔”开发同样如火如荼。1994年，罗镇乡“上农下渔”开发面积达到1000亩；1995年达到2000亩；1996年全面开发；1997年突破了10000亩。

1993年，伍向平奉命来罗镇乡任党委书记。他告诉我们，罗镇乡的基本乡情就是地广人稀，土地盐碱，用水困难。针对这个乡情，如何发展？如何把这个盐碱地充分利用起来变害为利？我们首先选择了在前邵村搞试点，就是挖鱼塘养鱼，筑起台田来种庄稼。接着我们组织全乡力量，市里也给予了扶持，开始大面积开发“上农下渔”。在前邵开发的基础上，围着后邵、许家、王家这一片儿，还有罗家这一片儿，开发起来以后，效益都很好，市里专门在这里召开了全市“上农下渔”开发现场会。

罗镇乡同样采取了“干部带头”的措施来推动“上农下渔”开发，最突出的当属前邵村党支部书记邵云霞，他以身作则、率先垂范，带领干部群众成方连片大搞“上农下渔”开发，并且有规划、有布局，被县委县政府誉为“前邵模式”。与此同时，后邵、许家、王家、罗家、毛坨等村的干部，也纷纷带头搞起了“上农下渔”开发。

盐碱地上结出的富裕果

罗非鱼，白对虾，蜜桃葡萄大苹果……

前崔片蜜桃，陈家片渔业，毛坨片葡萄，王屋片瓜菜，北码片果蔬，汀河片甜瓜，这些特色产业群，是汀罗镇依托“上农下渔”开发绘出的一幅乡村振兴发展的新蓝图。

近年来，汀罗镇采取“政府统一规划配套，农户投资开发，村级组织实施”的科学开发新机制，大力发展“上农下渔”特色经济，依托铁门关乡村振兴示范片区建设，规划建设了2万亩淡水养殖基地和1万亩高效生态示范园，让“上农下渔”农业开发品牌高高地矗立在了汀罗镇的盐碱地上。他们坚持以工业化理念推动现代化农业发展，集中突破重点产业项目建设，强力打造“圣水循环农业示范园”和“津汀现代渔业示范园”领军项目，提升龙头引领优势，不断促进农业产业有机融合，激发农业农村发展新动能。

日前，我们来到前关村“圣水循环农业示范园”采访，只见一排排高标准温室大棚整齐排列，棚内的食用菌正茁壮生长。乡亲们高兴地对我们说，这里原来是不长庄稼的盐碱地，现在开发成了高效农业示范园，变成了俺们的“聚宝盆”，俺能在盐碱地上致富，真是做梦也没想到哇。

“圣水循环农业示范园”以循环模式进行开发，规划建设800亩食用菌种植基地、600亩蔬菜种植基地、100亩生态养殖基地、300亩林果种植、林下经济示范基地和200亩休闲农业基地，倾力打造集生产、加工、科研、培训、观光、旅游于一体的综合性现代农业园区，为盐碱地上开发循环农业树立了样板。前关村党支部书记崔星国介绍说，通过“上农下渔”模式把盐碱地改造成良田以后，我们把高效种植、养殖、水产等项目与观光、采摘、体验等文旅项目结合起来，把铁门关文化融合进来，形成完整的集“文化、旅游、生态、体验”于一体的现代观光农业产业链条，既壮大了村集体经济，又增加了群众收入，还为盐碱地上的“上农下渔”深层次高端发展蹚出了一条好路子。

在“圣水循环农业示范园”成功运作的基础上，参照这一模式，总投资1940万元的“津汀现代渔业示范园”东片区一期工程已于2020年8月投产使用。项目占地180亩，建设高标准现代工厂化虾苗温室大棚6个，养虾棚50个，打造集对虾养殖、对虾育苗及对虾养殖技术服务于一体的标准化现代渔业养殖基地。2020年，汀罗镇积极扶持村庄发展特色种养、品牌农业和生态农业类项目51个，总投资2.4亿元，计划培育村集体年收入超50万元的村2个，超20万元的村10个，超10万元的村43个。

现在的汀罗镇，已经不满足于“上农下渔”“改造盐碱”的成功，正在由“改造盐碱”向“利用盐碱”转变。在靠“上农下渔”全村致富的陈家屋子村，尚文光介绍说，刚开发“上农下渔”的时候，是以养殖白鲢、草鱼、鲫鱼、鲤鱼四大家鱼为主；后来依托汀河罗非渔场，开始养殖罗非、白鲳等热带鱼；现在又利用台田渗水含有一定盐度的特点，养殖南美白对虾和罗氏沼虾等，效益成倍增长。目前，全村已经发展虾类养殖500多亩。去年，我们试养了15亩淡水鲈鱼，亩产量1500多斤，实现了海水鱼类的淡水养殖，市场前景很好。

在利用盐碱地渗水含盐的特点进行海水鱼虾的养殖过程中，中国海洋大学等单位免费为陈家屋子村村民提供技术指导，养殖成活率高达90%以上。南美白对虾和鲈鱼在盐碱地渗水池塘中试养成功，真正实现了从“改造盐碱”向“利用盐碱”的华丽转身。如今的陈家屋子村，不仅池塘里能养殖鲈鱼、南美白对虾，台田上还种出了黄金桃、雪桃、垂柳式苹果等特色水果……

“上农下渔”，终于在盐碱地上结出了“富裕果”，让盐碱地变成了农民的“聚宝盆”。

在采访中我们发现，“上农下渔”，盐碱地开发，不仅是开发出了良田、开发出了鱼池、开发出了由贫穷走向富裕的资源载体，而且开发出了鱼水般的干群关系，互通有无的邻村关系，互帮互助的邻里关系，形成了“乡村干部帮助群众解决开发中的困难、村与村之间相互调剂使用开发机械、户与户之间合伙进行开发”的干群一心、村村协调、户户团结的新局面。在老百姓的心里，“上农下渔”开发结出的“干群一心”这个“果”，比台田上结出的大苹果还要甜。

岳观忠说，领导对我的关心、支持，我一辈子也忘不了。县委书记杨志良和我在台田上拉了一上午，打那他就经常到我这里来，到市里当了副市长以后还是不断地上我这里来，他就根本不像个大官儿啊，光和俺拉那个庄户呱，一点儿架子也没有哇。那年下大雨，哗哗的，我正躺在台田上的屋子里迷迷瞪瞪地睡觉，一下子进来了三个人，我一骨碌就爬起来。

“你们是哪儿的呀？”我问。

“我们是市里的呀！”来人回答。

“你们市里的来干啥呀？”我又问。

“杨市长怕大雨冲坏了您的鱼池，他在防汛一线来不了，让我们来看看，您的鱼池没事儿吧？”来人说。

“没事儿、没事儿，回去和杨市长说吧，一点儿损失也没有哇。”我急忙站起来说。

岳观忠回忆说，我记得和我说话的是市里水利局的一个副局长，好像姓孔，还有个姓韩的，是一个科长。

在岳观忠的心里，领导的关心、支持，比他台田上获得大丰收还要珍贵。

盐碱地上做出的大贡献

全村，全镇，全县，全市，全省受益……

1998 年 2 月，利津县区划调整，罗镇乡与汀河乡合并，建立了汀罗镇，将原来的两个“上农下渔”

开发大乡联合起来，规模更大了，发展更有优势，带动全县各乡镇掀起了"上农下渔"开发热潮。

陈庄镇原党委副书记、镇长荆长安回忆说，当时陈庄镇采取的这个开发模式叫"442"模式，就是四分台田，四分鱼池，两分沟、渠、路、林、桥、涵、闸。通过开挖鱼池，把土筑成台田，盐碱就上不来了，盐碱地就成良田了。从科学角度也好，从经济角度也好，等等方面都证实了这是一个好的开发方式，它从这个经济的、社会的、生态的三大效益方面，都得到了充分发展，我也是体会最深。

利津县大规模的"上农下渔"开发，将不长庄稼的盐碱地改造成了旱涝保收的高产田，不但推动了全市"上农下渔"的大开发，而且带动了全省的"上农下渔"开发。1998 年 6 月 25 日，全省沿黄地区在利津县召开"上农下渔"综合开发现场交流会，要求在全省推广"上农下渔"开发模式。

原利津县县委书记杨志良非常高兴地向我们介绍说，"上农下渔"开发模式，不仅得到了农民的认可，而且得到了省、市领导的高度赞扬。时任中央政治局委员、山东省委书记姜春云、省委书记吴官正、省人大常委会主任赵志浩等先后来利津考察，并给予了高度评价。同时也吸引了众多媒体记者来现场采访，当时有位大众日报社记者写了篇题目是“台上棉花咧嘴笑，台下水稻压弯了腰，池内鱼虾跳”的报道，在全省引起了很大反响。农业部总经济师兼渔业局局长卓友瞻来东营视察“上农下渔”工作，看后非常高兴地说：“东营人民立足实际，将重盐碱的不毛之地变成了鱼跃、果香、粮丰的高产高效田，把劣势变成了优势，把包袱变成了财富，‘上农下渔’开发模式确实是一大创举。”

农民群众发明了“上农下渔”，汀罗镇发展了“上农下渔”，利津县在全县推广了“上农下渔”，广大农民群众受益于“上农下渔”。然而，“上农下渔”不仅给当地农民带来了丰厚的经济效益，而且为滨海盐碱地开发改造的科学理论研讨，提供了坚实的实践支撑。利津县农业农村局四级调研员段美平告诉我们，“上农下渔”开发现场，给我们提供了宽阔的科研平台，我们进行的《滨海盐碱地渔农结合高效开发模式研究》项目，达到国内先进水平，获得东营市科技进步特等奖；《滨海盐碱地淡水养鱼丰产技术开发试验》项目，达到国内先进水平，获得东营市科技进步三等奖；《罗氏沼虾浅层地下水盐水育苗及滨海盐碱地养成技术研究》项目，达到国内先进水平，获得东营市科技进步三等奖。

现在，汀罗镇更加重视科技人才的引进和科研成果的应用，先后引进了“山东省院士工作站”和“山东省农业科学院汇邦渤海农业联合研发中心”，大力开展集科技创新、农业机械现代化、生态农业、旅游观光农业于一体的农业高新技术研发，对盐碱地农作物种植筛选、培育进行实验研究，进一步提升农作物品质和产量。同时，汀罗镇通过完善高层次人才服务管理措施，积极推进与山东省农科院、山东农业大学、青岛农业大学等科研院所定期开展人才交流、科技咨询、实验研究成果内容发布会等活动，为“上农下渔”的深层次高端发展建立了强有力的科技支撑。

位于渤海之滨的利津农民，世世代代吃尽了土地盐碱的苦头。直到有了“上农下渔”，他们才彻底地从盐碱地里走出来，而且走出了一条“旱、涝、碱”综合治理的致富大道。利津县汀罗镇陈家屋子村村民陈召会介绍说，没挖台田之前，在盐碱地里种粮食，弄一年来连温饱都解决不了。从搞“上农下渔”开始，台田上种庄稼，池塘里养鱼，一亩地纯利润两千块钱啊！现在又种果树，又养虾，一亩地纯收入到了三千多块钱啦！

陈召会深有感触地说："过去俺穷，是穷在盐碱地上；现在俺富，也是富在盐碱地上。"杨志良也说："上农下渔"盐碱地开发模式，是一条非常成功的"旱、涝、碱"综合治理路子，这一"专利"，应该归功于勤劳智慧的利津人民。从"岳观忠模式"到"前邵模式"到"利津模式"再到"东营模式"；从"汀罗开花"到"全县受益"到"全市开发"再到"全省推广"；往小处说，促进了农民增收；往大处说，为实现小康做出了重要贡献。

如今在利津县，"上农下渔"已经不仅仅是旱涝保收的高产稳产田，而是发展成了现代化农业产业园。那些集绿色、生态、观光、休闲于一体的现代化农业产业园区，大多建设在"上农下渔"开发区。现代化农业，已经在盐碱地上茁壮成长，开花结果。

望着"上农下渔"写下的结束语

就在《盐碱地上》即将脱稿之际，即2020年7月30日，利津县副县长陈建军一行，赴济南参加“山东省农业科学院（利津）黄河三角洲特色作物产业技术研究院”成立仪式，并现场进行了签约、揭牌。

这是利津县依托山东省农业科学院在“盐碱地上”结出的又一丰硕成果。

山东省农业科学院（利津）黄河三角洲特色作物产业技术研究院，以建设黄河三角洲盐碱地特色作物科技示范园、打造利津沿黄百里特色作物示范区、培优育强黄河三角洲盐碱地农业品牌、确保盐碱地特色作物产业高质量发展为目标，围绕芦笋、肉苁蓉、油莎豆等特色产业，开展高产高效栽培技术、农产品精深加工、农产品品牌提升等研究，大力推进“盐碱地经济”向高科技发展。

我们欣喜地看到，“上农下渔”这一模式，不但将盐碱地这一压在农民脊背上的沉重负担转变成了农民脱贫致富的有效资源，而且将盐碱地经济推向了科技高端行列，为利津、为东营、为山东乃至为全国滨海盐碱地区的农民奔小康，做出了积极贡献。

回故乡

○冯彩霞

一、回家

清明节是踏青和回家乡祭奠已故亲人的节日。

在这个春暖花开万物复苏的日子，我们村利用清明节三天的节假日，组织了一次欢迎女客回娘家、欢迎远方游子回故乡及全体村民的大聚会。

在外地的提前两三天就陆续踏上了回家路。一来可以和阔别多年的亲人朋友相见，二来可以在清明节时给已故亲人上坟。清明节前两天，我们在西安咸阳的一行十多人浩浩荡荡在西安火车站集合，踏上了归乡路。

中午 11 点 50 分的火车，到达吴堡县火车站时已经是晚上6点多了。天色渐晚，华灯初上，万家灯火。接我们的车子还没来。半小时后，来了两辆面包车，大家分别坐在两辆车上。二十多分钟后，车子行驶出了灯火通明、霓虹闪烁的县城，就驶进了苍茫黑暗的山野中。路上除了车子的灯光照亮前行的路外，一切都笼罩在黑暗之中，旷野一片寂静。大概两个小时后，车子行驶到村子的大疙瘩咽口，老远就能看到村子里闪烁的点点灯光了。离家的距离越来越近，心情也是越来越激动，近乡情怯。十来分钟后就回到了村里。回到村里时已经是晚上9点多了。

这次聚会的地点就安排在村里辈分最高的张仲义家的院子里，大家在离他们家门口不远的坡底下车，车子停在高场。一下车，映入眼帘的大红横幅悬挂在村口的上方：欢迎张氏儿女回家。硷畔上，欢快的拥军秧歌的唢呐曲调伴着锣鼓声响彻夜空，让人听了心情振奋，有种想扭秧歌的冲动。小妹笑着说：好像迎亲的喜庆气氛。

好久不见，回家真好！

踏上家乡的黄土地，一切都感到那么亲切！

故乡，我回来啦！我在心底呼唤着！

婆婆早在大门口等着我们（这次聚会我们家就回去了八口人，婆婆公公提前几天回去把好久不住的窑洞收拾好）。下车后上一小段坡路就到了聚会地点。吹唢呐的居然是八十四岁高龄的三爷爷和七十多的大叔，心中一阵感动。为三爷爷、大叔健康的身体，为他们这么大的年龄还为这次聚会奉献自己的余热。罗门墙挎，踏进院子，灯火明亮，一线齐整的六孔出面子石窑洞，好气派的院落！院子上空的一排排小彩旗迎风招展，东西两侧各做了两个驳壳房子，大门右侧支着三个锅灶，几口大锅冒着热气，几个襟裙打褂的厨子在锅灶前忙碌着，有一个掌勺大厨居然是我中学时的同学。见我们这十多号人回来了，大厨们忙着架起饸饹床子给我们压饸饹面。4 号就开流水席了，给陆陆续续回来的人们随时准备饭。

几孔窑洞里挤满了人，炕上的，脚地下的，好多陌生的面孔，但一点儿也不感到拘谨，大家互相介绍着说笑着。

久违的故乡，久违的乡亲，久违的唢呐声……一切都感到那么亲切温暖。亲不亲，故乡人，美不美，家乡水。

不一会儿，饸饹面煮好捞出来了，一碗碗饸饹面冒着热气，浇上一勺纯羊肉臊子，调上各种调料，吃一口，光滑筋道，吃一碗不过瘾，再吃一碗。二十多年没有吃原汁原味的家乡饭了，原来乡愁就是曾经喂养过的羊肉臊子饸饹面。

今夜有星有月，今夜欢乐无限，今夜的一切都很美!

二、相聚

吃完饸饹面又和乡亲们拉了会呱，时间已经不早了，我们背上背包回家。漆黑的夜晚，婆婆打着手电筒为我们在前面带路。弟媳是外地人，不习惯走坡路，我们就一路搀扶着走，下了几道曲里拐弯的坡路，终于回到阔别多年的家。曾经敞豁的小院已经用砖砌起了围墙，安上了大铁门。婆婆早已把院子的里里外外打扫得干干净净，几孔窑洞的炕烧得暖腾腾的，锅里烧着热水，供我们洗漱。我和弟媳、婆婆住一块。旅途劳累，洗漱完毕，一上炕钻进温暖的被窝很快就进入了梦乡。迷迷糊糊被隔壁窑洞小妹和她的几个儿时闺密叽叽喳喳、嘻嘻哈哈的说笑声惊醒，一看手机时间，都凌晨一点多了还没睡，精神劲那么足，几个闺密仿佛又回到了曾经少女时的快乐，回到青春活力四射的纯美年代。翻个身又进入了梦乡。早上天刚蒙蒙亮，又听到她们嘻嘻哈哈地说笑，估计这几个“疯女子”兴奋得一夜没睡吧。

婆婆早早起来，一会儿在这边窑洞烧热水，一会儿在那边窑洞烧热水，给我们准备起来洗漱的热水，伺候着我们这群“大小姐”。

5号，所有该能回来的村民基本赶中午之前都回来了。午饭时，大家都聚集到聚会的大院。此次聚会的人数共三百三十多人，是我们村有史以来规模最大、人数最多、最隆重的聚会。临吃午饭时，张秋权把这次聚会的流程、礼金给大家宣读了一遍，二百元起步，不封顶，三百、五百、一千的，每个人都为这次聚会献出一份心意。有特殊情况回不来的村民，也通过网络平台把美好的祝福和对安家梁村深情厚谊的礼金用手机转账回来。

午饭是猪肉粉条大烩菜，外加小碗口大散发着麦香气的白格生生的手工馍，一看就让人食欲大增。桌子上还摆放着一大盘酱红色的烧肉片子，色香味美，肥而不腻，喜欢吃肉的随便吃。婆婆给我和弟媳各夹了片烧肉，说：“香喷喷的，可好吃了。”说着，又给我们夹肉片。生怕饿着我们俩似的。三百多人的吃饭场面甚是壮观，场面颇火红热闹。

午饭过后，有表演节目的开始排练节目，十来个舞蹈班的学员，由张桂莲给大家排练扇子舞《开门红》。我在毫无准备且毫无基础的情况下，小妹给我也报了个舞蹈班。对于从来没跳过舞的我来说简直是赶鸭子上架，为了不扫大家的兴，只能硬着头皮来。刚开始，腰杆生硬，步子踩不到点上，扇子在我手里像扇凉风，轻柔的秧歌十字步被我扭得像在弹簧上蹦达，实在是跟不上节奏大煞舞风。最后给我改为简单点地在边上舞动红绸子，这动作比扇扇子简单多了。我天生就不是跳舞扭秧歌的料，腰里系的红绸子被我甩得铿锵有力。小妹看见笑着说我把红绸子甩得像刷面，逗得大家哈哈笑。第二天就要表演了，我不能掉链子拖大家后腿，一个人就在院子墙根下踩着十字步舞动红绸子练习着。在我毫不知情的时候被改燕拍成小视频发到村里的微信大群里。小妹在微信群里看到后说我快成网红了。估计我笨拙的舞姿让大家会惊掉下巴笑掉大牙了。

谁说三月（阳历四月）是春寒料峭，阳光晒到身上是灼热的（那天的气温高达二十七八度）强烈的紫外线穿透皮肤，晒得人流油滴水的感觉。为了明天的表演，大家顶着烈日排练。没节目的婆姨女子坐在背阴下前三十年后四十年谈古论今。有的好几十年都没见了，当初是风华正茂的年轻人，如今已是两鬓斑白儿孙满堂的老年人。时光一去不复返，但在每个人记忆的长河中，依然有曾经的欢乐，有鸡鸣，有狗叫，有孩童时简单细微的玩乐时光……

下午饭是饸饹面。为了迎合大众的口味，组委会的成员煞费苦心，光是臊子就有羊肉臊子、猪肉臊子、素臊子三种，每个人根据自己的口味吃。晚上，所有能喝酒的男人们聚在大院里，几张大方桌拼成一长排，桌子上摆放着下酒菜，大家围坐在一起畅饮。划拳，喝酒，唱酒曲，举杯话当年，把陕北男人粗犷豪放的个性展现得淋漓尽致。所有的快乐都在酒杯中。正如歌中唱的：今夜歌声醉，今宵多珍贵，兄弟相聚是幸福滋味，好久没有过拥抱的滋味，今夜我要痛痛快快陪兄弟干杯……不醉不罢休，这就是安家梁村的酒风。张秋全在讲话中曾开玩笑说：为了商讨聚会的事，为了大家喝得开心，每晚喝酒喝得肚子难受的。大家哄笑，大有壮士断腕的壮举。

三、欢庆

4月6日是聚会的正日子，也是最热闹的一天。没有节目表演的婆姨女子们早上8点多到大院里捏糕角，10点开始迎女客回家。所有的女客每人脖子上搭一条大红围巾，从村口的公路上开始迎女客。唢呐锣鼓队在前面带路，女客们跟在后面缓缓地前行，路边的杏花开得正艳，仿佛一群仙女下凡在花丛中，不时有人用手机拍下这美好的一刻。记录下张氏女儿回娘家相聚的珍贵时刻。迎到高场，所有人都在那集合。

首先由我们村教育界工作的张德芳为大家致开幕词，介绍安家梁村张氏儿女最早是从山西迁徙而来，村里一共六辈人，仲字辈辈分最高，张仲义是我们村国宝级的“大熊猫”，并嘱咐大家一会儿敬酒的时候多敬他老人家几杯酒。我们家是村里辈分最小的，那些比我们小几十岁的孩童都是我们爷爷叔叔级别的大人物。我儿子辈分是村里辈分最低的人底子了。接下来由女客代表张爱英代表所有女客讲话，讲稿的字里行间流露着远嫁女子对娘家村的眷恋和怀念。俗话说：八十岁的女子想娘家。娘家永远是每个出嫁女儿最恋恋不舍的地方。

接下来，由张德生和张德雄揭村碑，他们各拿着红被面的一角，随着鞭炮声响起，村碑上覆盖的大红被面徐徐拉下，村碑上记录着张氏家族从山西迁徙而落户在这个小山村的简介。由虎军宣读碑文，大家为我们村的人口兴旺繁荣富强热烈鼓掌。

中午饭是猪肉粉条大烩菜，油糕角，枣糕。热腾腾的油糕摆上桌，知心的话飞出心窝窝……黄灿灿的枣糕黏软香甜，金黄的糕角焦脆可口，咬一口，糖汁会顺着嘴角流出来。桌上的各种调料应有尽有：香菜碎，葱花，炒芝麻，油泼辣子……

三百多人一起吃饭，场面红火热闹，偌大的院子和几孔窑洞挤得满满的，大家端上一碗猪肉粉条大烩菜，夹上几个糕角或几片枣糕找个能容身的地方，或蹲着，或站着，就连窗台上也被当作临时饭桌占得满满的。每顿饭大家都吃得舒心尽兴。乡愁就是那流淌在舌尖上的家乡饭。无论走多远，家乡的饭菜熟悉而顽固！

现宰的大肥猪肉，自家喂养的纯山羊羯子肉，自家村里加工的纯手工粉条，黄米糕面是新碾压的黄米面，葱是地里栽红皮葱，一切都是无污染无公害的纯绿色食品。也正是这次聚会的宗旨：让大家吃好，喝好，聊得开心，聚得痛快。

午饭过后，首先是扭秧歌掏大场。一百多人换上秧歌服装，从村子的大疙瘩咽口开始掏大场。吹鼓手在前面吹奏着欢快的秧歌调开路，伞头跟在后面转动着花伞踩着十字步带领大家掏大场，后面跟着手拿丝扇子的婆姨女子，扇动着红红绿绿丝扇子扭着。从远处看，像一条彩色的巨龙在舞动。扭回到聚会的大院，又在院子里掏大场。村民三侯左手扇着丝扇子，右手拿个笤帚疙瘩，一脸淡然，随着节奏欢快的唢呐声一左一右狂溜打扇地扭秧歌，他的表演抓住了现场每个人的视线，逗得所有的人哈哈大笑，也成了节目的亮点。

文艺节目开始了，大家粉墨登场，首先是扇子舞《开门红》打头阵，十来个演员手舞彩扇，舞动红绸子在《开门红》的音乐中翩翩起舞，为这次的聚会“开门红”。接下来由这次聚会的策划人军则把一首《父老乡亲》送给安家梁村的父老乡亲。临唱歌前他讲的一段话感人肺腑：感谢父母的养育之恩，成长道路上给我们爱的滋养；感谢父老乡亲的厚爱，心头萦绕着一份浓浓的乡情；感谢美好时代，感谢美好的生活，让我们欢聚一堂，把酒言欢。质朴的肺腑之言，一首《父老乡亲》代表着安家梁村每个儿女的心声。

我们村是出靓男俊女的村子，村里的姑娘长得俊，嫁的女婿也不逊色，不是大官就是大款。而且多才多艺。首先由张爱英的女婿给大家演唱。这位部队上的大首长没有一点儿当官的架子，为人随和，几句简短的致辞给人一种平易近人的感觉。一首《儿行千里》的歌曲赢得大家热烈的掌声。再由秀宁的女婿演唱了一首俄罗斯的歌曲《三套车》，那浑厚的男中音穿透长空，让听惯了陕北信天游的父老乡亲耳目一新，领略一下俄罗斯异域风情忧郁苍凉的曲调。

为了增加节目的热闹，中间还穿插了抽奖活动。让大家在欣赏文艺节目的同时又能分享到中奖的喜悦。把村里所有人的名字写在纸上，放在纸盒里由我们村国宝级的长老抽奖，抽到谁的名字谁就是幸运的中奖者，奖品虽然不大，重要的是那种喜悦的心情。接下来谁唱歌由谁抽奖，以此类推 。小妹唱了一首《西口情》，那酣畅淋漓，尽显陕北的沧桑韵味的唱腔迎来大家热烈的掌声；五岁的小女孩给大家用普通话讲了两个小故事，稚嫩的童音萌化了人心，小小的人儿站在众人面前，一点儿也不怯场，很有台风。接下来的二人场子，藏族双人舞，快板，还有大婶唱的《绣金匾》，堂弟二胡伴奏，来了个母子双人表演；由全体村民演员合唱《众人划桨开大船》：一加十，十加百，百加千千万，你加我，我加你，大家心相连……歌声寓意着我们村是一个有凝聚力有大爱的村子。才艺表演接近尾声。由压轴的张润德夫妻各演唱了一首《父亲》《青藏高原》，专业的演唱水平迎来大家雷鸣般的掌声。欢乐的时光是短暂的，真想把快乐幸福的时光永远定格在这个欢乐时刻。节目接近尾声时，众人高举手臂牵起手，在《我们是相亲相爱一家人》的歌曲中合唱，文艺节目到此结束。

下午，坐席开始了。因为人多，就分两轮坐席。等第一轮的坐完席后，收拾干净桌面，安排我们没坐席的第二轮坐席，每桌十个人，每桌一瓶西凤酒，几个凉菜。桌上的碟子里放着瓜子糖果，每个人跟前一罐饮料，一罐杏仁露露。我们邻桌是一桌男人，是从小玩到大的发小，时间一晃就人到中年，有的分别十几年再没见面，借这次重逢的机会要痛痛快快地喝个够。不分辈分的长幼，一切尽在酒杯中。我们这桌都不喝酒，就嗑着瓜子吃着凉菜，看他们划拳喝酒，分享着他们的快乐。

三月的天气孩子的脸——说变就变，刚刚还晴空万里，转眼间就乌云密布，狂风卷积着尘土扑面而来。喝空的饮料瓶被风刮得满院子乱滚，一次性的桌布被风掀起，碟子里的菜立刻蒙上了一层尘土，塑料凳子也被掀翻在地，院子里一片狼藉，热闹的场面霎时被狂风搅散了。大家纷纷跑到窑洞里避难，每个人衣服上都落了一层厚厚的尘土，头发上、眼睫毛上都是，真正成了黄土地上的黄土人了。大家你看看我，我看看你，被各自的狼狈相逗笑了。但大家没有被狂风扫兴，依旧谈笑风生，讨论着这场大风的狂风劲舞。

门突然被推开了，堂弟系着红围裙，手里抱着一瓶酒扑进来，赶紧闭上门，用身体靠在门上，嘴里说着：哎呀，支不住了，风太大了。逗得我们又是一阵大笑。刚才大家进来，他还一个人坚守在饭桌前，一副临危不惧的样子，这会儿被风吹回来了。

大概半个多小时后，风停了，一切又恢复了平静的状态。重新换了桌布，端上来家乡的八碗，酥鸡，丸子，烧肉，炖肉……端盘子的端着菜盘，嘴里喊着：油啦油啦……拖着长长的后音，一直要喊到饭桌前。大家都尽兴地吃着喝着。事后，由风引起的趣事不断爆料。给大伙掌勺的六儿，谈起大风突然来临时，刚做好的一锅菜还没来得及盛，大风突然来临，赶紧用锅盖盖住菜锅，为了防止锅盖被掀翻，就趴在锅盖上死死地护着那锅菜。大伙被他滑稽的样子逗乐了，同时也被他舍身护菜的精神感动着！

晚上是文艺节目，自由发挥，想唱的，爱跳的都各尽所能。院子里是跳舞的，窑洞里是吹拉弹唱的。大家都想在最后一晚的快乐时光中尽情欢乐！心中有些伤感，有些留恋，涌起《木棉花的春天》的插曲：过了今夜以后，又是分手的时候……是的，过了今夜，不再会有这么欢庆的时刻了。世间本来就没有重复的时光。

四、别离

7号，吃过中午饭后就得说再见了。说不完的话，道不完的情，许多人在聚会结束后声音嘶哑，嘴上起水泡，但彼此的心情都是愉悦的。临行前，辉子特嘱咐我为这次的聚会好好写一篇文章，尤其是把他们几个儿时的玩伴和“二野鬼”都写进去。这个在我刚嫁到安家梁村时还是个十三四岁的毛头小子，现在已经是一个十几岁孩子的父亲了。我的文字是苍白的，纵有千言万语也表达不了我此刻的心情！也感谢他对我的信任和重托。

“二野鬼”是婆婆给小弟小时起的外号。小时候调皮捣蛋，常常惹是生非，连老师对他都有些发怵，是村里出了名的浑小子，所以婆婆发挥她高智慧高水平赋予他这么个美名。离家工作已经二十多年了，中途只回来两次也是小住几日。这次回来，虽然已经是四十多岁的中年人了，大家不叫他名字，笑着直接叫他：“二野鬼”，回来咧，记不记得你和 ×× 打架打的蛛蛛挛蛋蛋，拉都拉不开；和 ×× 拿着蛇皮袋子偷人家的枣……大家一一陈述着他年少时的顽劣，他也不介意，呵呵一笑说记着了。这外号渗透着亲切和对往事的怀念。

一份温暖，一份感动！

村里辈分最高的长者给我竖起大拇指：你和××是咱村我最敬佩的好媳妇！我担当不起这份荣耀，我只是独自拉扯大我的一双儿女，这一路走来虽然很艰辛，但孩子们都健康平安，人生路上所有的苦难都不算什么。抚养儿女也是每个父母义不容辞的责任和义务。孝敬父母是我们中华民族五千年的传统美德，我只是做了一个母亲媳妇力所能及的事。结婚二十多年了，在这个村里虽然没住多久，但小山村留下我曾经美好的回忆。乡亲们热情、淳朴、善良是我一生取之不尽的财富。这份亲情也镌刻在每个人的心中。

相聚的时间是短暂的，伴着留恋，伴着不舍，伴着心中的温暖感动和故乡亲人依依惜别，踏上了各自的归途。

昨日还人声鼎沸的村庄，一夜之间又恢复了往日的宁静，村里只剩二三十个人守护着我们的家园，心中突然有种落寞感。站到山峁上，满山洼的杏花桃花正开得灿烂，梨树果树枝头的花骨朵也含苞待放，小路边一簇簇蒲公英开出一朵朵嫩黄色的小花，萧条的黄土地已经泛起了“遥看草色近却无”的丝丝绿意，预示着春天来了，新的一年的希望又开始了！

踩着脚下绵绵的黄土地，百感交集，明天我也将离开故乡，泪水不由得一次次涌出眼眶。纵别离，盼相逢，几回梦里与君同，卷我乡愁几万重……

再见了，故乡！

这一别也许是几年、十几年或更久远。年年岁岁花相似，岁岁年年人不同，山还是那样的山，人已是离乡人。曾经热闹的小村庄人去窑空，小山村曾经有我最美好的回忆，在最美的年华遇到最好的人。爱上一个人，就会爱上一座城。我爱的人已经长眠在这片黄土地十几年了，但他永远活在爱他的亲人心里、灵魂里。这次回来我没有勇气去爱人的坟茔，不敢去，也不想去。我只能在心里默默地告慰他：没有你的日子里，我把我们的孩子拉扯大了。女儿找到了自己的幸福，儿子也已经长大了去外面的世界找寻属于自己的天空。

时光已逝不复返，往事只能回味……

不管走多远，不管走多久，安家梁村永远是远方游子和远嫁女儿心中的牵挂。若干年后，当你再次踏上回家的路，故乡的小路上依旧绿草茵茵；故乡的饭菜依然可口；故乡的那盏明灯永远照亮我们回家的路。

再远的路途也能闻到花开的气息！

再久的离别也能听到乡音的呼唤！

父亲的推车

○王洪荣

黄河，是世界上含沙量最多的河。每年有十几亿吨泥沙在黄土高原上流下，致使河床淤积，让养育华夏的母亲河成了名副其实的悬河，危害着人民生命财产安全的同时，也破坏着其他水系的平稳流淌。

1949 年 11 月，周总理在接见解放区水利部部分联席会议代表时明确指出：“战争尚未结束，国家正在草创。”他勉励大家，一定要根治黄河水患，给新中国献一份大礼。

怀着建国的喜悦心情，积极响应党的号召，父亲领着他的小队参加了治黄工程。赶到指定地点的时候，蜿蜒的滩涂上已是人山人海，红旗遍插。人们争先恐后地把一车车土方从河滩上挖出来运往大坝，给老旧的围堰加高加固。

一个推着空车的汉子从父亲身边经过时，吃惊地看了他一眼，不怀好意地翘了翘嘴角，阴阳怪气地打了声招呼就骄横地离开了。他的傲慢惹恼了旁边的尹真云，他想冲上去理论，被父亲拦下了。

在那个热火朝天的年代，人们以落后为耻，都拼了命地争当先进，就怕拖后腿当反面典型。父亲理解尹真云的心情，但他并没有急着开工，而是安排人手整理携带的衣物，然后埋锅造饭。

太阳西下，工地如同厮杀了一天的战场，随着民工们陆续收工，渐渐由聒噪转入一片沉寂。伴着浑浊的河水撞击出的清脆的浪涛声，借着月上柳梢的清凉，父亲和他的队友上阵了。

夜幕下，临时扎起的帐篷里鼾声如雷，鏖战了一天的人们睡意正酣，谁也不知道帐篷外发生了什么。红红的太阳腆着羞涩的脸从树缝里爬上来，一夜未睡的父亲手中推车的分量却依然不减。昨天还在趾高气扬嘲笑的人只是做了一个梦就哑口无言了，不得不在心中暗竖起大拇指："王金山就是王金山，就是厉害。"

为找回颜面，有人想借父亲人困马乏之机再追上去，却被父亲识破了如意算盘，根本不给反超的机会。坝顶上的土方噌噌地长，弄得他们好没面子。

父亲年轻那会儿，体格健硕，又有理性，在十里八乡是出了名的硬汉，在工程上很少遇到敌手，也赢得了很多尊重。那人领教之后，本就无话可说。怪就怪爱吹牛的尹真云，占了优势偏就不安分，喜欢仗着父亲的威名要点小聪明。尤其对曾经嘲笑过自己的人，更是不肯放过，见了面就讥讽，弄得人家总也下不了台。

那人觉着窝囊，被羞得急红了眼，就歇斯底里道："牛！你牛什么牛？有本事和老虎队比去，能比过老虎队，大家才真的服你。"

这话很有说服力，也有号召力，话一出口就赢得了很多人的响应。尹真云被笑声淹没了，他万万没想到人家会拿老虎队来压他。尹真云越是支支吾吾说不上话来，笑声越是此起彼伏，无奈的他挺了挺脖颈硬撑起来："不就是老虎队吗？有什么了不起？比就比，赶明，你把他叫来。"

老虎队这支队伍，是县里树起的一面旗帜。老虎队成员都是在精兵强将中优中选优而来，他们激情饱满，能力又强，是一支传奇性的队伍。县里组建这样一支队伍，就是为了鼓舞士气，提高人们治黄热情。

老虎队的威名如雷贯耳，人们只是在口传中知道这支刚强的队伍，虽传得神乎其神，毕竟都没见过。尹真云吹牛皮吹出花样，和父亲要挑战老虎队的消息，一并在工地上不胫而走，竟传到了指挥部。

县领导对此高度重视，管区区长找到父亲问明缘由。此事若不了了之，舆论难平不说，也影响治黄工人的积极性。可话又说回来，真要举办这样一场别开生面的比赛，若输给了老虎队，父亲的名誉在全县范围内也会受损。思来想去，区长提醒父亲不能逞能，要想个万全之策，平息这场风波。

不就是一场比赛吗？父亲眼里却没有那么多荣辱之分。在他看来，这是一次绝佳的学习机会，学人之长才能补己之短。老虎队名声再大，毕竟也是人，也肯定有过人之处，一决雌雄也未必就是件坏事。

父亲拿定主意挑战老虎队。尹真云懊悔不已，在他看来，父亲被迫答应与他那张没有把门的破嘴有关，都是自己的臭嘴惹的祸。不该逞口舌之快，闯下如此大祸，尹真云追悔莫及。

父亲安慰尹真云，事情不是他想的那样，老虎队虽然是大村子里选出的精兵强将，但毕竟自古以来以弱胜强的例子比比皆是。比赛比的不仅是体力，更是智慧。考虑到比赛中每一个环节上可能出现的问题，父亲给每一个队员亲授技艺。尤其是高挑细瘦的尹真云，平时玩点小伎俩还可以，真要是啃起“硬骨头”来，父亲最担心的就是他。

推车，有的地方叫独轮车，是那个年代主要的运输工具。

父亲的推车是一辆崭新的“槐木造”，不仅质地坚硬，而且量身打造，比一般的推车都大，能承载更多的重物。一般的推车，两侧各放一个编筐以保持平衡。父亲为赢得这场意义非凡的比赛，不仅在后边贴身部位增加了一个编筐，还在轮子上方的木撑上也安置了一个。一车四筐，又是那样硕大的一辆车子，别说是推，一般人见了都眼晕。

这是一场声势浩大的比赛，不仅县领导高度重视，各区也派来了模范进行观摩学习。人们摇旗呐喊，欢欣鼓舞。

黄河上空，红旗蔽日。弥漫的黄沙间走来了老虎队队长和他雄赳赳的队伍。老虎队队长身材魁梧，一看就知道是条好汉，他对父亲也有所耳闻。他扫视着父亲身后的队员，一种惺惺相惜之情从心底油然而生。

比赛开始后，按照父亲的预先安排，队伍有序展开。父亲推着硕大的车子走在前面，为后边跟上的队伍碾压出了一道坚实的车辙。仅半步之遥，老虎队队长紧随其后。惊讶之余，很多人都觉得不可思议，认为父亲在拿命赌这场比赛。不过，出于好奇，还是把最热烈的掌声给了父亲。

失了先机的老虎队队长并不以为意，在他看来，父亲不过是一时之勇，很容易消耗体力，等把力气用完了，撑不住了，自然也就败下阵去。老虎队队长似乎有了把握，他沉着应战。

随着温度的升高，如火如荼的比赛渐渐进入白热化阶段。并非每个人的头脑都能保持清醒状态，和队长相比，老虎队队员就很聒噪，他们不允许模范队的称号受到玷污，更讨厌有人胆敢用这样的方式挑战自己的尊严。对方明明是一支不起眼的队伍，看上去不堪一击，却很能死缠烂打，像在死磕。这让他们莫名地产生了反感情绪，恨不得一下子把这支不起眼的队伍比下去。可他们越是盛气凌人越是讨不到好处，一开始摆出的强大气势没有奏效，阵脚就显得不稳了，而这一切，都在父亲的掌控中。

此起彼伏的呐喊声淹没了黄河的涛声冲向云霄，震撼着千年古河，也让生生不息的炎黄子孙热血沸腾。

老虎队队长很快就发现自己在判断上出现了错误，小看了父亲。父亲的推车不仅没有因为体力上的问题出现纰漏，而且越战越勇，像极了队伍的灵魂。在他的带领下，队伍极有章法，一看就知道训练有素，得了父亲真传。

老虎队队长意识到遇上了真正的对手，变得异常严肃，他那有力的目光刀枪般刺向尹真云。尹真云心头一紧，车轮歪出了辙。他的车子若倒下去，不仅影响进度，更会打击士气，很有可能让占了先机的队伍因此输掉整场比赛。

危急时刻，从坝顶上下来的父亲一手扶住自己的空车，用腾出的另一只手抓住即将倒下去的千斤推车，硬生生把它从松软的沙土里提了起来。这一幕恍如梦中，在场的人无不面面相觑、目瞪口呆。

比赛整整进行了一天。夕阳西下，老虎队队长累得口吐鲜血。县领导宣布比赛结果的时候，父亲和老虎队队长紧紧地抱在了一起。

父亲力拔山河。浩渺黄河滩上，人们奔走相告，纷纷传颂着“王金山把老虎给吃了”的事迹。

半个多世纪过去，父亲的威名随不息的涛声在黄河上空回荡。我听得见，也能看得出，一条血做的河流，静静地流淌着的是泱泱华夏跃动的脉搏。黄河默默地向丰饶的土地给予真挚的滋养，它始终未泯的初心，让荒芜在梦想里结出丰硕的果实。

渭河摆渡人

○李兴茂

渭河，是黄河最大的支流。渭河文化囊括万殊，博大精深，是黄河文化最为灿烂的篇章，是中华民族的宝贵财富。人文初祖炎黄二帝在此统领先民，征战耕织；周秦汉唐等10多个朝代凭借渭、泾、浐、灞、沣、滈、涝、潏八水之利，在此建都达千余年，使中国位列世界四大文明古国之一。

“滔滔渭河知浅深，摆渡汉子付善心。女男童叟均相送，远客近邻都是亲。掮雨雪，洒汗水，风霜寒暑伴青春。如今桥面多宽敞，却忆当年摆渡人。”

摆渡人也叫“摆船人”“艄公”“撑船的”。渭河作为黄河最大的支流，虽非天堑也终成阻隔，先民们用船连接了河南岸北，从此有了渡口，有了摆渡人，也有了摆渡这个职业。渭河上的渡口大都以村名而称，我印象最深的是“东兴村渡口”。撑船的叫“乔胜利”，送过十里八村赶集的生意人和到河对面种庄稼的乡亲们。当然，我也多次坐过他的船。

一方水土养育一方人，许多手艺为世代相传，然而有些手艺只传自家人，不传外人。摆渡人，不是谁想当就能当成的，乔胜利师傅的父亲就曾在渭河上摆渡，他也算是子承父业沿袭了祖辈摆渡的生活方式。再说买船也需要一大笔资金，也不是谁想就有能力买的。

乔师傅听老一辈的人念叨：“人生三件苦差事，撑船、打铁、磨豆腐。”农耕时代，一切活路都靠手工完成，拥有一门手艺，虽然苦累但绝对是在社会立足、传家济世的途径。

撑船的苦，乔师傅感触最深。撑船，风吹雨淋，船行风浪间，撑船者上不接天下不挨地，随时都有翻船丧命的危险。冬天里河上寒风吹着，就算全身裹得严严实实，也免不了冻伤几个地方；夏天日头晒着，一会儿一身汗，脚底被滚烫的船板烙（烧）得受不了。

寒冬腊月的早晨，天麻麻亮，风雪堵着窗户，冰溜子像透亮的水晶小柱子，一排排地挂在房檐上。家里人说："这么冷的天，可能没人过河，渡口今天不去了。"乔师傅习惯性地穿好衣服，往渡口走去。

天气阴沉，满天是厚厚的、低低的、灰黄色的浊云。东北风呜呜地吼叫，肆虐地在旷野里奔跑，它仿佛握着锐利的刀剑，连严严实实的皮袄都能刺穿，更别说那暴露在外面的脸皮，被它划了一刀又一刀，疼痛难熬。他走了不一会儿，从嘴里、鼻孔里喷出来的团团热气便凝成了一层层霜花儿，冻结在皮帽四周，恰似一顶银色的头盔戴在他那冻得通红的脸膛上。

老远看见渡口有人走动，他加快了脚步。"乔师傅，天气这么恶劣，我们不忍心叫你。""没事，没事，不管咋样都要把你们送过河。"乔师傅边解缆绳边笑着说。

乔师傅边用篙打碎河面上的冰块，边用力撑船向对河流动，当篙出水面时上面的水就冻成了冰棍，到了对岸，10 多斤的篙已成为 50 多斤的"冰棒"。当乘客在千恩万谢中下船时，他淡淡地笑着说："这是我的职责。"

乔师傅介绍："我们村的渡口已 200 多年了，渡口设置要遵循尊重历史、方便群众、确保安全的原则；渡口选址应在水流平缓、水深足够、坡岸稳定、视野开阔、适宜船舶停靠的地点；码头具备货物装卸、旅客上下的安全设施。”

开了年，就要检修自己的船只，伐木解板，不是什么木料都可以，榆木、柳木最实用，这儿看看，那儿补补，修船补船也是技术活儿，做不好路上就有危险，所以要请最好的匠人。“人老筋出，船老钉出。”木船使用久了，由于大自然的风化，拼接船体的钉子就会裸露出来，所以每三年会换掉之前的旧船。

篙，是撑船最重要的工具，船如何摆动、速度多快，都由篙决定。选择一个好的篙也是关键，杨槐木、长得端正、要足够长。普通的长篙重约 10 斤，太轻或太重都不适合撑船。有时候因为不小心碰触将长篙落入水中，湍急的水流很快将长篙漂走，所以需要准备几个长篙，以备不时之需。

“渡口最辉煌的日子应该是 1953 年左右，那时候共有 12 名船夫，七艘船，两艘负责拉粮食，其他几艘负责拉过往的行人。大家三人一组轮流值班，保证 24 小时有人，每人每天至少要摆二十几趟船，最多的时候同时有三艘船在摆渡。”

停船泊船也有危险存在。乔师傅记忆中，不仅撑船有险，停船泊船也有讲究。父亲告诉他，“夏不湾滩边，冬不湾坑岸”，说的是夏天一旦下暴雨涨大水，船停在河滩边会被洪水打翻，只能在有坑岸或河湾的地方让船避风浪；冬天船不能停在坑岸河湾边，因为冻土解冻后会打坏船。

那年夏天，他正在河面上摆渡，突然听见上游的人喊道：“洪水来了。”乔师傅刚把船开到安全区域，上游的洪水夹杂着树枝就过来了。停靠在河滩附近的一艘船，瞬间就被洪水冲走了。

乔师傅回忆：渡口有摆渡的规矩，只要有人要乘船过河，哪怕只有一个人，摆渡人也是要开船的。有时候，岸的这边没人，对岸一声喊叫，也得撑着空船过河去接。从清晨到夜晚繁忙的一天，乔师傅要工作 14 个小时，此岸到彼岸要开上几十个来回。虽然操作早已驾轻就熟，但是每次他都会认真操作，一丝不苟：“出来一天就要担心一天，天天要有责任，不是开玩笑的。”

乔师傅介绍：撑船是一项体力活，同时又是一项技术活，一支篙在手上既要通过它用力使船前进，又要利用它掌握船的方向。每向河里插一篙子都是有讲究的，要根据风向、水流和船的行进状态决定下篙子的角度。撑惯了船的老手，船在河面上能始终保持一条直线向前蹿，船头下面能听到“呼呼”的水声。

有俗语说：“行船走马三分命”“一篙子一个人家”，说的是行船不但辛苦劳累，而且也很危险；也就是说凭船工的经验和蛮力，关键时刻的一篙子有时能挽救一条船，挽救一家老小的性命。

乔师傅还介绍说，一般情况下，船的走势是一个U形水路线。渭河中间水流急，两边相对缓一点，每逢涨水时，船要紧靠近岸边。等聚上五六个人之后，乔师傅便起身，拿起被削尖的长篙，一头扎入河底的泥沙中，另一端则攥在手里。他攥紧长篙，整个身子向下一沉，船就跟着动了。在船离开岸边有一步距离的时候，手握缰绳便跳上船，立在船头。

船先是根据河水流动的急缓沿着河岸逆流而上，水流急逆流而上的距离要远一些。一般到对岸渡口的上游500米后，略微调整船头，用篙力顶着船，只要船不被水冲走，水流就会自己把船送到对岸。

船头即将到达岸边的时候，他跳下船，用力拉住绳子，将船调整到合适的位置，待船体靠岸后，将绳子拴在岸边的木桩上。

村民乘船的费用，乔师傅也不会太在乎。他说都是乡里乡亲的，村民们给的基本上也是随心钱，一毛五角的，他都不会在意。用他的话说：收入虽不多，却日日都能见到现钱，这一家子就是靠拿着这点钱养家糊口。

他始终坚持“七不收费”：70岁以上的老人、10岁以下的孩子、家庭条件不好的、看病的患者、伤残人员、孤寡人员以及本村村民都不收费。

凡是经常乘坐乔师傅船的人，都会由衷地说一句：“坐乔师傅的船，放心。”数十年的摆渡生涯，让乔胜利师傅摸透了渭河的脾气。“漩涡似碗，容易搁浅；漩涡似筐，行船稳当；漩涡似蒲篮，必须细操船”“见北风起不能走，见活冰时不能过”，这些都是他的行船“秘诀”。

乔师傅从父亲手上接过渡船和撑篙，开始了摆渡生涯，与默默流淌的渭河结下生死之缘。他摆渡过多少货物，只有这条小河知道；他摆渡过多少行人，只有这条渡船知道；他流过多少汗水，只有这根撑篙知道；他唱过多少歌，只有这酒壶知道。

岁月如歌爱作舟，乘波踏浪却无求；数年风雨度春秋，情暖人间一艄翁。乔胜利师傅有句口头语："摆渡人，风里雨里，炎夏寒冬，懒不得，闲不得，否则人家会骂的，自己良心上也过意不去。"

一个阴雨的傍晚，乔师傅将船拴好正要回家，五个老婆、老汉急急忙忙地来到渡口，边走边喊："乔师傅，乔师傅，我们要过河！"原来这几位老人要到对河六村堡参加法事活动，车在半路坏了，他（她）们步行十几里才赶到渡口。

风雨中漆黑一片，波涛汹涌的渭河，是个绝不适合摆渡的天气。乔师傅望着急切的老人，把心一横，答应帮他们过河。小船在波涛中上下起伏，他使出浑身解数，凭借自己的记忆回避着急流漩涡，双手拼命地撑船。

终于到了对岸。在老人不断地谢谢声中，乔师傅正要将船往回撑，一个老汉不好意思地说："我们知道你撑了一天船，既困乏又饥饿。你看这风雨中漆黑一片的荒草滩，我们连方向都辨认不清，别说到六村堡，到天明也走不出荒草滩。"乔师傅习惯地挠了挠头，戴着斗笠、披着蓑衣，凭着记忆无可奈何地领着他们在羊肠小道中走出了渭河滩，又徒步15里到达六村堡。

当老人掏出几块钱作为补偿时，他摆摆手，转身大踏步地走进风雨中。在恶劣的环境下五个人共收了5毛钱的船钱，又义务往返30里送到目的地，老汉们满含热泪不停地说："好人哪，好心得好报！"

"救人是常态，不求回报"，常在河边的乔师傅还靠着一身好水性，救下了数不清的性命：不慎落水的学生、掉进冰窟窿的孩子、失恋跳水的青年……那天乔师傅正在渡口岸边休息，隐约听到有人喊"救命"。他急忙向出事的地点跑去，只见河中心有个人影一会儿沉入水中，一会儿露出水面。他没有半分犹豫，顾不得脱衣服跳入水中，就游到了落水者的身旁，抓住他衣服的后领游到岸边。

事后被救者要表示感谢，乔师傅也总是婉言谢绝，分文不取。有人问：你图啥？他只是笑笑说，钱够花就行，要紧的是不亏自己的心，救人要紧！

就在渡口旁边一座横跨渭河南北的公路桥已竣工通车，摆渡已成为历史。乐呵的老乔倒是没有多少伤悲的表情。但我想，他心中一定也有依依不舍的情结，毕竟干了那么多年的船工，这个渡口有他几十年的青春和汗水，在这个渡口光船就用坏了6条。

当问到现在的生活时，老乔爽朗地说：我这个人“不赌博，不摇宝。养蜂钓鱼，套兔子”，能干的事情很多，还有庄稼要侍弄，闲不下！说罢，又是憨憨地一笑。这就是一位平凡的渭河摆渡人的故事，这更是渭河文化乃至黄河文化中不起眼却不可或缺的一部分。

大河之舞下的吴堡印象

○张　旭

自去年援陕以来，一晃一年半的光景过去了。因为有许多事情需要落实，时不时有家乡的领导过来考察对接。每当我在榆林机场接到他们上了榆蓝高速之后，看到路旁的指示牌，常有人惊奇地说道："咦，榆林这里也有一个吴堡啊？"

江苏客人之所以会有这样的疑问，这是因为在扬州市以前有一个最东面、与泰州市一河之隔的乡镇也叫吴堡。随着区划调整，2005 年，这个镇已经撤并，现在变成了小纪镇管辖的一个村。相隔千里，苏陕这两处地名写法虽一字不差，但发音却不一样，在扬州，吴堡的"堡"读 bǎo，而在榆林这边，吴"堡"的堡却读 bǔ，因为韵母不同，故而两地的读音相去甚远。众所周知，红军长征胜利结束后，中共中央曾经在陕北子长县瓦窑堡召开过一次重要的政治局扩大会议，研究确定了建立抗日民族统一战线的政策，史称瓦窑堡会议，在这里堡字同样读 bǔ 而不读 bǎo。在广袤的大西北，堡字除了这两个音外，还有一个音，读 pù，如乌鲁木齐地窝堡机场，读成 dì wō pù，为什么会读成 pù 呢？在古代，堡除了城堡的意思，还与“铺”通假，是驿站的意思，于是就有了 pù 的读音。一字三音，确实有点令人头大。

言归正传，还是再来说说榆林的这个吴堡吧！

吴堡是榆林市下辖的一个县，今年以来，我先后两次去了这个县，一次是 6 月 4 日参加江苏省对口帮扶陕西省工作队在这个县召开的推进会，一次是 7 月 30 日与子洲县的有关人士去吴堡县考察由仪征市客商投资的枣芽茶项目，这两次去吴堡。虽时间短暂，行色匆匆，但在浮光掠影间，对吴堡县总算来了一个眼见为实的直接接触，留下的印象自是深刻而不同。

印象之一：吴堡县是一个小县。这个“小”字体现在三个方面：一是土地面积小。一个县只有区区 420.84 平方公里。榆林市全市总土地面积 42921.1 平方公里，几乎接近江苏省的一小半了，在下辖 12 个县市区中，县级神木市总土地面积达到了 7473.83 平方公里，雄居陕西省面积第一的宝座，相形之下，扬州地区是 6591 平方公里，一个县级神木市比地级扬州市还多上 882.83 平方公里，可谓幅员辽阔。另外，定边县、榆阳区、靖边县也都是超过或接近 5000 平方公里的大县，作为榆林市面积最小的一个县，吴堡县只有神木市的 5.63%，是一个袖珍型的县。二是人口基数小。整个吴堡县户籍人口是 8.14 万人，而常住人口更少，只有 6.49 万人，不用说与东部地区那些人口动辄过百万的大县相比了，就是与榆林市内部的一些大镇相比，也不占优势，如神木市的大柳塔镇有 10.4 万人，吴堡县都赶不上大柳塔一个镇的人口，可见人口之少了。三是经济体量小。2019 年，吴堡县的生产总值是 26.91 亿元，地方财政收入只有 5000 万元，不如扬州地区大多数乡镇，因此，从这三个角度来看，吴堡县是名副其实的小县。

印象之二：吴堡县是一个老县。作为一个山区县，吴堡县缺少平地，县城宋家川镇除了沿黄河的一条主要街道外，其余的建筑基本上都建在山上。抬眼望去，山上的老窑洞层层叠叠，如同布达拉宫一般，昭示着这座小城有着不一般的历史。抛开别的方面不谈，光是吴堡县名的来历就大有来头。去年，我在陕西省扶贫干部培训班上，遇到吴堡县委副书记殷海舰同志，他说："你知道吗，我们吴堡人与你们江苏人是老乡。"我听了是一头雾水，见我不解，他解释到，东晋时期，大将刘裕统兵北伐，占领了长安。这时朝廷内部发生变乱，他急忙返回建康（南京）争夺帝位，留下12岁的幼子刘义真镇守长安。得知这一消息后，由匈奴人建立的大夏国国王赫连勃勃率领2万铁骑，从国都统万城出发，直逼长安。毛孩子刘义真哪是赫连勃勃的对手，匈奴人迅速占领了长安。第二年，赫连勃勃返回陕北统万城时，沿途修筑了许多堡寨，用来安置东晋战俘。这些俘虏均为江南人，而江南历史上是吴国的属地，于是匈奴人就蔑称他们为"吴儿"，而安置"吴儿"的堡寨，就是吴儿堡、吴儿寨，吴堡县就是众多吴儿堡中的一个。

公元450年，南朝刘宋文帝发动了元嘉北伐，但被北魏太武帝拓跋焘反攻，一路南下，追至长江北岸，在瓜步山上建立行宫，后来以拓跋焘的小名佛狸称为佛狸祠。高中课文里有辛弃疾的代表作《永遇乐·京口北固亭怀古》，里面写道：

“元嘉草草，封狼居胥，赢得仓皇北顾。

四十三年，望中犹记，烽火扬州路。

可堪回首，佛狸祠下，一片神鸦社鼓。”

说的正是发生在吴堡的这一段史实。在历史上很长一段时期内，六合都属于广陵（也就是今天的扬州）而不属于南京，因此，《吴堡县志》记载说拓跋焘从广陵俘获万余家北上是有可能的，如果这种说法成立的话，那么今天吴堡县的老祖宗就与扬州人是同根同源了。我与榆林人闲聊时，他们也说吴堡话与榆林其他 11 个县（市、区）语音不同，他们不太听得懂，据此他们认为吴堡人说的话是南方话，吴堡人的先祖是来自南方的吴人。

一说是赫连勃勃，一说是拓跋焘，虽差异较大，但有一点是可以肯定的：吴堡县名来自五代十国广顺元年（951 年）开始修筑的吴堡水寨。金正大三年（1226 年），吴堡寨升为吴堡县，隶属葭州管辖，虽然在这之后几经兴废，但这是吴堡县正式建县的开始。那么问题来了，吴堡水寨为什么偏偏以吴命名而不以其他的姓氏命名呢？究竟这里的吴是代表南方的吴国、吴地，还是一个姓吴的将领修建而成，后世为了纪念他而取吴姓呢，这种可能性也是存在的。放眼全国，以人名作地名的案例不胜枚举，如河北的张家口市在明代原属万全右卫，宣德四年（1429 年）始筑堡城，因该堡城为指挥张文所筑，故命名为张家口堡，后来慢慢衍化为今天的张家口。或许吴堡与张家口一样，也是取自人名吧。历史上名将吴起曾经在陕北用兵多年，吴堡会不会与他有关呢？如延安市的吴起县就取自他的大名。

总而言之，因为年代久远，相关资料付之阙如，要想准确地对吴堡县名的来历追本溯源，确是一件难事，如果有新的史料发掘，这个问题也许会迎刃而解。

印象之三：吴堡县人文底蕴很深厚。作为一个黄河边的山区小县，吴堡县虽然地瘠民贫，但在历史上并不是毫无作为，相反，千百年来，这里的人们威武剽悍，好勇斗狠，涌现出了众多的英雄豪杰。去年，我在榆林党校上县处级秋季培训班时，同宿舍的魏向国同志是吴堡县县委常委，他向我介绍了许多有关吴堡县的人文历史。据他说，吴堡的老县城叫石头城，又叫吴堡石城，位于宋家川镇北 2.5 公里黄河西岸山巅，是西北地区迄今保存最完整的千年古县城。这座老县城全部用石头垒成，是一座名副其实的石头城。因为坐落在黄河岸边的石山上，居高临下，颇有“一夫当关、万夫莫开”之势，地理位置极其险要。在抗日战争期间，日本鬼子在黄河对面的山上架起大炮来猛轰石头城，结果岿然不动。因为吴堡老县城固若金汤，像个铜疙瘩，人们誉之为“铜吴堡”“华夏第一石城”，足见城防之坚固了。当然最让吴堡人引以为豪的是 1948 年 3 月 23 日，毛主席、周总理、任弼时同志率领党中央直属机关人员、解放军总部机关从吴堡县川口东渡黄河，从此离开了战斗十三年之久的陕北大地，一路向东，到了西柏坡，最后进了北京城，取得了全国解放的胜利。

除了红色的历史外，吴堡人津津乐道的还有本县历史上出了两个一文一武的名人，武的是有着“青藏公路之父”之称的慕生忠将军，文的就是大作家柳青。现在的年轻人提到这两个人可能不太熟悉，然而，在当代史上，这两个人可是赫赫有名。20 世纪 50 年代，慕生忠将军率领筑路大军仅用 7 个月零

4 天的时间，修建了长达 2100 公里的青藏公路，为巩固国防、维护西藏稳定做出了巨大贡献。近年来，中央电视台电影频道有一部影片《天慕》，就是为了纪念慕生忠将军而拍摄的。而柳青则是当代文学巨匠，他创作的《创业史》曾经影响了一代人，被路遥视为创作上的“文学教父”。

为了纪念这两位名人，吴堡县在黄河岸边的市民广场上特意塑起了两人的雕像，同时，还用石版画的形式对吴堡县人文历史进行了展示，其中，令我印象最为深刻的是张天恩。在中国，《赶牲灵》是一首家喻户晓、妇孺皆知的陕北民歌，被誉为中国民歌之首。然而，又有多少人知道这首歌的作者呢？在来吴堡县之前，我也不了解。到了吴堡之后才知道作者是张天恩，他曾创作了众多陕北民歌，是一位声名不显的“民间文艺天才”。

提到吴堡的名人，还有一个人不能不提，他就是经济学家张维迎，作为蜚声中外的大经济学家，他是正宗吴堡人，很幸运我女儿在北京大学国家发展研究院读经济学专业时，张维迎正好教她《经济学原理》。据女儿说，每当张维迎上课时，不少校外的学生慕名来蹭课，里里外外全是人，俨然北大一景。

古人早已说了，山不在高，有仙则名。水不在深，有龙则灵。一个不到十万人口的小县穷县，能出几位在全国叫得响的人物，你能轻视吴堡这个小县城吗？

除了这些，吴堡县令人难以忘怀的还有黄河。近期，张维迎写了一篇文章《挂面书记与柳青作品收藏家》，在开头部分，他充满深情地写道：

“黄河流经秦晋大峡谷有一段汹涌澎湃的激流险滩，其壮观气势仅次于壶口瀑布，故被称为‘天下黄河第二碛’，简称‘二碛’。二碛西岸有一个小县，名吴堡。那就是我的老家。”

6 月 4 日，吃过晚饭后，我特意到黄河岸边散步。由于今年陕北遭遇 25 年来的大旱，黄河水量看上去不是太大。然而，当我走下高高的滨河游道，来到黄河岸边时，才发现表面平静的黄河实际上水流是非常湍急的。我用双手捧了一把黄河水，能够很清晰地看到水质略显浑浊。在河面上有一艘橡皮艇，前面有一群人在游泳，而河对岸就是山西省吕梁地区的柳林县，刘志丹率领红军队伍东征，渡过黄河来到了柳林县的三交镇，1936 年 4 月 14 日壮烈牺牲，时年仅仅33岁，真是英年早逝，令人扼腕。

黄河，一条令人心潮澎湃、思虑万千的大河，千百年来，她穿山越岭，蜿蜒曲折地横亘在北国这片苍茫的土地上。面对川流不息、豪放不羁的大河之舞，哲人惊呼“逝者如斯夫，不舍昼夜！”诗人咏叹：“黄河之水天上来，奔流到海不复回。”古往今来，围绕这条大河，多少英雄豪杰、骚人墨客在这里留下了自己独特的印记，巍巍勋业，赫赫华章，在这片古老土地上上演的一幕幕大剧，或者是闹剧，抑或是丑剧，恰似黄河水一样史不绝书，代代相传，成了我们这个民族的集体记忆，试想，黄帝、炎黄子孙、黄土地、黄皮肤、黄河水……如果没有这一系列以黄字命名的专有名词作为我们民族的底色，我们中国人又何以成为中国人呢？

踯躅在黄河岸边，我思绪翻滚，无尽的往事似千军万马联翩而至，在众多的往事当中，我尤为难忘一件事，在上初中时，曾经学过一篇节选自《创业史》的课文《梁生宝买稻种》，语文老师在介绍作者生平时，特意提到了柳青先生的一句话：

“人生的道路虽然漫长，但紧要处常常只有几步，特别是当人年轻的时候。”

30多年过去了，我也从一个懵懂的少年步入了知天命之路，这些年间也走了很多地方，经历了很多事和很多人。随着岁月的流逝，很多事很多人成了过眼烟云，然而，柳青先生的这句话却让我一直铭记在心，并时时警策自己。今天，来到先生的家乡，站在先生的雕像前，我再一次想起这句话，内心真是感触良多，情难自禁。

“尔曹身与名俱灭，不废江河万古流。”是的，在黄河面前，我们是渺小卑微的，先贤圣哲们提倡的“三不朽”离我们芸芸众生相去甚远，然而，勉力做一个像黄河一样坦坦荡荡、虚怀若谷的人或许是不二的选择，即便终其一生不能竭尽全力，但只要我们在努力，在追寻，终归是人生前行道路上一道曼妙的风景。

走了一个多小时，天色已完全黑了下来，滨河公园的景观灯已全部亮了起来，人们或跳舞，或散步，一派安详的景象，而月亮也已经爬上了河对岸的山头。虽然不是清辉满地，但也月色溶溶，与黄河相映衬，构成了一幅月下山居图。在黄河岸边，有这样一份宁静与祥和，真好！

刘鹗、黄河与齐河

○张玉华

说起清末小说家刘鹗及其《老残游记》，有点文化的人应该都记得起；说起刘鹗与黄河及齐河的故事，却未必所有人都熟知，颇值得说道说道。

《老残游记》第十二回《寒风冻塞黄河水 暖气催成白雪辞》写道：

却说老残由东昌府动身，打算回省城去。一日，走到齐河县城南门觅店，看那街上，家家客店都是满的，心里诧异道：“从来此地没有这么热闹。这是什么缘故呢？”正在踌躇，只见门外进来一人，口中喊道：“好了，好了！快打通了！大约明日一早晨就可以过去了！”老残也无暇访问，且找了店家，问道：“有屋子没有？”店家说：“都住满了，请到别家去吧。”老残说：“我已走了两家，都没有屋子，你可以对付一间吧，不管好歹。”店家道：“此地实在没法了。东隔壁店里，午后走了一帮客，你老赶紧去，或者还没有住满呢。”

由此可知，当时的齐河老县城正好处于黄河渡口，其繁华可见一斑，以至于欲求店铺住宿一宿而难得。在《老残游记》中有大篇幅描写黄河齐河渡口的文字，我因而对刘鹗倍感亲切，饶有兴趣地读下去：

老残随即到东边店里，问了店家，居然还有两间屋子空着，当即搬了行李进去。店小二跑来打了洗脸水，拿了一炷燃着了的线香放在桌上，说道：“客人抽烟。”老残问：“这儿为什么热闹？各家店都住满了。”店小二道：“刮了几天的大北风，打大前儿，河里就淌凌，凌块子有间把屋子大，摆渡船不放走，恐怕碰上凌，船就要坏了。到了昨日，上湾子凌插住了，这湾子底下可以走船呢，却又被河边上的凌，把几只渡船都冻得死死的……”

有时候，我们真的庆幸黄河结冰，让文豪刘鹗有滋有味地在齐河待了一晚上，从此留下了关于齐河的珍贵墨宝：

老残洗完了脸，把行李铺好，把房门锁上，也出来步到河堤上看，见那黄河从西南上下来，到此却正是个湾子，过此便向正东去了，河面不甚宽，两岸相距不到二里。若以此刻河水而论，也不过百把丈宽的光景，只是面前的冰，插得重重叠叠的，高出水面有七八寸厚。再往上游走了一二百步，只见那上流的冰，还一块一块地漫漫价来，到此地，被前头的拦住，走不动就站住了。那后来的冰赶上他，只挤得“嗤嗤”作响。后冰被这溜水逼得紧了，就蹿到前冰上头去；前冰被压，就渐渐低下去了。

黄河冰凌是黄河一景，由于刘鹗的妙笔而“生花”。黄河整体呈现几字形，造成了难得一见、世上独一无二的凌汛，也诞生了一个非常特殊的行当——黄河跑冰人。一个汉子，手拿一根竹竿，在积满冰块的水面上，轻盈地从一块冰跳向另一块冰。冰块一块块堆积，闪着锋利的光芒，那汉子身影越来越小，最终消失在大河对岸。今天，著名齐河作家解永敏将“跑冰”这一古老的行当在小说里展现出来，成为齐河文学地理的标志性“物件”，与刘鹗的描述珠联璧合，相映成趣。

其实，用文学的手法写黄河，刘鹗算是独具特色的。《老残游记》第一章第一回“土不制水历年成患风能鼓浪到处可危”开篇有这样一段文字：

有个大户，姓黄，名瑞和，害了一个奇病，浑身溃烂，每年总要溃几个窟窿，今年治好这个，明年别处又溃几个窟窿，每发都在夏天，一过秋分，就不要紧了，经历多年，没有人能治得这病。那年春天，刚刚老残走到此地，黄大户家管事的，问他可有法子治这个病，他说：“法子尽有，只是你们未必依我去做，今年权且略施小技，试试我的手段。若要此病永远不发，也没有什么难处，只需依着古人方法，那是百发百中的。别的病是神农、黄帝传下来的方法，只有此病是大禹传下来的方法。后来汉朝有个王景得了这个传授，以后就没有人知道此方法了。今日奇缘，在下倒也懂得些个。”于是黄大户家遂留老残住下，替他治病。说也奇怪，这年虽然小有溃烂，却是一个窟窿也没有出过。为此，黄大户家甚为喜欢。

明眼人打眼一看，就可以看出其中端详：得病的大户叫黄瑞和，那就是黄河。这种夏天发作，过了秋分就不打紧的窟窿，用大禹的方法才能治好的病，就是指的黄河决堤。文中提到的王景，是东汉时期著名的水利专家，曾治理过黄河，并得到很高的评价，有“王景治河千年无患”之说。

那么，小说《老残游记》以这么一段极具象征意义的故事开篇，寓意何在呢？据说刘鹗出生之际，其母朱氏梦见了大鹏，因此给刘鹗取名梦鹏，乳名鹏鹏，字云抟。后来刘鹗自已改名“鹗”，字铁云。鹗是水鸟，说来凑巧，身处“棋局已残”的晚清，刘鹗的命运正是因为治水而出现转机的。

在刘鹗出生前两年，也就是 1855 年，黄河从河南兰阳（今河南省兰考县）北岸铜瓦厢决口，来了个巨龙摆尾，穿过大运河夺了大清河水道，从利津铁门关以下牡蛎嘴入渤海，河南、直隶、山东 40 多个州县被淹。当时清政府疲于应对太平天国和捻军，无力也无心治理河务，沿黄人民饱受水患之苦。

光绪十三年（1887 年），黄河在郑州决口，这是继 1855 年铜瓦厢决口改道后最大的一次决口，正河河道断流，河南、安徽、江苏二三十个州县被淹，洪水直注洪泽湖，有东冲下河南灌扬州之势。清廷立刻派大员协助河道总督和地方官府治理洪水，可是忙碌了一年多，决口也没有合扰。清廷大怒，摘除了多位一品大员的顶戴花翎，并调来广东巡抚吴大澂署理河道总督，负责河患治理。

吴大澂虽然名字中带有“三点水”，可是对于河工并不在行。这时，刘鹗已经捐有同知衔，来河南拜见吴大澂投效河工，提出“筑堤束水，束水攻沙”的建议。吴大澂采用了刘鹗治水的主张，并委以重任。刘鹗虽然是官宦子弟，可是并无衙内作风，在河工现场，他“短衣匹马，与徒役杂作。凡同僚畏惮不能为之事，悉任之。声誉乃大起”。

光绪十四年冬（1889 年 1 月），决口合扰。吴大澂奏请朝廷，成立了善后局，负责测绘河南、直隶、山东三省黄河河图，由易顺鼎总司其事，刘鹗、冯光远、董毓琦三人任提调。并从福建船政局、上海机器局、天津制造局、广东舆图局抽调了 20 多位精于测绘、工于绘书的技术人员参与其事，分段开展三省黄河全图测绘工作。这是中国第一次用新法开展黄河测绘工作。

测绘工作从光绪十五年（1889 年）阴历四月开始。就在这一年，刘鹗带人进入山东，沿黄河一路勘查，直到黄河入海口。在实地勘查的基础上，刘鹗结合查阅沿黄各州县县志以及河工资料，于次年（1890 年）三月完成全部调查测绘工作，绘成了《三省黄河全图》共计五册一百六十篇，内容涉及河道走向、接纳支流情况、两岸堤坝等水利工程情况。在此基础上，刘鹗还根据各地县志、黄河治理档案资料以及其他有关资料完成了《历代黄河变迁图考》，历数黄河河道变迁。以上两部著作在黄河水利史上具有重要地位。

光绪十六年（1890 年）三月，刘鹗来济南报到，开始在山东办理河务。次年（1891 年），他又把家眷接来济南安家。1889 年刘鹗测绘河图、搜集水利工程资料时，曾经在济南县西巷北首路西陶宅内住过一些时日。家眷到济南后，刘鹗先后居住在济南小布政司街、英武庙街。小布政司街上有家客店名曰“高升”，刘鹗后来写作《老残游记》时就把高升店搬了进去。当然，小说还浓墨重彩写了大明湖和众多名泉。刘鹗来到山东后，时任山东巡抚张曜委任他为黄河下游提调官，并委托他在黄河下游的利津县、蒲台县修建斜堤（连接缕堤和遥堤的堤坝）各一道。原来汛期一到，这里沿河二百多个村庄就浸泡在水中，斜堤修好后，麦秋二季滩区的庄稼没有受洪水影响，居然获得了丰收。

光绪十七年（1891年）七月，张曜正在黄河上监工时，忽然“疽发于背”，随即回省城济南就医，未几日医治无效而卒。福润继任山东巡抚。刘鹗结合在山东办理河务的实践，对原《治河五说》进行了补充，增加了《治河续说》两篇，提出“修民埝束水攻沙”“筑斜堤澄淤填堤”“建滚坝播河涨泄”“补大堤同河启塞”四种措施，形成新版《治河五说》呈送给福润。刘鹗来山东办理河务初期，同僚中有不少人坚持“不与河争地”之说。刘鹗则力持《治河五说》。但是，当时废济阳以下民埝的大错已经铸成。光绪十八年（1892年）夏天，黄河在鄄城、章丘、济阳、惠民等县决口十余处，其中，章丘决口灾情最重。黄河在章丘决口后，洪水直冲位于黄河南岸的齐东县城（遗址位于邹平县台子镇，1958年齐东县撤销并入邹平县、博兴县），偌大的齐东县城仅剩东南一角，好像青蛙一样浮在水面上。《老残游记》第十四回《大县若蛙半浮水面　小船如蚁分送馒头》就是当时惨状的真实写照。

刘鹗在《老残游记》第十三、十四回后的自评中写道：“庄勤果公（指张曜）慈祥恺悌，齐人至今思之。唯治河一端，不免乖谬。而废济阳以下民埝，退守大堤之举尤属荒谬之至。惨不忍睹，况目见乎！”“山东村居屋皆平顶，水来民尽升屋而出。一日作者船泊小街子，见屋顶上人八九十口，购馒头五十斤散之。值夜大风雨，耳中时闻坍屋声。天微明，风息雨未止。急开船窗视之，仅十余人矣！不禁痛哭。”刘鹗说，生平有三大伤心事，山东民埝是其中之一。此时距张曜去世一年了，继任山东巡抚福润上奏朝廷自请处分，同时处罚了一部分官吏。可是，这些都已经于事无补了。1892年下半年，伤心事接踵而至，刘鹗原配夫人王氏和母亲朱夫人先后去世，刘鹗回到淮安守制，随后把家眷也接回了淮安。光绪二十一年（1895年）秋冬间，刘鹗守制期满，由福润保荐以“奇才异能”到北京总理各国事务衙门考验，以知府任用。这年腊月，刘鹗从北京回到济南，在泉城过了一个春节，次年（1896年）正月回北京，为在山东办理河务的日子画上了一个句号。但是，黄河始终在他的体内流淌，成为他一生的牵挂，进而化为文脉，流淌于自己钟情的《老残游记》。

今天，作为德州南融“桥头堡”与济南“后花园”的齐河，正以“双百强县”的实力让世人刮目相看。当年阻断刘鹗济南之行的黄河上也已经有了数座公路桥、铁路桥，还有即将开通的“黄河地下隧道”，以及规划中的轻轨与济南大外环，都使得跨越黄河成为“一脚油门的事儿”。古城济南即将告别“大明湖时代”，进入“黄河时代”。如果刘鹗在天有灵，是否会“当惊世界殊”？从“治河难”到“黄河大治”，这期间的变化恐怕不只是刘鹗，便是任意一位同时代的人穿越过来，都会觉得惊诧。旧中国与新中国的差别，从黄河上便足以管窥。

五大爷的故事

○佟宝川

在我的记忆里，父亲只有一位兄长，既无叔伯又无堂叔，只有一个大爷。哪来的五大爷？听奶奶说，那是我们家族分支上隔近的一大家院，“五”数是人家那边的兄弟排行，与咱这边无关。其实，双方从服值上论，别说五服，就是六七服也早出去了，之所以走得近，主要是两家有缘分。

如是说，五大爷是假的了？其实，这个“假”大爷对我的印象，比我那真大爷都深。真大爷自解放前就在济南府开裁缝铺子，年里月里来不了一趟，见面生疏，感情淡化。然而，这个五大爷在我的心目中却有着举足轻重的位置，尽管他一不能文，二不会武，却是我们这黄河滩上的名人。他的成名之作，便是从黄河北岸一个猛子扎下去，十分钟后便从南岸水里冒出来，这一手令黄河岸边的人们拍案叫绝！如果那时有吉尼斯世界纪录，非他莫属。

正因为与黄河有缘，据说五大爷成家后，便请来村上的木匠，打造了一条渔船。从此，忙时“农”，闲时“渔”，农耕捕鱼两不误，小日子过得非常滋润。

五大爷走进我的视野，还是20世纪60年代初夏季一个阴雨天。当时，我正在家听奶奶讲故事，突然门外进来一位穿着蓑衣、头戴苇笠的不速之客，咋看像个刺猬蛋，当那人摘去了“行头”，奶奶说这是你五大爷。

其实，平常也见过五大爷几次，都是在人群集聚的场合，我从小性格腼腆，越见熟人越是躲着，见与不见都一样。

今天有奶奶在，小孩子家只管听大人说话便是。五大爷开门见山，声如洪钟：“我说婶子啊，你那孙子津，说上亲事来了！”奶奶说：“那敢情好了，哪村的？”“黄河南岸王旺庄的，好——媳妇啦！”尾句这个“好”字，五大爷语气重，拖音长，足见他的满意度。

奶奶看到五大爷老站着说话，便起身给他拉过一条板凳。也不知是他兴奋得坐不住，还是在船上站惯了，老是一只脚跐着板凳，另一只脚踩在地上，说话眉飞色舞，一只手比比画画，俨然一种书中描写的山东大汉的味道。如是这般，极大地启发了我的好奇心：这样的块头，他是如何从河北岸的水下“穿越”到河南岸的？莫非他上辈子是条鱼？

很快到了秋后，五大爷家的津哥结婚了。奶奶拿出两块钱，交给外柜先生登记上账随上礼金，那时恐怕这是最高的数额。屋内五大爷忙着为早到的亲戚沏茶倒水，屋外五大娘忙着迎接刚进院的亲戚，客套之后赶紧往屋里让。我也和跟着大人走亲戚的孩子们跑来跑去，蹦蹦跳跳。突然，五大娘把我拽到一个墙旮旯，将一块用草纸包着的东西放到我的手上：“小啊，别声张，在这里吃上它！”

我打开草纸，是一块香味扑鼻的炸鱼。因为时逢困难时期，长年累月闻不到点鱼腥味，更没吃过这么肥的鱼块，真有点舍不得吃。我先是将鱼刺逐一抽出，几经咂摸再扔掉，最后再享受那块鱼肉。直到今天想来，口中仍有当年那鱼的味道！

一天红卫兵们来到五大爷的门前，举拳头高呼

“割资本主义尾巴”，要五大爷交出渔船。五大爷很开明，对大家说，过去我思想落后，如今通过开会学习觉悟提高了，自今日起，我河里的那条渔船无偿交给集体，由队里管理使用。为此事，五大爷还受到了大会表扬。我暗暗赞许：真不愧是个船家，极会“看风使舵”！

之后，村“革委会”领导研究再三，最终决定，还是由五大爷启用，因为社员们哪个也玩不了。与以前不同的是，队上给他记工分，打的鱼卖了钱按时交公。

谁知一段时间后，人们慢慢发现了问题，五大爷的工分没少开，钱却没交多少，原因是打不着鱼。村干部私下里嘀咕，认为他在耍花招，得想办法抓他个反面典型，狠狠批判他一下，起到杀一儆百的效果。

谁知，就在这个节骨眼上，五大爷却干了一件惊天动地的大事。

1968 年早春二月的一个夜里，五大爷做了个噩梦，梦见黄河里人鬼大战，号声一片。五大爷被惊醒了：妈那个巴子，闲扯淡，人鬼到黄河里打么仗？很可能是开河后，冰封了一冬的鱼群，出来透气争抢空间吧！于是起床后便呼唤儿子："津啊，拿出过年时留的那挂鞭炮来，今天去岸边推船下河捕鱼！"津哥说："开河才几天，家里水缸里还结冻冻凌碴，下河捕什么鱼呀？"

津哥犟不过老爹，只好按部就班地执行。

在黄河北岸的浅水域，五大爷看了看没鱼，于是他们爷俩，又越过激流去了南岸的浅水域，看了看仍是没有鱼。对五大爷来说，有无鱼群不用下网试，只要一搭眼就知道。

五大爷正在犹豫，忽听津哥一声喊："爹你看，上游河面有人头攒动！"五大爷顺着津哥指的方向一望，不好，上游翻船了！他立即发话："津啊，抓紧拿出船舱内的两根大绳，你撑竹篙，我划桨，赶快向河中央靠拢，拦截施救！"津哥说："咱这船小，需要施救的人多，怕招架不住！"

"别管那些，向河中央靠，快！"五大爷说话铁板钉钉。

很快，浮动的人头顺激流过来了，但，比刚才看到时少了一半还多，落水者都因支撑不住，正在一个个下沉。

凡被拦截的人，连冻带灌水，都已四肢僵硬麻木，精疲力尽，即使抓到船舷，自己也上不了船。五大爷父子俩船上船下，冒着被激流冲走的危险，费了九牛二虎之力，先后救了五人，因当时的救助后续工作跟不上，等到了岸上，就死了三人，仅救活了两人。五大爷为此非常痛心。

无论怎样，父子俩已做到了仁至义尽，落水者是上游毗邻滨县境内玉皇堂大队过河搂麦苗的青年们。

很快，滨县“革委会”领导、所属公社领导来我们大队，与当地部门一起，对五大爷父子开会予以表彰。会上为其颁发了奖状、《毛泽东选集》四卷，还有土筐、农具等奖品。轮到获奖者发言时，五大爷连激动带紧张，光张嘴就是说不出话来，主持大会的同志说，大叔别紧张，你想好了说一句就行。

“救人一命，胜造七级浮屠！”

五大爷半天憋出这么一句，尽管在当时来说，有点迷信色彩，但，还是赢得了一片掌声！其实，在这个场合除了天爷爷大，就是五大爷大。会说的嘴巴咋着？他能说“活”了送命的人吗？

“一俊遮百丑”。五大爷父子救人之举，震撼了一方人，他家的渔船之事再无人追究。

几年后，五大爷突然得了重病，两腿抽搐，说话不清，住进北镇人民医院。谁知，越治越不见惺惺，最后干脆闭上了眼睛，撒手归西。家族的后生们一合计，来时是活的，回去是死的，钱也花进去不少。干脆不结账了，趁人不注意，把死尸抬到医院小门外的地排车上，溜之大吉。

五大爷的丧事刚处理完，医院就来了人。先到了大队“革委会”，说明情况，要向五大爷的家人追回所欠医疗费。

村“革委会”主任一拍桌子吼道：“你追个球！你们知道这个社员的病咋得的吗？他是为救你们县落水者染上的风寒。他是英雄！英雄住院还要钱？”

主任一句话，把对方给镇住了。来人说到他家去看看。果不其然，挂着的大奖状上写得一清二楚，落款大印鲜红可见，还有桌子上整齐摆放的《毛泽东选集》四卷。医院来人发话了，不知者不怪，你若早向医院反映这个情况，别说免除医疗费，就是你每天陪护的亲属，都管你好吃好喝。

医院来人考虑了一下，说：“这样吧，我们医院正在编写‘救死扶伤，实行革命的人道主义’方面的材料，我们回去后和院领导研究下，把你们的欠款全部免除，并把死者的英雄事迹写进材料，绝不能把这彻底为人民服务的英雄事迹给埋没了。”

五大爷过早地走了，同时带走了他那黄河岸边渔歌唱晚的故事和不为人知的传奇。津哥还在，已是八旬老人，他的儿女们一改祖业，开着轿车各忙各的业务，平时无心听他那老掉牙的船啊、橹的讲述。当他看到我来问及他那些黄河里的往事时，显得非常激动，只见他颤巍着从太师椅上站立起来，向前挪出两小步，一会儿比画天，一会儿比画水，一会儿将颤抖的手指向远方，身子也老是跟着摇晃，似乎找到了久违的行船捕捞和救人时的感觉。

在津哥的演示中，我看到了当年五大爷的影子……

栗毓美治河业绩

○刘广新　邵鸿志

黄河，是中华民族的母亲河。在5000多年的中华文明史上，她谱写了辉煌灿烂的篇章，但也给人们带来了无数灾患。“黄河宁，天下平”，治河成为历代帝王治国安邦不容忽视的一个重要问题。据统计，从先秦时代到1949年中华人民共和国成立，在这段长达2600年的历史中，黄河中下游决口1500余次，改道26次，其中大的改道5次。洪水所到之处，城郭田庐一片泽国。肆虐的黄河六次淹没开封城，颠覆七个封建王朝。有清一代从顺治到宣统的267年间，黄河决溢漫口99次，其中嘉庆、道光年间17次，咸丰以后32次，可以说河患贯穿清代之始终。

清代道光年间，出现了一位治理黄河的水利专家，他就是被称为能臣廉吏的栗毓美。

栗毓美（1778—1840年），山西浑源州人，嘉庆拔贡，河南山东河道总督（亦称东河河道总督），管辖河南、山东两省黄河、运河修防事务。栗毓美一身正气，两袖清风，不畏权势，体恤民情，不仅是一位公正廉明的清官，还是一位脚踏实地、勇于创新的治河专家。1835年到1840年，栗毓美在山东济宁任职河督，发明了“抛砖筑堤”法抵御洪水，收到显著效果。五年任期中，黄河安澜，没有发生过决口，为国家节约帑银一百零五万两，这在治河史上都是少见的。栗毓美由于长年奔波于黄河、运河大堤，勤于职守，备尝艰辛，身体严重透支，于道光二十年（1840年）二月十八日病逝于郑州胡家屯工地。因卓越的治河功绩，朝廷下令所任府州县将栗毓美入祀庙祠或建专祠，并入祀京师名宦祠、山西乡贤祠。同治、光绪两朝敕封“河神”，民间称之为“栗大王”。在河南、山东黄、运大堤上，在济宁的山山水水、沃野大地上，都留下了栗毓美的足迹，他的治黄业绩载入史册。

栗毓美是一位在基层任知县十八年的地方官员，

有着丰富的基层工作经验。他出身贫寒知识分子家庭，深知百姓疾苦。早在1821年，栗毓美在河南武陟知县任上，就曾与黄河、沁河有过第一次交锋。武陟地处黄河、沁河交汇地带，历史上曾遭遇黄河多次决口。沁河为黄河一级支流，从武陟境内流过，汛期河水暴涨，黄河波涛肆虐咆哮，灾难频发。栗毓美率全县兵民日夜加固沁河子堤，使洪水顺利进入黄河河道，保障武陟百姓生命财产安全。道光12年（1832年），栗毓美任河南布政使，治黄才能初露锋芒。黄河祥符段夏汛三十二堡堤身塌陷，冲开决口六十丈，情势危急。而当地并未储备防洪物料，负责河务的大小官员束手无策，只想从黑岗口转运料垛以堵决口。面对如此重大的险情，栗毓美冷静分析，认为黑岗口相距过远，又多积潦，转运困难。他从实际出发，提出一个大胆的设想，在上游十二堡湾堤先筑柳坝，以削弱水势。但这一想法遭到众人反对，认为无济于事，徒增靡费。栗毓美切中时弊，耐心劝说，终于折服众人。策略既定，当机立断，立即赶筑柳坝七十余丈，沟水立即断流，但又出现了分流的河水。栗毓美亲临口门，派人购买大柳树，倒垂填在沟槽，决口最终得以堵合，河堤化险为夷，而此时从黑岗口转运的物料仍未到达。

道光 15 年（1835 年）五月，道光帝任命栗毓美为河道总督。明清时期为保证将江南漕粮运到北京，朝廷在山东济宁设置了河道部院衙门。济宁地处江北大运河中段，为京杭大运河的交通枢纽和南北货物集散地。要保漕运就必须使运道畅通，要使运河畅通就必须治理黄河。因为黄河与运河交叉，只要黄河决口冲毁运道，漕运就要停摆。一旦粮运不到北京，京师兵民就要恐慌，直接威胁封建皇权的稳固。河道总督在雍正年间一分为三，驻济宁河督衙门的职权是管辖河南、山东黄河运河事务，故称为河东河道总督，也称“东河”。历代朝廷选任河督都很慎重，栗毓美到任济宁时，已是五十七岁的老人。由于勤勤恳恳、尽职尽责，道光帝对他信任有加。栗毓美于河督任上，革除河务衙门官场陋习，明令禁止请客送礼，凡行贿受贿者严惩不贷。栗毓美处理河务，不只听取属下汇报，也不靠坐镇衙门发号施令，而是注重调查研究，亲自现场办公。他长年奔波于黄、运大堤和抢险抗洪工地，一个月足有 20 天到工地现场，河督任上五年，大多在河南黄河工地上度过。因为黄河险工紧要，处处是险工，尤其在汛期，栗毓美更是吃住在工地。他曾对属下有言，黄河不出事便罢，出事就是大事，所以视管控黄河为任上第一要务。

道光 15 年（1835 年）秋，就在栗毓美上任三个多月时，黄河北岸河南原武、阳武（今河南省原阳县境）两汛分流，刷成支河，沿堤上下四十余里处处吃紧。如此险情，若沟口出水过剩，必引流成支河。当时串水直射堤根，沙即停滞，河身必致淤高，遗患无穷。河工危险，猝不及防，危险迹象也显露出来，如不立即抢修，遇暴雨水涨，酿成决口，后果不堪设想。

时值秋汛，沁河汇入原武，奔腾浩瀚，拍岸盈堤，而进水口已有三百余丈宽，形势千钧一发。但此段一片汪洋，无土可取，再加上原有地段不靠河，平时不备工料，此时出现问题，十分棘手，众多河务官员只能望河兴叹。

虽然险情重大，但栗毓美对治理串沟早已胸有成竹。栗毓美在武陟县督挖城壕时，发现坍塌城墙的城砖在淤泥中越久越坚，于是就产生了“以砖代埽”的想法。早在 1830 年，栗毓美任开归陈许兵备道时，深知以秸镶埽容易腐烂，而且费用很高。因此，栗毓美捐资两千两白银，交仪睢厅购砖，准备“以砖代埽”。此时险情危急，他主张利用水淹坍塌的房砖筑坝，战胜险情，这一想法遭到不少人的怀疑和反对。自古以来，人们抵御洪水筑坝都用“埽”，即用树枝、秫秸、石料等捆在一起防洪筑坝的材料。为说服大家，栗毓美在洪水中乘小船巡视黄河两岸，发现原武九堡的水流不断往下冲刷，将滩唇冲刷了300余丈，情况十分危急。他冒着船只随时可能被打翻的生命危险，亲临一线，得到第一手资料。人们为他的精神所折服，随即决定立即抛砖筑坝。此次施工是黄河大堤上第一次抛砖筑坝，最终水势减弱，坚固的砖坝挡住了咆哮的洪水。栗毓美见措施有效，随即下令沿河30余里大堤全部抛砖筑坝。栗毓美与治河兵民吃住在工地，奋战40余昼夜，共筑堤坝60余道，将肆虐咆哮的黄河水牢牢锁在了河道之内，大堤得到保全。在这40多个昼夜里，年近花甲的栗毓美熬红了双眼，清瘦的面庞增加了几道皱纹。他看到广大兵民的冲天干劲，心中想道：只要能抵御洪水的威胁，别说掉上几斤肉，豁上性命也值得。

八月的黄河还是汛期，必须在大雨前加固大堤。

此时大雨未到，但小雨不断。抛砖筑坝的时刻，坝基还在摇摇晃晃，随时有被冲垮的危险。栗毓美身先士卒，站在摇晃中不断加高的坝基污泥里，指挥兵民快速抛砖筑坝。他头戴斗笠，身披蓑衣，打着赤脚与大家奋战在一起。身边属下多次催促他离开坝基，到安全的大堤上去。栗毓美不为所动，不愿临阵退却，始终坚守在坝基之上，鼓舞了兵民的斗志，增强了他们战胜洪水的信心。事后，栗毓美表示，自己身为朝廷命官，吃着朝廷的俸禄，就应为国为民尽心尽力。可以想见，当时身为二品大员的河帅栗毓美，率领广大兵民在惊涛骇浪、洪水滔天的黄河险滩上对抗洪水的景象，是何等惊心动魄。

身为河督的栗毓美，不仅要身体力行，亲赴治黄一线，与广大兵民同甘共苦，还要做亲民、为民、爱民的榜样，在精神上给兵民以信心、安慰和支撑。

首战告捷之后，栗毓美与广大兵民不顾疲劳，连续作战，又打响了根治月石坝的战役。“月石坝”是一条阳武汛十七堡堤南的土坝，长八百丈，原为障蔽十九堡以下串河之水，后来民间因积水难消影响耕种，便挖断坝基，于其上搭建一座简易桥梁，以减少积水。1832—1834年的三年间，桥洞竟然拓宽三十余丈，而分出一股水北流，在坝上游张庵又刷出深沟，宽达一百五十余丈，由此滔滔入河。桥洞距张庵过近，坝身两头塌陷之处达一丈深，如遇大雨河水暴涨，那么自原武十七堡到封丘、阳封之间的堤坝将无不出险。栗毓美率河营兵奋战五昼夜，为赶在大雨之前堵合断流，不仅将“月石坝”涵洞堵合，还将坝身加高加厚。就在“月石坝”完工第二天，风雨大作，河水暴涨。由于“月石坝”已加高加厚，阻挡了洪水，使沿岸七十多个村庄安然无恙。

在中国第一历史档案馆收藏的栗毓美奏折中，道光帝的朱批多有“稍有延误，重治其罪”“朕唯该督是问”等语。在清代，治理黄河，保障漕运是重中之重，河督身负重大责任，治河一事不仅关乎个人成败，还关系国家的稳定和百姓的生命财产安全。栗毓美多次在奏折中表示“臣所以不恤人言，不辞劳怨，力肩重任，为国帑生民计，不敢为一身一家之利害计也”，早已将身家性命置之度外。他说“苟可以利国利民，必当身任其责”“某一日在官，不忍一日不尽心民事”。这就是栗毓美自踏入仕途为官司政的行为准则，是青年时代的栗毓美任知县时立下的誓言，在他四十年宦海生涯中从未违背。

“抛砖筑坝”法是栗毓美防洪抗洪治理黄河的一大创新，颠覆了宋代以来的“埽”工御洪的模式，并收到显著成效。栗毓美著有《砖坝成案》一书传世。他说：石头性滑，入水容易滚动翻转，仍然免不了引得水流往深处冲刷；砖块性涩，与土胶着黏合，抛砖筑坝形成平坦的缓坝。而且碎石费用比砖块贵一倍多。况且开山打石地点在巩县和济源，路途遥远；两地开采的碎石是从土山里挖出来的，质地较软，一经烈日暴晒和大雨冲刷，慢慢地就酥松损耗了，不能长久贮存。栗毓美说烧砖可选在黄河两岸适当地方建窑，也可在民间收购。栗毓美“抛砖筑坝”法的推行，并非一帆风顺，而是经过了艰难曲折斗争才被人们认可的，得益于多次在抢险中试抛成功，收到显著效果。另外的阻力则来自不少负责河工的官员和经营石料的商人。官员们的反对是因为因循守旧，他们认为“埽”工御洪使用千年，不宜贸然更改；石料商人们则是因为“抛砖筑坝”法断了他们的财路。同时，为治理黄河、运河，清廷每年拨付帑银多达上千万两，部分贪赃枉法的河务官员便有了侵吞国帑的机会，栗毓美的创新大大节约了治河费用，自然也减少了这部分官员上下其手的机会。

栗毓美在河督任上，汛期抗洪抢险，冬春时节养护堤坝储备物料。后来又加固原武到封丘的砖坝，并将距省城开封 20 余里的黑岗口段堤坝用河工砖镶嵌保护。鉴于此处往年常出现溃决，又在下方用砖筑坝堰，使工程更加稳固。自从栗毓美防守黄河大堤，凡遇两岸抢险，都亲临工地现场，站在污泥里指点讲授筑坝方法，栉风沐雨，寒冬伏暑从不间歇。每当抛筑的砖坝刚刚露出水面，还有些摇摆不稳时，栗毓美便身先士卒，从不退却，直到砖坝成形稳固才得喘息。

栗毓美长年奔波于黄河、运河大堤，身体严重透支。道光二十年（1840 年）二月十八日，他在郑州胡家屯黄河工地突发疾病离世，身边没有一个亲人，身后没有积蓄，浑源老家只有区区几间老屋，仅有的四十余亩土地还是栗氏家族的林地。栗毓美两袖清风，堪称一代廉吏。朝廷闻讯，下令所任府州县将他入祀庙祠或建专祠祭祀。其中在济宁入祀大王庙、报功祠，并建立恭勤公祠祭祀。同治、光绪两朝敕封“河神”，在民间俗称“栗大王”。就在栗毓美去世的第二年，即道光二十一年六月，黄河在祥符决口，滔天洪水包围开封城。人们更加笃信“河神”栗毓美，祈求“栗大王”显灵保佑。

栗毓美的治水生涯有许多神秘传说，大多寄托了黄、运沿岸百姓对他的颂扬。传说他在河南西华县任县令时，有一年河水漫过城垣，百姓陷于水深火热之中。栗毓美组织抗洪，洪水多日不退。此时栗毓美脱下官帽扔于水中，自己也纵身跃下，洪水霎时退去。事后，人们寻找栗毓美遗体时，捞起了他的官帽，帽中有一条七寸长的栗色小蛇，向人们点头致意，人们顿悟：原来栗大人感天动地，已然成神。在河南宁陵县，当地流传着大水不淹宁陵县的传说。相传，栗毓美任宁陵知县时，大水骤至，栗大王跳入水中，水退脚下，他往前走，水便往后退，直至水尽，全县平安。

清代河道总督共有133人，仅有2人被敕封为“大王”，栗毓美居其一，另一人则是康熙年间的朱之锡。栗毓美是清代最后一位被敕封的河神，也是中国历史上最后一位被敕封的河神，由此可见，栗毓美对治理黄河的贡献之大、影响之深。

中华人民共和国成立70多年，尤其是改革开放40多年来，黄河已被驯服，由“害河”变成“利河”，黄水肆虐成为历史。今天黄河沿岸的人民早已不再信奉“大王”和“将军”，但中华民族几千年来战天斗地、治理黄河所铸就的黄河精神，必将得到进一步传承和弘扬，成为激励人们为实现中华民族伟大复兴中国梦砥砺前行的不竭动力。

跟山水

○刘宏祥

20世纪70年代，我才刚懂事。那时一到夏天，延川农村黄河边酷热难当，特别是到夜晚，蚊子、跳蚤、虱子活动猖獗，扰得人难以入睡。大家聚集在院子外的老槐树下，点燃驱蚊的艾蒿，听年老人说古经。漆黑的夜晚，满天的星斗像是镶嵌在天幕上的明珠，闪闪发亮，人们看到北面的夜空时不时闪电，有生活经验的长者说，看来老北面下暴雨了，说不定明天上午前后黄河里要下来“山水”（当地人把洪水称作山水），时间不早了，大家赶快回家休息吧。

果不其然，第二天社员们在山顶上劳动时，不知道谁喊了一声：快看，黄河里下来山水了！只见水头子的浪花有一米多高，在平静的河面快速移动，上面漂浮着一层黑乎乎的东西。随着水头一过，河水立刻猛涨，恶浪滔天，震耳欲聋，空气中立刻弥散出一股浓烈的泥腥味。那时候，黄河流域的老百姓为了填饱肚子，开荒种地，生态环境遭到破坏，只要一下雨，到处是泥水横流。那时的黄河水，一年四季都是浑的，不像现在，国家通过几十年的黄河流域治理，封山禁牧，退耕还林还草，保护水土面积不再流失，水质也澄澈起来。今昔对照，黄河岸边的人们不禁感慨：山变绿，水变清，人变富。

一方水土养一方人，靠山的吃山，靠水的吃水。千百年来，生活在黄河两岸的子民们守着黄河缺衣少食缺燃料，生活十分艰辛。河水迅速塞满整个河道，水势一阵比一阵猛，队长一声令下：收工，到黄河里捞石炭去。社员们早就等他这句话了。大家立刻扛起农具，兴奋地喊叫着，大步流星往家里跑，简单地吃口冷饭，吩咐婆姨赶快烙饼子，随后下河湾捞石炭（当地人把黄河里冲下来的煤块叫石炭、河炭）。男人快速收拾起挂在墙上的捞兜，挑起筐子等工具，随着人流下山快速向黄河滩聚集。

河里漂浮着瓜果蔬菜、木料、箱柜等，人们一般见什么捞什么，运气好的话，捞上几条黄河大鲤鱼或鲇鱼，还能改善一下全家人的伙食。人们善于观察生活，从生活中总结经验。河里有没有石灰，一看水的颜色便可知道。如果河水呈黑红色，说明发洪水的地方离此地比较远，水里肯定有石灰；如果水的颜色呈黄褐色，说明发洪水的地方离此地较近，河里则没有石灰。

跟山水对于小孩来说是件非常兴奋的事，我们生活在靠黄河的塬面上，虽然能经常俯视滚滚东去的黄河水，但靠我们村这边没有口岸，全都是万丈深渊，要近距离接触黄河，得下一座五华里的大山。我们基本上都是些“旱鸭子”，所以被大人们严禁私自下山，如果让发现了，百分之百要遭受一顿皮肉之苦，让你永远牢记在心。等到年龄稍大一点，我们才获准下河滩跟山水，但任务也只是照看从河里捞上来的石炭堆，防止别人家的东西和自家的混在一起。

下到了河滩里，人们观察水势，选择好比较宽阔的岸口，坐在一起拉家常。到这里跟山水的都是四邻八村的乡亲，什么七大姑八大姨，不是亲戚就是朋友，大家难得在此一聚。黄河里的石灰是在洪水退去时才有，人们时不时到水里把捞兜插进去看里面有没有石炭。不知谁喊了一声：快！河里开始堆石炭了，岸上一阵骚动，大伙快速拿起早已准备好的工具跳进河里，在短短几十秒就肩上背着一大包石炭，连拉带拖上了岸，呼喊自己孩子的名字，寻找属于他们家的摊位，快速将石灰倒下后，又快步跳进河里。河滩上人头攒动，来来往往，像一堆黑压压的蚂蚁，毫无次序地交织在一起。此时的人们已不顾年龄大小，不论年长辈晚还是男女老少，不顾异性之间的禁忌。为了避免河水的阻力而影响捞石炭，男人们上身赤裸，下身只穿条裤头；婆姨们上身穿件半袖，下身穿着被泥浆湿透紧绷在身上的单裤，浑身曲线非常明显；年龄稍小的男孩子，干脆脱得一条线都不挂，拿着捞兜或筐子跳进河里捞石炭，大家谁也顾不上看谁。因为这是上苍赐予他们最好的免费燃料，那个热火朝天的忙碌场面真是难用语言来形容。上学后才知道，这些石炭是从神府露天煤矿推下来的。煤块在洪水的冲击下，相互碰撞，一路坎坎坷坷走了几百公里的路程，到我们这里都变成了大小不等的椭圆形煤球。

一阵忙碌后，人们迅速回到各家的摊位前，看到眼前大大小小的炭堆，心里有种无法言说的高兴。大家面面相觑，这才发现沾满泥浆的头发紧紧贴在各自的脑门上，浑身上下到处是泥点，各个像刚出生的泥人似的，模样十分好笑。人们拿出家里人烙的白面饼子大口享用，如看到没带吃喝的亲朋好友时，一定要拿出些送给他们吃才行。为了防止二次洪水到来将石灰冲走，必须将河边的石灰尽快转移到位置高的地方。稍事休息，男女老少齐动手，人们担的担，背的背，抱的抱，拖的拖，像蚂蚁搬家似的，场面十分热闹。

从河里推下来的都是无烟煤，当时农村人不懂什么叫无烟煤，只知道它火头硬没有烟，做一顿饭只用那么一点就够了。上千斤的石炭要运回家需爬一座五华里高的大山，而且道路特别难走，一下子在短时间里运回这些煤块是不可能的。人们只好就地用铁锨在地上挖个深坑，将石灰倒进去埋了，等农闲时再下河滩逐渐运回去。

下山容易，上山难。返程的路上，乡亲们带着工具，一路磕磕绊绊，气喘吁吁，而且越走越吃力。大人时刻提醒孩子们往前看，不要东张西望，因为脚下是悬崖峭壁和涛声震天的黄河，稍不留神就会酿成千古遗恨。一路上，人们大脑神经始终保持高度紧张，人人处于高度戒备状态。

有一年夏天，黄河里发洪水，父亲带着大哥大姐二姐去跟山水。人常说：十回山水九回空，一回不空抽的几根芦草根。要捞广石炭，千年等一回，不怕十回空，就怕一回误。由于河里没有推下来石炭，大伙在河滩上待了几个小时后便乘夜色返程。那时不像现在有充电的手电来照明，只有一盏玻璃罩的马灯就算是非常高档的照明工具。马灯烧的是煤油，蒜瓣大小的灯光能照一米多远。大家挑着筐子等工具，随着大部队气喘吁吁沿山而上，抱怨河神爷又把人哄骗了一回。

二姐当时有十一二岁，走着走着两眼皮就上下打起架来，瞌睡难忍，迷迷糊糊高一脚低一脚走在父亲前面。快到山顶时，二姐被脚下的石块绊倒沿着斜坡往下滚去，紧跟在后面的父亲喊了一声二姐的名字，瞬间一把抓住她，二姐被崖边的一棵酸枣树挡住，衣服和手指被圪针挂烂了，再往下不到一米就是四五十米高的石崖，她被眼前的景况吓哭了。乡亲们纷纷感叹道："太危险了！怕死人了！这孩子命真大！是你们家先人前世积德了，老天保佑着哩。”回家的路有惊无险，父亲却仍后悔不迭，感叹着当初真不应该带二姐来“跟山水”。现在想来，这些真是让人百感交集的经历啊！

而今，改革开放已逾四十年。黄河边，山变绿了，水变清了，各项富民政策惠及千家万户，人们依靠科学脱贫致富奔小康，过上了幸福的生活。过去那缺衣少食缺燃料的艰难岁月一去不复返了。比之举国上下这些翻天覆地的变化，儿时这些往事总归显得有些琐碎和渺小，但“跟山水”却成了黄河边农村孩子挥之不去的永恒记忆。

黄河岸边英雄汉

——特等民兵战斗英雄薛平华纪实

○姚景强

薛平华，河南省济源市坡头镇留庄村人，1939年参加“杜八联抗日自卫团”，后任第三大队第九中队中队长。解放战争时期，任留庄轮战连连长。解放后，长期担任留庄村党支部书记兼民兵教导员。1946年，他被太岳军区授予“特等民兵战斗英雄”称号；同年受到我晋冀鲁豫军区嘉奖，并光荣地加入中国共产党。1949年10月1日，他作为老区人民代表，赴北京参加了开国大典。1960年他出席了全国民兵英模代表大会，并获奖“五六式”国产半自动步枪一支。1964年，他领导的留庄民兵营被中共中央中南局和武汉军区授予“英雄民兵营”称号。

薛平华一生曾四次受到毛主席的亲切接见。1989 年 2 月，薛平华因病逝世，终年 73 岁。

一

留庄地处黄河北岸，与洛阳隔河相望。1916 年 4 月 12 日，薛平华就出生在这里一个贫苦农民的家里。他二十岁那年，因不满封建包办婚姻，离开了家乡，在山西省垣曲、绛县一带度过了颠沛流离的三年，做过长工，当过脚夫，也在饭铺里卖过饭。

1939 年 7 月，薛平华从逃难的乡亲们那里听说，抗日战争爆发后，家乡成立了“杜八联抗日自卫团”。他高兴极了，没向饭铺老板打声招呼，就悄悄地返回了家乡。

薛平华是个热血青年，回乡第二天，就报名参加了自卫团。从此，他走上了革命道路，开始了血与火的战斗生涯。

二

1941 年，中条山战役以后，国民党部队溃退南逃。驻扎在坡头镇上的伪保安团勾结王屋山一带的日寇，经常向我杜八联抗日根据地骚扰进犯。抗日斗争进入了极其艰苦的岁月。

此时，薛平华已由自卫队员成长为杜八联抗日自卫团第三大队第九中队的中队长了。为了巧妙地打击敌人，根据我地下党的指示，自卫团化整为零，为保卫根据地与敌人展开周旋。这一时期，薛平华白天化装成小商贩，到坡头镇上以卖馍为名，侦察敌人的布防设施，搜集敌人的情报。到了晚上，就进行偷袭，弄得敌人提心吊胆，还以为来了八路，轻易不敢出巢“清乡扫荡”。

初夏的一个夜晚，上级派来的我地下党联络员（亦称政治教官）史定华同志，召集史德隆、薛平华、胡德山等中队长以上人员开会，研究部分自卫队员打入敌人内部的暴动问题。会议结束时，他们突然遭到敌人包围。为了掩护史定华突围，薛平华和史德隆、胡德山不幸落到了日本鬼子手里。他们被关进了一间低矮而潮湿的小屋里。

黎明时分，突然从鬼子队部里传来一阵嚷嚷声。翻译官传令：“把那仨人带来！”顷刻，碉堡里蹿出两个鬼子兵，把他们三人押向队部。

刚到门口，薛平华一眼认出，站在日本情报队长川岛次郎旁边的，不正是王化文吗？“他怎么在这儿？”薛平华心里想着，“原来是他告的密！”

王化文原是自卫大队的副队长，因不务正业、调戏民女，不久前被自卫团开除。对此，他怀恨在心，遂投靠日本，充当了汉奸。昨天晚上，他暗中盯梢，发现薛平华等人去铁炉沟开会后，随即向川岛次郎作了汇报。

鬼子队部里阴森森的。川岛次郎命令薛平华他们交出史定华。薛平华马上说：“我不知道。”川岛次郎知道薛平华是在撒谎，随即命两个鬼子对薛平华严刑拷打。薛平华毫不屈服，审讯没有结果。川岛次郎对此束手无策，对他的情报班长大发雷霆说：“这样的事情你为什么不知道？浑蛋！现在，这事交给你办，你如果调查不清楚，就死啦死啦地！”

情报班长接受这个难题后，狠狠地给了王化文两个耳光，并大骂：“你这浑蛋，有事不向我报告而直接报告队长，让我白受了一顿气！”

汉奸王化文没有领到赏，反而挨了一顿打，只好扫兴而去。

最后敌人把史德隆当作人质，把薛平华和胡德山放了，并威胁说："限你们三天内交出共党分子史定华，不然的话，"他指了指史德隆，"就将他死啦死啦地。"

薛平华出去后，心生一计，割头换项地把一名伪顽特务的头割下，送给了日本情报班班长。

川岛次郎和鬼子们以为真的杀了史定华，高兴得直夸薛平华是"皇军大大的朋友"。殊不知，他们中了薛平华的"人头计"。

三

1942年春，日寇分三路向杜八联发动疯狂进攻。为保存实力，遵照上级指示，杜八联地下党组织将自卫团200余人（其中骨干80余人）连人带枪调走，奔赴太行山编入了我正规部队。薛平华和少数同志奉命留下坚持敌后斗争。

为了同顽固凶残的日本鬼子开展斗争，薛平华想出了用地雷战打击敌人的方法。他找到在区上学过爆破的范瑞礼商量后，就开始研制土石雷。没有铁錾，薛平华就找来耙钉代替；没有炸药和引信，范瑞礼就将村东敌人投下的那颗未爆炸的飞机炸弹挖出来，下了引信，倒出炸药代用。第一颗石雷很快造成了。

接着，薛平华和范瑞礼又赶到王屋山老林里，走访猎户，寻求炸药和引信的制作方法，很快造出了第一批石雷。日寇火力强，不便白天行动，他们就夜里行动，神不知鬼不觉将地雷埋在敌据点周围、埋在交通要道、埋在敌人经常骚扰掳掠的村庄。有一次，敌人到李相公庄抢粮，薛平华就带着自卫队员，在敌人返回的路上布下了地雷。敌人果然在此经过，走在前面的几个当场被炸成肉泥飞上了天。其余的号叫着“土八路里出能人啦”，丢下粮食，改道溜走了。

日寇投降后，国民党军队便耀武扬威地渡过河来，重新统治了坡头镇。此时，“杜八联抗日自卫团”所在的八个自然村，村村成立了民兵轮战连。薛平华担任了留庄村民兵轮战连连长。

这时的薛平华，经过几年实战的锻炼，已经成为一个成熟的、智勇双全的指挥员。留庄是杜八联的前哨阵地，为了保卫家乡，保护群众，薛平华带领留庄民兵和群众，又和国民党军队展开了拉锯战。

轮战后的第一仗，就是与顽军的夺粮之战。那天，卫安生带着二百多个敌兵和五百名民夫，到邻近留庄的左山村抢粮。薛平华得知这一消息后，把民兵分为三路，分头向左山出击。当薛平华由南向北通过山顶，将要接近顽军时，被敌人发现了。机枪扫了过来，只见薛平华迅速卧倒，顺着犁沟滚过了危险地带。这时，他回头一看，发现那三个初次作战的民兵焦急地哭起来。他关心地问道："你们害怕？""不怕。""不怕哭什么？""机枪打得太欢，过不去。""我再回去接你们。"那三个民兵被感动了。他们学着薛平华的样子，利用地形滚了过去。接着，薛平华抽出几颗手榴弹，不声不响地摸到敌人机枪阵地下面，接连扔了出去。敌人冷不防被炸，惊慌逃走。于是，各路民兵都喊着"冲啊，冲啊"，乘胜追击，吓得敌人抱头鼠窜。

兵民是胜利之本。为了减轻人民负担、解决民兵的后勤保障问题，薛平华组织民兵进行生产，种棉花、开药铺、养猪、种菜，自己动手，解决民兵的弹药和生活困难。

为了改善装备，薛平华组织民兵做生意赚钱，带领几个同志到坡头镇干起了小生意。

坡头是个商贸集镇，商贾云集，过往客人很多，并且是天天行集，是个做生意的好地方。薛平华他们起初卖的是小米稀饭和蒸馍。然而，做生意的人太多，三天下来，盈利还不足十块钱。

为了赚大钱，尽快买到武器，薛平华就带四个民兵过黄河，下洛阳买大米。往返一趟百多里，连夜就又挑米返回来，在坡头独家经营起大米饭馆。黄河北岸的老百姓吃大米很稀罕，每天来米饭馆的人络绎不绝。薛平华他们每天天刚亮就开始营业，掌灯时分才打烊。三个月下来，薛平华他们终于买到了一门六〇炮。

四

1947 年秋，我刘邓大军奉命向黄河南岸挺进。陈赓将军率部长驱直入济源县境关阳渡口，摆开阵势，准备强渡黄河，开辟豫西北根据地。薛平华和他的民兵连接受了为大军筹办渡河船只的任务。

一天，有人向薛平华报告，说连地有一家地主的船，因早早沉于河底，没有被敌人毁掉。薛平华听后很高兴，就一面派人去打听那船沉没的地点，一面组织水性好的民兵做好捞船准备。

船沉没在濒临黄河的连地村上游。那儿水深流缓，但河床狭窄，两岸遥遥相望。那天，尽管薛平华他们悄然无声，但到河岸不久后，还是被对岸的守敌发现了。开始，敌人只是向这边放冷枪，大概是发现薛平华他们不肯离去而疑神疑鬼了，便用机枪向这边扫射。薛平华他们不得不暂时退隐到安全地带。

大军急需船，船是非捞不可。但是怎样去打捞它呢?

第二天夜里，繁星点点，月光极好。只见薛平华领着几个民兵抬着木排来到河边，木排上扎着几个谷草人。他们点盏马灯吊在草人上，而后就把木排推入河里。那木排本来不会自己行驶，但在流水冲击下，一起一伏，远远看去，似在行驶。薛平华他们刚做好这一准备工作、还没赶到捞船地点时，对岸的敌人便发现了河里的木排，不惜子弹地向那木排扫射起来。

薛平华他们平平安安地在那边打捞船只。船打捞起来了，他们就连夜拉纤，西行五十里，送往关阳渡口。

渡河战役终于打响了。关阳渡之敌难以抵抗，便向坡头渡口南岸驻敌告急，要求火速增援，却不料坡头渡口南岸驻敌回答道：“我们这里也发现了共军。”

其实，坡头渡口歼敌的不是我解放军，而是薛平华带领的民兵，仅一个排的兵力。原来，为了配合大军强渡黄河，不使坡头渡口南岸驻敌向关阳渡增援，薛平华除了挑选二十名水手和二十名葫芦队员给大军领渡外，他自己又带领一个民兵排，潜伏在坡头渡口，声东击西，牵制南岸增援之敌。

这是缓兵之计。薛平华给了敌人一个打击后，命令道：“撤！”便迅速带领民兵驾起葫芦回到了北岸。

敌人知道上了当，便火速向关阳渡增援。却不料，此时我大部队已全部登岸，增援之敌正好赶上挨打。

我军渡河胜利，打破了蒋介石企图统治中国半壁河山的美梦。

五

1949年10月，薛平华作为老区人民代表，到北京参加开国典礼。

回来之后，他担任了留庄村党支部书记兼民兵营教导员。从此，他又带领民兵和群众，开始了伟大的社会主义革命和建设事业。

解放了，战争的风云过去了，人民安居乐业地进入了紧张的生产和建设时期，但是薛平华同志还时刻把民兵工作记在心上。农忙时，他带领民兵突击完成生产任务；农闲时，他组织民兵练兵习武。1958 年他作为特邀代表参加了毛主席主持召开的“郑州会议”。1960 年，他又光荣地参加了全国民兵英模会，第三次受到毛主席和其他中央首长的接见。会上，毛主席还亲自把一支“五六式”国产半自动步枪奖给了薛平华同志。

从北京开会回来，他针对青年民兵的和平麻痹思想，组织党支部和民兵营一起开会研究，把留庄 39 位当年杜八联的老民兵组成一个老民兵排，担负起培养新一代民兵的重任。于是，在田间地头、打麦场上，在传统教育室里，在过去战斗过的黄河滩上，薛平华和老民兵们随时向青年民兵讲述老一代民兵英勇顽强、不怕流血牺牲的战斗故事，传播老民兵的硬骨头精神，激励青年民兵一手拿锄，一手拿枪，居安思危，常备不懈。

薛平华不仅注意抓好青年民兵时刻保持高度革命警惕的思想工作，注意培养青年民兵的快速反应能力，而且还经常利用地处黄河岸边的有利条件，组织民兵进行武装泅渡、登陆演习，提高民兵的水上作战能力。1964 年 7 月 10 日，中共中央中南局和武汉军区授予留庄“英雄民兵营”光荣称号。前来参加命名大会的各地代表，看了留庄民兵的军事表演后，都夸留庄民兵名不虚传。

1971 年，薛平华调任留庄党支部书记兼民兵教导员。他上任后，针对新形势下民兵工作的特点，组织民兵干部进一步研究制定做好民兵工作的措施，使民兵工作又有了新的起色。1978 年夏天，武汉军区司令员杨得志同志在济源县观看了留庄民兵营的军事表演后，高兴地说：“留庄民兵稍加训练，就可以打仗。”杨得志同志说这番话的第二年二月，对越自卫反击战开始了，刚从留庄入伍的薛永祥、王起、刘顺、李保良、张国明等五名新战士参加了战斗，全都立功受奖，无一伤亡。薛平华得知这一消息，兴奋地说：“看来民兵训不训练真是大不一样啊！”

然而，长期的战斗和忘我的工作终究透支了薛平华的健康。1979 年时，高血压和右腿枪伤复发已然让他的步履看起来有些蹒跚了。1989 年 2 月 23 日 22 时 50 分，在病榻上躺了八年之久的薛平华同志，被病魔夺去了生命。

薛平华同志病重期间，武汉军区副政委任荣同志曾到薛平华家里专程看望；武汉军区司令员杨得志同志，1978 年 8 月在济源视察民兵工作期间，对薛平华同志的健康状况非常关心，专门到他家里进行慰问。

2 月 28 日，坡头乡（今坡头镇）党委和政府在留庄“英雄民兵营”传统教育室为薛平华同志举行追悼大会。中共济源市委、市政府、市人大、市政协、市人武部送了花圈。河南省军区党委发来了唁电。市党政军领导同志、市属各部办局委以及留庄民兵和群众一千多人参加了追悼大会。追悼会上，与会者对薛平华同志把毕生的精力献给中国人民的解放事业和建设事业，热爱人民武装事业和民兵工作的战斗精神，给予了高度评价。

薛平华同志逝世后，按照他生前的遗嘱，遗体被安葬在留庄村正北方的“方谷嘴”高地西侧山岭上，那是他生前曾经战斗过的地方。

黄河岸边的合阳城

〇周燕芬

人活到一定岁数的时候才能悟出，一生中有什么没什么都是命定，去到哪里遇到何人更凭缘分。在这个距离西安180公里、黄河岸边的合阳县城，享三天难得的悠闲时光，迎新鲜日出，度绚烂黄昏，留下生命里一抹美好的印痕，那是需要多少兜兜转转才能化成的缘分呢。

初见合阳颇为惊艳，问一遍同行者，大家竟都有同感。搜遍词库没找到比“处女泉”更贴切的形容，来告知世人这里有一汪多么美妙的泉水。合阳地处陕西中部，黄河西岸，拥有黄河流域面积最大的湖泊型湿地，美名洽川。处女泉掩映于洽川广袤的芦苇荡中，恰似洽川的精灵。相传周武王的母亲太姒出嫁前曾到这里洗浴净身，太姒嫁文王生武王，为妻为母占尽荣华富贵，引得十里八乡的待嫁女子纷纷前来效仿，处女泉由此得名，处女泉洗浴也渐成风俗。女儿与水的典故古人写过不少，然洽川流传的故事在我看来既富艺术神韵，也更有人间气息。

此次正值初冬，不宜入泉洗浴。但此时的处女泉正褪去春夏秋季的绿肥红瘦，呈现出毫无修饰的天然静态之美，吸引着我们久久不愿离开。湖水深而开阔，无声地向前涌动，丛丛芦苇像美人的秀发，在晨风中不经意地摆动着。美人自招摇，无须添颜色，天然美景处女泉一直在这里，却直至 20 世纪 90 年代才等到了发现她的眼睛。处女泉的美终于惊现于世人面前，而且得到越来越好的保护和开发，这对合阳、对游人都是一件幸运的事。

更令人惊喜的是，我在这里找到了中国诗歌的源头。浩浩荡荡的中国文学大河，以上古诗歌总集《诗经》为开端，其中有 30 多篇诗作出自或描写了眼前的洽川。《诗经》首篇“关雎”中的男女恋情故事，传说正是周文王与洽川美女太姒爱情的写照。不知学界对此考据的结论如何，但老百姓美好愿望的口口相传，已经赋予洽川爱情的人文意涵。想一想《关雎》中的“关关雎鸠，在河之洲。窈窕淑女，君子好逑”，《蒹葭》中的“蒹葭苍苍，白露为霜。所谓伊人，在水一方”，此情此景，不是洽川，又能是何方呢。那些年我们上大学读《诗经》，中国古典文学的第一课讲的就是它。我们觉得古人的爱情和历史一样遥远啊，朦胧虚幻中一遍遍背诵，何曾想到有一天能化为眼前的实景，找到诗的形象承载呢。如果今天中文系的大学生来到洽川，乘船蜿蜒穿行于处女泉的芦苇荡中，然后展开《诗经》诵读，在美丽的山水意象中体味古诗的艺术韵致，不但会解决读者和文本的古今相隔问题，而且会带来多少穿越古今的美妙体验。写到这里突然觉得，以合阳为中文系古典诗词的教育基地，不失为一个新时代开门办学的好创意。

走进重建的莘国古城，观赏合阳独有的社火锣鼓、跳戏和提线木偶等“非遗”艺术演出，对合阳悠久历史和深厚人文积淀的了解也逐渐丰富和饱满起来。一种民间地方戏剧，也许永远不会流布到外面的广阔世界里，然而极有可能就在这一方土地上从古至今流传下来，如不熄的火种，以世世代代的民间自演为独存的艺术通道，并且原汁原味地保留了远古的艺术形式。在合阳看到的几场演出就是这样，给我们这些外来者非常大的艺术震撼。上锣鼓一开场，一股浓郁的远古氏族部落舞蹈气息扑面而来，那种“手之舞之，足之蹈之”的自由奔放，那种无拘无束、自娱自乐的喧闹场面瞬间感染了观众。你细看擂鼓者的眉眼，不再是被生活劳作重压下的忍耐和木讷，此刻他神采飞扬、激情豪迈，他是叱咤风云的英雄，把大鼓擂得地动山摇，像是擂着大地的胸膛，像是擂出了底层人千百年来的梦想。这世上最劳苦的人，也能活得如此天性释放，如此自由欢畅，将生命的野性和灵性如此完美地表现出来，哪怕一年中只有这样一天。我想，这是民间艺术存在的最大理由。

记得作家贾平凹曾在早年题为“秦腔”的散文中，描述了秦腔艺术与陕西地域人群的深层心理联系。合阳的上锣鼓、跳戏和提线木偶等民间艺术也是如此，对于合阳百姓的生活发挥着多方面的功能。除了宗教性的祭祀功能、世俗化的娱乐功能外，这种艺术活动其实是与老百姓的生命同在的东西，或者如贾平凹说的，是生命中的重要元素之一。我们常说一方水土养一方人，其中就包含了一方的艺术传统养育了一方人的文化修养和精神品质。戏剧等民间艺术，往往起着奠定人们深层文化心理结构的作用，常常承担着农村孩子最早的人生启蒙教育。很多伟大的作家都得益于早年故乡民间戏剧艺术的熏陶，比如莫言一直热心推广他的家乡戏，正是少小时期不经意中家乡戏的耳濡目染，馈赠了他一生创作的源头活水。而对于劳苦大众来说，相生相伴的民间艺术和其中蕴含的朴素智慧的人生态度，会在无意识之中成为伦理道德的样本，被当作为人处世的参照，产生着人格塑形的积极作用。越是在偏远贫困和教育匮乏的地方，民间艺术的审美教化功能就越是强大。目前，世界范围内对非物质文化遗产保护的重视，说明人们越来越认识到，人类文明源头和传承久远的文化艺术，既展示出前人非凡的艺术想象力和创造力，也凝聚着人类走向文明以来最基准最普遍的人生价值观念，从而给予我们永恒的教益和启示。

“人杰地灵”这词已成老生常谈，但形容合阳时依然无法免俗。合阳拥有优美的自然生态和厚重的人文历史，不出人才反成了怪事。讲解员如数家珍地介绍与合阳有关的历史名人：最早有帝喾，三皇五帝之一，属于中华文明的始祖级人物；再有莘国人伊尹，以擅长烹饪声名远扬而成为商朝宰相，所谓“治大国如烹小鲜”正体现了伊尹超群的政治智慧；太姒既为有莘国之女，因为生得好又嫁得好，便使得文武两代周王与合阳有了因缘。合阳北端有梁山西峰以武帝山命名，作家贾平凹在1999年游过武帝山后，写了《游武帝山记》：“以帝王之名而名山者，为武帝山也。百里山草木不生，而唯此苍翠者，为武帝山也。”美文佳句与武帝山一起不胫而走，广为人知。

合阳另一座苍翠神山叫“福山”，有民国四大高僧之一的印光法师守持，修得满山福音缭绕，是百姓烧香问卦最爱的去处。我对佛教所知甚少，但对“有深大的心灵，又兼备文采与乐才”（丰子恺语）的李叔同即弘一大师一直倾心崇拜。听同行专家说，弘一大师曾拜印光为师，顿时惭愧自己的无知，赶紧在印光堂内拜了三拜，又上祈福楼转运椅上连转三圈，自觉福气满满走下山来。民国以降，无论政界商界还是文化艺术领域，合阳都是人才辈出。我们走到此地几个著名的古村落，看到了明清至民国社会生活的大量历史遗存。那些古朴的庙宇和民宅建筑，经历了几百年历史风雨的冲刷毁坏而亟待抢救和修复，但我们依然能从那些保留下来的城墙、院落、门头以及精致的木雕、砖雕和石雕中，感受到这里曾经文商并茂的繁荣景象。

印象最深的是灵泉村。党氏家族为村中望族大姓，出了不少扬名远近的商贾富豪，但我们更注意到崇文重教、诗礼传家乃是这一家族绵延至今、人才辈出的重要原因。在党氏家族纪念馆，最吸引人的莫过于馆内醒目位置上的一辆“党晴梵先生坐过的轿车”。对此我颇为兴奋，因为党晴梵先生不仅是民国著名学者，且自 1949 年到西北大学任教授，直至 1966 年去世，是西北大学校史上光芒熠熠的杰出人物。党先生早年加入中国同盟会从事革命活动，1914 年回家乡合阳，创办合阳县立中学并自任校长，致力于家乡的教育事业。他从国民革命、抗日战争至新中国成立一路走来，以追随革命为毕生信念。但党晴梵先生人生更伟大的贡献，是他作为学问家和艺术家留给后人的丰富著述和创作遗产。他集革命家、教育家、古文字学家、历史学家、书法家、诗人于一身，从他身上最可看出何为通才绝学。不知如此卓越的学问和艺术禀赋，果真是得自合阳这方沃土和灵泉的滋养吗？当你置身于合阳的天地山水间再来提问时，答案不用说也是肯定的。

合阳是一本大书，打开来不仅看到其深厚的历史文化传统，更从中体味到其文化内涵的丰富多元和博大气象，是突破了一般区县地域给人的寻常感受的。处女泉给我的感觉是灵秀妙曼的女儿气，而太姒的形象确乎多代表母性的情怀气度；至于从帝喾到周文王、周武王的历史传说，则给这座小城平添了一种王者气派。从“高池小场曲子”和“提线木偶戏”中类似丝竹管弦的委婉动人，到了东雷上锣鼓的粗犷古朴震天动地，给人的艺术感受完全不同。单从美学上说，合阳的文化艺术是极具融合性的，这样丰富多元的文化母体，对于学问家和艺术家的培育和成长不消说是极其重要的。而且所有这一切，又是以一种非常接地气的民间自在方式互融和共存着，所谓民间艺术的包罗万象和博大精深，在合阳是一定可以体会到的。再说合阳人的见识，若不来合阳，我这辈子会少了多少见识？我们一队所谓文化人，从走来合阳的大巴上开始学习合阳的“合”字的历史变迁，几番知识考古之后逐一扫清几个生僻古怪的字词拦路虎，方才小心翼翼地走进合阳，张口探问合阳。不唯文言古语，还有不少在我看来太过高冷的知识学问，是在随行聊天或饭桌谈笑间获得，那些自在生长的智慧和思想，是在合阳人世世代代的日常生活和人际交往中遍地生辉的，这就是民间的魅力，这也是民间的伟大。在合阳，真的读书人一定是放低了身段，如我这样直接低到尘埃里的，无非是岁月更早教会我山外有山、天外有天的道理罢了。

合阳是一扇窗，打开来看到的不仅是地域性的合阳，而是根植于黄河流域的中华文明的五彩华章。毫不夸张地说，当你站在黄河西岸洽川水滨，吟咏着《诗经》中的“关雎”或“蒹葭”，难道不觉得自己已经回到了诗意中的“文化原乡”吗？如此说来，合阳不只属于合阳，她是黄河的合阳，是中国的合阳，也是我们每个人自己的合阳了。

黄河人家

○王新建

前往

一个人，一生要蹚过多少条河流，真的数不清。而作为中国人，有一条河流你是一定要去的，那就是黄河。有的人是经过了，但很多时候是坐在列车上，透过车窗看黄沙漫漫之下，一条分明的浊流从遥远的峡谷间满扑过来，然后很快消失在脚下和视野之外。而要你获得“子在川上曰，逝者如斯夫”的体验恐怕这种方式是不够的。人生如果能够行而知之，可能生命会更独特，更趋于真切奇妙，别开生面。人都有好奇猎奇的本能，可惜的是，很多人只是临渊羡鱼而少了结网筌鱼的执行力，末了，只能囿于一室，对着一杯清茶坐而论道了。

今年的春天来得很规矩，物候都好像配合着节气，按部就班地从容地来了，于是换了春服，约上几个朋友一起驱车前往黄河了。接近中午，我们一行来到一个叫作天尽头的村落，计划在那里歇脚，然后徒步前往黄河。透过连山的缺口，我们已经可以看到，如裁剪过的黄泥色的河面在峡谷的桃红柳绿间铺过来，就都知道那是黄河了。歇脚处是学生的家，父母都在村里面住，招呼十分周全。村里人听见来了外面的人，都三五个相约着来看，他们操着当地的口音，纯朴如尧之遗使。村落不大，坐落在一个面南的山窝。房前屋后就是他们的田地，中间种着杏白桃红，远处又有团状的翠柏，点缀在裸露的黄土间，有着别样的美与和谐。几只山羊在刚刚返青的山坡，顽童一样地撒欢。

可能是地势的缘故，这里的春天来得早了许多，风很柔和，四处荡漾着温湿的泥土气息，像极了江南。

古寨

村落东往，沿着不规则的羊肠小道走，是一座古寨。路很险要，古人说的畏途也不过如此，眼睛不敢往下看，只顾顺着崖根儿走，小路多风蚀的砾石，有些滑脚，走起来小腿儿不太听使唤。如临深渊，战战兢兢，说的就是这种感觉吧。 终于到了古寨，回望一下，也并没有走多长的路。

这是一座突兀的土石结合的高地，东临黄河，西边儿就是来路，南北都是深谷，少有草木生长，即使春天方至，衰草零落在石罅间，当风摇动，还有几株并不茂盛的柏树泛着青，在高崖上独自挺立。两股清泉分别从南北的山谷间泻出来，只是看不清全貌，却听得到水落深涧让人战栗的声响。

站在高处，可以极目南北，河面并不宽阔，水流平稳，这就是黄河的容颜了。从遥远的巴颜喀拉山口出发，从几十万年的远古出发到这里，既不像歌里的澎湃汹涌，也不像影视里看到的苍茫暴戾，在明媚的春天里，她是温柔的从容的。河流黄得纯，黄得宁静，黄得坦荡，如打磨过的阳关大道。站在这里，我几乎忘却了她就是梦中的黄河，忘却了她的母亲河的身份，也忘却了和层层叠叠的神话连在一起的典故。

古寨在春的阳光下，孤独而倾圮，尽管脚下的百草中尽显出了生命的势不可当。几孔冒了顶的石头砌成的窑洞，和残破的围墙就是建筑的主体。除了杂草间散落的一些瓦石之外，再没有一丝人气，没有一张纸片，墙壁上也没有一个字样。他们说这里曾经是百姓的避难所，当年村里人可以凭着表里山河的体势，来阻挡祸乱时期的兵匪。不错，这是一个“一夫当关，万夫莫开”的好地界，这样说来，倒觉得这个破烂不堪的古寨有了温热了。

日头儿过午，我们返身赶赴不远的渡口去。就在回首的时候，同行的朋友突然呐喊起来，大家回头望去，终于在天空的深处看到了鹰的影子：一只孤鹰盘旋着，很小，但是矫健，像孤独的灵魂，给这空旷的天地画出一道神奇的弧线。我们不会惊动它。

摆渡人家

在学生的指引下，我们顺着面对黄河的崎岖的山路直直地向下走，十多分钟后，来到黄河边。然而眼前的河流远非古寨看到的黄河。站在岸边，你才知道黄河是宽阔的，水流虽说不是太大，但分明可见波峰起伏相连的大气，听见的只有水波澎湃，拍击岩石发出强烈的声响，脚下的沙岸在无声地震颤，河水在沉吟，对岸的山渐渐地向后退去，有些眩晕。河水的颜色也不像远望的纯黄，水面漂浮着一道一道沿路的芜杂。随着洪流奔向远方。刚认识了我们的老艄公说，这是桃花水，每年桃花开的时候，黄河就涨水了，船也就停摆了。这让我们很是失望。

老艄公在几年前的一次电视节目报道过，现在更老了，他是典型的当地人，敦实的身体，说话不太夹杂现代的元素，全是当地的话，听起来有唱歌儿的节奏。他说他的父亲是个老船工，从小就是在黄河边长大，水性好。一顿饭工夫能游到河东再返回来，还曾经救过不少的落水人。他一边说，一边在河边徘徊。“后来呢？”我们接着问道。“后来可能得罪了河神吧，有一年桃花水下来的时候，上游漂下来一根粗大的木头，他不顾别人的劝阻，竟然一跳跳上去，谁知道那是一条大蟒蛇，这样，就把他给带走了。”

老人很健谈，他说自己有个兄弟水性比自己要很好，接了父亲的船，自己又不操心，晚上下山时摔坏了一条腿，就再也不干这行了。他装了一条假腿，在城里干钉鞋的活。他钉鞋老实，换来的钱就塞进假腿的缝里。晚上回家后再取出来，走在路上总是叮叮当当地响，钱挣了多少他都能听出来。有一天晚上回家，被几个不认识的人给卸了腿，把钱全拿走了。老人说得有些哽咽，我们也跟着难过。

东渡

我们说这次来很遗憾，恰好遇上桃花水了，去不了河东了。老人这次两眼来了神，“我可以帮你们过啊，河水现在还没有涨到最高的时候。”他很坚决，我们反倒后悔了，生怕发生什么山高水低。最后还是达成了一致，怕什么，拿出当年黄河保卫战的精神来。我们上了船，老人脱去上衣和鞋子，露出一身亚洲铜的颜色，和这沙这水便融为一体了。说话间船已经到了中流，浪很高，可以把船送得很高，然后又跌入低谷，我们就随着船的起落向对岸挪动。随着老人一声抓好了，每个人都死死地抓住船舷。他吼起了大家都听不清也听不懂的歌子，大家跟着他的节奏喊出声来，恐惧感在这有点豪迈的喊声中渐渐缓解了。

说真的，船到中流，你方才知道这河之广之险了，四面全是声响，木船在峰谷间如同一根苇草。人之渺小与天地之大，你在这时候能感受得真真切切。河风把衣袖吹得鼓起来，无法表达的感觉。在这里，很多名词的含义，都需要重新界定。老船工把着舵，浑身的每一块肌肉都在发力，包括每一声的嘶吼，都在全力以赴。他从容却不松懈，自信又不失谨慎，如同狮子捉象。

船沿着斜线向东南方向的东岸靠近了，我们方才松了一口气。

河流与哲学

河流，是滋生哲学的土地。黄河，这个千古不易的名称，养育了生命本身，同时也在川流不息中打开了人的思想的门闩。或者说他本身就是一位思想者，它激浊扬清，大浪淘沙，融智慧与活力于一体。它逝者如斯，最能映照宇宙沧桑揭示宇宙永恒而生生不息的本源面目。茫茫彼岸，闪烁着生命理想与明灭，指引着也藏匿着无数的追求者。渔樵之人也是哲人，他们的哲学是朴素的。看惯了秋月春风之后，他们可能也有历史的虚无的感叹，但不能以言语表达。感悟历史的虚无是所有人都要走的路，之后就会分道扬镳。

当一个人的生命融入一个空间和时间时，他本身就有了哲学意义了，因为同时也有了爱和智慧，沿着河流和阳光走，也沿着生命的绵延不绝走。他是永恒宇宙，永恒哲学的一个生的力量，就像文明灰堆碎片里的一处火苗。青山依旧在，几度夕阳红。请不要再为大尺度下的悲剧而叹息，因为，这悲悯之中不正显出了，生命的意义在于被青山和夕阳见证，或者说生如夏花方能死后被托体于青山，我们不就是这生生不息力量的一朵呀！山水间的摆渡人，和这渡口停泊的驳船，他们也许还是不息河流中的浪花一朵。

谁谓河广

站在黄河辽阔的峡谷中，天空异常苍茫，两岸岩崖高峙，云起花开的山脚下，掩映着几个小村。老人把我们带到一个石头围墙的小院，出来迎接我们的先是一只黑色的小狗，没等它龇牙咧嘴，就从屋里走出一个花色衣服的姑娘，小狗便很不自在地躲到一边去了。我们知道这是小院的真正的主人，她安排大家坐在她家屋外的石桌前，自己准备茶水去了。

姑娘是老人的外孙女儿，母亲去世得早，父亲前些年出了远门儿后再也没有回家，听说又续了弦，于是，只能自己一个人独住在离村子不远的这里。老人告诉我们，她人可怜，相中了村子里的一个小伙子，很精干的，三年前这个时候吧，坐了船去了河西，一去就再也没有音信，他这姑娘呢，也一门儿心思在这个小伙子身上了，还容不得别人说他是负心汉。唉，她人太倔，没办法，性格随了年轻时候的他啊！老人叹气，我们也跟着叹气。姑娘人很利落，一件花衣好似亭亭树上落满了蝴蝶。人们说，花衣是农家的衣服，显俗，一般是不敢穿在身上的。

而我以为，服装的妍媸取决于人，就像姑娘吧，倒是显得落落得体，加之她的刚强中的若有所思，显得多了几分雅致和神采。

在这片大地上，也许知晓姑娘名字的人不多了，包括三年前出走的那个人，也许已经把她给忘了。天色将暗，河风渐起，老船工催我们上船。姑娘叮嘱我们，帮他打听一下那个人，我们竟然应了下来，挺不自信的。《诗经》里有“谁谓河广，一苇杭之”的句子，怕是合于姑娘执着的思念吧。船开了，在河流的中央，回头一望，姑娘那花色的衣裳依旧在沙岸上飘动，像黄色河流上一道彩色的阳光。

永远的佛头寺

○王成华

佛头寺，这个不久前刚从地图上被抹去的地理名称，这个在时空中离我们渐行渐远的小村，始终让我魂牵梦萦，难以割舍。

这里，是我生命的应许之地，也是我始终珍藏在心底的乐园。

接近黄河尾闾，南展大堤像一座逶迤绵亘的长城，时刻守护、束缚着身边这条桀骜不驯的黄色巨龙。当年，从东营区到垦利区的沿河地带，一溜五十多个村庄稀疏地散落在黄河大坝右侧的房台上，形成一道世间独有的房台村景观。

佛头寺是我的故乡，也是一个典型的房台村。

从隔山隔水的远方一路走来，我的故乡是有故事的地方。村志记载，明洪武建政年初，李援成兄弟二人从直隶枣强辗转迁徙到利津城东 15 里处。在黄河下游东岸一座寺庙旁建村立籍，该村遂得名龙头寺村。1952 年，龙头寺村借驻地寺庙之名改为佛头寺村。1980 年，为保持地名相对稳定性，尊重历史，应群众意愿，恢复佛头寺村名。

还有一个古老的传说：三皇五帝时，佛头寺和佛头寺村就已经存在了，不过当时分别叫龙头寺和龙头寺村。大禹用疏的方法治水，成功后分封九州，把黄河下游最难防治的一段封给了皋陶。

皋陶生于曲阜，本是一条黑龙转世，到封地后，把平日兴风作浪的黄龙治得服服帖帖。大禹准备把帝位禅让与他，禹的儿子启却勾结黄龙作怪，偷偷在黄河下游大堤之下捅了个大洞，致使皋陶封地洪水滔天，民众流离失所。之后，启把父亲禹和皋陶一起告到天庭。天帝怒，欲斩杀大禹。皋陶挺身而出，告天帝曰，黄河在我封地决口，要杀就应杀我，请放过大禹。天帝感其诚，决定饶恕他们。

皋陶说，臣民受灾，死伤惨重，我难辞其咎，愿与其共赴死。他拔出身上的佩剑架在自己脖子上，对天帝和大禹说，我死之后，请还我龙身，用我的筋骨在决口的地方筑成千里长堤，永生永世镇水阻洪，护佑我的臣民；请把我身体里的血注入地下，化为黑油，供流离失所的臣民生火做饭；请把我的鳞甲化为黑泥，供我的臣民制陶盛饭，这样也不负我皋陶之名。天帝应允，皋陶遂挥剑斩落自己的首级。

天帝震恸，传旨在黄河大堤边上为皋陶筑庙，供奉他的头颅，世代享受香火，并把这寺定名为龙头寺。

话说，这天佛祖释迦牟尼正在西天给弟子讲经，他的食指忽然一动。佛祖慧眼微睁，看到了皋陶自杀的那一幕，就万里传音："皋陶治水镇洪，舍身就义，善举感天动地，正乃我佛门弟子所应为之，我看这龙头寺就改为佛头寺吧。"

从此，佛头寺村得了佛祖赐名，又一直沐皋陶恩泽。村周围地下，储藏着丰富的石油、天然气资源，地上土质肥沃，物产丰饶。除了在河滩上耕作稼穑之外，村民们就地取材，用河泥制作陶器，迄今已有六百多年历史。

黄河泥具有质地均匀细腻、稳定耐受特点，佛头寺人把这种天然材质看作大自然的馈赠和来自母亲河的恩赐。早年间，村中能工巧匠以简单工艺，烧制出美观大方实惠耐用的陶瓦制品，“佛头寺的黄盆—— 一套一套的”成为当时流传甚广的民间歇后语。

1987年，在老支书李德华提议和力推下，村里创办了美陶厂。第一任厂长李民上任后，带领大家把厂子越办越红火。几近失传的制陶技艺得以香火延续，且历代传承，不断发扬光大。

李建兴，这位黄河泥土一样质朴厚道的鲁北汉子，是佛头寺村现任支部书记、佛头黑陶工艺研究所所长，也是黑陶“非遗”文化的传承人。在前辈累积的基础上，他匠心研制，将产品扩展到一百五十多个品种。这里的黑陶制品色如墨玉，声比钟磬，雕琢工艺精湛，风格造型各异，或古拙朴素、或精巧雅致，享有“齐鲁黑陶之花”美誉，成为黄河口文化的符号，有很高的欣赏和收藏价值。曾获国家“七五星火计划”金奖、“墨西哥中国实用产品及技术博览会”金奖等诸多荣誉。佛头黑陶也被选入东营市非物质文化遗产目录。

20世纪70年代初，为彻底消除黄河下游水道“肠梗阻”“窄胡同”的泄洪隐患，国家启动黄河南展宽工程。到70年代末，展区50多个自然村，近4万人口从原来的居住地搬上了房台，这一住，就是40多年。

佛头寺村在胜利闸偏北，实际上是和大白、小白、徐王等村连在一起的。房台村居住条件相对狭窄逼仄，简陋朴素，城市的喧嚣繁华难以波及这里。在农耕文明的滋养中，小村枕着黄河的涛声，迎东方破晓，送夕阳浴河，清晨薄雾笼翠，暮晚炊烟揽霞。年年岁岁，岁岁年年，人们过着日出而作，日落而息的恬静、悠然日子。

佛头寺房台的高度，大约是黄河大堤的四分之三，约有10米。每户宅基南北14米，每间房宽3.3米，按人口分配，每人22平方米。一人至三人以下分两间，四人到五人分三间，六人以上分四间。

我们家人口多，分到了四间房。之后，在左邻右舍帮助下，又增盖了几间偏房，形成了一套小四合院。

我和两个弟弟，都在这个小院里度过了童年、少年和大部分的青年时光。

那一年的初秋，是个金色的收获季节，在离村不远处的柳仙树下，借着秋夜如水的月光，我也收获了自己的爱情。

我的蜜月，也是在房台上的四合院里度过的。记得新婚之夜，我坐在炕沿上，拥着怀中的新娘，一直等到夜深月西斜，熬得“听窗户的”小青年们犯困回了家，才敢抱起媳妇上床。

参加工作后，我离开了佛头寺，但令我始终无法释怀的，是对故乡的那份挚爱和依恋。房台上，留有我太多的青涩记忆：酸楚、甜蜜、忧伤和幸福。

那时候，每次回故乡，站在大堤上看房台上的佛头寺，家家户户都是袖珍型的四合院，房屋矮小，天井狭窄，院子与院子亲密地拥在一起。回顾在这里度过的青葱岁月，总会心潮起伏，久难平息。

当年，尽管日子不宽裕，条件相对艰苦，但在这里生活久了，热爱生活的父老乡亲们，就逐渐改善了环境：绿树、草地、庄稼、花朵的清香芬芳，鸡鸣狗吠牛哞的俗世凡音，弥补了生活空间的局促和生活内容的单调。

为黄河安澜，为油田发展，为国家建设，和其他房台村一样，佛头寺的群众舍弃了祖祖辈辈生存的故土家园，搬迁到房台上。在大局面前，他们付出了巨大牺牲，作出了无私奉献，表现出高度的政治觉悟，体现了老区人民的高风亮节。

党和政府从来没有忘记房台村的群众，2013 年，东营市委、市政府制定了南展区新型农村社区建设的意见，投入巨资兴建了 11 个新型社区。

按照政府的拆迁补偿标准和安置办法，房台村每人补贴资金 3 万元，加上房屋赔偿，群众不用自己另外掏钱，就可以获得人均面积 25 平方米左右的楼房。

新社区在保障基本居住前提下，从 65 平方米的普通单元到 200 平方米的连排别墅，只收取成本价。群众可根据自家条件自愿购买，孤寡老人全部安置了廉租房。

从 2015 年至 2019 年，所有房台村的群众都陆续搬进了新建的社区。

2015 年下半年，佛头寺 160 余户，570 口人整体搬到胜利社区。住进崭新的楼房，过上了和城里人一样的日子，我们村的老百姓，从心底里感恩党和政府，感念社会主义好制度。

可故土难离，搬迁的时候，最是牵肠挂肚。望着住了几十年，即将恢复为耕地的老村老院老胡同，那再熟悉不过的土屋土墙红瓦绿树，一些年轻人忙着拍视频、拍照片作纪念，一些上年纪的老人怀着心事在自家老屋旁转转悠悠，不忍离开。

就要离开乡梓养地了，一个曾经热热闹闹，人丁兴旺的村子，即将像往事一般随风而去，再也不会回来。许多人眼睛湿润、喉咙哽咽。我八十六岁的老父亲，抑制不住内心的伤感，伏在门框上，双肩起伏，低声呜咽起来。

我搀起父亲，迎着从河面刮来的风往村外走，路上竟无从劝慰，自己的眼泪也在脸上簌簌滑落。

四十年风风雨雨，四十载岁月沧桑。从展区内原住地到房台，从房台到现在的胜利社区，佛头寺村的模样陌生了起来，但这陌生中却布满了城镇化与现代化的印痕。而今的佛头寺村，楼房林立，商铺遍布，城乡之间的界线被打通，村民与市民的生活早就交织在一起，共同呼吸着、感受着新时代黄河文化的气息。 佛头寺村的历程，正是黄河南展区发展历程的一个缩影。

我的佛头寺，似乎在一个时空节点上骤然消逝了。但作为一个曾经的村落，它的历史不会消逝；而作为故乡，它的一切早已清晰且深刻地镌刻在了我的心上。

太阳每天都是新的，时代的脚步不曾停歇，而唯有黄河水汤汤依旧。

“大河遥自西域来，万折千回东赴海”，今天，黄河三角洲的面貌日新月异，但无论怎么发展、怎么变化，佛头寺始终是我不变的精神归依和初心所在。

我永远的母亲河，永远的房台村，永远的佛头寺！

洛川苹果之父

○王　莹

黄河是我们中华民族的母亲河，千百年来流淌不息，这里孕育了中华民族璀璨的文化，流传着无以计数的感人故事，这些故事时时感动着后人、激励着后人！

在黄河流域有一个小县城——洛川，如今，一提到洛川人们都会不约而同地说：“苹果！”可见，苹果似乎已经成为今天洛川的代名词，这也足见苹果对洛川这个地方影响之大、之广！因为苹果给他们的生活带来了不菲的财富，给了他们安居乐业的源泉。今天的洛川人之所以过着祥和、幸福的日子，离不开一个人，而且这个人永远被当地人铭记着，他就是李新安。他用自己一生的辛劳书写着黄河故事，书写着他对这片土地的热爱！

1919年，李新安出生在洛川县城北30里的阿寺村。然而，他两岁的时候，母亲就去世了，13岁时父亲也离世了，没了双亲，他不得不辍学回家，19岁时，他被抓去当壮丁。命运的不幸和生活的苦难并没有压垮这个年轻人，穷人的孩子早当家，两年后逃回家的他萌生了“自己供自己上学，自己给自己做事”的念头，说干就干，他承包了给村里人放牛的活计，用省吃俭用攒下来的钱，先后在永乡中山中心学校和槐柏中心小学完成了高小学业，在那个年代算是有些知识的人。

1943年，李新安跟随前来阿寺村探亲的原国民党106师政治部主任兼副师长屈伸来到河南灵宝，当了他的勤务兵。两年后，部队调防时，李新安留了下来，到灵宝县焦村大地主家的果园开始当学徒。果园里的劳动虽然非常艰苦，但他却从中找到了乐子，他在生产生活的过程中更加留心观察、思考，长期的学习钻研，让他蹦出了一个常人难以想象的问题：洛川跟灵宝处于同一纬度，自然条件大体相同，为什么不在洛川发展苹果呢？在这个想法的驱使下，他铆足了劲，一定要试一把，说干就干，他借钱租地培育了四亩五分地的苹果树苗。四年后，正当解放战争进行得如火如荼时，李新安决定带自己精心培育的200株果树苗子回洛川，在家乡发展苹果产业，带领父老乡亲发家致富。他坐火车来到渭南，怕耽误行程，便买了头驴，驮着树苗，经宜君时，被三个国民党匪军抓住让他运送行李，李新安拿出了身上所有的积蓄，才保住了树苗，侥幸逃走。他怕再有闪失，便日夜兼程走，到离家不足15里地时，驴被累死了，最后还是借熟人一头驴，才把树苗驮回阿寺村。

李新安回来的消息顿时震惊了左邻右舍，大家都来看他带了多少钱回家，可没想到的是，他除了200株苹果树苗外，一个子儿也没有，大家都嘲笑他："这年头种庄稼都饿肚子，种这些干材棒棒能当饭吃？"李新安的解释换来的都是更大的嘲讽，甚至他在前面栽树，他二叔就在后面拔树，还说："尽是胡闹，这么好的地栽这些烂柴棍有啥用？你一家以后要饿死嘞！"

由于分歧太大，李新安跟二叔分了家，用兑来的六亩七分地建起了洛川县第一块果园。洛川解放后，李新安背着自己培育的苹果树苗到处叫卖，他用诙谐幽默的顺口溜宣传苹果树是摇钱树的道理。为了进一步推广果树栽培，他还给洛川党政机关写信，阐述关于苹果在洛川发展前途的建议，引起了县区、乡各级党政负责同志的重视。王县长专门到他的果园进行参观，并帮助他建立苗圃基地；黄龙分区副专员郭景龙参观完后，还给他赠送了果园栽培等专业书籍，并鼓励他阅读苏联水果专家米丘林的著作，临走时专员再三叮嘱他："有啥困难只管找人民政府商量解决。"这些专业书籍和政府的热情关怀激励着李新安，他日耕夜读，废寝忘食。

李新安的努力和成绩得到了政府的高度认可，并被选为人民代表。在各种会议上，他始终不忘为发展苹果产业做宣传，1950 年，李新安《苹果树的栽培法》被政府批准印发，并分发各处学习实践。

1951 年，李新安的果园开始零星挂果，他将采摘下来的苹果分给乡亲们品尝，吃到苹果的人都赞不绝口，说他是个大能人！两年后，果园进入丰产期，产果五千余斤，李新安成为村里名副其实的有钱人，为了推广自己的成功经验，他牵着驴，驮着苹果。走乡串村边叫、边卖、边宣传，动员大家栽果树，说是卖，其实多半是送，他说只图个宣传嘛，他还用毛驴驮着两大筐苹果到130里外的延安行署院里去卖，这一举动引起了一位领导注意，李新安借机当面介绍了自己务果经验，建议在全延安地区大力发展苹果产业，在他的宣传带动下，接踵而来的取经者络绎不绝。为了做大做强苹果产业，李新安亲自教授又自包学费，在阿寺村办起了洛川第一个果树栽培学习班，带动了黄陵、宜君、富县、宜川和延安等地的苹果种植业。在他的鼓动下，到1952年，周边县乡已有65户群众栽下40亩地12个品种的苹果树苗。

1954年延安地委行署总结李新安的经验，聘请他为地区园艺顾问，推广苹果种植，在此期间，他也为洛川县18个乡镇培训了大批果树栽培技术人员。1956年10月，《延安报》发表了李新安《苹果与幸福》的宣传文章。1957年，李新安自费到西安武功、三原等地学习务果技术，回来自己掏钱在村里办了6天果训班，指导大队建起了300亩的苹果园，成为洛川乃至延安地区第一个大面积的集体苹果专业园。他的一件件具有划时代意义的创举，让他赢得了延安专区“先进生产者”的光荣称号，4月他被推举到北京参加全国农业展览会，受到了毛主席等中央领导同志的接见，10 月，在西安参加了全省劳模大会时，省长端起酒杯激情地说：“新安，为你早日将西沿公路两旁建成绿色苹果长廊，干杯！”

在李新安看来，自己一路走来所获的认可、赞许、荣誉既是动力，也是压力。为了感谢中央领导同志的重视和支持，回到家后，他精心挑选了四箱苹果寄给毛主席，建议将延安建成全国最出名的苹果专区，叫革命圣地的苹果供应销售到国内外各大市场，让国内外人民都能吃上延安革命圣地的果实。中央办公厅回信称：“在陕北高原发展苹果是一个创举。”他的建议获得了中央的肯定。

1958 年，李新安被陕西省评为农民科学家、发明家、园艺家，次年，又被洛川县聘用为县农业科学研究所园林组组长，他率队借机会到处宣讲苹果产业。在李新安的指导下，全县掀起了大队生产队大建果园的热潮，先后有 50 个村子建起果园，全县苹果种植面积达到 1.7 万亩，成为名副其实的苹果县。

经过二十多年的栽培和发展，到了 20 世纪 70 年代初，洛川苹果在栽培规模、技术、品质上逐渐形成了比较成熟的经验和做法，开始在国内声名鹊起。

1974年5月，在全国外销苹果基地鉴评会上，来自洛川京兆的“新红星”五项指标中有四项及总分均超过号称世界水果王牌的美国蛇果，获全国第一，鉴评会后播放的专题纪录片对此评价说：“中国苹果的希望在陕西，陕西苹果的希望在洛川。”

这些荣誉与肯定更加坚定了洛川县委、县政府发展苹果产业的信心和决心，在经过20世纪80年代的技术推广，90年代的产业开发和21世纪头十年的品牌打造后，洛川苹果的种植规模、产品质量、品牌知名度和国际地位等均得到了一个质的飞跃，跨到了一个新的高度 。

1983年5月2日李新安走了，不带走一草一木，他将自己的汗水、智慧和精神永远留在了生他、养他的这片黄土上，在这片热情的土地上，他用自己的勤奋、勤劳、善良、真诚谱写着洛川苹果美好的未来，给这里的人们指明了道路，给这块土地赋予了希望和奔头！如今，走在洛川县政府的中心街上，你会看到一个广场名叫“新安广场”，这是洛川县政府为纪念李新安这位恩人特意建设的，这里的百姓亲切地称他为“苹果之父”。

李新安虽然已经永远离开了我们，但他和洛川苹果的故事将永远活着，永远震撼在黄河边上，震撼在全心全意为人民、为社会的服务中！震撼在我们每一个后人的心里！

渭水之滨的文学巨匠——陈忠实

○伏　萍

世界历史上有一种文化现象，那就是"人因地而孕育，地因人而扬名"。每每提到灞桥，人们就会羡慕地说："关中有座白鹿原，灞桥有个陈忠实！"

是啊！陈忠实因浸染了渭水之滨、灞河流域的仙灵之气，创作出反映时代变迁的恢宏巨著《白鹿原》。但凡提及《白鹿原》，陈忠实就会想起灞桥，想起环绕在他身旁的那条古老的河流——灞河。他在《寻找属于自己的句子》里曾这样描述："我截止到写成《白鹿原》的50岁，生活的范围都在这条倒流河的水边。傍晚落日的晚霞里在河堤上散心，或在水中洗涮黏汗，一时兴起，有了写作的冲动；也许是朝霞初露时在原坡上欣赏日出的壮景，看到自东向西一路蜿蜒过来的披着霞光的河水，便有了某种想要抒发的欲望，然后回到小院的书屋或老木房里，歌颂这条世界上离我最近的河流。”

灞河，古人称为滋水，全长109公里，流域面积2581平方公里，发源于秦岭北坡蓝田县灞源镇麻家坡以北，流经灞桥区、未央区，在高陵县汇入渭河，再流入黄河。据记载，春秋时期秦穆公不断向外扩张，称霸西戎后改滋水为霸水，可见其示雄称霸之心。后人以为此名太过霸气，便在霸字旁边加了三点水，改为灞水。不管是灞水也好，灞桥也罢，总之是一个有故事的地方。陈忠实曾在“白鹿文学奖”颁奖大会上掷地有声地说：“灞桥地区是文学的沃土，希望每一位乡土作家，从灞桥这片热土走出去，在陕西乃至中国文坛上发出属于自己的声音！”这个声音带给灞桥区的文化人以莫大的激励和鼓舞！

灞桥区位于渭水之滨、灞河流域，人杰地灵，文化气息浓厚。区内有仰韶文化的半坡遗址、龙山文化的米家崖遗址、汉文帝霸陵、隋唐灞桥古渡遗址、黄巢练兵遗址等名胜古迹，灞水环绕，生态优美，文学源脉一脉相承。历代文人墨客都曾在此留下动人诗篇，如边塞诗人岑参曾写下“山开灞水北，雨过杜陵西”之句，唐明皇李隆基则有“洛阳芳树映天津，灞岸垂杨窣地新”之咏，还有郑谷的“和烟和雨遮敷水，映竹映村连灞桥”、沈彬的“一条灞水清如剑，不为离人割断愁”等，都是吟咏灞桥的优美诗句。暂不提这些诗作中的美好蕴含，单是诗中所描绘的令人神往的境界，就足以使我们想象，当年作为王都的京畿之地，灞河周边的自然风光有多么可人。

翻开《历代诗人咏灞桥》一书，其中竟有陈忠实先生所作之序。序文字字珠玑：看到书稿时，“心灵深处的某一根最灵敏也最绵软的神经便发出颤音来。及至读完，依然不肯释手，稍有闲适，便不由得拿起来吟咏品咂。有贵人来要我的拙笨的字，便把其中我最喜欢的诗句写下来，竟然觉得是一种情感释放而很愉悦，很自豪。”他骄傲地向人介绍说：“灞桥是我的家乡。无论普通人乃至将军总统，无论操哪种语言、着哪种肤色，无论他在人类社会哪个领域作出过怎样杰出的贡献，对于家乡虔诚的情怀都是一脉相通的，这是一个人的‘根’，是一个人丰富的感情世界里的带共性的‘结’啊！即使那些在故乡受过苦甚至遭过罪的人，可能在他贫困潦倒不堪罪罚的困境里诅咒过故乡，然而多年以后仍会发觉心灵深处最温馨的一隅，依然还是自己的家园自己的故乡。”

一个地区的文化兴起，一定与当地的风土人情和天时地利有关，也必定与他的领路人有关。灞河、灞桥，自古多风雅。飞雪清风、灞柳别愁，这条自古以来就是离别之情代名词的河流，滋养了两岸百姓，成就了历代的文人墨客。半坡遗址、艺术街区，还有白鹿原上那一幕幕可歌可泣的恢宏历史及神秘传奇，更是成就了一位伟大的作家陈忠实。陈忠实深爱着这条河流，这片土地。他说：“我以往的小说包括尚未面世的《白鹿原》，其中的风景描写多有涉及这条河的文字，却几乎全是这篇或那篇小说人物在这条河边发生的人生故事。现在，我直接面对这条河了，这条我平生触摸的第一条河，也是平生都不曾离开的一条河，似乎此时突然意识到这条河从我心里淌过，我的血液时时都受到河水波浪的拍击，与河水融合了。”海纳百川，溪流入黄河，所有的人都如溪流般生生不息，为母亲河流积蓄着力量。

公元 1942 年 8 月 3 日清晨，随着一声清脆的啼哭，一个男婴出生在白鹿原下西蒋村一个庄户人家。当时谁也没有想到，这个普普通通的小男婴，最终会走出灞桥，走出陕西，走向中国乃至世界大文坛。这个人不是别人，正是《白鹿原》的作者，中国著名作家陈忠实。年少时的陈忠实也曾经有过被迫辍学的经历。虽让人不堪回首，但却成为他奋进中的一块坚实而厚重的垫脚石。那是1956年9月刚刚开学的头一天，正上初一的陈忠实，因家境贫寒而不得不办理了辍学手续。在告别学校的那一刻，语文老师流着泪说："忠实啊，明年一定要记得来复学啊！"陈忠实眼含泪水默默点头，他是多想继续自己的学业啊！可是，他不能因为自己的梦想而拖累父母在贫困的生死线上煎熬，毕竟一家老小的生计问题为大。然而，命运还是眷顾了他。一天，陈忠实背着妹妹在村里玩耍时，正巧遇到村支书。村支书问他为啥不去上学？陈忠实低头说："我家交不起学费……"村支书抚摸着孩子的头，内疚地说："新社会咋能让贫农家的娃娃上不起学嘛！"最终，在村里的资助下，陈忠实重返校园，继续他的求学梦想。从此，他抓住这来之不易的学习机会，比任何人都更加刻苦努力。

日月不负有志者，时光成就梦想人。16 岁那年，他发表了自己的处女作，在写作方面崭露头角；高中时更是如鱼得水，参与创办了学校刊物《新芽》，播洒着文学的火种；之后，他参加工作，成为政府最基层的一员。那时的他，生活艰辛，入不敷出。曾有好友邀他去湖北襄樊工作，条件要优越许多。但他婉言谢绝，理由就是：我已背上了文学这个十字架，生活再苦，我也不能离开故乡这片热土。离开了关中，离开了故土，也许我啥也写不出来了！

他当过中学老师，当过驻队干部，当过公社干部，当过文化馆长，当过区委副书记，但无论当什么，干什么，他都没有忘记文学的世界，背负着文学的十字架，虔诚地前行在文学的道路上。他就像一位文学的殉道者，带着对文学的执着，带着心灵深处对文学的挚爱，心甘情愿蜗居在灞桥区白鹿原下的小乡村，过着简朴而充实的生活，用生命为他的理想而奋斗。他下定决心，一定要写出一个真实的历史来，要用手中的笔，写出一部可以“搁在棺材垫枕头”的书籍来。从此，他的脚步遍及灞河的山山水水，他的灵魂触及古今中外的历史。他曾经说过：“我已活到这个年龄了，翻来覆去经历了许多过程，现在就有了保全自己一点真实感受的固执了。”

1986年，陈忠实查阅了西安周边长安、高陵、咸宁等地县志资料，最后又来到蓝田查阅县志、地方党史及有关资料。当时，他就住在蓝田县城北关向阳招待所二楼北边的一间小屋里，里面放着一张桌子、一把椅子、一张单人床。桌面上，清末关中大儒牛兆濂（蓝田人，《白鹿原》中“白鹿书院”的山长朱先生的生活原型）编纂的线装本《蓝田县志》翻开着，旁边放着翻开的摘抄笔记本和钢笔、水杯、雪茄烟等。陈忠实正在为创作长篇做准备。他告诉马士琦说：“这是我第一次住有暖气的房子。”

有人问过陈忠实，你写的是“啥体裁？啥年代的？”陈忠实说：“还是写咱关中农村，写解放前50年。”“有书名吗？”“《白鹿原》。”那人便说：“我想写写您。”但陈忠实却婉言谢绝了，“不敢，不敢。作协大院里哪一位都是大家，都有大部头。咱死了可怜得连一本垫颡的书都没有！咱在作协大院舞姿啥哩？《白鹿原》这一笼馍蒸得咋样？能不能蒸好，现在都不好说。馍蒸熟以前千万不敢揭笼盖，把气一放，馍就‘失塌’了！等书出来了，读者还欢迎，到时你再写我这一段。”

于是，当路遥写出了《平凡的世界》，当贾平凹写出了《浮躁》，陈忠实则回到白鹿原下的古村子。他沉下心来，拆解名著，反思历史，积累生活，抄写县志，超越观念，超越自我，深沉构思，经过多年的努力，终于创作出了长篇巨著《白鹿原》。

妻子问他，这一回写得不成咋办呀？他说：“那我就回来和你一起养鸡……”是啊，能不能成功？他心里也没有底了。在漫长等待消息的时日里，他开始捧读唐诗宋词，也便学着写下这首抒发情感的《小重山——创作感怀》：

春来寒去复重重。掼下秃笔时，桃正红。独自掩卷默无声。却想哭，鼻涩泪不涌。

单是图利名？怎堪这四载，煎熬情。注目南原觅白鹿。绿无涯，似闻呦呦鸣。

1992年夏天，当他把厚厚的一摞书稿交给《当代》杂志编辑的时候，他几乎是颤抖着说：“我这是把命交给你们了！”

等待是令人煎熬的。究竟他的这个“娃”有人接受吗？李星是第一个看到他手稿的人。几天后，陈忠实去听评判。平日里不笑不说话的李星，见到他却黑杀煞着脸半晌不说话。陈忠实就一直跟在他的身后，从屋外跟到屋里，从厨房跟到书房。陈忠实心想，完了，肯定写"失塌"咧！突然，李星回过身来，瞪着一双犀利的小眼睛，用拳头使劲擂打着左手掌心，几乎是喊叫着说："咋叫咱把这事儿给弄成咧！"他预测，未来的5年到10年，没有人能够写得出超过陈忠实的作品来。

果然，1993年3月，陈忠实的长篇小说《白鹿原》一经问世，就以其恢宏的构架、典型的人物、深刻的主题、超越的思考、精湛的描写，震撼了中国文坛，成为当代中国文学史上的一座丰碑。《白鹿原》连同深刻触及了中国近代半个世纪历史进程中深层矛盾和脉动的人物形象走进了当代人的视野。从徐徐展开的历史画卷里，我们能够透视先辈们人生的欢乐和痛苦，奋斗和失败，能够倾听中国传统农业文明的挽歌和新时代诞生的序曲。无疑，他成功了！

然而，在小说大获成功以后，陈忠实又默默地回到白鹿原下，就像一位朴实的农民一样，过起了平平常常"原下的日子"。同时，他用文学的灯盏，点亮众多文学青年的梦想；他关心残疾作家，用人生阐释文学的真谛，告诉年轻人：文学传递人文情怀，文学温暖人的心灵，文学依然神圣！陈忠实就是这样一个人，不仅自己在文学创作中耕耘收获，更将一份份关爱送给了千万个挚爱文学的大众。

2016 年 4 月 29 日 7 时 45 分，中国著名作家、茅盾文学奖获得者陈忠实先生，因病在西安去世，享年 74 岁。陈忠实先生永远地离开了我们。消息传开，四月飘雪，悲伤无限！成千上万的民众自发前去送他最后一程，就连国家主席习近平等党和国家领导人也为他送去了花圈。

看着他刀刻般深深皱纹的照片，人们想起年轻时的他。那时的他有着浓密的头发，脸上还没有后来的深深皱纹。中等微高个子，身着农村干部四个兜的深蓝色制服。他对所有人都充满了宽厚、包容和友爱，他的眼睛清澈、明亮，像一脉清潭。他说，文学依然神圣，在世俗化的世界里，保留一份神圣，这对人类太可贵了。人们突然想起契诃夫说过的一句话："我惧怕托尔斯泰离开人世。如果他死了，那么我的生命将出现巨大的空白。"人们说：忠实先生的离去，让我们的生命同样出现了巨大的空白，今生今世，这个空白无法弥补。它不只是文学的空白，作家道义担当的空白，更是真诚友谊的空白。

“注目南原觅白鹿”。如今，陈忠实先生累了，他头枕着一部恢宏巨著《白鹿原》，在灞河岸边，静静地、甜甜地睡着了，只留下雪舞灞柳，白鹿传情等一个个凝聚着黄河文化精神的文学故事。此刻，又想起陈忠实的话语来：

“西安东郊有一道原叫白鹿原，这道原东西长约七八十里，南北宽约四五十里，北面原坡下有一道灞河，西部原坡下也有一条河叫浐河，这两条河水围绕着也滋润着这道古原，所以我写的《白鹿原》里就有一条滋水和润河。自小在灞河水边见多不奇的鹭鸶鸟儿消失多年，这一年的春天在河边有草丛的浅水里，又发现了这白色精灵优雅的姿容，我从春天一直看到夏天，唯恐它另择他乡离开灞河……”

峪口：纸上的柔软时光

○曹　洁

纸上的柔软时光，栖息在峪口——陕北佳县峪口古镇。

峪口，这是一个有分量的词。它以一张纸的轻薄，承载了一代又一代人的纸上时光，暖暖地，栖息在乌龙河口。“峪”意为“山谷”，“峪口”即“山谷之口”，但“峪口”之名不源于山，只源于水。黄河奔流不息，乌龙河千年不老，峪口的纸上时光，柔软如初。

峪口，是纸的故土，纸的故土，便是文明的故土了。这里至今保留着古老的手工造纸工艺，峪口人曾世世代代以造纸为生，以一丝薄麻的清白和柔韧，记忆了几个世纪的纸上时光。草木茂盛的季节，走一回黄河道，走回乌龙河洞开的峪口古镇。一户一户去问询，寻访一个纸作坊，借着现世的阳，去寻觅隔世的阴。终于有了纸的信息，洁白地飘在上空，诱惑着我，走入一间紧傍乌龙河畔的小石屋。

这是一间传统的手工作坊，石砌窑洞，没有泥皮，一块块本色石头，裸露着骨子里的粗糙，斑驳的水渍，渗透着岁月的流光。正中，一个正方形大水槽，石砌，盛满乳白色的纸浆。一位造纸师傅正低头打捞。一张竹制帘子在他手里上下翻捞，转瞬间，乳白的纸浆就在他灵巧的手心里变成一张张纸，湿漉漉的，摆放旁边，叠放成一摞。

他很老到，一边捞纸，一边与我攀谈。似乎对他而言，这样的劳作已如游戏、如魔术，有一份自在自足的乐趣与幸福。他微笑着，重温手工造纸的全部流程：先得积攒诸如麻绳头、烂布鞋、废纸张、破纸箱等造纸材料，通过浸泡、碾压、漂洗等工序，存好备用。最难加工的是麻绳，你得先用快麻刀将破绳子截成一尺左右的绳头，束成小捆儿，浸泡水中；待麻绳泡软，再剁成一厘米左右的碎料；洗净的碎麻，再摊上石碾子，一头小毛驴不停地转着碾道，直到把碎麻碾碎，再次漂洗干净后，装好备用。

他笑着说：“必须是小毛驴，吃得少，走得也快。”

我也笑了，这小毛驴儿，原来也是造纸文明的大功臣。

这个艰辛的准备过程被称为“造麻”。若遇扭结顽固的麻绳头，你得先用石斧或石刀砸碎、捣烂、泡软，再碾。碾不碎的，拌上生石灰，堆放在土炕上，高温蒸一夜，成熟麻，再碾压。随后，才能加入已经碾碎的废纸，继续碾压，充分混合后，再漂洗干净，放进碓臼里狠狠捶捣，直到加工成纸浆，方可进“汗”（纸浆池）。

纸浆放进池子后，先用耙子搅拌打沤。所谓“大纸一千，小纸八百”，即指搅拌纸浆的程度，搅到什么样子刚刚好，靠的是造纸匠人多年的劳作经验。有时，他们也会像打夯一样，以对唱来计数。

听他这么说着，耳际便有此起彼伏的对唱声响起，乌龙河的水也唱起歌来，一波又一波。

搅拌好的纸浆，再沉淀一夜，才可上竹帘捞纸。这道工序是整个制作过程中的高潮，技术含量高，也最辛苦。捞纸人整天站着，低头劳作，背驼了，腰弯了；一双双手一直浸泡在冰凉的纸浆里，时间久了，风湿很严重。尤其是冬天，石窑里没有取暖设备，伸入池子捞纸，手与冻结着的冰碴子相触，发出窸窸窣窣的声音。很多年过去了，他习惯了劳作，听惯了这样的声音，也安于这种朴素绵长的生活。

原来，文明质地再怎么风华，也只是老百姓毫不张扬的劳动本色。

我仔细观察了捞纸过程。他先把帘子直插入“汗”中，再端出水面，让纸浆均匀分布在帘子上；将帘子放在走水棍上，沥干水分，再捞一次，从竹帘上剥离纸张，才算完成了一张纸的手工制作。他灵巧的双手上下翻捞，一张张白纸摞得层层叠叠。

我站在他站了一辈子的地方，试试捞纸，捞湿了衣袖，捞酸了胳臂，捞翻了走水棍，也没捞成半张纸。不听使唤的帘子上堆积了大量纸浆，不均匀，不成形，更别说剥离出一张完整的纸。

看过捞纸，去看晒纸，这是两种仅存的人工活儿了。

捞好的一摞纸，还淋着水滴，他轻轻按几下，装在架子里背好，往家里走去。我跟着他，走过乌龙河畔，走进一座农家院，走上屋顶，一排窑洞背后，一面干干净净的白墙，守候在阳光下。他是捞纸的好把式，妻子是晒纸的好手。她指尖儿轻挑，一秒钟就剥离出一张纸，贴在墙上，刷子一刷，土墙上就白出一块，水分转瞬被阳光、被风吸纳。晒出几列之后，就可从头收纸了，白白的纸，整齐码放，一摞一摞，如一个个洁白的日子，柔软成老百姓的欢喜和暖意。

抚摸着一摞摞白纸，若抚摸一份份朴素柔软的幸福。喜庆的婚嫁之日，窑洞木格窗子糊上新麻纸，再蘸点儿清油一涂抹，整个屋子亮堂堂的；红红绿绿的剪纸一贴，小鸟、兔子、猪猪、狗狗等物类，被一双双巧手点化，白格生生的窗子顿时生动鲜活起来。过大年就更不必说了，家家户户扫尘、糊纸、贴花，哪一样也离不开纸的洁白与柔软。薄薄的纸，是沁在百姓粗糙日子里的柔软和暖意，他们几世几代住在土的温黄里，住在纸的洁白上，朴素、满足、安乐。

碛口得以红火，得感恩两条河：黄河，乌龙河。碛口依傍黄河，地处晋、陕两省的交通要道，自古以来，就是黄河之畔的水陆码头，成就了仁义永、德和厚、三合堂等老字号的繁盛；乌龙河则是碛口的生命河，几世几代的峪口造纸匠人，就在这乌龙河中浣洗碎麻、和浆造纸，铺陈着每一个朴素日子里的红火热闹。

峪口的古老已无法考证，也无法知晓峪口造纸业的传承渊源。据说是因了乌龙河的清澈，鱼姓人氏在此定居，给峪口人传授了手工造纸工艺。乌龙河畔，至今分布着大大小小几十孔石砌窑洞。这里是昔日造纸最为集中的地区，几乎每一孔窑洞里都有一口“汗”，只是大多废弃了，手工制作也被半机械化。据说峪口曾有上百套石碾子，可惜大多没有保存下来。废弃的厂房里，我看到过一套旧时碾压麻绳的石碾子，倘若再被启用，功能一定不减当年。

传统工艺中，麻刀、碾子、碓臼、麻包、纸浆池、走水棍、竹帘子（抄子）、刷子等工具，缺一不可；现代制作程序却简单了很多，准备工作大多由机器操作，昔日的碾压、捶捣、冲洗、蒸麻等工序，已无法完整再现。虽然，峪口的手工造纸工艺已被列入第一批县级“非遗”名录，但峪口红火的造纸业似乎正走向凋敝，全村坚守手工造纸的只有几家。越来越多的年轻人选择外出打工，不愿守着成本高、售价低、收益小的家业。似乎传统的手工造纸工艺，难以薪火相传。

当然，这些都不重要，在峪口人的记忆里，他们的先辈这样活，他们这样活，后辈会不会也这样活，却不是他们所能掌控的。他们坚信，只要峪口还在，峪口人还在，峪口的造纸业就不会停息。

峪口，不只是一个有分量的词汇，也是一个温暖的地名，更是一个携带文明的地域符号。她曾以如云的洁白，柔软了老百姓世世代代的纸上时光，清亮而温暖。文明如斯，我只是文明之外的一个过客，匆匆步履，轻飘飘地，走不出一张薄纸的白。

离开之时，夕阳软软地照下来，峪口村前的戏台上，一场大戏刚刚开演，老百姓的日子，原本这样喧嚣而安宁。黄河与乌龙河，流淌出古镇峪口昔日的繁盛，也滋养着现今峪口人的丰衣足食，不留轻薄，只存暖厚。

向一座古城致敬

〇高定存

一

多年来，心中一遍遍地想象着这样一幅唯美而诗意的画面：在流云追风而又辽阔寂静的西部高原，在千里岷山深刻且密集的皱褶里面，在一脉岷江蜿蜒盘缠的河畔水湾，松州古城，安然坐定。鹰鹏展翅般的城楼上，悬浮着一朵白云，于蔚蓝的苍穹与苍茫的山原吻接处，横陈千年……

因了这座古城的高远，它理应有着蓝天的幕幔，有着超迈于雪峰之上的楼头飞檐，有着高挑日月的旌旗。关键是，在平宁祥和的日子里，城头上总有一朵白云，像一张素色的插画，装帧着岁月漫长的典籍，撩拨着后来人观瞻的眼睛与朝慕的心灵。

遥想之日久，便暗自思忖：什么时候能够走近那座古城，探触那一朵勾连着我魂魄的白云。

……

二

呼吸着五月清朗的空气，沿着岷江溯流而上，到达那个现在叫着松潘的古城时，河面闪光，阳光漫溢，树们披挂着大片新鲜的绿。穿过高大威猛的城门进入古城，一座座新修的仿古客栈矜持地端坐着，像似曾相识的故人。

说不上是多少回来古城了，但以往不是远途匆匆擦肩而过，就是因公干短暂停留，似乎从未停下脚步从头到尾地阅读它，从未平心宁神地感受体悟它，读它斑驳的城墙和人们平和的脸庞，悟它悠久的历史和生活真实的影子。这次有幸乘笔会之隙与之近距离对视、全方位接触，便奢望潜入时间深处，打开与古城沟通、融合的心灵之门。

其实，这里说的松州古城，只是现在松潘县城的一部分，是松潘县址的老版与正本，是古县城茂盛而庞杂的根。当然，自8年前那场震撼世界的汶川特大地震之后，祖国同胞血脉相连的精神大爱和制度优势的物质实力，从四面八方汇聚而来，尤以城北迅速崛起的具有相当规模和现代气派的新区，成为松潘涅槃重生的视觉标志，其科学的规划设计与完善的城镇功能，使之具有了一种特色与时尚兼顾的别样形貌。虽然，新城区高楼林立、街道纵横的形貌，与老城相对独立、屋院错落的青砖灰瓦、木屋板墙保持了空间体量和形貌特征上的距离，但脚下这片承载了千年文脉、生息过并埋葬着共同先人的苍茫土地，以及这片土地养育的古城人共同的精神气质和文化心理，将新区与古城贯穿和连接起来，使老屋与弄巷依然承载着光阴气息和历史价值，楼宇和大街倏然平添了时代特征和文明辉光，这两种时代内涵截然不同的建筑群浑然一体、相映成趣，成为松潘县城不断延展壮大的身躯，成为松潘各族人民文明进步的物质载体和幸福生活的具体呈现。

只是，我更愿意相信，松潘的灵魂主要集中在老城，集中在城墙所围合的这座叫作松州的古城。它像一册历经岁月淘洗、风雨剥蚀的大书，经过揭、补、托、裱的修缮与装帧，一切都那么真实而具体，一切都重新焕发出勃勃生机。

三

岷山主峰雪宝顶的西侧，雪线以下，是连绵起伏的山壑，以云杉和冷杉为主的森林苍苍茫茫，宏大而肃穆，动如碧波汹涌，静似绿云舒卷。阳光下百鸟翔集，草地上牛羊徜徉……松林稀疏处，几爿木房石屋错落铺排，蓝色炊烟袅袅升起；一阵清脆的马铃声由远而近，逶迤而来，穿过散发着松香的木栅栏，惊扰了蜂蝶们的花事与甜梦……

这又是一幅关于古松州名称由来的画面。但愿这就是松州成为一座城池之前，抑或是城池初具规模之前的情景再现。

松林的逐渐减少或消失，不应该仅仅归咎于洪武年间松州设卫时，历时 5 年大规模伐薪烧砖的筑城事件（据说现在的窑沟和窑坝山上，还遗留有为筑城烧制青砖而造的古窑遗迹），还有此前漫长岁月中的唐蕃战乱、宋元时期的城池建设与军事防务，以及原住民的居食所需、驿路上马帮驮队野炊取暖，甚至于自燃山火等诸多原因。生命生长得缓慢，永远适应不了一时之需的急迫，这座因松林茂密环绕而得名的古城，自此与松林作别。与所有自然资源一样，自然的更新周期远远跟不上人类开发掘进的速度。尽管这已成铁律，但每念叨一声“松州”，我的心中依然会如寒蛇般爬过一丝隐痛。

当然，这种超越时间的臆想或者图景还原，未必有多少真实的成分。对于人之个体而言，时间是极其有限的。我们既不了解时间的秘密，更不能长久地活在时间之中。时间倚重于精神，可以感知和把握的只有当下，除此之外的过去与未来都在人们的记忆或想象里；而空间则更趋近物质，是一种可知觉的实在。

就像现在，漫步在古城墙上，通过目力和心算揣测着它的三维体量，对城墙上坚实的青砖、精美的石刻唏嘘感叹不已。据考，松州古城城墙围长 6.2 公里，内城跨江沿山构筑，外城土石堆砌而就。城墙与山势、水流巧妙融汇，富有特色。每座城门以条石和大青砖拱成，精美宏大，浮雕石刻精美，堪称杰作。特别是现存的古城北门，在历史上称为“镇羌门”，宽 6 米、高 8.5 米、进深为 31.5 米，其城门高、宽和进深实测数据均超过北京故宫及南京、西安明代之城门。不难想象，如此规模，在烽燧传信、车马代步却又疆域辽阔的大明帝国，这座边地古城该是怎样的雄伟与壮美。

站在东侧的觐阳门上回望西山，依山而建的城墙墙体或墙基清晰可见，像两条褐黄色的巨龙从南北二门沿西侧山麓蜿蜒而上，汇于山顶之西门。恰好，日落西山，一朵微微泛红的霞云飘浮在西门城楼之后，好像给巍峨的西城门插上了半透明的翅膀，翩然欲飞。我看见两只鹰，在风的流线上缓缓滑翔。

那一瞬间，我似乎触摸到了松州古城的历史包浆，浑厚，圆润，并且看到它泛着幽深而华滋的辉光。

四

灯光把古城的夜色装扮得华丽而水润。

城墙上下的光柱和光带，连同城楼上的华光异彩，在夜的版图上共同竖立起一座体量更大的光的城池。与白天完全不一样，世界仿佛一下子变小了，而古城却在光的盛典里变得更加雄浑高峻、迷离神奇。我相信，灯光定然是一位魔术师，古城也定然是星宿满天的苍穹下一颗剔透的水晶球，里面的人们定然一如既往地重复着他们的故事，并在这些庸常而平凡的故事中一遍遍演绎他们引以为傲的传奇。

历史绝不是平顺和畅的田园牧歌，它更像一部残酷狰狞的机器，在战争与牺牲的轰鸣声中一路前行。

茶马古道上的颠沛辗转，松赞干布和文成公主的千古佳话，忽必烈剽悍铁骑的屯守围剿，平羌将军丁玉的烧砖筑城，番兵开疆拓土的远征鏖战，日寇战机的疯狂轰炸，红军围攻之后的转战草地，以及烟民的围城暴乱……必定是让这些传奇熠然生辉的基本元素，是让这些传奇沉雄厚重的主要砝码。

堪称古城历史的标志性物化实体，当属矗立在北城门前的松赞干布和文成公主雕塑。其实，这段美好姻缘和千古佳话肇始于一场烁古砺今的战争——松州之役。战役的起因在于松赞干布求婚未果，遂以拒绝赐婚羞辱吐蕃为由悍然进兵，与大唐帝国在西部重镇松州激烈交锋；战役的结果则是吐蕃的失败和这位年轻赞普的真心臣服，以及基于臣服之上的再次求婚而达成联姻。现在想来，松赞干布对文成公主的爱意虽然更多地出自他尚武扩张的雄心，他们的爱情归属也是典型的政治婚姻，但从文成公主下嫁松赞干布的贞观十五年开始，到薛仁贵率兵征讨的咸亨元年（670 年）为止，文成公主以她的博学多能和聪颖贤惠，不但巩固了唐朝的西部边防，苦心营构出整整 30 年的睦好祥和岁月，更把汉民族文化传播到了西域，极大地开化和影响了吐蕃。但唐太宗的得意之作，终被唐蕃的后继者此消彼长的恩怨与征伐搅乱，让金戈铁马与烽火狼烟拥塞了此后近 200 年的漫长岁月。因此，唐蕃之战就像一根骨刺，几乎洞穿了唐朝的历史。松州，就是这根骨刺刺向大唐本土的原点。

松州，在中国古代历史典籍中留下了浓重的一笔。

历史的烽烟散尽，时代的尘埃落定。随着历史关于文化、精神、政治甚至集体心理的累积沉淀，这座雕塑逐渐聚合、灵动着无数后人的思想、情感和祈愿，逐渐成为这座高原小城关乎爱情、友谊、民族团结与文化融合的象征，并以松潘旅游的标志性景点，定格在无数天南地北的游人们的照片里，承载着他们与一座古城、一段爱情相关联的美好记忆。

五

岷江沉沙千道湾，斜阳故道声声慢。灌松古道是连接川中盆地与西部高原的纽带。它南起都江堰市（灌县），沿岷江河谷北上，经汶川、茂县到松潘。遥想当年，成千上万辛勤的马帮脚夫，或肩挑背驮，或牵马执缰，与滔滔岷江一道，蜿蜒穿行在七百里山峡沟谷间，日复一日、年复一年，在风餐露宿的艰难行程中，用清悠的铃声和奔波的马蹄声渲染着千百年山林深谷的宁静，开辟了一条通往域外的经贸之路。在苍茫的山原大野中奔波谋生的特殊经历，造就了他们讲信用、重义气的性格，锻炼了他们明辨是非的勇气和能力，磨砺出他们嫉恶如仇的胆识与豪气。他们既是贸易经商的生意人，也是开辟茶马古道的探险家。他们凭借自己的刚毅、勇敢和智慧，用心血和汗水拓展出一条连接茶马古道的生存之路、探险之路，用包容和韧性浇灌了一条促进发展交融的人生之路、文化之路。无数生命个体的汇接与连续，组成一条浩荡汹涌的生活洪流，超越了季节，涤荡在岁月之外；超越了自然，绵亘在天地之间。

马，作为最早的运输工具，在故道上显示了其重要性，其后又成为一种与茶叶交易的商品——茶马互市，具有了另一种价值，是茶马古道中兼具劳动工具和增值价值的关键。出松州往北，便是甘肃、青海、四川3省交界，所谓黄河上游第一河曲处，此处盛产的马由西北军政委员会于1954年定名为“河曲马”。河曲马挽力强、速力中等，能持久耐劳，对高寒多变的气候环境有极强的适应能力，与内蒙古三河马、新疆伊犁马一道被誉为中国三大名马。可以想象，当时的古松州结棚为市、环错纷纭，出现“千骑交集，男女杂沓，交臂不辨”之盛况。

作为川藏茶马古道西路边茶的总会地，以及灌松古道所要抵达的商贸交易集镇，松州逐渐成为茶马古道庞大的交通网络和绵密的道路系统中的一个重要节点，茶马古道文化日益兴盛，及至明清后日渐式微，演绎出辉煌的时代意义和深远的历史影响。沿岷江而下与古蜀文化关联的“灌松古道”、跨越农耕与游牧文化的“甘松古道”等线性文化，古城、古关、古镇、古寨、古街和茶市、牦牛驮队、回汉商帮等特色文化，以及伴随这一故道诞生的藏族茶文化等，都是松潘茶马古道文化的宝贵资源。至今，古城内仍保留着“茶马古道互市古玩街”，只是随着时代更迭，这里变成了松潘当地虫草、贝母等药材与游客交易的重要场所。或许，正是得益于茶马互市的强大动力，各族商旅在这里互通有无、交流相聚，物质财富的集聚与融通，精神文化的传播与濡染，使松州古城走过了自然的风雨、历经了时代的烽火，依凭一隅小小的空间让自己在浩瀚的岁月洪流之外延宕下来，终成“人烟稠密，商贾辐辏，西陲一大都会”，成为后世开发不尽的文化遗产。

白驹过隙千百年，沧桑巨变是今天。如今，曲折险要的栈道遗迹难寻，清脆的马铃声悄然远逝，马鸣茶香也消失殆尽，取而代之的是纵贯南北的国道 213 线、川流不息的车队长龙，以及如蚁的游人和无尽的嚣声。然而，留印在这条故道上的先人足迹和马蹄烙印，以及对远古千丝万缕的记忆，却幻化成一种崇高的奋斗、拼搏精神，铭刻在古城悠远的历史记忆中，搏动在川西高原各族人民的血脉里。

六

与沉雄苍茫的边关古城相关联的，还有一位才色俱佳的年轻女子。

那时候，在盛唐雍容浩大的威仪之光的福泽中，古城似乎几经习惯了边地的落寞与荒疏，以至于这个才色俱佳的女子从遥迢的天府之国凄然相向、飘然而至，并在“三脑九坪十八关”的来路上，咏唱歌哭，用清泪和追悔写就了《十离诗》时，是那样的惊诧与不可思议。

饱经了多少世事人伦的爱恨情仇，看惯了无数才子佳人的生离死别，古城第一次与这个名叫薛涛的年轻女子不期而遇，她带来了与边城迥异的平原华都的气质，带来了高原蕃地小城的女子们所缺失的诗乐禀赋。古城不知道，带着这种气质和禀赋的女子竟是一个颇有名气的诗人；古城更没有想到，这个诗人关于筹边楼的恣肆描摹与无意点厾，会将自己由此带进泱泱大国最为华滋的诗歌典籍，进而为古城的历史脉流增添一抹亮丽的艺术之光。

不知道薛涛在这里羁留的具体时间，反正她很快就回去了，回到她作为一个弱女子不得不垂眉顺眼的权贵身边，继续用她的美好容颜去装缀权贵的胡茬皱纹，用自己丰沛的情爱浇灌自己被占有的青春。或许，她没有看到松茂古道上千里关山的俊逸与壮美，没有感到古城作为边地僻壤那些清朗如雪的民情，以及古城作为异域险隘、异族群居的那些粗朴独特的风俗，要不然在泱泱诗国的浩繁卷帙上，定然会在“平临云鸟八窗秋，壮压西川四十州。诸将莫贪羌族马，最高层处见边头”这首《筹边楼》之外，留下更多更好的诗章。

姑不论早已闻达于诗坛的薛涛在韦皋死后怎样孤清独守，怎样辗转梓州会晤元稹，怎样春情复燃与之浪漫相依，又是怎样无奈背离、落寞而终，单是古城与女诗人的不期而遇，在沧海桑田犹如白驹过隙的岁月长河中，短暂与灿烂犹如电光石火转瞬即逝。似乎也就是这一瞬间，古城就完成了从惊异、欣悦、包容到留恋的系列心理悸动，以至于千百年后，古城及其衍育的古城人，依然揣存着薛涛的一袭丽影，依然熟诵着薛涛的几首情诗。

当然，古城永远不会在意这位薛姓女子因何而来、缘何而去，不会在意这位多情才女对自由爱情的追求，更不会在意她在显贵面前的委曲求全和现实中的利好选择。就像我们在回溯遥迢的岁月之河，探寻女诗人的人生萍迹与诗学成就时，不会对其贫弱时附依权贵、孤苦时移情别恋予以是非评判一样。

或许，古城的千年缄默，只幻化成斑驳的城墙上，砖缝石隙间的一蓬劲草，于风中独自啸吟。

七

在客栈的二楼，窗棂刚好剪辑出大片的蓝天和一溜山脊，还框住了一朵白云，像一纸素笺，等待着谁的诗行。

那一溜山脊，只是岷山千万座峰峦汹涌的山海里的一朵浪花，古城只是浪花中的蕊，我们只是蕊上的花粉，等待着，等待着一朵白絮般的白云，寄放我的情魂。

换一种更形象的说法，古城就裹挟在岷山深处千千万万的褶皱里，像一枚坚硬的金刚菩提，被岁月的神祇把玩、捻摸。当然，看得见的皱褶除了岷山嵯峨的峰峦和纵横交错的沟壑之外，还有古城悠久的历史，以及悠久历史中那些峥嵘而壮阔的故事、糙砺而鲜活的传奇，以及那些岁月的累积和日月风雨的洗礼。

古城看不见的皱褶在自己的想象里。最初的蛮荒之地，因了人的需求和人的创造，栖而为家，聚而为群，烧泥成砖，砌砖成城，以实践的智慧和艰辛的劳动成就了这座古边地的小城。但是，无数的建造者、护卫者、经营者和受益者，终不能洞悉时间的秘密，尽皆被命运之手拨拉而来，又被时间之流裹挟而去，好似城墙上随时被风吹走的浮尘。只有古城如一块人造的磐石，头颅般屹立在高原的肩膀上，静听千年风萧；只有古城像一枚手刻的图章，深深地捺印在大中国西部的原野上。

漫步古城楼头，开怀一吸清清爽爽的空气，满是阳光和岁月的味道；随手一抚斑斑驳驳的墙砖，尽是风雨烟尘的影子。记不清古城的童年了，随着秦帝国的烽火渐息，湔氐县建立至今2300余年的历史太过遥远。多少的汉唐风云，多少的宋元烟雨，多少的明清传奇，还有多少黎明前的风暴雷霆、多少艰苦岁月里的突围抗争、多少崭新时代的发展跨越……在这里，对一座古城的关注与审视，在不断给我新鲜体验和生命感悟的同时，不断触痛、激发并让我更加慧敏、更加感性的，便是古城在浩繁的历史烟云背后那些厚重了典籍的史实、那些生动了文脉的故人；便是这里鲜活的俗世生活对几近麻木的心灵世界的启悟与救赎，以及不断增强的陌生感，连同为此不断增强的探究与亲近的欲想。

或许，古城更像一位老人，蹲坐在川西高原通往青藏高原的大地阶梯上，经受了千年岁月的锻打威逼，阅历了百代朝纲的衍替覆灭。天未荒，地未老，这位寂寞沧桑、孤傲坚毅的老人淡然笃定，是为了一种等待！也为了一种坚守！

到这里，多情的岷水弯了腰身，从太阳升起的方向拥吻着古城，纯真的白云乱了分寸，用绯红的纱巾蒙住了西山城门洞开的眼睛。

长久地凝睇与冥思，不觉间混沌了自己与古城的距离，人城相忘，彼此难分……

八

踏着熹微的晨光，我走出客栈，穿过东门（觐阳门），过岷江桥，沿小巷下行，再折而向东，沿着坡上的小路上山。

阳光像金色的潮水从西山上漫沿下来，逐渐浸染了城隍庙和观音阁，浸染了斑驳错落的青瓦白墙，与岷江河畔大片暗影中的蓝灰，形成明暗冷暖的和谐。虽然不像亨利·威尔逊当年在东山俯拍全城时的光影效果，但是，就在那片种满青稞的突兀的坡地，此时举起相机的我，定然重合着他 106 年前秋日某个时辰的视角。

亨利·威尔逊最后一次到松潘应该是 1910 年的 9 月，那时小麦和青稞刚好成熟，金黄的颜色和收获的喜悦铺满了河谷，清澈的河流蜿蜒画出一道道优雅的曲线从中走过。在明亮的蓝天下，男人、女人和小孩，边收割边唱着笑着，整个田野沐浴在温暖的阳光里……他满足于松潘的温和气候与便利生活，因为很便宜就能买到的牛肉、羊肉、牛奶和酥油，以及制作美味面包的小麦，还有各种季节性的野味。他感叹“这座城镇是聚所有中国西部魅力于一体的地方”“在中国内陆再也找不到其他可以让一个外国人生活得比在松潘厅更好的地方了”。

“如果命运安排我在中国西部生活的话，我别无所求，只愿能够生活在松潘。”亨利·威尔逊如是说。除却文化人的矫情与客套话的谬赞之外，一方面出自他常年寻幽探秘的劳顿与艰辛之后，对舒适安逸生活的心理向往；另一方面，作为英国著名植物学家、探险家，威尔逊先后 5 次到中国进行植物考察，4 次到达川西北，3 次到过松潘，不能不说是他为松潘醇厚的人文风情、秀逸的自然风光和多姿的民族文化所真心痴迷和陶醉。

当然，古城的厚重与深刻，源于他历史烟尘中一代代被埋葬的人的命运。那些曾经的情仇爱恨、悲欢离合，早已尘埃落定，成为这片土地的一部分，以城墙上一块砖石抑或田地里一撮泥土的形式，与观瞻者对话。或者，成为古城精神记忆的一部分，滋养着某些原生态的植物，熏染着古城人朴素的精神气度，令慧敏者嗟赞，让体悟者释怀。古城的生动与气度，更源于一代代后来者的生活。他们性情宽厚、内心平实，他们处处洋溢着高原阳光般灿烂的笑颜，时时流转着高原山泉般清澈的眼神，每每敞开着高原蓝天一样坦荡的胸怀。他们站在祖先们层层叠叠的足迹之上，站在祖先们跌宕峥嵘的命运之上，敬天惜物，安身立命，平宁地生养居栖，谦卑地吮接地气，谦和地对待万物，虔诚地膜拜菩萨或者真主。

如果说威尔逊“只愿能够生活在松潘”是他形而下的生命期许的话，我则更愿意作一种精神层面的艺术选择，那就是“把心留在古城的皱褶里”，并以此寄托自己在这个“陌生感”几近消失殆尽的大地上诗意栖居的隐喻。

于是，情牵古城。于是，魂寄松州。

九

许多人慕松州的盛名远道而来，匆忙游览，随处拍照，疯狂购物，或者也去看了大型歌舞剧《天地松州》，可终究还是与古城擦肩而过。

有的人在众多密实的旅游流水线上，强烈的好奇心与探寻使他们的眼花了、心乱了，忙不迭地游走、拍照，终至于视而不见、听而不闻，了无所获。有的人身体来到了古城，心却依然留在原地，留在原来纷繁芜杂的俗事里，沉醉于酒馆茶楼，忙累于电话微信，奔波于店铺超市，仅仅是将惯性生活更换了一个场地……总之，形色各异的他们，总是与古城不相契合。因为古城不仅仅是一道城墙、一座廊桥或者几栋寺庙，更不是一些奇风异俗和被杜撰、修改得似是而非的传说。他们看到或摸到的只是古城最具商业性和时尚感的华美衣裳，还没有认清古城的真容，没有读懂古城的心思，没有了解此古城与彼古城迥然不同的精神气质与文化蕴涵。就像只看到一个人的仪容形貌，却没有情感交流、思想交汇和心灵交融，仅凭自己在市声嘈杂、人潮如蚁中的走马观花，甚至在一些别有用心的导游的瞎掰之后，轻易地给古城贴上这样那样的标签，免不了留下诸多的遗憾和埋怨。

当然，与古城不相契合的，还有一些守候在游人必经之地的商贩。他们两眼盯着顾客，一心挂念着钞票，往往以古城主人的身份租让或兜售着古城；他们只把古城当作自己一个普通的谋生之地，当作一块招牌、一个货摊，远不如城墙上的青砖、砖缝间的野草与古城亲密。

不管怎样，古城总是以自己惯常的方式展开它的生命叙事与精神魅力。

在一片锦绣繁花中，藏族妇女身着盛装，手持花板，在简单的伴奏中，唱着藏族民歌、踏着轻快的步伐，配以锅庄的形式和舞蹈的动作，且唱且舞——阳光下繁花摇曳，缤纷里人影绰绰，别有一番韵致与风情。

当夕阳将一抹余晖洒在北门城楼彩绘流丹的飞檐上，进而呈现出一种金属质感和庄严气氛的时候，城门洞旁的羌族多声部合唱便行云流水般唱起来。

领唱高亢悠远，伴唱低回婉转；主调清晰如虎啸龙吟、响遏行云，和音与补音则婉转如跌泉流溪、此起彼伏，二声部甚至三声部的配合与冲撞，形成震慑耳鼓与心灵的力量，整个合唱气势恢宏、荡气回肠……连同广场上的羌族传统锅庄，环围相聚，首尾相连，击节而歌，踏歌起舞；抑扬顿挫的舞步，深情端庄的歌吟，无不展露出这个古老民族笃定坚韧的精神取向，以及他们迎击历史风霜、笑对时代人生的典雅、朴实、优美而浪漫的精神气质。

古松桥下，一支回族土琵琶弹唱随之上演，他们素衣白纱，或手持竹筷轻敲瓷碟，或怀抱琵琶巧拨慢弹，泉水叮咚般的乐音不绝于耳，朴实生动的小曲婉转动听。这十足的“现代土风”，灵动流畅的旋律仿佛羁留了脚步，热情欢快的歌唱好像迷醉了心房，让人浑然忘我，久久流连。

更有十字街头汉族同胞舞动的龙灯，拉开了一幅动态的“非遗”画卷。汉子们着束腰短衣，以健劲的体能功底，以速度、力量和技巧操控着龙的升腾、盘旋、翻滚，使巨龙追随着龙珠上下翻飞、腾挪跳跃，忽而高耸似直冲云端，忽而低下如潜入海底，蜿蜒腾挪时神采飞扬，动静舒缓间回味无穷。

他们将技术与艺术完美地结合起来，舞动着一种古老的图腾，演绎着一种浪漫的象征，传承着一种传统的文化……

这种团结、和睦的多民族生活图景，这种共存、互动的多元文化生态，正是松潘文化生活空间最为典型的基本结构。而藏族花灯、羌族锅庄、回族花儿、汉族龙舞的繁盛，就是古城各族人民对文化崇敬和传承的最好见证。人们信仰不同，服饰各异，却能长期相安而居、求同存异，甚至互为婚配，血脉相通，许许多多“民族团结家庭”，就是古城兼收并蓄、雍容大度的有力说明。一个地区或者一个村寨兼具苯教寺院、佛教寺院、道教庙观、清真寺，各宗教和平相处、互不排斥，甚至相互学习和借鉴，就是古城历史悠久、文化深厚、内蕴独特的鲜活例证。

十

把沧海桑田读成一朵白云，横挂城头；把地老天荒看作一抹流霞，涂染天际。古城不老，一任时世变迁、时代更易，依然让自己不大的空间在时光流程之外突兀出来，在无数生命的诞生与消亡中成就恒久。

在对松州古城长时间、近距离的阅读与体悟中，我终不能明白古城关于时间与永恒的秘密。在古城面前，我就是一只蜉蝣，生命的短暂与幻灭让我们有理由延展每一个意味深长的瞬间，就像此时，我想努力留存住颖悟的闪光：只有感知到历史的厚重，才能触摸到生命的质感；只有认识到历史的跌宕与沧桑，才能珍视生活的平宁、正视世事的无常。

沿着抽象的时间之轴回溯，我看到古城在岁月中层叠的背影，感受到古城一直保持着一种淡泊而凛然的神采。他以一种超越时光的笃定与气度，注视着每一个走近他身体、走进他胸怀的人。不论你是世代居憩于此的土著，还是流连辗转于此的移民，抑或是到此一游的旅人，从见到他的第一眼起，生命局限的怆然就如影随形，仿佛古城越来越年轻，而自己则坠入红尘，日渐苍老起来。也正是这种怆然，激活了我们生命里的所有渴望与想象，成为人类生活永无竭尽的动力之源。

古城，让我在回想中强化了历史感，在凝思里校正了生命观。

我必须向古城致以最神圣庄严的敬礼。因为，历经岁月的淘洗与磨砺，历史便成了这座古城最厚实的包浆，饱满而润泽，衬托出他物质体量之外的灵魂与精神，也折射着中华民族的荣耀与光辉，从一个侧面映现出泱泱神州鲜活的立体。

宁静，庄严，和泰。

黄河边的歌声

〇马毅杰

山还没睡醒，我们已经在路上。

我们要到晋西黄河岸畔，去赶赴一场特殊的视听盛宴。

80 多年前，25 岁的光未然带着抗宣三队的战友们就是从那里第一次东渡黄河，并站在高山之巅，望黄河滚滚。一个多月后，他身负重伤，需送回延安治疗，也是在那一带西渡黄河的。

在浊浪翻滚的大河上，他听到的是艄公们不畏凶险吼出的黄河号子，看到的是他们搏击风浪的顽强与勇敢。此时，诗人早已忘却了难忍的疼痛，胸中涌动着万丈豪情。回到延安，在病床上，他用五天的时间，以口述的形式完成了长诗《黄河吟》的创作，并与战友冼星海共同谱写了不朽的乐章《黄河大合唱》。这部伟大的作品，自问世以来，从延安唱遍全国，唱响全世界，它已成为中华民族不竭的精神源泉。

几年前，也是在这个火红的季节，为亲眼见证一场特殊的捐赠仪式，我们来到此地。那天的黄河岸畔也是人头攒动，欢天喜地。光未然先生手书《黄河颂》书法作品，要捐赠给晋西永和人民了。那字里行间倾注的可是先生对母亲河的大情大爱，饱含着捐赠者对乡亲们的殷殷之心。这对正在奋力脱贫攻坚的黄河儿女该是多么大的鼓舞啊！那天，光未然先生的儿子张安东带着幼子也来到这里，望着当年父辈留下足迹的山川大河，抚摸着镌刻有父亲头像和《黄河颂》手书的巨石，眼噙热泪一直凝视着，凝视着，并深情地对身边的儿子说：“孩子，你看，那是爷爷！是爷爷啊！”

那天午后，在大河边，在高岗上，一场别开生面的黄河大合唱正在进行。忽然，天空中，乌云翻滚，电闪雷鸣，大雨顷刻间噼里啪啦地下了起来，击打得人们睁不开眼睛。我发现“台上”百余名身着盛装的演员阵容，丝毫未动，安如泰山；而守候在“台下”的观众，谁也不肯离开。特别是坐在我前面的那位“白毛女”老奶奶，当狂风骤雨袭来时，她身边的儿子急着要扶她离开，被她一把推开了，依然镇定自若地坐在原地，还是那样专注地看着、听着。那“风在吼，马在叫，黄河在咆哮”的歌声，高亢激昂，响彻云霄。这一幕一下子定格在我的脑海中，再也挥之不去了。

转眼，一年过去了。

今天，这里又聚拢来方圆百里的乡亲和远道而来的观众，我的目光便不自觉地在人群中搜索起熟悉的面孔。你看！旁边那位满头银丝的老人，不就是去年见过的“白毛女”老奶奶吗？她让我惊喜得几乎要喊出声来，我穿过人群就想上前和她搭话。

“奶奶，您又来了。”她点头微笑。

我竖起大拇指说：“您才是最喜欢黄河大合唱的人！”

她看着我摇头，“不行，不行，俺只会唱几句，俺男人可全会哩！”

“什么？什么？”这让我更是新奇，“那大爷在哪儿呢？”我四下里寻着。

奶奶说：“别找了，他来不了，早死啦！”说这话的时候，奶奶那干涩的眼眶就有些潮湿了。听站在她身旁的儿子讲，他的父亲早在几十年前就不在了，是在朝鲜战场上牺牲的。那时，他还在母亲的肚子里。他听母亲说过，他的父亲在延安时就参加过黄河大合唱，那些曲子，父亲在新婚之夜还亲口给母亲唱过。自打父亲走后，守了一辈子寡的母亲，就经常哼哼这个歌，哼了一辈子，也只会那一小段。

多少年来，每当遇到迈不过去的坎了，母亲就哼唱得更勤了。那个时候，还是少年的他，就知道母亲绝不会趴下，一定会站起来的。儿子说，现在的日子有多好啊！特别是母亲的生活，公家可照顾了，要啥有啥不缺啥。母亲常对他说，要是你爸能活到现在该有多好啊！一准儿还能站在台子上唱黄河大合唱哩！这不，听说黄河边又要唱丈夫曾经给她唱过的歌了，她怎能错过！早早地就催着要来，一会儿也不能耽搁。看到奶奶那饱经沧桑的脸上绽放出菊花一样的笑容，我的眼睛也潮湿了。

我和奶奶说话的时候，几个年轻的姑娘就一直站在跟前听得入神。姑娘们都是从省城赶来的大学生，她们告诉我，黄河大合唱，以前在影视里看过多次，在大剧院也听过多次，在学校还亲自参加过排练演出呢，而站在黄河岸畔，以天地为舞台，以大河为背景，听黄河大合唱还是头一回，这样难得的机会，怎能错过！她们是乘火车，坐汽车，又走山路赶来的。姑娘们说，她们就是要亲身感受一下这样的氛围，因为黄河大合唱表现出的不屈不挠、勇往直前的精神，正是现在的年轻人最需要的。

前排的小凳上坐着一位头戴遮阳帽的大爷，看看他的穿着就不是本地人，一问，才知道，他是上海人，是专为陪同老伴而来。老伴是这次寻访团的成员，他说，“《黄河大合唱》好啊！你别看我那老伴，平时走路弯腰驼背、气力不足，一唱起这些歌来，腰板也直了，气也足了，连药也不用吃了！”

说话间，河岸边，高岗上，大合唱的强大阵容已经排列到位，其中有当年抗敌演剧队的后代、有爱国华侨、有专业团体的艺术家们，有当地的干部群众，还有红军小学的师生。在那激情高昂的朗诵中，黄河大合唱拉开了序幕：

“朋友！你到过黄河吗？你渡过黄河吗？你还记得河上的船夫拼着性命和惊涛骇浪搏战的情景吗？如果你已经忘掉的话，那么你就听吧！”

随着一阵激越的音乐响起，排山倒海般的歌声在黄河边回荡。

“啊，黄河！你一泻万丈，浩浩荡荡，向南北两岸，伸出千万条铁的臂膀，我们民族的伟大精神，将要在你的哺育下，发扬滋长，我们祖国的英雄儿女，将要学习你的榜样，像你一样的伟大坚强！”

听着这气势磅礴的乐章，我的血液在沸腾，我的心在飞翔：过去，我们的前辈在黄河大合唱的歌声中，追求着民族的解放；今天，我们唱着它，要实现中华民族伟大复兴的梦想！

几个小时过后，一场气势恢宏的音乐会在黄河边落幕了。

高山、大河慢慢地安静了下来。一片空地上，只见一位年轻的妈妈，正在给三岁的小孩教唱那句歌词：“风在吼、马在叫，黄河在咆哮……”

一遍又一遍。

她告诉我，黄河大合唱的歌，得让孩子从小就学会，只有这样，等他将来长大了，才会有精气神……

黄河尽头是家乡

○陈向阳

一

1951 年，立冬。

估摸着五更天，陈洪彬摸索着从炕上爬起来。他点着棉油灯，从门缝里偷偷溜进来的冷风把个黄豆粒大的火苗吹得忽明忽暗。借着微弱的灯光，他瞅了瞅老伴。老伴也已经醒了，她安静地躺在炕头上，凝望着屋顶。七年前的一个傍晚，下了一丝小雨，她提着罐子到吃水湾取水，一不留神重重地摔了一跤，本来只是髋关节脱臼，可家里请不起郎中，拖的时间长了也就真的瘫痪了。女人裹小脚的封建恶俗，真是害人不浅！

陈洪彬来到里屋，掀开粮食囤，从囤里的一个布口袋里取出五六斤晒干的红枣，装进褡裢里，杆秤装进褡裢的另一头。他穿上老蓝大褂，大褂已洗得发白，脱下草鞋，换上老布棉鞋，戴上瓜皮帽，把褡裢搭在肩上。

他走到院子里，对着西厢房喊道："二小，赶集去喽。"

"来了，爷爷，早就等着你了。"二小边答应着边从屋里蹿出来。

"要听爷爷的话，在集市上不许乱跑。"儿媳禹氏也赶紧跟了出来，又嘱咐了儿子一遍。

她要给婆婆准备早饭。和婆婆住在一个院子里，伺候婆婆的事自然落在她的肩上。婆婆有六个子女，数禹氏照料的时间长，也最为用心，可她从来没有抱怨过。

七个孙子孙女当中，能去赶集，是一种特殊的待遇。大孙子建邦每天要去学堂，得宠的就是二小了，孙女是沾不上边的。跟着爷爷赶集，在路上可以吃上几个枣子，到了集市上还能喝上一碗羊汤。说是一碗，至少也得三碗，添汤是不要钱的。爷爷高兴的时候，还能给买上几样学习用品。

二

1954年，深夜。

禹氏纺着棉花，右手摇着纺车，左手牵着棉线向外缓缓拉伸。拉线的速度配合着纺车转动的速度，拽快了容易断，拽慢了棉花就会绕成死结。待拉到一定长度时，纺车停止转动，再稍稍逆转一下，让棉线垂直于顶杆，再顺势摇动纺车，这样就可以把棉线收在顶杆上。

每一个夜里，禹氏不厌其烦地重复着这个娴熟的动作，直到纺尽自己的岁月芳华，和棉花一起凝结成线。灯是舍不得点的，禹氏就把香绑扎在纺车头上，随着顶杆的高速旋转所卷起的一股股细风，吹得豌豆粒大小的香火头熠熠发光。香是用蒲棒和艾草揉碎后做成的，除了用来驱赶蚊子，借着亮光，还能看清绕在顶杆上线穗的大小。

今夜，陈茂松没有出去下棋，他坐在灶台后头的小板凳上，一声不吭地抽着旱烟袋。憋了好久，他才试探着跟老伴道："我考虑着能不能让建邦去当兵？"

纺车声戛然而止，屋里死一般寂静，仿佛时间突然间凝固。过了好大一会儿，纺车才重新缓缓地转动起来。

老伴深深地叹了口气，道："我一辈子不当家，大事小事做不了主，这都已经是你考虑好的事了，就是我想拦，能拦得住吗？"

"要是咱的孩子不去当兵，我又怎么去动员别人家的孩子呢？"陈茂松忧心忡忡地道，"谁家的孩子不是亲生的呀？"

"我的兄弟，1947 年牺牲在四平街战场上，从去到死才 20 天，他还不到 18 岁。"老伴呜咽起来，"再看看咱村这几年出去当兵的，七个已经死了三个。"黑夜遮住了她眼角流下的泪水。

"早就解放了，不会再像以前那样危险，现在当兵是为了国防建设，孩子兴许会有个更好的前程，你放心吧。"陈茂松安慰道。

"只要孩子愿意，咱爹愿意，我又有什么好说的。"老伴道。

出乎所有家人的预料，陈洪彬同意大孙子去参军。父亲竟如此开明，令陈茂松喜出望外。

这一年的冬天，陈建邦成为福建高炮九十四师的一名战士，新中国的第一批义务兵。他 1958 年参加了炮击金门，1959 年被推荐到郑州炮校学习。在他的一生当中，最大的骄傲莫过于有幸参加祖国 10 周年大庆，正步踏过天安门广场，见到了毛主席。

不到 300 人的小村子，和他一起参军的青年就有 9 人。

三

第二年，秋分。

开凿四干渠的工程已进入关键时期。自去年开工以来，每个县区的劳力轮番上阵，吃住都在工地，不到两年工夫，靠着人力双手一锨一锨地挖、一筐一筐地抬，终于全线贯通。下一步的工作，是用三合土夯实沟渠的坡底坡面，即把沙土、生石灰和细沙按比例搅拌，过筛后成粉末状，夹杂其中的颗粒不能超过谷粒大小。政府对工程质量要求是极严的，没有人敢弄虚作假。这样夯实之后，河水所携带的泥沙是不会沉淀淤积下来的。

大家争先恐后地要去前线。支部书记陈茂松带领本村的劳力驻扎在工地，工地距离村子有 150 多里，来回需要五天的工夫。

给劳力们准备的给养整整装了六个麻袋，有公家的，也有老百姓自愿捐助的。等陈熙昌要返回工地时，让他始料不及的是，这家婆娘要给自己的汉子带一罐子咸菜，那家婆娘要给自己的汉子带双布鞋……

陈熙昌仗着自己人高马大，有把子力气，也不计较，乐乐呵呵地都一一答应下来。连婆娘一起带去岂不是更好？陈熙昌道。惹来几个婆娘的一顿笑骂。捎带的物品又装满了两个麻袋。

陈熙昌又备好自己在路上吃的喝的，推起独轮车赶路。八个麻袋少说也有六百来斤，本来这点重量算不了什么，偏偏独轮车在半路上发生了故障。轮子是用木头做的，用的时间久了容易开裂，掉下来一块。这下麻烦可就大了，无奈之下他找了一根绳子凑合着捆住，却不敢走得太快，两天半的路程竟走了四天。到了第三天傍晚，陈熙昌就有些受不了了，渴了就在路边找点水喝，可带的干粮早就啃光了。身强力壮的人，吃得多，消化得也快，还容易饿。眼睁睁看着车上的给养，就是不敢动。

再忍忍就到了，陈熙昌在心里给自己鼓劲。

他已记不清楚最后五里地是怎么走下来的，当他醒来的时候，已是第二天中午。陈书记正守在他的身边，看他睁开眼，便破口大骂：“都他娘的说你窝囊，我看你就是头又倔又犟的蠢驴，推着一车给养，你却把自己饿晕了，要是有个闪失，连你带给养都得喂了皮子，损失岂不是更大？袋子里又不是没有你的口粮。”

“拆开袋口和不拆开袋口，是两个意思，我得让大家放心。”陈熙昌道。

于是，陈熙昌的名字出现在县里的光荣榜上，用生命和意志得来的荣誉，真金不换。

直到1966年秋，四干渠完工。

四干渠属于黄河下游的三级渠道，河水通过渠道再流入小毛渠，然后进入农田，渠道两侧的土地就能够得到有效改良。1991年，四干渠接入刚刚修筑完工的麻湾总干渠，自此这里形成独立的引黄灌溉区。人们不断地用劳动和智慧治理着黄河，继承和发扬为民造福的“大禹治水”和艰苦创业的“九间棚”精神。

“让黄河造福人民。”

20世纪30年代麻湾决口的惨烈事件将不会重演。

黄河水，温顺地浇灌着这片黄土地。

四

1960年，深秋。

陈洪彬病倒了，他躺在炕上，仅剩下的一点力气用来喘气。

北方大旱，黄河长期断流，地里的庄稼颗粒不收，其实地里也没长几棵庄稼。是天灾，更是人祸，人们在为自己愚昧癫狂的行为买单。野菜吃光了，树皮剥光了，甚至皮鞋腰带都煮着吃，家家户户找不到一粒粮食。活着就是为了能找口吃的，陈建华和姐姐玉梅跟着村里的一群人，去了一个叫沂水的地方要饭，在家里耗下去，只能等着饿死。后来，玉梅被一户好心人家收留，做了他家傻儿子的儿媳，也不是太傻，只是缺了个心眼。

禹氏带着小女儿春玲，推着独轮车到处去挖野菜，每天要走二三十里。她把挖来的野菜用水煮熟，再掺杂点地瓜面之类的东西做成菜饼。和别的人家相比，陈洪彬家多少还算是有点吃的，幸亏有这些枣树。结枣时，从树上掉下来的枣子不管大小、哪怕有些坏掉，禹氏都要捡起来，晒干后磨成粉，做饭的时候放到汤里。陈建邦不时从部队寄点财物回来，以补贴家用。

陈老三家孙辈孤儿陈大平，正扶着墙根晒太阳，这样的取暖方式是免费的，也是很有效的。他光着屁股，脸色蜡黄，那双瞪得很大很大的眼睛里总是透着一股惊恐。两条胳膊像两节枯瘦的竹竿，皮包骨头的两条细腿挑着个鼓鼓的大肚子，肚子上的皮肤锃光瓦亮，竟能看见里面弯弯曲曲的肠子。

“娘，他又来了。”春玲愁眉苦脸道。

禹氏抬起头来朝门口望了望，不知什么时候，陈大平已经倚在了她家的门框上。禹氏无奈地叹了口气道：他不来这里吃点东西又能去哪里呢？

每到吃饭的时候，总有那么个孩子倚在那里，再怎么舍不得，禹氏硬是挤出一口分给他。

还是没能熬到这个春节，陈洪彬死了。

“从一个长工，被划成富农，还差一点成了地主，创下如此大的家业，全靠他自己的努力。”陈茂松道。

我败了这个家，也救了这个家。他又低低地嘟哝了一句，像忏悔。早在 1933 年，他秘密加入中国共产党，入党后竟瞒了家人三年。

干旱，荒芜，使风沙又一次吞噬着整个村庄。它无情地向这个悲惨的年代宣泄着，想要埋葬一切。

五

2016年，年底。

社区建设如期完成，争取在春节之前村民要全部上楼。还有三户人家不愿搬迁，为此，村支部书记陈宝和委员们做了大量的工作，精细到院子里一棵小树苗的补偿，晓之以理，动之以情，最终也让他们在协议上签了字。

集中居住，让几百年甚至上千年的村庄自然消失了，倒出来的大片宅基地复耕为农田。新的家园，布局合理，设施齐全，树茂花香，一片欣欣向荣的景象。

当年的二小也已七十三岁了。虽说他身体还算硬朗，走路却已不太利索，爬楼更是费劲，要是从楼梯上摔下来，父亲留下来的轮椅就又能用上了。儿子陈宝把他安置在老年公寓的一楼。四十五平方米的房子，生活设施配备齐全，空调、冰箱、电视机，装有安全扶手的卫生间，淋浴器。不用自己做饭，餐厅在一楼东头，伙食不错，政府给予部分餐饮补贴，个人每天只需花三块钱，他领取的老年金就足够用了。饭后和几个老头老太太来到娱乐室，斗上几把地主，或者下上几盘象棋。每天都有社区网格员上门走访，偶有生病，卫生室就在附近，饭菜送到家。

土地流转也进行得相当顺利，收益标准是每亩地折合一千斤小麦。原来在联产承包责任制时期没有土地的村民，也能够从集体土地收益中得到合理补偿。

又回到了大田耕种时代，不过，和生产队时期的农耕模式完全不同。科学管理、大型农机设备和无人机的应用，最大化降低了生产成本。湾杨村、岳家村等亦被划入乡村振兴示范片区，水利设施又一次得到全方位提升，做到旱可以浇、涝可以排。黄河有水，四干不枯。

支部书记陈宝却没有感到一丝的轻松。恰恰相反，他肩上的担子更重了，为了提高乡亲们的收入绞尽脑汁。虽说依托村委会成立的农民专业合作社略有收益，发展却步步艰难。乡村振兴服务队带来了资源和资金，不遗余力地拓展生产渠道，让产品有特色、有市场竞争力，让土地增值。镇政府也积极推广自己的品牌，助力农业发展。于是“吕韵·黄土地”的沙土西瓜、土豆、梨、地瓜等农产品日渐声名鹊起。三百多岁的老枣树，成就了湾杨村的“古枣小镇”，见证了这片黄土地上的沧桑巨变。

农民上楼，土地流转，从根本上解决了几千年来的两大历史难题。宅基地没了，“三尺巷”的故事终将成为传说，从此不再复演。那块属于自己的土地，变成了纸上的一个数字。地究竟在哪里？或在康家地（村里地名），或在马家湾（村里地名），倘若走过去看看，哪一块也不像是自己的，却真就是自己的。

后记

来到曾祖父和祖父的坟前，陈宝划了一个大圆圈，又在里面划上一个“十”字。他摆上供品，把鲜花放在墓碑前面；打开一瓶白酒，倒在圆圈里。

爷爷，我爹让我看你来了。我给你带来了好酒，纸钱就不给你烧了，不让，我给你换成了鲜花。还有，爷爷，你们千万不要生气，墓葬要进行改革，坟头就要平掉了，只允许放一块墓碑，退墓还田。陈宝安慰着老祖宗的灵魂：你是党员，你儿子是党员，你孙子也是党员、还是支部书记，那就要带好这个头。倘若你能够看到今天的幸福日子，相信你老人家一定会支持我的。

“一张蓝图绘到底，一茬接着一茬干。”

铿锵有力的声音激励着每一个人昂首阔步，如同势不可当的黄河水咆哮在广袤的华夏大地上，谱写着一个又一个动人的真情故事。在中华民族伟大复兴的征途中，有你，有我。

陈宝书记的路，充满着梦想与艰辛。

绿的礼赞

——谨以此篇献给延安退耕还林 20 年

○霍爱英

这些年，无论来过或者没有来过延安的人，他们最惊诧的，就是醉人的延安绿了。湛蓝的天空，大朵的白云，明媚的阳光，随处可见的郁郁葱葱，已经成为夏日延安的“标配”。绿树摇曳，草色青青，沿途的风景几乎令每一个似曾了解延安的人都吃惊不小，甚至以为误入了某个江南小城。

这是一片辽阔的绿，在 3.7 万平方公里的土地上占据了 80% 以上的生态空间。而中华人民共和国成立初期，这里的森林覆盖率竟不足 10%。有一条振奋人心的好消息称：我们的地球家园，正在慢慢变绿。相比 20 世纪，如今地球表面的绿化面积增加了

5%，相当于一个亚马逊热带雨林那么大。这其中，中国发挥了绝对的中坚力量，贡献了全球绿化增量的1/4。也就是说，中国日益增长的绿色正在为世界环境增色。那么，延安大地的绿荫覆盖也就有了世界意义！

往昔回首

曾经，人们记忆中的延安，是荒山秃岭，是沟壑纵横，是黄尘弥漫；是被联合国教科文组织称为“不适合人类居住的地方”。

淌过历史的长河，历经“徙民实边”的人口骤增，垦荒以及战乱，她饱经岁月沧桑的容颜渐趋黯然。

当代，当年。内忧外患，围追堵截。一段国人熟知的苦难岁月。一个弹丸之地，“忽如一夜春风来”，千家万户千村万巷一下子迎来了四面八方潮水般涌入的亲人。在面临生存与生态两难选择的危急关头，她如母亲般承载了生命中不能承受之重。全民皆兵，妇孺参战，后生们扛起枪杆血战疆场不畏流血牺牲，老汉们保障供给救护伤员不惜出力流汗，婆姨女子们夜以继日缝衣纳鞋竞相支边。每个人都以自己的方式参与到保家卫国的行列中，毫无保留、倾其所有。无论是“自力更生、艰苦奋斗”的大生产运动、三五九旅南泥湾开荒种地，还是张思德伐薪烧炭深山中，都是为了养活一大家子人，为了能够活下去！为了生存，为了亲人，为了抗争。即便披肝沥胆，即使满目疮痍。面对封锁，面对围追堵截，“红米饭南瓜汤”“小米加步枪”，非亲历者很难想象那是怎样的艰难博弈。 红星照耀中国，光芒照耀世界。热血沸腾，魅力四射。她凭羸弱之躯，在世界的东方，支撑起一座了不起的摩天大厦。那又是怎样一种辉煌！

植绿突围者

这片失血太多的土地被掏空了，也衰弱了。但摧毁的是躯体，摧不毁、消不灭、夺不走的是与生俱来的精神。

穷则思变。一个特定的历史节点，延安北部的一个小山城，曾因红色经典故事举国闻名，又因绿色崛起再度引发关注。天时地利与人和，穿越时空在这片英雄的土地再度巧合，是偶然也是必然。名城之所以出名，离不开那里的名人，名人之所以成名，也绕不开以他为中心引发的有名事件。历史总会有惊人的相似之处，在每一个值得记录的章节，都会活跃着一些远见卓识的思想者，是他们的种种不甘与超前，推动了人类社会一步步向前。在这座陕北小城，有一位陕北汉子，注定被载入这片土地的绿色史册中。

“当官不为民做主，不如回家卖红薯”，经年累月地观察思考和反复琢磨，这位主政一方的陕北汉子终于发现一个大家都熟视无睹的秘密：这片号称“十年九灾”的土窝窝，历来就是“春种一面坡，秋收半袋粮”，任凭汗水摔成八瓣儿就是打不出多少粮食，但那些树和草，从来无人问津反倒是长得还挺聚劲（厉害）哩。深思熟虑之后，一个大胆的设想诞生了：“不种粮食了，就种树。”只有绿色突围，或许还可以杀出一条活路。为了绿，他与战友们一起请教专家，实地勘查和调研，精心参与设计了全县的退耕建设规划和详细科学的山水田林路治理规划。

许多人被这个绿色设计师的顶层设计吓着

了："哼，种树种草，不种粮食难不成喝西北风去？""祖祖辈辈流传下来的耕地就是种粮食的，怎么能听你们瞎折腾！"质疑、犹豫、抵触、不屑甚至嘲讽，种种情形应有尽有。一场自上而下发起的绿色变革，艰难且苦涩地实施着。理解、接受，需要以时间和成果去印证。宣传，持久不懈地宣传。这位决策者亲力亲为，走村入户，田间地头，大会小会，茶余饭后，抓住一切可利用的机会。但任凭你磨破了嘴，跑断了腿，口干舌燥苦口婆心说事实讲道理，一些人到头来还是似懂非懂，又将思绪落回到了原点：不敢，不干——杀伤力最强的莫过于全身心付出之后落得竹篮打水一场空的挫败感，欲哭无泪。也有一些明眼人似乎被一语点醒，觉得反正世世代代在土窝窝里无奈无果地刨挖，还不是越挖越穷，连肚子也填不饱。不如换条思路换个活法，至少树不会亏人。

不管愿意不愿意，甘不甘心，乡里乡亲的，为了脸面也得硬撑，最起码种树的任务还是要如期完成。他们投工投劳，在技术员的指导下按要求挖坑种树，"栽深不栽浅，栽实不栽虚，栽直不栽斜"，确保每一棵树都能成活。山高、坡陡，大部分树苗都是用肩扛、用驴驮、用人拉，用最原始最笨拙的办法把无人的地方和所有的荒山荒坡都种上了树。那是 1998 年啊，距离全国性的退耕还林开始还有一年呢，这个小县城就顶着各种压力只留下 30 万亩基本农田，一次退掉 155 万亩坡耕地。首创了一个绿色突围案例，赢得了全国退耕还林第一县的美名。他也顺理成章成为第一个“吃螃蟹”的人。

多年后的一天，也算故地重游。

绿色采访团记者向这位已经卸任的绿色设计师提出了一个犀利的问题：当时作为一个主政小县城的“父母官”，完全可以“小心驶得万年船”，您怎么敢领全国之先提出绿色突围，难道就没有顾虑吗？无声，静默，无解。随访者却惊奇地发现，这个白发苍苍的陕北汉子，此刻正神情凝重地望着漫山遍野的青翠绿海陷入沉思。许久，一行晶莹的泪水顺着沧桑的脸颊默默垂落。有一种付出叫无悔。

大河有水小河满

退耕任务算完成了，老百姓的心里却熬煎成了一个疙瘩。各种各样的设计和规划，于他们如雾里看花、水中望月，远没有白米细面来得实在。退耕后怎么办，吃什么呀，一家人老老少少总不能抱着树啃着吃啊！为了树，他们放弃了粮，还牺牲了羊。为了树，许多老百姓把赖以生存的羊都卖了，心疼得痛哭流涕。对他们来讲，粮就是命，羊就是维持生存的唯一本钱。羊的天性就爱啃树，一群羊走过，树和草基本就没了，泛绿的山立马就像被剃了光头一般光溜溜的，只留下一层黑乎乎的羊粪蛋蛋。栽树种草和牧羊，这又是一对不可调和的矛盾。

“十年树木，百年树人”，值得庆幸的是，小城里发起的绿色冲锋，不是孤军作战，很快便得到了强力外援。那个陕北汉子的朴实想法竟然和中央高层的决策不谋而合：“要把黄河治理好，首先要把黄河中上游治理好。”地处黄河中上游的延安地区植被好了，就可以很好地涵养水源。“英雄流血又流泪”的故事没有发生，所有的忐忑和担忧都归于祥和与安宁。因为，无畏忘我的冲锋者身后，有一个强大的祖国！

一诺千金。退耕还林钱粮兑现的场面最是激动人心。冷清许久的大队部的院子里人山人海热闹非凡。老百姓如过年一般兴高采烈地聚集起来，排队领取国家退耕粮食和钱款。当整车整车的退耕口粮浩浩荡荡缓缓驶入的时候，所有的担心、所有的疑虑、所有的徘徊都化作发自内心最真诚、最美丽、最灿烂的笑容。绿色补贴，成就了家国情怀，也实现了完美“双赢”。“兵马未到，粮草先行”，在群众的广泛参与下，许多壮观的大场景都出现了。千家万户治理千沟万壑，蔚为大观。一锨一坑栽下去的不仅仅是树苗，也是口粮、是钞票、是希望、是未来。还有更多的人，自愿自觉地加入“我为延安种棵树”的浩荡阵营中。曾记否，当年植树时节随处可见又让人热血沸腾的大场景：放眼望去，漫山遍野彩旗招展，各山各峁都是星星点点的植树人群。从官方到民间，从执政者到普通老百姓，用心、用力、用情，以“咬定青山不放松”的韧劲，心往一处想，劲往一处使，任凭新老交替，任凭人员更新，紧握手中的绿色接力棒，拼尽所有的力气奋力奔跑。一棒接着一棒，棒棒给力；一届跟着一届，届届尽心。

伴随着绿色惠民政策的持续扶持、保障和支撑，20 年来，这片土地已养育、塑造并成就了一代新人。一些偏远贫困家庭的孩子或多或少都沐浴了这片绿带来的福利。他们的出生、成长与成人，就是直接依靠国家相关的绿色补助资金完成了基础学业，打好了人生的根基。

播绿领头雁

在延安226万播绿者中间，有一只率先出征的绿色领头雁显得尤为耀眼。

她叫张莲莲，延安市安塞区雷坪塔村人。一个看似单薄娇弱的陕北女子，完全不属于那种只是在人群中多看一眼就再也不能忘记的容颜。但她的人生精彩度和知名度，远比整日挖空心思仰仗狗血剧、小视频刷存在感的明星网红更加醒目、绚烂和持久。出嫁的那天，有着绿色情结的父亲牵着女儿的手，唯一的嘱托就是传承绿色衣钵，播绿护绿。这个怀揣绿色梦想的新娘，开始了和自己的新婚夫婿共同种树的征程。一干就是38年，风里雨里没有再停歇。38年里，她倾情投入热情、辛劳和汗水，向她守护的大山倾注了千般关注万般呵护，在荒山之巅上演了一部生动感人的现代绿色烈女传。38年里，陪伴她跟随她的除了相濡以沫的老伴和乖巧的儿孙之外，还有100多把用坏的老镢头和300多双磨破的手工老布鞋。38年的付出换来了绿树成林，最初栽种的那棵小水桐树，已经成长为需要双人合抱才能完全入怀的参天大树。如今，她家门前的远山近峁，20多万棵树汇成了一眼望不到边界的千亩林海。色彩斑斓的莲花鸡在林海中穿梭着，叽叽咕咕地奔走觅食，为静谧的绿海带来了勃勃生机。他们的莲花鸡生态养殖场、山地苹果园，实现了生态循环发展，不仅富了子孙，也为周边乡亲们带来致富红利。

当初的新娘已经成为姥娘和奶奶了，她的“眼睛失去了光华，黑发泛起了霜花，腰身也疲倦得不再挺拔”，但她浑身上下的每一个毛孔都散发着美丽的气息。一双粗糙干裂的手，却把平淡的生活写成了一首壮美的诗，描绘成一幅大美的画。

沉甸甸的答卷

所有的非凡都伴随着数不尽的跌倒与疮疤；所有的成绩都伴随着数不清的挫折与伤痛。20年风雨无阻，平凡而伟大的延安儿女在这片黄土地上摸爬滚打，战天斗地，谱写了一曲曲可歌可泣的绿色壮歌；20年毫不懈怠，在没有先进设备和工具的条件下，延安人发扬艰苦奋斗的延安精神，用愚公般的信念和坚持，克服重重困难，让许多的不可能变为实实在在的现实；20年昼夜兼程，延安人爬过的每一座山、跨过的每一条沟、蹚过的每一道河、流过的每一滴汗和泪，共同浇灌浸润、印染织就，绘成了漫山遍野沟沟壑壑、深深浅浅、葱葱茏茏的绿。20年酣畅淋漓的付出，魔幻般地演绎出了一片看似不可能的绿色奇迹：那就是，让卫星遥感图上的陕北绿色边界一路向北延伸、推移了400公里，让每年注入黄河的泥沙由之前的2.58亿吨降低到0.31亿吨！

旅游旺季，徜徉宝塔山下、延河之滨，游客们不经意间会看到斑斓的山鸡三三两两漫步河边优雅觅食，机灵的野兔蹦蹦跳跳于花草丛中驻足、穿行。一种意外的相遇，刹那间催生了一种柔软的欣喜，相看两不厌、相互不叨扰，使你身处城市的喧嚣，却幡然醒悟了人与自然和谐共生的真实含义。有专家说，延安的绿，等于重建了延安的生态系统。当水草丰茂的山谷传来一声声野狼的嘶号，当密林深处开始频频出现一度消失的原麝和金钱豹等大型野生哺乳动物的珍贵足迹，当国家一级保护动物褐马鸡的数量随着绿色崛起而逐年增加时，大自然的精灵们以它们生动再现的或倩丽或雄壮的身姿，为这片土地代言，无声胜有声地向世人展现了一幅比任何枯燥数据都更具说服力的生态实景。

当红彤彤的苹果缀满枝头，整片整片的果园红绿相间一望无际，如造物主的神来之笔一挥而就。当秋风扫过，漫山遍野层林尽染……不得不说，那场没有硝烟的绿色与人民战争，我们打赢了，而且赢得漂亮、赢得精彩、赢得持久。这方有着良好红色基因的人民用智慧和汗水，向祖国递交了一份满意的答卷。

绿色交响曲

辉煌不属于过去，辉煌还在继续。重塑今日辉煌，不仅需要家国情怀，世界眼光，还需要国际视野。

强大的互联网，成就了我们的地球村。无处不在的电子商务平台，让越来越多的绿色农产品穿上了文化的马甲、插上了互联网的翅膀。

以苹果为主的产业后整理，改为智能选果线和冷气库的助力，使“洛川苹果”“延安苹果”品牌家喻户晓，脍炙人口。“延长酥梨”“延川狗头枣”“安塞地椒羊肉”“丹州花椒”“子长煎饼”“吴起荞麦醋”“富县油糕”“甘泉纳豆”“劳山鸡蛋”等数不胜数的区域性农产品形成的网络链接，让农人们足不出户就可以让自己的劳动果实飞出山沟沟，飞出黄土地，飞向祖国的大江南北，飞遍全世界。绿色改变的不仅是山川和大地，也改变了人们赖以生存的生态环境，绿色更催生了这片土地的生态经济。这片绿，富了自己，也惠及他人。

绵绵护绿情

一镢一锹挖掘的绿，一山一峁织就的绿，一沟一壑连接的绿；一点一滴汇成的绿，一笔一画大写的绿，一年一月积攒的绿哟，只有生活在这片黄土地上的人民，才会发自肺腑地感叹：这片绿，真的是得之不易。这片绿，是这块红色土地上掀起的波澜壮阔绿色革命的丰硕成果，是绿染荒山的人间奇观。这片绿，绿得沧桑，绿得跌宕，绿得厚重，绿得深沉。让我们送她一个别具一格且富有地标性的响亮名字——延安绿！

延安绿，绿了山川，美了大地，赢了民心。延安绿，更让人们的脑海里根植了潜移默化的绿色生态理念，生命里也增加了爱绿、增绿、护绿的基因。曾经有一位医生朋友半开玩笑半认真地说，同样的工作干久了，基本都会患“职业病”。特别有趣的一个现象是，在延安，身边总有那么一些人，经年累月与绿色事业结缘，爱绿护绿的绵绵情愫已经融入生命，浸透到生活中的点点滴滴。特别是为这片绿倾注过太多心血和汗水的人们，似乎已经患上了难以割舍不易治愈的绿色“职业病”。清晨锻炼，看到有人攀折新近栽植的树就脸红脖子粗地和人家理论；小区里散步，看到有不懂事的孩子折枝新绿就义正词严吆喝制止；清明前后，即使走在虔诚肃穆的上坟路上，也不忘叮嘱偶遇的陌生人不要明火祭奠。有次同学聚会，恰逢久旱后的一场大雨，一位酒至半醺的从事林业工作的老同学突然摇摇晃晃地站起来举杯庆贺：好雨知时节，咱的林子不会着火喽——拿起分酒壶，一口吹下。绿色职业病“患者”，无论走到哪里，只要看到一片新绿，他们都会习惯性地停下脚步，仔细看看山洼洼圪梁梁路畔畔上每一棵新树的长势，是枯了、蔫了，缺水了、生病了，还是活过来了、发旺了？心情也随着树的兴衰势头变得阴晴圆缺起起伏伏。一种爱绿、植绿、护绿的心思已经生根发芽，植入骨髓，渗入血液，融入生命。

在他们看来，只有行走在脚下坚实的绿色道路上，才能够走得踏实，走得稳健，走得久远。

今夕何夕，绿水青山，金山银山！

黄土地上的奉献之歌

——记高级农艺师、陕西省延长县果树局原局长董思孟

○高红艳

果农们说，他比神还能行。带着疑问，我走近了这位已入古稀之年的老人——高级农艺师、陕西省延长县果树局原局长董思孟。在他身上，我深刻理解了一个农业科技工作者执着、痴迷的追求和献身精神，以及他对这片黄土地和对老百姓的爱。

发展水果产业，一定要甩掉穷帽子

董思孟的家乡江苏省丰县，也是汉高祖刘邦的故乡，物华天宝，人杰地灵。受环境的熏陶，从小

他就发奋读书，立志高远。1963 年，他一举考取了北京农业大学园艺系，为他好男儿志在四方的理想插上了翅膀。1970 年学成毕业，他积极响应党中央支援“老、少、边”的号召，毅然选择了到陕北革命老区工作，被分配到延长县农业局。

十一届三中全会以后，农民群众依然徘徊在贫困线上。董思孟了解到，许多农民，成年累月地劳作，到头来也只能填饱肚子。看病没钱，孩子上学困难，这使农大毕业的他心里很不是滋味，决心找到一种群众脱贫致富路子的责任感沉沉地压在他的心上。1985 年，经过他多年反复调查研究，延长县属黄土高原丘陵沟壑区，土地广阔，土层深厚，耕性良好，光照充足，是苹果、梨、葡萄等水果最佳适生区。他对全县开发苹果、梨、葡萄等水果进行了论证，制定了果业发展规划，大胆向县委、县政府提出了“东部栽植梨枣、中西部发展苹果、沟川栽培葡萄”的开发格局，被县委、县政府采纳。

董思孟激情澎湃，脑海中涌现出“发展水果产业，一定要甩掉穷帽子”的念头。然而，任何成绩的取得都不是偶然的，对于董思孟而言，也同样如此，他付出了常人所未付出的艰辛和努力。

白手起家，谈何容易！延长县经济困难，董思孟决定自己育苗。杜梨籽是梨最优良的砧木种子，到了秋天，他深入杨家湾村，带领村民漫山遍野去采摘选取饱满的杜梨，经过晾置、翻摊、搓洗、选种，加工后种植，待次年出苗后，他从安徽砀山选购酥梨果芽进行嫁接培植。每个环节，他都亲自动手，严格把关，特别是采种和芽接的阶段，他每天起早贪黑地忙碌，与农民泡在一起，手把手地教技术，与他的育苗基地“形影不离”，像爱护自己的孩子一样抚育树苗。由于长时间的风吹日晒，他的手皲裂出血了，他不叫痛，腰直不起来了，他也不叫累。育苗的关键时期他两个月没回家，等回到家时，妻子戏谑地说，“泥腿把子”还能记得这个家吗？但为了果树的发展，再苦再累他也愿意。辛勤的播种终于迎来了收获。三年时间里，他育的苗木经过示范推广，已变为枝头累累硕果，带动黄河沿岸三乡镇建立酥梨生产基地 1.16 万亩。1996 年国家扶贫团组织专家对黄河沿岸优质梨开发进行鉴定认为：在技术上达到同类地区先进水平，在树体结构和水土保持方面都有了新的创举，并为黄河沿岸特困区脱贫致富奔小康找到了有效途径，产品不仅色、香、味、形可与原产地媲美，而且含糖量高出约3%，获得延安市科技成果奖，个人荣获国家科委科技扶贫服务奖。

“酥梨基地”“苹果基地”都建起来了，每一项都饱含着董思孟的心血和汗水。经过十多年努力，延长县的产业格局发生了历史性的变革，以梨果为主的绿色产业迅速崛起。14万亩的苹果，1万亩葡萄，10万亩梨，董思孟带领广大农民群众通过梨果产业走向了脱贫致富的康庄大道。

董思孟说过：“选择了这份事业，就必须尽心尽力。”也许正是这份责任感和使命感，才使他一路拼搏、奋争，在人生的路上留下了一串串坚实的足迹。

梨果产业发展起来了，他又投身于果树的科学化管理、品种改良和果农的技术推广上。全县的每一片新建果园，他都密切关注，从栽植、定杆、到施肥、喷药、拉枝、整形，他似乎比果园主人还要操心，不同的品种，他都摸准了生长习性和管理方法，不定时地深入各个果园，做科学技术指导，确保了每一棵果树的茁壮成长。

干旱是制约果树发展的主要因素，使幼苗不易成活，落花落果严重，果形变小，直接影响到果品的质量产量。他就从旱作栽培入手，在建园质量、栽植技术、套袋施肥几个方面研究，攻克了这个难题，为黄土高原干旱区果农果树栽培管理探索总结了经验，进一步提高了果园质量。

科技就是生产力。无论从短枝型新红星栽培技术，乔化密植果园管理，地膜覆盖技术，还是从细长纺锤形管理技术、树盘覆复草技术，大改形技术等推广，他先后在黑农堡、七里村、安沟、张家滩等乡，在不同的立地条件下设立示范点，都要通过他亲自反复试验、记录、对比、示范，确认收效良好后，才大面积推广。多年来，他一人单项技术示范达 20 多项。

果树管理技术环节多而复杂，从栽植建园，到初花初果，丰产优质，不同树龄时期的管理；从地下土肥水，到地上光照温度树体，每个环节，都有严格要求。对于每一个品种，他都总结出了一套“果树经”，为了把这些“果树经”尽快地传授给果农，他编写了《苹果栽培技术要点》《优质梨栽培技术》等技术资料 20 余篇，自费印刷，免费发放给果农，或是亲自到果园中，给他们手把手地传授。

1998 年，董思孟离岗了，县上又组建了果业协会，主管农业的副县长找到他说：“延长的果业发展需要你，广大的果农也需要你。”领导点将，让他既感到荣耀又感到压力。他也是放心不下刚起步的延长县梨果产业，又再次踏上征程。从果业协会到县老年科技工作协会，他至今还把时间和精力都倾注在他所热爱的事业上，总觉得这份事业在鞭策着他，成千上万的果农在呼唤着他。

2000年至2004年，董思孟又在果品改良上狠下功夫，建起了“名优水果苗木繁育中心”。从四川、山东、辽宁、河南等地引进国内外新优品种38个，苹果、梨16个，通过高接换头，观察生长，结果习性和品种特性，经过4年的时间，选出适宜我县发展的质优的早、中、晚苹果品种8个，梨6个，桃、杏、李、枣、葡萄等树种进行试栽观察选优，广泛推广。几年来，培育新品种果苗50余万株，丰富了延长县的水果品种，同时为延长县梨果品种结构调查可持续发展奠定了基础。

董思孟几乎跑遍了全县的每一个村子，每一片果园，每年有2/3的时间与广大果农和乡村干部吃在一起，住在一起，干在一起。他每年冬春季都不顾严寒风雪、年迈体弱，坚持深入乡村果园免费举办三十多场修剪技术培训。为了给县上发展果业提供决策，他先后撰写了15篇调研报告，其中《南沟能变、何其不能变》《延长县果业发展的调研》等受到县委领导的高度重视。他先后27次获得了省市县的表彰奖励，并于2000年获得延安市劳动模范奖章，2002年获得陕西省劳动模范奖章。

董思孟的名号，在乡村里是大名鼎鼎，甚至在退休后，他比以前更忙了。不管是认识的，还是不认识的，都会找他，或打电话给他。果农间流传着，“有问题找老董，老董替你解忧愁”。

郭旗乡南沟村，有果园800多亩，但不懂管理技术，1994年春，果树发生大面积冻害，以为得了坏死病的南沟人一时乱了分寸，果农撬开树皮，查看病情。董思孟闻讯赶来，仔细鉴定后，确诊为冻害，及时告知村民不要惊慌，并给群众传授果园管理知识，做实地指导。南沟人倾村而出，董思孟走到哪里，他们就跟到哪里。南沟人渴求知识的热情深深感动了董思孟，从此，董思孟与南沟结缘，每年都要去南沟六七次，给他们讲课培训。有时，把三天的培训班延长到了七天，夜深人静了，还有热心的果农围着他探讨果树优质高产的修剪方法。

2000年管村果农刘志杰在秦冠树嫁接富士后，发现了芽变，董思孟实地去看后，觉得眼前一亮：可以为延长选育产生一个新的地方品种啊！促进果树更新换代，更减少了外地引进品种花费和繁育适应的过程。在他的指导下连续三年高接换头3株，性状稳定，果形好，颜色亮红，肉质酥脆，风味好。一年又一年地嫁接，选优，再嫁接，再选优，就这样经过十三年的繁殖培育发展，于2013年经陕西省果树品种审定委员会审定通过，正式定名为“延长红”，延长县终于培育出了专属自己的地方新品种！董思孟亲自育苗50亩，出圃果苗25万多株，按县域重点科技项目，在县内大面积推广种植，并编写了《“延长红”苹果栽培技术手册》发放给广大果农。

苹果患了腐烂病，就如人患了癌症一样可怕，是一种毁灭性病害，最后唯有挖掘焚烧填埋，多年来无人能攻克。董思孟一直在研究着各种方法，思索着良策，经过试验，终于选用ETS生物科技进行综合防治苹果腐烂病取得了良好的效果，受到了国家病虫害研究室主任曹克强教授的肯定。他尽快地将此技术在全县推广，让几乎束手无策的果农大为惊喜，使大批被判了死刑的果树“复活”了。果农们说，董思孟比神还能行。

黄河沿岸罗子山安河一带有栽植红枣的传统，但因阴雨导致严重的红枣裂果灾害，造成红枣减产或绝收。董思孟看在眼里，急在心上。他集中精力，用三年的时间做生物菌剂防红枣裂果试验观测，终于 2013 年通过生物菌剂叶面喷洒和土壤施肥技术，有效提高了红枣内在成分，增强了红枣防裂效果，实实在在地为果农减少了损失，增加了收入。这个项目获 2013 年度延长县人民政府科学技术一等奖。

董思孟陪妻子到医院看病，果农在病房走廊里“堵”着他，请教他修剪技术；他上街办事，常常很拖沓，因为时不时有果农拦住他，问他问题，“果树有病害了，可该咋办？”“石硫合剂怎么熬制？”“果树老抽‘油条’结果少怎么办？”面对果农虔诚信任的眼神，他耐心一一解答。甚至还有一些是超出他学术领域的问题，如一个果农问他，核桃不结果，能不能环割呀？真把他问住了，但面对那份信任，他不忍拒绝，就回家翻阅资料，上网查询，打电话咨询等，想尽办法也要给果农一个满意的答复。他就是这样，心中装着的是广大果农，千方百计地为果农解决问题，只要果农有求，他就必有应。

“就像蜡烛照亮别人一样，有一分光，发一分热。”这句话正是对董思孟精神的写照。40 多年扎根黄土高原，情系老百姓，他用他那赤诚的心无私的爱谱写了一曲乡村振兴的敬业奉献之歌。

黄河尽头芦花开

○卢庆春

一

每年深秋冬初时节，我都会被黄河尽头那浩浩荡荡的万亩芦花所震撼。

那是一种怎样的场面啊！莽莽苍苍、恢宏浩渺等用来形容壮观的词语，都不足以准确地表达出那种阵势，排山倒海、雷霆万钧等用来形容威力的词语，也显得苍白无力、柔弱无声。那是九天的白云结伴降落在了黄河入海口，那是奔腾咆哮的海水挽着臂膀翻卷着浪花扑进了新淤地，那是草原上涌动的羊群排成了一字长蛇阵列在了黄河口的天宇下，那是黄河与大海交汇时萌生出的一个意境优美的童话。

徜徉在这样的环境里，人的整个心胸虚得就像被掏空了一样，思绪纯净得就像被过滤了一样，久积在身体里的戾气、烦恼、忧愁、压力等一切负面的东西，都会在不知不觉间消失得无影无踪。凝望芦花，我不禁这样问自己：为什么一朵朵平淡无奇的芦花连在一起，竟然有了这样一种魔力？为什么毫无精彩可言的点点白色缀成一片，竟然产生了一种这样的审美效果？正当我百思不得其解时，一位到黄河入海口采风的诗人告诉我，那是灵魂得到净化的效应！

二

我始终认为，黄河尽头的万亩芦花，不是等待人们去欣赏，而是等候人们去用心解读的。看芦花，最好是一个人静静地看，人多了便体会不出那种韵味，感知不出那种内涵来了。

芦苇真是一种奇特的植物。像竹，却一年一生，一年一死，周而复始；非竹，却又具有竹的秉性，通体有节，节节向上。它的根匍匐于地下，或弯或曲，或上或下，恣意扩展，即使密织如网，盘根错节，但立于地面上的茎秆也一律向上，决不旁逸斜出，中空、中通的体腔，既减缓了狂风摧残的压力，又似一位虚怀若谷、大智若愚的哲人。

深秋初冬的时节，立于密不透风的芦洲里，四面全是叶片发黄的根根芦苇，唯有头顶上是一块湛蓝如洗的碧空，耳畔吹过的是一阵阵从空旷的河面、海面刮来的凉风。“沙、沙、沙……”“簌、簌、簌……”偶尔有“嘎嘎”鸣叫的雁阵掠过天空，真有一种万物静谧和时空静止的感觉，身心便刹那间静了下来，一种物我两忘的状态紧接着呈现出来，脑海里不由得就浮响起一个声音，浮现出一种画面：“天也悠悠，地也悠悠，天地无边无尽头。魂也悠悠，梦也悠悠，魂牵梦萦几时休？几度回首，几度凝眸，几度相思，几度愁。此情无计可消除，才下眉头，却上心头。”

找一高岗或空无一人的观景台坐下，俯视着微风中芦花摇曳如惊涛般波澜壮阔的画面，脑海里追忆的却是黄河万里终入海的场景。奔腾澎湃的母亲河在跌宕蜿蜒了5464公里后，一头扎进了渤海湾，与雄浑苍茫的渤海静静地交汇，上演着一幕幕沧海桑田的大剧。每年都有3万亩新淤地在这种交汇里诞生。新生的土地盐碱化程度非常严重，只有耐碱的芦苇能够顽强地生长，将一种极致的平凡演绎成了一道气势磅礴、无与伦比的美景——芦花飘雪。那飘飞的芦花，旋转升腾，洋洋洒洒，弥漫天空，俨然就是纷飞的大雪，俨然就是来自云霄的天使、精灵。此时，若值夕阳西下，天边的晚霞尽情燃烧，美丽的霞光洒在万亩芦花上，那泛起的光影里便有了一种思念的味道，便多了一种想家的成分，便有了一种追根溯源的意念。

三

听老人们讲，明朝洪武二年（1369年），山西省洪洞县的十六个不同姓氏的人家，拖儿带女来到了大清河东岸的高埠上。说不清楚他们是累得实在走不动了，还是看中了这块芦苇丛生的临河傍海之地，便就此撂下了逃荒的挑子。从此，这黄河尾闾的旷野里，便有了人类文明的第一缕炊烟。他们在这海河交汇的地方，垒泥做屋，芦苇搭顶，躬耕荒野，春种秋收，代代繁衍，并给这个刚具雏形的村庄取名为十六户村。

明朝中后期，尤其是清初年间，政府鼓励民众开荒。其间，不断有外来户来此垦荒种地、定居。随着时间的推移，十六户村的人口逐渐增多，村容也逐渐扩大，实力也逐渐繁盛起来。相传，当时村中有九街十八巷、三十六条胡同。那时，东西走向的张家马道，上通济南府，下达铁门关，是县境内大清河以南的著名交通要道。上了年纪的人每当说到这一段时，脸上总是洋溢着自豪与兴奋的光芒。

我刚上小学的时候，经常见到一个身材魁梧、身着军装、腰挎战刀的人在大街上健步行走，有时他也会到学校里去转一圈。他所到之处，孩子们都躲得远远的，从不敢靠近，更不会围着他问这问那。那时，老师只告诉我们他是一个在战场上立过赫赫战功的军人。2012 年，村里撰写村志，他的事迹一栏里只有一张民国 36 年（1947）渤海第四专署授予他的"人民功臣"匾额的巨幅照片。

记得有一次村里放电影，演的是八一电影制片厂摄制的《海鹰》，影片主人公是解放军海军某鱼雷快艇部队中队长兼九九号艇艇长张敏，他接受了一项艰巨的作战任务，带领快艇中队进驻远离大陆的一个岛屿设伏，伺机打击在台湾海峡制造紧张局势的国民党海军舰队。片中既有艰险、残酷的战斗场面，又通过我军战士浴血奋战的英雄本色，渲染了一种革命的乐观主义氛围。剧情的海战场景紧张激烈、引人入胜，而海军战士在海上与海浪搏斗的情景更是一波三折、扣人心弦。让我没想到的是，影片中那个机灵活泼、作战勇敢的战士小马，其原型竟然是我们村的青年战士赵庆福。1958 年 12 月，中国人民解放军海军司令部、政治部授予了赵庆福“一等功臣”的光荣称号。

类似的英雄人物，我们村还有很多，他们就像一颗颗芦花的种子，扎根在抗日战争、解放战争、抗美援朝战争和对越自卫反击战等战场上，以坚韧不拔的意志磨炼自己，顽强地生长成一簇簇、一丛丛、一片片茁壮的芦苇，把象征生命、象征和平的饱满的绿色染遍了长城内外、大江南北……

“芦花白，芦花美，花絮满天飞。千丝万缕意绵绵，路上彩云追。追过山，追过水，花飞为了谁？……莫忘故乡秋光好，早戴红花报春晖。”

此刻，我不敢说我读懂了芦花，但我却深深地理解了故乡人的情怀！

四

有位诗人曾这样深情地描述芦花：芦花像大地的诗行，冬日的童话，构成了黄河入海口深秋冬初的情调——朴实无华，清纯自然。

有时我想，生活在黄河口这片土地上的每一个人，实际上就是一株芦苇，一株有思想、能行动的芦苇。他们扎根黄河口，沐浴着黄河口的急风暴雨，经受着人世间的重重磨难与洗礼，兢兢业业，默默付出，用最质朴的爱诠释着生命的真谛。平凡中孕育出伟大，朴实中凝聚着光华。纵然历经艰难困苦，依然气不馁、节不弯。

“芦苇高，芦苇长，芦花飘雪雪茫茫。牧童相和在远方，牵肠挂肚是故乡。”那飘飞的芦花哟，分明就是黄河口人的希望，黄河口人的精魂！

沿黄行散记

○苏亚忠

壶口壶口

迎着秋日的阳光，蓝天下，我们的车子在延壶公路蜿蜒盘旋行驶着。秋天是黄土高原最美的季节，田野间一派丰收的景象。此时，山色是五彩斑斓的，水库里的水是清澈的，农民开始收割丰收的成果。延壶道路两旁的专设摊点，偶尔有三三两两的当地农民，摆摊销售水果，向过路的游客吆喝叫卖着，脸上洋溢着喜悦的表情。

2 小时 20 分钟，随着车子转过一个“U”形弯道后，雄奇壮观的黄河壶口瀑布出现在了眼前。又经过一段下坡行驶之后，车辆停在壶口旅游景区南区停车场。我们乘坐景区的大巴来到了壶口主景区。

进入景区大门，径直来到壶口河槽岸边。这时，伴着咆哮的黄河涛声，一股水雾扑面而来，给人以清新湿润之感。看着壶口黄河水，时而浊浪汹涌，飞流直下，气势磅礴，形成多个不同大小的瀑布；时而又如慈祥的母亲，缓缓而来，抚慰着大地，亲吻着自己的儿女，使人不禁心潮澎湃，思绪沸腾。感叹母亲河之神奇，中华魂之伟大。

壶口瀑布是国家级名胜风景区。西临陕西省延安市宜川县壶口乡，东依山西省临汾市吉县壶口镇，为两省共有旅游景区，是我国第二大瀑布。千里黄河奔流至此，进入两岸石壁峭立，河口收束狭如壶口的地段河槽，故名壶口瀑布。壶口黄河水面最窄处只有 20—30 米的宽度。河水从 20 多米高的陡崖上，一泻而下，形成“千里黄河一壶收”的宏大气概。

伫立在壶口瀑布前，任凭咆哮的黄河水雾如丝丝春雨浸湿我的衣服，抚摸着我的脸颊，滋润着我的心田。此时此刻，遥想千百年来，九曲黄河犹如华夏大地上一条巨龙，从青藏高原出发，一路历尽坎坷，披荆斩棘，不忘初心，向着既定的目标，勇往直前，永不回头。这就是黄河母亲，这就是中华民族之魂。

黄河壶口还发生过一个感人的故事。离这里不远处有一座酷似女人卧睡的山峰。传说大禹在治水的时候，为了察看水情，在河道上来回奔波，几天几夜顾不得回家。其妻着急担心，前来寻找看望时没见到大禹，于是就睡在山坡上苦苦等待，久而久之，女人化作了山脉，永久地留在这里，等待着她丈夫的归来。从此，这座山峰成了人们敬仰的神女峰，女人寻找大禹的故事，成了人们传诵的佳话。为了纪念这位伟大的历史人物，人们在距壶口几百米的河道中央，竖起了一尊巨大的大禹雕像，供前来壶口的游客纪念观赏。

告别壶口瀑布，心依然恋恋不舍，亢奋的心情难以平复。亲身经历了黄河壶口瀑布的震撼之后，使我对中华母亲河的感情愈加深厚，也更加激发起我对中华民族的自豪感。

雨中乾坤湾

经过近 3 小时的沿黄公路行驶，我们来到了黄河故道秦晋峡谷上的一大天然景观——乾坤湾。

乾坤湾，一个天象太极般的名字。

此时，已是傍晚时分，天色黑了下来。黄土高原的山峁沟岔呈现出朦朦胧胧的状态，乾坤湾也被巨大的黑幕笼罩着。

我们在就近的乾坤湾小镇一家旅馆下榻。晚饭后，大家散步在小镇起伏不平的马路上，一边聊天，一边欣赏夜幕下的乾坤湾天象和高耸的乾坤湾“龙柱”。该龙柱呈圆柱形，直径 3.3 米，高 39.9 米，是乾坤湾标志性的建筑。

次日一早，我们参观游览完乾坤湾黄河展览馆和会峰寨后，来到了乾坤湾主景区。这时，天空下起了绵绵秋雨，乾坤湾笼罩在茫茫雨雾之中。站在乾坤湾岸边的亭子里，透过蒙蒙的雨幕，极目四顾，整个乾坤湾似被一层薄薄的灰纱覆盖，一时失去了往日山青水浊的本来面目。幸好有下雨侵扰，游人不是太多。大家纷纷选择自己喜欢的最佳位置，与乾坤湾合影留念。

乾坤湾位于陕西省延安市延川县城东南部 38 公里处。是一幅天然太极图，也是黄河故道秦晋峡谷上一大天然景观。乾坤湾周围山峦起伏，沟壑纵横，黄河犹如一条巨龙在黄土高原丘陵沟壑间流过，呈“S”形状，似太极“阴阳鱼”。堪称天下黄河第一弯。相传远古时，太昊伏羲氏便是在这里“仰则观象于天，俯则观法于地，观鸟兽之文与地之宜，近取诸身，远取诸物，于是始作八卦，以通神明之德，以类万物之情”。乾坤湾就此成了观察天象的最佳之地，它如同神话传说中玉皇大帝在天庭丢落在黄土高原丘陵沟壑的“和图”和“洛书”，似天地造化的天然太极图。所有这些，都为乾坤湾赋予了特定的旅游内涵。

翻过一座山梁，沿斜坡上弯弯曲曲的木质栈道下去，有一个名叫清水湾的地方。这里不仅有一湾清澈碧绿的清水，古时候还是一个出清官的地方。穿过摇晃柔软的“宣化”铁索吊桥，是“清风亭”和“清水关署”。明清时期，这里是县衙所在地，老百姓有了矛盾纠纷，就到这里告状。断案官员能够爱民如子，两袖清风，加上衙门周围被一湾清水环绕，所以，人们就把这座衙门称为清水衙门。

夜宿吴堡城

中午时分，车子进入榆林境内的清涧县，向袁家沟方向驶去。我打开手机，查找袁家沟的地理位置和相关资料。

袁家沟，陕北清涧县沿黄路上的一个小山村。村子不大，坐落在狭窄的山沟里。就是这个小小的山村，却有着许多传奇色彩，享有“省委书记村”的美称。据记载，新中国成立之后，袁家沟村就出了4位省委书记，7位副省部级、72位处级以上干部，这不能不说是中国村庄的奇迹。

1936年1月26日，毛泽东主席率领中央机关和红军，离开瓦窑堡，经过延川县后，进入清涧县袁家沟。在这工作生活了19个日日夜夜。2月7日早上，主席踏着厚厚的积雪，来到黄河岸边的蔡家垭，望着皑皑白雪和冰冻的黄河，感慨万分，一气呵成，写下了著名的诗篇《沁园春·雪》。“北国风光，千里冰封，万里雪飘。望长城内外，惟余莽莽；大河上下，顿失滔滔。山舞银蛇，原驰蜡象，欲与天公试比高……”袁家沟，这个陕北黄土高原小小的村落，也因此而家喻户晓，声名远播。这大概就是红色文化和黄河文化交汇产生的独特魅力。

在袁家沟村公路北侧，竖立着一块石碑，上面写着“袁家沟”三个红色大字。背后的大理石浮壁上，用毛体书写并石刻着《沁园春·雪》的全文。旁边的村文化广场边上，几个老汉悠闲自在地坐在路边的石礅上，看着一辆辆路过的车辆和从车里下来参观的游人。袁家沟革命旧址纪念馆建在山坡上的几孔土窑洞里，窑洞的门面是石头的，看起来美观、结实、耐用。

傍晚时分，我们到达吴堡县城，入住。宾馆位于黄河岸边，站在房间内的窗口，就可看到缓缓流淌的黄河水面。这里的黄河经过吴堡县城时，由于河床相对平展宽阔，河水流淌缓慢，没有黄河二碛险滩的水流湍急，更没有壶口瀑布咆哮震撼之声。黄河在这里的这一切，仿佛是上苍的安排，恐惊扰了生活在这里的生灵百姓，不留痕迹地悄无声息走过。

宾馆不是很豪华，但看上去倒也干净舒适。安放好行李后，已是华灯初上。我们来到距宾馆不远的一家街边饭馆。饭馆不大，是一对本地小夫妻开的，都是些陕北特色普通饭菜。随行的晓锋同学点了饭菜后，拿出老赵带的一瓶白酒，喝了起来。大家一边吃着、喝着，一边谈论着此次沿黄行的所见所闻和感想体会。心情是愉快的，气氛也是融洽的。这一刻，好像平时所有的负重和烦恼都轻松释然，烟消云散。我想，这也许就是外出旅游的行者，走进大自然，与山川美景对话的最好回报吧！

晚饭之后，我独自一人沿县城滨河路行走。漫步在夜幕下的黄河岸边。听着黄河之水在夜色中，缓缓经过这个石头城时，我的思绪一下子回到了九曲黄河古老的历史隧道。是啊，千百年来，母亲黄河无私地养育了她的华夏儿女，生生不息，代代相传；黄河精神哺育了中华民族。伟大的中华民族在古老的黄河流域，演绎出了一幕幕壮丽辉煌的赞歌。眼前的这座城市不就是一个很好的缩影吗？

吴堡，别名铜吴堡，是当代中国著名作家柳青的故乡。它位于陕西省东北部，榆林市东南部，与山西省柳林县、临县隔河相望。县境东西宽 26.8 公里，南北长 30.4 公里，土地总面积 420.85 平方公里。地势西北高东南低，属黄土高原丘陵沟壑区。县城虽然不是很大，但依山傍水，极具特色。县域有四座黄河大桥连接秦晋两省，沿黄公路穿城而过。

有著名的黄河二碛，吴堡大同碛，吴堡石城。是我国为数不多的离黄河最近的县城之一。

第二天早晨起来，迷雾中，我登上宾馆对面的山顶。放眼望去，这个黄河边上的小城被薄雾笼罩。城南高处的黄河大桥，在晨雾中，显得朦朦胧胧，有车辆来来往往，穿行而过。我在山顶的小树林间行走着。刹那间，一轮红日从黄河东岸的山头升起，金色的阳光照射而来，驱散了头顶的薄雾，整个城市一片霞光灿烂。这时，我似乎看到了，吴堡这座古老而又年轻的黄土高原小城，到处焕发出勃勃生机，正以她独有的身姿，奋力追赶着时代的大潮。

黄河二碛

出吴堡县城，顺沿黄公路向北行驶 20 多公里，便是著名的黄河二碛，又名大同二碛，也被誉为“天下黄河第二碛”。

黄河二碛位于吴堡县丁家畔村，与山西省碛口镇隔河相望。黄河从秦晋大峡谷流经此处，河道紧缩，形成巨大落差，急流倾泻于暗礁石壁，卷起惊涛骇浪，势如巨龙，声似虎啸，其景观仅此次于壶口瀑布。

我们到来的时候，阳光正好，万里晴空，咆哮的黄河一如既往地奔流不息，并没有因为我们的到来而有丝毫的改变。也没有因为同学们的动情呼唤，而停止流淌的脚步。

跨过沿黄公路，拾级而上黄河西岸高高的山顶，眼前矗立着一座醒目亮眼的红龙塔，这里是观赏黄河二碛的绝佳之地。塔的对岸就是山西碛口古镇。站在观景台上，向着前方极目远望，整个黄河二碛险滩一览无余。

沿着河岸的石阶再向下走去，可以直达波涛汹涌的黄河岸边，可近距离感受黄河湍急流淌的气势。同学们站在千百年来经过黄河水冲刷的岩石上，看着雄壮的黄河奔腾远去，耳边是怒吼的黄河涛声，顿时心潮澎湃，热血沸腾，大家发自内心地齐声高唱“风在吼，马在叫，黄河在咆哮……”这首经典的抗战歌曲，让大家释放出久违难得的轻松心情。

黄河二碛景区还有一个“黄河奇石博物馆”，馆内收藏各种黄河奇石 1500 余件。这些奇石都是由黄河水长年剥蚀。冲刷、洗磨而成。其石质独特，形状各异，色彩画面生动丰富，具有较高的艺术观赏价值。

黄河二碛还是黄河漂流探险和水上竞技的重要之地。在这里，有一座黄漂七勇士纪念浮雕，是纪念在黄河漂流中牺牲的七名勇士。1987年，一群青年自发组成河南黄河漂流探险队，与北京青年黄河漂流队、安徽马鞍山黄河漂流探险考察队协作共进，成功首漂黄河，被誉为“人类漂流史上前无古人的一次壮举”，这也是中国人首次用无动力工具完成的对黄河的全程漂流探险。漂流队一寸不落漂完了黄河全程，填补了世界探险史的空白。遗憾的是，漂流过程中，七名勇士壮烈牺牲。然而，此后，仍有一批批漂流探险青年勇士，沿黄河漂流探险。伫立在这浮雕前，凝视着，我感受到了黄漂人那“不畏艰险、勇于开拓”的“黄漂精神”。不，还不仅于此。我分明看到了那积淀了几千年的“黄河精神”，迎着巨浪，冒着呼号，顶着波涛，坚实地，迈着步子，走着，一往无前……

黄河的歌谣

〇胡秀娥

家乡的歌谣是垄上的青草，任王朝更迭，战乱频繁，它总是“野火烧不尽，春风吹又生”，繁繁密密地点缀在乡人的生活中。

你听：隔壁镂花木窗里飘着的，对面人家门缝里溜出来的，碧蓝天穹下、莽莽高原上滑过来的，古老黄河上一支木橹吱吱呀呀间摇荡的，荷锄的男子哼着的，纳鞋底的女人咬着的，几乎都是河曲民歌——悠扬婉转的曲调，完全是繁华红尘中的情怀，有点直率，有点幻想，更有点俗，顶多是夏日午后一个短暂的梦，醒过来，眼前还是小院青苔，贫瘠的黄土、重重的石山。手头有做了一半的针线活，千针万线，还得缝下去；山后头长长的日子，还得挨下去，好在有民歌悠悠地伴着，针线活儿也不那么烦，长长的日头也不那么难挨。

生在大山深处的小山村，没有什么电视节目，就是看场电影也得掰着指头数好些日子，倒是二人台小戏，还常常有演的。逢年过节，或是农闲时候，尤其是正月里，场院、村头、广场搭个简易戏台，垒几堆旺水，吹响了竹笙，拉响了二胡、四胡，弹起扬琴、琵琶，戏便红红火火唱起来。好些日子里，我不是很喜欢看二人台，因为戏里普遍的油滑与媚俗，卖菜的刘青要想法骗二姑娘出门，打樱桃小生故意冤枉小旦说她另有心上人，点子使尽，轻易骗得姑娘芳心。比不得古装戏里，见了面是那样子好看的礼，喝酒也要半掩着脸，飘飘的水袖舒卷间，说不出的旖旎风光。还有小姐的台步，风摆杨柳般，袅袅娜娜的，款款的步子被长长的裙裾掩着，万种风情在其中；更有那古典的爱情，王宝钏苦守寒窑十八年，得与夫君团圆，一洗多年的委屈。牛郎织女、白蛇许仙天上人间的亘古爱情，婉约含蓄，历经苦难痴心不改。时光流逝，真爱如金子一般熠熠生辉，是我所崇尚的那种爱情。所以，不管是邻村里、亲戚家唱戏，我只陪小姐妹们到戏场晃一圈，然后便钻回屋里，抱一本书，安安静静地看，在书里人生幻想沉浮。

只是在一个雨散风歇的黄昏，独步高楼，望尽天涯，一种心灵深处的乡愁占据了我的内心。遥远的故园有些什么一直在我血液与灵魂深处的东西，如笋尖突破地面般，在我心中冉冉飘升。那民歌、那生长民歌的土地，那千百年来被民歌滋养着的乡民们，在我的面前飘摇、蔓延、环绕。没有任何一刻，我是如此思念他们、亲近他们，尤其是新年联欢晚会上，一位同乡极富韵味地唱起家乡的民歌时，我竟如食甘饴、如痴如醉了。

我重新注视这些不是以文字，而是以口口相传的民歌，于是我读懂了《走西口》中那段缠绵悱恻的爱情，离别为它加上了瑰丽的色彩，在太春饥寒交迫的西口路上，在玉莲漫漫孤寂的等待里，爱情成了一种信念，支撑着彼此困顿的日子和痛苦的心灵；《打秋千》中俏皮可爱的姐妹俩；《挑苦菜》中各怀心事的姑嫂俩；《打樱桃》中跋山涉水打樱桃的一对相爱青年男女；《探病》中幽默滑稽却又对女儿充满真爱的刘干妈；《卖碗》中贪婪吝啬的薛称心，以及受尽剥削终于奋起反抗的王成与香兰的爱情……更多的是那见景起兴的山曲儿：

石竹开花千层层红，
你是哥哥的称心人。
霜打葡萄紫红红脸，
你是哥哥的顺眼眼。
大青山高呀乌拉山低，
十三省地方就数妹妹你。
大青山高呀乌拉山低，
忘了小妹妹五雷槌。

曲儿充满了浓郁的生活气息和地方风土色彩。即使过着穷日子心中永远燃烧着对幸福生活的向往和对爱情的追求，这便是生于斯、长于斯的我的父老乡亲、父兄姐妹们。《河曲县志》载清人歌曰：“户有弦歌新治谱，儿童妇老尽歌讴。”从古至今，家乡的人们以歌谣的方式生动地记录下了历史。家乡歌谣中，有一整套的仪式歌，求神祈雨时的拜水歌，充满着对传说中龙的图腾崇拜：“青龙青龙请在空，请在空中把雨生。咱求青龙爷早开恩，雨洒青苗救万民。南阿弥陀佛，青龙爷呀！”这歌谣与流传在湖南汨罗江两岸的祭龙仪式上的赞龙歌有异曲同工之妙：“恭维府上，迎接龙神。神龙下界，造福万民。龙行一步，百草皆青。风调雨顺，五谷丰登。龙返仙界，五色祥云。雨露均沾，谢主隆恩。”

河流是人类文明的发源地，一部《诗经》大部分产生于北方黄河流域，小部分产生于长江汉水流域，因为北方是那时的文化中心，而黄河流域更为中国文化的发祥地。这些由从不留姓名的古人们创作的民间歌谣，正是诗歌的主要部分。《诗经·国风》中有它的影子，唐诗宋词中回响着它的旋律，明清文学曾吸收过它的精华。它是丰富广阔的晋西北人民生活的画卷。

你看那出嫁歌、送喜歌、闹洞房令子、拜土地、养娃娃、过满月、祝寿歌、饮酒礼歌、哭丧谣……记录了一个人从生到死的所有过程。你听，那嘹亮整齐的黄河船夫号子，记录了河曲作为水旱码头，每日上千只船筏来往于本地与内蒙古河套地区的辉煌历史；那炸响于夜间的打蓝调、搅馅曲，见证了河曲制作蓝靛、造纸的民间手工业的兴旺发达；赶脚歌、背炭歌携带着旧社会贫苦老百姓的辛酸与血泪飘摇至今；锄田汉口诀、连枷谣、割莜麦、嗬场曲……悲欢离合是歌，生老病死是歌，一声声、一曲曲抒发着劳动者平凡而真实的快乐。它不是宏伟庄严、金戈铁马的正史，而是一出出琐碎的、鲜活的人间悲喜剧，顶多是一部地方野史。歌谣大多高亢、激扬却又婉转、柔美，高亢激扬处，仿佛千年郁结于心的愁苦，一朝倾吐出来，一如那莽莽苍苍的黄土高原，雄浑苍凉，前不见古人，后不见来者；婉转柔美处，宛然儿女情长、窃窃私语，恰似那宽宽展展漫过河曲、柔情地拐一个弯缓缓东去的黄河水，缠缠绵绵，风情万种。这正是河曲不同于北方许多地方的独特之处，它有北地边塞的粗犷，更兼着江南水乡的柔媚，两者的和谐统一让她风情独具，魅力无限。这些歌谣大多易于上口且饱含对劳动生活的热爱，饱含对家乡田园、山水花木和乡亲的热爱。这正如车尔尼雪夫斯基说的："世界上最可爱的，就是生活。"家乡的歌谣，正是给人们展示出一幅幅生机勃勃、意趣横生的乡村风情画，以及家乡那种淳朴自然的生活美。

有一次看到一个专门记录河曲民歌的电视节目，一位六十多岁的老人随采访组辗转千里，在内蒙古某地找到了当年走西口时的旧情人，虽然岁月无情地将他们的面容雕刻成老态龙钟，但见面一瞬间在两人眸间闪耀的东西依然让我震撼。两人盘腿坐在炕上，中间放着一张小木桌子，这或许就是当年那尚且年轻美丽的女子为西口路上孤苦无依的哥哥准备过酒菜的桌子。两人忘情地唱着，那种经历了爱恨离别，也许此一去生死两茫茫的沧桑浓重地弥漫着，虽然隔着屏幕，我的泪潸然落下。无数次，我浸泡在家乡的歌谣中，感觉在读另一部厚厚的书，它不是铅字印刷的有字书，而是这方土地上的子民们用血与泪、爱与恨抒写的一部无字却铿锵有声的书，大音无声，大象无形。它不被岁月冲淡，不随时光流逝，黄河水流不断，河曲民歌唱不完，它就是一种水土，一种血液，渗透在这土里、水里、人的血液里，无穷无尽，无始无终。

天下黄河九十九道弯

谁有我这水来谁有我这山

几千年的日子风刮散

唯有这山里的歌声从来没有断。

黄河口人这样种“洼地”

〇张成儒

1855年，黄河改道进入利津“北洼”。1904年第二次改道，进入沾化“东洼”达50个年头，淤淀出沾化、利津东北荒洼方圆百余里。到20世纪50年代，广袤的荒草洼已成为可以耕作的新淤地。在这片新淤地上，每年正月十五前后，大地刚刚解冻，沾化、利津被称为“上头”的人们便套上马车或牛车，带上原始农具，开始了简单的耕种。人们首先选择出入方便、土质肥沃、地面植被多为茅草的地片，然后扎起窝棚，条件好的也有搭建半地上半地下的“地屋子”。这样临时安了家，耕种便开始了。

种“洼地”要比在“上头”简单得多。首先是它不用中耕松土，免去了中耕这道工序，对农民来说就是减少了一大笔开支。因为中耕需要畜力，牲口需要饲养，饲养需要草料。对于原本就紧巴拮据的农民来说，无疑是改变贫困的一个有效途径。当时，人们管这种劳作叫“下洼”“混穷”。但“混穷”不是“穷混”，因为把“穷”混过去，就会多少有点希望。后来，有些混穷的还真的越来越成气候了。直至大量移民进入，新淤地上已经出现了老爷庙、太平镇、义和庄、老鸹嘴等大片垦殖活动区域。从20世纪60年代起，到1976年，黄河弃刁口河流路，归大清沟入海，很快就构成了现代黄河三角洲这片美丽的土地。

初春的阳光，洒落在这片漫无边际的荒草洼里，海风还没起来，阴雨季节还没到来，万物复苏，暖洋洋的。在一片豁子犁翻后耙平的土地上，耕耘者身穿粗布大棉袄，腰系粗布带（毡带），大裆棉裤扎小腿，一人架起独角耧辕杆，一人扶起耧挺杆（扶手），还有一人背上粮种子负责撒种，插耧播种开始了。“洼地”播种的起点和终点距离很长，加上这是一个耗费体力很大的活道，三人组成的播种（当地人称“耩地”）团队感觉到喉咙眼儿细了，汗也浸出前额。于是停下来，解开扎住棉袄的腰带，放松几个疙瘩扣，透透气，歇歇脚。“下洼”人赶来的牲口很少，大片耕地需要耠翻耙平，等把地耠完、耙完，人就可以替下来了。用的是双腿耧。一天下来几大亩庄稼播种完成。

在粮种的选择上，多为“上头”基本不种植的作物，如豌豆、草大麦。不用中耕，只需拔草即可。到了夏至季节便可收获。单产虽不高，但只要种得多，收获的粮食也就多。这三样农作物早熟，躲开伏汛期，每年好收成。大豆产量低，且耗费地力，在“上头”土地不充裕的农户，并不会大规模种植，多选择“下洼”去种。

大豆自古至今一直是适应在新淤地上生长的主要农作物。农历三月半头到四月半头播种的叫春大豆，收了小麦、大麦，再播种的大豆叫晚大豆。晚大豆耐涝，适应洼地种植，只要长到1米多高，就是被水浸泡也能生长，减产幅度不大。故村民有“草里捞豆，水里捞豆”之说。

大豆种植，在利津、沾化一直延续到20世纪70年代末，准确地讲是中共十一届三中全会后。那时，生产队集体经营土地的种植结构和单干时期相同，现有土地种植粮食都过不了“关”，因此不可能再腾出耕地去种植消耗地力，且产量又低的大豆。于是靠近孤岛、刁口河的垦利、利津、沾化等很多生产队前来“下洼”种豆子。垦利多分布于孤岛一带，利津、沾化多分布于刁口河流域大片闲置荒地。他们全部种植“晚大豆”。麦后种上大豆，也不需要中耕锄草，人们回家后也没有再来。到了收获季节，生产队套上马牛车，组织青壮社员，从村里出发，外出百里“下洼”泼豆子（沾化、利津人管割豆子称“泼”豆子，而割麦子，都不叫“泼”）。收了豆子就不再种麦子了，因为产量太低，管理又复杂，离家太远。这些“洼地”是标准的一年一茬的“歇茬地”。不用施肥，晚秋地里没了庄稼，就是取之不尽，用之不竭，并且由许多种类构成的野草地，那仍是人们赖以生存的一大资源。

“粗、野、糠粮食”是那个年代百姓口粮的一大补充。尤其在土地少人口多的陆地村庄，根本拿不出耕地去种。而“下洼”种地的“上头人”扎下地屋子，春来秋走，在低洼易涝地块播种高粱和糁子是成本最低的选择。只要出苗后淹没不了芯蕊，再由水浸泡也不会减产。高粱出了苗子间开后，雨季前即可一人多高。一般不会遭受涝灾。糁子，俗称

“糠粮食”，出米率 60%，加工成面，再加豆面蒸成窝窝头，香脆可口，曾是新淤地人上至百年的主食。

白沙土地种棉花。当时的棉花种也是祖人传下来的，祖辈称为“小棉花”。呈灰绿色，朝下开花作桃，纤维短。民国初期从外国引进棉种子，花朝上开，朝上作桃，纤维长，卖价高，农民叫它“洋花”，几十年后逐渐退化。全国解放后，又从美国引进了新棉种“新二比”。以后新淤地一直未被列入国家“产棉区”，因此棉花种植一直没成为一种产业。当今棉花种植业随市场需要而调节，已成为新淤地上的一个重要产业。

农民耕种“洼地”，收多收少也不在乎，就弄个“人种天收，多了捞摸”。后来解放了，农民重新分到了土地，但生产条件没有大的改变。“下洼混穷”却也没像“上头”那样饿死人。这大抵是因为，洼里有足够的野草种子、野菜，成为人们的“代食品”。1964 年，国民经济开始恢复，集体生产走向正轨，但土地回报率并没有上去。

新淤地居民有句俗语，“庄稼不收年年种”“人不哄地地养人”。20 世纪 80 年代之前，新淤地种植的主要粮食作物有小麦、地瓜、玉米、花生、大豆、绿豆、高粱、谷子等，纤维作物有棉花、苘、麻等，还有各类蔬菜瓜果。这些人类必需的农产品没有很好的肥料做后盾，是不会满足给予的。农民劳动日出而作，日落而息，春种、夏锄、秋收、冬藏，年复一年，周而复始。每当春节过后，就拾掇犁具，向田间运粪，准备春耕。地是早就留出来的，种植一年一熟制农作物，已经休养了一个冬天的“歇茬地”（或叫“春地”）。运粪的工具主要就是木轱辘车。耕地之前，先要用铁锨把土杂肥均匀地撒开，叫作“撒粪”或“扬粪”。耕地用的是牛、马或驴、骡等拉的耠子和耙，耙地是春季保墒的主要措施。

“谷雨前后，种瓜点豆”，春种开始。播种有撒播、点播、条播之分。撒播先用水洇透畦子，然后将种子撒在地面，再用筛子筛着盖上一层细土；点播一般前面一人用镢头刨坑，后面一人点种，最后面一人用脚盖土，或者点种的人点完种接着盖上土；条播要用耧（有的地方叫“耩子”），集体年代生产队畜力不足就用人来拉，一般三人至五人，当中一人驾辕，其余的拉帮套（又叫“拉边套”），后面扶着边走边摇的人叫“扶耧的”。这时，你会看到新淤地生机一片。播下的种子，整理的田地成了人们的希望，人们祈祷风调雨顺，老天爷保佑，给个好收成。

“三分种，七分管。”播种之后的田间管理非常重要。夏天是庄稼生长的旺盛期，要不断地锄草、灭虫、施肥、灌溉，才能确保庄稼丰收。在最热的三伏天里，农民要在比人还高、密不透风的庄稼地里耕耘不辍，很是辛苦。

收获季节农民劳作紧张，收割后，一天不下种都是忐忑不安的。夏季小麦收割俗称“麦秋”，麦收时节最是忙碌，俗话说“三秋不如一麦忙”，因为一方面小麦成熟很快，这一地区“麦熟一晌”，如果误了收割，会损失很多。加之过去都是人工收割麦子，费时费力，劳动强度极大。另一方面，夏季庄稼生长迅速。俗话说，“夏季田，早一宿，高一拳”。有时，早一天播种能抢得更多的时间。若是早播一天后下了雨，就等于早了好几天，因为那时要等地不粘才能播种，所以必须抢收抢种，这叫“抢茬子”播种。否则，就会“人误地一时，地误人一年”。总之，麦收是农民最劳累的时候。

农民田间劳动的方式，各个历史时期也大有不同。传统的田间管理，正常情况下，一天分三大段，五大“闷儿”。“闷儿”这个时段不是时钟衡量出来的，而是农民凭体力付出判断出来的。早晨一“闷儿”，上下午各两“闷儿”。秋收季节起早贪黑，月下加班，天刚发亮下地，半夜方归。一般情况下，刚到地头先抽烟，叫“地头烟”。锄一会儿休息时叫“插锄烟”。休息再干第二闷儿叫“落二盘儿”，收工点燃地头烟回家。从立夏到立秋，除麦收外，有2小时左右的午休，叫“歇晌”，也叫“过过晌午头儿”。

这段休息时间挺长，社员们有没有手表看时间，只有队长凭感觉掌握，于是自找乐趣的事儿就来了。家里的取乐活动很多，但在地里很多活动项目也凑不起来。村里戏班子的一位专演“丑旦”的“碎麻子”老六哥，顿觉嗓子眼有只小虫子往上爬，于是干咳一声，情不自禁地唱起了吕剧《小姑贤》王登云他娘，还加唱四平调过门儿：

“有老身在上房——心乱如麻——思想起老头子——珠泪大洒——”

当“珠泪大洒”那长调唱完后，老六哥还真的抹了一把泪，把人们笑得都岔了气儿。

还有更精彩的呢！那就是“砸牛骨头”。这是当地一种民间曲艺形式，是“数来宝”延伸传承。它的艺术效果全在一张嘴上，伴奏是由两块牛胯骨用刀子削制而成，代替竹板，据说最初是一个村间乞丐（村人称“要饭的”）发明的，在沾化、利津一带传播很多年了，百姓管这种“要饭的”叫“打话象”的。这种艺术形式弄到舞台上还是很吸引人的，最大的特点是内容广泛，而且表演者张口就来，这种人才在农村也并不多见。这位老六哥不仅是很多戏折子的主角，表演“数来宝”也是拿手。在人们的簇拥下，他神秘地皱了一下眉头，抬起“王登云他娘”那姿势的屁股就开始表演了，这段村人称之为“倒大语儿”，把事情反过来说：

哎，哎——

官儿来了，官儿来了

骑着轿坐着马，鞍子背在马底下。

进庄来，看见那街上人咬狗，

拿起狗来去打砖，

又看到，口袋驮着那叫驴窜，

一头扎进黑泥里，

喷得那沙土往上翻。

村头有棵歪脖子树，

树上有个老鸹窝

老鸹窝有个凤凰蛋，

伸手去抠地，

抠，抠，抠——

一把抠到阳沟里（院子里的排水道）——

哈哈哈——

人们听得津津有味，老六哥表演余意未尽，只听队长一声喊："别穷乐呵了，干活干活！"

从20世纪80年代开始，农民的作息时间发生了很大的变化。生产责任制后，农民各种各的地，种什么，怎么种，都会自我调节。为来年有个好收成，村民的作息时间恢复到了当地土地改革时期，真正的"日出而作，日落而息"。凌晨3点起，村里响起赶车声，人们下地的吆喝声启动着整个村庄的运动程序。晚上8点人们才回家，于是村巷街道进进出出，熙熙攘攘，炊烟缕缕，饭香四溢。

进入21世纪，现代农业很快渗透于村民之中，生产力得到空前解放。机械化、电气化，取代了传统落后的生产方式，人们的精神面貌焕然一新。上坡下地无须赶着马牛车，扛着旧工具，而是开着拖拉机，骑着电动车，装载所用的农机具。播种时播种机、覆膜机，植保时，喷雾器喷洒农药除草剂，更不必说还有大小收割机、联合收割机，秸秆还田机齐上阵，时间短、效率高。

收获季节，硕果累累，渗透着传统农耕文化的丰收节，凸显黄河三角洲新淤地现代气息。种洼地的那种寒酸、粗放、祈求、盼望，而今皆变成回忆。

九十九个艄公把船扳

黄河连通万里，自古便是一条黄金水道。20世纪60年代以前，沿河十里八里一个渡口，三十里五十里一大集镇，河上船只往来，好似现在公路上汽车奔忙。晋陕峡谷内虽然水急浪高，险滩大碛连连，但依然挡不住一支又一支船队往来。清朝中叶，单天桥峡上下的渡口就有三十余处。沿黄河大小村镇里，一代又一代的船工撑船扯纤，浪涛里讨生活。

《保德县志》记载，到1963年，全县还有四十七条大船，每船按七名船工计，全县船工还有三百多人。正如那一首民歌里唱的："九十九道弯里九十九只船，九十九个艄公把那船来扳。"

保德县城紧傍着黄河，有时候黄河涨大水能漫上街道来。航运繁盛时期，傍晚，以县城为中心，上下十里河面上泊满大大小小的货船，桅杆林立，热闹非凡。上游来船卸下粮食、甘草、盐碱等货物，然后再装上大炭、瓷器等，扬帆起航，向下游进发。

黄河上流船，天桥峡是一处分界点。天桥峡以上冬季结冰，船在清明节过后下水，小雪时节上岸；天桥峡以下河不封冻，船全年都可以流，只在清明和小雪两次流凌时停几天，叫作避水。

流船夏天怕洪峰，洪峰太大时，能把船颠翻，该躲的时候还是要躲一躲，靠岸让一让；冬天怕冰凌，船拴在岸边或者在河中搁浅，大块冰凌漂下来，能把船撞烂。一旦看见冰凌漂过来，船工们就赶紧操起几根船杆，待冰凌靠近时，大喝一声，将带有锋利铁尖的船杆同时戳向冰凌，然后手扳船沿，肩抵船杆，把冰凌推开。冰凌一般能推开，一旦推不开，船就得受损。

一年腊月，保德一条大船装了九千斤铁，要送往佳县，船行到后川的时候搁了浅。忽然看见上游下来几间房大的一块冰，那是护岸冰，原来冻在河岸上，断裂后被水推下来了。一船人大惊失色，假若这块冰撞上来，船万不能保。但是船走不了，人也离不开。众人连忙把船上的坐板、大棹、腰棹，所有能用的木板全部插到船尾水中，试图抵挡来冰的冲击。就在大家万分紧张、瞪大眼等着冰块撞上来的时候，冰块先挤起了一波大水，涌过来，一下把船浮了起来。众人赶紧扳棹撑杆，把船放入主流，尽全力下划一段，然后找地方靠边，让过那一块大冰，松了一口气。

早年间黄河两岸有很多龙王庙，每遇大碛险滩，船工们都要上岸去祭拜一番。农历七月初二是河神节，要放炮，礼牲，摆供。老船工们说，这些都是古人留下的，一代一代传下来，有时候还真灵验。早年间黄河上流传着两个故事：

黑峪口有一船工叫树树，大孝，每次离家跑河路回来，都要给老娘买些好吃的。一次船过五米碛，碰到礁石上，眼看就要散架了，树树跪在船板上哭诉：“我死不要紧，可怜老娘再无人奉养！”耳边隐约听得一个声音说，你跳啊！树树就闭了眼睛跳下去。就在那一霎时，船散了，船上的大棹漂到了树树跟前。树树抱着大棹在河里漂了三四里，不知不觉就靠了岸。树树知道这是河神在保佑，赶紧从河里爬出来，转身跪下，对着大河乱磕头，连说知道河神爷的恩典了。自此，树树对老娘愈发孝敬。

保德历史上有名的老艄很多，张有福是其中之一。有福老艄名气大，不单是掌舵好，更因为胆大命大。有福老艄驾船出事不少，最凶险一回，九死一生。那一年七月，装货到林遮峪，天已黑，没有卸货，把船拴到河上。夜里大水来，船脱了绳，众人拉不住，大喊让有福老艄下船，但他不下，船是他的，货也是他揽的。结果众人拉不住，一松手，把有福老艄和船放到了大河里。黑灯瞎火，船没走多远就撞散了。

有福老艄死死抱住舵，随水往下漂。漂过佳县时，他还清醒着，对白云观许愿，若能活着回来，要上观烧香磕头。漂到碛口，旋入洄流，被人捞起，已昏迷，费好大劲才把抱舵的手分开。有认识的人说，这是张老艄啊！赶紧救护回家里。

保德到碛口水路四百八十里，漩涡礁石数不清，放一块木板进去，到碛口也会遍身窟窿。船工们说，如果不是神仙保佑，有福老艄再有几条命也没有了。昏迷一天一夜，有福老艄才醒过来。步行七天回到家，家里却以为他遇难，再也回不来了，正在假设灵堂，哭哭啼啼戴孝办丧事。

黄河门前过，河上故事多。保德船工最后一次远航，是在 1966 年农历八月，“文化大革命”刚开始。不知是怎儿一回事，保德瓷厂烧制的瓷水管，要送往吉县。河运社七条大船同行，每条船上七个人，装载的瓷水管有一万五千斤左右。七条船拉开距离，顺流而下，花园村吕招财老艄公打头驾第一船。老吕大个子，鼻梁高挺，船工们给送了一个绰号“外国人”。他是通河老艄，驾船能从包头直达禹门口，一路上所有险滩大碛都能对付，不用请当地老艄。

船工们说，流船比开汽车凶险，汽车有刹车，能刹住，船在河里没法刹。七条船所以要拉开距离，是因为船也会追尾。有时候一溜船相跟着往下流，前面一条突然搁浅，后面的躲不及，就撞上了，和汽车追尾一模一样。搁浅最怕在傍晚，如果天黑还走不开，一旦夜里涨水，船漂起来，黑灯瞎火很危险。

农历四月和八月是流船的最好季节，河上有歌谣：“四八月的河路，九十月的羊肉。”“东宫西宫，比不上四八月的艄公，白天腾云驾雾，晚上水阁凉亭。”农历八月，立秋已过，不再有大洪峰，满河水，水大浪展好行船。此次远航，时节正好。

第一天从保德到黑峪口。这一段水路十里九碛，“河难流，路难走”。虽然碛多，但保德老艄成天走这一段，看河里每一块石头都像是熟人，一百五十里水路流得平平稳稳。晚上驻黑峪口，是兴县的一个镇子，大码头，货物集散地。早年间繁华热闹，南来北往的人很多，驻过军警，修过碉堡炮楼。外河滩曾有二里宽，全是枣树，后来淘得全没了。

第二天启程，先跌五米碛，也叫软米碛，是蔚汾河汇入黄河形成的大碛。一个要命的地方，每年都有船只失事，保德有好几名船工在此处被河吃了。

1949 年，解放大西北，禹门口上需要大船渡汽车，保德县给做了两条。船长五丈，肚子宽两丈，五道夹墙，比平时黄河上的船要大上许多。县里派吕招财和另一位姓郭的老艄去送船，郭老艄时年已经六十岁。过五米碛时，两船人合于一处，先放下去吕老艄的船，再转上来放郭老艄的。船过五米碛时，郭老艄去压尾棹，用力过猛，尾棹反弹，一下将郭老艄挑到了河里。郭老艄好水性，平时踩立水能到齐腰，但这一回被吸入水流淘空的石檐内，再没有出来。郭家几辈子流船，郭老艄的爷爷也是五米碛上出的事。

早年间在跌五米碛前，要先上西岸河神庙里烧香磕头。1966年当然不敢烧香了，只是先靠岸，两条船上的人合在一条船上，共同跌碛。五米碛入漕后，黄河主流被蔚汾河推出来的石头泥沙所逼，一力往西滚，西边全是石崖，船在急流中，全凭众人用腰棹往外扳。一旦扳不出来，撞到石崖上面，船就烂了。冲过五米碛，到黄黑峁停住，拴好船，众人再跑上来放第二只，有七八里地远。虽然五米碛凶险，但七条大船毫发无损，顺利过关。全天流了一百六十里左右，晚上驻山西这面的克虎寨。

八月天气，不凉不热，人不上岸，就在船上吃住。带着小米、红面、黄面，还有一点点白面，舍不得吃。有时大锅饭，有时各做各的，河路汉都会做饭。炉子是用瓷瓮子泥成的，有风箱。柴炭是从河滩上捡来的。每逢下大雨，神木河里就能推出炭来，全在水面上浮着。水退下去，河滩上总有落下的炭块。有一年推出上万斤的一块大炭，在佳县大会坪落下，全村人出来打烂分回家。吃水有时到河滩的井上打，多数时候就吃黄河水。船上有水瓮，打满水后，撒上豆面或者碎杏仁，搅一下，澄清得快一些，但多数时候还是浑浊的。有时河水太浑不能吃，就到沙滩上挖一个坑，渗出来的水清亮一些。

黄河上流船，水和柴炭都不缺，缺的是粮食。有时候运粮，虽然守着满船粮食，也有炉灶，但不敢吃一颗。一次运山药，掉入水仓中几颗，很小，一个船工烧着吃了。回来后领导就知道了，训斥说：“你吃的那几颗山药，如果种到地里，能长出几窝？你说你造成了多大的损失？”

那时候黄河里鱼多，但河路汉平时不打鱼，只有洪水来，鱼被呛得浮上水面，人们才在木棒上钉上钉子，打鱼捞鱼。吃鱼也有禁忌，腥汤不能倒入河中，怕引来大鱼捣乱。

第三天从克虎寨起身，先跌佳芦碛，就是佳县白云观下面的碛，由佳芦河推出的泥沙石头堆积而成。也麻烦，东面罗汉辿，有一大石拐，撞上去船就散。西边是窝，比打谷场还大许多。过窝危险，有时候会被吸住出不来，最后把船吃了。七条船分开一条一条下，前面六条都顺利，最后一条却不知怎的就被吸住了。转了一圈又一圈，扳不出来。浪头从船头一个劲地往船里跳，船上装满瓷水管，不好往外舀水。时间再长，船里积水过多就危险了。

一旦沉船，人也会被吸住，根本出不来。老艄张候红说，有异样，赶紧给老人家倒些米吧！船工康文生慌忙提起米袋子，呼隆一下，把袋子里十多斤米一下全倒入了河里。米入河，众人一发力，船扳出来了。船工们说，当时有两种可能：一是河上有神怪，进供了米，神怪放行了；二是传说窝里有大鱼，撒起闲劲儿来，也了不得，倒米下去，鱼忙着吃米去了。这一天只滚战了三十多里水路，晚上驻陕西佳县木头峪。

第四天出发，东岸有谢岭庄，只两户人家。船过谢岭庄，要在东岸的石棱上靠一下，才能流顺当。当晚驻碛口。

碛口驻了两天，为的是找齐当地艄公。保德下行的七条船上，只有吕招财老艄能掌舵闯过大同碛，其余六个艄公毫无把握，不敢造次。停了两天才找齐六名当地老艄。

大同碛由湫水河推出来的石头泥沙堆积而成，东边河道里乱石林立，暗礁七高八低；西边河道落差很大，又紧贴着石壁。船跌碛时，射箭一般往下冲，不熟悉河道根本不行。当地老艄常年在这架碛上滚战，碛几乎就是他们的一只饭碗。有当地老艄掌舵，险处不险，单班人马就把船跌了下去，晚上驻陕西绥德枣林坪镇。

第七天从枣林坪出发，依然是碛口老艄掌舵。这一段也是十里九碛，保德船工走得少，河道不熟悉。每次跌碛之前，碛口老艄都要带船工上岸，瞭望一回，叮嘱一番注意事项。当天到吉县一个码头上，卸了瓷管，空船下行，碛口老艄掌舵，晚驻史家滩。

第八天到壶口。下壶口有专门的流船漕子，如果漕子流不成，就在干河滩上垫上辊子来拉船。这一回漕子能流，七条空船跌漕跌到一个潭里，出不去。一个碛口老艄脱光衣服，到河里搬开石头，船才出去，后来给他多算了一些钱。

第九天到了禹门口，常年有河南人守在这里等着买船。船流到禹门口就不值钱了，卖给河南人，价格大约是保德的一半。河南人买上船，装上炭，顺流回河南去了。

卖了船，船工们走路坐车，经侯马、太原回到保德。其后不久，造反就开始了，四下里兵荒马乱，保德船队从此再未到过碛口以下。

20 世纪 70 年代以后，沿黄河陆续修通了公路，河上架起了桥梁，建起了水电站，船只渐渐少下来。而今货物运输靠汽车，两岸往来有桥梁，早年间的渡口十之八九废弃，沿河古镇以及一个个险要的大峡谷都变为了旅游景点，黄河正以新的面貌进入新的时代。

沿着黄河走

○隋中胜

九曲黄河十八弯，到了东营境内，终于展现出她阔达的胸怀，显示出最母亲的一面。

一路的千辛万苦，她不说人们也知道。黄河有喜怒哀乐，带给人们的自然有苦辣酸甜。她的出身是高贵的，这从青藏高原巴颜喀拉山脉发源的那一刻就注定了。流经黄土高原，她濡染了民族底色，亦有了战胜困难的底气，但不得不说，她从此也背负了太多的沉重，有了太多的不由自主。有过桀骜不驯，有过放纵恣肆，有过缱绻不舍，但这些都非她所愿。

沿着黄河走，你会看到黄河的本色，你会领略到黄河的凛然与包容。

黄河一路东来。在麻湾拐了一个弯，一个九十度的大弯，掉头北上。这一弯，执拗又自然，急遽而顺畅。你无法想象她内心的决绝和豪放。

这一弯，弯出了景致，弯出了风采；这一弯，蕴含了太多的美学元素：曲与直、高与低、陡与缓、满与缺、宽与窄、天与地、黄与绿、雄与秀、朴与奇、历史与现实、人文与自然达到了高度和谐，成就了“黄河下游第一弯”的美誉。

这一弯又何其任性。两岸的人民不得不看她的脸色行事。北宋镇佟家人在此繁衍生息已历七百余年。为防洪水侵袭，他们就地取土，各自将民居建于四五米高的土台之上，村内道路亦顺应地势，婉转于房台之间。当洪水袭来时，街道就变成了河渠沟汊，确保台上房屋安然无恙。此举过去为保命，如今自成风景。老村呈自由式布局，一户一台，高低错落，植被茂密，乡野气息浓厚。沿黄河大堤而行，黄河风光、滩区景象交会融合。“苍翳掩幽径，高台望月明；十步一塘，起安宇于梢末，百步一湾，筑四合于云旌”，何其美也！

凡古村皆有故事。在村东有一棵高逾十米、结白色果实的桑树。此地古富桑枣之饶，桑树历来被本地村民视为祥兆，这棵桑树，慢慢成为村民发愿盟誓和村里有威望的长者为村民说事拉理的地方，久而久之，“到桑树底下拉拉去”成了佟家村民相约解决矛盾纠纷的一句俗语。

这一弯，又何其慷慨。左手边，她成就了佟家房台的独特景观；右手边，她成就了中国地理标志农产品麻湾西瓜，成就了龙居桃花岛，成就了长河落日的“同心圆”景观，成就了黄河岸边的左家村。

沿着黄河走，你当然可以看到黄色。

在垦利城北部的黄河滩区，胜利大桥一旁，有万亩葵花园。谁还没有见过葵花呀，但我相信你一定会被她震撼到，那是倾国倾城的美。盛开的向日葵站立着，一般高，浩渺无边，满眼的金黄，构成一片海。一棵棵婀娜多姿，在微风中轻轻摇曳，向着太阳羞涩地笑，也像是跟游客打招呼。一个个灿烂的花盘儿如同一个个燃烧的风火轮，摇曳着火焰。见过婺源的油菜花海，在春天的暖阳之下，耀眼的金黄。蜂飞蝶舞，好不热闹。然而，跟这眼前的葵花之海相比，油菜花无疑是太明艳太娇柔了，缺少葵花的朴实、忠诚和谦逊。

几米之外，隔着一条不高的堤坝，就是滚滚黄河。黄河水是看不到底的。远观浑黄一片，近看一片浑黄。仔细瞧，一个漩涡套着一个漩涡，暗流涌动。水流之深，水流之急，可见一斑。陪同的专家说，乍看流不动的样子，一秒钟三千多流量呢！令人咂舌。“滔滔黄河东入海，朵朵葵花向太阳”，真该为万亩葵园的创意者发一个大奖。一边是黄河，一边是葵花园；一边是土黄，一边是金黄；一个动，一个静；一个荡涤一切，一个内敛安静。桥在头上过，人在画中游。请你闭上眼睛想象一下，这该是多么和谐统一、激越奋进的场景啊！万亩葵园，灿烂了黄河口的夏天。

沿着黄河走，你还可以看到红色。

军垦小镇的前身是济南军区军马场。你可以想见在那个年代“军”字招牌有多么的亮眼，那是响当当的“红”啊！说它是“红色记忆”也并不为过。国家元勋刘少奇的女儿曾在这里劳动生活，为这段记忆增加了意味深长又浓墨重彩的一笔。

作为役畜的马尚且受到人们相当的尊重，何况是军马呢！童年时代观看电影《侦察兵》，一开始便是王心刚扮演的解放军侦察连连长骑着战马奔驰。那战马身姿矫健，鬃毛飘逸，四蹄奋起，如闪电般飞驰。那个场景在我童年的心里刻下了深深的烙印，永生不忘。求学期间有一个同学姓张来自军马场，偌大的军马场只考中他一个。谈不上仰视，但内心里凭空多了一份敬重。说不清是孤岛选择了军马场，还是军马场选择了孤岛。若你到过孤岛，你会觉得这是天作之合。一望无际的草场，沟汊纵横的水源，人烟稀少的原野，简直就是为养育军马准备的。没有合适，只有更合适。然而，建场之初的艰难困苦是不可想象的。“黄龙摆尾滩涂现，蛤蟆湾里大会战”“金戈铁马家国志，战天斗地马场人”“战马嘶鸣风沙扬，青春热血献马场”这些响亮的口号就是当年的马场人克服困难，为党为国育军马的最佳佐证。从 1963 年建场至 1980 年，军马场共出场优良马骡 22984 匹，圆满完成了为济南、武汉等五大军区补充军马的任务。

2 万余匹合格的军马军骡不啻马场人的 2 万多个孩子，你知道养活孩子有多辛苦，培育军马就有多苦累。育马、养马、牧马、驯马、送马的故事只有立体起来，才有震撼力，才有感染力。可惜由于时间的原因，我没有采访到当年的牧马人。这算是个遗憾。当时的“十姐妹放牧班”成为全国全军的模范，书写了马场女工放牧军马的传奇。“飒爽英姿五尺枪，曙光初照演兵场。中华儿女多奇志，不爱红装爱武装”。你应当能体会到其中的豪情壮志。

现在的军马场早已风光不再——如果那可以称作风光的话，骑兵也退出了解放军的战斗序列。但老军垦人还在，他们的军垦小镇还保留着当初的模样。当你走过军垦人一间间工作生活过的屋子，当你跟老军垦人细细攀谈，你的思绪会瞬间飞回到那个激情燃烧的年代，你的一腔热血也会随之燃烧起来，沉醉其中，难以自拔。“鸢飞戾天者，望峰息心，经纶世务者，窥谷忘反”，在军垦小镇，一颗喧嚣浮躁的心最终会沉静下来。

沿着黄河走，按说你还可以看到黑色——石油的颜色。这里有一个史诗般的名字——东方红。1968 年，孤岛地区打出第一口油井“渤二井”，日产原油 13.2 吨。周恩来总理得到石油工业部部长康世恩的喜报后，在地图上找到位于祖国大陆东端的“孤岛地区”。这片新生的黄河淤地最先看到冉冉升起的太阳，周总理高兴地说，就叫它“东方红”吧！从此这片土地有了名号，有了足以让它骄傲的理由。黑色是这片土地的“特色”，只是它们深埋在地下，流淌在密闭的管道里，你无缘得见。不过，你尽可以想象这液体黑金于国于民的分量。

多少年过去，黄河文化、军垦文化、石油文化、湿地文化、槐林文化在这里交织碰撞，凝聚融合。一代又一代孤岛人战天斗地，无悔付出，培育出了激励后来人前赴后继的“东方红”精神——不屈不挠、自强不息、艰苦奋斗、无私奉献、团结共融。

沿着黄河走。盛夏季节，你看到的颜色主体自然是绿色。在所有的绿色之中，孤岛“万亩槐林”是无可替代的重头戏压轴戏。

三十余年前，同学带我来过这里。当时脑海里有问号，为什么偏偏是刺槐呢？并且是如此庞大而集中。

现在总算牵强附会地知道一点。槐树在传统文化中一直享有崇高的地位。它是古代最高官职“三公”的象征。古人常在自家门前、庭院、屋后种植槐树以图吉兆。民间有谚语：“门前一棵槐，不是招宝，就是进财。”大文豪苏东坡曾撰写《三槐堂铭》，亦为社会“崇槐”之风起了推波助澜的作用。戏曲《天仙配》中有槐荫树下判定婚事，后又送子槐下的情节。因“槐籽”与“怀子”谐音，一些地方的人们视槐树为祈子的灵物。还有近代的民谣“问我祖先哪里来？山西洪洞老槐树。”凡此种种，足以说明槐树作为一个普通树种在中国社会所承载的丰富内涵。

当然，“万亩槐林”建设者们的初心绝不是这个。

看见了槐林，就看见了浩瀚无垠的绿色的“海”。观光车在林海里穿行，如同犁铧耕起了绿浪的山谷。一棵棵刺槐树高大挺拔，枝繁叶茂。有些年岁的树不肯老去，中生代郁郁葱葱，新生代芊蕙葳蕤，让人感觉到蓬勃的力量。徜徉在林间小路，艺雕木屋，石径栈道，花田流水点缀其间。愉悦在内心发了芽儿，长了叶儿，开了花儿。

万亩槐林把它的十万亩锦绣铺展在孤岛，孤岛的天空从此绿意盎然。美则美矣，也许你会感到单调。是的，无边的翠绿终不如“万绿丛中穗穗白”的景致养眼。

那么，你还是选择春末夏初的五月来吧，那个时节的孤岛槐林如同初孕的少妇，羞涩、美丽，柔软、温情。椭圆是世间最美的图形，槐叶偏偏长成椭圆的样子。新生的叶片，嫩绿或鹅黄，摘一片成熟的槐叶含在嘴里，吹几声口哨，唤回童年的梦。数不清的花瓣在无数个枝头忙碌，一会儿挤挤挨挨，一会儿指指点点，一会儿窃窃私语，呼出的馨香在天空弥漫，她们在酝酿一场盛大的花事。当大幕拉开，高潮来临时，你看吧，扑啦啦一树一树的花开，一串串、一簇簇、一团团，洁白如玉、晶莹剔透、白绿相间、风情万种。闭着的花苞包裹着一个个美妙的童话，盛开的花瓣是一柄柄张开的船帆。鸟儿在枝头啁啾，野生小动物在密林深处窥视。蜜蜂蝴蝶都来了，它们岂肯错过这又香又甜的饕餮盛宴呢。你来吧，你来看灿若星云的槐花白，看绿树银花的不夜天。万亩槐林啊，你芬芳了黄河口的整个春天。

看了万亩槐林的今生，你也许会追问它的前世。五十多年前，为改变孤岛“春风扬沙遮人面，秋雨三日又汪洋，种一葫芦收一瓢”的局面，大约三千五百名共青团员，踏上了这块黄河泥沙淤出的新土地，吹响了开垦孤岛的号角。他们披荆斩棘，开荒植林，用战天斗地的雄心壮志，播撒下了绿的种子。1960 年 3 月 9 日，时任共青团中央第一书记的胡耀邦同志来视察国营孤岛共青团林场，深为植树造林青年们的热情所感动，欣然挥毫泼墨：“黄河万里送沃土，渤海健儿奋双手，劈开荆棘建新舍，定教荒岛变绿洲”“青年干得欢，大战渤海滩，造起千顷林，木材堆成山”。不到两个月时间，就开荒造林近万亩。多年来孤岛人不断为这片土地织补绿色衣裳。如今十万亩槐林已成为亚洲最大的平原人工刺槐林。

这是人类改造自然的成果。自然不是对所有人类的改造都报之以歌，但“三千青年造槐林”的壮举无疑惊天地，泣鬼神，亦让后来人受益匪浅。万亩槐林，成为人们亲近自然的桃源之地。文人墨客、市民村夫、男女老幼相聚槐林，沐清凉之风，浴天然之氧，享天赐佳境，感生活之美，不亦乐乎。槐林不言，香飘万里。天南海北的放蜂人趋之若鹜，分散到万亩槐林的角角落落。头戴斗笠的背影，方方正正的蜂箱，携着花香飞舞忙碌的蜂儿。他们，它们，装点了万亩槐林的梦。因了这槐林的大而美，市、区的众多文化艺术活动纷纷在此举办。怀揣诗意的远方客人为她折服，遂做了她的媒介。近年来，以槐林为主体的一系列高端荣誉称号纷至沓来，恕我不一一列举——入心入眼的景致胜过虚空的名堂。

忍不住再来说说槐树。有个说辞“山东无死

槐”，不知道是何道理。广饶县融媒体资深记者马先生出了一本书《绿之神》，记载了广饶县域的老槐树六十八棵。平均树龄近五百年，最长的超过一千年，最短的三百余年，现仍存活，均有照片资料为证。

如此看来，孤岛槐林只是“少年林”而已，不过它已然挑起了黄河口“绿色主力军”的担子，义无反顾。槐树是一种普通的树，又是极具个性的树。它木质坚硬，性皮实，耐盐碱耐干旱，生命力顽强。花开时香熏他人，花谢后荫庇众生。她有一颗少女心，它有一腔慈母情。它有世间美到极致的柔和——椭圆，它有植物界最尖锐的武器——棘针。它只奉献不索取，它战风沙拒恶浪。它懂得进退收放，但绝不忍受欺凌，它是树中的勇士，它是树中的智者，它像一个个顶天立地的黄河口汉子。

万亩槐林是孤岛的肺叶，万朵槐花是孤岛的千万张笑脸，槐树则是孤岛的魂。美之所在，聚气聚力；魂之所在，所向披靡。

沿着黄河走，你可以看到地理意义上的黄河的颜色，你可以看到历史和文化的颜色；你可以看到河海相汇的黄蓝分明，你可以看到白、黑天鹅的黑白落差；再等几个月，你还可以看到如火似霞的黄河入海口“红地毯”，可以看到如梦似幻的永安稻田画，可以看到万顷苇荡的芦花飞雪……

沿着黄河走，你要驻足你要留下来，白天看夜里听，看黄河的涛听黄河的浪，仔细领略黄河的力量。沿黄的城市和村庄早为你备好了雅舍美居，黄河美酒。黄河胸怀大爱，她成就了东营，她无愧“母亲河”的称号。东营也给了黄河最高的礼遇。这就是当下的黄河，这就是东营的当下。

东营在这里等着您——黄河入海，我们回家！

黄河滨　红枣林

○姜继业

金秋十月，天高云淡，阳光和煦，清风甘甜。塞上的黄河畔，一片万山红遍，层林尽染，就在这个万物归仓的美好季节里，我和同伴来到枣乡小会坪，进入母亲河畔的红枣林。

这片枣林，东邻日夜滚滚奔腾的黄河，西靠蜿蜒峭壁的石崖，东西相距倒不宽，南北足有十里长，十月的秋风里，枣林展现出它最鲜艳的颜色，发出了浓重的红光，染红了青石带土帽的山岗，映红了泥沙翻滚的黄河，艳过二月的山桃花。

一步入枣林，就被迷人的景色所陶醉。瞧！粗杆铁枝与光洁夺目的翠叶间，好像挂着一颗颗红珍珠，随着微微的秋风摆动，各个向我们频频点头问好。小道两旁，七杈八股的枣树枝叶横遮竖伸，像团团彩云，飘浮在人们的眼帘和头顶，绚丽多姿的枣林在阳光的映衬下，宛如一幅浓墨重彩的油画。

这里的枣农有个厚道的乡俗，就是不管你是山南海北的游客还是当地的老百姓，在这个季节只要你路过枣林，主人不是摘一把鲜枣，用衣襟兜一兜，擦一擦由你尝个鲜，就是用木杆在树枝上敲打几下，直到地上落下红艳艳的一层尽你肚皮吃个够。正在我们口馋的时候，树林里闪出来一个人，他头系白毛巾，身着土色服，左手拄着拐杖，一拐一拐地朝我们走来，这就是本村原党支部书记，黄河畔上的老船工常思义。三年前他带领村民们抢修二级抽水站，被山崖上落下的乱石砸坏了左腿。老常见到我们，热情地将我们引到一株大枣树底下乘凉。这株树主杆美俊挺拔，侧枝纵横有序，疏密别致，犹如一把撑开的大伞。他用拐杖在树枝上敲了几下，撒满地的枣儿霎时止住了我们的口水，红如玛瑙，脆似莲藕的鲜枣，先是溢满口腔，冲上两腮，之后久久地留在心扉……

我和同伴不停地挑枣，不住地赞赏："这枣没有虫！""这枣肉头厚！""这枣油性大！""这枣薰甜！”

说到这里，老常倚着拐杖，坐在树根底下接口了，他用浓重的佳洲口音说：“枣甜，这些年来村民们的日子更甜！县上号召我们退耕还林大栽枣树，经过二十多年垒石造田的奋斗，我们村的枣树遍布沟沟岔岔，坡坡洼洼。浇上黄河水的滩枣叫狗头枣，已经打进北京城。枣树成了我们的生财路、聚宝盆、摇钱树！”

我们二人一边满口吃枣，一边双耳聆听。他深有感触地说：“我们河畔上的枣树不同他们后乡里的，一旦栽活，不管是川水地段还是荒山石坬，都是当年就挂枣，哪怕是石头林里长出来的野种也不放过。”接着看到他带有傲视的口气说：“我们这里辈辈老人们都传枣树这树头怪着哩！只要在能听见黄河水声的地方，再浇上黄河水，这些个枣树结的枣子明显就个头大、成色好、油性强、产量高、口感好！”

说到这里，我心里觉得这些话怪有意思。这大概是黄河畔气候水土之缘故吧！一方水土养一方人，黄河之滨极宜造枣林。虽然黄河之水带有混浊，流速迅猛，但却给两岸地质带来了养分。怪不得老先人们叫它老爷河！原来黄河是龙的传人，华夏民族从这里诞生、繁衍、成长，炎黄子孙在这里一代一代生生不息，深深地植根在母亲河的摇篮中。

写到这里，脑海里不由得浮现出我的外爷（方圆百里故事王）在我童年时候讲述的一段神话故事：

很久很久以前，晋陕沿黄两岸方圆百里连成一片，崇山峻岭古木参天。有一天观音菩萨来到人间巡游，被深山野林里隐约闪烁的万道红光所吸引，于是驾云来到山间，只见棵棵小树挂着发光的红珠，有三人在这里垦田栽树。观音便走近问老者，树头挂什么果？老翁曰：圣果！我们的粮食。观音见他们汗流浃背，老翁用抖动的双手拿盆浇水艰辛卖力。于是就把手中的圣水净瓶一抖，顿时倾盆水花直冒，浇灌在树苗上，水汇成一条河流，河水冲出泥沙变得混浊，观音当场赐名“老翁河”。后来这一带人叫老爷河，就是我们今天所说的黄河。观音发现此地有最早结果子的树，于是就点化赐名为“早树”，也就是我们今天的枣树。

上述传奇小故事道出，黄河流域的先民们早就在上古农耕时期之前就有了枣树的栽培技术，并且以枣代食，枣成为人们生存的必需品。后来红枣被发现是食药同源的佳品，在北京王府井街同仁堂的药架上面至今还冠有“一日三枣，长生不老”的帖子。枣文化在黄河流域历史悠久，源远流长。枣树与黄河的不解之缘，历史为后人留下一份珍贵的自然文化遗产——黄河滨，红枣林！

老常看见我们肚皮填得差不多了，撑着拐杖站起来说：“走，我领你们去看近年来新发展的新枣林去吧。”

顶着艳阳，迎着秋风，我们绕着山坡上的羊肠小道登上石畔，来到了一座人造平原的边沿。啊！这里俨然是另一种景象——

一排排一行行的嫩枣树井然有序地排列着。有的刚过人头顶，有的不足一人高，躯干棕绿色，不及匀把粗。树丫有的三枝半腰分，有的双杈打根起，有弯的，犹如大虾一般；有曲的，好像老黄牛的头角……尽管千姿百态，但有一个共同动作，那就是棵棵嫩树挂着耀眼的红玛瑙，各个弯腰点头，垂着呢！

老常这时停住脚步指着说：“这就是去年春我村栽培的八十亩新枣林，这些小生命全凭二级抽水，及时浇上黄河水保证了成活，今年就有收成！”

面对眼前绿里透红的油枣林，我不禁想起“桃三杏四梨五年，枣树当年能见钱”的农谚来。

我们老中青三人，站在这里眺望隔河远方的吕梁，尽览眼底枣乡的风光，共赏秋天的美景，一片诗情画意，令人陶醉，让人神往。如果说大自然有四个女儿，秋是她最宠的一个，因为她把所有的美景和果实都悄悄地织进了秋的衣裙；如果说世界上的果品有千样万种，红枣是最惹人喜爱的一种，因为它最甜最香最红。

如今凭着党的好政策，黄河晋陕峡谷大开发。在陡崖峭壁，怪石嶙峋的古河道里，一条号称“陕西一号”的沿黄公路被开辟出来。沿黄公路工程之艰，筑路之难，胜似巴路蜀道！谈何容易？道路途径走向时而跌宕起伏，蜿蜒绵亘伴随着石崖曲伸，时而挺直宽阔，一马平川与黄河平行，像飘浮在河川中的玉带，似翻腾在山谷间的蛟龙。公路竖穿三秦大地南北枣乡，横贯晋陕两省东西桥梁，山南海北走天下，四通八达迎商客。村民们为迎接开盘营运，专门在村门口精雕细刻了一座大理石牌楼，把村庄通向国门，把商客迎进家门。他们把这条公路称作黄土高原上的“一带一路”，自己家门口的通天路，党和政府送来的扶贫路。这条路彻底根除了多少年来祖祖辈辈老先人想也不敢想、梦也不敢梦的大问题，终于打破了过去交通闭塞，引不来商客，外面有销路，门前无道路，干部着急村民发愁，卖枣难的被动困局。

岁月沧桑，安然无恙龙的故乡，千年沉睡，一朝划破。丹霞地貌蝶变，人间换了新颜。一道道亮丽的风景线——滔滔黄河声，艳艳红枣林，阔阔沥青路，雄雄石彩门，四位一体，描绘出新时代绚丽多彩的画卷，谱写出枣农美好生活的憧憬。这些风光既不同于诗人笔下烟雨霞光的江南水乡，也不是塞外一望无际茫茫大草原的绮丽风光，而是蕴藏了数千年，刚刚启开的黄河峡谷中的红枣之乡。

我的青春岁月

——石砭峪水库建设

○苗晓瑛

1975年1月我高中毕业后回乡，和我的父辈们一样，日出而作，日落而息，在美丽的家乡——石砭峪水库战天斗地。

“奔赴山区，立志水库，甩开膀子大干一场，无论结果如何，我都会欣然接受，即使遭遇不幸，也不后悔。”这是当时我给村团支书留下的誓言。

石砭峪水库位于秦岭北麓，属长安八水之一的滈河上游，此处属西安市长安区五台乡，距西安市三十五公里。

1972年5月10日12点整，随着一声震天动地巨响，山谷中升起巨大的烟云，主、副爆区的东西两座大山顷刻倒下，枉流千年的滈河被拦腰斩断，堆成了一道巨型石坝。这是我国最早在水利建设中采用定向爆破的方法筑坝。经过测量，这次定向爆破完全符合设计要求，达到了预期的效果，省军区熊司令，省委书记李瑞山，水利部部长钱正英等领导对此非常重视，亲临五台山松阁宾馆起爆操控室观摩，吕奎章专门负责操控按钮，中央新闻纪录电影制片厂还专门将其拍摄成了纪录片。著名的作家柳青曾题诗赞道：

秦岭山峰连绵，
滈河枉流千年。
轰隆一声巨响，
山倒河断坝现。

尽管定向爆破石头抛掷上坝率高，堆积体比较集中，可被炸开的山石大小不一，大的人工根本无法挪动，要清理和整治这些巨石，就必须打眼放炮，炸碎这些石头。1975 年的下半年，我连创建了钎子班，组织专人打眼放炮。为了锻炼自己，体验生活，我便报名加入了钎子班。

打钎子看起来简单，实际操作起来并不容易，不但要有一定的胆量，还要有一定的技巧和力气。

扶钎人没胆量扶，掌大锤的人也不敢打，扶钎人扶不正钎，一锤子下来，钎子不但会被砸飞，而且还会伤到扶钎人。郝明亚见我力气小，又是女同志，抡不动大锤，自然让我扶钎子。开始心里害怕，八磅重锤砸到铜钱大小的钢钎头上，钎子在石头上溅出了耀眼的火星，吓得我趔趔趄趄，钎子不是打偏就是打斜，同时震得我手生疼，甚至都不敢扶钎子。钢钎扶不正，一锤下来，不是钎子打滑了，石头上留下了一条白白的划痕，就是大锤擦着握钎的手而过。后来，抡大锤的战友试着将锤柄握短，尽可能地让大锤靠近钢钎击打。

当然，距离近了，战友不但使不上力，操作起来还很难受。没办法，只能慢慢摸索。等我逐渐地顺手了，战友才慢慢将手柄往后挪动。一中午下来，手虽未被铁锤砸破，却也伤痕累累，紫一块红一块，肿成了红萝卜。后来在战友们的鼓励和帮助下，我经过反复调整，终于摸索出了扶钎的经验，使抡起的大锤能稳稳地落在钎子上，并在大锤扬起的同时，双手顺时针快速移动着渐渐深陷的钎子。不过，钎子每被砸一下，紧握钎子的双手也就跟着震动一次。开始手上的皮肉震裂了口子，鲜血顺着手指慢慢地流淌，时间长了，流血的皮肉就变成了厚厚的老茧。经过一段时间的磨合和历练，我终于掌握了打钢钎的活路，扶得稳了，打得准了，战友也敢熟练地抡着大锤使劲地打了，甚至不用眼睛瞅，大锤都会准确无误地落到钎头上。时间长了，郝明亚和战友们锤也抡出了新花样。你看他们，前腿蹬，后腿弓，双手举着大锤，犹如演杂技一般，锤头带着风声，在空中忽高忽低，忽前忽后，优雅地抡着，艺术地落到钎头上。当然，大锤在空中划的弧线越长，动能就越大，钎子冲击石头的力量越大，同时，钎尖琢石的深度就深。随着铁锤在空中自如地飞舞，钎子和石头溅出的火星伴随着“咣咣”的冲撞声，成了坝面上一道令人羡慕的风景。

每次打钎休息时，飞溅的石灰遮盖了我们的脸庞、嘴巴和眉毛，甚至蛰得眼睛生疼，石灰呛得我不停地咳嗽，嗓子扎痒干涩，嘴里吐出来的痰里全是石头粉末。

钎子班的战友们，每天要扛着重锤和钎子上山下山，既麻烦又耗体力，为了能减轻劳动强度，我们想出了一个简单易行的办法，就是找个隐蔽的地方，下班时将工具埋在沙土里，各人做上各自的标记，第二天空手上山后再取出工具干活。

为了提高打钎的进度，我和连部领导经过商量，把班组的进度与工分奖励挂钩，按劳取酬，多劳多得，并且还开展了“比、学、赶、超”活动。经过大家的共同努力，打钎的速度一下子翻了一番，而且深度也在不断地创新。我们曾经创造过一个班次两人打了一百二十厘米的最高纪录。

大坝起来以后，需在坝前修筑一堵沥青混凝土防渗斜墙，最下面与河床的岩石连接，东西两边和山体的岩石连接，为此必须在河床下面挖一长方形的深槽，即接合槽。这是一项非常艰巨的工作，河床下坚硬如铁的岩石，只能采用风钻、人工开挖相结合的办法来完成。为了方便清理槽中碎石，又在槽的一侧设置了八眼“联锁井”，每眼井直径一点二米左右，挖掘深度为十五米至二十米，上配一部卷扬机。

我排承担了打四眼井的艰巨任务，因施工现场狭小，人多了容纳不下，还会误工，排长将全排分为四个小组，每组十一个人，设四个井长，郭排长负责井下风钻打眼，郝排长负责井上作业三班倒。井里干活和农村中掏井一样，下面干活的人需要手疾眼快，不能有半点儿懈怠，因为危险随时都会发生。

记得有一天晚上夜班，二号井因匡子装料太满，出井口的时候磕绊了一下，边上的一小块碎石“咚”一声掉进井里，在加速度的作用下，一块小小的碎石竟砸坏了一根胳膊粗的洋镐把，幸好井下人未受伤，但却受到了严重的惊吓。当人从井下上到地面时，脸色煞白，目光呆滞，全身发抖，说不出一句话，缓了好长时间才回过神来。

开始操作进度尚快，随着尺度的不断加深，风钻工的劳动强度越来越大。风钻工每每上到地面，俨然成了一个“面人”，除了眼睛隐约可见外，全身都披满了粉末石尘，辨不得五官，分不清是人是物。

井挖到一定深度，在井底凿开一个通往接合槽的隧道，通过隧道把接合槽开挖的碎石输送到地面。

修建石砭峪水库，靠的是人海战术，架子车拉石头便是最常见的活路。道路坑洼，乱石累累，每天都有架子车断轴断辕爆胎的事情发生，负责后勤保管的苗水鱼等几位师傅整天忙得团团转，胎爆了，轴断了，轮辐坏了供销社会及时供应，可车辕断了车帮坏了，就得用木头制作，架子车数量不足会直接影响工程进度，而木头的来源是林业部门特批的去深山老林里——罗汉坪大板岔深山里按计划去采伐。

采伐木头是一种最棘手的苦活，每人每天有规定的立方量，一架子车木头需要一周的时间才能装满，大家吃住在山里。由于任务艰巨，劳动强度大，连部特此专门补助了细粮，每人发给预计的白面馍馍。一辆架子车装着铺盖卷，一辆架子车带着粮食和干粮，剩下的人拉着空架子车，由排长郭建民、副排长郝明亚、组长李增选带领马应武等五六个二十多岁的年轻人，天麻麻亮就上路了。山道弯弯，崎岖难行，越往前行，山越险峻，河谷也越来越深，流水声在山中回荡，头顶上悬挂着嶙峋的怪石，除了仰头能看见时明时暗的太阳外，周围一片灰暗。战友们不停地走了一天，直到太阳快落山了，才到达了目的地。

十月上旬，天空刚刚泛亮，排长带领着大家备好馍馍，扛着工具，到高山深处，寻找坚韧耐用，端、直、高、材质较好的树木采伐。每到一座山，排长总是走在最前面，挥动着镰刀，将杂草树枝拦腰砍断，后面人跟着清除障碍，开采出一条路来，森林里阴暗潮湿，草丛里常有毒蛇出没，不小心就会被蛇咬了，大家都是第一次进深山，哪里见过这阵势，既没有经验可以借鉴，也没有任何捷径可寻，只能提心吊胆地摸索着前行，并且边走边观察树木的好坏，一旦选中了目标，就停下来自由组合，用随身携带的斧头、锯子，砍的砍，锯的锯。伐倒的树木去掉多余的树杈分支，留下直直的主干就是要用木头。树木又湿又长，大家只好把它慢慢地移动到带有“V”形的山坡处，再顺着坡度向下滑落，滑落下来的树木斜躺在山坡上，并将一头抬起，用事先准备好的叉棍支撑，另一头始终不离地面，为的是木头挪到肩膀时节省力气。一般来说，力气小的，扛七八十斤重的木头，力气大的，扛上百十斤重的木头外，各人根据自己体力大小，选择不同重量长度的木头下山。人常说上山容易下山难，下山除了扛木头，还要带上笨重的工具，行走非常艰难。扛木头也要讲究个平衡，一头失重就会遗失掉肩上的木头，还得返回捡拾或者再去砍伐，既耽误时间，又消耗体力，所以大家走路时特别小心，除了不断地调整平衡外，还要看着脚下，稍不留神，一脚踩空，就会跌落山沟危及生命。下山只有一条小路，小路一侧是森林，另一侧是河流沟壑，再累都得坚持往下走，一旦木头扛上肩膀，就等于没有了退路，前面领头的人不敢有片刻的停歇，否则紧跟在身后下山的人负重跌落滑坡，掉下一侧的河沟，或跌撞压踏前面的人，连锁反应，后果不堪设想。只有咬牙坚持到山梁宽阔的地带，才能缓歇，这时便用叉棍撑着一端歇歇脚。当深秋的凉风袭来，一股寒气渗冷入骨，汗水湿透的衣服立刻变得冰冷，紧紧贴在皮肤上，让人瑟瑟发抖，也只好咬牙缓口气，啃几口馍馍充充饥，喝几口溪水解解渴。

深山里荒无人烟，草丛中到处是叫不出名字的飞虫，它们常年在暗无天日的草木中生活，好不容易见到人了，就疯狂地扑过来。树枝的棘刺扎划，飞虫的狠命叮咬，脸上胳膊上到处是红疙瘩血印子，尤其走过那座两根树木并成的木桥时，更是双腿发软，战战兢兢，一寸一寸地挪移着通过。

晚上回到驻地，两腿发酸、发抖，超负荷的劳动使他们筋疲力尽，扔下木头，倒头便睡，连晚饭都没劲去吃，更无心、无力去观赏附近的风景。工友们轮换当厨师，大家太辛苦了，饭做好了，总是三遍五遍地吆喝着，甚至一碗一碗地端到了战友们的床前。

据排长说，晚上在睡梦中，常被小伙子们痛苦的呻吟声和艰难的翻身声惊醒。每天早出晚归都要绕过“七十二道脚不干”，重新开采伐木的路。人人肩膀上都压磨出道道的血痕，各个被烈日晒成了黝黑黝黑的柿饼脸。就这样，大家坚持了整整一周。

当装满木头的架子车到达峪口时，犹如鸟儿飞出笼子，天忽然大了，地忽然阔了，大家不约而同地欢呼起来，笑声喊声在蓝蓝的天空中回荡，柳暗花明的心情淹没了一周的疲劳和苦痛。

返回时一路下坡，没等到天黑，就顺利地将木头转运到连部，一直悬着的心才算放了下来。

工地上因条件限制，无论是搬石头的，砸石子的，还是抬沙土的，一律没有安全帽、手套等劳保用品，也没有任何保护措施，唯一有的就是扛石头时，肩膀上围的护肩。因临时修建的路面窄狭，我们只能用担子挑着或用原始的三轱辘手推车推沙土，还要随时留意爆破后松动的石块飞落伤及人身，不小心被碎石击伤的事故常有发生。

劳动是艰苦的，可安全更让人揪心。两年前，定向爆破结束后，就发生过重大伤亡事故。爆破后的第二天，硝烟未散，五位科学家进洞观察，结果在隧洞内发生一氧化碳和二氧化碳中毒死亡，和他们一起来的广东两个收线工人也遇难身亡。尸体停放在风雷仪表厂的操场里，许多人前去祭奠，场面庄严感人。

定向爆破后，上大下小的倒锥形山石处处皆是，与山体似连非连的巨石比比皆是，面临倒塌或落下的危险时时存在，加之碎石遍布，稍有震动就会滑落，所以谁也不知道什么时候石头会掉下来。1976年6月20日，郭排长和战友们爬上山顶准备执行排险任务时，突然对面山上松动的巨石滚滚而下，砸向了篱笆搭成的厕所，可怜一个正在解手的姑娘张春英糊里糊涂地丢了性命，另一个名叫李云侠的姑娘，门牙打掉了，多处骨折。居高临下，看得一清二楚的郭排长尽管大声疾呼，周围人也喊声一片，灾难还是发生了。一次，在石砭峪的东坡上，两个女孩刚从防爆洞出来，正要走上大坝，一块斗大的石头，擦过两个女孩的发梢落下，把地面砸压出一个大坑，周围人惊吓得目瞪口呆。又有一次，一位男青年正在砌石施工，忽然山上一块房间大的巨石滚落下来，压住了他的下半身。现场既无吊车，又无推土机，更不敢贸然用撬杠撬，眼睁睁地看着一条鲜活的生命就这样结束了。

炮工排在雷管库整理废旧雷管时，一个雷管突然爆炸，引得库房其他雷管连环爆炸，巨大的蘑菇云腾空而起，五六个在场的炮工有的炸飞了头颅当场死亡，有的臀部皮肤肌肉被牢牢地贴附在房顶上或院子的墙壁上，有的被炸成重伤，炮工高天社失去了双手。现场血迹斑斑，惨不忍睹。

一位炮工在放炮炸石中，操作失误，不小心点燃了自己脖子上绕着的剩余雷管和导火索，胸口被炸成了血窟窿，当场死亡。

我们排家庭富农成分的青年王有利，到水库时才十六岁，别看他身体瘦弱，干活却不亚于成年人，他多次受到连队的表扬，可在一次会战结束收工，经过一个峪口拐弯处时，一块大石头从天而降，躲闪不及的他，砸断了左腿，做了高位截肢手术。

有许多伤残的战友已记不得姓名了，被主炮区滚石埋没的几名战友也记不得姓名了。他们是筑库的无名英雄。

虽然工作如此艰险，但指战员们充满了革命乐观主义精神，把生死置之度外，干群团结一条心，发扬轻伤不下火线，流血负伤只等闲的大无畏精神，谱写了一曲曲感天动地的战歌。

这是一场真正没有硝烟的战场，我向建设石砭峪水库献出宝贵生命或负伤的战友们致以崇高的敬礼，因为他们都是我心目中真正的英雄，他们的事迹将永远镌刻在我的心里。

我怀念石砭峪，那里有我洒下的汗水，那里有我青春的记忆，那里是我追梦的地方，那里有我的足迹，那里有我的苦乐情怀。

石砭峪，你像一块巨大的丰碑，深深地镶嵌在我的心里。

“讲述黄河故事、传承黄河文化”系列活动获奖作品集

（下）

中国地方志工作办公室　编

方志出版社
Publishing House of Local Records

1982 年的抗洪记

○朱长新

那天傍晚，天空乌云密布，异常闷热。在厂区职工宿舍前的大院，我和工友们正乘凉闲话，车间主任老刘的“刘批三国”正讲到兴头上，忽听几声喊叫，我们循声看去，保卫科科长老李似是土行孙从地下突然钻出来，他神情紧张语速极快地吩咐说：“快快快，上边紧急通知，黄河来水了，都上坝上去。别忘了带上家伙。”说完边跑边喊找司机老马。

事情来得突然，我们都蒙了，稍一回过神来便一哄而散。

工人不缺家伙，扳手、钳子、铁锤、卡尺、管钳、钢锯等等，但找防洪用具却是件困难的事。然而情急之下容不得细想，我们各显其能，宿舍内外，院子的犄角旮旯，有善跑者飞也似的奔向车间，最后集合时，人们手里竟有了长锹短锨、扫帚铁耙、铁丝麻绳。

我没有找到最佳的工具，就拿了根木棍，心想总比赤手空拳好。那根木棍一头有尖，粗细握在手里正合适。

司机老马那辆没有敞篷的旧嘎斯卡车开来还没有停稳，我们便呼啦啦地爬上车厢挤作一团。老李钻进驾驶室一挥手：开车。

不知老马是心里紧张，还是汽车有问题，发动机一阵嘶叫后没了回音，再接着突突突地反复启动，挂挡、踩油门，老马使出浑身解数，车身发疟子般浑身乱抖。老李不时地看手表，最后急了，指着老马说，“老马，关键时候你怎么掉链子，你快点，耽误了时间，上头可法办咱呀！”

老马有股驴脾气，如果是平日早就咆哮嘶鸣，抬起后驴蹄踢老李。此刻事关重大，他也不敢怠慢，招呼我们下车助推，待汽车发动后，他喊起号子：一、二，推。众人一齐用力，汽车还真的发动起来。

人都上齐，不等老李发号，老马挂挡飞奔出厂。

汽车在夜色中驶出县城，进入通往黄河的唯

一一条柏油路上。二十多里的路程上，汽车、马车、拖拉机、毛驴车游龙般向南进发。

这一年的黄河汛期洪水集中，7月下旬，黄河上游普降大到暴雨，多地特大暴雨，伊、洛、沁、黄四河洪水暴涨，至8月2日，花园口站出现中华人民共和国成立以来第二次大洪峰。此时正值党的第十二次全国代表大会召开前夕，中央关注，黄委及沿黄省市县高度重视并迅速行动，制定方案，积极应战，沿黄地市县党政军领导纷纷亲临河防一线坐镇指挥。8月7日，洪峰进入德州齐河段，虽然经过东平湖开闸放水泄洪，水势有所减弱，但齐河段仍超过1958年水位，情势相当危急。

齐河沿黄自南坦以下有“黄河咽喉”之称，河床高、弯道多、河道窄，最窄处两岸间距甚至不足500米，是有名的险工险段。历史上曾三年一小决，五年一大决。据记载，清光绪年间几乎年年决口，百姓岁岁遭殃，连山东巡抚李秉衡也奏陈河患“无岁不决，无岁不数决”。光绪十年，李家岸决口“自黑（赫）家洼以下，绵亘数十里大水经域尽被沙压，房舍冲倒无算，谷陵变迁此为最甚”。

中华人民共和国成立后，人民治黄的新征程开启了。国家先后实施了三次大规模的黄河大修，提高了黄河防洪能力。从清道光五年（1825年）黄河在河南铜瓦厢决口改道山东入海，齐河一段河道历年为防洪重中之重，齐河人民为保卫家园，保卫鲁西北，乃至华北付出了巨大努力。在黄河改道流经山东的百多年的历史中，齐河的这一段历史从某种意义上说就是一部黄河抗洪史。

齐河人对黄河洪水从骨子里有一种警觉，深知争分夺秒在此时此刻的意义。尽管从中华人民共和国成立以来战胜了几次大洪水，治黄也取得了不小的成绩，但对洪水，齐河人却从没有掉以轻心，因为洪水和家园及自己的身家性命是连在一起的。从这一点上说，我们厂保卫科科长老李这般心急如焚绝对是有理由的。

我们赶到黄河边时，虽有夜幕遮蔽，但还是看到长长河堤上下灯光点点，人影绰绰，电灯、马灯、手电灯、信号灯，就像夜空中的天河。

河水已临近坝顶，在黑暗的天穹下发出幽暗的光，模糊中能看到奔腾的洪水、湍急的漩涡和拍岸的惊涛。除了嘈杂的人声之外，还有一股低沉有力的呜呜呜叫，似吼叫的东北风肆虐，又像远方擂起的战鼓声滚来，那是洪水行进中发出的势不可当的回响，两岸堤坝挟持下的大河凶险诡异惊心动魄。

坝上到处堆满抗洪物资，石块、沙袋、苇席、树枝、木料，巡查人员往来穿梭，抢险勇士整装待发。老李好不容易找到先期到达的厂领导，在临时搭起的抗洪指挥部领命下来。

由指挥部的一位技术员带领，我们沿河而下，走了近十里，到达我们的防区。我们二十多人的任务是在背河堤坡巡查，长度近百米，六人一组，沿堤坡一字排开。技术员交代，要不停地查，在两个防区节点，双方人员碰头后才能回转，如发现渗水、管涌、塌方、断裂立即发信号。说完将一面铜锣庄重地交给老李。

由于来时仓促，我们竟忘记带手电筒，这黑灯瞎火的没有亮光，我们岂不成了瞎子。老李更是追悔莫及，“唉，唉，唉”地不住叹息。幸好指挥部早有安排，派人送来几盏马灯和三个手电筒，老李才提起精神。

我们这些平日里胡拉八侃看似没个正经的工友们，此时的精神高度紧张，各个严阵以待的神态举止与以往有天壤之别。刚才指挥部的一位领导已经为我们讲得很清楚，谁要玩忽职守粗心大意，出了事就法办谁，绝不留情。我看到有穿制服的公安进出，但愿他们不是为我们而来。其实不只领导的提醒警告，想想我们堤坝另一面的浩浩洪水，也不由我们不十二万分地认真留意，这要开了口子那不是天河倾泻，谁担待得起呀。

老李将我们分好组，按照防洪技术员的要求，从堤根到坝顶排开，每人间距两米左右，于是，第一排开始前行，然后第二排、第三排……我们像工兵探雷似的一步一步地向前挪动，每一步都小心翼翼，在微弱的灯光里瞪大眼睛搜寻可疑目标。因为是斜坡，又长满草丛野菜，还要防备打滑磕绊。我手中的木棍儿恰好有了最佳的用场，既能支撑身体，又能对可疑的地方探试。即便如此，来来回回也没少滑倒，有人还扭了腰崴了脚腕，疼得直骂天王老子。

进入下半夜，闷热渐渐退去，天有些凉意，汗水湿透的衣服沾在身上黏黏糊糊十分的难受，脱下来，皮肉又禁不住蚊虫叮咬，让人烦躁。长时间的走动巡查累得体力渐渐不支，困意又爬上双眼，连说话的劲头也没了。老李不时大声提醒，我们艰难地熬过每一分钟。

这时的黄河洪峰正排山倒海般经过齐河段，远近不时有急促的锣声响起，那声音能划破夜空。坝上有咚咚跑过的抢险队伍，有射出两条光线的汽车拼命鸣笛呼啸而过，有嘈杂带有惊慌的喊叫，这种紧张的氛围一次次赶走频频降临的困意和反复爬上身心的疲倦。

天亮时分，忽然听到坝上有人不住地说："水退了，水退了！"我看不到洪水的退去，却看到偌大的堤坡竟被我们踩踏得平整了许多。

水，果然退了，1982 年夏天的黄河洪峰顺利流过齐河。

夜里只看到灯影、人影，这时我发现蜿蜒绵长的黄河大堤上下密密麻麻的都是忙碌的人，这场景和滔滔奔腾的黄河同样壮观，同样令我激动。感谢我脚下宛若铜墙铁壁、能经风吹浪打的黄河大堤。而堤上堤下摩肩接踵的抗洪大军和没到现场的千千万万曾参加黄河治理人们，正是这道铜墙铁壁的建设者。或者说，这些人才是真正的铜墙铁壁。

我能参加抗洪也是机缘巧合，上级本来要求各单位组织民兵上抗洪一线，由于时间紧，不少民兵下班回家，来不及逐个通知，谁在场谁参加也是不得已的办法。正是这个办法，使我鬼使神差地经历了一次难得的体验。

回到厂里，领导很大方地对我们说：“今天放一天假，工资照发！”

我在黄河入海口等你

○陈晓丽

也许，你已经俯瞰过黄河的蜿蜒曲折，已经聆听过壶口瀑布的龙吟虎啸。那你更应该来看一看，与大海相汇时的黄河是怎样的矜持与从容。她深情款款，曼舞轻歌，演化出了候鸟翔集、芦花飞雪的万顷湿地，然后轻轻投入大海的怀抱。

万里黄河从青藏高原奔流而下，滚滚黄沙淤积出了这片神奇的土地。自元末明初开始，就有来自山西、鲁西、鲁南等各地的百姓迁徙到这里；胜利油田建立后，来自四面八方的石油人在这里奋斗、创业，安家落户；改革开放以来，又有一批批寻梦人因油城的富足而来，所以，黄河入海口的明珠——东营，是一座移民之城。土地辽阔，移民众多，这里的人豁达又善良。即使你第一次来这里，即便你说话南腔北调，也没有人欺你是外地人，你不会因身在异乡而伤感。

这片土地还有着可歌可泣的革命史和奋斗史。百年义和历史文化展馆，一帧帧珍贵的照片书画，述说着这片土地上的前辈们，峥嵘岁月里的不屈不挠，烽火燎原时的不怕流血牺牲，以及和谐奋进时的奋发图强。老将军们目光冷峻，仿佛在告诫后人：牢记历史，莫忘初心。

孤岛镇东方红党性教育基地，有一块大大的展板，记录了一个动人的故事：1968 年 5 月 17 日，孤岛境内的“渤二井”完钻投产，日产工业油流 13.2 吨，是当时胜利油田在黄河以北最大的日产单口井。当日，正在大庆视察的周总理得知这一喜讯，深情地给这口油井命名为“东方红”。在孤岛，常见到夏天穿着棉衣的老人，那是当年创造“东方红传奇”的老石油人。艰苦的条件，忘我地工作，给他们的身体留下了难以治愈的病痛。“前人栽树，后人乘凉”，有些东西，真的不能忘记。

如果你心底里有着化不开的乡愁，来东营吧，我们到东营的乡村里走一走。

有村名曰丁家集，干净整洁的村落掩映在一片葱茏里。村里有十香坊和乡塾工舍，如果你有兴趣，可以体验一把做木工、制泥塑的乐趣。村西花千谷，六百亩花海；村东百亩桃园，桃香十里；村南百万亩林果种植基地，春季赏花、夏秋采摘。这样的村庄，难道不是世外神仙地？

离丁家集不远，有一村叫和平村。组织活动室、图书吧、乡村大舞台、文体活动室，学习娱乐的场所一应俱全。“网格驿站”不仅把村民与政府连为一体，也让村民充分享受到了高科技带来的种种便利，住在城市的高楼里又怎样？现代化的新农村令人艳羡。

黄河故道上有一个小小的村子，叫果园村。它曾是市定贫困村，如今已经发展为Wi-Fi全覆盖、以精品民宿为特色的开放式村庄大景区。果园村小住，一边享受着天然大氧吧的恬静，一边品尝着纯天然的果蔬，多么惬意啊！

黄河岸边佟家村，古树参天，鸣蝉高歌。一座座近两米高的土台兀起，被大水浸泡过的痕迹依稀可辨。土台上边的院落大都是红砖、土墙、木门——记忆中儿时老家的模样。有些院子已经闲置，但是被保护了下来。很难见到这样的村庄了，吱呀呀的木门后，藏着多少远去的岁月，多少珍贵的过往。

出佟家村，过几片荷塘，就到了同样建在台子上的村子——高家村。整个村子建在一个六万多平方米的高台上面。人站在村外，须得仰望。进得村去，但见房屋高大整齐，街道干净平坦，分明一个现代化的城市小区。这边是政府出资兴建的新农村样板，那边是看得见摸得着的乡愁。两相对比，是一段凝重的历史，令人慨叹。

如果你更喜欢野外的风景，那就去槐林吧。孤岛万亩槐林，面积广阔，野趣天成。每年五月中旬，千树万树槐花盛开，成群结队蜜蜂飞舞。林荫道曲曲弯弯，树冠遮天蔽日。游在花海中，醉在花香里，花非花，我非我。

黄河边、大桥旁，另有一片葵花的海——万亩葵园。大片的金黄着实晃人的眼睛，周围的一切都失去了颜色。游人雀跃着扑进去，葵花们却并不理会，它们执着地将笑脸追随着太阳，好似列队的士兵，齐刷刷地向着太阳敬礼。

有道是黄河九十九道弯，黄河进入东营界后，在一个叫麻湾的地方，拐了一个九十度的弯，拐弯处有一亭，此处观黄河，别有韵味：沃野千里，大河奔涌，黄河水在亭子下旋了个舞步，不待人们从错愕中回过神来，它已翩然而去。说什么辛苦，道什么艰难，你看，你看，你看啊！看看黄河的这份气定神闲。

黄河水滋养了黄河口的生灵，也酿出了黄河口好酒，马场酒。军马场，知青，那一段激情燃烧的岁月已远去，马嘶声声却犹在耳畔。军垦小镇的银杏树果实累累，马场酒也更加醇香。黄河王酒业文化博览园，一坛坛老酒排成方阵，看一眼，就醉了三分。好客的主人热情地请你尝上两杯，如果不过瘾，你可以买上一份酒糟，自酿自饮。纯粮的马场酒有六七十度，你一定醉了，醉了……

好酒还得有佳肴，我蒸好黄河口大闸蟹，摆上义和镇肴鸡，斟上马场酒，煎好水煎包，备下又沙又甜的麻湾西瓜……

好酒和佳肴，终归还是得有美景相配。海天相接，碧水金滩，芦花飞雪，潮去潮来。黄河滚滚东入海，两股波涛翻滚着，它们织就的、积淀的、辉映的是黄色文明的余脉，也是黄河文化的新篇章。

朋友，我，就站在黄河入海口，等你。

黄河奇兵——葫芦队

○杨宇通

“手拨河水脚踩浪，腰系葫芦肩荷枪。纵横驰骋黄河上，惊涛骇浪任飞翔。”这首斗志昂扬的歌谣称颂的正是那些曾在黄河里痛击日寇和国民党反动派的水陆英雄们。他们不畏汹涌澎湃的河水、不惧敌人凶残而无情的枪炮；为了民族的未来，用自己的生命书写了一段段可歌可泣的“黄河故事”。

“什么？八路军战士竟然在黄河水里抗击敌人？”

“是的，你没有听错，英勇的战士们之所以能在黄河水里来去自如、保卫民众、抗击敌军，全靠着‘葫芦舟’这个秘密法宝呢！”

“葫芦舟”是当地劳动人民智慧的结晶，作为贫苦大众的生活用具，“葫芦舟”常被用来捕鱼弥补生计，它的做法十分简单。首先啊，要挑选尺寸和大小相差不多的四个葫芦，再选出和细竹节般粗的柳枝条，用小火烤上三分钟左右后，做成尺寸合适的柳条圈；然后套在四个葫芦上，每个葫芦套两个柳树圈，再用麻绳将每个葫芦上的柳条圈进行捆扎，最后再用三厘米到七厘米的木棒进行打孔，严格按照同等间距将四个葫芦进行固定，前后穿上两个小葫芦，左右穿上两个大葫芦，“葫芦舟”便大功告成。人们趴在葫芦舟中间，就不会轻易地沉入水中。

但日寇的残暴统治和国民党反动派的压迫，导致当地民众生活难以为继，平日里被用来娱乐的“葫芦舟”逐渐演变成民众反抗压迫的有力武器。“葫芦队”原名是留庄的“抗日九中队”，因为队员们经常绑着“葫芦舟”在黄河里抗击敌寇、运送物资和保护民众，故而被乡亲们亲切地称为“葫芦队”。

神出鬼没葫芦队，打得敌人鬼魂飞

由于“葫芦队”成员大多是本地青年，年轻力壮且水性极好，再配合“葫芦舟”这一“神器”，简直就是如虎添翼，在黄河水中就像如履平地般容易。例如在“夜袭西滩”战役中，“葫芦队”表现极为出色，不仅打击了国民党反动派的嚣张气焰，保护了民众的生命财产安全，也打出了“葫芦队”的威望。

西滩村村民本来过着幸福而殷实的日子，但自从伪军侵犯西滩村后，却打破了当地平静的生活。伪军不仅压榨村民为其免费捕鱼，还大肆掠抢民众财物，甚至奸淫民女、无恶不作，西滩村村民敢怒而不敢言。为了拯救西滩村村民于水火，恢复村民往日的幸福生活，“胡芦队”肩负重任，誓要歼灭敌人方才罢休。经过多日的侦察和规划，“葫芦队”终于找到时机，决定出兵西滩村，拯救村民。

6 月的黄河长水激流、浩浩荡荡，宛如一条桀骜不驯的巨龙。黄河拍打着两岸的巨石，仿佛在为英勇的“葫芦队”敲奏着“进行曲”，振奋着每一位队员的内心，激起每一位队员的昂扬斗志；当天夜里 10 点左右，薛平华向早已蓄势待发的“葫芦队”

队员们发出了出发的命令。只见在月光的照耀下，三十多名队员宛如鲤鱼跳龙门般跃入水里，纵然河水冰冷，但战士们的内心却如同太阳一般炙热；一想到那些仍处在水深火热中的西滩村乡亲们，正苦苦地等待着“葫芦队”的拯救，战士们不但丝毫不觉疲倦，反而更加奋力地向前游去。

但一切并没有那么顺利，队员们刚刚上岸，便碰见了敌方巡逻兵，双方二话不说，立刻交上了火。子弹在耳边飞过、手榴弹在旁边炸起火花，但“葫芦队”战士们依然凭借着顽强的战斗意志、勇猛的战斗精神迅速地将其消灭。奈何计划暴露，敌方驻扎部队有了防备，原计划恐怕难以继续执行。在与内应友军商议后，“葫芦队”被迫放弃了拯救西滩村村民的计划，转头攻打敌军仓库，经过队员们一番艰苦战斗，最终攻破了敌军防守，夺回了大量军需和民用物资。

这场战斗虽然没能彻底拯救西滩村乡亲，但在一定程度上消灭了敌军有生力量，沉重打击了国民党反动派的嚣张气焰；也间接性地削弱了反动派对西滩村乡亲们的剥削。使得“葫芦队”的名号在黄河两岸流传开来，其“敢打敢拼、奋勇杀敌”作风也被两岸乡亲们代代传唱。

虎口夺船

1947 年 8 月，人民解放战争进入战略反攻阶段。其中太岳兵团想要挺进中原，必然要渡过黄河。纵使蒋介石在河对岸安排了大量守军、修筑了各类明碉暗堡、配备了众多重武器，甚至天上还有飞机进行轰炸……然而这些在英勇的解放军眼里都是纸老虎，根本不值一提。

得知陈谢大军奉上级命令要从长泉渡口过河，当地民众主动向解放军送衣送粮、缝补衣鞋。在得知解放军缺乏过河船只后，当地乡亲们更是夜以继日地修补旧船、打造新船；家家户户贡献自家木板、铁料和绳索等物料，不到半个月时间，便建造了 62 艘船只。解放军战士们得知后，感动地说道：“这 62 艘船只凝聚着乡亲们的心血，也饱含着乡亲们对国民党反动派的痛恨，我们一定要赶跑老蒋，不辜负乡亲们的一片真心，还给乡亲们一个幸福的生活。”

薛平华心想：“为解放军提供船只，怎么能少得了我们‘葫芦队’呢？”经过调查，薛平华得知有家地主曾将其船沉藏在河底，随即带领“葫芦队”队员前去打捞，但问题也相伴而来，对岸敌军十分警觉，稍有动静便开枪扫射，更谈不上打捞船只了。但这并没有难住机智的“葫芦队”队员们。薛平华等人学习三国诸葛亮“草船借箭”，精心准备了几个木排，又在木排上扎上草人，挂上去一盏昏黄的马灯。黑夜降临，薛平华等战士将木排推进黄河，对岸敌人以为发现“葫芦队”踪影，欣喜若狂地笑话道：“人人都说‘葫芦队’机智勇敢，不过徒有虚名，在我们眼里就是大傻冒，大晚上挂着马灯过河，这不找打吗？”随即疯狂地朝木排倾泻弹雨。而薛平华等人则趁机打捞起沉船，连夜拉纤，最终顺利地交到解放军手中，而对岸的伪军还以为歼灭了“葫芦队”，沾沾自喜地向上级领赏呢，殊不知他们的末日即将来临，而最终消灭他们的正是已经“被歼灭的葫芦队”。

掩护大军，引领航行

虽然船只等物资短缺问题得到了解决，但渡河现实却丝毫不容乐观。解放军战士多来自外地，不了解黄河河情，不知哪里水流急、那里水流缓、哪里水下没有暗礁等。再加上当前黄河正处于汛期，河水暴涨，汹涌澎湃，河窄水猛，湍急浪高。大部队急需有人在前引航，帮助大军顺利渡河。

薛平华等人得知此事，主动请缨，向首长说道："'葫芦队'大多是本地人，地理熟，摸水性，我们愿意组织'葫芦队'先渡，攻克崖头敌堡，给部队水上开路。"首长见薛平华等人态度诚恳，且"葫芦队"敢打敢拼的名声，首长也有所耳闻，因此便将重任交给了"葫芦队"，并且提供了炮火支援，掩护"葫芦队"渡河。

8 月 22 日深夜，大雨倾盆，以薛平华为首的"葫芦队"队员早已准备就绪，在等待上级命令期间，薛平华笑着说："天上下着雨，王八们（国民党军）都在窝里躲着呢！"听完队员们纷纷大笑，缓解了不少心理压力。没过多久，身后的大炮已经准备就绪，"葫芦队"队员们便纷纷熟练地跳入水中，向对岸游去。尽管队员们神出鬼没，但还是被狡猾的敌军发现了，对"葫芦队"展开了猛烈的攻击，致使多名队员受伤。杨队长躲在礁石后边，摸出手电筒向炮兵发出信号，霎时间，我军的大炮向对岸的敌方碉堡展开猛烈轰炸。“葫芦队”队员不敢有丝毫怠慢，在队长的带领下，奋力地向对岸游去，因为他们明白，他们身上肩负着党和乡亲们的厚望，个人的生命与整个中华民族的未来比起来又算得了什么？

最终，“葫芦队”凭借着顽强的革命意志圆满地完成了掩护解放军过河这一艰巨任务。“葫芦队”牺牲小我、勇猛杀敌的精神深深地打动了陈赓将军，陈赓大将亲自在锦旗上写出“手拨河水脚踩浪，腰系葫芦肩荷枪。纵横驰骋黄河上，惊涛骇浪任飞翔”的诗句来称颂“葫芦队”为全国解放事业所做出的伟大贡献。而黄河奇兵——“葫芦队”的故事也必将世代传唱，为后人所歌颂。

商山道走出的诗歌之路

○王兴刚

“高高此山顶，四望唯烟云。下有一条路，通达楚与秦。或名诱其心，或利牵其身。乘者及负者，来去何云云。”（白居易:《登商山最高顶》）

唐长庆二年（公元822年），大诗人白居易（772—846年）由京城长安去杭州第三次途经商山，登高远望，感慨万千。如椽巨笔，把古往今来商山道上来来去去的饮食男女刻画得栩栩如生。漫步丹江河堤，丹水潺潺，波光潋滟，镌刻在沿江汉白玉栏杆上的篇篇古诗词，赫然入目。游人会情不自禁地凝视，领略一番。作为在商山道上留下墨迹，成为历史过客的古诗词作者方阵中的一员，白居易每次往返路过商山道，总会被积淀深厚、充满历史故事的商山、商洛、商於古道那山山水水所感动，禁不住会把酒临风，填词作赋，抒发一番感悟沧桑的情怀。

商山道，秦汉时期称为武关道，唐代以后称作蓝商道、商州道、商於古道。从考古发掘的文物遗址来看，可以追溯到新石器时代。古代的先民，为了生存需要和生活便利，总是会优先沿河安居、沿河迁徙。河流沿岸的台地，部落之间，会逐渐形成互相沟通、互通往来的交通路线。商山道的形成与丹江流域密不可分。丹江发源于今商州与蓝田接壤的秦岭南麓，流经商洛的商州区、丹凤县和商南县，再经河南的淅川、湖北均州、老河口等地汇入汉江，最终流入长江。一条川流不息的丹江，演绎出许许多多脍炙人口的历史故事。一脉蜿蜒曲折的商山古道，生发出多少锦绣多彩的诗文篇章。自秦汉至明清，歌咏商洛的诗文无法胜数，无论是来商寻幽探胜，还是仕途奔波，或是避乱隐迹、遭贬路过，这些诗文的作者，无不心怀虔诚，面对商洛的名人遗迹、山川形胜、风土民俗、世道沧桑，发出内心深处的呐喊和赞叹。从这些精华荟萃的诗作中，折射出各个朝代的兴衰继替，抒发各自对商洛苍生黎民的悲悯。自商代延至汉唐，商於古道与中华文明中心的长安有着不可分割的血肉联系。因商山道生发的诗歌文化，是古朴粗犷的秦文化、柔媚清丽的楚文化、宏大辉煌的汉唐文化的补充和延续。

商山道的起源及历史变迁

“远别秦城万里游，乱石高下入商州。关门不锁寒溪水，一夜潺湲送客愁。”

河南洛阳士人李涉，最初隐居在庐山，后于唐宪宗元和元年进京做官，后被贬，离京南下时路经商山道上重要的节点城市武关，山峦绵亘，寒溪潺湲，武关关门难锁凄冷的溪水，溪水夜载游子无尽的愁思漫漫流去。武关，雄踞今商洛丹凤县城东 40 公里的少习山下。作为秦之南关，与东函谷关、西大散关、北萧关并称为“关中四塞”，春秋时称为少习关，战国改称武关，是战国时秦楚的界关，也是六百里商山古道上的“三秦要塞”。李涉的一首《再宿武关》，深得一代伟人毛泽东喜爱，亲自手书此诗的书法作品，成为领袖遗产中世代流传的珍贵墨宝。商山道沟通关中平原和江汉平原，成为古老华夏西北部与东南部的一条不可替代的捷径。据史籍载：

商州和武关是商山道上名气最大的两座城镇。周东出征讨那些桀骜不驯的地方割据势力，商州和武关一线是必经之道。西周建立以后，分封在今河南南阳地区的中、吕、鄂、谢、曾、蓼，及豫西南一带的穀、卢、邓、旁、诺、彭、庸、濮等国，大都要经过丹江通道去朝贡周天子，故丹江通道早在商末周初就成为居住在丹江、汉水流域的土著人与周人相互交往的道路。后周成王迎回周公回镐京主持朝政，周公往返于周楚之地所经路线即后世的蓝田—武关道。蓝武道沟通即利用灞水、丹水发源于秦岭南北的地理优势，沿河开道。丹江属长江水系，灞河属于黄河水系，两大水系的源头所在地则近于秦，此则成为开辟蓝田—武关道的地理缘由。

商山道从春秋战国始，至秦汉，史家一直称为“武关道”。武关道最早的利用价值是军事，是一条绝无仅有的行军路线。据《左传》记载：周襄王十七年（前635年）和周襄王三十年（前622年），秦晋两次利用商山道（武关道）攻伐位于现河南淅川的鄀国。春秋末期，吴王阖闾联合唐、蔡两国，于公元前506年攻楚，占领楚都城郢都，楚昭王败奔随国（今湖北省随州市），派楚大夫申包胥赴秦求救兵，秦君臣置之不理，申包胥在秦的宫殿上痛哭了七天七夜，才感动了秦哀公。秦遂派子蒲、子虎率兵车500乘，出武关援助楚，才击退吴军，使楚昭王还都复国。唐李涉的七言绝句《咏史》：“楚国君臣草莽间，吴王戈甲未东还。包胥不动咸阳哭，争得秦兵出武关？”寥寥数言，以洗练的笔触，活脱脱地再现此一名闻青史的历史事件。公元前359年，卫国人公孙鞅入楚为相，锐意改革，抑商重农，奖励耕战，变法图强，秦廷赐给公孙鞅商於之地十五邑，后才有商鞅一说。此十五邑即地处武关道左右，在此期间，商鞅为了向都城咸阳输送租赋，即发兵民整修武关道的西北段，遂扩大了商山道的通行能力。

至公元前313年，秦出于战略需要，派张仪使楚，游说楚怀王联秦绝齐，以“商於之地六百里”诱楚与齐国绝交，此六百里即自商州到今河南内乡秦之领土，待目的达到以后兑现诺言时，则诳楚为“六里”。导致怀王盛怒之下，发兵攻秦，两军于丹阳（今河南省淅川县境内丹水之北）激战，楚军败后复攻秦，楚军沿武关道追至蓝田，又遭败迹。秦昭王登基以后，致书楚怀王，愿两国修好，约楚怀王至武关结盟，怀王在武关被秦伏兵拘至咸阳，终致怀王在咸阳殒命，武关之名由此大振，成为商山道上的一个历史亮点。“碧溪留我武关东，一笑怀王迹自穷。郑袖娇娆酣似醉，屈原憔悴去如莲。山樯谷堑依然在，弱吐强吞尽已空。今日圣神家四海，戍旗长卷夕阳中。”晚唐诗坛后起之秀杜牧，于唐开成四年二月由浔阳赴京过武关时，目睹昔日秦楚间关堑界壁，感慨成诗，发出一曲对历史旧事的咏叹。

成就商山道的丹江，自秦岭发源后，两个源头两支水流，在秦岭山中几经环绕，至商州黑龙口相汇，一直向东南方向流去，经商州城区、丹凤县境，至商南县东南部，从商南县酒家店月亮湾出陕，又流到湖北荆紫关、河南淅川，到湖北老河口注入汉江，全长 443 公里，流域总面积 16812 平方公里。丹江在商洛境内总长 243 公里，流域面积 6652 公里，占总流域面积的 40% 左右，是商洛境内的主干河流，沿途支流密布，流域面积在 200 平方公里以上的支流 11 条，20—100 平方公里的支流 12 条，纵横交错，构成典型的网状水系。

商山道的真正风流时代是汉唐两代。秦始皇一统天下后，武功盖世。但是他深知，不彻底清洗山东六国的文化就很难做到文化融合思想划一，焚书坑儒就成了消灭异己文化的最佳选择。为了躲避文化迫害，秦四博士东园公唐秉、夏黄公崔广、绮里季吴实和甪里先生周术，便相约隐入“高山巍巍，深谷逶迤”的秦岭商山，过起了“岩居穴处，紫芝疗饥”的清贫生活。后刘邦与项羽逐鹿中原，秦亡汉兴，欲起用四皓辅佐朝政，但四皓坚拒不出，成就了商山道四皓文化的鼎鼎大名。诗仙李白一曲“我行至商洛，幽独访神仙。园绮复安在？云萝尚宛然”。发出对四皓遗迹的千古追问。183 年、289 年，两朝相继定都长安，商山道成为京师通往中国东南的必经之路，武关所在的商山道已然成为商业运输的黄金之路。商旅官民往返东南各地、江淮向京都输送贡赋粮米，商山道当仁不让地承担起最便捷的交通重任。自五代始，国都东迁，中国的政治经济中心东移，商山道的风水轮转，进入沉寂历史数百年。北宋后，朝廷招抚流民入商垦荒，商贸活动渐趋复兴。至明清，随着丹江水运的兴盛，商州与武关之间的龙驹寨发展成为连接东西的大型水旱码头，水陆联运再次促进商山道陆路与丹江漕运比肩繁荣，龙驹寨以下往东，百艇联樯；龙驹寨以上，千蹄接踵。马骡商运直达西安、三原为中心的关中平原，地处丹江中游的龙驹寨，明代后期年征税金2800两，占陕西全省总额的19.3%，而另一处汉江上游的汉中，年征税金52两，仅占全省总额的0.4%。清光绪时，龙驹寨的厘金税收高达13万两，居全省之冠。清末至民国，随着陇海铁路通车，丹江航运逐渐衰落。1937年，连接陕豫两省，横穿商州、商南的西界公路通车，商山道的繁荣成为昨夜星辰。

商山道的诗歌文脉

“虬蟠千仞剧羊肠，天府由来百二强。四皓有芝轻汉祖，张仪无地与怀王”。

唐开成四年二月，杜牧由浔阳赴京途中过商州，宿青云驿之馆舍，因地生情，心生感慨，著《题青云馆》七律一首，首句道出商山间山川险阻，壁立千仞，道路曲如羊肠。由平阔的关中至崎岖险峻的商山道，群峰林立何止百二，引申到借咏往史，言商地之烨烨紫芝，吸引四皓入山隐居，轻慢汉祖，笑张仪诳楚，并无商於六百里酬楚。几句短诗，牵出商洛厚重的历史典故。品鉴研究商山道的诗歌文化，必然要明晓商洛历史，而商山四皓和张仪欺楚的史实尤为耀眼。自秦汉以后到盛唐，行经商於古道的历代文人雅士，歌咏四皓的诗文连篇累牍。四皓看似不慕荣华，甘心清贫，但并非永久沉沦，而是心怀大义，胸有乾坤，在重要的历史节点，配合汉张良的部署，结队而出，助汉惠帝稳固太子地位，从而使汉室天下避免纷争。有人以为四皓先生是自命清高，这其实是对四皓的高洁人品的误解。刘邦在江山大定以后，就派人赴商山聘请四皓入朝辅佐，而四皓则坚辞不出，待吕后之弟高车驷马来商痛陈利害，四皓即深明大义，慨然应允。因为他们明白刘邦废长立庶，带给天下的必然又是社稷动荡，遭殃的还是黎民百姓。恤民之情支撑着他们的行动。汉唐后世的大多数士人仰慕的应该是他们此种高风亮节。然而，并非所有人都持这种看法，杜牧在《题商山四皓庙一绝》中吟诵："吕氏强梁嗣子柔，我于天性岂恩仇。南军不袒左边袖，四老安刘是灭刘。"认为四皓支持吕后确保儿子刘盈的太子地位，最终导致吕后轻而易举地篡权，吕姓诸侯专横，此种观点一反众多赞美四皓挺刘安汉的主流传统。历朝历代吟诵商山四皓的诗文近 200 篇，而一个唐朝就占了 100 篇，可见四皓在商洛诗歌文化中所占地位的重要性。

西汉一朝183年，唐代289年，经济的繁荣，文化的灿烂，对人生美好前程的追求和期盼，使大量的江南士子对京城长安趋之若鹜，追求功名的读书人，常经年累月奔波于商山古道。商山古道浓重的历史文化积淀，商山秀美的山山水水，成为士子们热捧的圣地和朝拜的天路。中唐大诗人白居易29岁举进士，官至左拾遗和赞善大夫，因得罪朝中权贵815年被贬为江州司马，七年中三次往返商州，820年从忠州返回长安，822年出京赴任杭州刺史共写下20多篇有关商洛的诗词。“我为东南行，始登商山道。商山无数峰，最爱仙娥好。参差树若插，匼匝云如抱。渴望寒玉泉，香闻紫芝草。青崖屏削壁，白石床铺缟。向无如此物，安足留四皓。感彼私自问，归山何不早？可能尘土中，还随众人老。”被贬向南的路上，浓浓的惆怅之情溢于言表，矛盾的心态，更能引发正在进取途中尚未入仕人们的羡慕嫉妒恨。仙娥峰下丹江河道里的白石，在他眼中似乎就是仙娥憩息的宝座，充满了钟情的爱意。紫芝的香气、清冽的河水，恰是吸引四皓的美境，感叹自己如不是青年得志，谋得一官半职，最终还不是和众人一样随波逐流，一生奔波到老。

纵观历代200多篇评价四皓的诗作中，李白的一首《商山四皓》最为正面，通篇充满了对四皓的赞美："白发四老人，昂藏南山侧。偃卧松雪间，冥翳不可识……秦人失金镜，汉祖升紫极。……一行佐明圣，倏起生羽翼。……飞声塞天衢，万古仰遗则。""昂藏"一词活画出四皓器宇不凡的高尚情操，赞扬、歌颂四皓不贪荣华富贵，不求高官厚禄，避暴秦而隐居商山。全诗情深意浓，语言婉转，反映出作者颇为欣赏奋力进取而成功以后，飘然离去的用世态度，正是李白未到长安施展政治抱负前心态的真实写照，可以推定是他进京途中所作。和李白发迹前昂扬心态迥然不同的心境，表现在五代时黄滔的《入关旅次言怀》中昭然可见："寸心唯自切，上国与谁期？月晦时风雨，秋深日别离。便休终未肯，已苦不能疑。独愧商山路，千年四皓祠。"福建莆田人黄滔的诗句，几层转折，一咏三叹，沉郁而颓伤，既有自励，又有自惭，更有一股无可奈何的心情相互交织，想中途退却又不甘罢休，只怕是劳心劳力的苦苦追求是否能够成功？面对四皓古祠，深感自已尚未功业有成。复杂矛盾的心境，通过寥寥数语跃然纸上。

漫漫商山路，承载着人们熙熙攘攘南来北往，追名逐利追求梦想的过程。文化精英们为了实现理想，在商山道上来来往往，心怀美好的希望。在人困马乏时栖身的驿站，恰能安顿那些身心俱疲的过客。“马转栎林山鸟飞，商溪流水背残辉。行人几在青云路，底事风尘犹满衣。”五代蒋吉面对商於古道的山峻路遥，虽然体倦，但却仍是信心满满。高旷空阔的景色，展现出一幅清爽的画面。夜栖青云驿，暗喻出诗人“平步青云”的欣慰之感。唐代商山道上每隔30里建成一所驿站，既是官家人传递军情、政情和民情的加油站，也是过往商贾旅人歇脚的旅馆。从长安东郊的蓝田，途经商州、武关，直达河南内乡於村镇共有九处驿站，依次是仙娥驿、四皓驿、洛源驿、棣花驿、桃花驿、武关驿、青云驿、层峰驿和阳城驿。蒋吉入住的青云驿，位于今商洛市商南县，与武关毗邻的清油河镇。唐代承平289年，驿站、驿路的军事价值已经大为逊色，主要承担京都与荆楚江淮的政治经济文化之沟通。唐代白居易的《蓝桥驿见元九诗》《宿阳城驿对月》，李日新的《题仙娥驿》，雍裕之的《宿棣华馆闻雁》，杜牧的《将出关宿层峰驿却寄李谏议》，吴融的《富水驿东楹有人题诗》等作品正是产生于商山驿路的文化产物。

如果说唐人诗歌是商山古道上诗歌文化的一座高峰，宋代文人们在商於古道上遗存下的作品则是一泓充满温情的清潭。以王禹偁、邵雍等人为代表的北宋诗人，面对商洛的青山绿水，情不自禁地抒发出珠联璧合的衷心赞美。王禹偁，山东巨野人，北宋太平兴国八年中进士，历任县主簿、知县、左拾遗等职。因敢于直谏，敢于秉公执法，不受权贵重视，曾八年内三次被贬。他的诗受白居易的影响，和五代及北宋初期那种颓靡纤丽的诗风形成鲜明的对比。贬至商州任团练副使一年半左右，作诗 180 余首，放歌商山，对商洛的风土人情和山川形胜饱含激情，及时吟诵。“平生诗句多山水，谪宦谁知是胜游。南下阌乡三百里，泉声相送到商州。”以鲜明的诗风显示出作者看轻红尘的乐观精神。“谁种萧萧数百竿，伴吟偏称作闲官。不随夭艳争春色，独守孤贞待岁寒。声拂琴床生雅趣，影侵棋局助清欢。明年纵便量移去，犹得今冬雪里看。”一丛疏竹，临风倩影，映照自己耿介不阿，孤芳自赏的情怀。虽有贬移的危险，仍能超然不惧，吟之使人蓦然感到作者乐观向上，对未来充满自信的洒脱精神。闲暇时节，作者策马秋游，穿村过寨，又以《村行》一首，描摹山村充满烟火味的景色：“马穿山径菊初黄，信马悠悠野兴长……”以对偶工整的句式，意境深远的遐想，活画出一派山乡绚丽的秋景，情不自禁地流露出作者的思乡之情。而自号安乐先生的北宋哲学家邵雍，在商州“卜居”二年，同样钟情于商州山水，于深夜逆旅时，默念往事，难以入睡。“残火昏灯夜正沉，默思前事拥寒衾。霜天皎月虽千里，不抵伤时一寸心。”而另一首《商山道中作》“身在烟霞外……自可指期还。”以爽朗的心情向读者传递出对商山洛水的眷恋。

古时的文人，饱读孔孟之书，大多都怀有满腔的家国情怀，对黎民百姓的悲欢离合持同情牵挂的心情。王禹偁也不例外，他贬任商州团练副使的当年，深入到商州属县丰阳（今山阳县）上津一带，以充满欣喜的笔调，描绘出山民耕种畬田的场面：“大家齐力劚孱颜（五颜六色的山地），耳听田歌手莫闲。各愿种成千百索，豆萁禾穗满青山……”充满色彩的诗句反映了众山民协力互助，以刀耕火种的方式，开拓山间满是荆棘的山地，播下希望的种子，以辛勤的劳作，收获秋后的五谷丰登。

丹江——一条流淌在商山道上的文学长河

丹江从秦岭南麓发源以后，蜿蜒曲折，流经商州、丹凤和商南三县，穿过河南淅川，在湖北丹江口汇入汉江，古时候称作丹水，当地人也叫作州河，主干流全长 390 里，流域面积 17300 平方公里，是汉江最大的支流，由于自然落差（1401 米）较大，含沙量很大，历代洪水灾害频繁。作为商洛的母亲河，滋润着沿江的镇邑和乡村，哺育了一条全国有名的商於古道，也造就和培养了历久弥新的商洛文化。可以说，没有丹江，没有丹江流域，就没有商山古道。商洛境内有五条主要河流，丹江是最大的一脉。商洛的历史，以丹江流域为中心区域，绵绵不绝地形成和发展。有了丹江及丹江流域的开发、整治、利用，才带来沿岸经济社会逐步的繁荣进步。最初的价值也许只限于沟通西北与东南诸省。由于崇山峻岭的限制，人们只好沿河筑路通行，从最早的步行和以骡马为主要交通工具，到现代的火车、汽车，虽然交通工具发生沧桑之变，但当今途经商洛的道路还是基本沿袭商山古道的方向而行。从最初的崎岖山道发展到民国的长坪公路、西（西安）荆（荆紫关）公路、312国道、沪陕高速、宁西铁路，变化的过程穿越新石器时代、奴隶社会到当今时代。史载：唐尧时期“尧战于丹水之浦，以服南蛮”(《吕氏春秋》)。“舜之子契辅助大禹治水有功，封之于商，号称商国”(《史记·殷本记》)。自那以后，商、商地、商国就进入了中国的历史典籍。西汉初期，朝廷为了让国家医治多年的战争创伤，推行无为政治，汉武帝采纳董仲舒的“罢黜百家，独尊儒术”的谏议，文化艺术方面除司马迁的《史记》外，并无多少辉煌的成就，这期间商洛的文化乏善可陈。其后至三国两晋南北朝，统治阶级忙于争夺地盘、争权夺利、改朝换代，商洛的经济文化处于一个发展缓慢的历程。直至大唐盛世的开启，成为商洛文化艺术的高峰时期。唐以后，朝廷开科取士，诗词歌赋成为必考科目，广大士子为了适应科场的要求，必然努力下大功夫。江南诸省的儒生们进京赶考，官员们赴任、贬谪，文人墨客慕名游玩，商山古道是必经的捷径，加上商於古道又是一个充满历史故事的地方，这些人们经过商洛，触景生情，有感而发，那么商洛这个诗歌之乡，商山古道这个诗歌之路的崛起和形成，客观上就是顺理成章的事情。秦楚交兵、张仪欺楚、四皓隐居、商鞅封邑、唐太宗南巡、李杜放歌、元白和诗，这些家喻户晓广为流传的涉商题材，成了文人们取之不尽的创作源泉。明清以后，社会生产力不断发展，南北物资交流进一步趋向繁忙，南方的丝绸、粮米向西部输送，关陇秦地的木材、药材和土特产向江淮流通，商业的发展强劲地推动了丹江的航运。丹江的重要节点商洛龙驹寨，成为沟通西北与东南经济交流的商业都市、水旱码头，其繁华程度不亚于今之九省通衢的武汉三镇。《直隶商州总志》载：“龙驹一镇，康衢数里，巨屋千家。鸡鸣多未寝之人，午夜有可求之市。是以百艇联樯，千蹄接踵，熙熙攘攘，商税所由复生，税额所由日益也。”可以说，六百里商於古道和丹江流域的商业活动、交通运输为丝绸之路的形成做出了重要的贡献。商洛的诗歌文化、商山古道的诗歌之路在西北、在中华文化宝库中占有不可或缺的一席之地。商洛的青山绿水和绮丽风景是那些诗词大家们心心念念的创作基地。从元稹的

“今朝西渡丹河水，心寄丹河无限愁。若到庄前竹园下，殷勤为绕故山流。”温庭筠的“晨起动征铎，客行悲故乡。鸡声茅店月，人迹板桥霜。槲叶落山路，枳花明驿墙。因思杜陵梦，凫雁满回塘。”到清末李果珍的“夹岸桃花水曲曲，孤村深处避秦居。山川浑是周封壤，文物还同汉轨书……”等作品，无不充满了对商山洛水的眷恋和爱慕。文学作为意识形态，要反映社会生活，创作者在特定环境下，情绪是否乐观，心态是否向往，对描写的对象是否热爱是至关重要的。

一条丹江，哺育和造就了商洛，培养和建设了商洛的诗歌文化，在源远流长的社会发展历程中，被人们所认识、改造、利用和建设，是社会进步的必然，也是商洛文明不断进步的客观条件。

诗意山水一溜湾

○孟慧生

“敕勒川，阴山下。天似穹庐，笼盖四野。天苍苍，野茫茫，风吹草低见牛羊。”这是一首著名的北朝民歌《敕勒歌》，她从诞生的那一天起，就成为永远流传的经典。

敕勒川，即今天的内蒙古土默川平原。它背靠绵延千里的阴山山脉，向南一直延伸到黄河岸边，总面积达一万余平方公里，是内蒙古仅有的两大平原之一。具有悠久历史文化的塞外古城——托克托县，就坐落在土默川平原的最南端，与一望无际的库布齐沙漠隔河相望。在这里，物产丰盛的农牧区特色与依山傍水的渔村风光相互交融映衬，形成了一条与众不同的美丽风景线：黄河湿地自然风光区。

黄河流水蜿蜒曲折，所以两岸的许多地方的命名多带一个“湾”字，而以托克托县最为集中。所以托克托县的沿黄区域，当地人给予了一个确切的称谓，就叫作“一溜湾”。今天，我们就带着你走进一溜湾如诗如画的春夏秋冬。

春到河口访古踪

河口，是托克托县黄河岸边一个看似普通平凡的小村庄，位于县城西南端。由于和县城紧密相连，所以在大部分地图上都没有特别注明。但是在托克托县的历史长河中，河口占据着重要的历史地位。北魏的地理学家郦道元在《水经注》中提到的“君子津”的故事，就发生在这里。在北魏桓帝的时候，一位洛阳的商人携千金路过河口渡，突然因疾病辞世，摆渡的船工（古代叫津长）埋葬了这位商人。商人的儿子前来寻找父亲的遗体，打开墓穴，发现父亲所带的金钱货物原封未动。这件事被桓帝知道后，称赏道：“真乃君子也。”

这是关于君子津的最早传说，以后司马光的《资治通鉴》以及近代的《绥远通志稿·要隘》等史料均有记载。在附近的黄河大桥未建成之前，河口作为渡口，仍然是联系南北交通的重要通道之一。也许是有这一段特殊的历史过往，地理学家们就把河口作为黄河上中游的分界点。当你来到这里，遥想我们先人的高贵品质与光辉人格，怎么能不引发万千感慨呢？

历史并不会因地貌的变化而消失，它等待着有情怀的人去追寻。来到河口村，随便找一位村民攀谈，他们都会对昔日的荣耀如数家珍，告诉你这里商旅云集、物阜民康的辉煌历史。至今矗立着的一对净高 11.7 米的生铁蟠龙旗杆，就是难得一见的证据。它是来自山西的商人们合资铸造的，也是国内目前仅有的。如今，它已经成为市级保护文物。

北方的春天，给人的感觉总是姗姗来迟。早春二月，在江南已是莺飞草长的时节，但是在塞外小城托克托的黄河两岸，还有残雪尚未完全消融。春风却早早消融了曾经千里冰封的黄河，裹挟着上游的浮冰，汹涌而来，呼啸而去。这就是惊心动魄的黄河流凌景观。这样的景象，一年之中就只在这个季节出现一次。关于黄河流凌，托克托县有一个民间文学爱好者孟慧生曾有过这样的描述：

“盘古开天地，血水化江河。奇峰峻岭清流出，巴山蜀水增秀色。冲破秦川八百里，汇入众流直向北。祁连风雪寒彻骨，冻绝冰河千百尺。任尔坚如铁，我之雄心在大海。春风一夜来，犹似倚天挥长剑，高原峡谷把路开。激流滚滚震如雷，坚冰两岸横尸骨。随波逐流飞残雪，滔滔中流河口过。昆岗玉碎浮还沉，禹王凿山石乱滚。浑如天河腾蛟龙，茫茫大漠走羊群……”

这样的诗句固然很精彩。但是，当你目睹了黄河的流凌后，才会发现眼前的景象比诗句更神奇，更令人神往，更会牵动你对社会、对人生的理解与感触。登上河口的南梁古城墙极目远眺，遥望落日长河，抚今追昔，你是否也会升起“欲穷千里目，更上一层楼”的豪迈，抑或想起李白、杜甫、陈子昂、辛弃疾等人登高时的名篇佳句，对天地人生有着更深刻的感悟呢？或者产生“先天下之忧而忧，后天下之乐而乐”的壮美情怀呢？

夏游神泉画中来

与春天的姗姗来迟不同，一溜湾的夏天似乎特别漫长。杨柳刚刚换上浅绿色的新衣没有几天，黄河两岸的田野山坡很快就被葱茏的青草和野花铺满。文人们还没想起赞美的诗句，一翻日历，才发现夏天到了。来到一溜湾，微风送来一阵阵暖流和氤氲的河水气息，各种禽鸟矫健地翱翔、栖息，处处呈现出夏天才有的繁忙和热烈景象。

夏天温暖的气候和色彩斑斓的景观，让人都不想待在闷热的家里，而是醉心于大自然的怀抱里流连忘返。“五岳寻仙不辞远，一生好入名山游。”李白风流倜傥的文字，也许正说出了许多人的愿望。一溜湾虽然没有所谓的名山大川，但有一处独特的景观远近闻名，这就是“海眼神泉”。

海眼神泉位于一溜湾里的郝家窑村西南1公里处，紧邻黄河东岸，但是水质清澈纯净，可直接饮用，与黄河水迥然不同。关于它形成的年代，连当地最长寿的人也说不清楚，可谓是真正的源远流长了。如今，借着神泉的美丽光环，一处更富有魅力的旅游景区呈现在你的眼前，这就是神泉生态旅游景区。神泉的潺潺流水已经不再流向寂静的荒野林间，而是环绕在一片江南园林般的湖光山色之中。漫步于绿树环绕的林荫小道之间，你会想起“曲径通幽处，禅房花木深”的名句，这景象是多么的优美迷人。两边的奇花异卉触目皆是，花香间时闻禽鸟的歌声，这不就是“千里莺啼绿映红，水村山郭酒旗风”的真实场景吗？

沿着雕梁画栋的长廊，走过铺银琢玉的小桥，随处可见的是一湾碧水。乘一叶小舟，流连于翡翠湖中，真的是“清风徐来，水波不兴”。望着湖岸上不断映入眼帘的亭台楼阁，在蓝天白云的映衬下，或玲珑剔透，或熠熠生辉，浮光倒影，疑是蓬莱仙境。此时，游人会暂时忘了时间在流逝，忘了尘世的烟火或烦恼。是这美妙绝伦的图画把人迷醉了，还是游人成了画中的一部分，突然有些分不清了。

无论是观赏珍禽百态，还是观赏奇石千姿；无论是俊男的欢歌笑语，还是少女的旗袍花伞，都让你仿佛走进了曹雪芹笔下的大观园。清幽静雅的茶楼，可让你品丝竹，吟诗作对；或者下围棋，陶情养性；或者什么也不做，看园林美景，想百味人生。这时，你仿佛觉得突然离开了尘世的喧嚣，真正回归了大自然。爱热闹的人，则可以走进广场或大戏台，悠扬的山曲情歌撩动你的心思，让你把心底的快乐写在脸上。撑着花纸伞，身着各色旗袍的少妇和姑娘们，莲步轻移，好像是天上的仙人踏着五彩的祥云一般缥缈俊逸。而一个个帅气硬朗的小伙子们尽可能露出结实的肌肉龙行虎步，让你感到青春的力量无穷无尽。有了他们，你才会觉得，年轻才是更美的风景线。这时的你，会在瞬间忘记了自己的年龄，禁不住要“心旷神怡，宠辱偕忘，把酒临风，其喜洋洋者矣”。

这富有江南特色的景色美则美矣，但是远望气势恢宏的黄河，再遥望南岸蜿蜒起伏的库布齐沙漠，还似乎不能满足人们体验新鲜刺激的欲望。想到对岸去看一看吗？坐船自然是可以的。那雕梁画栋的游船慢悠悠的，似乎与黄河奔腾的激流有些不相称，也难以满足你急迫的心情。那么，就乘着横跨黄河两岸的高空索道凌空飞渡吧。登上百米高台，乘坐缆车，在840多米长的索道呼啸而过的那一刻，你定会有一种杜甫描绘的“荡胸生曾云，决眦入归鸟。会当凌绝顶，一览众山小”的豪迈情怀。这是继甘肃兰州市城关区白塔山公园之后的第二条跨黄河高空索道。你仿佛突然间长出了翅膀，翱翔于蓝天长河之间，虽然紧张，但更多的是兴奋。这样的交通工具，人的一生中难得有一次乘坐体验，它一定会在你的记忆深处留下不可磨灭的烙印。

到了南岸，进入库布齐沙漠，呈现在你面前的是另外一种完全不同的景观，温带草原的气候和景色让你在瞬间心旷神怡。高天犹如水晶般湛蓝，仿佛一面巨大的明镜，似乎可以照见你的影子；偶尔有白云飘过，宛如仙人们舞动的衣袂。一望无垠的草原上，黄沙与绿草交错其间，使人不由得会在脑海中回荡起《美丽的草原我的家》《天堂》《草原上升起不落的太阳》等优美的曲调，让你领略什么是真正的天籁之音。接下来的草原、沙漠之旅，感觉是真的做到了放飞自我：沙漠冲浪、滑沙、越野、沙漠卡丁车，使你对沙漠这个词的概念有了一个全新的认识，感到它不再是荒凉、寂寞和恐怖的代名词，而是充满速度与激情的乐园。

秋赏农家丰收景

本来在夏秋之交，季节的变化不会特别明显。尤其在一溜湾，只会使原有的色彩变得更加浓烈、厚重，不过是早晚间清凉湿润的空气驱散了沉闷的暑热，这和别处的秋天一下子就显现出苍老憔悴的面容有很大的不同。一溜湾的秋天，仍然是一幅巨大的、多姿多彩的优美画卷，铺展在黄河两岸。

这幅优美的画卷是一溜湾人用勤劳智慧的双手描绘的。在土默川与黄河接壤的台地上，他们把宽厚浓密的葡萄叶作为主景画满了山坡、沟壑，直到小院里、房前屋后。那葡萄叶子一半碧绿，一半暗红，正好完美地诠释了一个“秋”字，意在说明一溜湾的秋天一半保持着青春的蓬勃，一半展现着火热的激情。在这个季节，黄河流水也仿佛清澈明净了许多，倒映着犹如一架巨大屏风般的山梁，傍晚时分，正好是“一道残阳铺水中，半江瑟瑟半江红（唐·白居易《暮江吟》）”的奇观。若是恰逢七夕，在夜晚的葡萄树下，是否会听到牛郎织女的情话，我不敢肯定，但是一定会看到“露似珍珠月似弓（同上）”的。

露水尽管犹如珍珠，但是太阳一出来，就会消失的。但真有珍珠会让你看得见，摸得着，闻得到它的清香。这样的珍珠就是藏在绿叶下的葡萄。它们一串一串地紧挤着，有的青白，有的碧绿，有的紫红。无论哪种颜色，一律都是光滑润泽，晶莹剔透，与珍珠一般无二，只是没有珍珠的坚硬罢了。

但珍珠不过是富人的装饰品，而葡萄则是不可多得的美味水果。说它不可多得，是因为它的季节性很强，不宜长途运输与长期保存，这也就决定了它的珍贵。这和广东的荔枝有些相似之处，但荔枝尽管果肉鲜美，却有一层粗糙的外壳保护；而葡萄则是把美丽的外表完全呈现出来，使人一见而倾心。宋代的大诗人苏东坡盛赞荔枝，说“日啖荔枝三百颗，不辞长作岭南人（宋·苏轼《惠州一绝》）”。我想如果苏轼穿越到现在，来一溜湾品尝了这里的葡萄，他的诗句应该是“日啖葡萄三百颗，不辞长作塞北人”了。

一溜湾的葡萄为什么这么有名？有人做过考证。主要原因还是那句老话：一方水土养一方人。其一，这里耕地少，不宜种植大田作物。其二，是这里的沙质土壤经过黄河水的浸润，特别适合葡萄的种植。加上这里的山体背阴向阳，带来的光照充足、昼夜温差大等因素，使一溜湾的葡萄独具特色。人们常说葡萄是酸的，甚至古老的《伊索寓言》在开篇的《狐狸与葡萄》中就下了这样的结论。可是，一溜湾的葡萄却是个大皮薄糖度浓，微酸中带着清香如蜜的甘甜。人们口口相传，使得一溜湾的葡萄的知名度越来越大，以至于在每年秋天的季节里，慕名而来的人们络绎不绝，若来了吃不到葡萄，就会产生白跑一趟的遗憾。热情好客的一溜湾人，会邀请你到葡萄树下尽情品尝。这个时候，走进任何一家饭店，主人先端上的不是茶水，而是一盘新鲜的葡萄。尝上几颗葡萄，止渴生津，清热消暑，再好的茶水也会黯然失色。

葡萄构成了一溜湾秋天的主景。中秋时分，昼夜的时间相等，在二十四节气中称为“秋分”，这也成了中国农民的丰收节。来到秋天的一溜湾，观赏这万紫千红的美丽景色，品尝这独具特色的丰收果实，和乡亲们分享这沉甸甸的收获和丰收的喜悦，还会有什么去处比这里更有意义呢？这里的秋天处处充满诗情画意，使你感到人生的无限美好，生活的无限美好！

冬入“农家乐”开怀

冬天虽然也是一溜湾人家的农闲季节，但是还有许多事情要做。最隆重的要算是大部分年轻人会在这个季节举办婚礼。一溜湾的村落都很小，最多不超过千人。因此，有一家办喜事，几乎全村人都要参与。除亲戚朋友外，邻居也会主动来帮忙。主人大都喜欢热闹，来的亲朋好友越多，越觉得脸上有光彩。遇到这样的喜事，如果你要参加，了解他们的每一个环节，实在是上了一堂生动真实的民俗课，会使你终生难忘。主人谦虚地向年长的人请教每一个细节，生怕出错或遗漏。其他过来的人不断提醒和补充，奉献着自己的经验和智慧。其余的人忙而不乱，每件事都做得仔细而认真。整个气氛热烈、和谐、友好，让人体会到这几个词的真正含义。至于宴席的丰盛，菜肴的美味、实惠，完全彰显着乡村特色，会给你留下很深的印象。

在一溜湾，随便推开一家房门，就会看见大多数的女人们在做着两件事情：剪纸、面塑。就说剪纸吧。也就是用小剪刀在红纸上剪出许多镂空的图案，大都是人物、动物、植物之类。从古到今的都有，她们虽然文化程度不高、识字不多，但她们根据自己对人、动物和植物的理解进行创作，或夸张、或写意，莫不是栩栩如生、灵动活泼。剪纸需要耐心和毅力，正好借以消遣这冬日的时光，又能使人感到过日子的快乐和充实。

当然，爱好剪纸和面塑的，大都是上了年纪的婶子大娘们。男人们和年轻人去了哪里？去文化站里找找吧。靠近黄河的一溜湾人，几乎都对民歌山曲、二人台情有独钟，人人都会有板有眼地唱几句。聚集在一起无事的时候，或者在酒席间，只要有一个人开了头，就会有人不约而同地唱起来。特别是山曲，唱起来更没个完。因为都是现编现唱，即兴发挥，当地人戏称为“揪烂席片儿”，意兴未尽，根本停不下来。有时唱词粗野可笑，人们都能原谅，绝不会翻脸恼怒。这种良好的氛围也造就了许多演艺人才，出了像蔺仙仙、高丽霞这样的草根明星，成了一溜湾人的骄傲。现在每个村子里都建起了文化站，一些从前上过舞台的老艺人成了主力，负责乐器的演奏，其余的人就是现成的演员。一些跟不上乐器的人则做了观众，不过，当发现演唱的人突然忘了词，他们如果灵感突来，也会及时提醒。直到吃饭掌灯时分，夜阑人散之际，才会恋恋不舍地散去。你如果参与其间，来上几句，则会因为你是“新人”而大受欢迎。结束的时候，一定有人邀请你去做客吃饭，食宿都不用花钱了。

正月间，一溜湾人有闹秧歌贺新春的习惯。特别是河口的双墙秧歌，已经是内蒙古的非物质文化遗产，绝对值得一看。人们涂脂抹粉，穿上戏装，扮成人们耳熟能详的古代人物或神话人物，随着鼓点在大街上一边行进一边表演，常常惹得万人空巷。除了四大名著里的人物以外，像白蛇和许仙、七仙女和董永、梁山伯和祝英台等，都是保留的角色。更令人赞赏的是，还有许多表演节目属于自编自演，不仅有相对稳定的程式，还具有简单的故事情节。像《海蚌戏渔翁》《竹马·老罕王进京》等，俨然成了代表托克托县秧歌艺术的精品节目。

这就是一溜湾。她是托克托县的一张亮丽的名片，她是塞外云中大地上的一颗明珠。无论是春夏秋冬，这里都充满了诗情，充满了画意。无论你在什么季节来到，她都会给你带来不一样的惊喜，不一样的感受。一溜湾，欢迎你！

黄土情　绿色梦

〇朱印平

黄河是雄壮的、是奇特的、是无私的。当代中国有无数的人继承黄河的伟大精神，也有无数的人从事改善黄河流域的生态环境，让黄河永葆波澜壮阔的容貌。关中平原有一位农村汉子刘炜，他带领龙泉公社战胜大自然，从原始的荒沟荒坡到眼前的青水绿山嬗变过程。

龙泉公社，地处泾阳县东北20公里的嵯峨山下，属渭北旱腰带黄土台塬地段，这里自古干旱少雨，五沟七梁，草木不生，每逢夏季，温差拉大，容易形成强对流空气，不下则罢，说下不是冰雹就是暴雨，加上土壤没有植被保护，被水带入村庄田头，不是田塌便是路垮，村民们无奈地说：“刘德村上粪，毛家村扎囤（龙泉公社在刘德村域内）”。极为恶劣的自然环境把这里的人们害苦了。1995 年 8 月 15 日夜，劳作一天的人们刚刚入睡，突然雷声大作，电闪如昼，顷刻间下起了冰雹，卵石般的冰雹击打在屋顶上的瓦当，发出让人揪心的破碎声，顷刻间又是瓢泼大雨，冰雹暴雨加之电闪雷鸣，恐怖得让人只觉得地动山摇，好似世界末日已经到来。足足持续了两个半小时，雨停了，人们出门查看灾情，茫茫一片，所有秋田全被淹没，朝北望去一面面荒坡上又被新冲出了道道深沟，山洪夹杂着黄土像一只猛兽漫淌了整个村庄大地。据实情报告本次灾害涉及泾阳县白王、兴隆、口镇、蒋路、龙泉 5 个塬区乡镇，受灾面积 3 万余亩，冲毁秋田 1 万余亩，直接经济损失 3500 多万元，有 2 名群众因山洪溺亡。真的洪水猛于虎。在人们不断地叹息、抱怨和无奈时，有人叹息大自然的无情，有人抱怨祖先不该把我们带到这个地方安家，更有人无奈地说天灾人祸谁也无法改变。

这时人群中走出了身高 1.86 米的魁梧汉子刘炜，他面向大家掷地有声地讲：“人定胜天！”古人对征服自然都这么的自信，难道，我们就不能改变这种现状吗？只要我们相信科学，团结一心，就一定能够征服它。他当年执教于龙泉中学，荣获全国“千名优秀教师”称号。他本来可在教育事业中做出更加显著的成绩，但一场暴雨改写了他的人生选择。经过深入的调查研究和实际勘察，找到了造成灾害的根本原因，就是当地纯属黄土结构，气候干燥，多旱少雨，荒坡坡比大，缺少植被，遇到大雨，土壤失去保护，顺水流失，常常造成地质灾害。

1998年，刘炜胸怀治理梦，带着乡亲们的希望与期盼，拿着经过专家指导制定的《龙泉旱腰带小流域治理方案》找有关领导，信誓旦旦地向领导保证，不超过二十年，我要让龙泉的荒沟荒坡变成青山绿水，金山银山，我要让龙泉的父老乡亲们远离灾害，过上安宁富裕的幸福生活。目标一天不实现我一天不离开这座山沟。在领导的信任支持下，刘炜默默离开了他为之奋斗半生的教育事业。

人们听说刘炜要开始治理这里的荒沟荒坡，很多村民说：“上万年形成的深沟高坡是你想改变就能改变得了的吗？”寸土难移，何况这五沟七梁，还要什么植树绿化，太不现实了。是啊，人常说：“理想很丰满，现实很骨感。”一眼望不到边的荒沟荒坡，伤痕累累，草木稀疏，要彻底改变这里的生态环境，正如村民们所言，太难了。但刘炜凭着骨子里攒下的这股劲，从来不向困难低头，在当时缺少财力，缺乏设备的情况下，在父亲的支持下，他和自己的妻子带领兄弟五人搬进了荒芜千年的深沟沟里，要改变这里的生态环境，要植树绿化，首先得进行土壤治理，要用人力把原本一面面荒坡修建成一垄垄梯田，在刘炜的带领下一家老少常年苦战在山沟里，遇到周末或放假，家里所有的孩子也要参加劳动。夏季，一家人披星戴月，日夜奋战，渴了喝一口沟底流出的泉水，困了就地躺下展展腰，既要经受体力的消耗，又要忍受蚊虫的叮咬，但看着新修的一垄垄梯田，心想吃苦值了。冬季，这里沟深坡陡，寒风刺骨，但刘炜的心里总像装着一团烈火，每天晚上家人收工回家了他却一个人用马灯照明还要加班加点，好多次由于晚上天黑路陡摔下沟壑，但他丝毫没有退缩，经过几年持续奋战，刘炜一个身高一米八六，体重一百八十五斤的关中大汉，脸晒黑了，身体消瘦了，但他精神头更足了，意志更坚定了。过去的荒沟荒坡变成了一排排整齐的梯田。为了给植树绿化打好基础，他修建几十级梯田，修筑2道拦水坝，挖了3个蓄水池，解决了植树用水困难。

1999年，随着国务院实施退耕还林政策，这对一直怀抱绿色梦想的刘炜来讲，就如同打了一针强心剂，在一次家庭会议上他高兴地对家人们讲，我们的路子走对了，国家对退耕还林支持很大，按核定面积给予补助，以后除了咱家人，我还要组织更多的乡亲们共同参与，不但要干，还要大干、快干，要尽快让龙泉的天更蓝、山更绿、水更清，让乡亲们的生活更富裕。由于坚持不懈的荒山治理，刘炜治理荒坡的成绩引起各级领导的高度重视，水利部多次派员进行实际考察，认为龙泉公社小流域治理方法得当，科技含量高、实际实效、代表性强，经认定将龙泉公社评定为国家水土保持科技示范园区，刘炜个人也获得了西部旱腰带突出贡献奖章。镇党委任命刘炜担任龙泉公社所在村龙源村党支部书记。

为了确保绿化质量，巩固绿色成果，他多次找园林专家分析论证，共同制定实施方案，提出了人工栽植与自然修复相结合、生态林带与经济林带同步发展，以树当家与多元栽植齐头并进的绿化思路，为整体绿化指明了正确方向。思路清晰了，重要的是行动，第一步封山育林就遭遇到障碍，龙泉乡这块荒沟荒坡荒芜贫瘠、物产匮乏、面积宽阔，村民们经常进沟挖采中草药，就连那些稀少干枯的灌木也被挖回去当柴烧，春天刚发芽的小草也被牛羊连根啃掉，这就是龙泉人几百年来的生活方式。为了增强村民们的绿化生态意识，让原有稀少的植被得以自然修复，刘炜多次召开党员干部和村民代表会议，向大家耐心地宣传改善生态环境对涵养水源、防风固土、防止水土流失、抗拒自然灾害的重要性，在他的宣传启迪下大家很受感动，很多村民自愿加入到绿化荒山的行列，有的还自告奋勇要求担任护林员。看到村民们思想转变得这么快，村上给家家户户下发了“禁牧、禁采、禁挖”通知书，自然植被得到了保护。一年一度的植树季节快要到来，为了提升绿化效果，刘炜与几位专家根据龙泉当地的气候、温差和年降水量对有关植物生长特性进行了认真仔细的研究，决定在龙泉公社大面积栽植耐旱植物侧柏、刺槐和国槐；按照专家提供的龙泉公社地域属“世界葡萄优生区”这一重要信息，大面积种植酿酒葡萄和鲜食葡萄。

“十年树木，百年树人”，刘炜始终相信科学，经过治理后的土地保土保墒，选择了优质树种，树苗成活率高，生长很快，几年间，上万亩荒坡变成了一片绿色。在社会各界的大力支持下，刘炜二十年前的绿色梦想变为了现实，二十年新修梯田上万亩，二十年荒沟荒坡变绿洲，二十年龙泉公社共栽植生态林 7000 余亩，经济林 6000 余亩，既改善了生态环境又取得了可观的经济效益，杜绝了自然灾害的侵蚀。龙泉公社先后被陕西省评为“林下经济示范点”和“森林小镇”；刘炜个人被评为“全国绿化先进个人”“陕西省三北防护林体系建设突出贡献者”。

“我一定叫嵯峨山更青，泾河水更绿，龙泉人民更富裕，永铸黄河魂！”关中汉子刘炜，始终没有忘记自己立下的誓言。

村头补锅匠

〇桑明庆

记忆拉回到四十多年前。那时，每年割麦后，都会有位来自黄河滩的补锅匠，到我们这个太行山脚下的山村，在老槐树下搭起庵棚住上两个多月，支起火炉，为村里人补锅钯盆。

老槐树在村子西头，树身早已超过了北面那赤色土岸高崖，树冠足有半亩大，枝叶密密麻麻不透天日。夏天，浓浓的绿荫可以遮挡住半条街道，树干很粗，三个大人手拉手都不能抱住。远看，它真像一位将军，威威武武地屹立在那里守护着村庄。

割麦后正是天气炎热的季节，老槐树浓厚的荫凉正是补锅匠的好场所。记忆中的补锅匠五十来岁，姓郎，村里人都叫他老郎或者郎师傅。瘦高个，背有点驼，黑黢黢的刀条脸，留着一圈密密麻麻的胡子茬儿，硬撅撅如钢针一般。说话时，随着嘴的来回张合，胡子茬儿像是盛开的菊花。

老郎说他家在我们村往东二百来里，属于豫东黄泛区腹地，穷且偏僻。因雨水量偏多的缘故，每逢汛期，宽宽的河面水量暴涨，浑黄的水花吞噬着岸边的淤泥块，一会儿就蹿上了河沿，继而遍野漫开，一直漫到村子西岗下。远远望去，河滩上水汪汪一片，让人一眼瞅不到尽头。常常是田地冲毁，房倒屋塌，"三十年河东，三十年河西"的情况经常出现。所以，每年在雨季到来之前，他都外出凭手艺挣几个钱，好在大雨过后修房补屋。

老郎来到村子后，第一件事就是从村西到村东头，扯开嗓子高声呼喊："补漏锅子的——来啦——！"这一嗓子，从村西头都能传到村子东头，能将大街小巷都灌满。

老郎补锅是很认真的，凡是送来的破锅都要"诊断"一番。只见他眯起双眼，炯炯的目光刺穿厚厚的老花镜片，紧紧绷着嘴，胡茬子收缩到嘴根，脸上的皱纹都归拢到了一起。他把锅子里外瞧了又瞧，看了又看，然后伸出粗糙的右手食指和中指，在锅里转着圈摸，再把破锅提起来，放到耳朵边，拿一块小石块“铛铛”地轻轻敲打几下，听听声音。真像老中医给人看病一样“望闻问切”，把把脉，看看舌苔，最后再“开方”。锅底洞如果大的像鸡蛋，不补；锅儿无洞，只有缝，但因严重锈蚀而变薄，稍一使劲就变形的，不补；旧疤穿孔，不补。被选取的，自然是修补后还可以再用，能够延续生命，再破也是锅；淘汰出局的，自然是不能再用了，再好也是铁。挑拣完后，不忙补锅，而是拿起一个尖嘴小铁锤，把破锅扣在地上敲洞，把花生大的眼，敲至鸟蛋大；鸟蛋大的洞，敲成鸽蛋大。这一番敲打后，补锅匠就要下“药”了。

补锅用的是铁水，这样补后非常牢靠。只见老郎张开双腿，让破锅“坐”在两腿间，用喷灯把洞口烤红，一手持勺，舀出坩埚里的铁汁，倾进窄木板上的小洞里，又令其滚入棉布圈的平面，移过去，对准小洞，往上一顶，另一手拿一团抹布从锅内往下猛按狠擦，同时吹气，吐口水。一口锅，就这样补完了。整个过程，对于老郎来说，犹如庖丁解牛，游刃有余，一气呵成。锅主来取锅时，细心的主顾会在锅里装上水检查一番，发现竟滴水不漏后，都会竖起大拇指夸奖一番，而老郎也在他们的恭维声中一脸喜色，胡子茬儿又开成了菊花。

老郎爱唱豫剧，每当活做完后总要嚎上几嗓子。可是他总是反复唱那几句：“老爹爹啊！老爹爹，你在哪里，你在哪里啊？在天上还是在水里？儿在家里很想念你！”也不知道是哪出戏里的词。他唱的时候，有时仰着头声音很大，扯着嗓子向天号，把老槐树上的马野雀，黑老鸹都惊飞。有时低着头，闭上眼睛，嗓门又很小，连他自己都听不到。真是奇怪，让人捉摸不透。有一天，老郎干完活后，拍了拍沾满灰尘的衣服，喝了一口水，坐在油腻腻的铺盖卷上，忽闪着那顶破草帽，扬起头，又唱起了那句：“老爹爹啊！老爹爹，你在哪里，你在哪里啊？在天上还是在水里？儿在家里很想念你！”老郎双眼瞪得很大，嘴巴大张大合，道道皱纹也在上下活动，脖子中间那个喉头像是一个大拳头在来回蠕动，声音高亢洪亮，穿透了老槐树那浓浓的枝叶，飞向了头上那块白云。这婉转的梆子声招来了一大群孩子，叽叽喳喳地围了一圈，有拍手的，有吼叫的，嘈杂声与老郎的梆子声混在了一起。六十多岁的老五大爷走了过来，扒拉开孩子群，与老郎并排坐在那油腻腻的铺盖卷上，拉起了家常。老郎说："俺那儿是黄泛区，都是沙土地，很适合种花生，那年秋天，俺七十多岁的老爹在花生地里锄地薅草，突然暴雨倾盆，河水陡涨，老爹没有来得及逃生，被滔天的洪水冲走了。水落下去后，俺沿着河滩走了二十多里去寻找，可是连老爹的人影都没有找到。从那时起，俺爷俩就天地两相隔了，俺再也见不到老爹了。每当想爹时，我就想起了这一句，唱着这句我好像见到了老爹，好像是在和他说话，好像老爹还在那绿油油的花生地里干活哩。"说到这里，老郎喉咙哽咽了，眼里的泪水扑簌簌地流了下来，灌满了那深深的皱纹。老五大爷没再吭声，沉沉的手在老郎的肩上轻轻拍了几下，孩子们则喊叫着撒欢去了。

一天，老天下雨，郎师傅没有活计，坐在庵子里清闲。他向西遥望，远处的太行山巍峨耸立，苍翠欲滴。庵子外面，无数条雨丝从天而降，洒落在地上溅起数不清的浪花。他突然又高声唱起了那句豫剧戏词"老爹爹啊！老爹爹，你在哪里，你在哪里啊？在天上还是在水里？儿在家里很想念你！"这高亢的梆子声，与无数条雨丝洒落在地上，一起向东流去。

黄河岸边的奥林匹克

○高建中　张俊良

“二月二龙抬头”，正是“暖雨晴风初破冻，柳眉梅腮，已觉春心动”的时节。

这一天，为风陵渡镇匼河村“三社庙会”的全盛之日。

据考匼河庙会始于东汉光武帝年间，迄今已有一千八百多年历史。

传说东汉建武帝时，黄河泛滥成灾，当地居民深受其害。流离失所，难以聊生，幸亏东岳大帝黄飞虎神威显灵，逼使黄河水退西数十里，百姓才免遭灾难，得以安居乐业。为纪念功勋卓著的泰山神，“匼河、阳贤、西阳”三社村民集资于建武二年二月二日建成了一座泰山神庙，并改村名为“永宁堡”，希望长远安泰平顺。每年二月二日，三社村民大兴庆典活动，祈盼神灵保佑，祛灾降福，人寿年丰，世代沿袭至今。用古老的风俗展示一场盛会，其中最绝的是背冰亮膘表演。被称为“匼河狂欢节”“黄河岸边的奥林匹克”。

据当地老人说，其庙会从正月二十八，即泰山神圣诞开始，经三社中德高望重的老者，主持一切祭祀庆典活动。

圣诞这天，从献殿直至大殿门前，要摆设三排供桌，有二三十张之多，把各类祭品陈列其上，有喂养三年以上的全猪、全羊、珍馐、佳茗、名酒等。祭祀活动一直延至二月初四。这期间，神庙大殿内外，不断古乐之音，并有戏班伴随演唱，二月初二，为庆典全盛之时。

这天，按照庙会传统程序，最前边是龙凤方旗，由三社内年岁最高的老者持举。随龙凤旗的前边有持长杆三眼土枪、土炮队开路。其后，第一匹鞍座华贵且雄伟威武，称之“神马”，一武士牵引，不准骑人，只插一令旗，据说专供泰山神乘骑；第二匹名为丁马，供一品官员所骑；第三匹为弓马，骑一挎弓武士；第四、第五匹为刀马、镖马，上骑持刀舞镖的武士。为东岳大帝的仪仗队，并有一节锣鼓伴随。

紧接着是小伞和背花方队，各有五名男童前引。小伞和背花皆缀列着金银首饰，如珍珠、玛瑙及宝玉、翡翠之类，称为“亮宝”，系三社村民争相捐献之荟萃，以示心诚则灵，祈求上天消灾赐福。其后是包着枣红头巾、着紧身衣裤的精干士卒，鸣锣清道，他们身背大锣，数步一敲，显得庄重肃穆。再其后，两头大马随行，名为圣旨马和玉印马。随之两列四十八对执事，即华盖、香幡、日月旗、金瓜、钺斧、朝天镫等，井然有序，浩浩荡荡，宏伟壮观，俨然一派圣驾出京之势。尾后是背冰亮膘表演，一队年轻小伙子全部赤裸上身，前胸书写“叵河”等字，后背和两侧胳膊画有虎纹，下身穿红裤衩，足蹬拖鞋，身背冰块，肩扛铡刀，吃着冰棒，手摇扇子，随着锣鼓声缓缓行走。尾从是一对背花锣鼓，花团锦簇，艳丽夺目。紧随是“背信子”方队，即大人们肩背一长棍，上立一小孩，装扮成古戏中各种角色，表现引人入胜的情节故事。

三节锣鼓前头是“龙凤扇”。由童女化装为宫娥穿搭，分列左右。相随是一位身强力壮的俊后生搭举一面大型七彩“万人伞”，亦名“黄罗伞”，周围悬挂各种颜色的绢布幔，书写庙会布施的人名和金额，昭示村民对神灵的虔诚，褒扬其功德。

最后是庙会最高潮的抬护神驾上庙。神驾内是东岳大帝黄飞虎塑像。数十名“三社”精壮强健的年轻后生轮流抬护，一班六人；四名抬两名护。值班抬护者，一忽儿阔步疾行，一忽儿列势后退，可谓风姿英发，龙腾虎跃，以展现东岳大帝黄飞虎的赫赫神威，一直抬护到庙内大殿归座。至此，全盛大庆典结束。

闻悉庙会具有如此传奇色彩，不由得令人顿生先睹为快之心。适逢今年匼河“三社”村民要重整旗鼓，运用这一古老民间艺术欢庆太平年景。我们一行数人，怀着新奇神秘的兴趣，前往游览观光。

薄雾朦胧，寒意料峭，我们踏入“三社”地域，扑入眼帘的是成群结队的秦、晋、豫交界处前来看庙会的人们，上有八旬开外的老者，下有襁褓中的婴儿，男女老少都穿着节日的盛装，怀着憧憬的梦，挟着温馨的风，听着黄河的涛声，点缀在田园的道路上，把广袤空旷的黄土地打扮得五彩缤纷，春意盎然。

正午十二时许，随着几声震天土炮轰响，祭神庙会开始。

但见旌旗猎猎，遮天映日，仪仗肃然，节制有序。“三社”族长当首，大型彩车随行，三眼土炮凌空震响，锣鼓声惊天撼地。随后一节节方队，有背花锣鼓的、有背信子的、社火、杂耍等，宛如“一”字长蛇阵，真是五花八门，多姿多彩，煞是壮观伟哉！

今年“三社”庙会异于往昔，在其传统的基础上，随着进入新时代，节目已演变翻新，体现出锐意进取的开拓风采。制有大型“鸡彩车”大书“闻鸡起舞”；有宣传国策的优生优育奔小康条幅；教育晚辈敬老养老的《墙头记》；还有提倡老年人失偶另婚的《花甲恋》以及增强商品意识的《下海闹市场》，花样诸多，令人耳目一新，精神激奋。

整个气氛则有别具一格的锣鼓所渲染。其敲法古朴、奇特，即上下挑擦，击出铿锵有力的节奏，俗称“撇锣鼓”。锣不是用手提，而是采用山桃木弯成弓形，用彩纸缠裹，根部系于腰际，稍端弯曲从头部上面伸出，用五色彩纸制作成枝、叶、花、树状，花丛中悬挂明镜，枝杈间系挂锣带，锣垂于胸部，左手护之，右手持锣锤上下挑擦，名为“背花锣”。

据《续汉书·舆服志》载，东汉皇后盛装谒庙时的首饰有“步摇”，其形制是在山状的基座上安装缭绕的桂枝，枝上串有白珠，并饰以鸟雀和花朵，与匼河人“撇锣鼓”的头饰极为相似，可见有其溯源处。

这一天，“三社”都可以纵情狂欢。姑娘、媳妇们一改平日的羞怯、温顺之态，皆浓妆艳服，扮演传统的民歌、小戏，相互斗嘴，嬉、耍、闹，表现出诙谐、滑稽的娇憨态，大有惹人发笑的泼辣丑旦模样。而年轻的后生都扮演别出心裁的角色，或将自己化装成古代最崇拜的偶像，诸如天神、圣仙、良臣、名将种种造型，或骑马、乘车，或坐轿、抬扛；有的则赤身裸体腰系兽皮，脊背背负冰凌或铡刀，名为“亮膘”；有的则扛大檩、背石磨，大出风头，各领风骚，一派粗犷、强悍、刚毅的大无畏气势，故戏称“匼河二杆”，久已驰名于秦、晋、豫交界处。

庆典活动进入高潮。白云低垂，天与地之间浑然苍茫，劲风挟着锣鼓声回荡旋转，玉宇在震撼中颤悠浮沉。跨越万代千古、化装成形形色色的历史人物与传说中的神仙、大圣们共处，在激越高昂的锣鼓旋律中翩翩起舞，好一幕动人心弦的荒诞剧！犹如“天方夜谭”一般的离奇绝妙，又似“桃花源”的飘逸神韵。远古与现实、野蛮与文明、梦幻与追求、迷信与理智……这一切相互撞击，交织成一幅幅光怪陆离的人类与大自然抗争生存的绚丽画廊。

“三社庙会”一行人马，来到泰山庙旧址终止。这里设有神堂，匾额书写“泰山神殿”，落款为“东汉三社典”，楹联是“乃圣乃神灵昭日月，维缄维健气塞乾坤”。案桌上供品繁多，香烟缭绕，气氛凝重。从这里不难看出中华民族传统心灵深处原始、深沉的忧患意识和人生本能的强烈愿望，洋溢着古老民族内在所追求的永恒生命意义和人生价值。

这种古老的祭祀活动，既是历史的一种文化现象，也是中华人类文明的进化轨迹。

沍河“三社庙会”的传统节日，正是以古朴独特、神奇多姿的民间艺术形式，在隆重虔诚的祭神过程中，展现了具有民族风格的源远流长的黄河文化。

“子归夜半犹啼血，不信东风唤不回。”

当前，随着改革开放的大潮深入，沍河“三社”

村民，在传统的一些陋习桎梏中大彻大悟，正向新观念急速转化，并已升华飞跃……

匼河，这块天华物宝的黄土地，1957 年发现距今 60 万年的“匼河文化遗址”，近年又发现两千多年前春秋战国时期羁马城遗址，其历史悠久之胜迹，无愧为人类文明的发祥地之一。

且看当今英雄的匼河儿女——龙的传人，已在古神庙旧址的废墟上奋起，以崭新的精神风貌驰骋于现代化建设的征途上，必将开拓出辉煌的新纪元。

黄河船

〇殷宇鹏

陕北黄土高原上有河无船，船只能在黄河道上见到。黄河的船是一种宽帮子大船，像个“扣斗子”朝天。黄河风大、浪高、水急，船小易翻。扳船的杆也不同于江南的纤细，用的是长长的柳椽子。另一种是羊皮筏子，也有叫羊皮葫芦的，是用羊皮制成的，杀羊时，皮从羊头开始囫囵剥下，煺了羊毛，扎紧四腿漏气处，排成几排，柳木绑成架，就是一个平渡的船了。渡众人的叫船，渡个人的也有单个的羊皮葫芦，一根绳子拴在人身上，用于一个人游泅过河——也有用真正的葫芦的，那是过去。现在黄河上桥多，游泅过河的人少了，也没人冒那种风险了。秦晋峡谷的黄河上，旧村落里我见过这种东西，都挂在窑洞的壁上。

20世纪80年代，我有一次去黄河边上，夜里宿在一个老艄公的草庵里。那是黄河边上再简易不过的住处。是夜，黄河潺潺，明月照得大河面上粼光闪闪。黄河一改我们在黄河上乘船起伏跌宕的情形，显得温顺了许多。河滩上围起了一堆火，老艄公拿一只粗粝的老碗喝着酒，说了好多关于黄河船的故事。老艄公就是一部黄河的记忆。

老汉年轻时爱“闹红火”。陕北人“闹红火”一般指的是春节前后农闲时闹秧歌。秧歌者“阳歌”也。一立春，万物复苏，阳气上升，闹秧歌实际上与四时节令是一致的。回到村上，搬船的老艄公上阵，秧歌自然闹得红火，但他对黄河上的船更有一套说法。他说黄河上的船从大禹治水时就有了，是大禹的发明。陕北有一条川道叫重耳川，那里有一个叫《船曲》的秧歌剧，讲的是村姑陈妙常与潘陛正的故事。陈妙常当年十九岁，是一个尼姑转世，潘陛正是一个青年小伙，是一个和尚转世。重耳川是民间为纪念晋国皇帝重耳起的名。《船曲》里说的故事是陈姑娘为追潘陛正，从重耳川走了一天一夜走到黄河边上，要渡河，艄公见姑娘长得俊秀，欲和其调情，不让船摆渡陈姑娘，陈姑娘心急之下拔出头上的金钗作为渡河的路费。艄公唱道："西首里落了太阳星，东首里闪上月光明。家乡的牛羊赶回山，河湾里艄公挽了船。"陈姑娘也唱："妙常女呀抬头观，目观那一道天河把牛郎织女隔两岸。"艄公又唱道："脚踏上船板手扶上栏，河水滔滔上下里翻。"妙常姑娘又唱："妙常女四下观，目观见那满江的小船。一盘棋儿三十三颗砣，那当间还隔一道河。山高还有些农行路，水面上还有些扳船的人。"妙常姑娘的巧对，最终感动了艄公，艄公并没有收她的金钗而把她渡过了河。

在陕北民间秧歌剧中，扳船是一个常演的题材，说的都是黄河船的事："无事出城东，河湾里去散心；猛然抬头看，舟船水上行。船舱里坐了一位花大姐，实实里爱死人。"后来演绎出的跑旱船里的坐船姑娘，就是那个叫陈妙常的美丽女子的化身。"眉是柳叶眉，眼儿水灵灵，胭脂点上唇，圆盘盘脸又擦桃花粉，胭脂点上唇……"

陕北秧歌剧扳旱船的故事，差不多都来自这个故事。其实，在黄河岸边渡船上，也不能说不发生一些奇趣。黄河的船停在河湾里，一般不能完全靠岸，船上有木板的，要靠一条长木板搭在船与岸之间上岸，也有靠艄公背着上船的。黄河岸边常有说艄公不正经的话，说艄公背上年轻媳妇，常在半途捏抓年轻媳妇，愿意也罢，不愿意也罢，都只能忍了。这扳旱船的秧歌剧故事也有从此处取材的。这些是生活的原型，后来的故事都是夸大或渲染而来的。但是，真正的黄河艄公，还是正路人。

黄河上扳船，是要命的职业，没有好的技术、不识“水性”是要吃亏的。只有那些常年在秦晋峡谷上扳船，识得黄河水性的人才能驾驭了黄河船。黄河船是宽体船，宽体船行走水上稳，浪大不易打翻。尤其是那些浅滩急流上，更是考验艄公。秦晋峡谷，黄河起伏，船上浪头，如在千沟万壑间起起伏伏。船工号子，也叫船夫曲，多半是黄河艄公为了壮胆而唱的。佳县荷叶坪也是黄河边上的渡口小村，李思命当年就是荷叶坪的一位船夫。荷叶坪地势平坦，在黄河渡口中这里是一个水势相对平缓的地方。黄河从上游奔涌而来，一路啃噬着两岸的沙土、巉岩，百折不回，一路向前，尽显黄河的性格，到了荷叶坪，款款如步行者，一改上游的莽撞，黄河的狂飚也在此落下，像音乐进入了平缓的旋律。就此，那黄河上凝结的情愫，已然萦洄于心间。李思命找到了黄河，找到了黄河千万年以来萦洄于心间的旋律，一曲《黄河船夫曲》悄然在黄河上传唱不休，一直到今天：“你晓得天下黄河几十几道弯，几十几道弯里有几十几只船，几十几个艄公把船来扳……”旋律是那样的悠扬，高亢得像能穿透黄河两岸亿万年冲刷出的峡谷。可以说，只要《黄河船夫曲》响起，黄河的涛声震荡得更响，更久，这声音好像不是艄公唱出的，而是黄河自身的呐喊或者宣言。

沿黄公路开通后，沿黄两岸自驾车观光的人也多了起来，溯河而上，确能感受到黄河的雄伟，黄河的伟大。黄河有时是浅滩，有时是激流，有时又是那样舒坦、平静，但不变的是黄河的涌流。如今河上的摆渡船少了，见到的船大部分是黄河边上挖沙的机船。问当地的老乡，他们说：“如今靠摆渡挣钱的船几乎很少了，有的也只是机船，机船摆渡的是旅游的客人。”这种游船，我在黄河秦晋峡谷南端的禹门口见到过。而古渡村落边上，黄河船都被静静地拖上岸，在岸畔上承受着风霜，或锈迹斑斑，或腐朽得已经不能再下河。在一个黄河古渡，一位老艄公就坐在木船之上，他眺望着远处的黄河，犹忆当年他在黄河上的英姿。问：“再不上河扳船了？”老者答：“老了。那时黄河水海来大哩！”我们陷入了沉思，总觉得黄河上如果没有那送往来客人渡河的黄河船和黄河的艄公，这黄河似乎太过于平静了，也缺少了灵性的东西。

黄河船，也曾承载过历史。当年，多少从延安东去的英雄健儿，从黄河上踏浪前行，黄河船运载过多少壮士。去年七月，我们来到佳县黄河边上一个渡口，这里是毛主席转战陕北结束后东渡黄河的地方。木桨老船停泊之处，黄水洋洋，滔滔不绝。据说，曾经驮着毛主席走遍陕北的小青马，思恋故土，不肯上船，但终究还是跟着领袖东渡了。东渡是一个很大的题材，当年石鲁画过，后来刘文西也画过。黄河的故事永远在续写着，黄河的故事都承载在黄河的船上。黄河船系着民族之魂，民族精神，民族的记忆。

举一碗老酒，在黄河船上相邀明月。枕着黄河的涛声入眠，这是船夫的夜。黄河船如摇篮，在黄河母亲轻轻的摇动下，艄公醉了，黄河醉了……

那一夜，我们也一起在黄河的古船上醉在了母亲河的怀抱里。

一个人的黄河

○唐岱霞

从未这样近距离地看过黄河。

当我穿着凉鞋满脚沙土、踉踉跄跄地走到黄河面前时，中伏天里正午的阳光炙热地烘烤着我的脖颈和脸庞，让我无处躲藏。身上的衣衫湿了干、干了湿，像总有很多想法的小孩子不肯只用一种方式来宣示自己的存在感。

我狼狈地抹去额上的汗珠，倒出脚底的沙土，看同行的采风者欢欣雀跃地奔向黄河边，那里有一片绿油油的庄稼。其实除了结着饱满穗子的玉米外，我并不太确定那些绿色的或大或小的叶子下面长的是什么。“四体不勤，五谷不分。”我自嘲着跟大家解释，心中懊恼自己站在这片家乡的土地上，却跟一个听不懂方言的异乡人一样无措。

这是我参加的为数不多的采风活动之一。这次活动有个很贴切的主题——“黄河入海，我们回家”。酷阳当天，采风活动考验的不仅是写作者的水平，更是对脚下这片土地的热爱之情。我也是住在黄河边上的乡人，曾经穿着小花褂梳着朝天的毛爹爹的小辫儿，跟在弯腰劳作的父母身后到田里拔草，一脸的黄泥巴，一抬脚歪倒在泥水里，开心得哈哈大笑；也曾经与邻家大哥哥大姐姐在秋后的场院里打稻子、摞草垛，满场院里都是稻米成熟的香气，还有我跟小伙伴们打闹疯跑的身影。老爸说，咱地里的稻米是黄河水浇灌种出来的，一年只长一季稻子，熬出的大米粥带着青色，上面有一层香香的米油。

我自小娇弱，家里仅有的一点白面和稻米就是我的“专属口粮”。喝着父母汗珠子摔八瓣儿收获的稻米熬出的米粥，我在这里长大，外出求学，又回到这里，结婚生子，有了自己的小家。只是，家里的田地我仅去过寥寥几次，我未曾见过黄河水下沟渠、灌进田中，也不曾与黄河有过亲近，数年来只是远远地遥望。

东营的黄河与旁处的不同。“九曲黄河万里沙，浪淘风簸自天涯。”黄河是百变多姿的：壶口瀑布湍急而下激起百丈飞花，小浪底工程上段澄绿如湖下段浑黄似汤，黄河自西向东呈“几”字形穿九省，时而峰峦如聚激越澎湃，时而九曲蜿蜒宛若玉带，待她一路浩浩荡荡来到东营，便更趋宁静与淡泊。我静静地站在坡上，这里有自由生长的柳树、槐树，它们并不高大，却能遮阴，将河边的这片土地遮蔽得清清亮亮。坡下数步就是黄河。这是黄河的一部分，或者说是她的一小段曼妙的身姿——黄河利津段。

这里是黄河流速相对舒缓的一段，即将入海前，她总要整理衣装，梳理发髻，像一位端庄的女子出门前坐在铜镜跟前仔细地端详着自己。那湍急又平稳的水流就是她纷飞的思绪，远远地似从天上来，杳杳地又要到远方去。

树下有风从河面吹来，片刻工夫汗意渐消。眼前是一片黄绿交融的世界，黄色的河水浩荡辽阔，绿色的庄稼稠密葱茏。据村民说这片土地因为依河而生，所以这里的庄稼无论天气怎样干旱都会有水喝。是的，黄河是我们的母亲河，她就像一位慈爱的母亲对小儿女有无限的深情。在入海口这片广袤的土地上有逐年增长的新淤地，那些坚韧生长的柽柳和十月飞雪的芦花，还有远处深邃如蓝的渤海水，红与白交错，黄与蓝汇合，成为黄河长卷上不一样的景色。

这里是黄河入海的地方，这里更是我们的家乡。

“知道吗？在东营，东方白鹳以前是候鸟，现在因为这里生态环境好，成为留鸟了呢，得有几百只！”前几天的一次聚会上，一位大哥兴奋地跟我们分享他见到东方白鹳时的激动心情。我问，这是因为气候变暖的原因吗？他说，不，是因为我们的黄河，在这里入海。

就在这一刻，我看到天边飞过来一只白色的海鸟。我不认识它，但我知道它并不是东方白鹳。它看起来像一只老母鸡那么大小，正安闲自在地飞翔在半空中，飞翔的姿势那样的悠然，甚至在经过我们这群采风者头顶时，我看到它半歪着脑袋斜睨了我们一眼，仿佛在看这群叽叽喳喳的外来客是如何仰头张望它的世界。

我的心突然就被感动了。我不知道同行的采风者如何书写他们看到的这片土地上的风土人情。这里的人民就像翱翔天际的东方白鹳以及头顶上的这只不知名的鸟儿一样，来自四面八方，他们宁静、睿智、勤劳，为了实现自己的理想默默拼搏，只为寻一处温暖的地方安家乐业。而这里，无疑便是那片温暖又有诗意的栖居地。

这次采风活动看了很多地方，百年义和，生态产业园，几个村子的文学创作基地，孤岛槐林，龙居同心圆等等，众多故地新事，观者啧啧夸赞。我印象最深的应数孤岛军垦小镇。

“古来黄河流，而今作耕地。都道变通津，沧海化为尘”。公元 1855 年，黄河夺大清河河道，经河口境内入海，开始在孤岛地区造陆。1947 年，黄河复归山东故道后，分别由甜水沟、神仙沟、宋春荣沟注入渤海，三股河水分出大小两块陆地，大的称为“大孤岛”，小的称为“小孤岛”。后来合二为一，称孤岛地区。1963 年，济南军区在这里设立军马场进行农业开发。建设初期以生产军马为主，同时注重开荒种地，生产军马饲料粮和职工、家属口粮。自建场至 1995 年，累计开荒近 30 万亩。这些垦荒的土地，是由部队连部、知青、机工、牧工、复转军人以及当地的百姓一点一点辛苦开发出来的。保持原貌的破旧低矮的房屋，锈迹斑斑却仍显当年豪情的大金鹿自行车，以及墙上黑白照片中一张张充满活力的年轻的脸，都在向我们诉说那些来自祖国各地的年轻人在这片黄河故道上艰苦开拓的故事。

这知青中便有刘少奇主席的大女儿——刘平平。1969 年 9 月，刘平平作为北京知青来到了时称“东方红”的济南军区军马场的军人服务站糕点酱菜厂，主要工作是做咸菜做酱油。在军马场四年的时间里，她白天劳动，晚上坚持自学。这些为她后来出国深造，归国后担任外贸部科技司司长、全国妇联副部长打下了坚实的基础。

军马场的战马膘肥体壮，当时很有名气，为军区输送了大量军马。牧马不仅有男子骑兵，还有女子骑兵放牧班，这群巾帼不让须眉的女兵总结出了《军马防烂蹄歌诀》：阴雨连绵无晴天，惊群跑马不拦头。水深泥泞选草原，不拐急弯跑大圈……

起初，骑兵班的组建并不顺利。东营本地没有放牧的传统。通过连部大力宣传、做思想工作，军马场的骑兵牧马班成立了。“养军马，为备战！”就是这样单纯坚定的目标，让一群心怀理想的年轻人为了祖国、为了军队、为了人民奉献出自己的青春和汗水，甚至是往后余生。有一张照片拍得极好，一队军马昂首并排站立，骑兵们眉宇间充满着英气。排在队首的军马前蹄高高扬起，几乎直立，马背上的骑兵将缰绳紧紧握在手里，目视前方，神色坚定，像是听到冲锋号响即将杀向敌营所向披靡的将士。这张照片右侧有一幅小一些的照片，是一位老人的背影，后背略显佝偻，沉重。文字介绍说这是一名当地骑兵的父亲，他的儿子在一次部队骑兵演练中，因战马受惊，被狠狠摔下导致脊椎受损，人活了下来，却再也站不起来了。这位倔强的当地农民说什么也不愿给国家添麻烦，拒绝了部队的抚恤金与救济，默默地把儿子接回了家。我的眼泪涌了上来，我努力看清楚这名骑兵的名字，并记在心中。这是一位很普通的老人，像是我们老家胡同里随时遇到的某一位乡人；这又是一位不平凡的老人，他用黄河故地人最朴素纯真的信念养育了一名部队的热血男儿，把祖国的需要视为第一位，毫无怨言。

沿黄河而来，逐新生地而居。东营是一个不问出处的地方，来自不同时期不同地方的人民在这片辽阔的土地上会聚融合。苍天印证了他们劳作的身影，大地留下了他们开拓的足迹，日夜流淌的黄河水见证了沧海桑田的变迁，铭记这群追寻梦想的人民走过的数千年。这是无数人的黄河，黄河是这里每一个人心中诗意的栖居地，为之辛劳，为之动容，为之刻骨铭心。

这也是我的黄河，一个人的黄河，一个人的故乡之源，一个人的回家之旅。窗边响起“哗啦啦”的雨声，像极了采风那日站在河边树下，含泥裹沙黄浊激荡的黄河水发出的“沙沙沙”声，此时与彼时一样尤为静心。毕竟，一个人的黄河是需要安静的心来体会，来书写的。

雪落黄河

〇赵武明

小雪，没有飘雪。

大雪，没有飘雪。

冬至，还是没有飘雪。

风，随着意思吹，吹起了黄河千层浪。

居在金城的人，都期待着一场雪，银装素裹，洗尽铅华。

冬雪罕至，有的只是零零星星的，还没落地就已融化，轻描淡写，虚无缥缈。偶尔看到山巅上的雾凇，抑或在寒冷的山间瞥见雪凌花，便欢喜得不得了。瞬间，仿佛觉得眉毛上凝成霜，冷透心，都开始期待一场开打的雪仗。

没雪的日子，蛰居的人们只好逐着一场梦，来到滑雪场。在人造雪上，变着法儿撒欢。但总觉得缺失了一种天籁的韵味。

终于，一场雪飘然而至。白雪覆盖了大河上下。

这是春雪，从天而降，来自空灵，归宿在大地，轻盈明媚地覆盖，不拒绝脚印，不拒绝炊烟，不拒绝广场与蛮野。俗生俗事娓娓道来，氤氲成体温的熙攘，人群是最有生命气息的所在。

喧闹的年代如风一般远去，那颗经过生活磨砺的心，却已变得沉静柔软，撒下了温情的种子，萌生出平和的心境。不再去追逐一场繁华，知道时光是把无情剑，会消遣世上的一切，好花也难免缤纷一地，盛景也有暗淡的一天。只有那平淡的岁月，伴随我们质朴的生命，眺望黄河东流，闻听河水汤汤，一起走到人生的尽头。

可雪落人群，也是孤寂的。纵然食遍人间烟火，也好似一枚遗世而独立的雪花。这精灵从银碗里起舞，这是柔软的美，禅意的美，美到惊艳。每一场雪来，飘在我心间的，不是雪，而是一次邂逅或者是一场如饥似渴的约会。

我静静地坐在窗前，捧着岁月清幽，真想捧雪煮茶，让心情安然，让一本茶事、书事、诗事融化于一盏盏香气氤氲中。茶无贵贱之分，而分合在于人心。是的，只要心静坦然，用大碗盛茶，也会喝出雪的味道。透彻、光洁、玲珑剔透，直抵心间。

雪，静静落在黄河上。大河远去，带走的不仅仅是雪花，而是一个个故事。时光之河缓缓流淌，思绪引航，或顺或逆，或停或行，道法自然。

雪飘着，一下子又将我的思绪牵引回了儿时——

儿时的冬天，残留在记忆中最多的莫过于下雪了。一进入冬季，居住在河西的我们就盼望着下雪，漫天的雪花飘飘，那才是冬天的景象，没有雪的冬天还是冬天吗？那时，冬天隔三岔五就会落下一场雪，或大或小。

于是不经意间在某个清晨起来，你就会看到地上已经落了厚厚的一层雪，那漫天的小精灵依然在纷纷扬扬地飘落。压抑住自己欣喜的心情，顾不上欣赏这美妙的雪景，拿起扫帚就扫起院落里的雪。

这是儿时雪天我在家最爱干的一件事了。从我记事起，好像每年冬天扫雪全被我给承包了，从不让父母亲和家人插手。虽然每次扫雪手脚都冻得冰凉，可浑身却冒着热气流着汗，这种乐趣没有亲身体验是很难体会的。那时家大，院落也大，从大门外到后门外足足有五六十米长，要扫完着实需要花费些时间。

我先扫出一条路来，然后按照先前院、再后院、最后打扫大门外的顺序，将里外的雪打扫得干干净净，堆积在院子里每棵树的周围。院门外，还是各扫门前雪，家家户户，扫着扫着就连在了一起。

等我扫完雪时，母亲的早饭也做好了，我洗把脸吃完早饭，就和小伙伴们满世界疯去了。滑雪、打雪仗、堆雪人、雪地逮麻雀，不玩个昏天黑地才不肯罢休呢！直到母亲满世界地扯着嗓子喊着吃饭了，我们才依依不舍地分别回家。

记忆中，儿时故乡的雪每次都下得很大。有时接连下几天，而且每次都没过脚踝骨。记得上中学时，去学校要经过大片的树林。一个雪天的早晨，我去上学，疯下了一晚上的大雪将路淹没了，天地间白茫茫一片。我跌跌撞撞地踩着前面的脚印走，放学回家时天放亮了，才发现原来第一个走的人走差路了，后面的人也都跟着走出了一条弯弯曲曲的路。

踏在雪上，咯吱咯吱的声响，至今犹在耳畔。

一场雪，飘飘洒洒，让大河上下顿时变得简洁明了。黄河像一条银色的飘带明净酣畅。河边的树木，琼枝玉花。万籁俱寂，任河水东流而去。流去的是时光，流不走的是记忆。一条流动的河，让时空开朗。

雪落黄河，四野苍茫。此时，不禁想起了泰戈尔“死如秋叶之静美”的诗句。秋叶是一片叶子最后的风景，死亡是生命结束的时刻，死亡来临还要保持美的状态，未免过于凄美，却震撼着人们的心灵。当然，“质本洁来还洁去”，在死亡面前，让自己的灵魂保持美丽，不仅是趋于高尚的人生，也是趋于美好的人生。静美涵养着一股内气，注重自己的内心修为，更多是一种精神的写照。

每个人的心灵都需要滋养。在这个孕育的时节，我会迎着风，沿着蜿蜒的小路，来到旷野，在河边发呆。清新的空气扑面而来，融融的暖意流遍全身，一种美好的情愫在心中悄然滋长。倘若遇上雨雪潇潇的日子，我会选择一个僻静之处，屏气凝神，倚窗听雪。那轻盈的雪，宛如古筝弹奏出的旋律，清越悠长，丝丝入耳，让人荡起悠悠的情怀，享受一段美妙的时光。

夜深人静，一丝微弱的光线从窗口透进室内，在地上洒上了几许清辉。习惯在无声的世界里，将自己的心事铺开，用有色温暖的文字，记录一段缱绻的情怀。人生在世，难得的是那份自在和悠闲，那份可心和舒坦。雪在飘，思绪满天飞。

没有雪的冬天还叫什么冬天呢？没有冬天的岁月叫什么岁月呢？总有南方的朋友带着炫耀的口吻说："我们那里四季如春呢！"我听了一点儿也不羡慕，四季都不分明，那日子该有多混沌，就像人生只有一种味道似的，总有些乏味。有雪，冬天才有味道，有风韵。最好是一场大雪，要么是"燕山雪花大如席"的那种，要不就是"昨夜忽飞三尺雪"的那种。可是，这座城市总是下点儿小雪，世界只是薄薄地敷了一层粉。雪像个顽皮的孩子，露了个影子就逃得无影无踪。整整一个冬天，没有那几天大雪封门的日子，就觉得时光太匆促了，匆促得连脚印都留不下一个。春雪，留下更多的是人们的喜悦和深呼吸。

生活是一面镜子，你对着它笑它就笑，对着它哭它就哭。既然如此，我们不妨一路微笑前行，悠然从容地老去，唯愿岁月的静好长驻人间，如唇边那抹恬淡的笑意，温馨如花，温情似水，柔柔而和和，绵绵而长长……

偷得浮生半日闲，等待大雪不期而至，在洁白的雪世界中重回单纯宁静，回味悠长舒缓的旧时光，让心洗去尘埃，得到休憩。等待大雪来临，不只为看雪景，亦为了让雪把美好凝固。大雪纷飞，覆盖一切丑陋，让世界纯净。

走出家门，来到黄河边。不仅仅是为了雪。伫立风中，看着河边的树，忽然间感到它们才是大自然中真正的智者。内敛睿智，丢弃一切琐碎，将生命的本质形态呈现出来，干练、简单、磊落，面对雪雨风霜，精气神十足，卓然屹立，更显得骁勇刚劲。

你看硬朗的枝条上，因白雪堆积，便柔润丰满了起来，洋洋洒洒，恣意率性。在冬日的天幕上，勾勒出一幅自然天成、意韵无穷的书法作品。一棵树，只有经历过无数个冬天，才能牢牢地扎根于大地，昂然挺立，独自撑起一方绿荫，让风有了琴弦，可以弹奏天籁之音；让鸟有了家园，可以繁衍生息；让空旷的大地有了一个醒目的标志，可以轻而易举地确证其自身的在场。

在苍凉的背景下，体态魁梧或绰约多姿的树，透出一种原始、质朴的美。没有繁茂绿叶的装点，抑或艳花与硕果的牵累。繁华落尽，劲枝如剑直指苍穹，生命的原貌真实地袒露在天空下，凄凄冷风里彰显挺拔的风骨与不屈的灵魂。河边的树此刻是线条了，是国画了，那些线条里也表现了它们感觉到的寒冷。大地好像沉睡着，仿佛正在做梦。天地静，人的心也静，静得纷扰全无，杂念全无，烦恼全无，心底一池清澈、明净！

雪，让世界增了色，添了柔。只是一场出其不意的雪，就让人们把冷漠、疲惫渐渐释放。快让我在雪地上撒点儿野，与雪花撞个满怀吧。每个人有每个人的酣畅，每个人有每个人隐秘的欢乐。于我而言，还有什么比在萧瑟中遭遇一场大雪更令人心旌荡漾？沉睡的土地，被雪花深情的拥吻惊醒，这是天与地的重逢；春天就要来了，这是天与地的秘语。白雪覆盖下，孕育着风情万种的美丽色彩。雪花优雅从容，天地在看似安静中萌动。土地深处的种子悄无声息地发芽，汇聚成支撑天与地的震动。

雪落无声，甚至遁形。虚无缥缈，只觉迎面湿润，沁人心脾。凝眸处，雪花幻化成薄雾，远处氤氲，近处只有呼吸。金城在悄无声息的飘雪中，酣然入眠，漫长沉静。心跳的声音逐渐明晰。雪花绽放，刺眼的白，四周都是空的。风吹着雪，暮色苍茫，一个个故事正在酝酿。

雪花飘呀飘。金城到处都是雪，玉树琼枝，银楼玉宇，宛若仙境。黄河边树上的雪越积越多，枝头还在簌簌地往下落，如花落一般美。再荒僻的角落，也被雪厚厚地覆盖了。雪从来不会厚此薄彼，带给人间的都是同样的洁白。一层一层，雪让世界突然间进入一个童话世界。金城如此多娇，在于兰山上，也在于白塔山上；在于大河上下，也在于笑逐颜开。幸福会留在人们心里，也会写在人们的脸上，就像雪花飞舞，滋润着每个人的心。

不知是对冬天的眷恋，还是对春天的热恋，一场春雪就这样飘然而至。灯红雪白，中山桥静如处子一样，千娇百艳。纯白和寂静，霎时，覆盖了整个喧嚣的世界。

雪落无声，如此静美！

黄河口野趣

○张君亭

阳春三月，与妻踏青。

行到一处野水沟，沟里的水已基本干涸，残余一段浅水宽一米多、长不过十几米，水里偶尔露出一个黑亮的东西，走近一看，分明是一条黑鱼。兴奋的我，脱鞋下水。嗬！原来脚底下全是黑鱼，就像是谁刻意在水下铺了一层鱼。我“啪、啪”接二连三地扔到岸上几条四五斤重的大黑鱼，惊得妻子目瞪口呆。半天醒过神儿来后，回家借来一辆三轮车，整整装满了两大袋子，到鱼市卖给鱼贩，得“大洋”两千余。留给自己两条最大的，开怀下酒，大快朵颐。

我住的西边不远，有一条黄河故道。有一年

枯河，也是剩下一段段的浅水，仅半天工夫就捡了五六十斤螺蛳，还挖了十几个大河蚌。回家用清水养一两天，螺蛳五香酱爆，河蚌生开切丁做汤，现在想起来还舌下生津。

我家东边有一块荷田，每年秋季总有大闸蟹从荷田爬进我家院子。有一次，我们几人结伴到海边钓梭子蟹，忽然脚下被什么东西狠狠地硌了一下，伸手去抠，嗬，一个硕大的海螺，肥嘟嘟的肉翻在壳外，恰似盛开的一朵大花。这时，又有人惊呼："快看，大鱼！"果然，两公里外有两条大鱼，一前一后，在海面上起起伏伏、忽隐忽现，脊背闪着黝黑的光。众人估计怕有几千斤甚至上万斤，有人说它们正追食着鲈鱼群，果真是"大鱼吃小鱼"啊！

在海边，经常可见一顶顶的小帐篷，每一顶小帐篷就是一个小家庭。主妇支着小火锅，锅里煮着嫩豆腐，旁边摆一堆作料小菜。丈夫架竿垂钓，不管钓上什么鱼，马上收拾干净下到锅里，间或到旁边野地里挖几样野菜投进锅里。孩子在一旁快乐地跑来跑去，若是女孩还会采一把鲜野花抱在怀里。

黄河口的男人多喜欢钓鱼，早年骑自行车，后来骑摩托车，现在大多开私家车。防晒帽、钓具包、抄鱼网、小板凳、吃的喝的，一应俱全。或河沟池塘或海边。海边钓鱼有一种夜钓，须是铁杆钓友，可以想见，面对茫茫夜色、深幽的大海，星月相伴，是何等孤寂，又是何等的辽阔！

我和朋友在一处水沟下挂网，一个小时后起网，网上挂满尺巴长的浮鲢，银光闪闪，我俩乐不可支。我俩都不是捉鱼里手，网眼太小，只能捉这种鱼，美中不足。眼睁睁看着周围大鱼卷起漩涡，不远处一位老人钓到一条十多斤的大鱼，老人与大鱼缠斗半天，惊心动魄，着实让我俩羡慕！后来才知道，这位老人在小镇钓鱼界赫赫有名，专钓大鱼。

雨后，空气清新，蛙鸣四野，和妻子在田间小路漫步，路边草丛现出白花花的蘑菇，这种蘑菇叫双孢菇也叫口蘑，味道自是鲜美，一朵朵、一蔸蔸、一丛丛，满载而归。有时运气好，碰见鸡腿菇，味道更为鲜美！

去年 5 月，青岛来了几位客人，正值槐花盛开，陪他们观赏万亩槐林。远远地未见槐林已是芬芳扑鼻，及至槐林，先见一片红槐，花穗紫红紫红、艳丽夺目，再走，洁白的槐林兀然横亘，若白云下凡，气势磅礴。槐林深处，鸟鸣此起彼伏，如渔歌问答。

一位七十岁的老先生，折一穗槐花于嘴里咀嚼，没了之前的矜持，动情地说：“早年，槐花救过我们全家的命，我在心里已经给槐花跪下了！”

今年7月初，我和妻子无意中经过一处荒野，到处泛着白花花的盐碱，植被稀少。忽然，妻子被一小片植物吸引，喊我快步走至跟前，妻子惊叫：“海葚子！”说完，就掏出塑料袋上下翻飞地采摘起来。我仔细看了看，这片植物上结满了紫色的浆果儿，一穗一穗的，大小如豆，闪着紫色的光芒，像珍珠又似玛瑙，摘一粒品尝甜中带酸。

回来的路上，妻子说起她小时候在家乡摘食海葚子的许多美好回忆。及至到家，从电脑百度上搜出，海葚子原本是一种极好的野生植物，耐贫瘠、喜盐碱之地，早年有些农村曾将其当作乡野土品果腹充饥。如今，随着各地的土地开发，已经大为减少，人们逐渐发现海葚子竟然有着诸多的营养滋补作用，已是身价不菲。

黄河入海口，大河浩荡，海河交汇，天高地阔，物产丰饶，充满各种新奇和惊喜。

我客居这里，安身立命已经二十八年，超过我年龄的一大半。

黄河岸边河底村

○耿永君

漫山遍野都是枣树。

枣树林的阳湾里是错落有致，坐西向东的一排排新旧不一的窑洞，窑洞人家下面是街道，街道下面是黄河，黄河对面就是山西柳林县三交镇一个叫作“房房岔”的小山村。

这里是绥德县最偏僻边远的一个乡镇驻地，有一个和黄河有着密切联系的名字，叫“河底村”。距县城百十里，离外省山西却出门相望，抬头不见低头见。隔河呐喊一声，山西那面就有了回应。百十户人家，五六百人口，七八家商店，两三家饭馆。饭馆的饭菜都是自产的绿色食品，黄河滩摘的青菜，自家喂的猪羊，还有土鸡蛋。烹饪技术粗糙，但分量充足，吃不了可以兜着走。一算账，便宜得让你直吐舌头。街上常有几只膘肥体壮的大狼狗在游窜，吓得你大呼小叫，其实那狗根本没把你放在眼里，理都不理你，一看就是见过世面的大狼狗。

一到集日，山西那面的渡船送过来一船船男女老少与货物过来赶集，河底街上就热闹起来。两省的方言口语交织着，互相模仿着，你学我的陕西话，我仿你的山西音，买卖不成仁义在，完了都会哈哈一笑。热情好客的河底人拉着山西人到家里拉拉话，喝杯水、吃点枣，还硬要你带些瓜桃梨枣回去给老婆娃娃品尝。一来二去，隔河老乡就成了熟人，成了朋友拜识。更有两省年轻后生女子，不放过赶集良机，互相搭话说笑，就偷偷溜到黄河畔的沙滩上谈情说爱去了，就面对青山面对黄河山盟海誓去了……这时候，人们忙得只顾赶集，谁也没注意到河畔上会发生什么事情。只有黄河看见了，它也不说什么，只是笑嘻嘻地看了几眼匆匆向东流去。年轻人于是就对上象了，就让大人选择良辰吉日，在黄河的渡船上，唢呐手吹吹打打办喜事。河底后生娶回俊俏的山西闺女做媳妇，山西后生也娶了河底漂亮的女子做老婆，结为“秦晋之好”。两省百姓更是亲上加亲，常来常往……

过去，河底村还有一个神奇的传说——

很早以前，河底村叫“河坪村”。人们日出而作，日落而息，自食其力，倒也太平无事。忽然有一年3月，连续刮了三天三夜老黄风，风一过瘟疫横行，村里接二连三死了几个好后生。人们怕得求神问卦，到处寻求“艺人”消灾灭难。一天夜里，村里一位德高望重的王老汉隐隐约约梦见一个白胡子老汉走进来对他说“要消灾，改村名，一头抵住就太平”。王老汉迷迷糊糊起来紧追那白胡子老汉，只见他走到坡上一棵老槐树下就不见了。王老汉把梦中之事说给村里人听，大家都说这是槐仙点化。全村人就到老槐树下点香烧纸磕头祷告。根据白胡子老汉说的“一头抵住就太平”的暗示，把“河坪村”改为“河抵村”。从此，村里果然相安无事。因“抵”与“底”同音，后来“河抵村”就书写成了“河底村”。

现在，这棵老槐树依然长在河底村半山坡上，苍劲挺拔，枝叶繁茂，受到村民的敬畏。

河底村也是一块红色土地。

和河底紧挨着的沟口村，曾经是当年红军东征的桥头堡，红一军团在这里打响了东征第一枪。

1936年2月27日，中国工农红军军事委员会联合发表《东征宣言》。为寻找东征渡口，周恩来、毛泽民、徐海东等人冒着漫天大雪来到沟口，扮成砍柴人，身穿羊皮袄，在猫窝咀一带观察地形，为东征做渡黄河的准备工作。其时，绥德县苏维埃政府主要领导人李万春、王学善都是河底周围村里的人，他们把河底、沟口沿黄河畔一带的共产党员和革命积极分子艄公组成130多人的水手连。河底群众都是纯朴、厚道、豪爽的受苦人，红军渡黄河对他们来说是天大的事，豁出命全力支持，昼夜不停砍柳树打造出8只木船供红军渡河使用。2月18日，毛泽东、彭德怀在清涧袁家沟村发布东征作战命令。2月20日晚8时，红一军团在沟口渡河开始，向山西三交镇挺进，打退三交渡口的敌人。

现在，红军东征故事仍在河底百姓中流传。周恩来曾在沟口住过四天。村里李生贵是绥德县苏维埃政府首任几个部长之一，代号老朱。红军东征时他负责造船，周恩来与他接触频繁，了解到李生贵在黄河沿岸很有声望，就说："老朱，你在黄河边很有名，干脆就叫'朱有名'吧。"后来，李生贵就改名为“朱友铭”，此名字伴随他一生。

山有山的高度，水有水的深度。陕北的每一道山梁，每一个村庄，每一条河流，都有着与众不同的传说和故事，让你惊叹与回味。值得一提的是，2006 年，山西柳林县刘财永先生投资 600 多万元，在河底村和黄河对岸的房子岔之间架设了由 12 组 24 艘大型铁船焊接而成的黄河浮桥，方便两岸行人和车辆通行，促进两省经济文化进一步交流。后因黄河洪水冲垮中断。河底乡也于 2012 年全县撤乡并镇而取消了乡级建制。但是，黄河涛声依旧，秦晋人民感情依旧，街上集市依旧，漫山的红枣与五谷依旧……

走了一回就忘不了哦，这个黄河岸边的小山村——河底。

黄河口船家的故事

○刘 开

我出生在黄河口船家，始祖刘自孝于明洪武二年由直隶枣强迁至利津，立村刘家夹河。历史上黄河六次大迁徙，有两次“青睐”利津。第一次在王莽新政三年，第二次在清咸丰五年，即1855年铜瓦厢决口，黄河夺大清河由利津县入海。两次改道中间，大清河润泽利津600余载。金代，济水流路称为北清河，自梁山泊出东北流，在利津小牟里以北入海，因大量黄河水走南清河入淮，少量走利津，至元代北清河遂改称大清河，不再承接黄河水。大清河时期，我先祖有的捕鱼捉蟹、有的以养船为生；时而南运食盐，时而贩运粮食。我家养船的兴盛时期，是在清末至新中国成立初期，往南到济南泺口码头来回运货，往北到渤海沿岸割苇子、贩运粮食。我记事时，曾祖父已九十多岁卧床不起，他一生劳作、饱经风霜，已到风烛残年。奶奶经常念叨，使船不容易，下雨天一般人都往屋里跑，可使船人则要从舱里往外跑，用雨布苫货。

我家人在村子里唯一出名的是长寿，老实巴交，只知道劳作，粗茶淡饭，男女都活八九十岁，这大概是遗传吧。曾祖父年轻时，省吃俭用，唯一的爱好是攒钱买地，现在看来有点过分，谁家过年不吃几天白面？可曾祖父不让家里人吃。曾祖母的娘家看不下眼，也是心疼闺女，过年时送来几十斤细面，曾祖却背到集市上卖了，一家人哭笑不得。

村里人说曾祖父和爷爷一辈子走财运，干什么都能发财，别人认为不挣钱的事他爷俩都挣钱。一生置了大亩几十亩地，有骡马大车，三只大船，在村里成了数一数二的富户。土改时划成分，按说划个地主也够格，沾了刘氏家族的光，定为中农。因刘家夹河村百分之九十九姓刘，当庄不向外来的，何况都是一个墩头发芽的刘氏子孙。当时村里负责人说，不让我村出一个地主，我村果然就没有一家地主。

曾祖和爷爷第一次发财，是在黄河口一场海啸后。一场罕见的海啸，淹死了不少割苇子的人。海啸就是当地说的飞潮，刚才还看不见水，一眨眼的工夫便飞来铺天盖地的海水，只顾埋头割苇子的人们，瞬间便被淹没在汪洋之中。那时候没有天气预报，久住黄河口的人却知道“海气”，凭观察风向、天色云气变化，闻海水的味道，便知道近日天气如何。曾祖爷俩一年当中有大半年的时间往来于利津至河口之间，驾着一条破圆船（低级的木船，用柳木排成，好船用红松板），有时割苇子，有时贩运粮食。凭借多年的经验，爷俩估计要发生一场大海啸，于是提前驾船躲到了安全地带，还多转了几个弯告诉周围的船只躲一躲。但是，有人听有人不听，特别是鲁西梁山、鄄城、东明一带的船民，来黄河口割苇子，只看见二拇指头粗、一人多高的苇子，眼都馋红了。爷爷吆喝他们说：“赶快走吧！海吼（土语，即海啸）来了！”梁山一带人说话、骂人都不离开“奶奶”，有一大汉说：“奶奶的，海吼来了不怕！镰刀扒了他！”可怜不计其数的鲁西人，就这样死于海啸之下。海啸过后，苇场的海沟子里到处漂着死尸、烂船板，一时间大雁哀鸣，天地昏暗无光，惨不忍睹。

来认死尸的人好不容易找到了尸体，运走又成了问题，好点的船贵贱不运，这倒给我爷爷创造了机会，因为我家是一条破船，比竹筏子好不了多少，不怕装运死尸。再说，挣了钱排新大船。运了个把月，爷爷发财了，加上多年积蓄，后来果然排了三条新大船。

爷爷备下了一色的红松板，从胶东请来了水木匠。水木匠和旱木匠做工截然不同，旱木匠做家具讲究卡榫卡卯，严丝合缝。而水木匠在板与板之间要留一指宽的缝，用麻刀、麻绳填缝，用桐油浇灌，外抹碾串灰（生石灰在石碾上浇着桐油碾压，碾成膏状）。

水木匠来了爷六个，都是排船好手。不过排船的好工匠都会留一手。开工伊始，爷爷为了鼓励木匠把船排好，许下给那位领工的老把式做一身真正的东北皮袄。船排好后下水，爷爷领着几个人试航。大船做工讲究，外观十分漂亮。但下水后，船身发抖，像人打摆子。爷爷往岸上一看，排船老把式手拿香烟，脸上挂着让人捉摸不透的笑意。爷爷忽然明白了，立刻靠岸，对老把式说：“老人家，船没别的毛病，就是有点摆，发抖。”老把式说：“发抖那是冻的，穿上皮袄就好喽。”爷爷说：“您老人家的皮袄，早就给您裱好了，咱们试好船，回去喝庆功酒，给您老试皮袄。”爷爷说完，老师傅豪爽地笑着说“好嘞，咱再试！”说罢，提着大板斧上了船。刚离开岸，老把式照准舵根部，狠狠地砸了三下，船立马平稳行驶，像坐在自家的炕上一样。

黄河口的船，船舱都在下面，只留高出平面30厘米的舱盖。而鲁西梁山一带的大船，后舱有舵楼，上下两层，看上去像一间小房子，很是讲究。行船需要停下，或是住宿，下锚都要有揽头人高喊一声“下锚了！”如果不喊，便是哑巴锚。传说下锚高喊一声，是告诉河神我们到此地界了，请各路神仙给予照顾。

黄河的利津水路，爷爷的三只大船，还有附近的船户，成了周边几十里的领军船队。一年初冬，爷爷驾船跑泺口码头，看到大枣便宜，质量上乘，便装了满满一船大枣回家。村里人说：“这么多大枣，春节期间，未必能卖完，过了年就不值钱了。”那年也该爷爷发财，进了腊月，接连几场大雪封了路，没膝深的雪一直出了正月才化透。乐陵、无棣的枣运不进来，爷爷的大枣成了抢手货，县城的几十家商铺纷纷来订货，爷爷又发了一笔大财。

第二年春天，爷爷和村里几家船合伙往泺口码头贩运大豆，卸下货后，往回装什么货各家意见不一致，达不成共识。爷爷主张往回运桐油，别家主张给人装货挣运费，这样不担风险。没办法只有拆伙，别人都被雇去挣运费，爷爷装回一船桐油。那年刁口渔民新排了不少渔船。旧船也等着油过下海，爷爷的桐油又成了紧俏货，当然利润很可观。爷爷常说，经商有时得敢冒风险，也许挣，也许赔。明显的稳挣，发不了大财，不知有多少人在盯着呢！

曾祖父一生只字不识，有了钱后，也认识到没有文化的害处，想在两个儿子身上供出个识文断字的。我爷爷天生不是上学的料，学打算盘，“二百钱”一冬没学会，使船、经商却一点就通。我二爷爷性格和爷爷相反，不爱干农活，不愿使船，文质彬彬，爷爷一冬没学会的“二百钱”，二爷爷一晚上就学会了，上了几年私塾，便去了关东营口给人做账房先生。曾祖一生遗憾的是没培养出一个考取功名的子孙，攒了点家业，倒引来了不少祸事。

人怕出名。那时到处土匪横行，只要你有点家业，就免不了引起土匪的注意，又加上我村有一人名叫刘长安，专做给土匪通风报信的勾当，村里人管他叫“勾子”，我家成了他重点关注的对象。

当时在本地活动猖獗的土匪是宋孟五股道的宋殿驰，大本营在现在河口一带的荒洼里，有十几条枪，外加手电筒，那时老百姓管手电筒叫“亮子”，一般人家没有。小门小户的人家，他们不用动枪，在夜里只要用手电筒一照人们就吓得缩成一团，任凭他们翻箱倒柜。

第一次遭遇土匪是在冬天，我家的粮食、棉花还没出手，便引来了土匪。为了防土匪，曾祖爷几个夜里轮流值班，那时我家是砖垒的深院，隔不远墙上有一枪眼，砖是活动的，在外面看不出来，在里面把砖一抽，就能往外放枪。没有快枪，只有两杆打兔子的猎枪，还有两只打鸟的“鸟别子”，装上碎锅铁和铁砂子，也能打伤人。当听到外面砸门声，曾祖知道土匪来了，叫醒爷爷，一人一杆猎枪。从门楼里往外一看，有十几人，他们正想弄开大门。曾祖抽开墙上的砖朝外放了一枪，枪声在夜里格外响，土匪退到了远处。但不多时候，土匪又架着一根木头撞大门，曾祖和爷爷一人又放了一枪，这样相互对峙了一阵子，土匪始终没弄开大门。这时村里人们被枪声惊醒，有人在远处敲响了锣，也有人在远处呐喊：“乡亲们，起来打土匪啊！”土匪们一看不宜恋战，便抱来柴火烧大门，火苗子有房子高，因大门是用铁皮包过的，一时半会儿也烧不毁，眼看天快亮了，土匪空手撤了。要是没有乡亲们的呐喊助威，土匪也不会很快撤离。远亲不如近邻，乡亲们帮忙很关键。曾祖自己省吃俭用，对别人也有点吝啬。乡亲们遇到灾年来借粮，曾祖怕他们还不起，不肯借，每当乡亲们青黄不接、断顿的时候，爷爷总是瞒着曾祖，把粮食借给穷乡亲。第二次土匪来袭，防不胜防，曾祖终于被土匪绑了去。这次土匪来在傍晚，曾祖还在地里收庄稼，五六个土匪骑马而来，把曾祖拖到马背上，头上套一黑布袋，刚想喊救命，就被毛巾塞住了嘴。坡里的乡亲们拿着锄头高喊：“来人哪，土匪绑人啦！”土匪每人朝天放了一枪扬长而去。

第二天，村“勾子”刘长安便来到我家，送来了绑票，要一千块现大洋，十天期限。那时的一千块大洋不亚于现在几十万，一家人犯了愁。爷爷把所有粮食、棉花都变卖了，大车、骡马也卖了，把两条最值钱的大船也低价出手，仍然不够，又向亲戚借了些才凑齐。在这十天当中，刘长安三番五次来催款、恐吓，一蹦几尺高，吹胡子瞪眼。尽管都是刘氏子孙，他却一点儿人情面皮都不讲，丧尽天良！

凑足了钱，爷爷跟着刘长安，去了土匪的大本营，曾祖被关在一个地窖子里，十几天的光景，曾祖已不成人样，头发、胡子草一样，面黄肌瘦，爷爷用手推车把曾祖推回家。曾祖大半辈子的心血，一劫而空，心疼得大病一场。

后来，刘长安也没落个好下场。刚解放时，村里斗恶霸地主，我村没有地主，就斗刘长安，被年轻人抽了两马鞭子。

在战争年代，爷爷胸怀民族解放大业，积极参加当地政府组织的支前活动。1941 年春天八路军山东纵队 3 旅 9 团团长赵寄舟，政委岳拙园率领团部机关，进驻利津县境东北八大组一带。爷爷在村指导员刘玉美的带领下，把子弟兵运过黄河。1942 年，利津解放的前夕，国库征收的公粮有百分之十五为地方自筹，由县级政府支配，其余百分之八十五支援灾区和鲁南战区。这次县里把征集到的粮食用牛车、马车送到刁口、弯弯沟，再装运往胶东，支援胶东解放区。在这条从刁口到胶东的海运线上，爷爷曾不知跑了多少个来回。曾装载过数不清的子弟兵，出入黄河口的红荆林，三战大孤岛，夜袭茅思坨，巧夺弯弯沟……

1947年，国民党进攻山东解放区时，利津县集中了三十多只木帆船，在王家庄兵站担任运送八路军北渡黄河的任务。我家有两只大船参加了这次任务。

新中国成立后，农村走合作化道路，搞土地改革，号召大家献出自己的土地加入合作社，船家也带着自己的船入社。我爷爷积极响应国家号召，献出我家的三只二桅子大船。那时黄河里跑的船都是风船，用桅杆挂起篷，也叫帆，没有机械，借风行船。一般小的船只有一根桅杆，大船两根桅杆，利津、垦利的风船都是二桅子。三桅子的大船一般是鲁西梁山一带的，很少见。我爷爷、大伯、父亲爷儿仨，带着三只大船，一起加入了利津县航运合作社，后改为利津航运站，码头设在利津县城东关河边，也就是东津古渡旧址。1953年，政府给每个船民都发了船民证，相当于现在的工作证。爷爷去世多年了，可他的船民证我还收藏着。

为了三只大船入社，我爷爷带领全家，把船油得周身透亮。从我家大刘夹河村到县城东关有十多里路，临行前，爷爷领着两个儿子，带着几个帮工，跪在船头的岸上，烧了几刀纸，祈求河神保佑。这可不算封建迷信，至今海边的渔船出海前都要烧纸，这是船家的规矩。父亲点燃了两挂千响的鞭炮，声声清脆悦耳，引来了在河滩里种地的男女老少看热闹。随着爷爷洪钟般的一声"开船了！"大船立即起锚，船工们打篷的打篷，拦头的早已横握挽子（撑船的篙，黄河口船家称之挽子）威武地站在船头。三只大船劈波斩浪向前驶去，爷爷俨然指挥千军万马的将军，两手操着舵杆，稳坐船尾。由于我家的船不但大，而且成色好，受到了政府的表扬。三只大船，一只尖头，两只方头，每只的载运量都不亚于后来的斯太尔汽车。爷爷一直干到 1975 年退休，大伯和父亲后来调离了航运站。黄河口的木帆船，为黄河下游安全入海，立下了战功。黄河大堤上的石料，大部分是航运而来。1951 年 3 月至 1956 年 6 月开始带着自己的船入社的船民，都集中在济南泺口，统一管理调配，船工属于山东省惠民地区交通局管。后来有了汽轮驳船，泺口只留下了汽轮驳船，木帆船在 1962 年 6 月集中回到了利津县航运站，垦利县没有航运站，原靠河涯的船户属利津区域，船民都加入了利津航运站。20 世纪 70 年代利津商业物资，大部分由木帆船从泺口运来，有时我到爷爷的船上看卸货，大袋的红糖、白糖、布匹、五金产品，被搬运工人卸下船，再装车运进县城。

俗话说行船如打仗。黄河口船家，说话都是粗嗓门，张嘴就骂。这是行船的特点，行船说不定遇到什么情况，一发现就十分紧急，急了什么管用就说什么，悄声细语干不了船家。

由于从小对黄河、风船的偏爱，我总爱站在大坝的埽头上看黄河，入迷地琢磨这条大河，浮想联翩……

儿时，一帮十来岁的小子，没事就跑到埽头上看船。风船顺流而下，叫“放下流”，反之叫“爬上流”。放下流时，船一般都在河中央前进，因为河中央水流湍急，船行驶速度快，若遇顶风，就落下篷，若遇顺风，再打起篷，那更是快上加快。风船过埽头爬逆流，最惊险。一般船上六七人，爬逆流时，船上只留船长、拦头两人，其余都下船“拉套子”（很多地方叫拉纤，黄河口叫拉套子），就是从桅杆顶上拴一长绳，人在岸上拖着船走，速度甚慢。为了躲避急流，船要在岸边借回流行驶，不是久住河边的看不出门道，乍一看河中心飞流北下，岸边却小流向南，这叫作回流。本来逆流行船就难，可爬埽头更难。埽头都是黄河的险工地段，因河道狭窄，水流湍急，河两边用石头砌成高墙，一直到坝顶，叫埽头。滩区有回流，埽头没有回流，所以风船过埽头如过险关，有时伏天流急，船半天过不去埽，有时眼看过去了，又被急流冲下来，有时甚至需要十几个来回，急得船长在船上跺着脚骂人。过埽头，船长和拦头要配合好，否则船头碰在石头上，不但船过不去埽，还有可能碰出窟窿，那就更糟。船被拉着，会往岸上靠，拦头的要随时用挽子撑开船头，躲避岸边的石块。我们像看惊险的战斗片，心提到嗓子眼里，两眼直勾勾的，替船家捏着一把汗，等船过了埽，叫骂声停止了，河里恢复了平静，我们这帮小子才回过神来。

人生不也如行船吗？有时走顺流，有时走逆流，不管征途多艰难，都要像过埽头的船，凭着那股韧劲向前走。

2016年，山东内河水运基础设施建设，提升到与高铁机场同等地位，内河水运将迎“黄金时代”。微山、台儿庄很快会形成布局合理的航道网络。

京杭运河航运的飞速发展，使我联想到黄河航运，水运有运能大、成本低，能耗轻、污染小等优势，在降低运输成本，节能减排、实现绿色可持续发展方面，重要作用日益凸显。我盼望着黄河能恢复航运，这是黄河航运的后人最大的梦想。京航运河里的一条450马力的小拖轮，竟能拖带九条千吨级驳船，总运量可达万吨，这是公路运输所无法比拟的。

我盼望着黄河增水复航。

黄河滚滚东入海

○黄其军

黄河边的世外桃源

幼年时，我对黄河的印象大都来自父母长辈的言谈。据老人们讲，我们老家叫左家庄，是一个很大的村子，位置就在垦利黄河大桥附近。1947 年黄河由淮河改道垦利入海，把这个大村一分为三：一支留在现在的垦利县垦利街道左家庄村；一支去了利津县盐窝公社左家庄村；另外一支去了利津县汀河公社割草窝村。曾祖父上过学，一直在外地工作，最后从济南回到利津县城定居，从事教育事业。祖父中专毕业后分配工作，辗转于虎滩、汀河教书，最后随我们大家族在汀河割草窝村安了家。

割草窝村离黄河四十多里地，说起来应该不会再和黄河联系到一块。但造化弄人，我们现在众所周知的1960年大灾荒来到了。因为家里没有劳动力，就祖父一个人领那24块钱工资，一家四口人根本吃不饱，我祖母最早因为病饿离开了人世。在利津二中读高二的父亲被迫辍学。为了生存下去，村里组织了一百多口人去黄河边闯“小孤岛”。祖父是吃公家饭的去不了，父亲只好跟着我二爷爷一家逃难了。

当时的“孤岛”是一个很模糊的概念。人们习惯上把黄河新淤积出几面环水的地方都宽泛地叫作“孤岛”。黄河自黄土高原奔腾而下，泥沙俱来，每年为东营市造就三万多亩的新生土地，使这里成为中华人民共和国唯一面积不断增长的城市，我们一代又一代就在黄河边繁衍生息。但在我印象中，黄河一直应该是向北入海的。所以当广饶县、东营区的人们称我们为河北人（黄河以北，非河北省）的时候，我都会忍不住纠正他们。我们付窝乡的黄河大坝基本是西南—东北方向，总体偏北。我们去黄河边种地都说是去“坝东”。仔细研究了地图，方才明白了这命名背后的缘由。黄河向东入海的过程中，在利津镇刘家夹河险滩附近，要途经一个很大的陡弯，然后径直拐向东北方向。在水流平缓之后，在现在陈庄镇前进村东面，黄河朝着河东面的小宁海方向猛烈冲刷，在河西则退地形成了大片新生土地。

我们那时的村就在黄河西边不到五百米，当时村里人自己起了个村名叫“旺子村”，一共一百多口人。村集体为大家盖了几排土坯房，每家两间。当时四周树木茂密，人们忙着开荒种地。在现在陈庄镇东方红村后面，我们村有块耕地叫作“老虎洞”，据说因为树特别多，能够隐藏下老虎而得名。黄河的泥沙肥沃得流油，随便撒一把种子就可以收获。到处野兔野鸡成群，狐狸瞪着狡猾的眼睛四处寻觅美食。只要下一场雨，在周围的坑塘里，我们用小小的笊篱就可以捞到鱼虾，虽然缺盐少油，无滋寡味，可毕竟也是荤腥。

当时父亲仅带了一铺一盖、一身单衣单裤，好在他是村里唯一的文化人，先任村民办教师，还自学兼职赤脚医生，后来干了村主任。听母亲讲这些过去，我每次都禁不住流下泪水。那个叫“旺子”的小村，我亲爱的哥哥就在那儿出生。用现在的眼光来看，当时这个四处瓜果飘香的小村庄，相对处处充满饥饿的世界来说，那真是一个世外桃源。

1969 年那个恐怖的夜晚

结婚后，父亲开始了短暂的教书育人的幸福时光。据父亲讲，他一共教了 12 个孩子，除了三个入职政府部门，端起了“公家饭碗”外，其余的都在村里种地。那时的学生是很难教的，因为学生底子太薄。这期间，还发生了很多有趣的故事。比如，我父亲领着孩子们认字，读到“虫子”的“虫”字，就有一个孩子总是读“啜（二声，音 chuo）”。打他两巴掌，他就能读上几遍“虫”。下课再提问，又恢复了原样，真是让人哭笑不得。大概是跟着爷爷奶奶时间长了，不少孩子永远也改不了利津的方言土语。

如果日子一直这样，我也会像哥哥一样真正在黄河岸边出生、成长，可 1969 年的那场凌汛改变了这一切。

1969 年阴历正月二十八，村里有经验的人事先看到了黄河的异常。大概是下游的冰块叉住了，河水在慢慢地上涨。可生长在黄河边的人是不怕黄河水的。这里面有一个基本常识，因为黄河是“地上河”“悬河”，所以黄河边建的房台都两米多高，房子反而要高出黄河主堤不少。黄河的发水也不像其他河流决口奔涌而下，一泻千里，而是先从小沟小渠里向黄河主堤旁慢慢渗透，最后才是黄河水整体漫出，黄河边的人称之为“沸”。我们旺子村四周还有护村的小河坝，只要坚持守上几天，黄河水一般会退下。

那天作为村主任的父亲去利津县城开“三干会”去了，家里只有母亲和不到六个月大的哥哥。母亲剁的白萝卜馅，准备包包子。听见外面锣响，王爱民队长喊：“小坝顶不住了，大伙准备一下快跑啊！”但是大家并不惶恐，都在门前崖头上画上一条线，盼着水退。然后水漫到了门槛，最后到了炕边。听见王爱民队长一声喊：“黄河决口了，乡亲们快跑啊！”母亲这才惊慌失措地背起我哥哥，抓了一床小被子，随着人群沿着小坝脚步踉跄地逃难。小坝两边都是冰块和黄水，好像龇着凶残的牙齿随时吞噬掉所有人群。我可爱的母亲河啊，此时的她，面目狰狞而可怕。

滚爬二十多里路，终于爬上了黄河主堤，漆黑的夜晚什么都看不见，只听见黄河水呼啸奔腾着，好似是在猛烈啃噬着黄河大堤，附近村防汛的劳力也上了主堤。最后母亲背着哥哥，跌跌撞撞，逃到了三段村我老姥姑家（利津称呼，我曾祖父的妹妹），前后共住了半年多。等回过神来，母亲一看，手里竟然还攥着一只鞋底！这大半年里，母亲经常半夜惊醒，背起哥哥就跑，喊着："水来了，快跑！"毕竟母亲那年才 24 岁虚岁！在以后的若干年里，逢年过节，我这个老姥姑家是我们兄弟姊妹必定要拜望的亲戚之一。

开春以后，流散到四处亲戚家的乡亲们都去旺子村收拾屋子。印象中，有个马蹄表是从老屋里刨出来的，上弦后还能走。我时常抚摸着它，想象着人物一理，它是经历了怎样大难不死的生死劫？

上岁数的人去村里看了一下，村子已无法再住了。这次大水，黄河向河西冲刷了一百多米。后来，我们村用二百亩耕地置换了付窝公社临河村后面的大碱场地，开始是我们紧挨着的四户，后来就有了现在的胜利村、太阳升村。一个大自然村两个行政村，都是汀河公社的搬迁户。

沧海桑田，大自然有自身的神奇规律。我那可爱的旺子村，就在 1976 年左右成为黄河行水的一部分。那当年的世外桃源，我哥哥出生的地方！

后来，我特别喜欢去姥姥家所在的一千二村，家家户户两米多高的房台，村里到处种满了桑树和杨树，还有我二姨家成天提着弹弓四处打鸟的可爱表弟。十几年前，听说一千二村也搬迁到了坝外。别了，这些曾经美丽如画养育过我们的故园！

1984 年那个撕心裂肺的早晨

我老家左家庄村是被一分为三的，垦利镇左家庄村也有我们的一大家子。老黄家解放前是大地主，因为 1946 年闹“小红门”被抢光才成了贫农。我父亲堂叔辈兄弟 19 个，我叫作泥柱的五叔和我们家来往最亲密。

这个五叔是父亲这一辈中的能人，农忙间隙经常偷着做点小生意，好像是卖的锅盖，不是铁的，是手工制作的那种。因在黄河边长大，水性也极好，能够连续在黄河中“站凫”着几个来回！

1984 年阴历四月初四那个下午，母亲下午突然收拾了一下，匆忙和父亲一起去垦利镇左家庄村了，原来是我的五叔家出大事了！我父亲是他们这辈中的老大，有事自然要出头。我正在上初中，后来陆续才知道了事情的经过。

左家庄村在黄河西岸集贤乡那边有很多耕地，那个时候还没有通黄河大桥，村里人种地天天坐船来回。五叔求了好几个亲戚，打算第二天到河西地里帮着种花生，可晚上五叔突然不愿意去了。脾气很急的五婶一遍遍地催促。据后来邻居说，五叔家的驴莫名其妙地叫了一晚上，并且连踢带刨。早晨都起得很早，那天人出奇的多，为了赶工夫，大家都拼命往船上挤。小船上装了二十多人，早已超载，刚划出就晃晃悠悠不稳当。眼看着快要到河岸了，突然从上游急速下来一股湍急的漩涡，整只船一下子翻了个底朝天。

岸上立刻聚集了很多人，到处是哭声，可大家都束手无策，附近也没有什么船只。据目击者说，我五叔先后救到岸上三人，最后气力用尽，自己沉入了水底。整个过程过于凄惨，我泪流不止，不忍细述。最后一共六口遇难，其中就有我们老黄家的四口。我的五叔五婶，还有我的两个姑姑。可怜我五叔那年虚岁才三十五，撇下两个刚过十岁的儿子；我那两个姑姑也正处在青春芳华。六条鲜活的生命，就如同盛开着的六朵鲜花，瞬间凋零在黄河的波涛里。

真是天塌了！我祖父这一辈叔兄弟九个，五叔的父亲排行老六，1973 年因病去世。41 岁的六奶奶独自拖拉着六个孩子，我五叔成为家里的顶梁柱才十多年，日子刚刚有起色！五叔五婶这一走，剩下我年近六十岁的六奶奶带着四个未成年的孩子，两个儿子 16 岁和 13 岁，两个孙子 13 岁和 10 岁。家里一片哀鸿，命运总是如此的不公！

这件事情过去很长时间，我常常发呆，总认为这根本不可能是真的。那么好的五叔五婶，就这么长眠在滔滔的黄河水中了。出事前的那个星期天，五叔和五婶还来我家，和我父亲老弟兄俩一块喝酒。他们给我们兄弟姊妹买了好吃的，摸着我的头，鼓励我们好好学习。

后来我从基层考选到市直，我五叔在东城做生意的两个儿子，我的兄弟，我都是尽己所能去帮助他们，每一回都是一次心安。

黄河啊，你波涛滚滚，育我乡亲，永远不忘哺育恩；

黄河啊，你浊浪滔天，吞我叔婶，一壶老酒祭亲人。

作为黄河边长大的一代，黄河把太多的记忆深深地刻在我的脑海里。我无意去重新咀嚼过去的苦难，只是倡导感恩、知足，莫忘记世界上还存在很多灾难、贫穷与饥饿。面对着母亲河，所有的人生悲喜，所有的失败成功，都会随着奔腾的黄河水漂落在水中，滚滚东去。

曲沟故事

○赵久莲

当你徜徉在龙羊峡的湖光山色、苍穹碧野时，是否知道，30多年前，为了国家重点建设龙羊峡水电站的需要，黄河沿岸开始了库区移民搬迁，滔滔黄河淹没了共和县的曲沟乡和铁盖乡，贵南县的拉乙亥乡、沙沟乡和茫拉乡。据1987年西北勘测院统计，龙羊峡水库共淹没两岸耕地8.67万亩；草场39.6万亩；林地1.4万亩；房屋4.2万间，共迁移人口29744人。那时候我们的国家还不富裕，国家给予库区的补偿费只有1.3亿元，库区移民“功存社稷而人不知，躬履艰难而节乃见”（苏轼《贺欧阳少师致仕启》）。龙羊峡水电站1976年开始建设，历经24年，2000年8月建成黄河上游第一坝——龙羊峡水电站，亦称龙头电站，为青海省乃至西北地区输送出了源源不断的电力，造福了亿万人民。黄河的每一滴水，折射着高原儿女国家利益高于一切的无私情怀，每一寸流沙，沉淀着草原人民遥远未敢忘国忧的豪宕正气，九曲黄河，叠影了一部华夏子孙的历史，滔滔东逝水，是中华儿女流淌着的共同血脉。

龙羊峡深水波浪中消失的村庄，是一个？还是十几个？也许不仅仅是村庄的淹没，还有那古老的城池和它的故事。这里就是《山海经》中记载垒人生活的宁静之地。牧人们跟随着牛羊的脚步移动着自己的黑帐篷，在风声、雨声、马鸣声中，倾听大地上的寂静。海南草原历史上是边塞战争的前沿，遗存了很多文物古迹。1959 年 1 月，青海省文物管理局和中国科学院考古研究所青海队，组成龙羊峡联合考古组，对水库淹没区进行调查，发现古代文化遗址、古城堡 10 余处。1976 年 3 月，青海省文物管理处考古队龙羊峡调查组，对淹没区进行了文物普查，共登记古文化遗址、古墓葬、古城堡、古生物化石 39 处，库区文物相当丰富，这里有旧石器、中石器、新石器时代、青铜时代、汉代和以后各时代的文化遗存，由于当时经费和人力不足，仅确定11处作为重点发掘，其中有曲沟乡的合乐寺、曹多隆、峡口古城、姊妹城、菊花城。历时五年，共揭露遗址面积7565平方米，打探沟近300条，清理不同文化类型的墓葬344座，出土石器、骨器、陶器、铜器、铁器等文物23889件。黄河淹没了的马家窑居住遗址，在拉乙亥、沙沟和曲沟地区均有分布，两岸还分布着卡约文化居住遗址。

这次考古发掘，一手拉住了古代文明的余韵，一手又挽起了新世纪建设的开篇。考古发掘证实了峡口古城和菊花城建于唐代，姊妹城建于宋代。曹多隆古城是西汉元始四年，中央王朝设置的西海郡的五个属县之一。民国27年（1938年），周振鹤在《青海》杂志第九章历史部分介绍：“王莽在设置西海郡的同时，又筑龙夹城（上郭密古城）以备之。”龙夹城就是上郭密古城，也就是曹多隆古城，它位于曹多隆村北，城边长约460米，略呈方形。在托勒台采集到的一件典型打制石器，一件刮削器，经判断均为旧石器时代遗物。这说明两三万年前或更早时期，已有人类在这里生活。考古发掘表明，这里也是古生物化石的富饶产地。采集到的标本有乳齿象、三趾马、披毛犀、大唇犀、鼠兔、古菱齿象、三门马、河狸、鹿、羚羊、鱼类等数十个品种，总计在 2000 件以上。这些标本为研究青藏高原古地质地貌的形成，古生物的演变和古生物群生态环境，提供了宝贵资料。

盈盈一河，从加吾峡奔腾而下，进入羊曲河段，20 世纪 80 年代前，从羊曲至龙羊峡，河道流长 108 公里，岸坡陡峭，水流湍急，西北岸是共和县广袤富饶的曲沟乡和铁盖乡，东南岸是贵南县田畴错列的拉乙亥乡、沙沟乡和茫拉乡。龙羊峡水库淹没了贵南县拉乙亥乡的沙拉、昂索、加土乎、达玉、托勒 5 个行政村；沙沟乡的查纳、莫合、汪什科、官塘、德芒、石乃亥 6 个行政村；茫拉乡的拉干、克周 2 个行政村。淹没了贵南县巴仓农场的耕地 17599 亩，迁移人口 4379 人。坐在蓝色的黄河边，手捧着有关曲沟的史料，寸心万绪，咫尺千里。曲沟，是我出生成长的地方，气候温和，瓜果飘香，麦浪滚滚 ，草泽遍布。曲沟系藏语译音，意思是“弯曲川或河湾”，古时候，安多境内黄河有十八湾，因曲沟是其中之一湾而得名。1929 年共和县建县时，曲沟是上郭密区，为县、区治所。据 1937 年《新青海》记载：共和县“县治设于曲沟，居上郭密之中心，为全县人烟较稠之区。南临黄河，北接恰卜恰，东西平原40余里。附近土地肥沃，气候温和，田畴错列，渠水纵横，麦豆蔬菜皆宜种植，为塞外乐土。今曲沟汉藏两族约150户，1933年于县治中心修建铺面20余间，以前流动之商人，现已赁居数家，渐具城市社会之雏形”。1954年5月前，县治设于曲沟大庄，曲沟是共和县人民政府驻地。1984年改称曲沟乡，辖17个村民委员会。曲沟乡设有中学、医院、兽医站、营业所、供销社、邮电所、财政所、粮站等企事业单位；还有1958年2月建起的曲沟农场，有耕地16474亩，人口3525人，农场里就有医院、中学、商店、粮油门市部，在黄河上设有汪什科船渡，是共和与贵南两岸的交通设施。曲沟乡位于共和县东南隅黄河谷地，面积745.5平方公里，是共和县开发最早的农业区，也是一个藏、汉、蒙、回、土、撒拉、保安、东乡等多个民族聚居的地方。长期以来，各民族兄弟姐妹相濡以沫，和睦相处，用辛勤的劳动共同开发了黄河谷地的这块膏腴之地，曲沟乡也是农林牧结合的富庶之乡。

龙羊峡移民搬迁，按对象的不同，分农牧民群众搬迁、地方行政和企事业单位搬迁、省属劳改农场搬迁三种类型。农牧民群众搬迁是整个工作中的主体，也是这次搬迁中付出最多的群体。“生是曲沟人，死是曲沟鬼”，故土难离，旧居难舍呀！在个人和国家利益之间，各族儿女心怀家国民族情，离开了这块世代生息繁衍的土地。曲沟乡茶那、加什达、曹多隆、曲沟、前菊花、后菊花、黄河、德胜、苏乎拉、次汗土亥、哈汗土亥、合乐寺、托勒台、查那等 17 个生产队、1968 户、12300 人，由汽车、手扶拖拉机、架子车和羊皮筏子拉运，甚至人背畜驮，纷纷迁出了朝夕相伴养育自己的故园；乡政府等 31 个单位的搬迁，从 1980 年开始，到 1983 年完成；曲沟电站、州“五七干校”、州林业站、州民师、海南军分区、5198 部队和山川铸造厂等 6 个单位的农场，于 1981 年撤销，给予一次性补偿；曲沟农场的搬迁从 1980 年开始，至 1982 年 8 月完成。天凉了，凉尽了天荒，风吹了，吹尽了沧桑。在蔚蓝色的水面上，似乎还能听到左邻右舍的说话声，孩子的笑声，大门的吱吱声，还有鸡鸣犬吠的声音。曲沟乡政府于 1980 年搬迁到麻尼磨台，时光荏苒，于 2002 年 5 月撤销，合并纳入了龙羊峡镇。从此，在地名或字面意思上存在着的曲沟，就是1986安置到沙珠玉，原曲沟乡的曲沟村和前菊花村的一部分，曾经88户、487人的村子，现在还叫曲沟。

后菊花村是一个有藏、汉、蒙、土、回5个民族168户人家的村庄，他们凭借铁锨、十字镐、架子车和一双双布满老茧的手，开挖出了一条通往新居的简易道路，在整个搬迁中，后菊花人没有动用国家一辆车。如果说，龙羊峡水电站是一座历史丰碑，库区移民就是托起这座丰碑的根基。黄河村，也叫可末村，是一个以回族为主的村子，50户346人搬迁到了恰卜恰的西台等地；15户128人搬迁到了龙羊峡；42户284人搬迁到了英德尔的多尕当。烈日炎炎下，黄河村66岁的撒拉族老人韩德明，用毛驴车往三十多里的恰卜恰乡东香卡村搬迁，两天一个来回，风雨无阻，整整拉了45车，才把家搬完，村干部几次给他安排车辆，都被他谢绝了："国家为我们花了钱，再不能找麻烦啦。"2017年，97岁的韩德明老人安详地去世了。清澈的河水下面是嶙峋的石头，那河床剥蚀的痕迹，炫示着那一刻的壮丽和伤痛，就像震撼天地的民族英雄交响乐。

塔拉台南坡的沙尤寺错落有致，这是一座从曲沟搬迁上来的藏传佛教宁玛派寺院，那时候曲沟的人们都叫它经康，典型的汉藏复合的名字。刚爬上塔拉台，一眼望去，没有一棵树木，只有丛生的荆棘茅草，给沉寂的塔拉台注入了生命的活力。据《共和县考察记》记载“铁盖，森林绵延，一望苍苍，红柳与小叶杨直径三四尺，干高四五丈”。铁盖 1949 年为上郭密区居力盖乡，1956 年改称铁盖乡，其后行政建置名称又多次变动，1984 年恢复原称铁盖乡，铁盖是蒙语“弯钩”之意，因地形得名。原乡政府驻地在铁盖村，龙羊水库淹没了铁盖乡的马汉台及拉才、吾雷、铁盖、拉干 4 个村的农业点，他们失去了黄河谷地最肥沃的田地。当年铁盖乡交通设施十分落后，移民们背着水壶，带着干粮和工具，不仅要开荒种地，建起房舍，还要翻山越岭，修筑道路等。群众组成搬迁互助组，花了半年多时间，硬是用人背肩扛的办法，把家搬到了塔拉台，一台五十马力的柴油机，集中了一个村的劳力，又撬又推又拉，用了五天时间才挪过去。从 1980 年开始，铁盖乡政府、卫生院、兽医站、信用社、供销社、民族寄校、完全小学等单位相继搬迁到了塔拉台。

在那绿树掩映的托勒台，我的祖先世代居住

在这里，那棵高大的沙枣树在大门的东侧，从地底下就分成三个枝干生长起来了，一个枝干比一搂腰还粗，树上开满了米黄色的小花。托勒台，有一种说法，是蒙汉复合语，意为常有兔子出没的地方。1956 年 3 月 15 日，河南夏邑县等地的青年志愿垦荒队 1000 多人，来到了托勒台，宣布托勒台青年集体农庄成立。后来变成了托勒台村，村里开办了小学，那个来自孔孟之乡的田杰，既是老师，也是校长，我们背起书包上学了，他的讲课循循善诱，引人入胜。后来我的父亲赵恒贤担任了托勒台小学校长，以民办教师的身份兢兢业业任教十几年。1985 年 9 月，随着龙羊峡大坝的矗立，托勒台、合乐寺、哈汗土亥村向塔拉台西迁，我们依依惜别了祖祖辈辈赖以生活的土地。父辈们经历无数风霜雨雪之苦，战胜了难以想象的困难，按时迁出了库区，保证了龙羊峡水库的如期下闸蓄水。搬迁的时候，我和大妹正在上大学，还有小弟小妹上小学和中学，父母的寒苦可想而知，但是再艰难，托勒台小学也没有停办，村里的许多孩子从这所小学校，考到了大学，考上了国内各大名校，托勒台村留下了尊师重教的传统。如今的托勒台，像镶嵌在蓝色河流西岸的一块翡翠。从此塔拉台的风景中矗立着一个全新的铁盖，一个融合了曲沟的铁盖，这些星罗棋布的村庄，形成了现在湖光山色的铁盖。

那场雪，是2017年最后的回眸一笑，在空中飘飘洒洒，摇曳生姿。早上，我们乘车从恰卜恰出发，要去铁盖乡托勒台村精准扶贫，上了塔买的乡村公路，人们现在习惯上把塔买以下叫曲沟。一路上，也是落雪千片，覆盖原野，雪色何其苍劲！洗尽铅华的冬日风景，也是一幅唯美的白描，另一样的风情。不知不觉中到了托勒台村委会。村委会的院子整齐干净，看到村干部和帮扶贫困对象，已经在那里等候着我们，我们和乡亲们握手寒暄，进行了一次爱心捐助活动。我的结对贫困户是金柱，有些许智障，他站在那里发呆，遥望着远方，不知道在想什么？他是一个干活很踏实的人，他忠厚老实的父母去世了，现在和哥哥嫂嫂生活在一起。此时的托勒台村也是白雪皑皑，琼花玉树，银装素裹，天地一色。铁盖乡的铁盖村，我还有两个结对帮扶户，一个是年过六十的老人，另一个正值壮年却疾病缠身。旋风忽来，那是2018年最初的一场雪，落雪一片惊天寒。今年八十多岁的李爷，当年的尕小伙，如今皱纹爬满额头，身体也佝偻了。他领着我走进他的家，指着新盖的房子，眼角溢满了笑意：“这是国家补贴给库区移民的资金盖起来的，还给我们每人每年发放生活补助金。这日子，我们知足了。”

柽柳也叫沙柳，红沙柳，梭芥，藏语叫加什达。枝干为枣红色，叶子墨绿似针茅状，春夏之交，开着谷穗样粉红色的花，盘根错节的枝蔓绚烂茂盛，风骨浪漫且坚韧，被曲沟人所推崇，用藏语亲切地称为“加什达”。它是曲沟的魂魄，百年才长成小小的一轮。龙羊峡淹没区，有一个村子用藏语命名叫加什达村，就是红沙柳的村庄之意，相邻的村子叫查那村，查那系藏语，意为丛林末端，从这两个村庄的名字，可以看出曲沟谷底滩地上的红沙柳的伟岸壮观。1980 年，省政府撤销海西州格尔木农场的大格勒分场，将 6000 亩耕地等划转海南州龙羊峡库区，安置搬迁到大格勒的查那和加什达两村 238 户 1582 人。乡亲们临走时装了一袋曲沟的泥土，挥泪乘着大卡车走了。活着，就是为了在旷野中，寻找炊烟缭绕的快乐，然后，让荒芜的土地，长满绿叶红花。在大格勒，父老乡亲们，用故乡的名字，命名着今天的村庄，查那村、龙羊村、菊花村，还有新庄村，曾经离黄河最近的村庄，在离黄河最远的地方屹立，村庄的名字渗透了什么？我不说，你也明白。2007年，菊花村开始试种枸杞，241亩枸杞，3年后开始收益。新庄村、龙羊村、查那村也相继种上了枸杞，大格勒乡出产的枸杞似红玛瑙，籽少肉厚，品质优良，成了龙羊峡库区移民脱贫致富的金果果。“移民之乡”大格勒悄然变化成了“枸杞之乡”。

回首沧桑岁月，一幕幕库区移民抛家舍园的动人情景，一幅幅高原儿女重建家园的恢宏画面，像黄河水奔腾不息。龙羊峡水电站除发电、助我国力外，在防洪，灌溉，给水，防凌，发展养殖业、旅游业和调节气候等方面，都有显著的效益。它不仅将黄河上游13万平方公里的流域面积拦住，还在这里形成一座面积380平方公里、总库容量240亿立方米的人工湖。一个梦的结束，是另一个梦的开始。今天，站在高原之上，眺望高峡出平湖，一曲藏歌，一嗓子花儿，无不再现着历史的沧桑与壮美。30年来，高原各族儿女用炽热的情怀，勤劳的双手托起一个走向繁荣的新家园，留给后人的是福祉，留给岁月的是安澜，留给祖国的是力量，留给黄河的是精神，留给历史的是丰碑。

河水荡荡唱新歌

○崔向珍

黄土高原是世界上最大的黄土堆积区，也是世界上黄土覆盖面积最大的高原。万里黄河从海拔5000余米的巴颜喀拉山奔腾而来，以不可阻挡之势流过黄土高原的怀抱，夹带着大量的泥沙，浊浪滚滚涌入渤海，在美丽富饶的黄河入海口形成了黄蓝交汇的天下奇观。

地处黄河尾闾的东营市，不但是古代大军事家孙武的故里、山东地方代表戏曲吕剧的发源地，也是中国第二大石油工业基地——胜利油田的崛起地。春天和夏天的黄河入海口，蒹葭苍苍，河水汤汤，到处都是藏不住的蓬勃生机。秋天的黄河入海口，大片大片的芦苇和芦荻在秋风中涌成如雪如烟的海洋，白浪翻涌的芦花一浪高过一浪，直涌到草天相接的远方，和满天轻盈的白云融为不可分割的大美仙境。细碎的芦花从层层叠叠的白云里蝴蝶般翩飞出来，不分方向地飘散舞动，和那些洁白的鸥鸟一起洋洋洒洒地书写着美丽圣洁的诗篇。成群结队的珍禽飞鸟让人眼花缭乱，一群一群的白鹭翩飞，还有数不清的丹顶鹤、金雕、东方白鹳、海雕、黑嘴鸥、大天鹅、黑鹤……品种数不胜数。这片有河有海、天然而成的湿地没有任何污染，充分地保留了野生湿地的自然风貌，被评为中国“六大最美湿地”之一。

自古以来，黄河下游决口泛滥频繁，多次改道，仅在位于黄河北岸、渤海之滨、黄河三角洲最前沿的河口区，先后改道就达到了 7 次之多。在我的想象里，黄河故道失去了黄河水源的庇护，一定是黄土飞扬，满目苍凉而极其悲壮的。但在走进孤岛的万亩槐林之时，我就非常清楚地知道自己是大错特错了。

当我满脸惊讶地走进浓荫密布、大树参天、无边无际的槐林时，正是蝉声如雨、百鸟啁啾的夏季。当地的朋友很是惋惜地说我来得晚了些，槐花如雪似云的五月才是这里最美的时候。在每年一次的盛大槐花节期间，全国各地的爱美游客蜂拥而至，这片槐林里可是游人如织、热闹非凡的。耐心地听完朋友的讲解，我仰起头来寻找着树冠缝隙里洒落下来的阳光碎片，朗声地笑着告诉他，如雪似云的槐花能带给我的只是一片馨香的诗意，而绿荫遍地芳草萋萋却能给我带来一份不可或缺的亲切和踏实。

然而，面对着老树的浓绿与沧桑，我模糊的视线里刮过了一阵阵黄色的风暴。大风卷着黄沙，砸得人眼睛都睁不开。济南军区生产基地的官兵历经十个春夏秋冬的风霜雨雪，用铁锹刨、铁肩扛，硬是把这片黄河改道后的荒地变成了一道巨大的人工刺槐林防护带，彻底改变了当地村庄“春风扬沙遮人面，秋雨三日又汪洋，种一葫芦收一瓢”的局面，让曾经食不果腹的穷苦百姓从此过上了粮丰囤满的好日子。

从 1979 年的冬天开始，我对黄河一直有一种无奈且幼稚的恨意。因为姥姥家在河南边，我家在河北边，河上没有能够通行的大桥。每年大年初三跟着母亲走姥姥家，就只能坐在 1 号渡口的寒风里满怀希望地等待着过河。

那么多的人，那么宽的河，那么厚的冰。破冰船破不开冰，渡船就开不了，我们就去不了对岸的姥姥家。河岸上无遮无挡，肆虐的东北风一刀一刀地割着裸露的皮肤。母亲把我和哥哥使劲地搂在怀里，望眼欲穿地盯着阳光下明晃晃的河面发呆。等待过河的几十号人冷得瑟瑟发抖，几十双脚都快把河岸跺平了，连一艘破冰船的影子也没有看到。好几个小时过去了，管船的人大声吆喝一声，回去吧，得等明天了。母亲牵着我和哥哥一步一回头地往回走，失望的泪水顺着我的小脸不停地流淌。母亲伸出冰凉的袖子替我擦干脸上的泪水，再把围巾给我裹得严实一些。

回到家里一晚上辗转反侧，第二天一大早起来，我们再次跟着母亲出发，因为心里忐忑，十几里路走得就很是艰难。又是整整一上午漫长的等待，母亲再次牵着我和哥哥的手一步一回头地往回走，这一次母亲就偷偷地流了泪。这一年的春节，我们终究是没有到达河对岸的姥姥家，我哭着对母亲说，我恨黄河。母亲笑着对我说："傻孩子，不关黄河的事，以后有了桥就好了。"

1983 年 10 月，中国最年轻的城市——东营市成立了。有了属于自己的城市，虽然还没有看到想象中的高楼大厦和车水马龙，我们已经很高兴了。我想着，有了城市，肯定就会在黄河上修建大桥了。

1986 年的大年初三，父亲骑着我家的自行车驮着我走在前边，哥哥骑着邻居家的自行车跟在后边，我们照例要去姥姥家拜年。我们在 1 号渡口等破冰船的时候，突然发现远处的河岸上多出了一座巨大的灰色建筑。管船的说那是刚开工不久的黄河大桥，以后过河就不用这么辛苦了。那天虽然在河岸边等了将近两个小时，才看到黑乎乎的破冰船咔咔嚓嚓地开过宽宽的河面，但是我们心里却是非常兴奋的，感觉脚底下的河沙都有了些许的暖意。

那天的破冰船破完了冰，渡船靠了岸，大卡车和自行车还有我们都上了船。冰冷的东北风里，一船的喜气洋洋。我们看着厚厚的碎冰块被船头分向了两边，那些足有三五平方米大的冰块割得船身咔咔作响。下了船到姥姥家还有三四十里坑坑洼洼的土路，一路上推推骑骑，父亲累得满头大汗，坐在后座上的我也麻了双脚。到姥姥家都下午两点多钟了，我一瘸一拐地扑到姥姥的怀里，告诉姥姥我们看到大桥了。姥姥含着泪水笑出了声，高兴地说："以后你们可以多来几趟了。"

1987 年 10 月 1 日，听说渴盼已久的胜利黄河大桥通车了，我和妹妹骑着自行车一溜烟就飞到了彩旗招展、锣鼓喧天的大桥边。整整四车道的大桥桥面宽阔平坦，远远看去整座桥犹如一架巨大的竖琴，秀丽壮美地凌驾于滔滔黄河之上，我心里高兴得乐开了花。1988 年的大年初三，我们一家人开着新买的拖拉机去了姥姥家。2005 年 5 月，万里黄河最后一座桥梁——东营黄河公路大桥也通车了，黄河两岸百姓有了国家和政府的架桥铺路，都过上了以前做梦也梦不到的幸福生活。

黄河两岸土地肥沃，适合种各种庄稼。春天油绿，秋天金黄，红高粱、小麦、玉米、大豆……都是最好的粮食。粮食的丰收与天空和大地关联，与庄稼人的辛勤劳作关联，也和甘甜的黄河水关联。风调雨顺，黄河水滋润，金黄的粮食堆得满眼满心都是。粮食丰收了，时代进步了，人民的精神生活水准也跟着提高。习近平总书记说“不忘初心”，老百姓的初心是什么呢？是跟着共产党走，走着走着就过上了有房有车、衣食富足的好生活。这想不到的好日子就像金灿灿的向日葵似的，在每一个人的眼里心里闪闪发光。

朴实的百姓表达情感的方式，就像他们脚下的土地一样单纯。他们怀着满腔的热情，在两座大桥之间的南岸种下了无以计数的向日葵种子。每年的盛夏，所有的葵花竞相盛开，万亩葵园就成为一片金灿灿的海洋。当我走过一片片葱绿的稻田、一片片静美的荷塘，追寻着葵花的馨香走进一望无际的葵园，阳光下那些重重叠叠的金黄刹那间就融化了我的身心。我是有备而来的，我已经穷尽想象在心里描绘过这片花海的壮观和美丽，可是现在，我只能用震撼这个词语来形容了。

黄河岸边芦苇亭亭、菖蒲依依、蜻蜓翩飞，宽阔的河面上黄浪翻涌、波光粼粼。一群群洁白的海鸥自由自在地飞翔着、嬉戏着，它们忽然间冲向浑黄的河面，忽然间又掠过金黄的花海，欢快地鸣叫声此起彼伏。慕名而来的游客们三个一堆、五个一群，或者走进花海里惹一身花香，或者站在黄河边裹一身水腥，一个个兴奋激动得找不准方向了。眼睛忙着，手里的相机和手机也忙得不亦乐乎，一双双贪婪的目光跌进了耀眼的花海、滔滔涌动的河水和望不到边的苍苍蒹葭里去了。这片大自然最纯净的诱惑和迷醉，无论你怎样努力，已然是深深陷入而无法挣脱了。

黄河岸边说书人

○高粱秋

“小弦子一拉拉书归了正，上前来请一请众位乡亲。众位乡亲，（咱可）都请到（哎），说罢了小段儿咱就开整本。说小段儿（啊），也不过是三言五语，说得多了同志们不爱听……”

轻软、新奇的异地口音，抑扬顿挫的说腔唱调，回环往复的丝弦锣鼓……这些常常把我带入那年、那月、那夜，那个场景、那帮人群——生产队时候浅冬里的说书场上。这场文化大餐的主角，就是来自黄河岸边的那些说书人。

种罢麦子打罢场，收完残秋晒过粮，季节，摇摇摆摆晃入了浅冬。田野空旷了许多，万物内敛、草枯叶稀，农村进入了短暂的休闲时光。这时候，一些活泛的手艺人，开始三三两两走村串巷，招揽生意，给沉寂后的村庄带来些许生机：掌箩、修簸箕、织席子的篾匠，手里拿着长长的铁片串成的百叶儿，晃动起来“嘶啦嘶啦”直响，从小村的这头晃到那头。染布人肩上扛着收集来的白布卷儿，手摇着一个较大的拨浪鼓，“咚咚咚”穿过街巷；还有那操着武安口音的补锅师傅，脸上一脸炭黑，梗着脖子露出白牙，直直一嗓子“补漏锅咪——”，悠长的嗓音把巷子震得回音四荡，树上几只麻雀扑棱棱飞向远处。

但，真正能够搅动小村欢乐，让村里的男女老少唠叨一个冬季的，莫过于那些掮着米袋子、扛着铺盖卷儿、在村子里一住就是半个冬天的说书人了。

说书人多是黄河边口音，要么一个男单身，要么一男一女两个人，极少有三个及三个以上的。他们大都拿着乡村两级的介绍信，进村后与村支书或生产队长联系，介绍他们的说书技艺和所会说的大本书目；然后商定一天给他们多少粮食（小麦或者谷子）；之后，便是找一处空房子住下——十天半月或者个月四十天的夜场文化大餐就这么定下了。

晚饭之后，天还没有全部黑下来，村子背风朝阳的场地上：上面挂一个一百瓦的大灯泡，说书人女人抹着口红，手里拿着弹板儿；男人一条腿上绑着架子鼓、铙、铜锣，一条腿上托住弦子；周围围一群或坐或站的村民，叽叽喳喳打着招呼、相互调笑着。忽然，咚咚咚一阵锣鼓铿锵，大家立刻屏声静气。这时候，说书男子弦弓一拉，摇晃着脑袋开场了："我说的是啊，东屋里点灯东屋（里）明，西屋里不点黑咕咚。墙上揳橛子，拔了黑窟窿。漫地里蛤蟆叫啊，一定有个坑……"一锣一鼓一弹板儿，一男一女一丝弦儿，悠悠扬扬地勾住了全村人的耳朵。

说书人的开场白灵活生动，随口随编，很有即景即情的功夫。除了上面说到的，还有什么"月亮上道了，人也不少了，鸡也不叫了，狗也不咬了。小孩瞌睡了，老人坐好了。听我这老小子、傻婆娘给您取笑吧啊……"亦荤亦素、亦庄亦谐，有时候装疯卖傻，拿自己开涮；有时候男女互相挑逗，爆些疯疯癫癫的料，惹得男女老少开怀畅笑。

说书人一般在一个地方，都要说一部整本儿的书词。如《七侠五义》《宋史演义》《水浒传》等等。在说正书之前，都要说一个小段儿，或者叫"嚎头”。这些噱头多取自民间生活，短小精悍，生活气息浓厚，很有赵本山小品的风味：“说了个大嫂本姓张，孩子生了一大帮，不知道孩子（可）有几个啊，叽叽喳喳得像群狼……那一天，张大嫂上街去赶会，抓了条裤子披肩上，买了个扫帚往回走，猛听见一个孩子在喊娘。张大嫂看着有点儿熟，拉起来孩子就出了庄。一路行走来好快，遇见了邻村王二强。王二强说，你这婆娘咋恁胆大啊，抢走了我的孩子叫你娘……”“邻村里有个傻姑娘，身子长的丈二长。这一天，傻姑娘烧香进了庙，扑通一声就跪地上。老关爷急忙向后退，拖着个泥身赶紧藏：你这姑娘也忒胆大啊，咋鼓着个奶头让俺尝……”这些形象夸张的噱头，常常招来哄堂大笑，让大家一天的劳作疲乏瞬间消散了。

说书人的整本大书，多取自历史演义。他们用生动鲜活的民间语言夹说夹唱，象声词运用很多，像“刺啦啦抽出明晃晃的宝剑”“扑通通传来一阵脚步声”等，极具感染力，用说拓展故事情节，用唱抒发人物感情。一般男人以说为主，女人以唱为主。剧情充满了忠孝节义等民间推崇的传统精神，也有诙谐幽默的爱情演绎。由于融入了许多民间心理的情感解读，故事情节推动很慢，一部演义往往要一个冬天才能说完。而且，他们很善于吸取古代写书人的长处，每到故事关键情节，如一双朗男俊女左右铺排，刚刚张开激情的怀抱；一个侠士刚刚遇见歹人，抽出雪亮的宝剑，忽然弦子吱扭一声收住，“要知道他们后事如何，咱们明天接着再说”。任你千哀百求，也是毅然散场，把一帮听书人的心，悬挂在了他们夜宿的路上。

受限于费用，外加农活忙闲的关系，即使他们在村里住得多久，一部书很难说完（或者就没有想说完）。所以，就有了跟着他们到三里五村继续撵着听书的年轻人群。

经常来我村的说书人叫杨二保，老婆叫翠香，都是满嘴商丘口音，四十多岁却一脸沧桑。听他们的房主说，家在黄河岸边，盐碱成灾。老父亲说了一辈子书，落下个肺结核的痨病，常年吃药借债。每逢秋收一结束，给生产队请了假，到乡村两级开了介绍信，把一双儿女托付给老娘照看，两口子出来说一个冬天的书，把收来的粮食卖到当地粮站，一年能够换回三百多块钱。给队里缴一百多块买工分，剩下的还还外债也就基本没有什么了。还听说，他们那里人思想活泛，人们喜欢外出揽生意，生产队越来越惨淡，每个工分只值七分钱。有一年，他们村几个要猴的人到黄河南岸去揽生意，坐小船过黄河时，一个浪头打来，七个人都被卷进了滚滚的黄河里。

后来，生产队解散了，人们都去忙自己家的营生。每到冬闲的时候，大家常常去村口边张望"说书人，怎么还不来呢？"或许，听书已然成了黄河岸边人们的一种生活习俗，又或许，这说书与听书早已浸入了黄河文化，汩汩地滋润着人们的精神世界。

等了多少年，说书人再也没有来。但那个场景，就深深烙入了记忆的深处！

黄河艄公

○吉林林

1940 年 12 月 5 日，胡宗南身边的谍报组组长周丽婷截获了蒋介石调兵遣将、围剿皖南新四军的密电。给延安发报时，被身边的军统人员发觉。身份暴露后，胡宗南下令秘密处死周丽婷。西安地下党组织闻讯后，立即派四名党员秘密护送周丽婷从草滩渡口过渭河去延安。军统特务穷追不舍，沿河而下，一路追杀她来到潼关的黄河滩。刘水生把船刚靠岸，周丽婷就慌忙上了船，刘水生见是一块长大的周丽婷，感到非常震惊。周丽婷喊，水生哥，快救救我！刘水生二话不说，急忙撑篙把船划到河心，四名护送人员为掩护她逃走，在河边阻击军统特务，先后英勇牺牲。

军统特务追到河边，船已划到河心。一个当官的从一个当兵的手里夺过一支步枪，瞄准周丽婷开了枪。她中枪，落水。刘水生跳入河中，凭着良好的水性，用手托着她的头，顺着水势在下游的一个河湾处登上了岸。

周丽婷和刘水生是一个村的，俩人从小青梅竹马、两小无猜。周丽婷是大户周长发的小女儿。当年，刘水生在她家放羊时，俩人就产生了好感。周长发发现自己最宠爱的小女儿与家里的羊倌刘水生眉来眼去，就非常生气。周丽婷初中毕业，父亲就把她许配给西安一个比她大二十岁的日本富商做四姨太，周丽婷遂负气出走。后来，她考上了戴笠所创办的浙江警校。1937 年 6 月，她毕业后，就被分配到胡宗南所部的谍报组任组长。周丽婷心地善良，反对封建包办婚姻，热心革命，在校期间，就秘密加入了中国共产党。

周丽婷在刘水生家养伤期间，刘水生把她当女神一样看待，但他对女神根本就没有非分之想，只是一心一意地伺候她养好伤。1941 年 1 月 4 日，皖南事变爆发了。刘水生历尽坎坷，终于把她护送到延安。

洛河过大荔县流到潼关段注入渭河，渭河又归入黄河，人们习惯上把这一流域叫黄渭河谷或叫三河口。这里塬面南高北仰，黄土覆盖深厚，由于长期洪水冲蚀，形成沟壑纵横的台塬地貌，是发展植树造林、种草护坡，发展林、牧业的好地方。潼关县地处八百里秦川东部，居秦、晋、豫三省交界处。东接河南省灵宝市，西连华阴县，南依秦岭与洛南县为邻，北濒黄河，同大荔县及山西省芮城县隔水相望。潼关县是陕西的东大门，是连接西北、华北、中原的咽喉要道，其军事战略地位十分重要。

新四军总部在安徽皖南，首长去延安开会经常由此经过。为了确保首长的安全，中央安全部立即派周丽婷和刘水生返回三河口村，秘密组建了三河口地下交通站。刘水生为站长。王世奎和王志为地下交通员。

在一次护送新四军首长陈黎过河的任务中，由于叛徒出卖，陈黎首长在河心遭到军统特务的枪击，落水。刘水生跳入河中，拖着首长游上了岸，周丽婷带领部队在岸边接应。后来，中央安全部又命令周丽婷和刘水生两人带领一个警卫连护送陈黎首长过黄河。

路过三河口休息时，刘水生请假回家去看望父母。母亲担心儿子的安危，眼睛几乎都哭瞎了。家里的生活只能靠年迈的父亲打鱼、摆渡维持生计。第二天，刘水生归队。可国民党军统半夜来偷袭，周丽婷连夜护送陈黎首长南下。无奈，他只好回家。刚进门，国民党军统就来抓他，父母掩护他从后院翻墙逃走。军统特务把他追到黄河边的一个悬崖上。他回过身，见一颗冒烟手榴弹向他飞了过来，于是就接住手榴弹扔了回去。手榴弹在追兵群里爆炸。接着，又有手榴弹飞了过来，他依法炮制，可手榴弹刚出手就爆炸了。刘水生被炸得落入黄河。

刘水生落水后，被水冲到一个水湾，让王世奎给救了。刘水生苏醒后，失去了右臂，他让王世奎父子在河滩给自己立了一块假墓碑，用了王世奎的船只，乔装打扮，绰号“独臂艄”。以此作为掩护，隐名埋姓，继续从事秘密交通员的工作。但他却对王世奎说，我现在只有一只胳膊，只想在力所能及的情况下，为党多做工作，不想连累周丽婷。他叮咛王世奎不要告诉周丽婷他的真相。周丽婷从安徽新四军总部返回，来找刘水生，却从王世奎口中得知刘水生已经牺牲。下了船，周丽婷走到墓碑前去吊唁，她不相信刘水生真的会死。时隔不久，周丽婷又重返三河口村，代表中央安全部出资为王世奎在黄河滩创办了三河口酒馆，并任命王世奎为三河口交通站站长。王世奎以此作为掩护，把酒馆发展成了南来北往的部队首长和过往干部的接待站。

解放大西北的战役打响后，周丽婷当了西北野战军独立团的政委，她带领部队准备打荔北战役，于是就派侦察连李连长过黄河到大荔、韩城一带去侦察敌人的布防情况。后来，李连长搞到布防图后，被军统特务一路追杀到黄河边，他看见河边有一个独臂艄，就把情报交给他，让他过黄河去为周丽婷送布防图。然后，他用手榴弹和追上来的国民党兵同归于尽。就在这时，又一波国民党追兵追了过来。其中，一个当官的用步枪朝独臂艄开了一枪，独臂艄跳入湍急的河水里，没了踪影。追兵向河里乱开一阵枪撤离。两天后，独臂艄把布防图安全送到周丽婷的手里。看着血染的布防图，周丽婷到门口去打听李连长的下落，可独臂艄却早已离开。

三河口酒馆的特色招牌菜就是以野生黄河鲇鱼熬成的汤。每天，独臂艄把打捞的鱼送到酒馆里。偶尔，没有捞到鱼，独臂艄也会到酒馆来给王老板说一声。第二天一大早，独臂艄就会早早地把晚上捞到的鱼倒入酒馆门前的木盆里，悄悄地离开。独臂艄每次把鱼交给王老板后，从不记账。王老板说多少就是多少。

有一次，胡宗南所部一个张连长在三河口酒馆吃了霸王餐，还带着两个兵调戏王老板的妹子，让独臂艄碰见，他义愤填膺，夺过张连长的手枪，当场将其击毙。然后，让两名兵把张连长的尸体抬上扔到黄河里去喂鲇鱼吃，两名兵吓得悄悄脱下军装，逃回了家。

月亮爬上柳梢，独臂艄坐在河边下网等待着打捞汛期的鱼群。很快网里就有了动静。他正要收网，不料，一股令人窒息的寒气迎面扑来。要不是他抓住网架，很可能早就被掀翻在地。待他回过神时，渔网早已被湍急的凌汛冲得无影无踪。他欲哭无泪，在河边长吁短叹，呆呆地蹲到天亮。

新中国成立后，王志当上了副县长。独臂艄被安排在县政府看大门。他不习惯看大门的工作。恰好，父母有病。于是，他就向王志告别，回到了船上，继续从事艄公的营生。埋葬了饱经沧桑的父母，他索性卷起铺盖卷只身来到渡船上生活。后来，黄河上架起了铁路大桥，老艄公离开码头，在黄河边搭了个窝棚，以打鱼为生，了却残生。

独臂艄的生活是艰辛而贫穷的，他一直没有成家。斗转星移，村里也没有人能说清他的过去和曾经。其实，他心里一直都装着周丽婷，容不下任何女人。因此，他更加沉默寡言。

1960年，周丽婷转业到地方上，当上了省民政厅的厅长。一次下乡视察工作，她一个人跑到黄河滩回想当年的情景，竟然发现一个人坐在河边的船上撒网捕鱼。她走近仔细一看，竟然是刘水生。两人见面百感交集，说起当年各自的经历，两个人都落了泪。周丽婷给王志副县长打电话，在县招待所，请刘水生吃了一顿饭。三人见面分外高兴，回想起当年的经历和往事，真是感慨万千，恍如隔世啊！吃完饭，周丽婷想让司机送刘水生回黄河滩的渡船上。可刘水生却借口要走亲戚，婉拒了周丽婷的好意，徒步回家。半路，他捡了一个孤苦伶仃的小女孩，回到黄河滩。不久，他就当上了三河口村的党支部书记，一干就是三十年。

每到春天，独臂艄总是背着小女孩，手拿一把镢头，一个坑一个坑地刨土栽树。几十年过去了，独臂艄用一只胳膊养大了女儿。同时，他又用这一只胳膊绿遍了家乡几十座光秃秃的荒山。又是一年的春天，独臂艄要到山上去修剪树枝。女儿顽皮地说，爸啊，你整天都是树呀苗呀的！简直不把女儿放在心上。依我看哪，树比我亲，林比我重呢！独臂艄用手点着女儿的鼻子哈哈大笑，女儿呀！如果，你是我的心头肉，那么，树林就是我赖以生存的掌上珠啊！女儿一听，拉着父亲的手撒娇道，爸，说来说去，你爱树林还是胜过爱女儿啊！

独臂艄一听，仰头大笑。女儿搀着父亲来到山上，独臂艄攀上树开始作业。突然，一不小心，他失脚踩空，从树上摔了下来。女儿哭着和乡亲们把他送到医院抢救。三天后，独臂艄离开了人世。

独臂艄公刘水生，你怎么走得这么匆忙？你不是常对村里人说，你这辈子最大的心愿就是要绿遍家乡每一座荒山，还有那没有开垦的弃耕田。让家乡变成一个绿树成荫、鲜花盛开的森林公园。

刘水生，你的树枝还没有剪完；刘水生，你栽树的坑还没有刨宽。你亲手栽下的无数棵大树在深情地把你的名字呼唤。那一座座你亲手缔造的绿茸茸的山峰和那树叶上颗颗闪烁的露珠，是家乡人民怀念你的泪眼。你永远活在他们的心间！

我的大河

○军　梅

梦里，总能听见哗哗的河水声，总能看见一条清亮亮的河绕枕边流过，河水清澈湍急，银白色的浪花一闪而过。我总会坐在岸边，水很深，不易蹚过去，我也没有要过河的想法。不远处，一座大桥横跨河面，不时有夹杂着油菜花香的风徐徐吹来。多么美妙的时刻，我嘴角上扬，心在微笑。时空逐渐被抽离，好像我一直要这么天荒地老地坐下去，直到一个遥远的声音飘过来：这是哪里？是什么地方？我的心猛然揪起来，思索这是哪里？是什么地方？这是……是浩门河，是浩门大桥！顿时，河水消退，拱桥消失，一切陷于混沌茫然的白雾中。我知道我又做梦了，心中不禁怅然。

离开家乡许多年，那条河依然留在心底，像刚学会走路的孩童口袋里装着的那块糖，安心而妥帖，又像旧影集里发黄的黑白照片，遥远而亲切。

我是在门源出生、长大的孩子，浩门河就是童年时代经常玩耍的地方。如今，远离家乡，浩门河就是咀嚼乡愁时的那一枚青橄榄。

小时候，我家原先在旱台乡，父亲是旱台乡供销社职工，母亲是乡小学教师。乡间有个地方叫“磨儿沟”，一条小河流经“磨儿沟”，那里有许多水磨坊依次建在小河上，儿时我一直以为那里叫“猫儿沟”，还想不通“猫儿沟”为什么没有猫儿呢？现在想来是因为水磨坊多，所以叫“磨儿沟”。河水流到狭窄处，变得湍急，水势极大，非常适于建造水磨坊。到现在我依然记得倾泻下来的河水带动木质叶轮旋转的情景，然后带动石磨一圈一圈转动，磨坊里水流轰鸣声震耳。许多个周末，我们一家人到“磨儿沟”玩耍，父亲钓鱼，母亲洗床单，我和弟弟蹚水、捉小鱼小虾，透明的河水从脚背流过，弄得脚丫子痒痒的。

等我上学时，我家搬到县城，也就是浩门镇。夏天，父亲带领全家来到浩门河边，河面铺满金色的阳光，河水浩浩荡荡奔流到远方，双耳灌满轰隆隆的河水声，原来夜深人静时听到的水声，竟是这里发出的。“磨儿沟”的小河与之相比，简直是小巫见大巫了。这里河面宽阔，河水极深，人是蹚不过去的，只能游过去。不过电厂附近有一座桥，就是浩门大桥。我第一次见到这样正规的桥，它可不像山间的吊桥，只几根木头用绳子吊着，很是潦草。桥面是平坦的柏油路，汽车开过去都没问题，桥下是一个连着一个的半圆形桥拱，和电影里看到的桥一模一样，小小的我心生骄傲，原来我的家乡也有大桥。

河滩地势平坦，视野开阔，岸边有许多漂亮的鹅卵石，因为担心水大有危险，父母再三告诫我和弟弟，不要靠近河边，更不能下河。我俩站得远远的，向河里扔石头，看谁扔得远。河的一边是县城，是家的方向，对岸不远处就是照壁山，山上松树苍翠茂盛，沿着山的轮廓能看见一棵棵松树的剪影，远看就像士兵在站岗。我们那次没上山，而是沿着浩门河走了很远。岸边田野里有的地方种青稞，有的地方种油菜，还有的地方种了许多树。这些是最普通不过的乡村景色，却给我最初美的启迪。碧绿的青稞，金黄的油菜花，银练似的浩门河逶迤蜿蜒，还有遍地缤纷的野花，把大地打扮得分外妖娆。父亲推着自行车，车上捎着鱼竿，母亲看着姐弟俩到处撒欢。这次远足让我认识了家乡的浩门河，它与原先在乡间见到的小溪小河不能同日而语，波涛澎湃，像父亲宽广的胸怀，河水喧嚣着、奔流着，日夜不息。从此，浩门河便完整地伴着我的童年，见证了我的成长轨迹。

记不清是从小学三年级还是四年级开始，学校每年都会组织我们到浩门河边植树。这时候是学生们最快乐的时候，大家排着队，唱着歌，扛着铁锨向浩门河进发。家乡真是养人的好地方，土地肥沃，水分也足，只要种下去，没有不成活的树。第二年就可以看到，前一年栽种的小树已然枝叶繁茂，长势良好。后来，我考上海北民师，有时到河边玩耍，就指着那一片绿油油的小树林，特别自豪地告诉同学们，那是我小学时候栽的。那时候，不知有多少个美好的夏日在浩门河畔度过。每次去照壁山、二塘沟春游回来，定到浩门河洗手洗脚，才肯回家。

记得不知是哪年，雨水特别多，我们全家从西宁坐班车回门源，车从大阪山下来，准备在青石嘴镇附近过桥，却发现桥被冲断，河两岸仅留着断裂的桥墩，两岸的人们站在岸边面面相觑，看得见却无法逾越。河水涨了许多，咆哮奔腾，急流飞溅，像一匹难以驯服的野马，裹挟着浑浊的泥沙滚滚远去，班车只好改道而行。我第一次见浩门河野性的一面，让人胆战心惊，然而我却心心念念想着我们的浩门大桥有没有冲垮。后来听说浩门大桥安然无恙，一颗小小的心才放下了。也许那时候，浩门河、浩门桥都已经烙在心里，成为家乡的一部分。

放暑假，母亲一般都会送我姐弟俩回外婆家，外婆家位于苏吉滩乡的大草原，那里也有一条大河，我们经常去河边玩，母亲说这就是浩门河的上游，水流到县城就是浩门河，这让我感到十分惊奇。原来外婆家住在河的上游，我家住在河的下游，放一枚纸船下去，下游的母亲是不是可以捞上来？这样是否可解母亲想念外公外婆之苦？沿着这条河一直顺流而下会到哪里呢？逆流而上它的源头又在哪里呢？这么些个疑问，就这样被我的记忆留存下来了，就像那浩门河水的涌流之势，没有中断，没有消逝。

我曾见识过南京长江大桥的雄伟，也曾体验过夜幕下兰州黄河大桥的辉煌灯火，但细思起来，总觉得远不及儿时第一眼见到浩门大桥时的那种震撼，更不必说这震撼中还夹杂着小小的骄傲，因为那是我的家乡；我也曾到过“天下黄河贵德清”的贵德黄河，清是清，却比不上浩门河银练般的澄清湍急，因为它承载着的，是我的乡愁。

而今，我离开家乡已许多年，那个曾经懵懂无知的幼儿、意气风发的少年，站在“四十不惑，五十知天命”的中间，历经世间的洗礼锻打，依然混沌，不曾解惑，不知天命，但依然痴痴地牵挂着那里——那里的山，那里的水，还有那里的人。门源的百里花海，照壁山的松涛阵阵，还有那条日夜奔流不息的浩门河，它们将永远留在我心中，滋润我的生命。

黄河骄子王勇超

○何华生

秦岭北，黄河南，陕西才是文化源。

一座巍峨绵延的父亲山，一条奔腾不息的母亲河，不仅赋予陕西钟灵毓秀的秦巴山区，广袤肥沃的关中平原，千沟万壑的黄土高原，造就了世界四大文明古都之首西安，中国第一帝都咸阳等历史文化名城，也孕育了纯朴厚道的三秦儿女。

出生在长安赤兰桥的王勇超，童年时就听父辈讲述大禹治水的故事。上小学时，他从老师口中得知，黄河是中华文明的重要源头，是中华民族的摇篮，华夏文化的主要发祥地，更是哺育炎黄子孙的母亲河。一种对黄河的信仰崇拜之情油然而生。让他自豪的是，家乡的潏河也是黄河的一分子，它与长安其他的“六水”都流入了渭河，而渭河汇入黄河，并成为黄河的最大支流。

连任三届全国人大代表、中国民协副主席、陕西省文联副主席、省民协主席、关中民俗艺术博物院院长王勇超，虽已年逾花甲，但他对黄河精神的信仰依然不变，对黄河生态的保护矢志不渝，对黄河文化的弘扬初心不改。

信仰黄河精神

习近平总书记《在黄河流域生态保护和高质量发展座谈会上的讲话》中说：“九曲黄河，奔腾向前，以百折不挠的磅礴气势塑造了中华民族自强不息的民族品格，是中华民族坚定文化自信的重要根基。”诚如所言，“自强不息”是黄河精神的重要内涵，黄河精神是黄河流域各族人民共同创造的精神财富。

王勇超就是以百折不挠、自强不息的黄河精神为信仰的。1985 年，沐浴着改革开放的春风，他怀揣梦想，以火热的激情、满腔的热血，从家乡长安奔赴古都西安。由于他重诚守信、脚踏实地、聪明能干，很快就掘到了第一桶金。关中书院、三学街和西安碑林，均坐落于书院门。在这方拥有千年文脉、书韵流芳、名士雅集之地，他自建了一座仿古艺术楼，先后以洗砚园和灏文堂为名号，成为西北第一家从事书画交流的高端场所。

以建筑起家，走南闯北的王勇超目睹了尽显历史沧桑，却闪耀着营造技艺光芒，极具中华传统文化内涵和关中地域文化特色的古民居，在庞大冰冷的挖掘机下，被无情地肢解，化为废墟；彰显着民俗之美，激荡着匠心传承的石雕、木雕和砖雕顷刻间支离破碎；反映着先祖生产生活场景的物件、器具等被随意遗弃。

这触目惊心的场景，使他暗下决心，要不惜一切代价抢救保护各类文化遗产。就这样，王勇超以高度的历史使命感、深沉的社会责任感和赤诚的文化情怀，与时间赛跑，与世俗抗争，与危难较量，义无反顾地投入到抢救保护中华文化遗产的战斗中。

每当陷入困境，遇到危险时，他耳畔就响起了“风在吼，马在叫，黄河在咆哮，黄河在咆哮”“保卫家乡，保卫黄河，保卫华北，保卫全中国”的歌声，眼前就出现奔腾激荡、百折不挠、自强不息的黄河，他心中就迸发出无穷的信心、勇气和力量。

在那段激情燃烧的岁月里，他精心组织了一支民间文物普查团队，依托民营的西安灏文堂文化艺术有限公司，以六家公司的所有利润为经济后盾，西起陇县，东至韩城，将十多个县、上百村镇都纳入到了他们的抢救版图。在当时，私人收藏文物，尚没有相关法律和政策依据，而文物贩子又异常猖獗，这支几十号人马的文保团队，只能小心翼翼地做地下工作，风餐露宿、步履维艰、胆战心惊，这种常人难以忍受的委屈和磨难，对王勇超的团队来说早已习以为常。

三十春秋情与义，八千山河云和月。王勇超终于取得了常人难以想象的成就。他创建了一座全国最大的民俗类非国有博物院，即关中民俗艺术博物院（以下简称关博院），其院藏为数十年所收集、抢救保护周秦汉唐以来历代石雕、木雕、砖雕等民俗器物四万余件（套），汗牛充栋，积案盈箱，林林总总，不胜枚举。这一件件文物虽古旧斑驳，却精美绝伦。能铭记历史、留痕岁月的日常生产器具、生活用品，像串串璀璨的玛瑙，奢华而优雅地陈列在这座500亩大的古宅老院里。

心系文化，珍视文物，不谋盈利。很多人笑话王勇超很瓜，吃了那么多的苦，受了那么多的罪，遇了那么多的难，冒了那么多的险，早已功成名就，不好好享受生活，还折腾个啥呀！不少朋友也摇头叹息，勇超有钱不做房地产等暴利的生意，却费心劳神干着赔钱倒找的傻事，真是不可理喻。对此，他置之一笑，作《良俗吟》一首，其心迹不言自明：“俗有良风民有魂，国无传统世难尊。轻抛万贯因何事，留下中华一点根。”

专家学者认为，这个集民俗文化、“非遗”文化、民间艺术之大成的关博院，凝聚了几千年来黄河流域各族人民的勤劳智慧和创新创造的结晶，是中国北方黄河文明、丝路文明、草原文明和西域外来文明交流融合的历史见证，形成了民族文化的基因仓和标本库。

2009 年 7 月 1 日，江泽民同志莅临关博院视察时说：“这个地方值得一看。”即兴挥毫“民族文化源远流长”。同年 10 月 6 日，老一辈革命家习仲勋同志的夫人齐心视察时赞扬道：“王院长，你的贡献非常有意义。这些国宝，是我们关中的民俗，是关中文化的根。我们这次来是给自己上一堂国宝课，这些东西很珍贵，要保护好、利用好。你给国家办了一件大好事，是民族的功臣，我佩服你。”并欣然题词：“关中民俗　博大精深”。

王勇超深知，是黄河精神一直滋养着他自强不息、拼搏不懈，是黄河精神一路激励着他百折不挠、奋勇前行。

保护黄河生态

“采菊东篱下，悠然见南山”“绿树村边合，青山郭外斜”“接天莲叶无穷碧，映日荷花别样红”“晴空一鹤排云上，便引诗情到碧霄”……孩提时的小勇超就生活在这样如诗如画的美景中，他从小就热爱大自然，喜欢花草树木，以植树种草培花为乐事。懂事后，他从这些名句的意境中读出了古人的环保理念。

“绿水青山就是金山银山”是时任浙江省委书记的习近平早在2005年8月就提出的科学论断，这不仅是指导中国生态文明建设的主要理论，也是习近平新时代中国特色社会主义思想的重要组成部分。《周礼》曰：“畋不掩群，不竭泽而渔，不焚林而猎”……《荀子·王制篇》也有云：“斩伐养长，不失其时，故山林不童，而百姓有余材也。”王勇超的理解是，习总书记的生态文明思想，是对古人生态保护理念的传承与升华，对黄河流域生态保护和高质量发展具有重要的历史意义与显著的现实作用。如果每个人都树立起生态文明观念，热爱自然，搞好各自生活工作环境的生态文明建设，那么我们的山一定会更青，水会更绿，天会更蓝，云会更白，黄河流域生态保护和高质量发展自然会出现欣欣向荣的景象，九州山河一定会更雄阔壮美，祖国的风景一定会更明媚秀丽。

正是基于这样的认知与理念，无论是早在关博院奠基之初，还是不断发展的现今，王勇超都在深刻领会并积极践行着习总书记的生态文明思想。为此，关博院专门成立绿化队，绿化投资约 4500 万元，从四川、秦巴山区及渭北地区共移栽各类树木和花藤 12 万余棵，直径为 50—170 厘米的约 210 棵，绿化覆盖率高达 85%，绿了秦岭，美了山川。

值得一提的是，每年清明前后，钟爱花木的王勇超都率先垂范，带领绿化队栽花植树，到了冬季则坚持和工人一起剪枝护树。他累得满头大汗，却喜笑颜开，浑然忘我。此时的王勇超尤显得可爱又可敬，其爱木护花的行为在全院传为美谈。他曾公开说，谁爱花爱树，他就爱谁，也撰书过多首与花木有关的诗作，其书法如静立之树木端庄高雅，其诗歌似风拂之花草扶疏溢香。其中《植树吟》更是直抒胸臆。“生性爱花木，逢时不忘栽。槐杨观赏树，松柏栋梁材。密叶随年茂，繁枝扑面来。闲余驻足看，其乐任君猜。”这里的花草树木真幸运，鸟雀虫鱼也好福气。

只见院内绿荫覆地，碧水映天，四季鲜花，万株嘉树，处处郁郁葱葱，时时莺歌燕舞。盛夏，山风习习拂面，水帘叮咚入耳，红灯笼摇曳的沁心廊古色古香。山色湖光映小楼，篷船锦鲤戏水游。独品香茗醉氤氲，遥想月圆梅弄影。三千烦恼随风走，万般风情涌心头。真可谓，一园花木数池水，四时佳景永如新。人与自然和谐相处，就是一幅有声有色、有形有味会舞动的七彩画卷。

让公众为之赞叹、震撼的是，关博院这个浩大的古民居整体搬迁复建保护工程，绝不是简单、机械的工业化操作，而是精心布局，复原经典，修旧如旧。尤其令人称道的是，它不仅将整个建筑群居、民俗器物、古树名木等一切物质的东西都搬迁过来，还将建筑布局、设计风格、营造技艺、楹联艺术、民俗风情以及宅主人的精神理念、审美追求、生活气息等非物质层面的场景、意境、情境也一起迁移过来了。

关博院的每一件文物都有传奇，每一棵古树都有故事。据说，陕西富平人、明代“三朝元老”孙丕扬宅院里的一棵唐槐，就曾上演过一段“现代抢救”的真实故事。话说，那棵1300多岁超高龄腹、部空空的唐槐被请迁来时已奄奄一息，关博人心急如焚，给它盖上厚厚的棉被，挂上吊瓶输入高级营养液。如此精心呵护，才得以挽救它宝贵的生命，成为关博院众多古树中最有惊险传奇故事的一棵。这里不仅古树名木数量多，更重要的是全院都能爱护它们。

今年9月30日，陕西省林业科学院科研示范基地签约授牌暨技术交流培训会在西安召开。会上，关博院被授予“陕西省林业科学院古树名木保护研究中心”的牌匾。同年11月20日，在北京举行的全国精神文明建设表彰大会上，关博院被中央文明委授予第六届“全国文明单位”称号，是陕西省文博、旅游系统在本届文明创建评定中唯一获此殊荣的单位。

弘扬黄河文化

"半亩方塘一鉴开，天光云影共徘徊；问渠哪得清如许？为有源头活水来。"朱熹《观书有感》对王勇超启发很大，他认为，黄河不仅是一条波澜壮阔、气象万千的自然之河，也是一条源远流长、博大精深的文化之河。

习总书记在黄河流域生态保护和高质量发展座谈会上指出："黄河文化是中华文明的重要组成部分，是中华民族的根和魂。"他特别强调，要"保护、传承、弘扬黄河文化"。

古人云："关中者，天下之脊，中原之龙首。"陕西关中地区属于麦粟文化地带，自古以来就是黄河中游文化最重要的组成部分，天然密切的地域性，使得关中文化与黄河文化同气连枝、一脉相承。因而三十多年来，王勇超不仅一直信仰黄河精神，保护黄河生态，更是积极保护、传承、弘扬黄河文化。

"每逢国庆兴致高，文保大业意气豪。功名利禄九霄抛，筚路蓝缕永弘道。”这些年王勇超拼命抢救保护关中文化遗产，就是抢救保护黄河文化遗产，全身心传承、弘扬关中文化，就是传承、弘扬黄河文化，这一切旨在以关博院为载体，记得起历史沧桑，看得见岁月留痕，留得住文化根脉！

作为关博院创建者，王勇超精心实施了保护、传承、弘扬关中文化的系统工程。他聘请了文博、考古、收藏、文学、艺术等多个领域的专家、学者组成顾问团，成立了文管部、编辑部、宣教部等，组建了研学旅行教育辅导队伍，创办了院报《关中民俗》，对院藏文物进行长期研究和推介宣传。在院内定期开展民俗文化系列讲座，举办了“关中民俗艺术研讨会”“抢救保护关中民俗文化遗产专家研讨会”“古玉臻美——中国古代玉器玉文化研讨会”“中国民间文化传承与发展研讨会”“中国七夕文化研讨会”等一系列文化高峰论坛。通过深入挖掘、研究和积极主动地推介展示活动，让关博院的这些文物“活”起来，让文明流动起来，从而更好地贯彻落实习总书记关于“一个博物院就是一所大学校”重要讲话精神。近年来，关博院受到了党和国家领导人的高度赞赏，也赢得了中外游客的普遍认可，获得了“中华民间保护第一院”“中国民俗文化大观园”“民间故宫”“丝路明珠”“非遗瑰宝”“地上兵马俑”“雕刻艺术的活化石”等众多美誉，它已成为华夏儿女的精神家园、寻根胜地、信仰道场、教育殿堂。

为了更好地传承弘扬黄河文化，王勇超不仅走遍了延安、榆林、渭南、府谷、延川、合阳等陕西所有沿黄市（县），山西、甘肃、宁夏、青海等沿黄省（区）也留下了他调研、考察的足迹。勇超主席团结带领广大民间文艺家坚持以弘扬、抢救、保护、发展为主旨，扎根民间，脚踏实地，主动作为，开拓创新，取得了可喜的成果，为传承民间艺术、弘扬黄河文化、促进陕西民间文艺事业的繁荣发展，做出了积极的贡献。

身为研究员，他发表了《抢救文化遗产重在民间遗物保护》《让民间文化登堂入室》等论文，研究主编了《关中民俗艺术论集》《石上逍遥——拴马桩的雕刻艺术》《关中民俗文化艺术丛书》（十六卷本）《追溯——“秦风·汉韵·唐文化”陕西老民宅摄影展作品选集》《纪念辛亥革命一百周年——民国书画集》《金声玉振——妙法莲华经》等十多部专著，以及个人诗集《五台吟》。

2008 年 3 月 5 日，是王勇超人生中一个非常特殊的日子。这一天，他从古都西安来到首都北京，激动万分地步入了神圣庄严的人民大会堂，无比欣喜地出席第十一届全国人大第一次会议。他用地道的关中方言说，自己代表陕西的基层草根人士进京为民间文化开光来了。此后，他连任三届全国人大代表，并三度当选大会主席团成员，在主席台就坐。王勇超代表不负人民的重托，连续 12 年来共提交建议 30 余项，项项紧扣弘扬传承中华优秀传统文化、优秀民俗文化、民间艺术的主题。在他的长期呼吁、积极推动下，一系列相关扶持政策和措施相继出台，初步形成了党委政府大力支持、社会各界广泛参与的发展局面，保护、传承弘扬关中文化、黄河文化的良好氛围蔚然成风。

东风浩荡满眼春，万里征程催人急。未来，王勇超将一如既往地信仰黄河精神，保护黄河生态，弘扬黄河文化，因为他是黄皮肤的炎黄子孙，是生长在黄土地上的关中人，是信仰黄河精神的黄河儿女。

一见黄河就流泪

〇李春玲

喜欢黄河的时候，根本不知道她有多美、多壮观，更不知道她在哪里，只知道她是俺的“亲娘”。哪个孩子不喜欢自己的亲娘呢？

这个天大的秘密，是七岁那年，因争抢一朵梧桐花，我把隔壁家的阿英打哭了，在她的哭骂声中得知的。阿英说，村里的大人小孩都是黑头发，只有你是黄头发，你没听见大家都叫你“黄毛妮”吗？你想想，你是不是总穿你两个姐姐的旧衣裳？你家好吃的是不是都给你二姐了？一个“河北”捡来的黄妮子有啥嚎乎的？

我听了既愤怒又震惊，但仔细一想还真是呢。怪不得，每次有好吃的，奶奶总是偷着给二姐。但凡我和二姐打架，爹娘也总是训我，原来我不是亲生的。

我着急忙慌地跑到大队部去问父亲：“俺真的是你从河北捡来的？俺亲娘叫啥名？”还没等忙着打算盘的父亲说话，满屋子的人都笑了。村里的民兵连长说，“黄毛妮”，你就是从黄河边上捡来的，你娘的名字叫“黄河”。

那一天小小年纪的我，觉得很伤心也很无助。我含着泪跑回家，偷偷拿了一个窝头，决定自己去找俺的亲娘。我想村子东边的那条小河，也许知道俺亲娘在哪里。于是我就一口气跑到河边，对着静静的河水大声喊：“娘，你在哪里？你快回来接俺吧，俺想你了。”哭喊了半天，也没有回应，只有树上那些讨厌的鸟，在叽叽喳喳地看热闹。

喊累了，我也不想回家。捧着河水把那个硬硬的地瓜面窝头泡软。吃饱后，我躺在河边的草地上，看着蓝蓝的天空，就想，云彩是天的孩子，我是黄河的孩子，我要是和云彩一样天天躺在亲娘的怀抱里，该有多好！想着想着就睡着了。等我迷迷糊糊醒来的时候，发现我已经躺在娘的怀里了。

我一下子挣脱娘的怀抱，大声哭着说：“骗子，你们全家都是骗子！你们天天说‘黄毛妮一根根，吃一辈子好东西’，可咱家好东西都给俺二姐吃了，你们就知道偏向你们的亲闺女。”父亲听了，一把把我揽进怀里，抚摸着我的头说：“孩子，大家都是逗你玩的。黄河是咱华夏民族的母亲河，我们炎黄子孙都是她的孩子，等你长大了就知道了。”

两周后，父亲送给我一本他亲手抄写的“黄河”诗词和“黄河神话”传说。就这样，在父亲讲解的一首首诗词和一个个神话故事中，我开始了和“黄河”母亲的神交。

听，李白在黄河边高呼“黄河西来决昆仑，咆哮万里触龙门”；看，王维在边塞上独白“大漠孤烟直，长河落日圆”；品，王之涣登高抒怀道“白日依山尽，黄河入海流”；叹，李流芳感慨着“明月黄河夜，寒沙似战场”；悟，柳中庸的“三春白雪归青冢，万里黄河绕黑山”；领略，刘禹锡“九曲黄河万里沙，浪淘风簸自天涯”的意境。我越读越上瘾，每一首诗都能倒背如流。

大禹治水、蛮龙归正、鲤鱼跳龙门、李闯王渡黄河、巨灵掰山引黄河等神话故事，我更是百听不厌。一有空，我就学着父亲的样子“惟妙惟肖”地讲给小伙伴们听，每每讲到动情处，我总是泪流满面。

1987 年的夏天，我怀着朝圣的心情，来到了日思夜想的壶口瀑布，近距离感受“黄河之水天上来”的壮阔。只见，滔滔黄河水，挟雷霆万钧之势，直下百丈悬崖，掀起腾空狂浪，排山倒海，震天撼地。

仰望壶口瀑布，我真正读懂了“金涛澎湃，掀起万丈狂澜；浊流宛转，结成九曲连环，九州飞溅瑶池液，一醉炎黄万古春”的诗句。

“风在吼，马在叫，黄河在咆哮”——这些翻滚的巨浪和如雷的涛声，让我想到了黄河岸边，一场场硝烟弥漫的战争，想到了历史长河里，一个个可歌可泣的英雄人物。这些直泻而下的激流，不仅溅起了千千万万朵浪花，也溅湿了我的双眸。

利津是黄河入海的前哨。史载，黄河两度经利津入海。公元 11 年黄河在魏郡（今河南省濮阳市境内）决口，河行千乘（利津古地名）达 800 余年，形成了以利津为顶点的古代黄河三角洲。清咸丰五年，黄河决铜瓦厢，改道东北穿运河，夺大清河道再次由利津入渤海。

随着时间的推移，许多利津的旧时美景都被湮没在历史长河里，而最常被利津人念起的景象便是利津古八景和“东津晓渡”。

东津渡，为鲁北地区漕运、盐运的重要通道。从明成化年间利津教谕章忠的《东津晓渡》诗中，可以想见当年东津渡繁华的迷人景象：“津河环带碧流长，舟子清晨渡口忙。缥缈云边人竞渡，汪洋浪里棹轻扬。寻常荡漾沉波月，来往栖迟向晓霜。幸际政平方系缆，行人犹似唤渔郎。”

抗日战争及解放战争时期，东津渡成为清河军区和冀鲁边军区联系的通道。1947 年 7 月，陈毅、张云逸等率华东军区机关就是在这里渡过黄河，转战西去，故又有“英雄渡”的美誉。“有凤来仪”的利津，不仅有以“凤凰城、铁门关、东津渡”为代表的历史人文遗址，还有黄河险工、黄河堤防、黄河故道等雄奇风光。这里有红地毯、芦苇荡、柽柳林形成的天然最美湿地，有飘香的利津水煎包和黄河故道鲜鱼汤，还有黄河口剪纸、罗布麻茶和农家老粗布为代表的特色旅游产品。在这里，年轻与古老相得益彰，生态与文化交相辉映。

黄河，像一头昂首欲跃的雄狮，突破“龙门”呼啸而出，从青藏高原一路穿山越岭，携泥带沙，横穿九个省（自治区），经过 5464 公里的奔波来到东营。

到了东营境内，黄河终于展现出她宽大的胸怀，显示出她最母性的一面。万里黄河放慢奔流的脚步，卸下满身的疲倦，缓缓流进蔚蓝的渤海，黄蓝交汇的壮观景象让人震撼、令人感叹。

黄河入海口每年新增大片新淤地，是我国最广阔、最年轻、最完整的湿地生态系统。这里的每一寸土地都生动地诠释着“昨日沧海，今日桑田”的巨大变迁。芦花飞雪、红毯染地、新生湿地、长河落日，这里的每一样景致，都是独一无二的东营坐标，是大自然赐予东营人民的精美画卷。

站在黄河入海口，望着像“火烧云”一样的红地毯和浩浩荡荡的芦苇荡，望着百鸟翔集、鱼儿雀跃的这片神奇息壤，我总是热泪盈眶。

黄河，我的亲娘啊！五千年来，你时而咆哮，时而舒缓，你流过了高山大川，你流过了草地平原，你流过了秦汉魏晋，你流过了唐宋明清，今天终于在这里投入大海的怀抱。

“黄河，我的亲娘啊，千年不停地流动，你累不累？”黄河母亲微笑着告诉我：“为了华夏子孙的腾飞，为了民族精神的延续，我必须不停地流动、不停地奔跑。前行是我的使命，使命必达！”

凝望着滔滔如海的黄河水，凝望着黄河水泛起的簇簇浪花，我忘情地沿着河岸走着，走着，我觉得自己仿佛成了黄河里的一朵浪花，拉着黄河母亲的手，永不停息地奔流，永不停息地向前、向前！

黄河丝带串起一路珍珠

——沿黄人文生态观光采撷

○朴　实

站在高山之巅，遥望滚滚黄河，日夜奔流不息。黄河，她从青藏高原巴颜喀拉山的北麓走来，以她甜美的乳汁滋养着广袤的黄土地，脚印遍及九个省区，是中国第二大河，养育着生生不息的炎黄子孙。

她全长5464公里，在陕西境内流长718公里。她像一条丝带，串起了沿途一路“珍珠”。在陕西最北边的县——府谷，有一个叫墙头的地方，风化残留的明长城遗址赫然映入眼帘，远眺可见滚滚黄河流入，毫无疑问，这里是黄河入秦之首。黄河从山西流入陕西境内，并在入口处绕圈回望，状如潜龙吞水，摇曳摆动，形成玉带环绕、秀美神奇之象。

这一湾就是黄河入陕第一湾，也被称作龙湾。一头一首，万里长城与黄河在这里握了手！

墙头地处秦、晋、蒙接壤处，不但是“鸡鸣闻三省”之地，也是“走西口”路上的第一道门户。站在黄河畔，可看到当年“走西口”时的古渡码头。在这里，我惊讶地看到黄河水不是黄色的而是碧绿的，从哪里开始变成黄色的？我们将沿着黄河寻找答案。

当地老百姓说，天下黄河九十九道弯，道道湾水向东流，唯有府谷境内黄河向西流，是因为留恋府谷这片热土？黄河龙湾是这里的一个景点，站在山头俯瞰，老牛湾雄浑壮美，乾坤湾大气磅礴。绚丽的丹霞地貌，五彩缤纷，婀娜多姿。青山、绿水、蓝天，加上神奇具有独特魅力的丹霞地貌，令人陶醉其中，流连忘返，思绪万千，感慨不已。

如今，一条沿黄河西岸南北走向的省级公路——沿黄公路修通了。这条路北起府谷县墙头乡，经延安、韩城市，到渭南华山脚下，全长828公里。沿着这条路由北向南缓缓行走，将看到乾坤湾、白云山、壶口瀑布、党家村、司马迁祠、洽川湿地、西岳华山等50余处旅游景区和沿黄4市12县经济社会发展的壮观场景。

在神木境内，黄河岸边，不时可见一片片的枣园，一栋栋色彩明快的建筑。停车观看，原来是一个生产咖啡的企业，起名叫“曼乔庄园”，多么高大上的名字，在这黄土高原上显得异常洋气。沿黄路通车前，在路边新建了这家工厂——陕西华和实业有限公司“曼乔庄园”，生产出了红枣味的咖啡等产品，消化了当地6万多亩红枣，吸纳了一百多人就业。红枣咖啡？许多人是第一次听说。企业负责人介绍说：“神木境内黄河沿岸的丘陵地带，四季分明，空气清新，光照充足，是红枣的适生区。20万亩枣树蔚然成林，它的栽培历史久远，曾为皇室贡品，营养价值极高。”我们品尝着带有红枣味的咖啡，嗯！味道还真不错。企业负责人拿着口香糖状的小包装介绍说：“这是红枣浓缩汁，早上可以夹在面包里吃早餐。”

佳县，这座美丽壮观的小山城承载了太多的历史记忆。据佳县史料记载，1947—1948年，毛泽东、周恩来、任弼时等率领中共中央和中国人民解放军总部转战陕北，在佳县生活战斗了99天。其间，毛主席曾两次来到香炉寺，面对滔滔黄河赞叹：“没有黄河，就没有我们这个民族啊！不谈五千年，只论现在，没有黄河天险，恐怕我们在延安还待不了这么久。抗日战争中，黄河替我们挡住了日本帝国主义，即使有害，只这一条，也该减轻罪过。将来全国解放了，我们还要利用黄河水浇地、发电，为人民造福！那时，对黄河的评价更要改变了！”

这里是一片文化厚土，历史悠久，古迹遍布，积淀深厚，有大家熟悉的白云山、香炉寺等，还诞生了响彻寰宇的颂歌《东方红》和唱响大江南北的黄河船夫曲《天下黄河九十九道弯》。时任佳县县委常委的李跃进，是《东方红》作者李有源的孙子，在即将建成的“东方红”产业园区，他给我们兴致勃勃地讲述了《东方红》从民歌《白马调》演变而成的过程。悠扬的歌声，在山岭上回荡，使人仿佛又回到了20世纪的延安，看到了解放区人民在党中央的领导下艰苦卓绝的斗争和欢欣鼓舞的场景。

吴堡古城坐落在黄河岸边，也称石城。目前，上山道路崎岖，有待改善，但来到山上，可俯瞰沿河风光，极其壮观。城墙用石头垒就，城门由石头搭建，房屋也是砖石构建的窑洞。街道、县衙、学校、监狱等都保持着原貌。有些房屋稍有修缮，还住着人。城里有两座土地庙，有一些塑像，虽然重修，但保持了原貌。城内有被日本飞机轰炸过的痕迹，留下了日军侵华的铁证。

著名作家柳青是吴堡人，吴堡是柳青的根。近日，总建筑面积4550平方米的柳青文化园已经开园，柳青文学馆、柳青故居、柳青私塾、柳青书院等向全国的文艺爱好者和群众开放。这里收藏了陕西500余位文学家的图书作品1.4万余册，珍贵手稿书信14816页，文学作品改编成的电影电视剧实物资料300余份，分别陈列于文化园内的20个院落、77孔老窑洞里，全面展现了陕西文学的发展历程。

走着走着，突然有人说："黄河水变混沌了！"什么时候开始变的？什么原因变的？谁也说不清楚。有的说在佳县境内开始变化，有的说在吴堡境内开始变化；有的说是水土流失的结果，有的说是落差过大的原因。其实这些都不重要。的确，一路上的好景色谁能顾得上水色的变化呢？

毛主席东渡纪念碑矗立在黄河边，远眺黄河，似乎就能触摸到往日的岁月。1948年3月23日下午1时，毛泽东、周恩来、任弼时等中央领导就是在这里东渡黄河，指挥全国战略大反攻，在中国革命史上写下了光辉的一页。

在绥德，“米脂婆姨绥德汉”已成为极具代表性的人文符号，经过多年的历史沉淀后，“绥德汉”已家喻户晓。绥德有一首陕北民歌《三十里铺》，是一首流传甚广、脍炙人口的优秀陕北爱情民歌，也是目前世界民歌史上主人公原型唯一健在的民歌。绥德有一座革命的摇篮——绥德师范学校，先后为我国培养了多位党政军高级干部，其中省部级干部就有 60 多位。

清涧县的高家洼塬——北国风光景区。向东望去，岩畔上竖立的“《沁园春 · 雪》诞生地”标牌格外醒目。眺望远处，四周群山相连，宛如一条巨龙盘旋蜿蜒在大自然的怀抱。1936 年 1 月，红军东征到达清涧，毛泽东在高家洼塬观察地形时被风雪莽莽的北国风光震撼，吟成了千古绝唱《沁园春 · 雪》。

延川县是陕北革命根据地和陕甘宁边区中心县份之一，毛主席在陕北期间，曾多次到达延川，留有多处旧居和会议旧址。1936 年 5 月 2 日，毛泽东率领中国工农抗日先锋军从乾坤湾南侧的清水关渡口西渡黄河回师陕北。目前，清水关渡口、刘家山毛主席旧居、杨家圪台会议旧址、太相寺会议旧址保存完好，是延川沿黄旅游线上的重要景点。

车辆穿过一条长长的隧道，眼前一下子开阔了许多——韩城市到了。

韩城的古城格外迷人，走在古城街头，犹如置身于童话般的世界，一条明清古街道，一群唐宋元明清五代古建筑，一批四合院古民居，风貌古色古香。据介绍，韩城古城是全国保存完整的六大古城之一，至今保留着5街72巷的完整格局。

韩城当地人说："黄河最窄的地方在韩城，黄河最宽的地方也在韩城！"最窄的地方便是黄河龙门，此处两岸悬崖相对如门，传说唯神龙可越，故称龙门，又相传为夏禹所凿，取名禹门。龙门宽80米，形如闸口，扼黄河咽喉，水流湍急，正如诗人所描绘的"禹门三级浪，平地一声雷"。沿龙门逆水而上约4公里为"石门"，两岸断崖峭壁，如同刀砍斧劈，山水相映，极其壮美。最宽的地方便是姚家庄观景台。举目眺望，眼界十分开阔。在宽阔的河床上，工人们正在施工修堤。他们说："这是防洪堤，上面也可以行车。"下一步，他们将利用黄河在韩城的优势，计划打造黄金水道，届时游客们可以在黄河上坐船观光，近距离触摸母亲河。

位于关中腹地的景点大家都比较熟悉。党家村，东距黄河 3.5 公里，最负盛名的是它的明清古建筑群。一百多座四合院以及祠堂、文星阁，精美的走马门楼、砖雕石刻等令人叹为观止。

司马迁祠始建于公元 310 年。整个建筑依崖就势，层递而上。登其巅，可东望滔滔黄河，西眺巍巍梁山，南看古魏长城，北观芝水长流。山环水抱，雄伟壮观，气象万千。祠内古道沧桑，碑石林立。祠墓以其古朴自然之气势，清淡高雅之魅力屹立于天地之间，向世人诉说着司马迁命运多舛而又执着伟大的一生，使草木为之含悲，山河因之动情。

沿黄公路渭南段以打造最美旅游公路为出发点，充分发挥绿色交通建设理念，使用太阳能和风能为沿线路灯提供电力，路边种植易生长、花期长的格桑花，沿途村庄墙面绘制了一幅幅现代文化墙。在洽川湿地形成了“万亩芦荡，千眼神泉，百种珍禽，十里荷塘，一条黄河，秦晋相望”的独特旅游景观。

一曲华阴老腔，加上谭维维的激情演唱，使华阴名声大噪。奔腾南下的黄河，穿越秦晋大峡谷，在这里就要拐弯了，它将流出陕西，向东而去，陕西境内的沿黄公路到此已走完了828公里。

沿黄河走完这段路，我终于明白了为何要把黄河称为中华民族的母亲河了。滔滔黄河水，在中华大地上编织起了一条绚丽的丝带，上面点缀着无数颗璀璨的明珠。她的雄姿护佑着中华，她的乳汁养育着中华儿女，她见证了中国几千年的历史，她满载着中华儿女的渴望和期盼。而今，她在炎黄儿女们奔小康的美好愿景里，在中华子民们实现中华民族伟大复兴的中国梦的步伐中，一路向前，奔腾不息。

探访黄河源

〇王　蓬

黄河流域、黄土高原孕育了古老的中华民族，因而黄河在黄皮肤的华夏民族每个人的心头，自有一份任何河流都无法取代的分量。“黄河之水天上来，奔流到海不复回”。黄河的咆哮雄浑，黄河的九曲十八弯，关于黄河的种种传闻都会形成一种诱惑，成为一种让你止不住脚步的动力。我们一行便是在梦想多年、筹划多时后，才从西宁直奔玛多，住宿一夜，探访黄河源的。

打开地图就能清楚看到黄河从青海省巴颜喀拉山发源，在扎陵湖、鄂陵湖汇成湖泊，积蓄了最初的力量向东南方向一路奔腾而下，迎接它的第一座县城便是玛多。藏语译意为黄河沿。从文成公主进藏至今一直沿用这个地名，是古道重要的驿站和渡口。据介绍，早年时，冬季或踏冰过河，或踩列石过河，即河中排列一步可跨越的巨石，又或用羊皮筏过河。如今一座钢筋水泥大桥已横卧黄河，214 国道从此经过，勾连着青海、西藏、川康与云南，几乎穿越了藏区东南腹地，车水马龙，相当繁忙，这桥也就被称为“天下黄河第一桥”。玛多这个草原深处的县城由此也获得“黄河首县”的美誉，每年都有不少游客、画家、摄影发烧友来此探访。

至少几年前，我就产生了探访黄河源的念头，先是 2004 年去了黄河首曲玛曲，领略了“黄河第一弯”的风采，却蹉跎至 2011 年 7 月，才约上古建筑专家卢惠杰、作家吴全民，一行三人来到青海黄河源所在县玛多。

玛多县属国家三江源自然保护区的核心地区，全县 25000 平方公里，几乎相当于内地 10 个县的面积，空旷辽阔，全县仅一万人，县城不到一千人，十分钟便能走完，是典型的“袖珍县城”。从西宁出发经日月山、倒淌河，沿西宁至云南景洪的 214 国道到玛多，近 500 公里，只经过一个共和县，却需经过三个塔拉（蒙古语台地之意），每一个塔拉都坦荡如砥，无边无际，足以安置一个北京城或上海市。由于海拔在 3500 米以上，属纯牧区，不少地方已经沙化，牧草稀疏。途中须翻越海拔 4500 米的鄂拉山口，我们却没有感到高原反应，也许是时间短暂。

当晚，夜宿海拔 4300 米的玛多县城，比拉萨还要高出 700 米，一行三人都头疼胸闷，翻来覆去无法入睡。其实，我们出发前就做了充分准备，到西宁又购了让心脑血管能够适应高原环境的红景天药品，注意休息，多喝水就没事。

次日清晨，6 点起床，约好的藏族司机者才已准时开着越野车出现在宾馆门口。者才 30 岁，青海民族学院本科生，爱人是县上的公务员，他开车每年 7、8、9 三个月能挣五六万元。比如送我们三人去黄河源牛头碑，90 公里，要 900 元，我们谈到了 700 元。车一出玛多县城，就是草原，不时可以看到藏羚羊、藏野驴、黑颈鹤、野鸭子等珍稀禽兽。玛多大草原也十分辽阔平坦，黄河像一条小溪，在草原上蜿蜒，开到 30 公里外就见了鄂陵湖，如大海般蔚蓝广阔，有 600 多平方公里，水深达 30 米，蓄水 43 亿立方米。在鄂陵湖上面还有扎陵湖，略小一点，也蓄水 30 多亿立方米。我们实在庆幸，在人类耗水还不厉害的时候，黄河母亲在这儿积蓄了一点“私房家底”。

但现在情况不容乐观。玛多号称“千湖之县”，有 4000 多个湖泊，者才说他小的时候，最担心的事情就是夜晚帐篷和房间会突然进水，把鞋子都漂起来，像小船一样。那时候，到处都是湖泊，水草丰茂，白天鹅、黑颈鹤成群飞来，藏羚羊、藏野驴、旱獭、草狐出门就能碰上，我们曾是全国首富县呢！

者才说的情况不假，但却不大了解背景。来玛多前，我曾多方寻找资料，得知玛多曾急于实现粮食自给。在平均海拔 4400 多米，无霜期仅 2 个多月的高原上，开荒种地，种下去的任何谷物都颗粒无收。另外，黄河源头的草场大部分属高寒草原和高寒草甸，生长十分缓慢，草场平均每亩产鲜草不到 120 斤，要 12.6 亩草原才能养活一只羊，比澳大利亚草场将近低 20 倍。改革开放初期，政府也好，牧民也好，都急于脱贫，拼命增加牲畜存栏，最高峰时，一万人口的玛多，牲畜量竟达五六十万头，不仅人均全国第一，也成为世界第一。因为纯牧业国蒙古人均牛羊 27 头就属世界首位，玛多也就一度成为全国首富县，在20世纪80年代，人均收入就达到过3000多元，不仅超过沿海发达地区，对贫穷的人均几百元的多数西部县来说，简直就是天文数字。

但玛多的好日子几乎是戛然而止。由于过度放牧，草场遭到破坏，高寒地带，生态脆弱，一旦遭到剥蚀、沙化与鼠害，加之雪线上升，来水减少，便很难恢复。玛多草场过度放牧达2/3，全县4000多个湖泊将近一半干涸。1997年，黄河在源头第一桥处断流；1998年10月至1999年6月，黄河在鄂陵湖与扎陵湖之间长达7个月断流，在长达8公里的河道上，白花花一片尽是砂石。黄河流淌了亿万斯年，竟然源头断流，犹如婴儿在襁褓之中就遭遇断奶。这是谁都不敢相信、不愿看到、又确实发生的事情，教训十分沉痛。

大量牲畜因食草困难，牧民被迫四处游牧，在这个无奈迁牧的过程中，又有牲畜大量死亡，最后全县已不足20万头。号称“千湖之县”竟然让唯一的水电站无水发电，出过县长手机让柴油发电机来充电的笑话，这样的黑色幽默让人欲哭无泪。

好在玛多及三江源遭遇的窘迫已引起各方面乃至国务院的高度重视，玛多全县都被划进三江源核心保护区，禁垦禁牧、修复生态的举措在严峻的事实面前日益深入人心，也取得了一定效果。

那天早上，我们沿着简易的公路一直到鄂陵湖与扎陵湖之间高耸的牛头碑下，碑上有前总书记胡耀邦与十世班禅分别用汉、藏文写的“黄河源”。事实上，这儿也是从隋代以来认定的黄河源区。张骞出使西域时曾误以为塔里木河是黄河源，曾向汉武帝汇报“河出昆仑”，这个错误已被古人纠正。隋代在此设河源郡，唐大将侯君集、李道宗寻访河源至此。那时，鄂陵湖称柏海，松赞干布率吐蕃大队迎亲人马在这儿扎营盘、牵牛羊，迎接文成公主，并举办盛大婚礼，至今还有迎亲碑、多卡寺等遗址。我们看到的情况是鄂陵湖与扎陵湖都水色蔚蓝，满满当当，洪涛涌起，壮阔如海。四周山峦草色青青，牛羊散落其间并不繁密。者才也感叹，现在牛羊少多了，再也不敢无度养殖了。这让人心中稍稍有些宽慰。

那天，我们回到玛多县城后，又专门去探访了号称“黄河第一桥”的玛多黄河桥。这座桥在玛多城外三公里处，黄河正从这里流过。近两年，黄河源区冬季连续降雪，水量有所恢复，也无水库挡截，黄河还保持着自然形态与风貌，从坦荡如砥的大草原上蜿蜒流淌，带来充沛的水量，形成大片湿地与沼泽，有大群的天鹅灰鹤游弋生息。这也形成了广袤无垠的丰美草原，几乎集中了草原上近百种科目的牧草，构成了如画风景。

当我们来到黄河边上，最初一瞬，简直不相信这就是黄河，既没有壶口瀑布那种奔腾咆哮、雷霆万钧的气势，也没有风陵渡那宽阔无垠、烟雨苍茫的襟怀，甚而连宁夏平原黄河灌区那种泥沙俱下的混浊都没有。

眼前的黄河是那样的平静，波澜不兴，潺潺湲湲，从远处流来，向草原深处流去；宽度绝不超过100米，一眼就可以看清楚河对岸的岩石，狗尾巴草正在晨风中摇摆，丝毫没有大河巨流的水势与风采，这让同来的伙伴有些失望。我想起曾在画报上见过俄罗斯母亲河伏尔加河，入海口河宽达几十公里，但源头不过是一条小溪，一步就能跨过。细想，世界上再伟大的江河源头也如同人类的婴儿时期，探源寻踪的意义不也正在于此。

玛多黄河第一桥便建在这里，214国道过桥通往青海的玉树和云南的景洪。一阵晨风吹过，河水起了涟漪，倒映着天上的云彩，极目远眺，河水云天一色，没有孤鹜与落霞齐飞，却有只草原苍鹰高高在天空飞翔，把我的思绪也带到1300年前的一幕：当年，文成公主一行到达黄河沿，原预计可踏冰而过，不想春暖坚冰已融，河面虽不宽阔，但过人马却十分困难。如何让尊贵的大唐公主顺利通过？迎亲的吐蕃臣民彻夜未眠，终于想出个好办法。

次日，太阳刚从雪山升起，黄河源渡口出现一道彩桥，鼓乐齐鸣之中，文成公主被簇拥着走上铺满红毡的桥面。行走之间，公主感到脚下十分柔软，仔细一看，天哪，这分明是一座人桥，吐蕃同胞全站在冰冷的河水之中，肩负木板；再看桥栏，也是由吐蕃孩子挽着手臂组成，公主好佛，心怀慈悲，一时间激动万分，这一瞬间，她的心已与吐蕃臣民融合，把自己交付给了质朴、善良的吐蕃百姓，交付给了广阔雄浑的雪域高原。

也许，文成公主没有想到的是她远嫁吐蕃的壮举，不仅开辟了一条沟通雪域高原与内地中原的唐蕃古道；也在汉藏之间架起一道传承千载的和平友谊之桥。

那天，我们拍摄完大桥和黄河，又恰好遇见一位骑马的藏族妇女拉着一匹马来河边饮水，创造了绝好的拍摄机会。但似乎还不尽兴，索性开车过河，沿着黄河边的公路奔驰起来。两岸的草原平坦广阔，有一些起伏的山峦，但都不高大雄奇，实际是巨大的缓坡，全被茂密的牧草覆盖，天地之间全是浓浓淡淡的绿色，草原深处，有帐篷出现，有炊烟飘升，有牛羊滚动，几户藏民各自用铁丝网圈起偌大的草场，安静地放牧着，享受着黄河带给他们的恩泽。

汽车终于驶上我们期待的一处高地。放眼望去，黄河从云烟苍茫的雪域高原流出，那儿沉积亿万斯年的冰雪化为淙淙流水，越过千湖之县玛多，沿途九曲回肠，汇纳百川，滋红催绿，甩下一个个碧波荡漾的湖泊，襟怀起一片片丰腴壮美的草原，孕育着一座座城镇和村落，养育了汉、藏、回、土、蒙古、撒拉、裕固等众多民族的儿女。若往下看时，黄河则出兰州、润河套、奔壶口、过龙门、穿越晋陕峡谷，滋润豫鲁平原。末了，直接催生出一个黄皮肤的伟大民族！

父亲的窑洞我的家

○李拥军

我五岁那年，家里人口增长到了十八口人。我大伯一家，二伯一家和我一家。家太大了，人口还大有增长的趋势。我婆有些力不从心，掌管不过来。于是，就分了家，大家分成了三个小家：大伯一家八口人，二伯一家四口人，我一家六口人（包括我婆）。每家分了一间小瓦房，一间窑洞，和三家共用一间土木结构的厨房。我家的小瓦房归我婆住。小瓦房只能盘一个土炕、放一张桌子。我们兄妹三人和父母一块住窑洞。说是窑洞，实际上就是牛圈，和牛住在一起。前半部分是土炕人住，后半部分是牛圈牛住，幸运的是我婆爱我，我经常和我婆住在瓦房里。

才分了家大家相安无事，时间长了矛盾就出来了。谁家做了饭锅没有洗净；这家烧了那家的柴；那家用了这家的水；扫院又把垃圾扫到他家门口了；谁家的娃又把他家东西损坏啦；两家的娃又打捶了等等。十八口子人挤在一起，拥挤不堪，难免有磕碰。先后们你抽我咧，关系日益紧张，大有爆发之势。

一盆花，枝繁叶茂，生长太过旺盛，小盆难以容纳，就会纷纷向外延伸。家也一样。我二伯不愧是抗美援朝战场上下来的英雄，见多识广，认为只有搬出去住，弟兄们才能和睦相处。于是他在外面找了个地方打窑洞，准备安家。窑洞初步打成，在一个下雨天，地里活干不成，他就一个人跑到自己的新家里裹泥窑洞。不料窑塌了，我二伯永远地走了。枪林弹雨没有夺走他的生命，十六个国家联合在朝鲜战场和中国开战，他都毫发未损，却走在了修建新家的路上。

以后的几年里，谁也不敢奢望出去打窑建新家了。大家仍然挤在一个老屋里，骂仗是家常便饭。实在住不下去了，我妈就鼓动我大出去踏摸地方。好在我大是个文化人（高中毕业），不信邪。他跑了不知多少趟，看了不知多少处，终于在离我家村子二里多路的另一条沟系——大沟沟畔找到了一块崖势较合适的地方，我们叫它东沟畔。

那个时代不需要庄基批文，也没有政府干预，荒山野岭，只要能找到合适的地方又能舍得出力，就放心大胆地干。一个人来到这个世界，总要建立一个自己的家，总要有一块属于自己的栖息之地，总会为之不断地努力，不断地拼搏，不断地奋斗。

我大和我妈一有空就去打窑。打窑的土用担担，用人抬，用独轮车推，倒到沟里，门前的沟硬是给填出了一大块空地。历经二年，三口窑洞终于打成。又打了土板墙做院墙。一切还没有收拾停当，我妈便迫不及待地让我们搬进了新家。我和我婆住一口窑，我大、我妈和弟妹们住一口窑，另一口窑做了厨房。

搬进新家，院墙没有门，我婆就用枣刺挡住。窑洞没有窗和门，我妈就用一家人穿烂的织布衣服一片一片地缝制成帘子挂上。炕上没有席就铺上麦秸。厨房里有擀杖没有案，有勺子没有刀，有风箱没有锅。我们捡了一口原来老屋里淘汰了的漏水的撑子锅，好在漏水点不在锅底。烧水之前我妈总是把锅提下来，翻个过，用木楔、瓦片不停地刺锅底，目的是让细细的锅灰密住漏水的缝隙。烧水的时候开始还不漏，快烧开的时候可能是热胀冷缩的原因吧，锅就开始漏水。烧这种锅我婆最有经验。每当漏水的时候，我婆就避开漏水点，柴火加大，风箱拉得起劲，火烧得更旺。坚持到水开，在锅头旁等着的我妈就向锅里倒入玉米面糊糊，不停地来回地搅，不一会儿漏缝就被糊住，不漏了。我婆停了风箱，只是加少许的柴。记得那个时候我家不是喝粥就是吃搅团，偶尔吃面也是烩烩面。

遇到蒸馍的时候我妈就犯了难。还是我婆经验丰富，每次给锅里只加一小马勺水，水面刚好低于漏水点，在锅里放一块小瓦片，蒸馍的时候总能听到叮叮当当的响声。响声一停，我婆就向锅里再溜一小马勺水，不一会儿水就开了，响声又一次响起。蒸一锅馍要溜四五回水。

记不得用了多长时间，实在搞不下去了，我爸就背着这口黑锅，走了十几里路，在城里找了一个小笼匠把这口锅钉了。从此我家就能改善生活了，没有刀、没有案板，我们就吃扯面、揪片子、老鸹撒。

新家离村子远，很偏僻，一到晚上就得早早地上炕睡觉。我们经常能听到狼嚎的声音，狼嚎就像月娃子哭，一个单音“呜——”拉得很长。每到这个时候，我就吓得要死，不敢出声。漫漫长夜愈发睡不着，就听我婆讲那黑脊背狼的故事。

黑脊背狼，是过去东塬上作恶多端、十恶不赦的狼家族。这群狼的特征是：灰颜色的皮毛，脊背却有一溜黑色的毛从头到尾。黑脊背狼生性凶猛而且狡猾从不怕人。它能从家里炕上把娃叼走，从圈里叼走猪羊更是常事，没少吃我们东塬的娃和家畜。整个东塬都是这群狼的地盘。它们今晚在这个村，明晚就在那个村，有时候一晚上能跑几个村，不达目的誓不罢休。我婆睡觉时就在旁边准备着铁叉，随时准备与狼决战。

听我婆讲，有一次我爷赶场，天麻乎乎黑向回走。一黑脊背狼跟在我爷后面，后腿站立，带着草帽，咯咯拧拧地学我爷走路。我爷以为是人，就放慢了脚步，想结伴而行。走近一看，毛乎乎的是狼，立刻就打。我爷是谁呀，东塬上的大力士！能把三个碌碡挨着摆一条线直立着竖起来，能把碌碡用双手举起架到梨树杈上。他打架无人能胜，从没有遇到过对手，但就是赶不走狼。狼非常聪明，它用的方法是：你进时它退，你退时它进。后来狼嚎来了几个帮手，一会儿在前面堵，一会在后面追，一会儿在畔上向我爷刨土，一会儿又左右包抄，方法用尽就是贴近不了我爷的身，一直折腾到天亮狼才无奈地退去。

收麦季节，人都在场里摊麦，黑脊背狼把我叔叼走了。全村的人手持钢叉穷追不舍，眼看着狼跳上畔我叔就没有救了。也许是狼跑得太累了，也许是娃太大，我九婆急了，不知道从哪儿冒出来的劲，应该是出于母亲护子的本能，一钢叉居然抛出去四五十米。狼躲避钢叉时松了口，我叔掉到了畔下，狼跳上了崖畔。我叔头上少了一块头皮，保住了性命。这事已经过了七十几年了，我叔还活着，活得精精神神、健健康康的。

住进东沟畔，我一家老小一有时间就收拾屋里。先后再打了两口窑，又盖了一间土墙做的小瓦房当厨房。安装了院大门，窑洞里也装了简易窗门，厨房里添置了案板、锅碗瓢盆。为了防狼还特意养了一条大黑狗。日子一天天向好的方向发展，一家子和和美美，再没有老屋里的骂仗打捶之事。我婆乐得合不拢嘴，我妈高兴了就站在家门口的大沟畔，对着大沟扯开嗓子唱一段秦腔。

好景不长，一天天还没亮，狗胡乱叫。母亲起来发现窑背子根底有许多垒的新土，走上窑背查看，看到许多裂纹，有一条从东到西的裂纹已经能插进指头了。我妈急忙喊我们向外跑，我们衣服都来不及穿，跳下炕，冲出窑洞。等我们跑出院子，整个窑背全部扑了下来，一股冲击力把我们几个掀倒在地。拴着的狗没有来得及解脱绳，被砸死了。家人无事，但牲畜无一幸免，我妈坐在土堆上绝望地哭。有人把我大从学校（我大是住校教师）叫了回来，我大圪蹴在倒了的窑土上一句话也不说，目光呆滞地望着这没有了的家。一个大男人在自己辛辛苦苦建起的家受到毁灭性打击的境遇下，那种茫然的眼神，承受的那种痛，是我一辈子也忘记不了的。我无奈地看着我大，感觉我大似乎要被这突如其来的灾难击垮了。

我婆发话了："我们还要感谢菩萨哩！感谢各路救神哩！不是都毫发无损吗？活得好好的吗，愁什么？从今以后都给我打起精神来。窑倒了，我们还可以再打！一年不行二年，二年不行三年。为了咱这个家，我失去了两个丈夫，一个儿子，这些都没有把我压垮。只要有人在，家就在，没有什么困难克服不了的！”说完她就去地里抱来玉米秆，刨出倒塌的厨房里的木椽，搭建了两个简易草棚，作为我们临时的家。

过了几天，父亲缓过神来，决定清理倒塌的土，在原有的基础上向更深挖掘，重新再打几口窑洞。于是全家又开始了漫长的劳作。我爸推，我妈担，我们抬，我婆用锨铲、用镢挖。我们一家就像愚公移山一样，一天一天艰难地向纵深推进。

一天晚上，夜已很深，大人们都在取土，我负责在棚里照看弟妹。迷糊之中我听见外面有刨玉米秆的声音，初生牛犊不怕虎的我提了一根木棍出来查看，“狼！”第一次见狼，吓得我尖叫一声跌坐在地。我这一坐把狼着实也吓了一跳，父母闻声赶来，狼吓跑了。我婆连连夸我：“我娃长大了，像你爷，将来一定有出息！”经我婆一夸，我沾沾自喜，像一个小英雄，从此胆子就更大了。心想：“狡猾凶残的黑脊背狼也不过如此，它都怕我，我还有什么怕的？”

新打窑洞省时省力，若要在倒塌的基础上再建，不但土量大，而且运输距离长。我们一家不分昼夜，不知出了多少力，流了多少汗，只是为了拥有一个自己的家。为了建个家，我们努力着、拼搏着，历时三年终于又一次建成了我们的新家。

住了五年，父母住的偏窑间口了，没办法再住。父亲就托关系在砖厂赊了些砖，叫来匠人我大舅，我们全家人当土工，把那个小窑用砖暗卷了。砖少不够用，就只卷了两米多高五米来深的小窑。窑口上还用胡基代替。暗卷的窑再也不用担心倒塌了。

我和我婆住的窑洞较大，前面住人，后面当仓库。不知是我家窑洞的土质不好，还是号称“亚洲第一、世界第三”的秦岭水泥厂在宝鉴山上常年开采石头放炮的原因，我和我婆住的窑洞裂开好多口子。其中有一块土摇摇欲坠，我大就伐了一棵大树做成椽，把快要掉下来的那一块土给顶住。

宝鉴山上的矿山放的大炮可不是一般的大炮。人钻进山去打炮洞，用铁车子向外推石渣，要打几十米深，装的炸药用汽车拉几车。每次放大炮都是天摇地动，一般放炮时间是每天下午三点，快到放炮的时间我们都不敢进屋，就在门口沟畔等着。放炮时，看大沟里震落的崖土顺沟沉浮，一片烟山土雾。听那飞脱的石子带着哨子响掠过头顶。等炮放完了，我们赶紧进屋查看情况，看看有没有震落的土块，裂缝宽了多少，椽支好着没有。

后来我和我婆住的那口窑支上了两根椽。口子越来越多，裂得更宽，到了秋天的雨季还漏雨，大小的盆得接几个。我妈嘟囔着说，矿山放炮把我家窑震裂了，叫我大找矿山上去。我大跑了不知多少趟都无济于事。我大不行，我妈接着跑。眼看着住不下去了，还是把矿山拽不展。最终胳膊扭不过大腿，我们没有得到任何补偿，连一句抱歉的话也没有讨到，反倒受了一肚子的气。

好多人给我大建议，赶紧想办法，再不想办法就会失下人命。我大思考再三，不能再打窑洞了。只要秦岭水泥厂不搬走，矿山每天都会放炮，矿山放炮就没有窑洞生存的希望。要防震得就盖土木结构的瓦房。要盖房钱从何而来？一个大男人再一次在钱面前难住了。到了暑假，父亲下定了决心，要告别窑洞，准备自力更生，打胡基盖房。

父亲的窑洞我的家。我的窑洞生涯伴随着我读完小学，又读完初中。从出生到长成十八岁的成人。在窑洞的那段日子里，我经历了许多，也学到了许多，既锻炼了我的身体，又磨炼了我的意志。

又到父亲节了，再次回到我久别的家乡，看着倒塌的父亲的窑洞，回味我少儿时代的家，我不禁泪流满面，泣不成声……

父亲是一个普普通通的人，没有显赫的地位，没有轰轰烈烈的事业，有的只是那厚重的爱，他把全部的爱奉献给了这个家。父亲走了，父亲的窑洞坍塌了，但父亲的精神还在，父亲的精神是我一生取之不尽、用之不竭的财富。

“老坚决”
——绿色丰碑上的红色旗帜

〇马学庆

20世纪，黄河岸边有一位闻名全国的著名林业劳模“老坚决”——潘从正。这位老共产党员以“缀网劳蛛”的精神，诠释着共产党人的初心和使命。

“老坚决”潘从正1902年出生在宁陵县万庄村。因一生生命不息、造林不止，干事有股子犟劲、韧劲，干不好、干不成决不罢休，人称“老坚决”。

“老坚决”一生对于中原有功，他是“绿色中原的先行者，生态中原的奠基人”；“老坚决”对于中国有功，他提出具有划时代意义的林业生产责任制并在全国实施；“老坚决”对于世界有功，他发明创造的立体防风固沙模式被推广到世界 20 多个国家和地区。“老坚决”曾受到时任全国人大常委会委员长刘少奇的亲切接见，林业部原部长罗玉川赞他为“林业上的有功之臣”，新华社原社长穆青四次到宁陵采访他，并赞他为“中国一代农民的风范”。

潘从正以自己的实际行动，展现了一名优秀基层共产党员的光辉形象，铸就了“心系百姓、艰苦创业、敢为人先、百折不挠、无私奉献”的“老坚决精神”。1979 年 4 月 25 日，《人民日报》头版刊文评价“老坚决”精神是“我们民族的骄傲，党和国家的至宝”。这是新中国成立至今，对一位农民、对一名基层党员精神的最高褒扬！由此，他与焦裕禄、王进喜并驾齐驱，成为闪耀时代的精神符号而被载入史册。

20 世纪五六十年代的宁陵县万庄，与兰考一样，到处都是沙丘成堆，种不成庄稼，吃个饭碗里都能刮上半碗沙土。老百姓有句顺口溜说“大风一起，刮到犁底；大风一停，坑满河平”，这里是满目疮痍。“老坚决”潘从正为了地里能种成庄稼、老百姓能脱贫过上好日子，毅然辞去乡民政员的职务，不要工资，回到家里开始带领乡邻植树造林、防风固沙。这一种，就是大半辈子。

当时乡里无钱投入买树苗，已50多岁的“老坚决”按照毛主席“要把黄河的事情办好”的指示精神，带领大家到处捡拾树籽，在房前屋后自己育苗。他家里巴掌大的地方，都种的是树苗，甚至把做饭的锅里都育上了苗，气得老伴直骂他。从1953年开始，他在沙荒地里挖了个地窨子，篷上茅草，搬来铺盖，就安了家。一年四季除了逢年过节回家团聚外，一直坚持住在沙荒地。有次累了一天的他倒下身子就呼呼熟睡了，没察觉夜里起了大风，只迷迷糊糊感到这夜似乎特别长，身上盖得特别重。等他醒来伸手一摸，被子上已蒙了四指厚的沙土，地窨子的口也被沙丘给封死了。幸亏地窨子里有把铁锹，他费了好大的劲，才扒了个洞钻出来。老伴前来送饭，得知“老坚决”差点被沙丘活埋，心疼得流了泪，决意搬来跟他做伴。从此，老两口相濡以沫，像照看孩子一样照料着苗圃的幼苗。经过几年的不懈努力，这里开始形成一道道绿色的屏障，大队小麦平均亩产量从二三十斤上升为二百多斤。1956年，潘从正出席了河南省林业劳模大会，受到了表彰。《河南日报》以“老坚决”为题报道了他的先进事迹，新华社原社长穆青也第一次到宁陵采访了他。

“老坚决”常说：“自己是共产党员，绝不能把党的事业放在个人之下。”他种树几起几落，有乡邻劝他：“老潘，常言说‘五十不种树，六十不盖房’，你都快70的人了，别再种树遭罪了！你种它图个啥啊？”“老坚决”激动地回答：“俺种树是为了让黄河两岸变绿，可不是为自己，俺是为了国家，为子孙后代啊！”1978年，在新的形势下，他在万碧风口构筑成了立体防风固沙林网。

也就在此时，恢复职位的新华社社长穆青第二次来到宁陵采访“老坚决”。初一见面，穆青就含着泪握着“老坚决”的手说：“您老受苦了，如果都像您这样干，咱国家就大有希望了！”此次采访后不久，1979年4月25日的《人民日报》头版刊发了穆青、陆拂为合写的长篇通讯《一篇没有写完的报道——重访宁陵县长年累月与风沙搏斗的植树老人潘从正》，对“老坚决”的事迹进行了详细报道，并配发了“编者按”，这样高度评价“老坚决精神”：“这篇通讯写的‘老坚决’、77岁的共产党员潘从正，是一颗闪闪发光的明珠，是一株迎风挺立的大树。他那为国家、为集体、为子孙后代造福的崇高理想，他那不达目的决不罢休的坚决劲儿，实在令人敬仰。自然界的大风沙，社会上的暴风雨，断粮难饭，生病年老……任何打击、挫折和困难，都吓不倒他，都动摇不了他。这种革命精神、浩然正气，是我们民族的骄傲，是我们党和国家的至宝。我们的工人、农民、战士、知识分子，都要发扬这种革命精神，像潘从正坚持造林那样对待本职工作。"之后，全国掀起了学习"老坚决"潘从正事迹的高潮，当年的高考以填空题的方式将这篇报道作为素材载入语文试卷。

在 1982 年、1986 年，穆青社长怀着深情又第三次、第四次到宁陵采访"老坚决"，两位老人因树结下深情厚谊。如今两人合栽的"连心树"、郁郁葱葱的"潘桐"已长成参天大树，根植于"老坚决"故居，同兰考的"焦桐"一样见证着绿色丰碑上的红色旗帜。穆青在"老坚决"去世后含着泪饱含深情地给他写下碑文，对"老坚决"朴实的一生进行了概括："长眠在这里的是一位普通的农民，他名叫潘从正，人称'老坚决'。他在世八十七年，却有半个世纪抛家离舍同妻子住在沙荒地培育苗圃，植树造林。风沙曾掩埋过他，断粮几乎使他送命，病了他不肯离开，老了还趴在地上拖着土袋修了五十米坡路。他千辛万苦栽培的苗圃和防护林，历经劫难，几起几落，但他并没有气馁。……如今，他的遗愿实现了。经他培育的树苗已经绿满宁陵大地，四里长的防风林已堵住了万碧风口，两千亩风沙地已变成良田。他年复一年地把自己的岁月刻进了树木的年轮，用满头的白发换来了大地的锦绣。你看，那高大的树干，是他坚实的身影；雪白的梨花，是他高洁的灵魂；绿色的风涛，是他爽朗的笑声；郁郁葱葱的林带，是他生命长青的丰碑。他默默奉献的一生，是我国一代农民的风范。他为国家为人民缀网劳蛛的精神将永远激励后人。历史将会证明，他比我们更年轻。”

斯人已去，精神永存，而且留给后人的财富弥足珍贵。“老坚决”在黄色的沙海中，他撑起一方绿荫；在绿色的松涛中，他擎起红色旗帜；在崭新的时代中，他传承着精神情怀。他是中华民族的脊梁，是中华儿女的优秀代表。在苦难面前，在困难面前，他不屈服、勇于抗争，用生命写下自己对乡土、对国家、对世界的三大贡献，以百折不挠的勇气和毅力汇聚起艰苦创业的磅礴力量，书写下气壮山河的英雄史诗。

“老坚决”精神，是中华文明进程中的宝贵财富，是永葆共产党人初心使命的现实需要，是共产党人的“精神之钙”，是坚定干部理想信念的重要法宝，也是当代生态文明实践的生动写照和乡村振兴的精神滋养。做好“老坚决精神”的传承与弘扬，要以榜样为灯塔，常回首检初心；以榜样为明镜，常对照守初心；以榜样为旗帜，常看齐践初心。“老坚决”精神是民族精神、红色精神、时代精神，正在新时代照耀着我们砥砺前行，以昂扬的姿态为建设活力中原、大美中国、生态世界做出应有的贡献！

千河情深

○刘　瑞

在宝鸡市千阳县境内，有一条河流叫千河。千河是黄河支流——渭河上的一条支流。数千年来，她奔流不息，就像是黄河的孙女、渭河的女儿一样日夜在歌唱，向我们讲述着千河沿岸一代代人悲欢喜乐的故事。

我小时随打工的父亲在千阳县住过几年，经常在千河岸边玩耍。在我的记忆里，千河大多数时候是温顺、美丽的，像流动在一幅画里的白龙。偶尔，也见到过夏季千河暴发洪水的可怕情景。

春天的千河最美。千河岸边，麦子长得绿油油的，春风吹来，绿浪起伏。在那一大片绿色中，夹杂着一片片金色的油菜花田。酥暖的阳光洒下，麦田里、河面上、油菜花田里，像被涂上了一层透亮的金色，显得更有生机了。

那时的我，只有七八岁。喜欢和伙伴们在千河边钓鱼、捉蜻蜓，偶尔停下来看看千河水，捡几个石头打打水花。后来，被父亲发现了，怕不安全便阻止我去千河边游玩。

后来，我陆陆续续从父亲和周围的父老乡亲那里听到了一些关于千河的故事。千阳县的一位老奶奶告诉我：千河绝不是一条安生的河流，很久以前，千河暴发过很多次洪水。夏季到来时，千河水泛滥，淹没过沿岸很多村庄和农田，给两岸人民造成了很重的伤害。民国时，渭北塬区遭遇严重旱灾，庄稼颗粒无收，人们流离失所，饿殍载道。而那时的千河，虽然有水，但水流很小，又没有开发，不能用于灌溉，人们只能靠天吃饭，生活相当辛苦。

千河在夏天时丰满，在冬天时瘦弱，有时也会不安生，干旱时也会无能为力。但追溯历史，探究源头，千河终究是一条充满厚重历史文明的河流，千河流域流传着许多感人的故事。

据记载，公元前 11 世纪，周武王推翻殷王朝，建立了周朝。后来，殷人在纣王之子武庚的带领下，发动了武装叛乱。周公领兵东征平乱后，周王便将叛乱的人们从繁华的中原大地赶到荒无人烟的西北、西南。因有许多秦人参与殷人叛乱，秦人的祖先也受到牵连，被迫迁于“西陲”一带，过着“逐水草而居”的生活。后来，秦人不断迁徙，来到了今天的甘肃天水。

西周灭亡之后，太子宜臼（即周平王）继位，将国都迁到雒邑（今河南省洛阳市附近），史称东周。此时，秦人的首领为秦襄公，他因平王东迁时率兵护驾有功被封为诸侯，他决心夺取平王所赐岐以西的封地，故而千方百计向东发展。秦襄公十二年（公元前 766 年），襄公率兵向关中西部的戎狄发动猛烈进攻，一度占领岐地，不久戎狄又很快进行反扑，秦兵立足未稳，难以抵挡，只得退回“西陲”，秦襄公在这次战争中殒命。

秦文公三年（公元前 763 年），文公亲率七百士卒，借“东猎”之名向东扩张。经过一年之久的奋力拼杀，公元前 762 年，文公的队伍从较为开阔、平坦的千河谷地来到了千河与渭河交汇的魏家崖、冯家嘴一带。千河谷地土壤肥沃，物产丰饶，进可直取沣、镐，退可从千河、渭河两条通道退回甘肃天水，待机卷土重来。

秦文公二十一年（公元前341年），秦国都邑——千渭之会建成。文公看着雄伟气势的国都、秀丽的千河风光，有感创业艰难，遂利用千河中的卵石制成了石鼓，并刻诗于上借以记事抒怀。石鼓文中共有十篇，其中两篇《千殹诗》和《霖雨诗》，记述了千河边捕鱼和下大雨时的情景。从这两首诗歌可以得知周秦时千河河水充沛，水势盛大，鱼类众多。这两首诗，作为有文字记载的史料，将千河地区的历史文化延至了周秦时期。可以说，千河地区是早先秦人的重要居住、活动地，是秦的发源地。

据考证，早在4000多年前，著名的治水专家夏禹曾引导先民疏导千河。《尚书·禹贡》“导汧及岐”记载的就是这一历史事件。西汉武帝时期，千河被开凿成国渠；三国时魏国卫臻对其进行重新整修，引水入兴平；唐朝修五节堰，凿升原渠到凤翔；清代整修升原渠。

千河在历史变迁中缓缓而流，经历过很多世事变迁。20世纪70年代初，在渭北旱塬旱灾频繁情况下，十万大军奋战在千河峡谷冯家山脚下，车拉肩挑，土法上马，茫茫群山手中开，巍巍大坝脚下起，硬是凭借着“千水不上塬，誓不下火线”的精神和意志，建成了关中地区最大的蓄水工程——冯家山水库。

建这座水库时，我的父亲也参与了工程建设，那时的我，常常跟随父亲来到建设工地。看着悠长的千河水被大坝拦截，变成了一湖清水，我心里有说不出的开心。水库建成后，就相继向宝鸡、咸阳八县区136万亩农田灌溉供水了。记得在我十几岁时，村子里的地要浇灌了，看到一渠清水流到麦田里时，我像个小大人一样，逢人就说：“我知道这水是从千河里来的，它是千河流到冯家山水库里的水，那个大大的水库还是我爸修的。”记得当时说那话时，我有着说不出的骄傲和自豪。

如今，冯家山水库也被命名为千湖风景名胜区。景区风景优美，水资源丰富，植被丰茂，生态环境良好，有着得天独厚的资源优势。千河变成了水库，水库变成了千湖，既实现了城乡供水、防汛发电和水产养殖多项功能，也实现了旅游观光和生态保护功能。

千河在曲折中变得睿智成熟，变水患为水利，变得更加可爱和美丽。她在冯家山脚下稍作休息，变成了一个宁静宽广的母亲湖。从高处看，千湖仿佛是一条蜿蜒爬行的水龙，伸展着龙爪，伸向河两岸的群山。两岸群山之上，植被丰茂，树木品种繁多，郁郁葱葱的绿色覆盖着山体，使千湖两岸秀色从生，生态良好。山体上的树木以松柏、槐树、白桦树、桃树、梨树、杏树、枫树居多，靠近千湖下游处的山体上有很多层层叠叠的梯田，梯田上种有小麦、油菜、玉米等农作物。

春天时，千湖水泛着淡淡的绿，湛蓝的天倒映在柔柔的水里，肥大的鱼儿在湖水中翻跃，成群的水鸟在水面上滑翔起舞。两岸的山上开满了粉色的桃花和金灿灿的迎春花，树木发芽了，长出了嫩绿的叶子，透明的阳光照着绿叶，格外逼人的眼。梯田里金色的油菜花与错落有致的绿色麦苗交织在一起，仿佛一幅色彩艳丽的水墨画。到了夏天，湖水就变成深绿，鱼儿们更加活跃，湖两岸的山体上，绿色浓重，翠色欲滴，鸟儿在山林里此起彼伏地歌唱。秋天时，千湖水清澈如镜面，映着洁净的蓝天，更加迷人。两岸的山上层林尽染，黄红相间，如绚烂的油墨。而冬天时，千湖显得异常宁静，水面上升腾起朦胧的雾气，深绿的水儿仿佛睡着了一般。

一场雪过后，湖水更加的幽静迷人，“山舞银蛇”的壮美风景呈现在眼前，让人不由得感慨千湖水利风景区的自然美和纯粹美。

在今天的千湖地区北岸，有一个小小的晾经寺。相传古时，千阳县是一片内海，现在的冯家山水库库区就是《西游记》中的通天河。唐僧取经返回时在通天河边见到那只等待已久的神龟，神龟将师徒几人驮到河中央，当得知唐僧没有向如来佛祖代问它修行的事，神龟便发怒将唐僧师徒几人摔落在河水中愤愤离去，害得唐僧师徒几人在水中挣扎。最后，师徒几人爬到岸边，却导致经文全部湿水。唐僧师徒几人在河边找到一块大石头晾晒经文，不料经文又被大风吹走，唐僧情急之下用手摁住，只留下“阿弥陀佛”的经文。后来，世人为了纪念此事，就在河边晾经的土台上，建起了一个小小的晾经寺。直到现在，在千湖北岸还能看到这个小小的晾经寺。

学校毕业后，没想到我成了一名冯家山水库员工，与千湖走得更近了。在千湖边，我见证了许多水利工作者的默默无闻和艰辛付出，也深刻体会到水利事业的重要性。更让我欣喜的是，每每有空时，我还可以坐船去千河上游游走走，看看河流水色，听听水鸟歌唱，感受水波涟漪的河流美。

悠悠千河水，深深黄河情。凝视千河，觉得长大了的千河像一位温柔的慈母，怀抱爱的甘泉，静静地泊在群山之中，似乎在回忆着遥远的过去，似乎又在憧憬美好的未来。相信在这样的山水之间，黄河人一定能悟到上善若水的至美情怀，也一定能实践上善若水的美好品性。

2018 年 3 月，习近平总书记在参加十三届全国人大一次会议内蒙古代表团审议时，叮嘱自治区加快“一湖两海”（呼伦湖、乌梁素海、岱海）水生态综合治理。2019 年 3 月 5 日，总书记在参加十三届全国人大二次会议内蒙古代表团审议时，强调“内蒙古有森林、草原、湿地、河流、湖泊、沙漠等多种自然形态，是一个长期形成的综合性生态系统，生态保护和修复必须进行综合治理”，进一步指明了乌梁素海治理的科学方向。

塞外明珠：乌梁素海

○陈志国

乌梁素，蒙古语“乌力亚素”的转音；海，即湖泊；乌梁素海，蒙古语意为杨树湖。乌梁素海原为黄河故道，也即北河。新构造运动使阴山山脉持续上升，后套平原相对下陷，于清道光三十年（1850年），黄河改道南移，在乌拉山西部留了乌梁素海。当时仅在大卜尔洞、海壕两处有约2平方公里的河迹湖。清末，河套平原先后开浚几条大灌渠，灌溉渠道尾水汇入乌加河，由西而东汇积乌梁素海。

20世纪30年代，黄河数年水涨，后套多次被淹，后套灌区入海退水量大增，海子周围又修建起许多防水堤，水流不畅，海子水面逐年扩大。

1947年，湖水淹没面积达到800平方公里，且由于湖堤断断续续，未经统一整修，决口频繁，形成“水来人走，水退人回”的局面。

1949年后，河套灌区灌溉系统经过整修，退水量受到限制，海子水位下降，两岸堤防全面加固增修，湖面趋于稳定且逐渐缩小。

1965年，水域面积470平方千米。进入20世纪70年代，乌梁素海周边实施围湖造田，湖滨一带多垦为农田，湖区面积缩小为250平方公里。

1977年，湖水持续上涨，湖区西北岸堤防决口，海子面积扩大至290平方公里。灌区排水系统建成后，灌溉尾水经过大小排水沟汇入乌梁素海。是年，排水量增加到3.5亿立方米。

1980 年，乌梁素海至黄河出口疏浚，并建红圪卜排水站，扬尾水入黄河。总排干沟年排水量达到 5 亿立方米。至此，乌梁素海能够通过排水设施调节湖面水位，使湖水面积较为稳定，一般在 293 平方公里，湖面海拔 1018.79 米。

乌梁素海是鸟的世界、鱼的乐园，有近 200 种鸟类和 20 多种鱼类繁衍生息，其中国家一、二类保护鸟类 12 种，中日候鸟协议保护鸟类 48 种。

乌梁素海湖面碧波荡漾，苇丛如诗如画，百鸟啼鸣婉转，令人赏心悦目。

乌梁素海旅游区与乌拉山北麓的乌拉特草原融为一体，是集湖泊、草原和乌拉山于一体的综合旅游区。可谓青山、绿草、碧波相映成辉、野趣天成。游人至此，可领略北国的湖光山色，探索珍禽候鸟的活动奥秘，体验乌拉特草原风情，观赏小天池奇观，由海、原、山构造的这一绝妙的自然风景区令旅游者心旷神怡，流连忘返。

远看湖面，黑压压的一片，像是塘上残留的荷蒂。近看，原来都是鸟儿。黑色的是野鸭，白色的是白鹤，杂色的竟是鸳鸯。鸟儿看见人走近了，前面的就往后边飞去，如是一拨又一拨地飞飞停停，像跟你开着一个永远的玩笑，也跟你保持着一定的距离。这是在全球荒漠和半荒漠地区中，为数不多的鸟类迁徙地和繁殖地。最难忘的还是乌梁素海的日落。只见夕阳映在湖面上，变成一条金色的柱子，从远方地平线的湖面上延伸而来，九十度笔直地竖在你的跟前。只有偶尔飞起的野鸭或鸟儿掠过金柱，生就带出一笔画意。当夕阳完全西沉了，这时飞鸟的啁啁聒噪声，像是在惜别黄昏，再见夕阳。不来乌梁素海不知白天鹅之多，不知手上的镜头短。远远看见天与湖之间，有一条银白色的小线在熠熠发光——那是一大群的野生白天鹅。

乌梁素海的早晨充满野趣，到处都是鸟儿。它们有的在天上飞，有的浮在水面上，还有的就在栈桥上歇脚——不负晨曦。乌梁素海与黄河唯一相通的湖口上，草绿水蓝。

素有“塞外明珠”“塞外都江堰”之美誉的乌梁素海，位于内蒙古自治区巴彦淖尔市乌拉特前旗境内，呼和浩特、包头、鄂尔多斯三角地带的边缘，像明亮的眼睛一样镶嵌在草原上。它是黄河流域最大的湖泊湿地，是内蒙古河套灌区灌排体系的重要组成部分，也是黄河生态安全的“自然之肾”。乌梁素海生态环境保护对维系我国北方生态安全屏障、保障黄河水质和度汛安全、促进地区经济发展具有重要作用。

2018 年 3 月，习近平总书记在参加十三届全国人大一次会议内蒙古代表团审议时，叮嘱自治区加快“一湖两海”（呼伦湖、乌梁素海、岱海）水生态综合治理。2019 年 3 月 5 日，总书记在参加十三届全国人大二次会议内蒙古代表团审议时，强调“内蒙古有森林、草原、湿地、河流、湖泊、沙漠等多种自然形态，是一个长期形成的综合性生态系统，生态保护和修复必须进行综合治理”，进一步指明了乌梁素海治理的科学方向。

习近平总书记如此关注乌梁素海，是因为：一是河套灌区现有 1100 万亩耕地。每年使用化肥近 28 万吨、农药 1500 多吨，大部分被植物吸收和留存在土壤中，一部分化肥、农药随农田退水排入总排干，最终进入乌梁素海，造成乌梁素海富营养化和污染；二是点源污染。随着全市污水配套管网不断完善，城市生活污水的收集率逐步提高，排入乌梁素海的工业废水、城镇生活污水逐年增加。三是内源污染。由于乌梁素海富营养化，造成芦苇长势茂盛，芦苇根部和湖内各种有机体腐烂，形成了平均厚度50厘米、约1亿立方米的底泥，积累在底泥中的污染物也是导致水体污染的来源。

近年来，市委、市政府积极转变思路，从过去的从某个点上发力转变为全流域综合施策，立足乌梁素海的功能和水体情况，面源、点源、内源治理一起发力。即在乌梁素海流域的上游源头——乌兰布和沙漠实施综合治理，创建全国防沙治沙综合示范区，减少泥沙流入黄河、侵蚀河套平原；在流域中部加强面源、点源、内源污染治理，并实施484万亩盐碱地改良工程，减少盐碱排入乌梁素海。探索的盐碱地改良市场化运作模式还荣获了“2018中国‘三农’创新十大榜样”；在流域尾部实施乌拉特草原、乌拉山受损山体治理修复工程，提高植被覆盖率和水土保持能力，最大程度地涵养乌梁素海。

2019年4月16日，乌梁素海流域山水林田湖草生态保护修复试点工程项目顺利开工。该工程总投资56亿元，围绕流域内沙漠、矿山、林草、农田、湿地、洪水等生态要素，开展包括乌梁素海流域水土保持与林草植被修复、农田面源及城镇点源污染治理、湖体水环境保护与修复等7大类、17大项、

38个子项的系统综合治理工程，覆盖乌梁素海全流域，重点在乌梁素海周边。

巴彦淖尔市加快补齐城镇污水收集管网和处理设施短板，持续加大污水处理厂达标排放、再生水回用力度，有效减轻了城镇污水和工业废水对乌梁素海水体的污染。

巴彦淖尔市在湖区已经打通了120公里的网格水道，建成了60平方公里的生物过渡带，加快了水体流动，改善了湖水富营养化状态，并开展河湖渠沟“清四乱”行动，让每一条河渠都清清亮亮。把死水区和滞水区变活。

除了治水，巴彦淖尔市还“引活水”。黄河补水和农田退水是乌梁素海的“源头”，近年来，每年利用黄河凌汛水向乌梁素海进行生态补水，实现了补水、防凌一举两得。2019年，水利部黄委会明确给乌梁素海分配了3.29亿立方米生态补水指标，使乌梁素海补水得到保障。同时，规划实施河湖水系连通工程，以现有的总干渠、总排干为“主动脉”，以各级渠系为“毛细血管”，逐步把全市境内的湖泊、湿地、水库连通起来，形成河湖互济的水网，利用春秋季黄河凌汛水和夏季洪水补给湖泊湿地，实现汛期补水蓄水、旱季调度用水，变水患为水利。

已有几十万羽白骨顶鸡、100 多羽疣鼻天鹅、11 羽灰雁回到了乌梁素海，疣鼻天鹅这类鸟类对水质要求非常高，如今疣鼻天鹅数量越来越多，乌梁素海的水质在一天天变好。2018 年，候鸟迁徙经过乌梁素海和在乌梁素海繁殖的有 260 多种，数量突破了 600 万羽。

中国八大淡水湖之一、内蒙古的都江堰、塞外明珠——乌梁素海正以亮丽、优美的姿态展示给世人。

黄河岸边的口子上村

〇白文宇

绵亘蜿蜒的长城，错落有致的窑洞，素雅古朴的戏台，盘根错节的老树，这座有着380多年历史的古村落，像沉浸在岁月的年轮里，一股淡墨轻烟的古风之感油然而生，久久难以驱散。忽而又从狭长的岁月中穿梭回来，抬头是一座高大威严的墩台，一块块厚重的城砖，将时光分割，你在那头，苍凉古朴，我在这头，意兴阑珊……不论是谁，只要站在口子上村北，内心就会历经岁月的洗礼，变得波澜不惊，这就是对中国传统古村落——内蒙古清水河县口子上村的最初印象。

古村落

极目远望，明长城盘旋于村落四周，墩台林立，烽堠相望。一条季节性河流从村中穿过，将口子上村一分为二，其间散布着与黄土高原浑然一色的窑洞，或依长城而筑，或背山靠崖，或妙居沟壑。村南土窑洞多依明长城墙体而筑，村北窑洞多背靠山体就地取材，用本地特有的木纹石堆砌而成。石砌窑洞窗户上贴窗花装饰，窑内用白泥刷墙。窑洞像梯田一样参差错落，一不留神便会踱上人家的屋顶。欣赏一排排古朴的石窑，若说它考究刻意，却找不出哪一堵墙哪一块地，是用造型一致大小统一的石头打造，一切都显得浑然天成。如果觉得它随意简单，又不得不折服于匠人巧夺天工的手艺，将这里随处可见的山石打造排列，变成了居所，变成了艺术。

漫步在长城上，环顾整个村落，石头窑洞、灶台、墙院、烟囱比比皆是，无法靠肉眼回眸就能追寻它曾经的辉煌。景，还是旧时的景，路，不再是那条路。造型各异的窑洞因势象形，原生态的石头、木头、黄土随形而就，木纹石铺设的街巷参差不齐，高高低低，长短不一，如九曲黄河一般。窑洞里，一盘土炕，一张被磨平了棱角的木桌，一盏锈迹斑斑的煤油灯，留住了乡愁记忆。

曾经，这里是重兵把守的关隘。如今，这里是一座沉默的石头城，一条石巷，一处烽台，渲染着四季不同的边塞美景。没有金戈铁马的堡，没有车水马龙的巷，没有往来的商旅行人，这是一只陈旧的月光宝盒，收藏着岁月的遗迹，还有来人的熙熙攘攘。所有的故事都随风越过长城，北上草原了。那里的胡马和雄鹰，或许听说过。

靠北的城墙从村落冒出头后，在山梁起伏而上，一直通向了群峰之巅，与蜿蜒的内长城构成双龙环绕腾飞的景象。沿途的郁葱山顶上住着人家，胡麻柴的炊烟袅袅升起。远处流光溢彩的苍穹，云烟流动，绿色葱茏的季节性河滩边上，洁白的羊群聚在河边饮水……夜色降临，渐渐浓郁的暮色里，烽火台显得越来越高大、雄壮，随着夕阳的消逝变成黑蓝色版画。巍巍边关再不见马嘶金戈，长城烽台、烟火人家、弯曲山道、小桥老树，时光似乎并不忍心带走这里曾经的风采，将这风景留与后人。

村落的历史渊源

关于“口子上”名字的由来，村里的老人们总是津津乐道。结合有关的地方史料，我们大致理出了口子上的历史脉络。口子上村的历史可追溯至明代。大约于明宣德年间，朝廷就开始在清水河县境内筹备筑边事宜，来此筑堡戍边的军民便在山下搭窝棚掘地窖。有了人迹，村落也开始慢慢形成。今口子上村北有明初筑的大墩台，史载丫角墩台。丫角墩筑在丫角山上，丫角山一名在《明史》里就出现了。丫角山下有一座望台，望台筑围墙，围墙里可放马，饲养猪羊。至今仍可看到石砌的洞口遗迹，老乡说这是守台的军士们的寝室，或曰“藏兵洞”。口子上一带出现人口并形成村落与明代在此筑边墙有着直接关系。

隆庆年间，由于明蒙关系的改善，边疆形势缓和了几十年，内地明人在政策的支持下，大批地翻越边墙涌入蒙地开荒垦种。明崇祯十年在此建军堡，筑关隘，称五眼井堡。《三关志》里记载，今口子上、阳坡、老洼沟、老牛坡等村落在五眼井堡的管辖范围内。五眼井堡筑成后规定“墩下置田建屋，召人耕种，每墩约得夫四名，每名约得地二十五亩，草屋数间，使其父母，妻子俱生于斯，聚于斯，葬于斯……”如此一来，五眼井堡周边一时人畜骤增。坐商开铺，行商艺人落户，文艺娱乐、寺庙戏台兴起，村落雏形出现。

清水河地区从清雍正年间开始编甲，十户一牌，十牌一甲，十甲一保。其时口子上隶属于老牛坡治下的一个闾邻组织；并在五眼井堡设办事机构，在明长城关口设卡收税，当地人称“衙门圐圙”，沿用200余年。民国时期废堡，在关口设税厅，成立稽查队。随着人口的迁入、稳定和增加，这里逐渐形成自然村落。

在20世纪三四十年代，日伪、国、共三方在这里军事割据，曾一度称过“口子沟”。口子沟改叫口子上，是在1945年在偏关水泉营召开的一次乡绅座谈会议上。座谈会的记录稿第一次将“口子沟”改为“口子上”，之后村名一直沿用到现在。

明长城

进入村子里，在清康熙四公主德政碑前的广场上，就已看到眼前苍翠的大山之上巍巍矗立着青色条石覆盖的墩台。一个热心的老乡得知我们此行的来意后，决定带着我们去找上山的路。走在山坡上，花草遍野，一脚下去就掩过了膝盖，几个人不紧不慢地走，不一会儿就气喘吁吁了，离山脚下的村子渐行渐远。这条羊肠小道，平日里很少有人经过，变得杂草纵横，翻过一道梁看到烽台后，我们才有了盼头。站在山上远眺，长城、戍堡、烽堠连绵不断，满眼雄浑壮观的景观。

在口子上村南，明代五眼井堡遗址尚存。五眼井堡由砖石包砌，四角设炮台，只设北门，防御严密。《偏关志》记载："五眼井堡在关（偏关）东一百七十里，明崇祯十年兵使卢有竹建，周广一里，东与平鲁接界，为内外两边之要隘。"五眼井堡位于丫角山北麓"老牛坡口"险要之处，是内边和外边会合之地。

墩台位于丫角山的顶部，山险坡陡，是明代内外长城相接处，即大同镇与山西镇的交界墩，旧时行政归属山西偏关县，今属内蒙古清水河县，是明代的重要隘口。明朝在丫角山上下及五眼井堡层层设防，构筑边墙七重之多。丫角山墩台与五眼井堡、内外长城和水泉营鸿门口长城互为掎角，相互照应，唇齿相依。

走到顶端，海拔已超过1800米，是一个绝佳的瞭望之处，远处林立的敌台、烽燧一清二楚。想当年，边关将士在这里北瞰杨家川河谷，南冲内长城老营城堡，西扼五眼井隘口，敌军一有所动就暴露在将士们的眼皮子底下。整座墩台呈方形，上有垛口，砖石厚度有30厘米，下接青质条石砌筑城墙，自下而上高数十层，每层厚20厘米。靠左侧的墙体裂了数道缝隙，虽然像伤口上的疤，但却无法靠时间抚平痛处，只会越裂越宽，最后坍塌，那时又是无数细碎的集合。好在有关部门已经修缮，至少能延缓它衰老离去的速度。

站在丫角山烽台的制高点上看长城，山梁起伏，烽台边墙延绵，油菜黄花、土豆白花做点缀，实为壮美的景象，夯土城墙、烽台马面显在这片辽阔的土地上，就是一些圆点、方点和线条，如这个神秘的帝国一样让人捉摸不透。研究历史的人很多，却也不曾把华夏五千年的历史如数家珍地向世人讲述，我们所了解的不过是冰山的一角，更多的史实和逸闻则被时间无情地带走，这一点倒是和长城很像，你可以用它来参考和佐证，却绝无可能复制和粘贴，它是几代王朝的背影，也是几大帝国的镜像。

战与和，是影响王朝命运更迭的选择，更是历史赋予人类生存的权利。“隆庆议和”后，明蒙化干戈为玉帛，友好互市，边塞实现了长久的安宁。明政府在东起宣大，西至延宁的长城各军镇开辟了互市场所。每到蒙汉互市之时，游牧部落带着骡、马、牛、羊等牲畜，驮着奶食，药材、皮毛、肉类；汉人赶着车队，拉着稻谷、盐巴、山茶、布匹在蒙汉边界明长城水泉堡红门口互相贸易，热闹非凡。至今，水泉营外的红门口互市遗址仍然向人们诉说着这里曾经的故事：一队队军旅、商贾出没于长城脚下，出没于一道道峡谷隘口，去完成时代赋予他们的使命。

古戏台和公主碑

行走在长城沿线的古村落里，有两条历史悠久的线，一条明线，是众所周知的长城；一条暗线，就是长城沿线蕴含着深厚的人文地理的庙宇和碑刻。口子上由于历史的久远，可圈可点的古迹曾经不少。

然而经过数百年风雨的荡涤，能存留至今让后人去凭吊或追忆的只有清泉寺戏台和皇清四公主碑刻了。

在村南丫角山北麓的缓坡上，一座硬山式顶的古戏台，坐北朝南，背对深沟，其周围峰峦相叠、烽燧林立，与山峦、长城相映生辉。这便是始建于明代崇祯年间的清泉寺戏台。清泉寺戏台南眺五眼井堡，西临明代边墙。关于清泉寺戏台的由来，一直是众说纷纭，据村里的老人说，戏台得名于曾经在戏台南面建的一座清泉寺庙。但经考证这座寺庙叫“五圣祠”，建于清朝年间，有庙碑和重修碑记佐证。清泉寺之名从何而来，没人说得清。

内蒙古长城沿线村落里的戏台台口是朝北开，清泉寺戏台台口却朝南开，村人一直认为有点什么讲究，可又说不出个所以然来。有学者推测，台口向南可能与五眼井堡有关。二者同时建于明代，戏台说不准还是戍边军人所建。今二者相距约五百米至一千米，互为相望，之间的联系只是后人无法推测罢了。五眼井堡作为当时的军事机构，或许兼管着地方民务。涉及民间事务比如审理民事纠纷，总要有一个办案的地方，总不能打官司告状的乱哄哄一片涌进军堡吧。那么这个办案的地方会不会就设在清泉寺戏台上呢？这也只能是一种推测而已。世道不总是黑白分明，历史也不总是清清楚楚。及至明末，政治黑暗，长城沿线的兵卒拿不到军饷，不是就地解散，就是当了绿林响马，曾经强大的帝国边防就此土崩瓦解，关于清泉寺的由来就此流失在风尘里。直到现在才又被提起，曾经的故事已然无法追根溯源，但无疑又为口子上村增添了几分神秘的色彩。

清泉寺戏台建在长城边堡里，是农耕文明和游牧文明的见证。戏台不但给附近的蒙汉百姓保留了一个可以敬畏上苍的地方，更重要的是为口子上的子孙后代，为中国长城文化保留了鲜活的历史文明。

在口子上村公主广场，四公主德政碑留存至今已有数百年。石碑正面刻“皇清四公主千岁千千岁德政碑”，背面阴刻“日月流芳万世、五眼井堡城守把总”，其余文字模糊不清、难以辨认。四公主即恪靖公主，康熙皇帝六女儿，她是在得到封号的公主中排行第四，故称四公主。四公主生于康熙十七年，于康熙三十六年赐嫁喀尔喀蒙古土谢图汗察珲多尔济之孙敦多布多尔济。当时漠北地区局势尚未安定，为了保证公主的绝对安全，康熙帝决定让公主暂时居住到离屯兵之所右卫八旗驻防城较近的清水河。

当地文史学者刘建国介绍，“四公主偕文武随从，乘马车离京，一路颠簸，从山西老营沿明代边墙驿道（官马道）翻越柏杨岭进入口子上村。在口子上村暂住时，‘知闾阎之缺水也’，便命人将已废的五眼水井重新整修，‘浚其井泉以修之’，养活了周边百余户二三百人。四公主离开后，当地百姓念其好处，在她居住的院落立了石碑，立碑之处称牌楼街”。之后的百年间里，走西口的人经过口子上，或定居，或前行。至此，口子上村这片荒芜之地才有了犁耕炊烟。

后记

口子上就这样一直隐匿在历史的长河里，默默无闻。就像当地朴实的农人依旧面朝黄土，牧羊稼穑，坦然接受自然的给予一样，在这里岁月依旧是最初的模样。直到 2015 年被发现、唤醒，入选第三批中国传统村落名录。之后，口子上村利用明长城、窑洞等文化遗产的资源优势，积极发展旅游。传统村落之乡村旅游的画卷正在徐徐展开，越来越多的人走进口子上村，感受这座传统村落的独特之美。

如今，好像什么都旧了似的，油灯熄灭后就再没有燃起来，窗棂上的麻纸也飘零到土坡下。城砖上的绿苔藓也不知道过了几生几世，现在有的加重了颜色变黑，有的变为橙黄色。薄雾散尽，晨光又照在丫角山烽台的城砖上。当有一天你逃离繁华的街市，想找一处慰藉心灵的净土，请来这里，它依旧坐落在长城脚下，静静凝望曾守护过的这一方水土，如生命的轮回一次又一次地循环。

黄河三章

○于永生

逝去的岁月
犹如滔滔的黄河
一旦入海
再也难觅踪迹
每个人都是一条
流淌的河流
岁月里浸满远去的故事

—题记

夜宿黄河边

这条魂牵梦萦的大河，又一次把他隔在了河

的东岸。初冬的风，寒气袭人。滔滔的浊流，裹挟了凛冽蒸腾的水汽，奔流激荡，冲蚀着条石垒筑的堤岸。

黄河船工有一条不成文的规矩，“河不夜渡”。随着冬日暮色降临，河对岸的渡船早已停摆。

这边是垦利，那边是古老的东津渡。熟悉的柴火味，炊烟袅袅之后，古老的麻石街道，夜色四合。走遍整个村，也没找到一个小卖部。他和老冯摸黑打问着投宿到老冯一位多年没有来往的亲戚家中。老人很热情地问：吃饭了没有？他俩支支吾吾搪塞说：“吃过了。”其实，除了中午勉强往胃里塞了一块烤红薯外，一点吃的心情都没有。冬日夜长，躺在这河岸边的农家土炕上，看着窗外的夜色越来越浓，听着河涛拍岸，北风呼啸，饥肠辘辘，辗转反侧。半夜又下起了冻雨，雨滴噼噼啪啪敲打在窗上，或缓或急，淅淅沥沥，极近的感觉又像是来自遥远的地方，像是睡梦中的呢喃，又仿佛幽怨的诉说。长夜漫漫，况且他和老冯满腹心事，愁肠百结。

1995 年 11 月 10 日，硕士研究生报名的第一天。他为这一天准备了几年。忙完终日的工作后，他便闭门苦读，青灯黄卷，足不出户。他试着做了几次历年的硕士研究生入学试题，除去英语刚好及格外，其他几门专业课及政治都超过了规定的优秀线。他和老冯今天从麻湾早早地渡过了黄河，一路颠簸，赶到市报名点，而报名点的老师在审查了他们的报名材料后，沉吟半晌，面露难色地说：“因为你们工作的特殊性，为保持这个群体的稳定性，你们的县主管部门不同意个人报考。如果想报名，必须有主管单位同意的证明信。”他和老冯知道能开出证明的希望几乎为零。他们仿佛挨了当头一棒，不知怎么走出的报名点的门。徘徊在城市的十字街头，感到彻骨的寒冷和悲愤，一个最底层的人想通过个人努力来改变自己的命运，经过一番暑往寒来的拼搏，最后发现这不过是一场睁着眼的噩梦。

冬日清晨，雨过天晴，这是一个凛冽的霜晨，旭日在河边远处的林子里冉冉升起。

渡船的马达声响彻了黄河河谷，船尾激起的波浪翻卷着，被抛向远方，随即又被激流裹挟，向北流去。初冬的寒气侵入身体的每一个毛孔。立在船头，他和老冯都静默着，任由呼啸的河风飞舞过他们的头发和衣襟。他想起了那个诗人朱湘，那个与命运抗争，最后酹酒狂歌的北大学子。历史有时惊人的相似和残酷。他觉得这条河在这一年的冬天是这样的冰冷，寒彻骨髓。

黄河的尽头

他和她，是大学的同桌。他们都来自农村，一个利津，一个垦利，都是苦孩子出身。几年的大学生活，他忙于在阅览室、图书馆读书、习作，幻想着柏拉图似的生活，错过了太多的美好时光。临近毕业，她赠给他一张照片，是她倚窗梳发的生活照，并且全班只给了他一个人。他内心陡生了一种陌生的情愫，但也只是在一瞬间，随着毕业的笙箫响起，他打起行囊匆匆上路了。

十几年中，他没有再见过她。刚毕业一年内，他时常想起她，有一次，他费了老大的劲打通了她所在单位的电话，那时，是手摇电话，而传话的不负责任，叫错了人，等她匆匆赶来时，他在别人的催促下已准备挂掉电话，他在挂之前在电话里听到了她“咚咚”的脚步声和那一声熟悉的“谁呀？”刚工作的前三年，他时常苦恼、困惑，也时常想起她，他们之间没有多少恋情，更多的是一种依恋，一种类似姐弟般的依恋，但又不同于纯粹的友情。他在离开她的日子才更感觉到她的纯真和对他的重要。每回进城，他一定来到这黄河岸边，走在这浓荫蔽日的树丛中的小径上，看黄河浊浪起伏，听涛声时起时落。曾有几次，他下决心到百里外的地方去见一见她，只为一句话。有一次到了她所在的县城，并走到了她单位的门口，立了片刻，又折回头。

说什么呢？一个人，有时有一种憧憬的心情，但真正去实施时，往往会破坏这种心情。就让她成为他精神的一部分吧。或许现实中每个人都奔波劳累，缺乏了应有的幻想和浪漫，而多了功利的投机和患得患失。

秋日黄河岸边。夕阳。河滩中一望无际的庄稼。

收获前的宁静。他又徜徉在这黄河岸边。西风萧瑟，河岸边一匹白马悠闲地倾听着涛声，啃食着青草。不远处农舍前的石桌石凳边，一老一少在对弈。老者见到他，丝毫也不惊讶，幽幽地说一句："坐吧。"

他望着滚滚向北流的母亲河，他知道，在百里外入海的地方，有一座小城，在小城里的她是否也会常到岸边走走，看黄河入海，听涛起涛落？

黄河滩里人家

早晨，雾气很大。

记住的都是些零零碎碎的东西。记住了农人那扣着绳痕的黑脊梁，还有一豆儿一豆儿的汗珠；一抹殷红如血的夕阳，麦场上光溜溜的石磙，圆圆的麦垛；记住了乡村路上那牛蹄的印痕，还有那一踏一踏的碎响，湿成麻窝状的扑腾土……

已是麦收的季节了。此刻，大地一片金黄，麦浪像娃儿一样随风滚动着，一汪高了，一汪又低，刺着耀眼的芒儿。灼热的气浪在半空中升腾着，吐一串串葡萄般的光环，光环里蒸射着五彩缤纷的熟香。那熟香里裹着泥土、裹着牛粪、裹着麦味，甜腻腻、腥叽叽地在田野里游动。麦浪晃着晃着就晃出一张人脸来，“钻天雀”一群一群地在麦田旋着，一时扑在你的脚下，一时不见踪影儿，一时又叽叽喳喳地射向蓝天，嬉逐那热白的云儿……村庄远远地浮沉着，绿树中映着一片陈旧的灰黄。在陈旧中又模模糊糊地挑着一抹红亮，那是高大瓦屋上挂着的红辣椒串。

村路上尘土飞扬，吆喝牲口的号子，此起彼伏，一辆辆载着麦捆的牛车在路上缓缓地颠簸。

若不是身边这条大河，你不会想到这是滩里人家。

滩里人既种庄稼，也驶船，很多人深谙水性。

这条大河靠近城市，每年夏天都有很多人来河里洗澡，每年夏天也都有人不幸溺亡。

落水的人往往沉入水底，半陷在淤泥里，河底的水贼凉，捞人的活儿往往由滩里人完成。

那一年，有几个小伙子到河里洗澡，遇到了暗漩涡，其中一个不见了，隔了一宿捞上来，亲人围在河堤上悲恸欲绝，放声号啕。据说，小伙子那年参加了高考，刚刚接到一所全国重点大学的录取通知书。

他恰巧经过那里，远远地看到捞人的滩里人赤裸上身，只穿一条紧身小短裤，蹲坐在悲恸欲绝的人群不远处，眼睛漠然地注视着面前滚滚的黄河，手里的纸烟一明一灭……

万里黄河第一弯
——乾坤湾

○罗雅博

黄河流域是华夏民族的发祥地，黄土高原是华夏民族的摇篮。延川县地处黄河中游陕北黄土高原腹地，是远古先民生息繁衍的中心区域之一。黄河这条流淌了一百六十万年的母亲河，在她流经延川县土岗乡大程村、小程村和伏义河村一带时，陡然急转，旋转320度，形成了一个“S”形大转弯，天造地设出一幅壮美的蛇曲图，形成了一个神秘的造型，留下了一个古老的神话。相传远古时，太昊伏羲氏在这里“仰则观象于天，俯则观法于地，观鸟兽之文与地之宜，近取诸身，远取诸物，于是始作八卦，以通神明之德，以类万物之情”。著名民俗文化学者、中央美院教授靳之林到此感慨其雄壮之姿胜过美国科罗拉多河大峡谷。因其浑圆有太极图之神韵，太极阴阳乾坤也，当地学者就命其名为“乾坤湾”，以追思伏羲先祖仰观天象、俯察地理、悟创太极之不朽功业。

黄土高原、陕北大地，有着壮美的山川河流、悠久的历史和璀璨的文化。高原的黄土有多厚实，陕北的文化蕴藉就有多么深邃；中国历史有多么悠长，陕北文明的渊源就有多么深远。先祖足迹，踏石留痕，女娲、伏羲、大禹、轩辕等古老的传说，流传至今。

黄河九曲，陕北民歌有道：“你晓得天下黄河几十几道弯”，“我晓得天下黄河九十九道弯”。黄河蛇曲国家地质公园，位于晋陕交界处陕西延川县境内，以黄河干流五个巨大的河流蛇曲为主体，是我国干流河道上发育规模最大、最完好、最密集的蛇曲群。

乾坤湾，堪称“黄河第一弯”。河曲连绵，九曲神韵一览无余。鸟瞰黄河故道，峡远谷深，洪流浩渺。对岸山西河怀村，偎河如抱，三面环水，凸入河心，弧线柔美。大小河岛，狭长如履，俗称“鞋岛”，群鸟聚集，鸥鹭飞翔，是陆河罕见之岛屿。西岸崖壁峻峭，山势嵯峨，幻化出“摩崖天书”“东海神龟”“女娲山”“天门洞”等自然奇观。

来到圣览山巅，极目远望，眼前山峦起伏，沟壑纵横，黄河犹如一条巨龙在黄土高原丘陵沟壑间奔腾不息。位于“S”形的黄河故道边畔上的河怀村和伏义河村，犹如黄河巨龙怀抱其间的“阴阳鱼”。她如同神话传说中玉皇大帝丢落在黄土高原丘陵沟壑区的“河图”和“洛书”，酷似天地造化的天然太极图。伫立小程村古城畔新建的“乾坤亭”，遥想太昊伏羲氏当年也许就是在圣览山和如今的“乾坤亭”等处俯仰天地，感悟自然。黄河水流广阔浩渺，汹涌澎湃，咆哮如雷，如万马奔腾，威武雄壮，势不可当。黄河气势磅礴，气度非凡，她像母亲一样善良、温柔、丰腴、至美、慈祥，更像父亲一样严峻、刚毅、执着、博大、豪迈、包容、奋进。因此，可以说，乾坤湾是蕴藏“黄河魂魄”和显露黄河不屈个性特征的河段。

伫立河岸乾坤亭，临岸长风掀起你思绪飞扬，天高地迥，心旷神怡。大河柔美之中含蕴阳刚之气，群山静穆之间彰显大道默化之理。天地伟力与庄严，阴阳深邃与奥妙，让人不由得俯首折腰。

陕北高原黄河上游沉雄凝重的乾坤湾与下游壶口跌宕激越的雄姿相互辉映，现已成为海内外华人探寻民族文化源流、领略黄河文化的重要自然人文景观。

就想，自然造化弄人，一条肆虐横行，桀骜不驯的大河，在贫瘠的黄土高原流淌百万年，并没有鄙薄她流经的地方，而是厚待了她走过的土地，偏偏留下一个静若处子的“乾坤湾”，留下一个激流飞瀑的“壶口”图腾，供后人顶礼膜拜、参观瞻仰、凭吊古今。

在伏义河畔小程村北端有一座古老的城垣，是唐代修文城（也叫修德城）的遗址。古城坐落在黄河“S”形大转弯北端的弓背上，按照古代地理学的传统说法，这种地理格局是出大文人的风水宝地。延川县是历史上文化名县，有清代陕北第一才女李娓娓，现代有路遥等诸多文人，可谓人杰地灵。小程村距离县城 35 公里，这里有战国和汉代古墓群、唐代修文县古城遗址等众多文化遗址。2001 年，靳之林和陕北民间艺术家冯山云考察发现千年胡人古窑，窑口呈尖拱形，窑面刻有莲花、牡丹等花样纹饰，最奇特是石刻的左右对称的门神，系匈奴武士造型，隆鼻大眼，头戴毡帽，脚踩云头，耳悬大耳环，着战袍，持弓箭，投射着陕北地区民族文化融合的历史信息。村周还有奇险峻拔的明代会峰寨、苍凉古朴的清水关古渡，周边有大夏王冢、鸿门古寺等古迹。由于封闭偏远，几千年来形成的黄河原生态文化仍然保留着本来面目，剪纸、刺绣、民歌、道情、闹秧歌、转九曲、陕北说书和口头说书等民间艺术纯正深邃。2001 年底，小程村建成小程民间艺术村，办起文化馆。2007 年，小程村原生态民俗文化被陕西省公布为第一批非物质文化遗产。

借着旅游热的东风，碾畔村的村民也在延川县政府的支持下建起了碾畔黄河原生态文化博物馆，馆藏陈列品两万多件，展出三千多件。博物馆 2004 年建成，它是由村民自己筹办、自己管理、自己受益的全国唯一村民自办的黄河原生态民俗文化博物馆。该博物馆利用被遗弃的旧碾畔村，完整保护，原封不动地展现农耕、运输、饮食、纺织、匠工、原始宗教、民间文艺、婚嫁生育、节日庆典、生产生活用具等文化风俗系列，保存了几千年来黄河古老的农耕文化。这里有清代陕北第一才女李娓娓诗中描述的“家家户户起炊烟，绿野耕回日未偏。偶向柴门望春色，断肠芳草碧连天”；“门前芳草绿平铺，又向桑园伴小姑。山鸟不知人力倦，声声犹自唤提壶”的陕北桃园乡村意境。如今碾畔村村容村貌干净整洁，人人精神面貌焕然一新，忙旅游接待，还要兼顾自家经营的“农家乐”，整个村子焕发着勃勃生气。

在乾坤湾地质公园游览时，行走在高原阡陌时，我偶遇一精神矍铄的老农牵一头老黄牛归家，老者头戴三道道蓝羊肚子手巾，身穿对襟黑大褂，肩挂长旱烟锅，就连牛也披红戴花，一副舞台打扮。与老者交谈，问庄稼长势如何？老者用手指着原下的乾坤湾说道：“尔格谁还在土里刨日月了，地都种了花花草草，美化环境了。公家给建房发粮，种地不是端着金碗要饭了？”又问老者缘何如此打扮，原来老者和牛是在乾坤湾广场黄河蛇曲国家地质公园的标志碑下，给游客当摆拍的道具赚钱，收入十分可观。老者很健谈，说：“自从国家修建了地质公园，村子里的闲皮二流子没有了，赌博打麻将的没有了，懒汉也没有了，人人都活得可有心劲了，都在忙正经营生哩！国家可是给老百姓办了大好事了。”

黄河万古奔流，一路上峰回路转，斗转星移，究竟几十几道弯，我说不清，我只知道在此转了一个历史的乾坤弯，它很近，近得触手可及；它很远，远得神秘莫测。我只知道在现实中黄河子民告别世代生息的土地，就像乾坤湾一样完成了华丽转身。

龙门天下雄

○朱文杰

一

龙门，传说是大禹治水为疏导黄河开凿出的一道门。引导着这条天际而来、惊涛骇浪、狂野暴怒的黄河，乖乖地由此东流。虽然桀骜的黄河咆哮翻腾，怒而浪涛拍天，撞山击石，“直下千仞，如山如沸”，可总是被驯服了，至今都让每个华夏儿女感恩着大禹治水的伟绩丰功。唐代大诗人李白的“黄河西来决昆仑，咆哮万里触龙门”，则形象地道出了龙门水势的湍悍强霸。

龙门之北为群山夹道的秦晋大峡谷，河道狭窄不足 40 米，“无风三级浪，平地一声雷”，乃其险恶境况之真实写照。千尺悬崖，如铁壁铜墙。《名山记》中有“唯神龙可越，故名龙门”之说。所以龙门也就成了平凡人等难以逾越的象征。而这里流传的“鲤鱼跳龙门”的神话，却让人振奋，小小鱼儿竟有如此之神力，况乎人呢？

《三秦记》中有“大鱼集龙门下数千，不得上，上者为龙，下者为鱼”。以及神话传说的“每岁季春有黄鲤自海及诸川争来赴之，一岁之中，登龙门者不过七十二，初登龙门即有云雨随之，天火自后烧其尾，即化为龙。”韩城孔庙中有“鲤鱼登龙门”的浮雕，记的就是这段神话。所谓“登龙门者不过七十二”，意指孔子的门徒七十二贤人。想象着小小鲤鱼逆水而上，跃登龙门的艰难异常，以及“云雨随之，天火自后烧其尾”鱼化龙嬗变时的痛苦惨烈，心中的仰敬就油然而生。古代的科举考试中不是把考中三甲的状元、榜眼、探花称之为跃龙门、登龙榜嘛！如今这仍是对一切有志之青年超越自我的一种激励。

我国于2000年8月8日发行的《小鲤鱼跳龙门》邮票，选择现代儿童文学作家金近创作的童话故事。邮票一套5枚，横连印，以水中波浪纹饰形成起伏流动曲线，串接各枚相对独立之画面，形成一个整体。5枚邮票上分别是“鲤鱼奶奶讲故事”“小鲤鱼找龙门”“螃蟹大叔帮助”“燕子大婶捎信”等5个故事，说的是一群勇敢的小鲤鱼听鲤鱼奶奶讲中国古代鲤鱼不畏艰难，勇敢地逆流而上寻找心中的龙门，经过顽强的奋斗，齐心协力，最终跃入理想的童话世界，成为世界上最勇敢、最幸福的鱼。这则故事寓意深刻，让人们感受到了一种积极向上、不屈不挠的进取精神。邮票设计精美，充盈着一种浓郁的乡土气息，富含中国传统年画的创作元素，又具有动漫、卡通画的现代艺术的特点，尤其是鱼的眼睛又圆又亮，充满着天真童趣和对世界的好奇、对未来的憧憬、对成功的渴望，很是活泼可爱。

龙门为秦晋两省一河两岸共有的胜迹，龙门三激浪则是黄河上千百年来的奇观。禹凿龙门的传说，最早见于《墨子·兼爱》中。后北魏郦道元《水经注》中记载：“龙门为禹所凿，广80步，岩际镌迹尚存。”后人为纪念大禹治水的功绩，称龙门为禹门。禹门地处秦晋两省交通要道的古渡口，又称禹门口。陕西韩城的黄龙山，山西河津的龙门山，两山夹持，形成天堑，尤其是陕西一侧的山，壁立千仞，笔直插入水中，气势逼人。从龙门上溯到壶口一段峡谷，岸边峭壁悬崖最为险峻，需仰视方能一窥其神奇。沿途景点有百丈岩、送子洞、悬空墓、石头城、顶天柱等。绝壁巍然，大河翻滚，动静之间，蔚为大观。这里三月惊蛰冰消开河之际的“禹门春浪”为韩城八景之一。

龙门自古为兵家必争之地。公元645年秦晋韩城大战，秦从禹门东渡击晋，虏晋惠公；唐高祖李渊曾于隋大业年间（616年）太原起兵，从禹门渡黄河取关中；明末李自成亦曾由此东渡直捣幽燕；尤其是抗日战争时期，黄河一直是阻挡日寇侵略的天堑，使其未能跨入陕西境内一步。而八路军正是由此东渡黄河，开赴抗日前线，韩城一侧建有“八路军东渡纪念碑”。而我国还于1957年和1965年在《中国人民解放军建军三十周年》和《纪念抗日战争胜利二十周年》两套邮票中发行了2枚“八路军东渡黄河”的邮票，让龙门彪炳历史，光耀千秋。

黄河坎坷跌宕，历经磨难，可一出龙门，就变得沉静大气、浩浩渺渺，不动声色地流出了一河的博大与雄浑。龙门天下雄，黄河流经此处，显示出不同凡响的深邃，让人感悟良多。

二

提到龙门，就不能不提那位被尊为“史圣”的司马迁。他历尽磨难，艰苦卓绝，功追尼父，贯穿百家，花费近10年之功，“究天人之际，通古今之变，成一家之言”，终于写出惊天地、泣鬼神的皇皇巨著——《史记》。在中国的文学史上，唯有他以出神入化、诗性的如椽之笔，造型塑人，以达至美之诗境，而吟咏出享誉千载的史家绝唱。《史记》在雄踞史坛崇高地位的同时，也迈进了多姿多彩、绚丽灿烂的文学殿堂。作为第一部传记文学的确立，它无疑具有世界性的开创意义。

《史记·太史公自序》中有：“迁生龙门，耕牧河山之阳。”这让人们明白，被誉为“中国历史学之父”的司马迁就出生在龙门，曾在黄河之北、龙门山南麓过着农耕放牧的生活。或许，正是黄河之龙门塑造了太史公面临狂涛骇浪时的处变不惊、忍辱负重的心怀大义，以及那如“鱼跃龙门，自烧其尾”般有着悲剧意味的大无畏精神。

在父亲司马谈去世三年后，司马迁任太史令。正当他开始潜心修史、以承父业之时，却突遭“李陵之祸”：他因替与匈奴作战失败被俘的李陵辩解，惹恼了汉武帝，以“诬上”罪被下狱。诬上欺君当判死刑。当时唯有两条路可免死，一是缴50万钱来赎，二是接受宫刑。清贫的司马迁却唯有坦然地自请接受宫刑。因为欲遂其志，便必须选择以宫刑换取生命和时间，幽而发愤，忍辱著书。毕竟，他曾“俯首流涕”，誓要完成父亲的遗愿；他也曾立志，定要完成一部像《春秋》一样的历史大典。

司马迁所修之史，在客观公允之余，必然与自身的遭遇、屈辱、愤懑、爱憎、善恶相联系。许多人物传记都寓含着作者的寄托，这也赋予了《史记》这部书丰厚的内涵。它既是一部通史，又是作者带着心灵肉体创伤所作的倾诉。他在自序中提出的“发愤著书”说，实际上就是一种自我写照。

“昔西伯拘羑里，演《周易》；孔子厄陈、蔡，作《春秋》；屈原放逐，著《离骚》；左丘失明，厥有《国语》；孙子膑脚，而论兵法；不韦迁蜀，世传《吕览》；韩非囚秦，《说难》《孤愤》；《诗》三百篇，大抵贤圣发愤之所为作也。此人皆意有所郁结，不得通其道也，故述往事，思来者。”令人慨叹的是，司马迁蒙受的一切，唯“膑足的孙子，失明的左丘”可比。而比之肉身上的苦难，司马迁精神上受到的屈辱更甚，甚至可谓是前所未有。笔者曾在黄河龙门游览时，不住地慨叹，太史公受如此之奇耻大辱，尚能偷生以著史记，其高尚人格，坚毅信念令人动容。此间方才明白，什么叫真正的忍辱负重，遂赋诗一首《黄河魂》，以此纪念我心中的人世间第一等圣人，堪称黄河之魂的司马迁。

诗中写道：“镇河的铜牛石狮 / 成了苟延残喘的摆设 / 你编织逶迤 / 舞一幅翻卷跌宕的狂草 / 崇山峻岭封堵围剿 / 夺路而出，洞穿 / 浑稠的泥浆狂得发疯 / 于是，两岸开始匍匐 / 悬空的河，摇动山色 / 堤筑三丈五丈 / 难锁浪峰的高耸 / 流沙悟出谜底 / 谁个煎熬悲恸 / 因而那些光膀子的汉子们 / 呆痴地扬帆 / 入魔地打鼓 / 凸起腮帮子把唢呐吹得滴血 / 一位流芳千古的太史公 / 从黄水中探身而出 / 显形夕阳的光环 / 哀兵与意志融化 / 通电的夜岚 / 凝望古柳被雷殛的残躯 / 梦是漏网的红鱼 / 跳跃龙门的铁幕 / 一部《史记》裹悲愤一泻 / 蘸尽黄河一千里水泽 / 怒而泼墨写意，怆然泣下 / 山都陡峭，水都

汹涌 / 而人却似醉非醒 / 昏昏的穹隆 / 唯北斗星熠熠余晖 / 冷在极天处 / 暴一溜火花，超越神圣 / 西山日头东山雨时 / 管什么阴阴阳阳有情无情 / 跳进黄河 / 谁说灵魂洗不清 / 闪光的是 / 蒙耻的抗争”。

《史记》，是中国、更是世界上为数不多的百科全书式的鸿篇巨制。中华文明五千年，它记载了三千年。《史记》是中国的史诗，它文气深沉浩瀚，历百世而无可比肩。鲁迅先生称之为“史家之绝唱，无韵之《离骚》”。某种程度上，《史记》的作者同其故乡的黄河一样，博大雄浑，生生不息，万古长青，烛照千秋。

陕西民间有：“十个老陕九不通，一通就成龙。”而司马迁堪称人中之龙，是跨越龙门、超凡入圣的“大写之人”。

千年沧桑话河口

○徐　鹏

兰州市西固区的河口由于濒临庄浪河与黄河交汇的地理位置而得名。河口山环水抱，地势险要，西连青海、西藏，北通嘉峪关、新疆，南达宁夏、包头、天津。作为兰州通往青、藏、新的门户，古时，这里不仅是古丝绸之路的重要商贸集散地，也是天然的军事要地。这里既有汉代霍去病带领大汉军队与匈奴军队大战于河口的传说，还有清光绪七年，因“伊犁条约”，俄商取得从嘉峪关到河口的贸易特权，清政府在河口建立甘肃第一海关的古建筑留存。

斗转星移，世事变迁。虽然居住于西固区，但因为日常生活很少涉足此地，所以较少关注河口的历史。但近日与父辈们的一番谈古论今，突然感觉到河口与我血脉相连，仿佛勾起了我深埋的记忆。

听着父辈们讲述先祖的故事，耳边似乎还能听到驼铃叮当的声音，骆驼不断地打着响鼻，逶迤行进于丝绸古道上。驼队从家乡红城镇赶一天的路程，晚上驻扎于河口码头附近，休息、补充给养。第二天清晨，复兴西商号在河口码头采购完货物，每只骆驼负重300—400斤的货物。这样，满载着货物的100多支骆驼商队就出发了。一路驼铃悠扬，沿黄河到宁夏、包头，然后行至张家口、天津，往来贩运北方的皮毛、亚麻、水烟，南方的丝绸、布匹、瓷器。在家人的记忆中，祖辈们因为生意往来频繁，常驻于张家口，还因此在那里购买了一些院落，安家落户。

由于先辈们敏锐超前的思想，在清朝时期，徐氏先人们就建立了商号“复兴西”，意即发展经济、复兴西部，利用商业贸易赚钱致富。1929年，也就是民国18年，西北地区发生了百年不遇的旱灾，这场大旱给西北地区带来了史无前例的灾难。这一年，旱灾、蝗灾、瘟疫、风雪、冰雹接踵而至，庄稼颗粒无收，方圆十里寸草不生。据说当时流传有这样的民谣："民国十八年，人吃人、狗吃狗，鸦儿雀儿吃石头，老鼠饿得没法走。"受饥荒的影响，灾民达到千万，路上随处可见饿死的人，用"饿殍遍地"来形容一点都不过分。在这种情况下，徐氏先辈们拿出自己经商获得的钱财，各处高价购买粮食，开放粮仓，在永登县红城镇开设粥棚为灾民们放舍饭。时至今日，红城街上的耄耋老人还会感慨道："民国十八年间，徐氏先人们一连多少日子，在红城子街上开设粥棚、救济灾民，多少人因此而活下来啊！"对于侥幸从那场大灾难中活下来人来说，那段日子简直是一场噩梦，只要能够活下来，只要能够填饱肚子，无论找到什么东西，人们都会吃下去。在那个年代，活着竟成了那么艰难的一件事。

每到过年，家中的一些亲属，特别是有些古稀老人还会说道："那时候对于普通百姓，过年给孩子几个铜钱就是好的，但徐家不一样，只要我们几个孩子去拜年，每人一个白坨子（银圆），大方得很哪。"在记忆中，直至20世纪五六十年代，家中都留存有不少古董字画、瓷器等，而这些物品无一不来自"复兴西"商号骆驼队的南北贸易往来。现如今，很多珍贵的物品已经遗失，在亲戚家中，还可以见到零星花瓶、字画和几百年前烧制的瓷猫睡枕等。

20 世纪 50 年代，龙泉河西村有一个生产队的老黄牛生病了。对于百姓来说，犁地的黄牛生病不亚于家中的房梁塌了。兽医嘱咐，只要找到几片犀牛角，熬制灌上就会好。但在兰州地区哪里能找到犀牛角呢？有人出主意，找到了红城徐家。于是父辈们从家找出了几个犀牛角印章，割下几片，送给了生产队，按照兽医所说治好了黄牛。为了表示谢意，生产队装了一袋粮食送了过来。当年，纯朴的百姓就是用这样朴素的方式来表达自己的感激之情。

至今，父亲还说道：“你不知道，百姓那时候的交通工具就是骆驼，从兰州到新疆要走三个十八站。”我很好奇地问：“什么是三个十八站？”父亲回答：“复兴西商号骆驼队从兰州到张掖要走十八天，到了张掖就要休整一下、补充给养；从张掖到玉门关一带还要走十八天，玉门还需要休整一下、补充给养；而从玉门到哈密依然要长途跋涉十八天，方能休整驼队、补充给养，要经过这样的三个十八天，才能达到新疆哈密。”在 20 世纪 50 年代，从兰州到新疆乌鲁木齐乘坐绿皮火车，大概需要三天三夜，相比起解放前的驼队行进速度，父辈们就感觉这样的速度，已经是神速了。但随着现今高铁的开通，从兰州到乌鲁木齐已经实现朝发夕至，这种变化让每一个了解兰州到新疆艰辛路途的人，惊讶于百年间的沧桑巨变。

自明朝以来，河口就是西部最大的商埠港，否则，清朝政府与俄国签订“伊犁条约”，俄商也不会漫无目的要求拥有嘉峪关到河口的商贸特权。

“闻驼铃之悠扬，思古道之苍茫。”独特的地理位置，让河口成为西部地区有名的水陆两栖码头，河口古镇因此而建立，从今日河口地区保存的明清古建筑中，对当年的繁华可见一斑：羊肠湾子码头客商云集，经济往来繁忙，新疆的葡萄干、哈密瓜、包胡杏，青海的生猪、豆类，经各商号骆驼队驼运在河口地区集散，到河口码头，经过黄河水路运输到黄河沿岸甘肃境内各地，直至宁夏、包头等地，而南方沿海的物资、货物，也通过天津港，经张家口中转，由各家商号的骆驼队运送到甘肃、青海、新疆等地。也许，在那些著名的南来北往的商号中，复兴西商号也能占到一席之地吧。

岁月悠悠，时光如梭。河口迅速发展的同时，也因其重要的地理位置，留下不少商贾巨富、文化名流、活佛僧人的足迹。1942年，张大千率弟子前往敦煌，从兰州出发，当晚留宿于河口，因暴雨盘桓河口数日，曾在一小饭馆门前作画义卖，留下不少墨宝。在这里，更有汉藏文化交融的痕迹，活佛僧人从青海到兰州，一般会留宿于河口大佛寺讲经说法。河口这块水陆两栖的码头，从古到今都有说不尽的商贸交易和民族交汇的故事。

我想，西固先民们正是以超前的眼光看到了商机，依托其重要的地理位置，建立了河口古镇和河口海关。而今的河口，远去青海、新疆、宁夏的铁路、公路、高速公路在这里交会，作为古丝绸之路的商埠重地，承东启西、连南济北，在全国物流大格局中拥有重要地位。随着“一带一路”建设的蓬勃发展，甘肃（兰州）国际陆港在西固地区应运而生。2014年，甘肃省政府毅然决定在东川、新城、河口一带建立甘肃（兰州）国际陆港，利用兰州铁路枢纽编组功能，将通道优势转变为经济优势，加速甘肃大发展。

2019年9月，兰州市被列入首批国家物流枢纽建设名单，兰州陆港作为陆港型国家物流枢纽主枢组成功入选。现如今，兰州陆港围绕现代物流、现代商贸、出口加工三大主导产业，在东川、新城片区建立现代物流、商贸区，在河口古码头对面建立出口加工区。

沿着曾经的各商号骆驼队走过的轨迹，兰州陆港成功打通了中欧（俄罗斯、德国）、中亚（哈萨克斯坦等五国）、南亚（尼泊尔）、陆海新通道（东南亚各国）四条国际货运通道。国外货物通过四条国际货运通道进入中国西部腹地，再由兰州陆港分拨到全国各地。国内货物在兰州陆港聚集后，通过四条国际货运通道运送到国外“一带一路”沿线国家城市。

河口因“一带一路”建设深入推进而再次焕发勃勃商机！

大潮奔涌，扬帆奋进。先人们以其敏锐的触觉，在千年前就感知到了河口地区的重要性。站在前人打下的坚实基础上，黄河儿女站在新的起点上，昂然前行，豪情满怀地谋求新的跨越。

父辈们希望通过发展经济贸易而复兴西部的宏愿，在近些年逐渐显露雏形，也许我们生活在这个历史时刻，正是为了见证这一重要时刻的到来吧。

河滩人家

○高玉荣

滚滚黄河携带大量泥沙，在尾闾淤积成滩，形成一片片新生的淤地。一个个被称为河滩人家的村落沿河而居。我就生长在这样的一个小村庄里。

平日里的黄河温顺恬静，宛如一条漂亮的玉带。岸边，整齐的房台四周花砖护坡，飘香的果树环绕村子周围，蓝天白云，鸟语花香。这是搬迁以后的新村风貌，原先分散的老村旧址已经推平，变成良田。

站在高高的房台上，望向老村原址，脑海里寻找着老屋的位置。顺着时光的隧道，沿着记忆的长河逆流而上，仿佛又回到生我养我的那个老村子。

小时候的家是三间低矮的土坯房，院子不大，房台不高。六岁以前的记忆都停留在那个小小的院落里。院子里有一棵粗大的槐树，阳光下开满了洁白的槐花。在沁人的花香里，飘荡着我和弟弟童年的欢笑声。

1976年，一场洪水冲乱了平静幸福的生活。河水犹如猛兽，一夜之间吞噬了整个村庄。低矮的土屋瞬间涌进浑浊的河水。慌乱中的父母带着六岁的我和四岁的弟弟逃到邻居家的高台子上。三间土屋摇摇欲坠，禁不住河水连日的浸泡，终于倒塌。年少无知的我和弟弟，不懂得如何去安慰父母失去家园的悲伤，父亲紧锁的眉头拧成了疙瘩，母亲则在一旁悄悄地流泪。

洪水退去，父母蹚着泛黄的泥浆，背着我和弟弟，只能暂居在别人家的房子里。几个月后，那家人的儿子要结婚，寒冬腊月里我们不得不再次搬家。那几年我们居无定所，颠沛流离。

几年后，父母东拼西凑加上省吃俭用的微薄积蓄，打算重新盖房。盖房之前，父亲和母亲商量，不管房子盖得好坏，房台一定要垫得高高的。

没有任何机械，筑房台全靠人工。纯朴善良的街坊邻居、叔叔大爷们帮着父亲用小推车一车一车推土垫房台，推一层夯实一层。他们硬是用小推车，筑起一个四五米高的坚固房台。父亲黝黑的脊背上勒出了深深的血印，粗糙的手掌磨起了厚厚的茧子。俗话说：“盖口房子脱层皮”，河滩人家盖房子，何止是脱一层皮啊！一家盖房子，几乎全村的劳力上阵。所有材料都要先运到房台上，除了小推车以外没有更好的运输工具，有时还要肩抬人扛。

“终于有了一个自己的家！”四间瓦房加上房台，耗尽了父母半生心血，花光了所有积蓄。农闲之时父亲就用小推车推土加固，把房台加宽加牢。夏天下大雨，别人都是躲在屋里避雨，河滩里的人家则是越下雨越往外跑。父亲经常身披塑料布，戴着斗笠，拿着铁锨围着屋台子来回查看，生怕大雨把台子冲毁。每场大雨都让河滩人家心惊胆战。

20世纪七八十年代，农民种地收入微薄，河滩人家更是不易。“一亩园十亩田”，土地包产到户以后，父亲为了增加收入，留出了二亩地种菜园。从春天秧苗开始，他几乎天天在地里，浇水、施肥、打药、捉虫、除草。每天天不亮父母就下地干活，天黑透了，才拖着疲惫的身子回家。

等到蔬菜成熟，父亲就去集市上卖。下午把菜摘回家。一个人推不上房台，得一个人推着车子，另一个人前面搭钩子才能拉上去。父亲那样的壮劳力，把一车菜推到台子上也累得气喘吁吁。父亲在车子上放一个大挎篓子，把青菜摆放进去，尽可能地多放些，堆得小山似的。把菜运出河滩实在是不容易。

凌晨两三点钟，父母就得起床。整个村庄都还在沉睡中。月光下，父亲推着装满菜的小车，母亲用绳子拉着，深一脚浅一脚地奔向村外唯一一条土路。大坝离着村子有二里多路，是比自家房台更高的陡坡。母亲一直把父亲送到大坝顶上，望着父亲走远后才肯回家……

父辈饱受河滩之苦，希望我们不再继续他们的艰辛。父亲曾经语重心长地对我说：“闺女啊，长大了找婆家，不要找河滩里的人家！”但是我还是辜负了父亲的期望，不但没有考上大学，跳出农门，婆家也是住在河滩里，仍然延续着河滩人家的生活。

高高的房台，虽然能在洪水袭来时带给河滩人家安全，但也给日常生活增添了很多不便。台子太高，机井打不出水，吃水要到房台下面井里去挑。记得我成家后第一次去挑水，晃晃悠悠好不容易把水挑到房台跟前，歇一会儿再继续往上攀爬。走着走着，前面的水桶不时磕绊在斜坡上，常常是把水挑上去后，满满的一桶水就只剩下了半桶。

20世纪90年代中期，乡镇大部分村子通了柏油路，用上了自来水。但是河滩人家生活依旧艰难，依然是土路，仍然是晴天一身土，雨天一身泥。

一年夏天去赶集，西北的天空阴云密布，眼看就要下雨。我急急忙忙骑上自行车往家赶，刚爬到大坝顶上，大雨也哗哗地下开了。前不着村后不着店，我只有硬着头皮往前赶，眼睛被雨水打得看不见路。下了大坝，是泥水混合的土路，车轮子被泥塞满了，一步也推不动了。

风雨交加，白茫茫的雨雾一眼望不到边儿。我浑身湿透，瘦弱的身体一丝劲儿也没有了，脚下一滑，连人带车摔倒在泥路上……我索性把车子扔在一边，任凭暴雨肆虐，泪水和雨水交织在一起。至今想起那时的狼狈样儿，还是一阵阵心酸。

每年汛期，是河滩人家最紧张的日子。庄稼长势正旺，如果这时候一旦被淹会颗粒不收。村里的男劳力每天晚上轮流值班，在堤坝上巡逻，随时观察河水的涨落。“必须千方百计保住地里的庄稼！”

他们心里还惦记着家里的房台是否牢固，如果洪水真的来了，盘算着老人孩子该往哪儿转移。

记忆中，第二次发大水距离上一次间隔了整整二十年。1996 年 8 月，连日的洪水冲刷，河道上游一处堤坝决口了。消息如一声炸雷，惊慌了河滩的乡亲们。洪水迅速涌来，一天的时间就淹没了全部村庄，淹没了长势正好的庄稼，也淹没了河滩人家所有的希望……

站在自家的房台上，放眼望去，一片汪洋。河水浑黄如浆，泛着白色的泡沫冲刷着房台的边缘，不时漂过柴草和各种垃圾，我们的家成了一个孤岛。正在叫天不应叫地不灵的时候，放心不下的父亲撑着木筏来看我，给我带来了各种生活用品和孩子的零食。望着年迈的父亲撑木筏在茫茫的雨雾中远去的背影，泪水夺眶而出。此刻，又想起了父亲的话：“闺女，长大了找婆家，不要找河滩人家。”

洪水围困的第二天，邻居家一个孕妇，因受到惊吓早产。望着剧痛呻吟的妻子，再看看周围汪洋如海的河水，年轻的丈夫乱了方寸。小脚的婆婆着急地来回搓手。情急之下，扎了一个简易的木筏，不会游泳的他只好知难而上。撑起木筏匆匆往住在村东头的接生婆家划去。

洪水打着漩儿，水下暗流涌动。刚划出不远被大水一冲，木筏竟然四分五裂被洪水冲垮，瞬间跌落进三四米深的水里。

我们站在台子上远远望着，大声呼喊，心都提到了嗓子眼。他抱着一根漂浮的木头游到一棵树下，凭借年轻体力好，抓住树干爬到了树杈上。紧急关头，正好村里的一位小伙子撑着木筏路过，才把他从树上救下来。等他把接生婆接到家里，孩子已经降生，万幸的是母女平安。

石门村是河滩里一个小村儿，地势低洼，走在房台中间的羊肠小路上就像走在狭窄的山谷之中。雨后积水很深，好几天出不了门。遭遇洪水后更是苦不堪言。当地政府决定把石门村做个试点，整体搬迁。两年后，整个村子搬到了大坝北面，规划了整齐的街道和房屋，那时候真羡慕石门村的乡亲，总算逃离了河滩人家的生活困境。

然而，全部河滩人家搬迁耗费大量人力、财力，难以实现。经过多方研究规划，决定因地制宜，把分散的村子整体搬到淤积好的大房台子上。2007 年，我们村子搬迁，年过六旬的父母又一次经历了盖房的辛劳。宽敞明亮的四合院盖好后，父亲那多年劳累的身子，像被洪水冲刷的旧房台，再也支撑不住了。两年后，父亲长眠在这片他劳累了一生的黄河滩上。

搬迁后的新村公路四通八达，河滩人家也用上了自来水、天然气。随后，黄河调水调沙，下游主槽得到全线冲刷，减轻了河道淤积。古老的黄河九曲十八弯，流经到家乡正好来了个华丽的90度转弯。河道向北，恰似母亲伸出的温柔臂膀，把这一片沿黄的河滩人家揽入怀中……

前几年，政府招商引资，投资商看中了这块风水宝地，承包了河滩人家的大片肥沃的土地，大规模种植草药、花卉，犹如世外桃源。

曾经，为了离开饱受艰辛的河滩，我远离了纯朴的乡亲，远离了滔滔洪水。人到中年，蓦然回首，心头轰然袭来的仍然是对河滩的深深眷恋。那承载着我童年欢乐的老屋、高高的房台，还有父亲用脚丈量了无数遍的河滩小路，时时出现在梦里。

这里是我的根，这里是我的魂！此时，我终于明白，我是河滩人家的女儿，是河滩的黄土地养育了我，河滩是我所有梦想开始的地方！

远去的泥巴哨

〇丁　晨

我的家乡东临黄河故道，西依长堤。多水、多塘、多泥、多树，春夏秋三季，水天空蒙，垂柳依依，鸟语花香，蛙声阵阵。

读小学的时候，中午有午睡。由于临河靠水，小孩子们天性喜水善游，所以学校从安全的角度考量，制定了严明的校规，严禁在校期间学生游水，违者轻则受罚，重则除名。读小学时，我为班干部，午休期间由班干部轮流执勤，中晌沿蓊郁的河塘、溪水检查落实，阴晴不拒。这样，我自然就有了较多校外执勤时间。我十二分地喜爱这份工作，一是执勤可以彰显我的权利。倘若碰上晚归的学生，无论年级高低，高矮胖瘦，我都有权诘问，于对方惶惶诺诺中，在他们伸出的细瘦的胳臂上轻轻一划，出现白色显著划痕者，十之八九偷泳；二是最重要的一条，我可以利用执勤之际，捏制形形色色体态各异的泥巴哨。

水乡多泥。泥与土不同，土可以是松散的，泥却一定是湿润成块状的。捏制泥哨的泥巴，更是特殊的泥土，不仅湿润成型，而且必须是红黏胶泥。这种土质的泥土在我们村也不尽是，有数的几个坑塘才有，色红而黏性极强，却不粘手，握在手里，软而不稀，湿而韧柔。双手捧起一块，上上下下前后左右在青石板上磕摔，啪啪直响，捏成方的圆的短的长的凸凹形状，使劲往硬地或石条上掼，就会发出“噗——啪”的爆裂声，凹形的泥巴中央薄皮炸开，泥皮崩裂老远——在乡下，我们小孩子管它叫“哇呜”或者“哇屋”，因为它的样子像“屋”或会“呜”叫。闲暇里，小孩子经常玩这样的泥巴游戏，但这只是最低档的玩法，更高级一些的，自然是制作泥哨了。

我有一个长我一岁的堂哥，他家穷，课堂上我俩一桌，共用一套课本。但堂哥学业好，成绩总在我之前，且心灵手巧，会一手精巧的泥巴哨，什么裤衩形的、雄鸡形的、小狗小猫形的、三角形的……他都会。我看到大中午里，堂哥跑下溪畔挑挑拣拣挖来一大块红胶泥，摔摔打打一阵后，两手交替揉搓，不一会儿在他手掌中就成型了，样子可大可小，大可如拳，小可如钱——铜钱。然后用事先备好的光滑去皮枝条——一般有幼儿小拇指粗细，在成型的泥体上方仄斜一孔，下方再插一孔，光滑的枝条来来回回在泥孔里旋动，一会儿抽出来，一会儿捅进去，一直到堂哥吹奏出呜呜咽咽或长或短或尖厉或低沉的各色哨声，才大功告成。泥巴哨捏制成功后，可涂釉彩用火淬制，刚硬且轻便；也可"白茬"，什么也不用涂，搁到太阳底下晒，但不能暴晒，那样易裂，最好放在树荫——"花荫凉"里晒——也叫"晾"，风干之后，格外坚挺结实，就可以装兜里带走了。

这种泥巴哨，很受孩子们青睐，用它可以换取富裕家子弟的铅笔或纸张，也可以在孩子们之中称王，拥有者越多，威望越重。那个时候我非常企羡我的堂哥，在我们孩子们眼里，堂哥是个无所不能的神仙。但并不是人人都会捏制泥巴哨的，一个小学五个年级，有一百多个学生，会捏泥哨的也就是

10多人，而堂哥又是其中的佼佼者。童年的堂哥，不仅泥哨制作得好，而且他可以吹奏出高高低低、婉婉转转、声色各异的曲调。有的孩子制作了，泥哨却只发一个“嚯——”音，单调而直滞，有的只是尖利不见冗长，有的低沉却不高亢。只有堂哥捏制的泥哨，可于吹奏中嘈嘈切切、抑扬顿挫、荡气回肠。

童年的泥哨与童年的堂哥，给我脑海里凿下难以抹去的记忆。然而，这一切，却很快就过去了。

读初中之后，我们在外村。兴趣发生转移，泥哨便淡出了我们的生活，但它依然是小学低年级孩子们的玩伴。堂哥呢，又爱上了音乐戏曲。那个时期祖国江山“一片红”，到处红旗猎猎，充斥着“革命样板戏”。我于其中沉默于小说，堂哥却吹拉弹唱，参加了学校的文体队，你方唱罢我登台，一把二胡、一管竖笛，拉得铮铮嘤嘤，吹奏得急急骤骤、红红火火。校队男男女女青春靓丽的脸上，荡漾着春风与热烈，但我总觉得，这些都没有堂哥捏出的泥巴哨声动人心魄。

再后来，当泥巴哨终于离我们远去，我走出了我的故土，而我的堂哥，却永远留在了那里。有好些年我回故乡去，静夜里，辗转反侧的月色床头，还能听到如泣如诉的二胡呜咽或竹笛声声。再后来，连那荡人心魂的乐器声也销声匿迹而去。

但堂哥和他的泥巴哨，却留在了我的心灵深处，永远，永远。

化隆黄河赋

○李成虎

黄河在化隆境内有168公里，与其隔河相望的有贵德县、尖扎县、循化县、民和县。群科新区位于黄河北岸，它以黄河回旋之地而闻名于世。这里既有古老灿烂的马家窑文化和卡约文化，又有多姿多彩的现代民族文化。气候温和，物产丰富，被人称为“高原江南”，素有“西宁市的后花园”之美称。闲暇之时，漫步河畔，思绪万千。予观黄河，壮美雄奇。母亲河，育我华夏文明，佑我中华富强。情不自禁，兴从中来，歌以咏之。

雄哉，黄河！浩浩汤汤，奔长峡万里而彪悍；滔滔渺渺，凌世界屋脊而激扬。落霞孤鹜，秋水与共长天，齐飞翱翔；峡口骇浪，飞卷号角轰鸣，从流漂荡；鹏程势飞，掀天揭地帆舞，无限风光；动中循道，逶迤而逸傲藐，灵性深藏；百折不回，不管狭阔夷险，映虹艳穹；一往无前，无论逆顺毁捧，歌砌龙门。

壮哉，黄河！千古云月过化隆，称雄黄河第一弯。遥忆大禹治水，劈石开山水患除；再看当代愚公，千秋诗作渺云烟。柔中蓄力，绵化书生情脉；束水屏障，两岸大堤巍巍；绵延百里，一望水天空阔；葱茏群科，百鸟竞唱蓝天。古刹夏琼，清清眸子俯瞰大坝圣碑；“七峡”建此，熠熠明珠倒映上游河山。化隆长河行，群科回旋缓冲；高峡出平湖，神工造化人间；黄河滋润，遂生百花五谷；灌溉田陌，瓜果之乡有因。

伟哉，黄河！因缘而会，因地而灵。历史烟云多征发，沧桑往事留美名。古城遗址，郦元《水经》录其册；河湟文明，“海藏咽喉”之溯源。春秋不朽，嗟叹天高地迥文明昌，乃千年通商古道，集东西商贾所会聚；群科新城，矗立河岸穿插旧城外，滨河大道如棋局，彰“黄河明珠”之美誉。新区通南北，东西连纵横。浩浩兮，千亩杏园飘芳香；巍巍乎，万古冯夷固功邦。琅琅矣，新城学子之吟诵；

喷喷兮，玉汁瓜果之甘甜。赞曰：吞天地之精华，聚阴阳之瑰宝，漫浩瀚浊浪之磅礴兮，育明珠旅游迎万方宾客；汇日月之光辉，揽林海之苍茫，纳和煦惠风之润物兮，聚京郊后御揽四海友人。

美哉，黄河！弯道处，彩虹映天，瑰丽璀璨耀神州，万代妖娆；回旋处，黄河九曲，一泓山水自秀成，光浮云影；李家峡，湖水斑驳，背依青山环碧水，雾霭秀姿；公伯峡，绝巘飞瀑，丹霞石峋悬霓虹，碧水澄明；杏花园，鸟语啁啾，溪水潺潺抚瑶琴，银瓶迸浆；新区城，核杏暗香，缥缈水上鱼飞跃，层林尽透；夏琼寺，浪卷腾烟，鹍鹏扶摇冲九霄，展翔凌云；塔加林，环翠四野，树木蓊郁云缭绕，景致壮丽；马阴山，幽泉绕溪，漫山杜鹃尽芳芬，燕鹊呼晴；八宝谷，清荣峻茂，流烟浮雾气升腾，遮天蔽日……胜地不可举，难状情激昂。

奇哉，黄河！人居胜地，八方敬望，一派楼台烟树带水榭兮交相辉映；天造地设，水上城市，几曲小桥流水连遐园兮画舫穿梭。沟壑幽幽兮杏林葱翠，落英纷纷兮崖涧饰彩。人行处，行到天边天外天；神驰往，遐思穷尽穷无穷。新区因黄河而豪气自生，化隆有黄河而精彩绝代。望群科，巧夺工，经济基础夯实坚；视黄河，光映面，建设前景美轮美奂。高楼栉比，高速似练，黄河滋养风帆起；水电长廊，璀璨明珠，人类文明斐然盼。西水东调援下游，有此黄河不断流。修其身，广其野，南北游客慕名览；促消费，拉内需，东西商户倾心选。独得优势显其优，化隆发展生逢时；凝心齐力共建设，全民一心谋发展。此地玩游，堪称一景。有看不透之茫茫烟雨，有读不完之厚重沧桑，有品不够之红杏风月，有悟不尽之浩瀚恢宏，有拉面美食之品味，有明窗净几之风韵，有黄河精神之伟状，有古城遗风之雅致。

山水化隆探早春，水韵群科赏杏花。神游其中，怡然自得，一壶浊酒，难尽黄河之气魄；一笔拙文，难诉黄河之精魂。

绿色河滩

〇李顺午

黄河之水涌出禹门后，一改她在秦晋大峡谷那浪高涛急，漩涡四伏的雄姿，变得洒脱而坦荡，温顺而祥和。水流舒缓了，从黄土高坡带来的泥沙渐渐沉淀下来，日积月累，久而久之，便在大河西侧形成绿色、神奇、美丽的河滩。

河滩东西宽十多公里、南北长百余公里，呈北高南低、北窄南宽的喇叭状。在河滩最南端，黄河在这里携手渭水洛河，形成三河汇聚、田地宽广、阡陌纵横的恢宏壮丽景象。这里，南越渭水、洛河能远眺巍峨峻美的西岳华山，东倚黄河可瞭望云蒸霞蔚的中条山脉。

西侧这道沧桑厚重的古河岸，犹如一道天然屏障守护着河滩，家乡人习惯叫它老崖。这五六十米高、南北延绵八十多公里的黄褐色壮美高耸的古崖岸，显出几分久远，几多森严。连接河滩与上塬的一条条大坡、小坡、“蚰蜒坡”，既是沟通上下往来的通道，又是易守难攻的关隘。进入坡度陡峭、走向蜿蜒、隘口壁立的条条坡道，宛如进入座座迷宫。其弯曲盘旋的角度，步步递进的坡度，风貌别致的构筑，可谓匠心独运、巧夺天工。从这一条条坡道中，可以看出父老乡亲的艰辛付出与高超技艺，可以看出他们世世代代对黄河、对河滩的敬畏与挚爱。古老崖岸，宛如一座偌大的丰碑，镌刻着河滩千百年来的历史变迁，记录着乡亲们丰收的欢喜与遭灾的哀愁。在我童年的记忆里，每年早春黄河流凌是极为壮观威武的。大大小小极不规则的冰山、冰块、冰溜子、冰疙瘩，带着昆仑峰巅青海高原的冰雪，带着贺兰山麓秦晋峡谷的严寒，过草地、越平原，穿河套跌跌撞撞一路涌来，声威壮阔，气派无比，如同千军万马齐过时的雷霆万钧，咆哮奔腾。

洽川的天然瀵泉，恰如镶嵌在绿色河滩的一颗金色宝石。有着沙浪浴美名的“神泉”，随着泉喷沙旋，入水而不沉，犹如绫罗绸缎拂身的美妙之感。这诱人的“处女泉”，被誉为华夏一绝。这天四周环绕着一望无际的芦荡与荷塘，常年栖息的天鹅、大鸨、黑鹳等鸟儿，使涓涓泉水更显出十分的乡野情趣。

三十年河分东西。这里的黄河水，似乎同样没有逃脱这一自然法则。千百年来，河水每隔几年总会泛滥一次。乡亲们流离失所，村舍庄稼遭殃，绿色河滩成了到处可以泛舟的泽国。直到 20 世纪 60 年代末，乡亲们硬是用铁锨、镢头和架子车等近乎原始的工具，花了近两年时间，筑起“丁字坝”，才拦住洪水，锁定了河道，祸害乡亲们千百年的水患，终于得到驯服。

耸立在河滩最南端的是西岳华山。这座有着神奇色彩令人向往的大山，以她不屈的脊梁和钢铁般意志，以她在五岳中独有的险峻和第一高度，担当起护卫河滩的重任。河滩北面的黄龙山脉，同样阻隔了来自西伯利亚的寒流，让河滩变得温润而不干旱。这声名远播的绿色河滩，得遇大河滋润，得以名山护佑，愈发变得绿意盎然、美丽富饶。大自然用长久的功力和耐心，为河滩打造出数不清的神秘与神奇，天造地设了这一方迤逦旖旎、美妙绝伦的绿色宝地，留给人们更多的是敬畏和感恩。

绿色的河滩，洋溢着浓浓的人文气息。与河滩有关的人物，与河滩有关的风物，如同黄土地里盛产的花生，一嘟噜一嘟噜。

河滩最北端，有两个美丽的神话故事，已经流传了数千年。一个是远古时期，禹汲取先父治水教训，以疏导的方法，加上“三过家门而不入”的精神，凿山导水，降服洪魔，造福黎民，受到人们尊敬和爱戴。为铭记禹的不朽功绩，人们尊称他为“大禹”，还把这里称为禹门。另一个则是，每年春季大量的鲤鱼从下游孟津溯流而上，在晋陕峡谷最窄处跃过禹门，就会变成一条龙。神奇传说和美好向往，带给人们的是心系百姓为民造福的满腔热情和高超本领，是溯流而上发愤图强的宝贵品格和执着追求。禹门，自古就是黄河上的关隘，是秦晋两省的交通要道。如今，这里条条公路、高速公路，铁路、高速铁路一派繁忙景象。古老而年轻的禹门，有着神奇自然美的壮观，有着悠久历史美的厚重，也有着无穷时尚美的璀璨。

从禹门顺流直下，在黄河古岸高高的山岗上，有一代史学文学巨匠司马迁的祠堂。曾经饱读典籍、周游列国、学识渊博的司马迁，在遭际不公境遇后，忍受着心灵与身躯的双重剧痛，以无比远大的抱负、宽广的胸襟和非凡的毅力，发愤完成巨著《史记》的写作，被世人誉为“历史之父”“文学之父”。司马迁不朽贡献连同他的祠墓和文化广场，给河滩平添了浓厚的人文色彩。

《诗经》里的《蒹葭》和《关雎》对河滩宜居和美好故事的描述，以及“蒹葭苍苍，白露为霜。所谓伊人，在水一方”“关关雎鸠，在河之洲，窈窕淑女，君子好逑”的千古绝唱，佐证了两千多年前河滩的宜居与富庶。一个人们宜居的好地方，还建有供奉禹母、汤妃、太任、太姒的“四圣母庙”和福山景区，给后人留下了一串串美好传说。

在朝坂古道南侧高崖上，一座穿越百年的粮仓，联结着四方百姓，如今仍发挥着储备粮食和启迪后人的双重功能。当年，粮仓修建时惊动了皇宫的慈禧太后，她御封的“天下第一仓”和“龙”“虎”等字迹，至今仍完好保存在仓城里。其实，为丰图义仓修建立下大功的，是有“救时宰相”之称的阎敬铭。这位出生在黄河滩的先辈，深知粮食来之不易和存储的无比艰辛，身居高位而不忘父老乡亲疾苦，力主修建这座风貌独特、功能强大让后来人惊羡和爱抚的不朽工程。

一桥牵两岸，铁桥立奇功。隔河相望的鹳雀楼不远处发掘了“黄河铁牛”遗址。从河东蒲坂到河西朝坂，从古蒲州到古同州，曾架有荡悠悠的铁索桥，尘埃飞扬的黄土古道上，一辆辆咯吱咯吱作响的铁轱辘车，把两个“州”连接起来。河东的铁牛找到了，河西的铁牛在哪里？蒲州和朝邑两座古城，曾经是商贾云集、物资聚散的红火码头，这里曾有过秦、晋、豫、鲁、皖，乃至川、甘、青、宁、蒙等省区百姓之间不同口音的交流和多样物质的交易。古蒲州和古同州，同样处于中华民族发祥地的核心区域。

七十多年前，这里曾设过平民、朝邑两个建制县，后来因修建三门峡水库、移民搬迁而先后并入大荔县。那个平民县似乎专门为从河南、山东、安徽等地，因黄河泛滥逃荒来的难民特设。前些年，在一家部队农场旧址，恢复的赵渡镇古城门上，“赵渡镇”三个大字熠熠生辉。这里赵渡、豫安、鲁安、高桥、大庆关等村镇名字的背后，都有叙说不完的动人话题。乡亲们在这里留下一串串难以忘怀的往事，留下许许多多绿色的梦想。

河滩的乡亲搬迁到外县，甚至移民到甘肃、宁夏等省区。后来，又有大批移民返回库区。本来就贫困的人们，几经折腾使得大多数人家生活更为艰难。面对重重压力和种种困苦，他们却并未倒下。是河滩教会人们吃苦耐劳、和睦相处，追求安宁平静的生活，并一直传承这个美德。

绿色河滩，有了历史文化熏染，有了圣人名流抚慰，愈发变得多元而厚重。

河滩是绿色生态的，是多姿多彩的，一年四季都给人异样的景致和不同的感触。

春天，是播种的时节，勤劳的乡亲们怀揣梦想，开始了新年度劳作。播下了种子，洒下了汗水，在心中描画着丰收的图景，人们辛劳的身影，融入春意盎然的田园风光里。在这河滩地里，有过一家一户简单的手工点种，有过生产队集体劳动的热闹与无奈，也有过国有农场一台东方红拖拉机牵引三台大型条播机，一下播出七十二行种子的壮观场面。

到了夏日，河滩各类鸟叫和蛙鸣此起彼伏，格外热闹。这时候，庄稼活主要是锄地除草。庄稼茂盛的田地里闷热而潮湿，手里农活干不了多久，人们的衣衫就被汗水浸沁透了。一个冷馍馍，一瓶凉开水，是乡亲们省事省时的“快餐”。河滩庄稼是纯粹绿色的，从未使用过化肥和农药，自然也减轻了人们的劳动强度。

金秋时分，是万顷河滩的大美季节。一望无际的庄稼，满滩累累的硕果，红的高粱、黄的玉米、绿的豆子、白的棉花，花生、红薯、土豆、大白菜、红萝卜，还有近几年新上的大棚冬枣，各样庄稼果蔬的大丰收，汇成了繁忙欢乐喧嚣的海洋，乡亲们陶醉在丰收的喜悦中，沉浸于绿色的梦幻里，虽是格外的忙碌与辛苦，但心里始终是畅快的。

冬天的河滩，飕飕的寒风刮过，寒气逼人冰冻彻骨，显出几分荒漠和寥落，偌大的河滩色彩单调缺少生气。只有前来越冬或者过往的大雁、灰鹤、苍鹭、丹顶鹤不时发出的鸣叫，给这里平添了些许活力。这漫漫的寒冷冬日，孕育着春日的绿意和生机，孕育着秋天的五谷丰登。

在20世纪六七十年代，渭南、西安不少机关、事业、企业和驻军，一下子在河滩办起近百家农场。你家一百亩，他家两百亩，各式农业机械、大小车辆和各色服装的人们，在河滩里种庄稼和蔬菜，以弥补供应不足和调剂伙食。这热闹景象前后维持了十多年。

在这河滩里，无法计算出有过多少次洪水暴涨良田被淹，多少位乡亲流离失所，也无法计算出乡亲们究竟生产出多少担粮食和瓜果蔬菜，为国家做出了多少的贡献！

昔日靠近老崖的沼泽地、芦苇荡变了模样，推土机日夜不停地轰鸣，人休息，机器却不停歇，用不了多长时日，这里就变成了一口口鱼塘，鲜活的鲤鱼、鲢鱼、鲫鱼、草鱼、黄花鱼、黑乌鲤源源不断地销往外地，红烧鱼、油炸鱼、清蒸鱼、水煮鱼也摆上人们的餐桌，父老乡亲分享到绿色生态带来的美味佳肴。

在壮阔辽远的绿色河滩背后，是乡亲们辛勤劳作的博大胸怀和优秀品质，是他们面朝黄土背朝天，把太阳从东山驮到西山，用额头的汗珠、眼角的皱纹、佝偻的脊梁骨，盛满了丰收的喜悦，成就了河滩的美名。丰收的欢乐，富裕的日子，乡亲们各个高兴得合不拢嘴。河滩的风调雨顺，农业机械的普及，影响着乡亲们的粮囤子和钱袋子，渲染着乡亲们享有满满成就感的笑脸。

我的老家，就在这老崖上边。生于斯长于斯的我，在河滩里锄过高粱，摘过棉花，挖过沙子，拾过柴火，还有过两年牧马人（在当时的大荔县种畜示范繁殖场“打工”）的难忘经历。与河滩的亲密接触，在我脑海里划出深深的痕迹，烙印上浓浓的乡情和乡音。

我的家族，我的乡亲，都是靠黄河水、黄河滩养育的。记得乡亲们常说，守着这样好的河滩，只要勤快，舍得吃苦出力，就不愁打不出粮食，不愁过不上好日子。

绿色河滩，是乡亲们的金山银山。伴随着新时代致富奔小康的欢快脚步，绿色河滩变得更加多姿多彩，乡亲们的日子过得更加滋润。

黄水入梦

○李学民

老家的村东是汤汤而逝的黄水河，黄河途经此地，绕了个牛梭子似的大弯，又曲曲折折向东流走。小时候，我常常跟在大孩子屁股后面，一扭一扭，去河湾里戏水，干旱断流的秋后，也缀网捕鱼。

但毕竟黄河落水时期很少，夏秋里，满河床汪汪洋洋的样子。大人是严禁小孩子下水的，学校也贴出了禁令告示。我们孩童顿觉百无聊赖，便开始掘泥捏哨，一块红胶泥掺和成三合土，啪啪地在青石条上摔，一气捏成小狗、小猫、燕子、大人裤衩、手枪，各式各样的泥巴哨，吹着满街巷子跑。更多的时候，闲暇里，溜到河湾里去看船——大大小小形状各异的船儿，在沸沸汤汤的浊流里航行。火轮船，锃亮的外壳，拖着大木板货船，突突突地冒着黑烟，尾巴处的拖绳绷绷紧紧拉扯得很直、很长，烈日下蜗牛般逆水爬行。大板货船上载的有时是圆木，有时是大圆筒，有时是煤炭，有时是汽车或机械，有时用大白帆布裹了看不清什么东西。货船重载时吃水量大，整个船舷有大半浸在水里。空载就完全不一样了，倘若空载又是下行，轮船就轻快多了，机船往往与货船摽成一体，顺流而下，不怎么加马力，动如脱兔。

最有看头的尚属帆船，阴晴天里，上游下走，扯起桅杆，白帆点点。一老头儿后首坐着掌舵，远远望去，泥塑菩萨一般。三五个水手，手执长篙，分列船舷两侧探水，抑或手搭凉棚，猛地吼叫几口南北花腔，惹得河畔田畴里大姑娘小媳妇阵阵嗔骂。下雨的当儿，泥菩萨披了蓑衣，其他人躲进了船舱玩花牌或斗酒耍乐，一个个只穿一条裤衩，哼哼唧唧地吹着怪怪的曲儿小调。落日西下的那刻，也有不少帆船在河湾里落锚，远远地斜插过来，帆帷唰唰地落下，赤膊的汉子，挽起铁链长锚，双臂一起一送，“忽”的一声，全力往河岸上一掼，长条跳板倏然搭向岸口，突，突，突！跑下一个人来，那跳板兀自颤悠悠个不停。来人迅速捡起地上的缆绳，在岸柳或石礅上系牢，另有水手在浅水中再抛一锚，船体便缓缓停泊在了“U”形的河畔中。傍黑时分，新月初上，泊靠过夜的客船，瞬间中灯光点点；炊烟，在暮霭里袅袅升腾；狂躁了一天的河水，也似乎乏了、累了，此时静歇下来，只有哗啦哗啦的碎流，敲打着岸石。剩下的，便是远远河套里黑黝黝的板船上飘过的，不甚清晰的间断的对答，抑或偶尔的咳嗽声。

我小的时候，经常于大人们歇晌的空隙或傍黑天里，小心翼翼地登上跳板，在晕晕眩眩的上下颤抖中，踱到板船上去。水手们大都和蔼可亲，他们朗朗地笑，告诉我不要怕，要仰着脸，不要去瞅跳板下的河水，说那样会发颤犯晕，极易掉下水去。船体后端大都有一个大大的木水桶，水手们从河道里汲水上来，盛在大木桶里，澄得净净白白，饮一口清爽甘甜。板船上的食品种类也甚是丰富，有山枣、杜梨、核桃、糖果、河虾，对了，还有倒梢鱼。这种鱼生活在黄河入海口，从麦口里逆水而上，来河道产卵生子，因每年只此一次，故而捕获不易。其身长筷子大小，长脊梁，鱼刺极细极小，肉鲜而嫩，极受当地人喜爱。下雨天里，我有几次揭开（其实是推）船舱盖，往一边滑开盖子，进入船舱。那船舱好大呀，足足有一间房子那么大，有的入口处有悬梯，也有的没有，大人下去尚属不难，然而小孩子下去却极是不易。我几次都被汗津津的臂膊抱下舱底，瘦小的身子被夹得生疼。船舱有床，也有床头桌，床是几张单人床。整个船舱中充斥着桐油味、黏兮兮的汗臭味，以及潮湿味。河水轻轻拍打着船体，板船发着轻微的晃动，很像母亲拍打婴儿的那张舒缓的手掌，有好几次，我竟浑然不觉地睡去。

板船上行的时候，倘若上天无风或者逆风，水手们可就惨了。彼时里，板船桅帆降落至底，船体踏岸逶迤而行，船首除留掌舵的菩萨——船老大以外，水手们几乎各个赤身裸体全部下船，五七条长索像牛梭子一般套在水手们的肩脖上，整个人匍匐160度，“哼唷！哼唷！”一步一步拖船上行，手臂与肩胛常常勒出道道血印。总在这时，会有健壮的村民前来帮套，水手们也总会毫不吝啬地将鱼虾、衣物或者一小卷钞票塞给村人。往往船行得很远很远了，还看到甲板上的人挥手告别，高喊着再见、下次再来的什么话儿。

秋去冬回，河水稀落了下去，河道里的行船明显减少。临冬的时候，小河塘与湾溪里河水开始冻凌了，黄河河面却仍未封冻。这时，已有成群的候鸟从北方迁徙而至，飞临河畔。在田里啃完麦苗，撒下热烘烘的青屎，飞回河水湾里“啊呀！啊呀！”唱歌、喧哗——不知道它们是在等候它们的伙伴，抑或短暂栖息以补充能量，为再一次的远涉做储备？

初冬清晨，我常常被母亲唤醒，去河滩麦田地里捡雁粪。雁粪有拇指大小，青稀稀的，晨光中带着霜花，可以作烧柴，但主要是喂猪。在初升的太阳下，河水粼粼泛着清光，耀得人睁不开眼。刚刚睡醒的大雁，开始扑扑棱棱拍打翅膀，在河湾里嬉戏、追逐、鸣唱。这个季节，就有不明来路的轻便小巧无桅板船，沿河岸静悄悄地顺水而下。月光朦胧的黄昏，抑或星辰泛白的黎明，小船儿上看不到一丝人影，轻轻悄悄顺水滑动，一切都安静得并不显露丝毫危险征兆。此时，机警值更的大雁，不知是受到了蒙蔽，还是放松了警惕，在恬然中失去了应有的觉察，蜷伏在河湾里，在美梦中面临着一场突如其来的生死劫杀。

那种打雁的板船，使用的是双枪，一种扫地，擦水皮射杀，一扫一大片；一种对空，猎杀受惊起飞的雁群，也是一扫一大片，杀伤力极强。我在漫长的冬夜里，总有几次被“轰隆、轰隆”的炮声惊醒，就想那可怜可悲的大雁们，不知是何等的壮烈、悲惨。我那时睡在奶奶炕头被窝里，嘤嘤地哭，心里恨透了那猎船和那贼人，祈祷着大雁们赶快脱离这等是非之地。可是这些傻傻的候鸟，总是“嗯啊！嗯啊”地飞走一批，又“嗯啊！嗯啊”地飞来另一批。奶奶唠叨着我傻，说猎雁的都是穷人，饿的。我却执意不信。

村东河湾里，有一渡口，四里八乡的村民从此渡河进山赶集，商人们也来来往往经营贩卖。赶脚的车夫，抖着长长带红缨穗的鞭子，啪啪赶着骡马车或驴车，时常在河畔井口旁歇脚打点肚皮和饮驴。那骡马抛蹄甩尾，很响亮地打着喷嚏，小灰驴子则总是“嗯呀！嗯呀”昂着长脸嚎叫个不停。车夫商人们就在树荫下吃饭，啃西瓜，有时也问这问那，与村姑耍笑，也贩卖些山果、大米、布匹、铁锅、瓷碗、女人用品，晚上便在村西大车店里过夜。

傍黑里，板船上的水手或赶脚的车夫也常来街里沽酒、听书、看戏。大人总是叮嘱小孩子不要轻易跟陌生人搭话，更不要轻信陌生人的哄骗，爬上他们的船或车，说他们是偷拐人的。我母亲也这样说。村西的姐姐荷叶，就在一个黑天里不知了去向，她母亲哭得死去活来。但我总是不顾母亲的告诫，不止一次地上船爬车。河湾里也停靠货船，货船从远山装载来满船的石条、青砖、黄沙，运送到这里码头，要货的车辆，一大清早就候等着接船。村人们常常被招去卸货，一条背板搁上石块、红砖，颤颤悠悠地，从木跳板度过，背到河岸，装进车厢，挣取一点一滴的血汗钱财。我大嫂和三姐背过石头，我二哥卸过青砖、黄沙。有一次，二哥不慎滑跌于河中，数分钟后才在 50 余米远的水面露出头来，众人无不为之捏了一把冷汗。

我上小学三年级的那个秋天，凉风吹拂着河柳，母亲在没出太阳的清晨，渡船过河，然后转车去了千里外的兰州。大姐后来给我打信说娘到了，娘很好，娘想你。大姐说我们村东的黄河通连着兰州（这一点我深信不疑），并给我寄来了一捆又一捆的小人书（这是我对娘离开的唯一要求）。此后，多少个没娘的日子里，我蹲在河畔上，夕阳归山，群群的鸟儿投向远处堤坝下的树林；新月如钩，清光中，我眺望河床深处黑黝黝的冒烟板船，思念着远方的我的母亲。有一次，我竟然天真地赖在一艘货轮上不走，哭天抹泪的，以为这样就可以漂到兰州找到我的母亲，任人好说歹劝地糊弄了好半天。彼时，陪伴我的是村中靠河岸一家的小女孩儿，淡碎花的衣衫，梳两条不长的蜡黄小辫。大嫂说她叫小芹，父母亲在哈尔滨，她在外婆家长大。我记得有一天下雨，我俩跑到河滩一艘破船体下避雨，小女孩说起了她的母亲，哭了，一颗一颗，泪珠纷纷滚落。在我用手帮她拭泪的那一刻，她突然笑了，握住我的手，说要永远对我好，长大了要给我做媳妇……船体外，风雨时疏时骤，我们用稚嫩的小手击掌、拉钩，两个童声不约而同地喊着："拉钩、上吊，一百年，不反悔！"

然而，人真的有一百年吗？倘若真的能有一百年，谁又能够保证事事顺心、件件如意呢？小女孩最终还是走了，那时，她甚至连小学五年级都没读完。很长一段岁月里，我都忘不了她。及至多少年以后，母亲来城，突然提起了小芹，说小芹年后来看她大舅了，还到我们家看了看，问起了我的情况，小芹问得很是仔细，我却又一次与她失之交臂。又是几年过去，女孩的大舅去世，外婆家再也没了亲人，我也从此没了她的消息，只听说，她在哈尔滨一家医院做了大夫。也好，就让这个女孩，这段儿时记忆，伴着静静的黄河水，一齐涌入我的梦境吧。

面对黄河

○李学民

面对着孕育了华夏文明而危害剧烈的黄河，我不知经历过多少次，每次都怀着复杂的心情。

但印象最深的是这样三次。

一次是在三河交汇（黄河、渭河、洛河）、三省交界（陕西、山西、河南）、三路共通（铁通、公路、水路）、三桥飞架（铁路桥、公路桥、高架桥）的风陵渡。风陵渡自古是黄河上最大的渡口，正处于黄河东转的拐角，是秦晋豫三省的交通要塞。从天而降的滔滔黄河水，汹涌澎湃，惊涛裂岸，在内蒙古河口镇急转南下，咆哮着，一直由北向南，冲穿漫长的秦晋大峡谷，在这里形成一个大漩流、大转折，蓦然改变方向，一路向东奔流。正如金人赵子贞《题风陵渡》诗，短短几句，道尽了风陵渡的山河形胜：

一水分南北，中原气自全。

云山连晋壤，烟树入秦川。

另一次在河南郑州邙山黄河游览区。这里河床宽阔，河水平稳、舒缓、凝重，黄河大桥飞架南北。桥下的黄河水失去了上游的飘逸，河水浑浊，水流声沉闷，不慌不忙地继续向东流去，仿佛是一个步履维艰、饱经沧桑的老人。

两次面对黄河，我都默默地、默默地站着，凝视着。什么都没说，什么都不想说。

再一次是夏季，在陕西宜川县东 50 公里处的壶口，观赏黄河瀑布。壶口两岸，万仞大山，滚滚黄河至此，河床由四五百米宽，突然收缩到四五十米，奔腾倾泻之势，突被一把巨大的“茶壶”聚住。黄河所有的能量都从这“壶口”迸发出来，猛然跌落几十米到河槽中。黄浪四溅，飞沫冲天，轰鸣巨响，势不可当，形成极为奇特、壮观的黄河瀑布。正如明代诗人惠世扬《壶口咏》诗赞道：

源出昆仑衍大流，玉关九转一壶收。

双腾虬浅直冲斗，三鼓鲸鳞敢负舟。

桃浪雨飞翻海市，松崖雷起倒蜃楼。

鳌头未可寻常钓，除是羽仙明月钩。

大诗人李白在《将进酒》诗中，也赞美这一壮景：“君不见黄河之水天上来，奔流到海不复回。”

夏季的壶口瀑布，雨水频繁，飞流直下，奔腾呼啸。方圆数十里，水汽遮天，势如山崩地裂，声似炮轰雷鸣。随着阵阵的轰鸣声，翻起的浊浪跌落下来，如雾如烟如气……

据说，下午两三点钟，可看见一道五彩缤纷的彩虹，接通壶口胜迹于九天长空，令人神往。我并未看到彩虹。彩虹虽美，却是短暂的、虚幻的，黄河才是永久的、真实的。眼前的黄河水依旧浑浊、怒吼、咆哮，泥沙依然积淀得很深、很重。

但这一次，面对黄河爆发出的排山倒海、一泻千里的气概，我不禁心旌浮动，由不得人不沉思、联想和感慨。

透过浑黄的瀑布，我似乎看到了我们民族的精神，也看到我们民族的苦难和负担。凝视着高挂的瀑布，我举起双臂拥抱了黄河，并爆发出：“啊，黄河，我看到了你！”

哦！黄河，您孕育了在历史上一脉相传从未中断、世界上最古老的中华文明。在漫长、博大的黄河流域里，就形成了中国最早的新石器文明，出现了在黄河支流渭河流域的蓝田文明、半坡文明，分布于豫、甘、陕等地域的仰韶文化，出现了在山东半岛的龙山文明等等。大约在五千年前，我们都知道，黄河流域内形成了一些血缘氏族部落，其中以炎帝、黄帝和蚩尤三大部族最强大，史称“中华三祖”。后来，黄帝取得盟主地位，并融合其他部族，形成“华夏族”，创立了华夏文明，也就是中华文明。世界各地的炎黄子孙，均把黄河流域认作中华民族的摇篮，称黄河为“四渎之宗”，为“母亲河”。

中国历史上闻名遐迩的“七大古都”，在黄河流域和近邻地区的就有安阳、西安、洛阳、开封四座。陕西白水县的“造字圣人”——仓颉仰观天象、俯察鸟兽虫鱼之迹，创造出中国最原始的象形文字，就在黄河支流近邻渭北原上。安阳殷都遗存的大量甲骨文，开创了中国文字记载的先河。举世闻名的中国古代的“四大发明”——造纸、活字印刷、指南针、火药，也都产生在黄河流域。

从诗经到唐诗、宋词等大量文学经典，以及大量的文化典籍，也大都产生在黄河流域。北宋以后，全国的政治、经济重心逐渐向南方转移，但是在中国政治、经济、文化发展的进程中，黄河流域地区仍处于重要地位。

当然，我们都知道，黄河曾以“中国之患”“害河”闻名于世。在漫长的历史岁月里，黄河的水患难以治理，水利也难以开发，洪水、干旱、风沙、冰凌、内涝、盐碱六大灾害，给黄河流域人民带来了斑斑血泪，也是黄河两岸人民贫困、落后的祸根。黄河成了中华民族苦难的象征。在这六大灾害中，洪灾最为严重。

据历史记载，在新中国成立前2500多年的岁月里，黄河因洪水决口泛滥达1500多次，改道20多次，素有“三年两决口，百年一改道”之说。每次决口泛滥，都造成“江河横溢，人为鱼鳖”的凄惨景象。譬如，1933年黄河大水泛滥，下游决漫堤72处，使冀、鲁、豫三省67个县受灾面积达12000平方公里，360多万人流离失所，无家可归，1.8万多人丧失了生命。1938年6月，日本侵略军占领了徐州，国民政府下令，在郑州以北花园口炸开黄河大堤，使豫、皖、苏等省的44个县市，约54000平方公里的土地，变成了荒无人烟的“黄泛区”，造成了人为的黄河泛滥大灾难。

新中国成立后，毛泽东主席发出了“要把黄河的事情办好”的号召。黄河上中下游流域，根据不同的水文、河道和地质情况，进行了大规模的研究、改造、治理和建设工程，逐渐结束黄河多灾多难的历史。像黄河上游第一座大型梯级电站，人称黄河“龙头”的青海龙羊峡水电工程，全国“保护母亲河绿色工程”、改善兰州市北大门生态条件的兰州大砂沟建设，山西省“引黄入晋”水源龙头工程的万家寨水利枢纽等大批项目，都是成功综合治理、综合利用黄河的大型典型工程。

三门峡水利工程是新中国成立后，在黄河上兴建的第一座以防洪为主综合利用的大型水利枢纽工程，被誉为“万里黄河第一坝”。工程始建于1957年，1960年基本建成。20世纪60年代中期开始第一次改建，70年代初期第二次改建，80年代为实施泄流工程，再次改建。在几十年的建设、运用中，特别是经过多次改建后，三门峡工程能控制黄河下游的水量，让黄河下游不再遭受水患之苦，可发挥防洪、防凌、灌溉、发电等综合效益。

但是，黄河毕竟是世界上最难治理的大河。三门峡水利枢纽建设，急于求成，严重缺乏部门协调机制，听不得水利工程专家、清华大学黄万里教授不同意见，黄万里教授还遭受了批斗迫害。实践证明，整个三门峡工程存在明显的决策失误和深刻教训。

河南省洛阳市以北，40 公里的黄河干流上小浪底水利枢纽工程，是集减淤、防洪、防凌、供水、灌溉、发电等为一体的大型综合性水利工程，是治理开发黄河的关键性工程。

三门峡工程的负面影响，其主要表现在，大坝抬高水位后降低了流速，加速上游淤积，从而加剧了上游渭河地区的水患，给陕西造成极大灾难和移民之苦。小浪底工程的设计，充分汲取三门峡工程的经验教训。三门峡工程，在泥沙问题上的最大教训是对上游水土保持拦沙作用的估计，以及水库的作用过分乐观，而预计的入库泥沙量偏低。而小浪底水库区，可以长期发挥调水、调沙、兴利除害的作用，防洪运用比较可靠，不仅可以拦蓄特大洪水，还可以根据下游防洪需要，适当控制中小型洪水。解决了三门峡水利工程存在的弊端。

长期以来，由于黄河的“六大灾害”，黄河两岸人民饱受苦难，贫穷落后，交通不便。黄河冲穿漫长的秦晋大峡谷西岸的陕西省，其中 8 个县是国家扶贫开发工作重点县，贯穿的 72 个乡镇 1220 个行政村，基本上都是贫困村。尽管沿黄河区域内，人文和自然旅游资源丰富，但由于黄河天然屏障及其复杂的自然地理环境限制，致使这一区域交通不便，流通受阻，发展滞后，成为陕西脱贫攻坚的重点区域。信天游“土山石盖头，黄河向西流；婆姨挖苦菜，男人走西口”，正是这些贫困村里男人背井离乡外出谋生的写照。

为了彻底改变秦晋大峡谷黄河西岸现状，三秦黄河儿女，从 2009 年开始，到 2017 年竣工，分期分段建成了全长 828.5 公里，号称陕西“一号公路”的沿黄公路。这条天堑变通途的沿黄河西岸的南北大通道，北起浩瀚无垠的毛乌素沙漠，南接“华夏之根”的西岳华山脚下，濒临黄河大峡谷，犹如黄河边上的一条绚丽的金丝带，串连起了榆林、延安、韩城、渭南四市 12 县区 72 个乡镇 1220 个村，直接受益人口达 200 多万人。沿黄公路还把西岳华山、“三秦锁钥”潼关古城、合阳洽川湿地、韩城司马迁祠、黄河龙门、壶口瀑布、佳县道教白云名山和香炉寺等50余处名胜古迹连在一起。这样，这条沿黄路，就成为一条致富路、民生路和旅游观光路。

三秦儿女用劳动跨越世界级工程难题，把脱贫致富的希望，送到黄河边上的偏远村庄。

黄河啊，你是中华民族的摇篮，却曾给中华民族带来频繁灾难；你孕育了悠久、灿烂的中华文明，哺育了一代又一代民族精英和英雄豪杰，使古老的中国跻入世界“文明古国”的行列，可这古老的传统，也一度使现代中国翅膀沉重，起飞艰难。

毛泽东主席说：“我们不能藐视黄河，藐视黄河就是藐视我们这个民族。”面对世界上最桀骜不驯的黄河，我们这个民族饱受苦难，倔强不屈，战胜苦难，展现出了对黄河的敬畏和谨慎、认识和研究、改造和治理、开发和利用的艰辛求索历程……

啊！面对黄河，我是既混沌，又惊醒；既沉重，又激奋！

壶口十章

○朱文杰

一

从万古洪荒的历史深处奔涌而来
裹挟着莫测的风吼雨啸雷鸣电闪
和群山一起摇动
和大地一起震颤
神秘的浊浪　翻滚成一团一团
互相纠缠撕扯不开的火焰
疯狂地舞蹈在你的瞳仁里
飞流直下的升腾　幻化为云蒸霞蔚
一泻千里的咆哮
从这里吼出九曲十八弯的艰难

二

秦晋大峡谷　怪石兀立瘦骨嶙峋
雨中的断崖耸立着森严
闪动寒铁一样的冷光
黄河就从这里痛苦地挤压而出
聚积整个生命力的爆发
冲决这道险峻窄狭如壶的关隘
大河竖起　以一种赴死的悲壮
纵身入谷　彻底的狂放不羁
在一去不复还的大合唱中
屹立在你最圣洁的目光之上

三

在这里　最柔弱之水最坚强
鼓荡起胸中那一腔豪气
在最危险的地方证实自己的忠贞
在这里　没有呜咽也没有哭泣
更没有丝竹管弦和低吟浅唱
而是有一百把长号仰天奏响

沙哑着沉重　流泻铜色的悲愤
这里　造就真正男子汉的炼炉
拯救灵魂的怯懦
挺直脊梁　瞬间会感悟永恒

四

天旷地野　断魂的月色把浪涛压抑
苍冥之中孤独与悲怆交织
浑黄的混沌里　自天而降的水雾
在一种魔力下　化作泪珠满面纵横
无数光斑洒入无语的水流
跌下悬崖　不可名状的魔梦
阻止不了奔腾的意志
在静静的月夜　精灵闪烁着引导你
来倾听这酝酿了五千年
蓄积了一百年愤懑的不息雷霆

五

身后似有追杀之声从远古威逼你

疲于奔命地一跃 最辉煌最激越
击穿我顽固的矜持与犹豫
那骤然惊起的一道彩虹
也捆绑不住你猛虎出栅般的野性
幻想着黄汤翻卷出的一朵朵金莲花
该不是火山爆发喷出的岩浆
水在燃烧 一个永久的神话复活了
似有皇帝出巡的龙辇 隐现祥云之端
长河落日 在这里溅起无数光的金箔

六

撼天动地的安塞腰鼓踢踏着尘土
随黄河的蜿蜒而起卧伏动
洒脱而纵情地劲舞着 英姿勃勃
鼓声与涛声汇聚成一阵阵沉雷
震肝裂胆 天地为之色变
飞起矫健的云腿 溅扬千层浪花
甩开粗壮的臂膀 挣脱禁锢束缚
入魔地敲呀敲 敲出长河不息的潮音
终于 一切障碍都化于无形

追赶阳光 流出青春梦幻的斑斓

七

裸露的山 光秃着两岸痴呆的焦渴
满目疮痍 山和水都是一色的黄
母亲河呀 就从这万壑千沟中穿过
陷落在这石碹的巨大深锅里
沉浮挣扎成一团团无望漩涡的葵花
仿佛无数个迷醉的梵高搅动颜料
像老陕搅动苞谷面搅团
搅得周天灰不沓沓的一片浑浊
难道秀美山川只是蜃楼幻影
壶口何日能飞扬起清澈晶莹

八

河道狭窄成音箱 回声在两岸跌宕
唢呐悲凄 吹它个巨浪排空
轰轰轰地扑击礁石 血脉为之偾张
信天游唱到这里也慷慨高亢

山崩石裂的呐喊 怒发冲冠的旋律
遭遇国难 就演奏《大刀进行曲》
让你尽吐胸中污浊 荡气回肠
壶口的节奏沉稳 坚定你的步伐
经历过这强烈震撼 脱胎换骨
就不会在轻音乐的风平浪静中迷失

九

冰凌封冻不住壶口的激流
阻厄越大 水越汹涌
即使磅礴的高涛 遮空蔽日
给陡峭的山岩悬上钟乳一样的冰挂
在河面上空 架一道坚固的冰桥
而水的翅翼 仍鼓在风上
冬之壶口 没有凝固成雕像
让瀑布竖起一道道冰墙
激流潜隐了 冰河不死
你的心潮就会永远澎湃

十

壶口在黄土高原最深沉的褶皱里
为我们竖一面烛照历史的铜镜
黄河是不会永远匍匐的
体验坠落 显示狂野之秉性
自由的浪花不可复制
拒绝感恩 颂歌已经朽腐
谁还会选择随波逐流呢
这是一个需要补钙的时代
需要山河再造 灵魂重铸
激流搏击 壶口定格在新世纪的曙光里

面对群山的虔敬

○张秀峰

对于一个贸然闯入的外地人而言，陕北的这些山呀沟的，如同迷宫穿行时映入眼底的影像一样，呆板、单调，简单重复。然而对于长期生活于陕北的我们来说，那些山都有其分明的个性存在，那些辽远天际线勾勒出的起伏的山形、顺势而下的褶皱的沟壑，构成了每一座山在千百年历史嬗递中的独特表情。爬山，自然成了一种亲近，为的是将山之性灵以震颤的方式叩醒。行走于山路间，一些记忆逐渐地显影、浮现，脉络清晰，在清亮的阳光下纤毫毕现。心胸开阔至无限，自然的风与胸中的风彼此应和着、吹拂着，将一切都吹散、吹落，疏疏离离的，天地一片澄明。然后凝视，将一切都收进眼眸的深处。

这是我在本次采风活动中，双脚初落于延安川口群山之巅的最真实的感受。

记忆深处那分明的褐黄浮现、淡出，继而再次浮现、淡出，与眼前的翠绿交叠——曾经的4月是灰黄的纯色调，天地山河一体，主次界限不明，我们成为了混沌中昏睡的盘古。河流是唯一鲜活的希望，虽不丰沛，却惹人喜爱。因为不论环境多么苦焦，只要追求绿色的梦想还在，希望便有所附丽。

在某种程度上，如果说延安的绿化史是一部传记的话，这次行走便是一次阅读的旁批。每一个脚印都化为了文字，竭尽全力，用心去体验、去理解，透过文字解读初心。

史载，陕北也曾“多畜宜稼，水草丰茂，牛羊塞道”。秦汉时期，因防务的需要而提出的“戍边”“北狩”等一系列国家战略的实施，陕北的植被开始遭到破坏。加之在西安建都的几个王朝，无一例外地大兴土木修建宫殿别院，陕北黄土高原大片原始森林被砍伐。特别是明清时期，政府于陕北延安、榆林一带鼓励垦荒，安抚流民，大力招募人民到北部边境地区屯垦。“凡民开垦之地，永为己业，免征徭役三年”。仅洪武、永乐年间，政府就曾组织实施的大规模的强制性移民达六次，共十万之众。有民谣“要知家乡在何处，山西洪洞大槐树”可为佐证。

曾几何时，曾经的“田上上”变成了“和尚头”。陕北，承受了太久贪婪的索取，已经不堪其累，生活在这里的人们，任由命运之神推搡着被动而行，陷入“越穷越垦，越垦越穷”的劳伦斯魔咒中无法自拔。

我一直在想，如若没有20世纪三四十年代的红色革命，延安，注定将永远籍籍无名，任谁都不会将目光投向这里。毋庸置疑，是延安挽救了中国革命。而90年代末期的退耕还林，则是另一种意义上的绿色革命。

有很多次，我行走于家乡的山沟峁梁之间，时不时地会搁于那一瞬间的幸福的感动。眼看着那些眉眼舒展、灵动活泛的山和水，聆听来自地底的幽远深邃的倾诉。看看眼前，再想想曾经，清风拂面，分明能感受到自己受难的灵魂从高烧得昏昏然抽身、回转，降到了清凉自然的生命本真。

——这都源于这满山的绿，不由我不虔敬以待。

现在，我就行走于延安的群山之间，近山滴翠，远山如黛，蜂飞蝶舞，鸟语花香。身边是静谧而温柔的林木，山脚下是树木掩映的白墙黛瓦。这样一幅清新美丽的自然风景，就这么自然随意地映入我的眼帘，天地之中一派明媚春光，让人痴迷。除了如诗如画的感性直觉之外，实在没有更多思想去作表象的穿透，来一次深入而又理性的分析。有的，只是单纯的欣赏。

从小到大，我对植物都心存敬重。不管是稼禾还是稗草，在我的眼里，它们一律都是高尚的。我敬畏它们，敬畏它们的固守与执着，敬畏它们的安详与沉穆，那是一种于沉默中蓄力、努突，认真地活出自我的力量。

植物，是土地的魂。丢了魂的人会萎靡不振，土地亦然。曾经的陕北，尽管流年亘古，四季更替，可就是没有精气神。人类的贪婪与欲望，植物的隐忍与牺牲，山，都静默着承受了这一切加诸自身的命运，静待着人类的反省与悔悟，到那时，自已再以自然的方式醒转、复活，张扬一个肆意蓬勃的绿色世界。“世界以痛吻我，我却报之以歌”。山所需要的，只是人类的耐心与宽容，仅此而已。要知道，大自然的自我修复能力、再生能力，远胜于人为的还原——植物太过善良，自然之神垂惜于它，自然要格外赐福。

生活中，有很多的希望，都是植根于初心向好的期待。期待，由内在的套路框定。然而，万事皆由性，往往在发展过程中太过自由、随机、要不怎么会说世事难料呢？好多事在起步时都很遂我们的意，可是呢，走着走着，意外地，就出了期待的视域。这是自然规律，没有固定章法，也不存在成心捉弄或刻意的背叛。期待是想当然地虚设未来，事情发展是被动地顺势通变，道理，就这么简单。

比如说，毁林开荒、战天斗地。

活着是为了吃饭，吃饭是为了更好地活着。于是，人们笃定了一个信念：征服了大自然，我们就可以开足马力奔小康。然而，大自然却执意按自己的逻辑运转，人类的美好诉求受到了冷落与嘲弄，在大自然略施惩戒下不得不低头。只能内缩，在痛定思痛后开始反思、检讨，试图捋清向往美好生活的内在条理，找寻到愿望落空的根由所在。所幸我们及时清醒，没有狂妄到底。懂得适时放弃，因而获得更大的实惠。

也许，剥离虚妄、无谓的粉饰于我们而言并不难，还原生活的简洁本质也可以接受，难的是在自由到来之前，无法面对将切己的事物尽数舍弃，更无法承受本能的欲望被凌迟时的剧痛。可不是嘛，当年退耕还林政策初下，好多人都不理解，觉得将恁好的地栽了树、种了草，很有些暴殄天物的意思。好多农民为此曾哭天喊地，誓死保卫土地。结果呢，在眼看着别人领退耕补助粮食领到眼红时，第二年压根儿就不需要动员，自己就主动退耕了。

有时候，无声的榜样远比大肆地宣传、强制的政令效果更明显。这也许不是真理，但绝对符合事实。

从喧嚣浮华的城市费力地抽身，然后，以一个堂皇的理由来到了这里，自然是有所期待。与文友们一起，无论是曾经熟识的还是刚刚结识的，同行就意味着将会有突至的感动与小小的意外在某个时光节点出现，我有这样的准备。决意要来一次令人满意的放逐，让本次采风的光阴真正圆满。于是，我们从稠密的乔木的气息里逆行而过，从疏朗的山坳间漫步而行，从开满野花的草地一路前行，内心涌动着窃窃的温凉。令人迷醉，也兴奋。真实地感受青山绿水的自然之美。

世界要是决意改变起来，当真是电光石火之间的事。若将整个中华民族历史浓缩，退耕还林这20年只是一瞬间。一些人或事注定将被很快湮没，然而作为实施这个战略构想的决策者注定将成为那一瞬间最为闪耀的光点。从与那些直接受益者们交谈中能够分明地感受到，他们在承受了被幸福湮没过程中的所有惊惶、恐惧、欣然，到最后的欢喜鼓舞。那时的百姓们，内心深处一定有过对退耕还林的不解和苦苦追问，只是他们因为曾经的革命情感依然浓烈，笃信共产党永远服务百姓的革命宗旨。我想，当年将退耕还林首批实施地放在延安，也定然有这样的考量。

延安的这些山，无疑都是哲学的，在淡然从容的行进当中，透射出一种内在的节制与均衡。与陕北黄土高原上随意来去的风，抑或是悄然休眠的岩石相仿佛，只是静静地存在，安然地行走于历史的进程中，笑看人生过往。川口、李渠、万花、甘谷驿、南泥湾……这些熟稔的名字如一粒粒饱满的豆子，在每一次的念叨中滚得烂熟。

行走于延安的山山峁峁、沟沟岔岔，入目、入耳的一切都非常亲切，然而感觉却不甚分明，尽管熟悉，却无法说出来。现实就在眼前，却总感觉曾在字里行间搜寻过，《诗经》里有、汉赋里有、唐诗宋词里有，路遥的作品里也有。那种感觉分明而又说不清楚的精神是一脉的，源源不绝。一种潜在的滋养，也是一种潜在的塑造。均衡地，寻求突破，寻求发展。

延安是有根的。所有的一切，延安从来都不张扬，也不事表达。那些山就那样静默地站在那里，延安精神须须缕缕，根扎进土壤里，在看不见的地方坚韧地生长。等着每一颗迷茫的心，不远千里迢迢地寻来。

也许，在进入延安的一个个瞬间，作为一个土生土长的陕北后生，我早已在不知不觉间，应和信天游的节奏，率性而为，任性而游，那份隐伏于皇天后土的虔敬，不知不觉间已濡染了这片热土深邃的安宁。

在返回延安的车上，听着文友们的欢声笑语，我不无矫情地作如此猜想。

黄河三题

〇郝随穗

留住黄河

黄河很长，走了很久依旧没有停息。她也许疲惫过，在奔腾的路程中有过短暂的乃至长久的栖息，也有过安详的或者隐秘的岁月舒缓和停留。

她从青藏高原巴颜喀拉山脉的峡谷中启程，背负一个民族的使命，一路豪情地奔赴千万里而势不可当，检阅华夏大地开天辟地以来的漫长兴衰。当她渐渐进入黄土高原的沟壑之后，脾气有些急躁了，时而咆哮如雷，时而悄无声息，时而飞越红尘万丈，时而穿越浩瀚时空……她像一个流动的指南针，在华夏版图上亘古不息地指引一个文明发展的方向。

没有走完九十九道弯的路途中，她来到乾坤湾后着实有些疲惫，绕着太极图放慢行程的步伐，走在一个个绕来绕去且绕不出天象的规则之中，在这个巨大的弯道渐渐留了下来。那幅太极八卦图，早在伏羲“仰则观象于天，俯则观法于地”，用尽意念打通天地呼应的亿万年前，便一直等候着黄河的到来，这是一张充满智慧的床，专门留给黄河在这里栖息。

那一夜，她屏住气息，铺展河面，犹如处子安然而来。她似乎费尽了力气，焕发出母性的坚韧和宽容，将一身疲惫轻轻地抖落在乾坤湾，然后轻轻地倒下做一个梦，梦亿万年朔风呼啸的尘沙飞扬，梦天象隐藏的不破玄机。她又像一名从战场上下来的将军，渐入谷底卸下盔甲，找一块黄河石落座，展开思绪，品味一场又一场战争的荣辱胜败，回味一路走过的风风雨雨。

知道你有千万里的路程要赶赴，知道你的留下不是永远的。因此，有匈奴赫连勃勃单于在此率数十万精兵强将争雄天下，叱咤风云方显英雄本色的豪情驰骋；有千年古窑的默默留守，保存你亘古不变的巨浪飞腾，抵达一个不朽的图腾；也有会峰寨

“一夫当关，万夫莫开”的悠悠悲歌，至今摆着一个不破之阵为你守候一片安宁。有那些“悲歌易水无豪侠，买骨金台有钝驽”“风萧萧兮易水寒，壮士一去兮不复还”的英雄气概，为你的留下演绎唯美而悲壮的英雄赞歌。

你出发了，带走了身体的汹涌澎湃，把灵魂留下。即使你一日万里地奔腾，你的灵魂从未脱离过你前行的脚步。乾坤湾留着你的灵魂，你的灵魂聚天地日月精华，酝酿巨大能量，无论你伸向何方，都有源源不断的力量绵绵不尽地输入你那一往无前的激情澎湃中。

尽管你挟持着高原黄色的土粒冲出峡谷弯道，可是你留下的那掬安详与博大却从来不曾远离。你带走了黄土亿万年斑驳的伤痛，带走了高原血红的晚霞和每一场皑皑白雪，你却没有带走这九十九道弯里暗藏天机的秘密，以及青山麓北侧峭壁上神秘的“摩崖天书”。

风雨不能侵蚀的文字长期保持着最初的神秘和深奥，无须有人读懂，这是黄河写给老家的书信，写给巴颜喀拉山脉的平安信。报一路平安，走了千万年千万里来到乾坤湾。这里不是你离开家门的出发地，却是你路途中万分疲惫而栖息落梦的天地造化。黄河文明的脚步也就从你梦幻般的奔腾中迈出巨大脚步，行走在华夏大地。

无须挽留，你已经留下。

流年守候你寂寞的最后月亮，那一夜，你在高原的月光中渐渐醒来，你走上河岸要去看看，看看那些披着银辉的村庄和农具，以及搁置在窑洞里的小木船。你想趁着月色乘坐小木船游览高原至高无上的风景，你想在这个短暂的夜晚漫长一次心灵的放牧，你想啊，在这风声走过的荒凉和苍茫中痛痛快快地吼一曲祖先留下的信天游。可是夜色朦胧中的你啊，再一次聆听到铁马萧萧的塞外箫声，你又一次聆听到了来自青藏高原格桑花绽放的虔诚之声。

你是黄河，你是天上来的黄色之水，你带着神的旨意来到黄土高原的群山之中，来到乾坤湾的八卦图中，你却疲倦了，疲倦得一次偶尔醒来，都无法领略高原这一年又一年深红色的秋光。

你是黄河啊，既然选择了留下，你就不会在最后的月光中获取一星光泽。你上岸了，你原本就是要将神一样的月光留给黄河岸边的村庄，以及那只小木船。因为你有神的旨意，哪怕亿万年的寂寞在乾坤湾蛇曲的蜿蜒中，你都是雄性的黄河，走来了、走出去，你从来面不改色，保持黄河的肤色，宣泄着雄性的豪放和奔腾。

留住你灵魂的流浪，是想留下你一路走来的点点滴滴，和聚集了天地日月的万古精华。自然留下了，你就在乾坤湾继续你漫漫的灵魂栖息，因为你的黄色之水从未停息过一泻千里的万古奔腾。

黄河过客

一万里黄河两岸有多少村落古镇栖息安居，从古至今在漫长的沉静中化作点点浪花？有多少人南来北往擦肩而过，把一个个背影湮没在滚滚黄河中？又有多少春秋往事承载了多少生命消失于咆哮的黄河声中？

选择一个晚秋的日子，赴约黄河已久的邀请，在那个暮色霭霭的时分到达碛口古镇。躺在岸边的老窑洞，就如同躺在黄河母亲的怀抱，听一夜涛声入梦，就让我的心儿享尽母亲一次次的抚慰。

而我只不过是自古以来千千万万之中的一名黄河过客，留得再久，都无法把自己生命的一部分分割于黄河。我想留下，而留下的却是疲惫和失落，留下的是黄河母亲宽容的接纳和给予。

天上来的黄河之水远远地扬起一池土黄色的精气，从碛口眼前直直地甩过。豁然间这里的视线延宽了很多，平展展的黄河犹如一面莫大的镜子，镜子里泛黄的容颜就是母亲饱经沧桑的悠悠往事。那些往事中，留下了太多太多的忧患记忆。

在你的岸上，无数过客摇着船橹赶来又散去，他们是你记忆的日子里一幕幕带着阳光般流淌过的一圈圈光晕，几番明亮，几番暗淡。小船在黄河浪中起伏飘摇，承载这个民族的五谷杂粮和血性气脉，直达一个名叫壶口的岩石夹道，秦晋大峡谷里顿然飞腾起你宣泄一路浩浩荡荡向前奔涌的气概。

沿着你的方向逆流而上，在梦里无数次地膜拜，此刻化作前行的力量，把目光栖落在每一寸河面，试图探寻你引领黄土昼夜不舍地穿过河道时的孤独。在你庞大的孤独中，所有的过客犹如这深秋的落叶，被你的大风吹散，被你无限的风光深深埋藏。

作为你一万里绵长的河岸上的古渡口，你用黄色之水哺育过的人和事，一草一木，都在你黄色的落日中赋予了黄河的灵气和深刻的记忆。

那条明清街在落日之后不再萧条冷落，五湖四海的人聚集在这里，在黄色的、朦胧的、淡淡的、暖暖的灯光里把一扇扇闭着的门扉打开。打开的门里就走出来一块坚硬的黄河石和一盏带你去听黄河浪的马灯，还有一件羊皮袄给你披上，一块羊肚子手巾给你扎上，一壶黄米酒挂在腰带上，一把唢呐开始吹响。此刻黄河与你共舞，扭起黄河大秧歌。那扬起来的彩绸在黄河渔火中闪烁出绚丽的蓝、黄、红，那高亢的锣鼓声敲打出夜黄河的辽阔和苍茫。那是生命的色彩在此聚集的兴奋，那是匆匆过客巧遇在一起的集体涅槃。看满天星星点点，让每一颗流星都落入黄河，每一滴热泪都流进黄河，每一次远行都交给黄河，每一次归来都是黄河的儿孙回到黄河的家中。

夜已深，我不敢走得太响，我怕惊扰黄河此刻的宁静，我轻轻地俯身于黄河，亲吻黄色之水。我在这辽阔的夜色中站在黄河的身旁，就让滚滚向前的黄河声全部灌入自己的耳内，激起我全身的热血，沸腾我的每一个细胞，就让我泪流满面地双手捧起黄河水喝下，就让我红色的血液里激荡起黄河的浪花，就让我的每一次心跳洗涤在黄色的河水之中。

一路前行，乘着秋风层染的两岸美景，我在黄河的蜿蜒中绕不出黄河母亲的召唤。两岸枣树挂满了红红的大枣，每一颗红枣都是黄河母亲的乳汁结晶。看那蓝天白云悬挂在黄河之上的一抹明亮，我的心儿随着黄河的方向走了很远。作为你的过客，我纵然有太多的梦幻和追求，都会在你波涛汹涌的一泻千里之中化作前行的一丝力量，随着你的方向，走向远方。

一路匆匆赶来，在千回百转中投入你的怀抱，为的就是目睹你雄浑奔腾的万丈豪情，为的就是聆听你万古不息的汹涌涛声，为的就是要依偎在你博大温暖的怀抱里入眠。我能不能化作一点黄色之水，随你一起看大海?

放马黄河

像一万匹奔腾的马从群山之中直奔而来。在壶口的那个石崖上纷纷壮烈地跳进天造地设的壶里。跳进壶里的一万匹马肆无忌惮、横冲直撞，愤怒和兴奋交汇在一起的情绪迸射出的力量，击打着万丈石崖。一万匹马的鸣叫声从翻滚的水花中升起来，带着黄色之水的跃动和图腾化作天边的彩霞。

这一直是黄河壶口的景象，自古以来没有懈怠没有疲倦的动感景象。一万里的黄河一直在滚涌着犹如马一样的奔腾，但是漫漫长路上，这些奔腾却显得过于平静。只有到了壶口，黄河才能在万劫不复中重新焕发崭新的生命，才能把生命在此升华到一个高度，重新踏上征程，一路浩浩荡荡，势不可当。

就让飞溅的黄色之水直扑胸口，穿过肌肉和骨骼抵达心的深处。这水依旧翻腾着，在心的地方风激电骇、轰天雷鸣。这水啊，钻进你的心里折磨着你、摧残着你，好像要在这一刻把你粉身碎骨，把你渗入黄河水中带走。

这就是黄河在壶口千钧一发之后的力量，这种力量可以横扫一切，可以让整个世界震颤，可以让所有的生灵获得信心。

我愿意打开胸膛，让黄河之水再次涌入身体。我瘦弱的身体需要这种力量的灌入，我要强大，像黄河一样，像一万匹马一样，我要奔腾。

放马灵魂于黄河。

这里的水是沸腾的，这里的沟是拥挤的，这里的山是呐喊的。这里的一切都在不安宁中闹腾着。这里的天地如此宽阔，这里的水一会儿飞上天一会儿铺在地，这里的黄色之水能化作呼啸的北风，能化作战斗的号角，能传递远古的信息，能让五百年前白发苍苍的老母亲盼回远征的儿子，能让塞上的羌笛留下透彻杨柳黄沙的声响……

这一路的奔跑，是牵着一个民族的手在向前跑。我们唤您，母亲，一直跟在您的身后不离不弃。您就以母亲的名义把大爱交付时空，交付大地，滚滚黄河里搏动的就是您大爱的血脉，就是你为这个民族源源不断输入血液的母爱。

那一刻，在壶口的悬崖边，一万匹马迅速变成一条龙，在山谷里，一旦跳入壶口，就迅速化作图腾，飞溅起幸运的水星。那是黄河母亲最壮烈的一次牺牲。无数次的牺牲，无数次的重生，这一次，将能获得更强大的生命力，将能担负这个民族更多的苦难和更多的光荣。

放马黄河，就是让一个人和一群人，一条河和一万匹马，一座山和千沟万壑都来到这里。就是让天地万物汇聚在这里统统地跟随黄河跳入壶口，来一次最大的集体殉葬和行礼，致敬黄河的重生！

放马黄河，就是让我们化作一点点黄色之水，偎依在黄河母亲的怀抱里，一次次牺牲，一次次活过来，一次次沉浮兴衰，一次次天马行空，每一次的酸甜苦辣、悲欢离合都是从壶口出发之后的壮美生命历程。

黄河的色彩

〇艾　瑞

朋友，你见过黄河吗？黄河是什么颜色？黄色的！我想，这大概是大多数人对黄河的第一印象。但，黄河真的是黄色的吗？

黄河发源于青藏高原，全长约5464千米，一路向东，好似蜿蜒雄伟的长龙，弯旋于宁夏、河套平原，奔腾于晋陕大峡谷之间，入豫鲁大地，时而呼啸时而平稳，终归于渤海。因为黄河流经陕西与山西之间的黄土高原，在干旱的自然环境和人类不合理开发活动的双重影响下，黄土高原成为世界上含沙量最多、水土流失最严重的地区之一，每年流入黄河的泥沙约16亿吨，所以黄河呈现出一片高贵的黄色。

黄河在流经神木、府谷间呈现出黑黝黝的颜色，这是亿万年以前由深埋在地底的动植物形成的煤炭资源。神府煤田是我国最大的煤炭产地，其煤炭储量达 1349.4 亿吨，占已发现煤田的 15%，而神府煤炭以低硫、低灰、高热量的品质，成为世界上稀有优质动力煤。神木市财政收入居榆林市第一位，免费教育、免费医疗是很有名的，真正做到“有学可上、病有所医”，切实地保障了人民生活无后顾之忧、红红火火，过得越来越好。在榆林市委、市政府提出的“三大目标”——建立世界一流高端能源化工基地、陕甘宁蒙晋交界最具影响力的城市和黄土高原生态文明示范区的引领下，该地区着力打好蓝天保卫战，积极转变能源消费观念，利用资金和科学技术加快大的能源项目推进和改善，把握转型和主动发展的主动权，向国际一流的高端能源基地前行。可以想象，那时的天会更蓝，树会更绿，水会更清。

在神木市秃尾河边的石峁遗址中，我们看到了 4000 年的文明史，这也是已知中国新石器晚期面积最大的城市遗址。而今，石峁的发掘工作还在继续，原始石雕、口簧琴、城防史（马面墙出现）只是一小部分，这厚重的黑色是充满遐想的颜色，它期待后人去发现并重新认识早期中华文明留给我们的无限物质遗产和精神财富。

黄河边上的佳县，素有“铁葭州”之称。她依山而建，进可击，退可守，有“一夫当关，万夫莫开”之险要。佳县是个苦焦的县，但就是这苦焦之地，却偏偏对枣树情有独钟。佳县可谓是家家户户有枣，沟沟坎坎有枣。佳县的枣以个大、肉厚、核小、皮薄、含糖量适中等特点被广大消费者所青睐。黄河两岸的枣树最为壮观，由于陕北地区早晚温差较大，加之黄河水汽的润湿，两岸枣树大多成林成片出现。枣树开花时，慢慢悠悠，好似美女一般姗姗来迟，不像桃花、杏花一样红红火火，却一阵就不见踪迹。秋天到了，满眼的红彤彤，好像要把全世界都染成红色，大有舍我其谁的气势。随着时代发展，红枣已不仅是果腹的“粮食”，而是脱贫致富的“红衣使者”——利用红枣制成果干、果脯、红枣酒、入药——红枣不断被发掘出的经济价值和文化价值，为佳县人民生活过得红红火火、多姿多彩增加一抹耀眼的红色。

一路向南来到吴堡，她是榆林市面积最小的县，仅仅有428平方公里，以至于走几步就能遇见亲戚或是熟人。吴堡是石头铸就的，街道、墙里，窑洞上上下下、里里外外都由石头砌成，东有黄河为天堑，固有“铜吴堡”之美誉。到了吴堡必吃空心挂面（是鸡蛋挂面就更好了），品尝舌尖上的美食。经过和面、摊面、搓条、拉面、晒面、切面、捆面等工序，一根根银丝般的手工空心挂面就出炉了。晒面时，要选择晴天无风的天气，一杆杆挂面在阳光的淬炼下好似翩翩下凡的白衣仙子，正是“龙门架上银河落，一把须丝玉线缠”。空心挂面改变了很多人很多家庭，这不仅是一门手艺，更是一种传承和踏踏实实生活的气度。现在有更多的人开始加入空心挂面的队伍中来实现自己的梦想。黄河水静静流淌着对吴堡的眷恋与深情。

继续向南，我们来到有“天下水旱码头”之称的绥德。疏属山上革命先烈们为了民族解放和国家独立不惜抛头颅洒热血。2017年7月26日，绥德遭遇特大洪水，县城被两米多高的泥浆掩埋，满目疮痍、一片狼藉，垃圾在街道四散。一方有难八方支援，不屈的“绥德汉”站起来，冲在抢险第一线和灾后重建的道路上。最美志愿者——“小伙子”胡智博，仅有12岁，是一名小学六年级学生，他自发辗转在方便面、面粉、蛋糕、被褥、饮料、劳动工具、蔬菜各个站点，一干就是半个月。他的主要工作是将外地运来的救灾物资卸下来，有时候搬的是整件的矿泉水，有时候搬的是50斤的面粉，劳动强度最大的是一天连续扛了70袋面粉，累得他坐着休息就迷糊着了。谈及那张刷爆朋友圈的照片，以及在抗洪救灾现场的意外走红，胡智博显得很平静，他说：“家里遭灾，外地人都来帮忙，自己人不帮忙人家会笑话。”点赞胡智博，点赞在救灾路上的人们，点赞不屈的绥德人民。如今，已有28.63万绥德人民（2019年）奔跑在脱贫致富的道路上，前有革命先烈，后有胡智博，他们的精气神儿激励着我们前赴后继、勇往直前。对于绥德人民而言，这将是最大的一场战役，没有硝烟，只有热情和勇气。

最后，我们来到黄河流经榆林市最南的一个县——清涧。1936年，在民族生死存亡之际，毛泽东同志在袁家沟塬上看到皑皑白雪，连绵不绝，写出了脍炙人口、提振民族自信心的诗词《沁园春·雪》，面对着大好河山，他自信而气势磅礴地发出了“问苍茫大地，谁主沉浮”的感慨。80多年过去了，我们又走在了新征程上，通过不断地学习和领会，在通往小康道路上一路披荆斩棘、奋勇前行。

与黄河并行的是沿黄公路，从榆林市府谷至渭南市华阴市，全长828.5千米。它串联起4市12县50多个景点，直接受益人数达220多万人。黄河沿线的人民可以通过公路将收获的农畜产品（红枣、花椒、羊皮）等货物运输出去，同时吸引更多人来旅游观光，提高当地居民收入和经济发展，确保“一号公路”是一条脱贫路、致富路、小康路，更是黄河的景观大道。

这些，便是黄河母亲最美的景色。朋友，你们看到了吧，这儿不仅有高贵的黄色，还有历史悠久的黑色、日子过得红红火火的红色、洁白无瑕的白色、充满希望的绿色、给予无限遐想的蓝色。期待你重回绿色与荣耀，可以想象，那一定是一番鸟语花香、生机勃勃。美哉，黄河母亲，与天不老。壮哉，黄河母亲，与国无疆！

附　录

“讲述黄河故事、传承黄河文化”系列活动征稿作品获奖名单

序号	奖项	参赛作品	省份	报送单位	作者
1	一等奖	黄河口的“草鞋书记”	山东省	东营市地方史志研究院	孙　洁
2	一等奖	黄河古渡	陕西省	陕西省地方志办公室	和　谷
3	一等奖	避水台，染满岁月的苍痕	山东省	东营市地方史志研究院	段雨波
4	一等奖	老井传奇——柿子红了	陕西省	西安市地方志办公室	刘秀锋
5	一等奖	黄河边的女人	陕西省	延安市地方志编纂委员会办公室	高安侠
6	一等奖	血铸的寨子	山西省	临汾市地方志研究室	许小根

续表

序号	奖项	参赛作品	省份	报送单位	作者
7	一等奖	鱼儿峁：静听一世繁华一世消	陕西省	榆林市地方志编纂研究室	曹　洁
8	一等奖	黄河凌洪与九烈士	山东省	济南市地方史志研究院	李庆余
9	一等奖	寂寞的老村	陕西省	韩城市地方志编纂委员会办公室	薛江锋
10	一等奖	黄河九章	山东省	东营市地方史志研究院	刘玉林
11	二等奖	天下黄河九十九道湾——李思命魂系黄河	陕西省	榆林市佳县县委史志研究室	方宏飞
12	二等奖	碧水依依	山东省	德州市地方史志研究院	王新艳
13	二等奖	炊烟	山东省	东营市地方史志研究院	刘同民
14	二等奖	河南有个“塞罕坝”——记商丘市民权林场	河南省	商丘市地方史志研究室	高振标
15	二等奖	我从黄河走来	陕西省	渭南市合阳县地方志编纂中心	李高艳
16	二等奖	黄河人家	陕西省	榆林市地方志编纂研究室	耿永君

续表

序号	奖项	参赛作品	省份	报送单位	作者
17	二等奖	植树庙洼沟	陕西省	渭南市白水县地方志办公室	刘高友
18	二等奖	一棵树祭	山东省	东营市地方史志研究院	卢得志
19	二等奖	“中华一绝”的潼关黄河古战船	陕西省	渭南市潼关县地方志办公室	李文佑
20	二等奖	祖孙三代人 治黄一条心	山东省	泰安市地方史志研究院	毕华威
21	二等奖	大河喷薄育新星——在黄河三角洲讲述黄河故事	山东省	东营市地方史志研究院	杨玉珍
22	二等奖	黄河汉子喋血杀敌记——雷振华和他的抗日民众自卫中队保卫黄河的故事	陕西省	渭南市合阳县地方志编纂中心	行相斌
23	二等奖	黄河流韵	陕西省	榆林市地方志编纂研究室	王建霞
24	二等奖	飞雁滩	山东省	东营市地方史志研究院	刘　开
25	二等奖	新於地纪事	山东省	东营市地方史志研究院	宋　词
26	二等奖	岁月珍藏——一个记者经历的延安退耕还林	陕西省	延安市地方志编纂委员会办公室	雷晓燕

续表

序号	奖项	参赛作品	省份	报送单位	作者
27	二等奖	黄河岸边红地毯	山东省	东营市地方史志研究院	李中华
28	二等奖	盐碱地上：“上农下渔”的“前世今生”	山东省	东营市地方史志研究院	宁德华
29	二等奖	回故乡	陕西省	榆林市地方志编纂研究室	冯彩霞
30	二等奖	父亲的推车	山东省	德州市地方史志研究院	王洪荣
31	二等奖	渭河摆渡人	陕西省	西安市地方志办公室	李兴茂
32	二等奖	大河之舞下的吴堡印象	陕西省	榆林市地方志编纂研究室	张　旭
33	二等奖	刘鹗、黄河与齐河	山东省	德州市地方史志研究院	张玉华
34	二等奖	五大爷的故事	山东省	东营市地方史志研究院	佟宝川
35	二等奖	栗毓美治河业绩	山东省	济宁市地方史志研究院	刘广新 邵鸿志
36	二等奖	跟山水	陕西省	延安市地方志编纂委员会办公室	刘宏祥
37	二等奖	黄河岸边英雄汉——特等民兵战斗英雄薛平华记实	河南省	济源市地方史志办公室	姚景强

续表

序号	奖项	参赛作品	省份	报送单位	作者
38	二等奖	黄河岸边的合阳城	陕西省	陕西省地方志办公室	周燕芬
39	二等奖	黄河人家	陕西省	延安市地方志编纂委员会办公室	王新建
40	二等奖	永远的佛头寺	山东省	东营市地方史志研究院	王成华
41	三等奖	黄河故事之洛川苹果之父	陕西省	西安市地方志办公室	王　莹
42	三等奖	渭水之滨的文学巨匠——陈忠实	陕西省	西安市地方志办公室	伏　萍
43	三等奖	峪口：纸上的柔软时光	陕西省	榆林市地方志编纂研究室	曹　洁
44	三等奖	向一座古城致敬	四川省	阿坝州地方志办公室	王庆九
45	三等奖	黄河边的歌声	山西省	临汾市地方志研究室	马毅杰
46	三等奖	黄河尽头是家乡	山东省	东营市地方史志研究院	陈向阳
47	三等奖	绿的礼赞	陕西省	延安市地方志编纂委员会办公室	霍爱英

续表

序号	奖项	参赛作品	省份	报送单位	作者
48	三等奖	黄土地上的奉献之歌——记高级农艺师、陕西省延长县果树局原局长董思孟	陕西省	延安市地方志编纂委员会办公室	高红艳
49	三等奖	黄河尽头芦花开	山东省	东营市地方史志研究院	卢庆春
50	三等奖	沿黄行散记	陕西省	榆林市地方志编纂研究室	苏亚忠
51	三等奖	黄河的歌谣	山西省	忻州市地方志研究室	胡秀娥
52	三等奖	黄河口人这样种“洼地”	山东省	东营市地方史志研究院	张成儒
53	三等奖	九十九个艄公把船扳	山西省	忻州市地方志研究室	高定存
54	三等奖	沿着黄河走	山东省	东营市地方史志研究院	隋中胜
55	三等奖	黄河滨红枣林	陕西省	榆林市地方志编纂研究室	姜继业
56	三等奖	我的青春岁月——石砭峪水库建设	陕西省	西安市地方志办公室	苗晓瑛
57	三等奖	1982 年的抗洪记	山东省	德州市地方史志研究院	朱长新

续表

序号	奖项	参赛作品	省份	报送单位	作者
58	三等奖	我在黄河入海口等你	山东省	东营市地方史志研究院	陈晓丽
59	三等奖	黄河奇兵——葫芦队	山西省	临汾市地方志研究室	杨宇通
60	三等奖	商山道走出的诗歌之路	陕西省	商洛市地方志办公室	王兴刚
61	三等奖	诗意山水一溜湾	内蒙古	呼和浩特市地方志编修办公室	孟慧生
62	三等奖	黄土情　绿色梦	陕西省	咸阳市地方志编纂委员会办公室	朱印平
63	三等奖	村头补锅匠	河南省	中共安阳县委党史和地方志研究室	桑明庆
64	三等奖	黄河岸边的奥林匹克——匼河狂欢节	山西省	运城市芮城县地方志研究室	高建中 张俊良
65	三等奖	黄河船	陕西省	延安市地方志编纂委员会办公室	殷宇鹏
66	三等奖	一个人的黄河	山东省	东营市地方史志研究院	唐岱霞
67	三等奖	雪落黄河	甘肃省	兰州市地方志编纂委员会办公室	赵武明

续表

序号	奖项	参赛作品	省份	报送单位	作者
68	三等奖	黄河口野趣	山东省	东营市地方史志研究院	张君亭
69	三等奖	黄河岸边河底村	陕西省	榆林市地方志编纂研究室	耿永君
70	三等奖	黄河口船家	山东省	东营市地方史志研究院	刘　开
71	三等奖	黄河滚滚东入海	山东省	东营市地方史志研究院	黄其军
72	三等奖	曲沟故事	青海省	海南州共和县地方志办公室	赵久莲
73	三等奖	河水汤汤唱新歌	山东省	东营市地方史志研究院	崔向珍
74	三等奖	黄河岸边说书人	河南省	中共安阳县委党史和地方志研究室	索金书
75	三等奖	黄河艄公	陕西省	渭南市华州区地方志编纂中心	吉林林
76	三等奖	我的大河	青海省	海北州门源县地方志办公室	军　梅
77	三等奖	黄河骄子王勇超	陕西省	西安市地方志办公室	何华生

续表

序号	奖项	参赛作品	省份	报送单位	作者
78	三等奖	一见黄河就流泪	山东省	东营市地方史志研究院	李春玲
79	三等奖	黄河丝带串起一路珍珠——沿黄人文生态观光采撷	陕西省	陕西省地方志办公室	蒲力民
80	三等奖	探访黄河源	陕西省	汉中市地方志办公室	王　蓬
81	三等奖	父亲的窑洞我的家	陕西省	铜川市地方志研究室	李拥军
82	三等奖	“老坚决”——绿色丰碑上的红色旗帜	河南省	商丘市地方史志研究室	马学庆
83	三等奖	千河情深	陕西省	宝鸡市地方志办公室	刘　瑞
84	三等奖	塞外明珠：乌梁素海	内蒙古	巴彦淖尔市地方志办公室	陈志国
85	三等奖	黄河岸边的口子上村	内蒙古	呼和浩特市地方志编修办公室	白文宇
86	三等奖	黄河三章	山东省	东营市地方史志研究院	于永生
87	三等奖	万里黄河第一湾——乾坤湾	陕西省	延安市地方志编纂委员会办公室	罗雅博

续表

序号	奖项	参赛作品	省份	报送单位	作者
88	三等奖	龙门天下雄	陕西省	西安市地方志办公室	朱文杰
89	三等奖	千年沧桑话河口	甘肃省	兰州市地方志编纂委员会办公室	徐　鹏
90	三等奖	河滩人家	山东省	东营市地方史志研究院	高玉荣
91	三等奖	远去的泥巴哨	山东省	德州市地方史志研究院	李学民
92	三等奖	化隆黄河赋	青海省	海东市化隆县地方志办公室	李成虎
93	三等奖	绿色河滩	陕西省	渭南市大荔县地方志办公室	李顺午
94	三等奖	黄水入梦	山东省	德州市地方史志研究院	李学民
95	三等奖	面对黄河	陕西省	陕西省地方志办公室	丁　晨
96	三等奖	壶口十章	陕西省	西安市地方志办公室	朱文杰
97	三等奖	面对群山的虔敬	陕西省	延安市地方志编纂委员会办公室	张秀峰

续表

序号	奖项	参赛作品	省份	报送单位	作者
98	三等奖	黄河三题	陕西省	延安市地方志编纂委员会办公室	郝随穗
99	三等奖	黄河的色彩	陕西省	榆林市地方志编纂研究室	艾　瑞

后 记

历时3年多精心筛选打磨的《“讲述黄河故事、传承黄河文化”系列活动获奖作品集》终于杀青了。

该集是“讲述黄河故事，传承黄河文化”系列活动（以下简称系列活动）的成果展示平台和重要组成部分。系列活动由中国地方志工作办公室（原中国地方志指导小组办公室）组织指导，山东省地方史志研究院、东营市地方史志研究院策划实施，沿黄九省（区）地方志机构共同参与。包含黄河故事征编和黄河故事讲述大赛两项活动。通过系列活动深入挖掘了一批有思想、有能量、有特色，兼顾艺术性和感染力的黄河故事，根据《“讲述黄河故事，传承黄河文化”系列活动工作方案》，我们将这些好故事整理出版。

在此，我们对为该书成功出版付出巨大心血和不懈努力的单位和个人表示由衷感谢。中国地方志工作办公室（国家方志馆）高度重视系列活动，多次指导部署，统筹推进活动开展；山东省地方史志研究院、东营市地方史志研究院精心组织实施；沿黄地方志机构动员社会各方面力量和资源充分参与。在各级地方志机构的共同努力下确保了系列活动顺利、高质量开展。

国家方志馆综合部的同志参与了系列活动，并对这批优秀作品进行了细致的整理、校对和编辑。刘翔宇负责前期审稿统稿，刘黎负责统筹协调出版工作和后期审稿统稿，付红旭负责前期整理，李季负责后期整理和联络，陈冠华、杨舒钠、温鹏永、刘云锋、赵媛媛、李欣潼分头负责后期审稿，他们为做好作品集的征集、整理、校对和出版尽心尽力。感谢方志出版社对该书进行了专业高效的编辑。

中国地方志工作办公室

（国家方志馆）综合部

2024 年 2 月